Hans-Erich Volkmann • Ökonomie und Expansion

Beiträge zur Militärgeschichte

Herausgegeben vom
Militärgeschichtlichen Forschungsamt

Band 58

R. Oldenbourg Verlag München 2003

Ökonomie und Expansion

Grundzüge der NS-Wirtschaftspolitik

Ausgewählte Schriften

Von

Hans-Erich Volkmann

Im Auftrag des
Militärgeschichtlichen Forschungsamtes
herausgegeben von

Bernhard Chiari

R. Oldenbourg Verlag München 2003

Die Deutsche Bibliothek - CIP-Einheitsaufnahme

Ein Titeldatensatz für diese Publikation ist bei der
Deutschen Bibliothek erhältlich

Gedruckt auf säurefreiem, alterungsbeständigen Papier (chlorfrei gebleicht).

Satz: Militärgeschichtliches Forschungsamt, Potsdam
Druck und Bindung: R. Oldenbourg Graphische Betriebe Druckerei GmbH, München
Umschlagbild: Plakat »Wer nicht mithilft, ist unser Feind. Geht zur Arbeits-Spende!«; aus Gerd Rühle, Das Dritte Reich. Dokumentarische Darstellung des Aufbaues der Nation. Mit Unterstützung des Deutschen Reichsarchivs. Das erste Jahr: 1933, Berlin: Hummelverlag [1934], S. 370.

ISBN 3-486-56714-4

Inhalt

Hans-Erich Volkmann
Ökonomie und Expansion. Grundzüge der NS-Wirtschaftspolitik

Vorwort

Die in diesem Band vereinten Spezialuntersuchungen Hans-Erich Volkmanns behandeln das Zusammenwirken von Staat, Privatwirtschaft und Wehrmacht bei der Schaffung einer nationalsozialistischen Großraumwirtschaft im europäischen Rahmen. Die Beiträge machen in ihrer Gesamtheit die Eckpunkte nationalsozialistischer Außenwirtschaftspolitik deutlich. In erster Linie einem militärhistorischen Ansatz verpflichtet, erweitern sie diesen um zahlreiche weitere Aspekte. Der Verfasser befaßt sich zentral mit der Planung und dem Verlauf des Zweiten Weltkrieges. Er tut dies vor allem mit Blick auf die wirtschaftlichen und ökonomischen Zusammenhänge. Es geht dabei um Binnen- und Außenwirtschaft ebenso wie um den Ausbau der Produktion, um die Entwicklung neuer Technologien, um die Neugestaltung der nationalsozialistischen Arbeitswelt und um die Schaffung einer ausreichenden Ernährungsbasis. Diese sollte das Deutsche Reich unter Ausnutzung der von ihm abhängigen oder okkupierten europäischen Staaten in den Stand setzen – anders als im Ersten Weltkrieg –, den von Hitler entfesselten Kampf um die Herrschaft in Europa siegreich zu bestehen. Die nachfolgenden Abhandlungen bilden somit einen Querschnitt durch die Wirtschaftsgeschichte des Dritten Reiches und des Zweiten Weltkrieges. Sie sind eng verbunden mit den Überlegungen zur Konzeption des vielbändigen Reihenwerkes »Das Deutsche Reich und der Zweite Weltkrieg«, welches das Militärgeschichtliche Forschungsamt seit 1978 herausgibt.

Rolf-Dieter Müller ordnet in seinem einführenden Beitrag die in diesem Sammelband zusammengeführten Schriften ein in den größeren Zusammenhang der Nationalsozialismus-Forschung, der Geschichte des Zweiten Weltkrieges sowie in den Kontext der Wirtschaftsgeschichte. Hans-Erich Volkmann macht anschließend mit seinem einleitenden Aufsatz die europäische Dimension nationalsozialistischer Wirtschaftspolitik deutlich. Aus den Bewertungen, Deutungen und Ausblicken beider möchte ich zwei Überlegungen herausgreifen, welche die Veröffentlichung des Bandes begleitet haben. Zum einen macht der thematisierte Zusammenhang von Krieg, Expansion und Wirtschaft – der hier in Form von Einzelproblemen und weiterführenden Fragen aufgezeigt wird – den Rückgriff auf Methoden der Militärgeschichte wie der Wirtschaftsgeschichte gleichermaßen notwendig. Insofern ist der Band ein Ausdruck des methodenübergreifenden, interdisziplinären Wissenschaftsverständnisses des Militärgeschichtlichen Forschungsamtes. Zum anderen verbindet sich mit der vorliegenden Publikation die Frage nach der modernisierenden Wirkung nationalsozialistischer ökonomischer Konzepte. Die Bundesrepublik war in ihrer Frühphase mit den Folgen des NS-

Unrechtsstaates nicht nur auf politischer und militärischer, sondern auch auf wirtschaftlicher Ebene konfrontiert. Die Idee einer europäischen Großraumwirtschaft – oder zumindest die Erinnerung daran – wirkten in Europa nach dem Kriegsende weiter fort: Seltener in der Form von direkten »Handlungsanweisungen« für den Aufbau eines europäischen Wirtschaftssystems, mindestens anfänglich aber in der Gestalt zahlreicher Vorbehalte gegen eine deutsche Beteiligung daran. Mit der Einbindung der NS-Wirtschaftsgeschichte in längere Entwicklungszyklen und -linien hat Hans-Erich Volkmann wissenschaftliches Neuland betreten und der Forschung zahlreiche Türen geöffnet. Seine hier erstmals zusammengestellten Beiträge bilden in ihrer Gesamtheit einen ebenso gewichtigen wie fruchtbaren und stimulierenden Diskussionsbeitrag zur historischen Analyse des nationalsozialistischen Systems und seiner Wirkungsgeschichte. Den Charakter als wissenschaftlicher Meilenstein verdankt dieser Band aber auch einem weiteren Aspekt: Nach Fertigstellung dieses Buches tritt Hans-Erich Volkmann, seit 1971 Angehöriger des Militärgeschichtlichen Forschungsamtes und seit 1994 Leiter der Abteilung Forschung, im März 2003 in den Ruhestand. Die vorliegende Publikation spiegelt einen wichtigen Teilaspekt seines breiten wissenschaftlichen Werkes und ein erfolgreiches Forscherleben wider. Im Wissen darum, daß Hans-Erich Volkmann mit dem Ausscheiden aus seiner verantwortungsvollen leitenden Stellung mehr Muße für die wissenschaftliche Beschäftigung mit historischen Fragen gewinnt, freue ich mich auf künftige Erträge seiner Forschungen.

Viele Mitarbeiterinnen und Mitarbeiter des Hauses haben zur Fertigstellung des vorliegenden Sammelbandes beigetragen. Ihnen allen gilt mein Dank. Rolf-Dieter Müller hat als profunder Kenner des nationalsozialistischen Wirtschaftssystems die inhaltliche Einleitung der Schrift übernommen. Arnim Lang und sein Schriftleitungs-Team, allen voran Dierk Kähler (Lektorat), Antje Lorenz (Textgestaltung) und Bernd Nogli sowie Harald Wolf (Grafiken und Tabellen) haben die Drucklegung übernommen. Mein besonderer Dank gilt Bernhard Chiari, der das Gesamtprojekt als Herausgeber engagiert betreut und vorangetrieben hat.

Dr. Jörg Duppler
Kapitän zur See und
Amtschef des Militärgeschichtlichen Forschungsamtes

Rolf-Dieter Müller

Triebkräfte des Krieges oder: Die Suche nach den Ursachen der deutschen Katastrophe

Die Auseinandersetzung mit dem Zeitalter der deutschen Kriege im 20. Jahrhundert gehört zu den prägenden Erfahrungen vieler Menschen in der jüngsten Vergangenheit und sogar noch in der Gegenwart. Sie umfaßt zugleich eines der schwierigsten Aufgabenfelder der Geschichtswissenschaft in der Bundesrepublik Deutschland. Insbesondere der Zweite Weltkrieg, seine Ursachen und Folgen haben ihren festen Platz sowohl in der Erinnerung als auch in der Historiographie behalten. Dabei scheint es mit zunehmender zeitlicher Entfernung von den welthistorisch bedeutsamen Ereignissen eher noch ein Anwachsen des Interesses zu geben, wie die unverändert anschwellende Flut von Literatur beweist. Hingegen ebbt die geschichtspolitische Instrumentalisierung allmählich ab.

Der Prozeß der Historisierung vollzieht sich – trotz schriller Rückschläge – unaufhaltsam. Auch der Nationalsozialismus entschwindet aus der Gegenwart. Das schafft größeren Raum und eine größere Unbefangenheit für die Arbeit der Historiker, die mit nüchterner Distanz erklären wollen, wie es zur singulären Katastrophe des Zweiten Weltkrieges gekommen ist, welche Kräfte die Geschichte bewegt haben, welche Brüche uns heute von den Ereignissen trennen und welche Kontinuitäten dennoch bis in die Gegenwart reichen.

Am Ende des Zweiten Weltkrieges gab es nicht nur bei den Siegermächten, sondern auch in der deutschen Bevölkerung eine breit verankerte Auffassung, daß die deutsche Wirtschaft zu den Stützen des NS-Regimes gehört hatte und damit eine Mitverantwortung für die Expansions- und Kriegspolitik trug. Die von den Alliierten angestrengten Kriegsverbrecher-Prozesse förderten ausreichend Belege zutage, um die moralische und juristische Schuld führender Repräsentanten von Banken, Industrie und Rüstungskonzernen zu dokumentieren. Das betraf zum einen die politische Installation der Regierung Hitler, die Aufrüstung und Kriegsvorbereitung des »Dritten Reiches« und zum anderen die Expansions- und Ausbeutungspolitik während des Zweiten Weltkrieges[1].

Anders als etwa bei der Frage nach der Rolle der Wehrmacht gab es in der deutschen Öffentlichkeit keine Solidarisierung mit den angeklagten Wirtschaftsvertretern. Forderungen nach einer Sozialisierung der Wirtschaft fanden deshalb

[1] Siehe u.a. Entnazifizierung. Politische Säuberung und Rehabilitierung in den vier Besatzungszonen 1945-1945, hrsg. von Clemens Vollnhals, München 1991.

bis ins politisch konservative Lager hinein zeitweilig Zustimmung. Die symbolische Abstrafung und Entmachtung einer kleinen Zahl von Angehörigen der ehemaligen Wirtschaftselite machte in Westdeutschland den Weg frei für den wirtschaftlichen Wiederaufbau und die Installation einer sozialen Marktwirtschaft. Es war der Beginn einer Erfolgsgeschichte, die auf ihren ersten Etappen eine Weiterführung der kritischen Diskussion über die Rolle der Wirtschaft im NS-Staat dämpfte[2].

Weil die kapitalistische Wirtschaft im östlichen Deutschland – auch unter Hinweis auf ihre angebliche Kriegsschuld – durch eine kommunistische Zentralverwaltungswirtschaft abgelöst und die großen Eigentümer enteignet worden waren, wurde in der Hitze der ideologischen Konfrontation während des Kalten Krieges eine sachliche Auseinandersetzung mit der jüngsten Vergangenheit zusätzlich erschwert. Im Westen entwickelten sich im Zeichen des Antikommunismus zunächst sogar apologetische Tendenzen, die in der NS-Wirtschaft lediglich eine »gleichgeschaltete« Einrichtung – ohne jeglichen politischen Einfluß – sehen wollten[3]. Im Osten hingegen interpretierte man die Zeit des »Hitler-Faschismus« als negativen Höhepunkt des Kapitalismus, der hier seine wahre »Fratze« enthüllt habe und nun in Westdeutschland an seiner menschheitsbedrohenden Wiederauferstehung arbeite.

In dieser Sicht war Hitler lediglich die Marionette des Monopolkapitals gewesen, ein Handlanger des deutschen Imperialismus, dessen Grundzüge sich auf das 19. Jahrhundert zurückführen lassen und das sich zu einem Machtkartell reaktionärer, kriegslüsterner Kräfte entwickelt hatte, in dem das Großkapital Richtung und Ziel angab. Die Richtung hieß Aufrüstung und Krieg, das Ziel die Eroberung der Weltherrschaft[4]. Die Teilung Deutschlands und damit auch seiner Wissenschaft hat jedenfalls solche und ähnliche Verzerrungen in der Diskussion nicht verhindern können.

Einen wichtigen neuen Impuls gab in den sechziger Jahren die sogenannte Fischer-Kontroverse. Die Thesen von Fritz Fischer über die Ursachen des Ersten Weltkrieges und die Expansionspolitik des wilhelminischen Deutschland haben auch den Blick wieder auf den Einfluß der Wirtschaft gelenkt, ohne sich dabei auf marxistische Dogmen zu stützen oder pseudo-marxistische Klischees zu bedienen. Mit seinen Thesen zum »Bündnis der Eliten« hat Fischer die Brücke zum Zweiten Weltkrieg geschlagen und damit nachfolgenden Forschungen den Weg weisen können. Teilweise trotzig verhöhnt von der DDR-Historiographie nahm damit in der Bundesrepublik eine erneuerte Sozialgeschichte ihren Aufstieg, die den ökonomischen Triebkräften der deutschen Groß- und Weltmachtpolitik im 19. und

---

[2] Siehe allgemein Volker R. Berghahn, Unternehmer und Politik in der Bundesrepublik, Frankfurt a.M. 1985.

[3] Siehe z.B. Hans-Eckhardt Kannapin, Wirtschaft unter Zwang, Köln 1966. Für die Gegenposition siehe z.B. George W.F. Hallgarten, Hitler, Reichswehr und Industrie, 2. Aufl., Frankfurt a.M. 1955.

[4] Vgl. etwa die Edition Anatomie des Krieges, hrsg. von Dietrich Eichholtz und Wolfgang Schumann, Berlin (Ost) 1969; Anatomie der Aggression, hrsg. von Gerhart Hass und Wolfgang Schumann, Berlin (Ost) 1972.

20. Jahrhundert ebenso große Aufmerksamkeit zuwandte wie den sich wandelnden Einflüssen der ehemaligen Wirtschaftselite.

Auch wenn sich über das Ausmaß dieser Einflüsse letztlich kein Konsens bildete, der Streit um den Primat der Politik oder der Wirtschaft erwies sich als außerordentlich fruchtbar für die empirische Forschung und die Theoriebildung. Auswüchse blieben nicht aus. Gesellschaftskritisches Engagement von Historikern, Sozialwissenschaftlern und Intellektuellen fand in verschiedenen Spielarten von Faschismus- und Imperialismus-Theorien scheinbare Bestätigung für die Vermutung, daß die in der prosperierenden Bundesrepublik gepriesene Soziale Marktwirtschaft eine »dunkle« Vergangenheit besaß[5]. Im Sinne einer nachholenden Vergangenheitsbewältigung galt es durch gnadenlose Enthüllung die Mitschuld der Wirtschaft an Krieg und Expansion offenzulegen, womit zugleich ein wichtiger Beitrag zur Demokratisierung der autoritären Adenauer-Republik geleistet werden sollte. Radikalere Varianten trieben unter Rückgriff auf kommunistische Stamokap-Theorien und scheinbar menschheitsbedrohende Verschwörungen sogar zum revolutionären Aktivismus.

Die politische und geschichtspolitische Instrumentalisierung stand in den sechziger und siebziger Jahren jedenfalls in einem krassen Mißverhältnis zum wissenschaftlichen Ertrag dieser Debatte. Nur wenige Publikationen haben aus heutiger Sicht mehr als Zeugnischarakter für die Irrungen und Wirrungen der damaligen Zeit. Die seriösen Forschungen bestätigten weithin die »Nürnberger« Erkenntnisse und befaßten sich hauptsächlich mit der Rolle der großen Konzerne sowie ihrer Lenker[6]. Daneben geriet der gewerbliche Mittelstand als Stütze des Regimes ins Blickfeld[7]. Erste systematische Darstellungen, hauptsächlich über die Wirtschafts- und Aufrüstungspolitik in den dreißiger Jahren ergänzten das Bild. Der Vierjahresplan, die Handels- und Finanzpolitik rückten zeitweilig in den Mittelpunkt des Interesses[8]. In der Historiographie zum Zweiten Weltkrieg dominierten im Hinblick auf die wirtschaftlichen Aspekte die These Alan S. Milwards von der Blitzkriegswirtschaft[9] und die Faszination der Erinnerungen Albert Speers.

An dieser Stelle setzte 1979 das Serienwerk des Militärgeschichtlichen Forschungsamtes (MGFA) über »Das Deutsche Reich und der Zweite Weltkrieg« ein. Es nahm die damals modernen Ansätze der Sozial- und Wirtschaftsgeschichte auf und entwickelte sie für die Kriegszeit weiter. Ob Hitler überhaupt wirtschaftspolitische Vorstellungen besaß und ob seine Außen- und Kriegspolitik wirtschaftlichen Zielsetzungen folgte, war bald kaum noch umstritten, um so mehr sich auch die westdeutsche Militärgeschichtsschreibung solchen Fragestellungen öffnete. Sie

---

[5] Mit dem Hinweis auf unterschiedliche Ansätze siehe z.B. Eike Hennig, Industrie, Aufrüstung und Kriegsvorbereitung im deutschen Faschismus (1933–1939), in: Gesellschaftliche Beiträge zur Marxschen Theorie, 5, Frankfurt a.M. 1975, S. 68–148.

[6] Etwa Henry Ashby Turner, Faschismus und Kapitalismus in Deutschland. Studien zum Verhältnis zwischen Nationalsozialismus und Wirtschaft, Göttingen 1972.

[7] Siehe etwa Heinrich-August Winkler, Mittelstand, Demokratie und Nationalsozialismus, Köln 1972.

[8] Siehe Dietmar Petzina, Autarkiepolitik im Dritten Reich, Stuttgart 1968.

[9] Siehe Alan S. Milward, Die deutsche Kriegswirtschaft 1939–1945, Stuttgart 1966.

überrundete mit ihren Forschungsergebnissen rasch die DDR-Historiographie, die sich nach einer vorübergehenden Aufweichung dogmatischer Interpretationen in den sechziger Jahren wieder zunehmend in den Dienst der kommunistischen Geschichtspropaganda stellte.

Die sich auffächernde Vielfalt an Fragestellungen und methodischen Ansätzen in der Bundesrepublik stand in den achtziger Jahren im Zeichen eines nachlassenden Generationenkonflikts und im Tauwetter der ideologischen Konfrontation des Kalten Krieges. Das begünstigte auch die unverstellte Frage nach dem Zusammenhang von Krieg, Nationalsozialismus und Wirtschaft. Die Antworten fielen zunehmend differenzierter aus. Das betraf zum einen die Rolle der Wirtschaft bei der Installation des NS-Regimes. Hatte man früher vor allem auf die Spenden an die NSDAP gestarrt, so zeigen neuere Arbeiten die weithin unentschiedene Haltung vieler Vertreter von Banken, Industrie und Großbürgertum, aus deren Sicht Hitler und seine Partei zwar ein teilweise attraktives Konjunkturprogramm anboten, doch deren Erwartungen sich keineswegs allein auf Aufrüstung und Krieg richteten[10].

In der Zeit vor Kriegsbeginn kam es dann zu einer wachsenden Zustimmung zum Regime und seiner Wirtschaftspolitik, zumal diese zunächst in den Händen erfahrener Experten lag. Der zunehmende Einfluß von Parteibuch-Industriellen und jüngeren Managern in der immer stärker auf Rüstung und außenwirtschaftliche Expansion ausgerichteten Staatskonjunktur weckte ebenso Besorgnisse wie die Schuldenfalle, in die sich das »Dritte Reich« hinein bewegte. Hitlers expansiver und risikobereiter Kurs bot Teilen der deutschen Wirtschaft nicht nur Chancen, am Rüstungsboom zu verdienen und Auslandsmärkte zu erobern, sondern bedeutete aufs Ganze gesehen auch interne Reibungsverluste, strukturelle Verzerrungen und – aus der Sicht der Privatwirtschaft – eine bedenkliche Ausweitung von Parteiwirtschaft und staatlich-militärischem Dirigismus.

Die befürchtete Kommandowirtschaft nahm in der ersten Kriegshälfte durchaus Konturen an, doch die unerwartet großen Erfolge der Wehrmacht schufen für die deutsche Wirtschaft zugleich auch reizvolle Aussichten für die Nachkriegszeit, zumal Hitler und die zivile Wirtschaftsadministration sorgsam darauf bedacht waren, die kriegsbedingten Einschränkungen sowie den Einfluß der militärischen Rüstungsbehörden nicht ausufern zu lassen. In der Phase der Blitzfeldzüge und Nachkriegsplanungen konnten viele Firmen auf Einkaufstour im europäischen Ausland gehen, ihren Rat und ihre Wünsche über Interessenverbände zur Sprache bringen. Die »friedensmäßige« Kriegswirtschaft bis Anfang 1942 war – wie für die Bevölkerung, die konservative Militärelite und andere Gruppen – ebenso wie für die Wirtschaft die Phase größter Zustimmung zum NS-Regime und hoffnungsvoller Kooperation.

Der Umschwung zur totalen Kriegswirtschaft unter Albert Speer gab der industriellen Elite ein größeres Gewicht als je zuvor, doch die Übernahme von staatlichen Funktionen im Rahmen der sogenannten »Selbstverwaltung der Wirtschaft«

[10] Siehe hierzu den Überblick bei Gustav Luntowski, Hitler und die Herren an der Ruhr. Wirtschaftsmacht und Staatsmacht im Dritten Reich, Frankfurt a.M. 2000.

setzte einerseits die Rüstungsindustrie unter enormen Leistungsdruck und bedeutete andererseits für weite Bereiche der übrigen Wirtschaft die Preisgabe der Selbständigkeit oder gar der Stillegung. Zur »Selbstmobilisierung« gehört auch die Mitverantwortung für die Sklavenarbeit von Kriegsgefangenen, ausländischen Zwangsarbeitern und KZ-Häftlingen sowie das enge Zusammenwirken mit staatlichen Einrichtungen bei der Ausbeutung besetzter Gebiete und der Organisation der deutschen »Großraumwirtschaft«.

Selbst unter den Umständen des totalen Krieges ist es Firmen und Konzernen – wie neuere Forschungen zeigen[11] – in einem bemerkenswerten Ausmaß gelungen, eigene Interessen zu verfolgen, sich still, aber wirkungsvoll Hitlers Maxime der Selbstaufopferung und des Untergangs zu entziehen. Eine wachsende Distanzierung zum NS-Regime und die Entwicklung von Überlebensstrategien kennzeichnen die Haltung der Wirtschaft in der Schlußphase des Krieges.

Der in diesem Band thematisierte Zusammenhang von Wirtschaft, Expansion und Krieg berührt beide Teildisziplinen der Geschichtswissenschaft, Militärgeschichte und Wirtschaftsgeschichte, die im letzten Jahrhundert weitgehend von einander abgeschottet geblieben sind. Die Schwierigkeiten einer interdisziplinären Zusammenarbeit lagen und liegen auf beiden Seiten. Für die Militärgeschichte hatte bereits Hans Delbrück den wenig erfolgreichen Versuch unternommen, für eine Berücksichtigung ökonomischer Faktoren zu werben. Der Durchbruch zu einer modernen Wissenschaftsdisziplin erfolgte in Deutschland erst in den sechziger und siebziger Jahren, jetzt durchaus mit der Bereitschaft zu interdisziplinären Ansätzen. Das Interesse an wirtschafts- und technikhistorischen Aspekten der Militärgeschichte ist gleichwohl bis in die Gegenwart eher gering geblieben[12]. Auf der anderen Seite hatte die ältere nationalökonomisch und empirisch orientierte Wirtschaftsgeschichte auch den Zusammenhang von Wirtschaft, Politik und Krieg im Blick gehabt. Sie erlebte aber just in dem Augenblick, in dem sich die Militärgeschichte öffnete, die Renaissance theoriegeleiteter Ansätze, die sich bei der Suche nach Strukturen und Gesetzmäßigkeiten mit dem Phänomen Krieg schwer taten oder es schlicht ignorierten.

Die Aufgeschlossenheit für interdisziplinäre Forschungen findet jedenfalls nicht immer die angemessene Aufmerksamkeit auf der einen oder anderen Seite. Während die Militärgeschichte sich also seit langem aus der Verengung einer »reinen« Kriegs- und Operationsgeschichte befreit hat, scheint es der etablierten Wirtschaftsgeschichte bei ihrer andauernden Neuorientierung schwerer zu fallen, über den Tellerrand der eigenen Disziplin zu blicken. Gegenwärtig liebäugeln manche mit der Kulturgeschichte, um die eigenen Erklärungsmodelle besser absichern zu

---

11 Siehe u.a. mit einigen Fallbeispielen Paul Erker, Industrieeliten in der NS-Zeit. Anpassungsbereitschaft und Eigeninteresse von Unternehmern in der Rüstungs- und Kriegswirtschaft 1936–1945, Passau 1994. Unter den Spezialstudien ragen besonders heraus Neil Gregor, Stern und Hakenkreuz. Daimler-Benz im Dritten Reich, Berlin 1997, und Hans Mommsen und Manfred Grieger, Das Volkswagenwerk und seine Arbeiter im Dritten Reich, Düsseldorf 1996.

12 So auch der Eindruck nach dem programmatischen Band Was ist Militärgeschichte?, hrsg. von Thomas Kühne und Benjamin Ziemann, Paderborn [u.a.] 2000.

können[13]. Einzelne meist empirisch orientierte Wirtschaftshistoriker haben gegen die Kopflastigkeit einer theoriegesteuerten, nahezu historischen Forschung aber stets den Diskurs auch mit der Militärgeschichte gesucht[14]. Organisation und Einsatz des Gewaltmonopols stellen nun einmal stärkste Ausdrucksformen staatlichen Handelns dar, die dazu zwingen, die Rolle von Politikern und Institutionen anders zu bewerten als im Rahmen der allgemeinen Wirtschaftspolitik. Kurz: Rüstung und Krieg sind Bereiche, in denen der Primat der Politik wohl am wenigsten in Frage zu stellen ist.

Entgegen einem weitverbreiteten Mißverständnis besteht durchaus ein Spannungsverhältnis zwischen Krieg und Wirtschaft. Beide Bereiche stellen, obwohl oftmals eng verstrickt, prinzipiell gegensätzliche Lebenswelten dar, was den beiden wissenschaftlichen Disziplinen ihre Kernkompetenz verleiht.

Wirtschaft als die Organisation der Produktion und des Tausches von Gütern ist im Prinzip ein friedfertiges, friedensförderndes System, geradezu eine Gegenwelt von Gewalt und Krieg. Die Geschichte allerdings zeigt uns, daß dieses Prinzip oft genug durchbrochen worden ist, indem Staaten und Völker versucht haben, ihre wirtschaftlichen Interessen mit militärischen Mitteln durchzusetzen.

Das Verhältnis von Wirtschaft und Krieg, von Militärgeschichte und Wirtschaftsgeschichte, ist also komplizierter als eine bloße Gegenüberstellung.

Dazu lassen sich drei Überlegungen voranstellen.

1. Kriege sind, von ihren anderen Motivationen und Faktoren abgesehen, von Anbeginn der Menschheit auch von »Wirtschaft« geprägt worden. Nahrung, Ausrüstung und Bewaffnung waren und sind unabdingbare Voraussetzungen für den Kampf von Kriegern, Stammesgruppen, Völkern und Nationen. Die Herstellung, Beschaffung und Verteilung der Kriegsmittel entscheiden in der Regel über Erfolg oder Mißerfolg von Feldzügen und Schlachten. Daß Tapferkeit der Soldaten und Genie der Feldherren materielle Unterlegenheit ausgleichen können, dafür gibt es viele Beispiele in der Kriegsgeschichte, aber sie markieren eher die Ausnahmen von der Regel. Materielle Überlegenheit, quantitativ in der Zahl der Kriegsmittel oder qualitativ durch eine überlegene Waffentechnik oder Ausrüstung bieten andererseits keine Garantie für den Sieg.
2. Wirtschaft im Sinne von Verfügbarkeit über materielle Ressourcen wird damit zugleich auch Angriffsobjekt und Kriegsziel. Es geht darum, die Kriegsmittel des Feindes zu zerstören oder zumindest ihren Einsatz zu verhindern.

---

[13] Der Band zur Tagung der Gesellschaft für Westfälische Wirtschaftsgeschichte 2001 in Dortmund über »Die Wirtschaftsgeschichte vor der Herausforderung durch die New Institutional Economics« erscheint demnächst. Für die Verbindung des neuen wirtschaftshistorischen Institutionenbegriffs von Douglass C. North mit kulturwissenschaftlichen Konzepten plädierte vor allem Clemens Wischermann. Zu der Suche nach Verknüpfungen siehe auch Hansjörg Siegenthaler, Geschichte und Ökonomie nach der kulturalistischen Wende, in: Geschichte und Gesellschaft 25 (1999), S. 276.

[14] Bei den älteren ist vor allem an Willi A. Boelcke und Alan S. Milward zu denken, aber auch unter den jüngeren Wirtschaftshistorikern finden Themen des Zweiten Weltkrieges und zur Militärgeschichte vielfach Interesse. Unter den neuesten Arbeiten ragt zweifellos die Studie von Lutz Budraß, Flugzeugindustrie und Luftrüstung 1918-1945, Düsseldorf 1998, hervor.

Sie sind Beute, Grundlage für künftigen Reichtum und künftige Kriegführung, Voraussetzung dafür, daß der geschlagene Feind die Herrschaft des Siegers anerkennen muß und keine Basis für eine Fortsetzung oder spätere Wiederaufnahme des Kampfes mehr hat. Hierhin gehört auch der Begriff »Wirtschaftskrieg«, mit dem wir heute eine Auseinandersetzung bezeichnen, die dem Waffenkrieg vorangeht oder ihn sogar ersetzt, d.h. mit *ökonomischen* Mitteln den Gegner bzw. seine Wirtschaft blockiert, schädigt oder zerstört und so seine Fähigkeit zur Kriegführung beeinträchtigt oder vernichtet.
3. Wirtschaft prägt also den Krieg, kann ihn sogar auslösen und bestimmen und kann sich zugleich doch auch *selbst* unter den Auswirkungen von Rüstung und Krieg verändern, soweit, daß sie zur Sklavin des Feldherrn wird und sich für den Krieg verzehrt. Das gilt für die Subjekte der Wirtschaft ebenso wie für ihre Strukturen. Wir finden in der Menschheitsgeschichte, von den Feldzügen der Assyrer bis zur Kriegführung Wallensteins im Dreißigjährigen Krieg, vielfältige Facetten der wirtschaftlichen Dimensionen des Krieges.

Die Herausbildung des neuzeitlichen Staatenwesens und der bürgerlichen Gesellschaft hat zwar Grenzen zwischen Staat und Wirtschaft, zwischen Friedenswirtschaft und Kriegswirtschaft stärker als zuvor markiert, aber die Interdependenzen nicht beseitigt. Bis ins 18. Jahrhundert hinein waren die Grenzen fließend, oder wie Goethe den Mephisto sprechen läßt:

›Krieg, Handel und Piraterie,
Dreieinig sind sie, nicht zu trennen« (Faust II).

Der Zweck des frühneuzeitlichen Staates bestand ja hauptsächlich darin, die finanziellen Mittel für die Kriegführung zu mobilisieren.

Im frühen 19. Jahrhundert war der bürgerliche Liberalismus davon überzeugt, daß die Befreiung des Bürgers aus feudaler Abhängigkeit sowie die Freiheit von Handel und Gewerbe Frieden und Wohlstand hervorbringen würden. Der Fortschritt der Menschheit würde in größeren politischen und wirtschaftlichen Räumen voranschreiten und schließlich die ganze Welt umfassen. Die Überwindung der deutschen Kleinstaaterei schien dazu der erste Schritt zu sein.

Diese idealistische Utopie wurde freilich zerstört durch die Verbindung des Liberalismus mit einem sich zunehmend radikalisierenden Nationalismus und einem Sozialdarwinismus, der die Wirtschaft an die Nation und ihren Kampf um einen »Platz an der Sonne« band. Dieser Wirtschaftsnationalismus entwickelte im Kolonialismus, in der Konkurrenz der Imperialismen, in zahllosen Kriegen und schließlich in zwei verheerenden Weltkriegen eine gefährliche Sprengkraft.

Vor hundert Jahren ist mit den Haager Friedenskonferenzen immerhin der erste erfolgreiche Versuch unternommen worden, den Einsatz von Kriegsmitteln verbindlichen Regeln zu unterwerfen und für einen gewissen Schutz des privaten Handels und Eigentums gegenüber feindlichen Einwirkungen zu sorgen.

Die Haager Landkriegsordnung und die späteren völkerrechtlichen Verträge und Bindungen der Staaten, das Bemühen um Schiedsordnungen zur Konfliktregelung, schließlich zum Aufbau einer Weltordnung in Gestalt des Völkerbundes, dann der Vereinten Nationen haben Wettrüsten, Raub- und Vernichtungskriege,

Wirtschaftskriege und den hemmungslosen Einsatz moderner Waffentechnik im letzten Jahrhundert be- aber nicht verhindern können.

Durch die Industrialisierung des Krieges sind in zwei Weltkriegen bislang unvorstellbare Mengen an Kriegsmaterial produziert und eingesetzt worden, entsprechend potenziert wurden auch die menschlichen Opfer und die materiellen Verwüstungen.

Dennoch: Vor zweihundert Jahren hat Immanuel Kant bei seinen Überlegungen »Zum ewigen Frieden« zu Recht auf zwei Entwicklungen vertraut. Zum einen werde der »Hang zum wechselseitigen Hasse« bei anwachsender Kultur einmünden in einen konstruktiven Wettbewerb, der ein Gleichgewicht zwischen den Völkern hervorbringen werde. Zum anderen würden die Völker eben auch durch das Streben nach wirtschaftlichem Wohlstand integriert, denn was der Begriff des »Weltbürgerrechts« allein nicht gegen Gewalt und Krieg sichern könne, würde aus dem wechselseitigen Eigennutz folgen: Mit den Worten Kants:

> »Es ist der Handelsgeist, der mit dem Kriege nicht zusammen bestehen kann, und der früher oder später sich jedes Volks bemächtigt.«

Folgt man dieser Auffassung, wird man der Wirtschaftsgeschichte wie der Militärgeschichte also ihren jeweils eigenen Platz in der Historiographie einräumen. Auch wenn sich in dem skizzierten allgemeinen Bezugsfeld von Krieg und Wirtschaft beide Spezialdisziplinen immer wieder begegnen, sind die jeweiligen Schwerpunkte wohl doch einander entgegengesetzt. Sowohl die empirisch arbeitende als auch die theoriegeleitete Wirtschaftsgeschichte werden als Dialogpartner der Militärgeschichte immer wieder wichtige Beiträge liefern können, in dem sie ihrerseits nach dem Einfluß von Rüstung und Krieg auf wirtschaftliche Konjunkturen und Strukturen fragen.

Sie gehen aber beide davon aus, daß der Krieg nicht zum Regelfall der Wirtschaftsgeschichte zählt, sondern eine Ausnahmesituation bildet, quasi eine Störung langer Wellen, die zu dramatischen Kurvenausschlägen führt und sich über größere Zeiträume betrachtet wieder ausgleicht. Und deshalb neigen manche Ökonomen auch dazu, den Einfluß der Politik auf wirtschaftliche Entwicklungen geringer einzuschätzen als Historiker, die sich mit den politischen Entscheidungsprozessen und ihren Ergebnissen beschäftigen.

Dabei kann in unserem Falle nicht ernsthaft daran gezweifelt werden, daß – bei allen notwendigen differenzierenden Einschränkungen – der totalitäre Führerstaat Hitlers die Wirtschaft in die Pflicht zu nehmen und sich konsequent auf die Bedürfnisse des Krieges verstand. Die Instrumente des staatlichen Dirigismus wurden konsequent ausgebaut. Ihr Einsatz folgte den Entscheidungen, die von der politischen Spitze gesetzt und innerhalb des Staatsapparates abgesprochen worden waren.

Auf vielfältige Weise ist dabei auch die Wirtschaft mit einzelnen Repräsentanten und unterschiedlichen Institutionen einbezogen worden. Nur empirische Einzelstudien, wie sie hier in dem Band versammelt sind, können ausleuchten, von welcher Seite im konkreten Fall Initiativen ergriffen worden sind, welche möglicherweise unterschiedlichen Konzeptionen und Interessen abgeklärt werden mußten und in welcher Weise das Regime seine Politik gegenüber fremden Mächten durchzusetzen verstand.

Die Geschichte der NS-Wirtschaftspolitik läßt sich jedenfalls weder auf die apolitische Interpretation von Statistiken noch auf marxistische oder pseudosozialistische Verschwörungstheorien reduzieren, sondern fordert den umfassenden Einsatz historisch-kritischer Methoden. Dazu gehört beispielsweise auch der ideengeschichtliche Ansatz. Um die Frage, ob es überhaupt eine spezifisch nationalsozialistische Wirtschaftstheorie gegeben hat, läßt sich trefflich streiten[15], aber wohl kaum darüber, daß es im »Dritten Reich« ein Wirtschaftsprogramm gegeben hat, welches sich die Ausrichtung auf den Krieg und die Schaffung einer blockadefesten Großraumwirtschaft im kontinentaleuropäischen Maßstab zum Ziel setzte.

Daraus resultierte ein engeres Zusammenwirken von Staat, Privatwirtschaft und Wehrmacht, bei dem jeweils unterschiedliche Konstellationen zur Durchsetzung von Teilzielen auftraten. Diese Teilidentität der Ziele und die keineswegs immer uneingeschränkte Kooperation und Absprache boten den Objekten dieser Politik allerdings auch die Chance, eigene Interessen wirkungsvoller ins Spiel zu bringen und die deutschen Verhandlungspartner notfalls gegeneinander auszuspielen. So erklären sich manche Widersprüche in der deutschen Außenwirtschaftspolitik, die keineswegs immer konsequent die militärischen und kriegswirtschaftlichen Forderungen durchzusetzen verstand.

Diese allgemeine Ausrichtung auf ein Deutschland jenseits der Grenzen von 1937, jenseits auch einer Revision von Versailles und schließlich jenseits der vergangenen wilhelminischen Großmachtposition bedeutete für die alten nationalkonservativen Führungseliten zwar den Schulterschluß mit dem NS-Regime, aber nicht zwangsläufig auch die Übernahme von rassenideologischen Maximen und radikalen »Neuordnungs«-Vorstellungen. Die verschwommene Reichsidee war – wie Heinrich-August Winkler betont – das einigende Band, das Hitler zu nutzen versuchte, um die alten Eliten in seine »neue Zeit« eines »Großgermanischen Reiches deutscher Nation« mitzuziehen[16].

Hier konnten sich auch manche Wirtschaftsverbände und Unternehmen aktiv einbringen, die im Fahrwasser des politischen Expansionsdrangs Chancen zur Ausweitung und Festigung ihrer Position auf den Auslandsmärkten erkannten. Der politische Rückenwind aus Berlin hatte freilich nicht nur Vorteile. Er fesselte die Unternehmer an Devisenbewirtschaftung, Ausfuhrverbote, Kompensationsgeschäfte und ein bilaterales Verrechnungssystem, was vorrangig den politischen und militärischen Gesichtspunkten Rechnung tragen sollte und individuellen Firmeninteressen oft nur geringe Spielräume ließ.

Zum politischen Gestaltungswillen in der Außenwirtschaft kam die zunehmende Militarisierung. Auch Unternehmer können patriotisch empfinden und hatten in den dreißiger Jahren die Erfahrungen des Ersten Weltkrieges deutlich vor Augen. Alles sprach dafür, daß Deutschland im Kriegsfalle Zugriff auf auswärtige

[15] Avraham Barkai, Das Wirtschaftssystem des Nationalsozialismus. Ideologie, Theorie, Politik 1933–1945, Frankfurt a.M. 1988.

[16] Heinrich-August Winkler, Der lange Weg nach Westen, Bd 2, München 2000.

Ressourcen brauchte, um einen Blockadekrieg überstehen zu können. So gesehen konnte die privatwirtschaftliche Expansion im Rahmen der angestrebten »Großraumwirtschaft« zugleich auch ein Beitrag sein zur Formung einer »Großraumwehrwirtschaft«, zur Mobilisierung der Wirtschaft für den Krieg.

Ob es nun Kräfte gab, die in der Wirtschaft selbst angelegt zum Krieg drängten, ihn gar unvermeidbar machten, wird man heute eher verneinen können. Alle in der Vergangenheit vorgelegten Indizien lassen sich so deuten, daß die im politischen Raum erzeugte, drohende Kriegsgefahr auch in Wirtschaftskreisen 1938/39 wahrgenommen wurde. Manche begann sich darauf einzustellen, andere verschlossen die Augen und suchten selbst noch nach Kriegsbeginn an den Friedensverhältnissen festzuhalten, also z.B. zivile Exportchancen zu erhalten. Nicht jedes Unternehmen profitierte zwangsläufig vom Krieg, Hunderttausende mußten vielmehr um Selbständigkeit und Überleben bangen.

Insgesamt wird man sagen können, daß die deutsche Wirtschaft im Zuge des rüstungskonjunkturellen Aufschwungs nicht des »Schwertes« bedurfte, um ihre europäische Position zu halten und zu erweitern. Auch die Krisenphänomene, die durch die Autarkiebestrebungen, die überhitzte Rüstung und die waghalsige Finanzpolitik ausgelöst worden waren, machten den Krieg 1939 keineswegs unvermeidbar. Da aber die Politik den Weg bestimmte, folgte auch die Wirtschaft, teils freudig oder zumindest willig, teils skeptisch und abwartend, nicht viel anders als die Offiziere und andere traditionelle Machteliten sowie die Bevölkerung insgesamt.

Die in diesem Band vereinten Spezialuntersuchungen ordnen sich in diesen Kontext ein. Der Beitrag über den Weg der deutschen Wirtschaft ins »Dritte Reich« hebt die Bedeutung der Weltwirtschaftskrise hervor, die in Deutschland vor allem in politischer Hinsicht fatale Folgen auslöste und sich damit von den anderen betroffenen Volkswirtschaften unterschied. Insbesondere der Mittelstand habe sich hier endgültig von der demokratischen Regierungsform verabschiedet und sein Heil in einer »nationalen Revolution« gesucht, die Arbeitsbeschaffungsmaßnahmen, die »Wiederwehrhaftmachung« und die Formung einer »Volksgemeinschaft« versprach.

Der Faszination solcher Parolen und Vorstellungen erlag schließlich auch die Großwirtschaft, die, hauptsächlich durch den Zusammenbruch des Weltmarktes alarmiert, die Zuflucht in Großraumkonzepten suchte. Der Prozeß der Annäherung dieser Kräfte mit der NS-Bewegung, die schließlich zur Machtübernahme Hitlers führte, wird skizziert, wobei auch die oft übersehene Rolle der Agrarier einbezogen wird. Für einzelne Länder und Regionen analysiert Hans-Erich Volkmann die Ausrichtung der deutschen Außenwirtschaftspolitik auf das Ziel der Großraumwirtschaft in den dreißiger Jahren. Er beschreibt die Schachzüge der deutschen Politik und einzelner Institutionen und legt die Auffassung und Interessenlage von Wirtschaftsvertretern dar. Die detaillierte Rekonstruktion der Entscheidungsprozesse und ihrer Ergebnisse vermittelt ein differenziertes Bild von wichtigen Faktoren der deutschen Kriegsvorbereitung und Kriegführung im Zweiten Weltkrieg.

Als Ausgangspunkt und allgemeiner Rahmen ist der Originalbeitrag über die Konzeption der Großraumwirtschaft zu sehen. Er stellt die politische Vorgabe einer Autarkie im europäischen Großraum in den Mittelpunkt. Es war beileibe kein spezifisch nationalsozialistisches Programm, sondern nahm ältere Stränge der wirtschaftspolitischen Diskussion in Deutschland ebenso auf wie Schlußfolgerungen der damaligen kriegstheoretischen Erörterungen. Auch andere Großmächte und Imperien dieser Zeit bewegten sich auf solchen programmatischen Bahnen. In mancher Hinsicht – man denke etwa an das Autarkiestreben – erinnert es an die parallel verlaufende stalinistische Wirtschaftspolitik. Die »völkische« und rassenideologische Prägung als nationalsozialistisches Spezifikum mochten manche Wirtschaftler in Deutschland und außerhalb zunächst noch als bloße Propaganda bewerten. Daraus wurde aber im Zweiten Weltkrieg bekanntlich blutiger Ernst.

Dieses typische nationalsozialistische Sammlungskonzept integrierte anfangs auch unterschiedliche Stimmen und Vorstellungen. Weder legte sich die deutsche Wirtschaft damit ausschließlich und eindeutig auf Hitlers Kriegskurs fest, noch entwickelte sich die praktische Wirtschaftspolitik in diesem Sinne doktrinär und widerspruchsfrei. Das macht die empirische Analyse der Geschichte des »Dritten Reiches« so spannend und im Ergebnis offen. Die im kritischen Dialog mit der früheren marxistischen Wirtschaftshistoriographie entstandenen Untersuchungen von Hans-Erich Volkmann dokumentieren und bestätigen diese unverändert gültige Einsicht.

In seinen damaligen Überlegungen zum Verhältnis von Großwirtschaft und NS-Regime während des Zweiten Weltkrieges hat er wegweisende Thesen formuliert, die in den achtziger und neunziger Jahren nicht nur im fünften Band des Weltkriegswerkes weiterentwickelt worden sind. Zahlreiche Studien über einzelne Firmen und Unternehmer haben unser Bild über die Rolle der Wirtschaftselite im »Dritten Reich« erheblich differenziert, gleichwohl behalten auch solche größeren Raster ihren erkenntnistheoretischen Wert.

Auch die materialreiche Abhandlung über Außenhandel und Aufrüstung in der Vorkriegsphase hat den Weg zu wichtigen Einsichten über Deutschlands Weg in den Zweiten Weltkrieg geebnet. In diesem oft eher am Rande behandelten Bereich wird das komplizierte Zusammenspiel von Staat und Wirtschaft besonders deutlich. Indem Volkmann nun die rüstungsspezifische Funktion der außenwirtschaftlichen Beziehungen hervorhebt, unterstreicht er noch einmal den politischen Primat, der privatwirtschaftliche Bestrebungen zu nutzen verstand, aber eben auch einer engen Regie unterwarf.

Über den Erfolg einer solchen zielstrebigen, auf Expansion und Krieg ausgerichteten Politik läßt sich nachträglich trefflich streiten. Gab es überhaupt ein »Wirtschaftswunder« in den dreißiger Jahren, das viele Zeitgenossen später in der Erinnerung verklärt haben und das nach dem »Rüstungswunder« während des Krieges zur Grundlage des westdeutschen »Wirtschaftswunders« geworden ist? Darüber debattieren Wirtschaftshistoriker in der Gegenwart unverändert heftig. Während die einen hier ein Beispiel für die »Keynesianische Revolution« im kapitalistischen

Wirtschaftssystem (Abelshauser) sehen wollen[17], meinen andere eher die ruinösen Folgen in Hitlers Wirtschaftspolitik hervorheben zu müssen[18].

Abseits vom anhaltenden wirtschaftswissenschaftlichen Diskurs über den Sinn oder Unsinn staatlicher Konjunkturprogramme, über Neoliberalismus contra staatlicher Wirtschaftssteuerung und über die Schwierigkeit der Bemessung von Wirtschaftsleistungen ist doch nicht zu übersehen, daß die Wirtschaft des »Dritten Reiches« es vermocht hatte, das Tal der Weltwirtschaftskrise von 1929 zu verlassen. Bis Kriegsbeginn 1939 jedenfalls hatte – laut offizieller Statistik – Deutschland seine dominierende Position im europäischen Binnenhandel festigen und nach strategischen Gesichtspunkten umbauen können. Doch war es nicht gelungen, die Auslandsabhängigkeit erheblich zu verringern und die Blockadesicherheit – im Vergleich zu 1914 – wesentlich zu erhöhen. Außerdem hatten die Ausweitung der Produktionsleistung und die Beseitigung der Arbeitslosigkeit als Ergebnis der politischen Eingriffe zu ökonomischen und währungspolitischen Schieflagen geführt.

Der Vorrang rüstungspolitischer Ziele, darauf hat Albrecht Ritschl hingewiesen, sowie die Unfähigkeit des Regimes, klare Prioritäten zu setzen und sich auf die vorhandenen Möglichkeiten zu beschränken, verhinderten eine rationale Bewältigung der internen Krisenphänomene. Weil die Unzulänglichkeit der Rohstoff- und Ernährungsbasis zur Ideologie erhoben worden war, sei ein wirtschaftlicher Umgang mit dem vorhandenen Potential nicht zu erwarten gewesen[19].

Entscheidend aber ist gewesen, daß unter dem rüstungspolitischen Primat Außenhandel nicht nur von Hitler, sondern auch von den Fachmilitärs als unentbehrliches Instrument der Kriegsvorbereitung angesehen wurde, als Element eines »kalten« Wirtschaftskrieges, der bereits im Frieden geführt werden mußte und jederzeit zu einem »heißen« Krieg unter Einsatz der bewaffneten Macht überleiten konnte. Bei einer Übungsreise des Wehrwirtschaftsstabes im OKW hieß es im Juni 1939 deutlich, daß der Wirtschaftskrieg zum »Vernichtungskrieg« werden würde, bei dem keinerlei ethische Gesetze berücksichtigt werden könnten. Dabei könne auch die »Ausrottung« von Teilen der Gegner notwendig werden. Gerade weil es Deutschland an ausreichenden ökonomischen Mitteln für einen Wirtschafts- und Blockadekrieg fehle, komme dem »Waffeneinsatz« zwingende Bedeutung zu[20].

Der Beitrag über die Veränderungen der Außenwirtschaftsbeziehungen in der ersten Kriegsphase demonstriert im vorliegenden Band an zahlreichen Beispielen, daß trotz kurzzeitiger Entspannungen durch Beutenahme die Versorgungsengpässe insgesamt zunahmen und ökonomische Handlungsspielräume gegenüber Ver-

---

17 Werner Abelshauser, Kriegswirtschaft und Wirtschaftswunder. Deutschlands wirtschaftliche Mobilisierung für den Zweiten Weltkrieg und die Folgen für die Nachkriegszeit, in: VfZG, 47 (1999), 4, S. 1-36.

18 Christoph Buchheim, Die Wirtschaftsentwicklung im Dritten Reich – mehr Desaster als Wunder. Eine Erwiderung auf Werner Abelshauser, in: VfZG, 49 (2001), 4, S. 653-664.

19 Albrecht Ritschl, Die NS-Wirtschaftsideologie – Modernisierungsprogramm oder reaktionäre Utopie?, in: Nationalsozialismus und Modernisierung, hrsg. von Michael Prinz und Rainer Zitelmann, Darmstadt 1991, S. 69.

20 Oberst Wilhelm Becker, Leiter der Rüstungswirtschaftlichen Abteilung, zit. nach Rolf-Dieter Müller, Wirtschaftskriege – Krieg und Wirtschaft: das Beispiel des »Dritten Reiches«, in: Ernst-Otto Czempiel [u.a.], Krieg, Heidelberg 2001, S. 47 f.

bündeten und Neutralen verkürzten, so daß der weitere Einsatz der Wehrmacht zur Sicherung der lebensnotwendigen Versorgungsströme nahe zu liegen schien. Über solche Einzelstudien hinaus ist die deutsche Außenwirtschaftspolitik im Zweiten Weltkrieg systematisch lediglich bei Willi A. Boelcke[21], dort insbesondere aus dem Blickwinkel des Reichswirtschaftsministeriums, und im fünften Band des Weltkriegswerkes, dort stärker aus dem Blickwinkel des OKW, betrachtet worden.

Wenn Volkmann besonders den ideologischen Charakter der Besatzungspolitik betont, dann wird das von zahlreichen jüngeren wissenschaftlichen Forschungen immer wieder bestätigt. In nahezu allen europäischen Ländern hat die wissenschaftliche Auseinandersetzung mit der Zeit deutscher Besatzung bzw. der Kollaboration mit dem NS-Regime in den letzten zwei Jahrzehnten eine Fülle neuer Details zutage gefördert, die unser Bild wesentlich erweitert und vertieft haben[22]. Hier haben die deutschen historiographischen Bemühungen oft hilfreich und anregend gewirkt, auch wenn sie meist nur von deutscher Seite aus und auf deutsche Quellen gestützt die Wirtschaftsbeziehungen während des Zweiten Weltkrieges analysierten.

Dennoch ist die Tabuisierung oder Verzerrung dieser Vergangenheit in den westeuropäischen Ländern eigentümlicher Weise nicht sehr viel früher aufgebrochen worden als in den Staaten des ehemaligen sowjetischen Imperiums. Gerade dort können in Zukunft durch die Öffnung der Archive und den Diskurs einer erneuerten Historikerzunft wichtige Impulse auf den deutschen Forschungsstand zurückwirken. Mit seinem Projekt eines deutsch-deutschen Diskurses über die Ursachen des Zweiten Weltkrieges hat Hans-Erich Volkmann, beginnend in der Spätphase der DDR, einen Beitrag zur Restituierung einer gesamtdeutschen Historiographie geleistet. Sein Respekt vor den unbestrittenen wissenschaftlichen Ergebnissen einzelner früherer DDR-Historiker[23] hatte ihn in seinem Bemühen bestärkt, ihre Integration zu unterstützen. Ein nachfolgender Sammelband über das Rußlandbild des »Dritten Reiches« bewies einmal mehr, daß im gemeinsamen Forschungsdrang Unterschiede der Sozialisation und Ausbildung an Bedeutung verlieren können[24].

So wie Volkmann in den siebziger Jahren die Militärgeschichte für die Wirtschaftsgeschichte zu öffnen versuchte[25], war es ihm stets ein wichtiges Anliegen,

---

21 Willi A. Boelcke, Deutschland als Welthandelsmacht 1930-1945, Stuttgart 1994.

22 Einen Überblick bieten die beiden Bände der Serie Nationalsozialistische Besatzungspolitik in Europa 1939-1945, Bd 3: Die »Neuordnung« Europas. NS-Wirtschaftspolitik in den besetzten Gebieten, hrsg. von Richard J. Overy [u.a.], Berlin 1997; Bd 9: Krieg und Wirtschaft. Studien zur deutschen Wirtschaftsgeschichte 1939-1945, hrsg. von Dietrich Eichholtz, Berlin 1999. Siehe auch die systematische Darstellung von Hans Umbreit in beiden Teilen des 5. Bandes des Weltkriegswerkes Das Deutsche Reich und der Zweite Weltkrieg. Zu den Wirtschaftsbeziehungen mit den neutralen und verbündeten Staaten siehe dort meine Beiträge.

23 Ökonomie und Nationalsozialismus. Versuch einer deutsch-deutschen historiographischen Bestandsaufnahme, in: Faschismus und Rassismus. Kontroversen um Ideologie und Opfer, hrsg. von Werner Röhr, Berlin 1992, S. 206-227.

24 Das Rußlandbild im Dritten Reich, hrsg. von Hans-Erich Volkmann, Köln, Weimar, Wien 1994.

25 Davon zeugen u.a. die beiden Tagungsbände Wirtschaft und Rüstung am Vorabend des Zweiten Weltkrieges, hrsg. von Hans-Erich Volkmann und Friedrich Forstmeier, Düsseldorf 1975 und

auch den Blick für die schwierige Geschichte Deutschlands zu seinen osteuropäischen Nachbarn einzubringen. Bereits seine Dissertation an der Universität Mainz befaßte sich mit der russischen Emigration in der Weimarer Republik[26], seine Habilitationsschrift – auf den Spuren von Fritz Fischer – mit der Kriegszieldiskussion gegenüber dem Baltikum am Ende des Ersten Weltkrieges[27]. Die Geschichte der deutsch-baltischen Beziehungen, die im vorliegenden Band im Hinblick auf die wirtschaftliche Bedeutung analysiert wird, ist zu einem besonderen Schwerpunkt seiner Forschungstätigkeit geworden. Volkmann hat sich auch nicht gescheut, in späteren Jahren das Wirken ehemaliger akademischer Lehrer im »Dritten Reich« kritisch aufzuarbeiten, die als renommierte Osteuropa-Historiker in der frühen Bundesrepublik ihre Zunft geprägt haben[28].

Neben Rußland und dem Baltikum haben Volkmanns vielfältige Forschungskontakte zu Polen ebenfalls Spuren im vorliegenden Band hinterlassen. Dabei gründet sich sein Urteil auch hier auf fundierte Kenntnisse der Landesgeschichte[29]. Das breite Spektrum seiner Publikationen und Forschungsarbeiten reicht über die ganze Zeitspanne der Zeitgeschichte. Neben einzelnen Aspekten der Weimarer Republik[30] bildete vor allem die Geschichte des »Dritten Reiches« den eigentlichen Schwerpunkt seines Interesses. Es führt vom Problem der »Machtergreifung« Hitlers[31], über Aufrüstung und Ausbeutung bis zur Rolle der Wehrmacht sowie zum

Kriegswirtschaft und Rüstung 1939-1945, hrsg. von Hans-Erich Volkmann und Friedrich Forstmeier, Düsseldorf 1977.

26 Die russische Emigration in Deutschland 1919 bis 1929, Würzburg 1966.

27 Die deutsche Baltikumpolitik zwischen Brest-Litowsk und Compiègne. Ein Beitrag zur »Kriegszieldiskussion«, Köln, Wien 1970.

28 Das Deutsche Reich und die baltischen Staaten 1918-1920, in: Von den baltischen Provinzen zu den baltischen Staaten, Bd 2, Marburg/Lahn 1977, S. 378-408; Zur Ansiedlung der Deutsch-Balten im Warthegau, in: Zeitschrift für Ostforschung, 30 (1981), S. 527-558; Deutsche Historiker im Umgang mit Drittem Reich und Zweitem Weltkrieg 1939-1949, in: Ende des Dritten Reiches – Ende des Zweiten Weltkriegs. Eine perspektivische Rückschau, hrsg. von Hans-Erich Volkmann, München, Zürich 1995, S. 861-912; Von Johannes Haller zu Reinhard Wittram. Deutschbaltische Historiker und der Nationalsozialismus, in: Zeitschrift für Geschichtswissenschaft, 45 (1997), S. 21-46; Die Außenbeziehungen zwischen dem »Dritten Reich« und den baltischen Staaten 1933 bis 1939. Ein Aufriß, in: Zeitschrift für Geschichtswissenschaft, 46 (1998), S. 580-602; Historiker im Banne der Vergangenheit. Volksgeschichte und Kulturbodenforschung zwischen Versailles und Kaltem Krieg. Versuch eines thematischen Aufrisses, in: Zeitschrift für Geschichtswissenschaft, 1 (2001), S. 5-12; Historiker aus politischer Leidenschaft. Hermann Aubin als Volksgeschichts-, Kulturboden- und Ostforscher, in: Zeitschrift für Geschichtswissenschaft, 1 (2001), S. 32-49.

29 Die Krise des Parlamentarismus in Ostmitteleuropa zwischen den beiden Weltkriegen, hrsg. von Hans-Erich Volkmann, Marburg/L. 1967; Der polnische Aufstand 1830/31 und die deutsche Öffentlichkeit, in: Zeitschrift für Ostforschung, 16 (1967), S. 439-452; Die deutsche Polenbegeisterung am Anfang des 19. Jahrhunderts, in: In Europas Mitte. Deutschland und seine Nachbarn, hrsg. von Heinz Duchhardt, Bonn 1988, S. 59-64; Als Polen noch der Erbfeind war, in: Die Zeit, 51, 12.12.1997.

30 Politik und ökonomisches Interesse in den Beziehungen der Weimarer Republik zum Königreich Spanien, in: Aspekte deutscher Außenpolitik im 20. Jahrhundert, München 1976, S. 41-67.

31 Von Blomberg zu Keitel – Die Wehrmachtführung und die Demontage des Rechtsstaates, in: Die Wehrmacht. Mythos und Realität, hrsg. von Rolf-Dieter Müller und Hans-Erich Volkmann, München 1999, S. 47-65.

Kriegsende 1945[32]. Mit der Übernahme der Verantwortung für das Serienwerk des MGFA »Anfänge westdeutscher Sicherheitspolitik« ist die Frühphase der Bundesrepublik in den achtziger Jahren zu einem weiteren Schwerpunkt seiner Forschungen – jetzt vor allem im Hinblick auf die innenpolitischen Probleme der Wiederbewaffnung[33] – geworden. Die hier vorgelegten Studien zur Wirtschaftspolitik des »Dritten Reiches« bilden gleichsam das zeitliche und thematische Zentrum einer vierzigjährigen erfolgreichen Tätigkeit in der zeitgeschichtlichen Grundlagenforschung.

Daß Volkmann in diesem Zusammenhang die erste Kriegshälfte für besonders wichtig hält, dokumentieren einige hier noch einmal vorgelegte Spezialstudien über die wirtschaftliche »Eingliederung« bzw. Ausbeutung einzelner europäischer Länder durch das NS-Regime. Angesichts der größeren Handlungsspielräume in der Phase der Blitzkriege und der Aussichten eines vermeintlich bevorstehenden »Endsieges« verdienen die Planungen und Aktionen auf dem wirtschaftlichen Gebiet zweifellos besonderes Interesse. Sie enthüllen den Charakter und die Zielrichtung der Zusammenarbeit von Staat und Wirtschaft, deren Einvernehmen zu keinem anderen Zeitpunkt der NS-Epoche so eng gewesen ist.

Diese Symbiose von Politik, Ideologie, Wirtschaft und Kriegführung im Zeichen der »Europäischen Großraumwirtschaft« war kein dauerhaftes Gebilde. Aber es läßt schlaglichtartig erkennen, daß die von Fritz Fischer geprägte Formel vom »Bündnis der Eliten« ihre Gültigkeit behalten hat. Sechs Jahre NS-Regime hatten nicht ausgereicht, den Einfluß traditioneller Machteliten und Interessenstrukturen völlig gleichzuschalten, und die Euphorie nach den unerwartet schnellen Blitzfeldzügen führte geradewegs zu einer Enthemmung unterschiedlicher Entscheidungs- und Funktionsträger. Erst eine längere Zusammenarbeit in den neuen Gremien und Besatzungsorganen sowie die Not eines Krieges, der aus den Fugen geriet, schuf ansatzweise eine neue Funktionselite, eine jüngere Generation von Krisenmanagern und Spezialisten[34].

In den letzten beiden Beiträgen wird die Bedeutung von Landwirtschaft und Ernährung in den Vordergrund gestellt. Auch hier folgte Volkmann seinem Interesse für die Sozialgeschichte, indem er die oft unterbelichtete Rolle der Agrarelite beim Übergang ins »Dritte Reich« untersuchte und Fischers These von den Ver-

---

[32] Ende des Dritten Reiches – Ende des Zweiten Weltkriegs. Eine perspektivische Rückschau, hrsg. von Hans-Erich Volkmann, München, Zürich 1995; Die Wehrmacht. Mythos und Realität (wie Anm. 31); Zur Verantwortlichkeit der Wehrmacht, in: Militärgeschichte. Zeitschrift für historische Bildung, 2 (1999), S. 24-36 sowie weitere Beiträge.

[33] Die innenpolitische Dimension Adenauerscher Sicherheitspolitik in der EVG-Phase, in: Anfänge westdeutscher Sicherheitspolitik 1945-1956, Bd 2, München, Wien 1990, S. 235-604; siehe auch Zur innenpolitischen Diskussion um einen westdeutschen Verteidigungsbeitrag am Beispiel der Gewerkschaften, 1947 bis 1956, in: Entmilitarisierung und Aufrüstung in Mitteleuropa 1945-1956, Herford, Bonn, 1983, S. 144-163; DGB und Verteidigungsbeitrag in der EVG-Phase, in: Die Europäische Verteidigungsgemeinschaft. Stand und Probleme der Forschung, hrsg. von Walter Schwengler und Hans-Erich Volkmann, Boppard/Rhein 1985, S. 291-316, sowie weitere Beiträge zum Thema.

[34] Vgl. Rolf-Dieter Müller, Der Manager der Kriegswirtschaft. Hans Kehrl. Ein Unternehmer in der Politik des Dritten Reiches, Essen 1999, S. 66-80.

bindungslinien zwischen Revisions- und Aggressionsabsichten, zwischen den Agrarrepräsentanten und dem Nationalsozialismus zu untermauern versuchte.

Der bahnbrechende und materialreiche Beitrag über die deutsche Landwirtschafts- und Ernährungspolitik während des Zweiten Weltkrieges bietet einen Überblick über ein Forschungsfeld, das – nach weiteren Bearbeitungen im Band 5 des Weltkriegswerkes – in jüngster Zeit vor allem dadurch größere Aufmerksamkeit gefunden hat, daß einzelne Spezialstudien die gezielte Hungerpolitik des NS-Regimes angeprangert haben[35]. Vermutlich sind mehr Menschen im deutschen Machtbereich durch Hunger ums Leben gekommen als durch direkte Gewaltmaßnahmen. Wer nach den Ursachen sowie den ideologischen und ökonomischen Motiven dieser Politik fragt, wird in diesem Beitrag Volkmanns Antworten finden.

Die vorliegenden Aufsätze zielen auf keine erschöpfende Gesamtdarstellung der deutschen Wehr- und Kriegswirtschaft. Sie müßten um wichtige Aspekte wie die Rüstungswirtschaft im Krieg, die Rolle von Technik und Wissenschaft, den »Arbeitseinsatz« etc. ergänzt werden. Politische Ökonomie, Außenhandels- und Agrarpolitik werden als drei Bereiche präsentiert, in denen es immer um die Rolle des Staates in der Wirtschaft und die Triebkräfte für das Zusammenwirken von politischer und wirtschaftlicher Elite geht. Die hier gesammelten Beiträge lenken so den Blick auf die ökonomischen und wirtschaftspolitischen Wurzeln der nationalsozialistischen Aggressionspolitik und heben insbesondere die Kontinuitätslinien deutscher Groß- und Weltmachtpolitik im Zeitalter der Weltkriege deutlich hervor[36].

In dieser stets kontrovers geführten wissenschaftlichen Debatte hat Hans-Erich Volkmann aus seiner Unterstützung der Linie von Fritz Fischer nie einen Hehl gemacht. Sein besonderes Augenmerk für die ideologie-, sozial- und politikgeschichtlichen Dimensionen ist von dem Bestreben des empirisch arbeitenden Historikers geleitet worden, verfügbare Quellen und Fakten möglichst umfassend auszuwerten. Dabei ist es Volkmann ein Anliegen gewesen, auch auf die Aussagekraft des zeitgenössischen Schrifttums zu verweisen. Zwei Bibliographien zur wirtschaftlichen Publizistik im »Dritten Reich« zeugen von diesem akribischen Bemühen[37].

Die wirtschafts- und sozialhistorisch ausgerichteten Studien, die hier zum ersten Mal zusammengefaßt und damit einem größeren Kreis von Forschern und historisch Interessierten zugänglich werden, bieten Themen und Perspektiven an, die ihre Aktualität sowohl im Hinblick auf die geschichtspolitische Diskussion als auch das Forschungsinteresse behalten haben. Im Zusammenhang etwa mit der jüngsten Auseinandersetzung um die Entschädigung der Zwangsarbeiter des »Dritten Reiches« beispielsweise sind außenwirtschaftliche Aspekte wieder stärker

---

35 Hier vor allem die in ihrer Überzeichnung nicht völlig überzeugende Arbeit von Christian Gerlach, Kalkulierte Morde. Die deutsche Wirtschafts- und Vernichtungspolitik in Weißrußland 1941 bis 1944, Hamburg 1999.

36 Hans-Erich Volkmann, Gesellschaft und Militär am Ende des Ersten und des Zweiten Weltkrieges, in: Erster Weltkrieg – Zweiter Weltkrieg. Ein Vergleich, hrsg. von Bruno Thoß und Hans-Erich Volkmann, Paderborn [u.a.] 2002, S. 841-872.

37 Wirtschaft im Dritten Reich. Eine Bibliographie, Teil I: 1933-1939, München 1980. Teil II: 1939-1945, München 1984.

beachtet worden. Das zeigen neue Arbeiten über die Expansion der Dresdner Bank[38] und die Rolle der Schweiz im außenwirtschaftlichen System des NS-Regimes. Das nationalsozialistische Projekt einer autarken »Großraumwirtschaft« ist sogar im Hinblick auf die aktuelle Diskussion um die Globalisierung und die Globalisierungsgegner Sektionsthema des Deutschen Historikertages im September 2002 in Halle geworden. Um noch einmal Kant zu zitieren:

> »Es ist der Handelsgeist, der mit dem Kriege nicht zusammen bestehen kann, und der früher oder später sich jedes Volks bemächtigt.«

[38] Siehe z.B. Harald Wixforth, Auftakt zur Ostexpanion. Die Dresdner Bank und die Umgestaltung des Bankwesens im Sudetenland 1938/39, Dresden 2001.

Zur europäischen Dimension nationalsozialistischer Wirtschaftspolitik

Die in diesem Band publizierten Texte korrelieren thematisch und lassen in ihrer Komposition deutlich die markanten Grundzüge nationalsozialistischer Außenwirtschaftspolitik erkennen. Die Studien weisen einen primär militärhistorischen Ansatz auf. Es soll das Beziehungsgeflecht zwischen dem militärischen und ökonomischen Komplex rekonstruiert und offengelegt werden. Kriegsvorbereitungen und Krieg stehen in einem interdependenten Verhältnis zur Ökonomie: zur Binnen- und Außenwirtschaft ebenso wie zur Produktion, Technologie, Arbeitswelt und Ernährung sowie zur Wirtschaftsordnung und – nicht zu vergessen – zur Wirtschaftswissenschaft. Diese lenkt unseren Blick auf ökonomische Theorie und Wirtschaftsauffassungen und kohärent dazu unter systemanalytischem Aspekt auf das komplizierte Wechselverhältnis von Ideologie und Pragmatismus in Wirtschaftspolitik und -praxis im Zeichen von Vorbereitung und Verlauf – hier – des Zweiten Weltkrieges.

Die nachfolgenden Abhandlungen zur Wirtschaftsgeschichte des Dritten Reiches entstanden im Zusammenhang mit Überlegungen zur Konzeption und inhaltlichen Gestaltung des Reihenwerkes »Das Deutsche Reich und der Zweite Weltkrieg«. Der erste Beitrag ist dem Pilotband selbst entnommen[1] und fragt zum einen nach dem Wirtschaftssystem, innerhalb dessen sich die Rüstungs- und Kriegswirtschaft des Dritten Reiches vollzog, und zum anderen nach den Ordnungsprinzipien, an denen sie ausgerichtet gewesen war bzw. denen sie folgen mußte. Noch 1980 wurde dem NS-Regime Willen und Fähigkeit zur Entwicklung eines konkreten Wirtschafts- und Gesellschaftsmodells abgesprochen: »Die Nationalsozialisten sind ohne vorgedachte und durchgeformte wirtschafts- und sozialpolitische Leitbilder und Ordnungsvorstellungen an die Macht gekommen. Sie haben auch fortan keine entwickelt[2].«

Demgegenüber lautet unsere These: Die Wirtschaftsgestaltung während des Dritten Reiches war an der politischen Vorgabe einer Autarkie im europäischen Großraum ausgerichtet. Dieses Leitmotiv eröffnete der deutschen Wirtschaft keine ihr bislang völlig fremde Perspektive. Vielmehr zeigte sich die nationalsozialistische Wirtschaftspolitik vom Kaiserreich über die Weimarer Republik tradierten

---

1 Es handelt sich um einen Auszug aus Hans-Erich Volkmann, Die NS-Wirtschaft in Vorbereitung des Krieges, in: Das Deutsche Reich und der Zweite Weltkrieg, Bd I: Ursachen und Voraussetzungen der deutschen Kriegspolitik, Stuttgart 1979, S. 175–368.

2 Volker Hentschel, Deutsche Wirtschafts- und Sozialpolitik 1815 bis 1945, Königstein/Ts., Düsseldorf 1980, S. 59.

Mustern kontinentaler ökonomischer Großraumgestaltung verhaftet, wie sie seit 1914 entworfen und unter veränderten politischen Vorzeichen in der ersten deutschen Republik variiert wurden.

In einem agrarisch unterversorgten, in weitem Maße rohstoffabhängigen Deutschland mit industrieller Überproduktion hingen Rüstungs- und Kriegswirtschaft weitgehend von der Gestaltung der Außenwirtschaftsbeziehungen in einer Weise ab, welche die hochgradige Blockadegefährdung, wie sie zwischen 1914 und 1918 wirksam geworden war, spürbar zu relativieren versprach.

Auf der Suche nach einer Legitimation für den ersten großen Krieg und in weitverbreiteter Gewißheit des militärischen Sieges hatten sich bereits 1914 nicht wenige deutsche Stimmen zu Wort gemeldet, welche die Erfüllung der vermeintlichen europäischen hegemonialen Sendung des Kaiserreiches predigten. Selbst von Seiten der Fortschrittlichen Volkspartei war der Ruf nach Schaffung eines mitteleuropäischen Staatenverbandes erschollen. In ihm mußte nach Meinung des Reichstagsabgeordneten und Berliner Professors für Straf- und Völkerrecht, Franz von Liszt, neben Deutschland und Österreich-Ungarn, Nord- und Südeuropa »das ganze Gebiet vom Nördlichen Eismeer bis an die Gestade des Mittelländischen Meeres« vereinigt sein[3]. Ein solches Kontinentaleuropa konnte Rußland machtpolitisch und ökonomisch in die Schranken sowie auf seine ihm zugedachte ureigene Aufgabe östlich des Urals verweisen, ansonsten aber in differierender lockerer Form an sich binden. Auch im Auswärtigen Amt memorierte man im Zusammenhang mit solchen Überlegungen öffentlich über die Gestaltung Nachkriegseuropas unter deutscher Dominanz. Ein in den mitteleuropäischen Staatenverbund integriertes Frankreich würde bei Kriegsende als »Erbfeind« seines Weltgeltungsanspruches beraubt sein und das skizzierte Mitteleuropa einen festen Wall bilden gegen »ein Millionenheer Rußlands, das russisch-asiatische Kultur nach Berlin bringen sollte«[4]. Ein unter deutscher Führung stehendes Kontinentaleuropa konnte sich dann dem eigentlichen Kriegsziel zuwenden, nämlich dem Kampf gegen England um einen gerechten Anteil an den Weltmeeren. Alsdann galt es, unter Nutzung der kolonialen Pfründe der europäischen Mitgliedstaaten der starken deutschen Industrie die mondialen Märkte zugänglich zu machen. Aus Sicht des national-konservativen, industrienahen Lagers bestand das Kriegsziel in der ökonomischen Beherrschung Europas als Prämisse für den Griff nach der Weltmacht als Handelsnation, wie es der Nationalökonom und Geopolitiker Arthur Dix als viel beachteter Journalist beispielhaft formulierte[5].

---

3 Franz von Liszt, Ein Mitteleuropäischer Staatenverband als nächstes Ziel der deutschen auswärtigen Politik, Leipzig 1914, S. 30. Vgl. auch Florian Herrmann, Das Standardwerk. Franz von Liszt und das Völkerrecht, Baden-Baden 2001, hier insbesondere S. 101–129.

4 Dr. Georg Irmer [Wirklicher Legationsrat, M.d.A.], Los vom englischen Weltjoch, Leipzig 1914, S. 12.

5 Vgl. Arthur Dix, Der Weltwirtschaftskrieg. Seine Waffen und seine Ziele, Leipzig 1914. Bereits zu Beginn der NS-Zeit machte er sich für die Einführung des Prinzips der Kontingentwirtschaft aufgrund staatlich definierter Importbedürfnisse stark. Vgl. dazu ders., Neue Wege der Handelspolitik, in: Der deutsche Oekonomist, 50 (1.9.1933), S. 1129–1131.

Aus nationalliberaler Feder entstammte Friedrich Naumanns Mitteleuropaplan, der auf der Annahme eines Nullsummenergebnisses des Kriegsausgangs basierte. Demzufolge würde es keine eigentlichen Verlierer, wohl aber eine schärfere Konturierung der vor dem Krieg bereits sichtbar gewordenen, vor allem ökonomisch bestimmten Einflußsphären geben: Zwischen der anglo-amerikanischen Zone und der russisch-asiatischen mußte sich Mitteleuropa schieben, das es unter wirtschaftlichen Gesichtspunkten arbeitsteilig zu gestalten, mental zu fixieren und politisch zu stabilisieren hieß. Um den mitteleuropäischen Kernbereich Deutschland und Österreich-Ungarn hatten sich Dänemark, Bulgarien, Serbien, Griechenland, die Schweiz, Holland und die Niederlande zu gruppieren, eventuell auch Italien.

Naumann hatte im industriellen Bereich den Trend zum Großbetrieb ausgemacht, zu dem sich parallel wirtschaftliche Großräume formieren mußten, die der politischen Überwölbung bedurften. Die Bildung eines mitteleuropäischen Wirtschaftsraumes barg den Zwang zu überstaatlicher Integration in sich, allein schon, um die ökonomischen Voraussetzungen zu besitzen, sich militärisch zwischen den beiden bereits genannten Blöcken behaupten zu können und darüber hinaus weltwirtschaftlich konkurrenzfähig zu sein.

Man hat Friedrich Naumann »linken Imperialismus« unterstellt, was immer man darunter verstehen mag. Hier ist nicht der Ort für einen Definitionenstreit[6]. Wohl aber sollte eine seiner grundsätzlichen Überlegungen unsere Aufmerksamkeit erfahren, die als Leitsätze großraumwirtschaftlicher Politik unter dem NS-Regime ansatzweise, wenn auch intentional verfremdet, Realitätsbezug erhielten. Naumanns Mitteleuropa sollte als Überzeugungsgemeinschaft zusammenwachsen, wobei nationalen Eigeninteressen Rechnung zu tragen und Besonderheiten und Eigenleben von Minderheiten zu respektieren waren. Dessen ungeachtet konstatierte Naumann ein überwiegend deutsch geprägtes Wirtschaftsleben in den potentiellen Integrationsterritorien. Wenn Mitteleuropa bei aller Arbeitsteiligkeit wirtschaftlich eine Einheit werden sollte, dann bedurfte es der Einführung bestimmter Ordnungsprinzipien, und diese mußten die in Deutschland gültigen sein. Da die militärischen Erfolge während des Krieges weitgehend deutscher Organisationstüchtigkeit zugeschrieben wurden, mußte diese nach Friedensschluß noch einmal wesentlich intensiviert und letztlich exportiert werden, auch in Erwartung späterer militärischer Auseinandersetzungen, um z.B. die leidige Nahrungsmittelversorgung im neuen mitteleuropäischen Raumgebilde zukünftig besser in den Griff zu bekommen. »Da aber jede Organisierung wieder in Statistik, Gruppierung, Zergliederung, Zusammenfassung, Kontrolle und Ordnung besteht, so wächst von allen Seiten der Staats- oder Nationalsozialismus, es wächst die ›geregelte Volkswirtschaft‹[7].« Wir hüten uns vor ungeprüften Assoziationen bezüglich der späteren sogenannten Hitler-Bewegung, aber die geordnete Wirtschaft ist ein Signum des

[6] Poin Neumanns Ausstellungen Martin Bennhold, Mitteleuropa – Eine deutsche Politiktradition. Zu Friedrich Naumanns Konzeption und ihren Folgen, in: Blätter für deutsche und internationale Politik, 37 (1992), S. 977-988.

[7] Friedrich Naumann, Mitteleuropa, Berlin 1915, S. 113. Zur ideengeschichtlichen Deutung siehe Henry Lord Meyer, Mitteleuropa in German Thought and Action 1815-1945, Den Haag 1955. Die Zeit von 1933-1945 ist nur kursorisch gestreift.

Dritten Reiches geworden. Naumann sprach schon vom »eigentlich militärisch-historische[n] Kern des deutschen Wirtschaftscharakters«, der für sein Mitteleuropa prägend sein mußte. Wie später zur NS-Zeit besaß bereits in seinen europapolitischen Reflexionen der militärwirtschaftliche Komplex einen besonderen Stellenwert: »Die deutsche Wirtschaftskonfession soll in Zukunft immer mehr der Charakter von Mitteleuropa werden. Damit steigt der militärische Verteidigungsbund zu einer inneren Gemeinschaft. Über alle Verfassungsgrenzen hinweg bildet sich ein zusammengehöriges Wirtschaftsvolk[8].«

Aufgrund des im Versailler Friedensvertrages proklamierten nationalen Selbstbestimmungsrechtes wurden gewachsene ökonomische Strukturen durch staatliche Neuordnung und staatliche Neuschöpfungen in Ostmittel- und Südosteuropa zu einem Teil zerstört, vornehmlich zwischen Rohstoff- und Agrarnationen auf der einen und überwiegend industrie- und außenhandelsbestimmten Ländern auf der anderen Seite. Vornehmlich deutschen aber auch sowjetischen Revisionsbestrebungen suchte der Gürtel neuer Staaten zwischen Ostsee und Mittelmeer durch politisch, aber auch wirtschaftlich motivierte Zusammenschlüsse zu begegnen. Das gelang nur partiell mit der Kleinen Entente. Die große scheiterte an Gegensätzen, die diesbezüglich zwischen Großbritannien/Frankreich, Italien sowie Deutschland/ Österreich und auch zwischen den betroffenen Ländern selbst herrschten. Deutschland litt zudem unter Produktions- und Absatzreglements der Versailler Friedensordnung, die seinen wirtschaftlichen Aktivitäten insbesondere auf dem Balkan enge Grenzen setzten.

Dieses europäische Spannungsgefüge aus nationalen Sentiments, macht- sowie wirtschaftspolitischem Konkurrenzdenken aufzulösen, hat es an Bemühen unterschiedlicher Europabewegungen nicht gemangelt. Zu erinnern ist an die Paneuropa-Bestrebungen des Richard Nikolaus Graf von Coudenhove-Kalergi und an pazifistisch-liberale Ideen[9]. Alle idealistischen, auf politische Verständigung ausgerichteten Modelle stießen sich hart im Raum mit politischen Ressentiments und Nationalismen, so daß kleinere, pragmatisch erscheinende Lösungen gesucht wurden. Intergouvernemental und auf Völkerbundsebene wurden Initiativen zunächst zur Friedenssicherung durch Beseitigung der durch Versailles errichteten wirtschaftlichen Sperren ergriffen. Auf diese Weise dachte man sukzessive einem europäischen Zusammenschluß auf ökonomischer Ebene näherzukommen. Statt dessen verschärfte sich der wirtschaftliche Konkurrenzkampf zwischen Deutschland/Österreich und Frankreich/Großbritannien um europäische Einflußzonen, in deren Verlauf es letztgenannten gelang, nicht zuletzt durch Kapitalverflechtung vor allem in Südosteuropa zunehmend Fuß zu fassen[10]. Insbesondere auf insistentes französisches Drängen lassen sich die Bemühungen um ein Nord-Ost-

[8] Ebd., S. 114.

[9] Siehe dazu Reinhard Frommelt, Paneuropa oder Mitteleuropa. Einigungsbestrebungen im Kalkül deutscher Wirtschaft und Politik 1925-1933, Stuttgart 1977.

[10] Vgl. dazu Bernd Jürgen Wendt, England und der Deutsche »Drang nach Südosten«. Kapitalbeziehungen und Warenverkehr in Südosteuropa zwischen den Weltkriegen, in: Deutschland in der Weltpolitik des 19. und 20. Jahrhunderts, hrsg. von Imanuel Geiss und Bernd Jürgen Wendt, Düsseldorf 1973, S. 483-512.

Locarno, um eine Ostsee-Entente und um einen Balten-Bund zurückführen. In diesen Kontext gehören Initiativen von Politik- und Wirtschaftskreisen in Österreich und Deutschland zur Installation eines auf bilateralen Verträgen beruhenden und nationale Identitäten wahrenden integrativen Präferenzsystems in einem Mitteleuropa mit allerdings strittiger Dimension. Gleichsam im Windschatten dieser Debatte verfolgte dann Stresemann die gleichberechtigte Rückkehr Deutschlands in den Kreis der Großmächte mit der Intention, über eine – nicht zuletzt durch Demontage zur Modernisierung gezwungene – prosperierende deutsche Industriewirtschaft, nun aber befreit von den Fesseln Versailler Restriktionen, zum maßgeblichen europäischen Faktor und infolgedessen das Reich zur bestimmenden Größe in Europa werden zu lassen.

Die Spitzenverbände der deutschen Wirtschaft haben Stresemann auf diesem Kurs weniger wegen prinzipieller Zielkonflikte, denn aus Opposition gegen das Weimarer politische System nicht begleitet, indessen selbst aber wegen eigener gravierender Interessendifferenzen zwischen Großindustrie, Außenhandelsorganisationen und den Agrariern zunächst keine eigene gemeinsame Alternative entwikkelt. Statt dessen unterstützten seit der Wende von den zwanziger zu den dreißiger Jahren der Deutsche Industrie- und Handelstag gemeinsam mit dem Reichsverband der Deutschen Industrie und führenden Banken die deutsche Gruppe des mit Hauptsitz in Wien angesiedelten Mitteleuropäischen Wirtschaftstages (MWT), der sich mit Unterstützung des Langnam-Vereins und der Wirtschaftsabteilung des Auswärtigen Amtes in national-konservativem Fahrwasser in Richtung auf ein wirtschaftlich durch Deutschland dominiertes Mittel- und Südosteuropa bewegte[11].

Nachdem das Auswärtige Amt mit seinem Vorstoß zum Abschluß einer deutsch-österreichischen Zollunion am Widerstand Frankreichs und der Tschechoslowakei gescheitert war[12], fand sich ein Gutteil der Repräsentanten nationalkonservativer deutscher Politik und Publizistik unter dem Dach des MWT zu einer Art Solidargemeinschaft zusammen, die eine Annexion Österreichs als Brückenschlag zu Südosteuropa und in die Tschechoslowakei hinein propagierte. Der MWT entfaltete fortan eine zunehmend expansionistische Dynamik. Noch ehe die Regierung Hitler die politische und damit auch außenwirtschaftliche Verantwortung übernahm, waren bereits alle gesamteuropäischen Verständigungsversuche und regionalen Projekte wie die deutsch-österreichische Zollunion, der französische Tardieuplan und auch die Donauförderation gescheitert. Auf der deutschen wirtschaftspolitischen wie wirtschaftswissenschaftlichen Tagesordnung[13] stand nun

---

11 Vgl. dazu neben Frommelt, Paneuropa (wie Anm. 9) auch Roswita Berndt, Wirtschaftliche Mitteleuropapläne des deutschen Imperialismus (1926–1931). Zur Rolle des Mitteleuropäischen Wirtschaftstages und der Mitteleuropa-Institute in den imperialistischen deutschen Expansionsplänen, in: Wissenschaftliche Zeitschrift der Universität Halle, 14 (1965) G, S. 227–236.

12 Vgl. u.a. dazu Julius Curtius, Bemühungen um Österreich. Das Scheitern des Zollunionsplans von 1931, Heidelberg 1947; Roswita Berndt, Die wirtschaftlichen Beziehungen des deutschen Imperialismus zu Österreich in der Zeit der Weltwirtschaftskrise 1929–1931 (dargestellt am Beispiel des Curtius-Schobert-Abkommens), Diss. masch., Halle, Wittenberg 1963.

13 Vgl. dazu z.B. Großraumwirtschaft – Der Weg zur europäischen Einheit. Ein Grundriß, hrsg. von Wilhelm Gürge und Wilhelm Grotkopp, Berlin 1931.

immer häufiger eine vom Reich zu schaffende und auf deutsche Bedürfnisse ausgerichtete Großraumwirtschaft in Mittel- und Südosteuropa, wobei sich ein deutliches Interessenkartell aus Schwerindustrie und Großagrariertum gebildet hatte, das nicht zuletzt über den MWT erfolgreich Verbündete in der höheren Ministerialadministration und in renommierten Forschungseinrichtungen suchte und fand. Der MWT stellte sich zur Aufgabe, die »steigende wirtschaftliche Einkreisung Deutschlands nach außen«, wie sie tatsächlich nicht zu bestreiten war, zu durchbrechen und deutscher Wirtschaft und damit deutschem Einfluß Zugang und Geltung in diesen Regionen zu verschaffen[14].

Als mit der Weltwirtschaftskrise auch der Weltmarkt weitgehend zusammenbrach, gewannen die Verfechter eines geordneten Außenhandels in einem geschlossenen Großraum, der gegenüber globalen ökonomischen Eruptionen möglichst immun sein sollte, gegenüber den Repräsentanten eines liberalen Außenhandels- und Wirtschaftssystems allmählich die Oberhand.

Es wird zu verdeutlichen sein, daß der schon vor 1933 langsam sich vollziehende wechselseitige Annäherungsprozeß zwischen den deutschen Wirtschaftseliten und dem Nationalsozialismus – neben anderen Faktoren wie Revisionismus, Antiparlamentarismus, Disziplinierung der organisierten Arbeiterschaft – im wesentlichen auf einem sich seit der Weltwirtschaftskrise anbahnenden und bis Mitte 1934 gefundenen außenwirtschaftspolitischen Konsens beruhte. Für das NS-Regime war diese Interessenidentität in nicht zu unterschätzender Weise systemstabilisierend[15]. Hitlers expansive Machtpolitik stand in enger Abhängigkeit von seinen ökonomischen Möglichkeiten. Diese erschienen nicht nur vielversprechend aufgrund der Akzeptanz des außenwirtschaftlichen Programms, sondern auch wegen der zwischen NS-Staat und den Wirtschaftseliten getroffenen Arrangements hinsichtlich der Umformung des marktwirtschaftlichen Kapitalismus in einen staatsdirigistischen.

Diese These ist vielfach bezweifelt worden, und zwar mit dem Argument, die Aufgabe der Weltmarktorientierung und ihre Substitution durch ein staatsinterventionistisches, auf Autarkie ausgerichtetes Wirtschaftssystem sei mit der gültigen Unternehmerideologie unvereinbar gewesen. Was man als Interessenkoalition zwischen Wirtschaftseliten und NS-Regime charakterisiert habe, sei auf dem Wege einer »terroristischen Konsensbildung« und durch staatliche Eingriffe in die Selbstverwaltung der Wirtschaft zustande gekommen[16].

Die Fundamente des Konsenses zwischen den Repräsentanten eines kapitalistischen Wirtschaftssystems und dem NS-Regime sind von der Forschung längst freigelegt. Seit Anfang der dreißiger Jahre hat sich unter spezifischen politischen, weltwirtschaftlichen und gesellschaftlichen Bedingungen in Deutschland allmählich ein spätes nationalistisch-etatistisches Wirtschaftsdenken als akademische

[14] Zit. nach Frommelt, Paneuropa, S. 89.

[15] Vgl. zu diesem Annäherungsprozeß Hans-Erich Volkmann, Das außenwirtschaftliche Programm der NSDAP 1930–1933, in: Archiv für Sozialgeschichte, XXVII (1977), S. 251–274.

[16] So Reinhard Neebe, Großindustrie, Staat und NSDAP 1930–1933. Paul Silverberg und der Reichsverband der Deutschen Industrie in der Krise der Weimarer Republik, Göttingen 1981, S. 202.

Lehrmeinung wie als konkrete Wirtschaftsdirektive etabliert, das letztlich, ungeachtet nicht zu verschweigender Widerstände, die ministerielle Wirtschaftspolitik ebenso bestimmte, wie es unternehmerischem Interesse entsprach.

»Im Zuge einer friedlicheren, zyklisch stabileren Wirtschaftsentwicklung wäre die nationalistisch-etatistische Tradition wahrscheinlich langsam in Vergessenheit geraten [...]. Nicht der theoretischen Überzeugungskraft oder Beständigkeit dieser Richtung, sondern den wirtschaftlichen und gesellschaftlichen Umwälzungen der Kriegs- und Nachkriegsjahre ist es zuzuschreiben, daß sie in den zwanziger und dreißiger Jahren eine erneute Renaissance erlebte, an die sowohl die politische Rechte als auch theorisierende Wirtschaftsreformer erfolgreich anknüpfen konnten. [...] Vor der nationalsozialistischen Machtergreifung ermöglichte sie die Integration der nationalsozialistischen Wirtschaftsauffassung und wirtschaftstheoretisch moderner Reformvorschläge in einem propagandistisch wirkungsvollen Wirtschaftsprogramm. Nachher erleichterte sie in Deutschland die verhältnismäßig frühe Applikation unorthodoxer Maßnahmen einer staatlichen Konjunkturpolitik ohne bemerkenswerten Widerstand, bald sogar mit ausdrücklicher Zustimmung der akademischen Wirtschaftswissenschaft und organisierter Unternehmerinteressen[17].«

Voraussetzung für die Amalgamierung von wirtschaftlichen Eigen- und politischen Wirtschaftsinteressen war die Beibehaltung des kapitalistischen Wirtschaftssystems auf der Grundlage bestehender Besitzverhältnisse und des Prinzips der Profitmaximierung. Entscheidungseinbußen im Bereich von Investitionen, Produktpalette und Marktwahl wurden kompensiert durch Risikominimierung in Form einer staatlich gesicherten Auftragslage, die mit wachsenden Rüstungsanstrengungen prosperierte. Wie sich zeigen sollte, wurden die Unternehmer durch »Profite der Aufrüstung und des Eroberungskrieges ausreichend entschädigt«[18]. Der Aufschwung der Staatskonjunktur beruhte auf der nationalsozialistischen Rüstungs- und Kriegswirtschaft im Dienste einer expansiven Machtpolitik, welche die Akzeptanz auch der deutschen Wirtschaftseliten fand.

Die nachfolgend abgedruckten Beiträge über die NS-Wirtschaft in Vorbereitung des Krieges und zum Verhältnis von Großwirtschaft und NS-Regime während des Zweiten Weltkrieges verdeutlichen, daß die expansive Großraumpolitik das wohl stärkste Scharnier zwischen Nationalkonservativen und Nationalsozialisten im Bereich der Wirtschaft, der Wirtschaftswissenschaft und -politik bildete.

---

17 Avraham Barkai, Das Wirtschaftssystem des Nationalsozialismus. Der historische und ideologische Hintergrund 1933–1936, Köln 1977, S. 176. Zu diesem Ergebnis kommt auch ein unlängst erschienener Aufsatz von Werner Abelshauser, Kriegswirtschaft und Wirtschaftswunder, in: Vierteljahrshefte für Zeitgeschichte, 47 (1999), S. 503–538, obgleich er nahezu die gesamte Zeit seit Ende der 1970er Jahre erschienene Fachliteratur unverständlicher Weise unerwähnt läßt, gleichwohl inhaltlich mittransportiert, wenn es dort im Blick auf die Wende von der Weimarer Republik zum NS-Regime heißt: »Die Existenz der Privatwirtschaft an sich war in Frage gestellt, wenn es nicht bald gelang, die Katastrophe [der Weltwirtschaftskrise] aufzufangen. Die Großindustrie freundete sich mit konjunkturpolitischen Milliardenprogrammen um so leichter an, als die längerfristigen Aussichten durch die Ausschaltung der gewerkschaftlichen Gegenmacht und die in Aussicht genommene Aufrüstung nun doch sehr positiv erschienen. Auch die Landwirtschaft, ein anderer Stolperstein auf dem Wege einer erfolgreichen Konjunkturpolitik, lag nicht mehr auf Gegenkurs [...]. Damit hatten die Nationalsozialisten wichtige Widerstände von Seiten der Institutionen und der Interessengruppen aufgehoben und überwunden«.

18 Barkai, Das Wirtschaftssystem (wie Anm. 17), S. 178.

Die Wirtschaftspolitik des Dritten Reiches wurde durch den Nationalkonservativen Hjalmar Schacht als Reichsbankpräsident und Reichswirtschaftsminister maßgeblich programmiert. Insbesondere sein Kurs der bilateralen Gestaltung der Außenwirtschaftsbeziehungen auf der Basis eines möglichst devisenfreien, zumindest aber devisenbewirtschafteten Clearingsystems fand seine zielgerichtete Umsetzung durch die zuständigen konservativen Ressorteliten, und der Kurs wurde von seinem nationalsozialistischen Nachfolger Walther Funk unbeirrbar beibehalten.

Als Schacht die wirtschaftspolitische Verantwortung in Deutschland übernahm und mit seinem »Neuen Plan« ab 1934 mit dem systematischen Aufbau eines bilateralen europäischen Außenhandelssystems begann, konnte er bereits auf Vorarbeiten des Auswärtigen Amtes zurückgreifen. Dort hatte man seit 1930 an Konzepten großraumwirtschaftlicher Ergänzung nach Maßgabe deutscher Bedürfnisse gearbeitet und nach den Märzwahlen von 1933 bereits vertraglich fixierte komplementäre Wirtschaftsbeziehungen angebahnt, die nach Maßgabe der neuen Reichsregierung in einem ersten Schritt blockadesicherer Aufrüstung, späterer Kriegführung und letztlich der Errichtung der europäischen Hegemonie Deutschlands dienen sollten. Mehr noch: Die Wirtschaft selbst erkannte rasch die Vorzüge einer großraumorientierten Ergänzungswirtschaft unter rüstungsökonomischen Prämissen. Ein Blick auf die Wirtschaftsstatistik des nationalsozialistischen Deutschlands zwingt denn auch denjenigen, der zwischen Wirtschaftseliten und NS-Regime eher ein Spannungsverhältnis denn eine Interessengemeinschaft sieht, zu Korrekturen: »Die Einschränkung der Unternehmerkompetenz und die Neuorientierung vor allem in der Handelspolitik konnten allerdings durch die Ankündigung forcierter Rüstungsprogramme in Verbindung mit einer am Unternehmerinteresse orientierten Lohn- und Sozialpolitik beinahe reibungslos kompensiert werden[19].«

Die ersten Erfolge auf dem Sektor einer gelenkten Außenwirtschaft, verbunden mit denen einer rüstungsorientierten Staatskonjunktur, ließen die Zweifler an dem erkennbaren Wirtschaftssystem des Dritten Reiches zunehmend verstummen[20]. »Die meisten der Theoretiker der Großraumwirtschaft äußerten rückblickend ihre Ansichten nach der Weltwirtschaftskrise und der nationalsozialistischen Machtübernahme. Als die nationalsozialistische Außenhandelswirtschaft festere Gestalt annahm, gewannen auch die Theorien der Großraumwirtschaft an Gewicht und wurden schließlich offizielle Meinung[21].« In Anbetracht eines zerrütteten Weltmarktes und für den Wirtschaftsaustausch wenig sinnvoller Grenzen in Europa

[19] Neebe, Großindustrie (wie Anm. 16), S. 202.

[20] Erste Erkenntnisse über den Zusammenhang von Großraumtheorie und Großraumwirtschaft verdanken wir der Dissertation von Achim Bay, Der Nationalsozialistische Gedanke der Großraumwirtschaft und seine ideologischen Grundlagen. Darstellung und Kritik, Diss., Erlangen-Nürnberg 1962. Die Studie hat allerdings den Zusammenhang von Großraumwirtschaft und Rüstung bzw. Kriegführung noch nicht erkannt und ist als wirtschaftswissenschaftliche Studie politisch zu unkritisch.

[21] So der britische Historiker Alan S. Milward, Der deutsche Handel und der Welthandel 1925–1939, in: Industrielles System und politische Entwicklung in der Weimarer Republik, Düsseldorf 1974, hrsg. von Mommsen [u.a.], S. 472–484, hier S. 473.

konnte der Aufbau eines arbeitsteiligen Europas mit Deutschland als bestimmendem Bezugspunkt nur Vorteile bringen. Es sprach etwas dafür, daß »eine materielle Ordnung [...] in einem größeren Raum verhältnismäßig leichter in eine sinnvolle Bezogenheit ursprünglich kleiner Wirtschaftskörper gebracht werden« konnte. »Es war prinzipiell nicht einzusehen, warum nicht ein förderlicher Austausch über Berlin statt vielleicht über ein von London aus dirigiertes Handelssystem geleitet werden konnte[22].« Diese Hypothese liegt meinen großraumwirtschaftlichen Forschungen zugrunde, die wir in Verfolg nationalsozialistischer konkreter Außenwirtschaftspolitik zu untermauern suchen.

Den im nationalkonservativen Lager geprägten Schlagworten von der Autarkie im Großraum und einer europäische Neuordnung, von Wirtschaftstheoretikern der NSDAP adaptiert, wurde nach dem Ende des Zweiten Weltkrieges von der Historiographie nicht selten das Etikett eines nationalsozialistischen Parteiideologems ohne echten Politikbezug angeheftet. Die westdeutsche Geschichtswissenschaft wertete sie zunächst als ideengeschichtliche Konstrukte. Eine an Hitler orientierte NS-Forschung argumentierte, der deutsche Diktator habe keine klare Vorstellung von Europa als geschlossener Wirtschaftseinheit besessen, zumindest sagten seine programmatischen Schriften über West- und Südosteuropa diesbezüglich nichts aus. Diese personalistische Schau blickt zu kurz und übersieht, daß das NS-Regime als polykratischer Mechanismus im Einklang mit dem vermeintlichen Führerwillen, unterhalb der Richtlinienkompetenz des Diktators, aber auch in Freiräumen des konkreten Desinteresses Hitlers funktionierte. Spätestens seit dem Überfall auf Frankreich indes lassen sich in den Gestaltungsplänen für das westliche Nachbarland in Krieg und Frieden deutliche Sedimente einer Großraumordnung feststellen. Aber gemäß einer von Hitler abgelehnten prinzipiellen vertraglichen Neuordnung des deutsch-französischen Verhältnisses blieb es bei konkreten praktischen Maßnahmen zur Einbeziehung Frankreichs in eine raumgebundene Wirtschaft, z.B. durch allmähliche Schaffung eines europäischen Zahlungssystems, durch Einbeziehung bestimmter Wirtschaftszweige in Kartelle und durch Kapitaldurchdringung von Wirtschaftsunternehmen.

Hitler hat sich spätestens seit Beginn des Überfalls auf die Sowjetunion gerade unter wirtschaftlichen Aspekten europapolitisch dezidiert geäußert. Seine nachfolgenden Bemerkungen sprechen als Ausdruck seines europäisch-hegemonialen Anspruchs für sich. Sie widerlegen diejenigen, die dem Führer an der Spitze des Deutschen Reiches die Fähigkeit absprachen, in wirtschaftlichen Kategorien zu denken:

> »Der Kampf um die Hegemonie in der Welt wird für Europa durch den Besitz des russischen Raumes entschieden; er macht Europa zum blockadefestesten Ort der Welt. Es sind das wirtschaftliche Perspektiven, die den liberalsten westlichen Demokraten der neuen Ordnung geneigt machen werden [...]. Das übrige ist eine Frage der Organisation[23]. [...] Die Völker, welche wir in unsere Wirtschaftsordnung hereinnehmen, sollen

---

[22] Paul Kluke als Korreferent, in: Das Dritte Reich und Europa. Bericht über die Tagung des Instituts für Zeitgeschichte in Tutzing, Mai 1956, München 1957, S. 121 f.

[23] Adolf Hitler. Monologe im Führer-Hauptquartier 1941-1944 – Die Aufzeichnungen Heinrich Heims, hrsg. von Werner Jochmann, Hamburg 1980, Ausführungen Hitlers vom 17.09./

teilhaben an den Naturschätzen der erschlossenen Ostgebiete und sollen da den Absatzmarkt finden für ihre industrielle Produktion. Wir brauchen ihnen diese Perspektive nur zu eröffnen, und sie werden sich unserer Ordnung eingliedern. Dieses Gebiet, für Europa organisiert, bedeutet die Beseitigung der Arbeitslosigkeit[24].«

Hitler hoffte auf die ökonomische Magnetwirkung, aufgrund derer die europäischen Demokratien als Industrienationen in das deutsche Kraftfeld gezogen würden. Der Osten hingegen mußte unter dem Stichwort »Lebensraum« mit dem Schwert erobert und unter politischen Gesichtspunkten teilweise besiedelt und teils als Rohstoff- und Arbeitskräftereservoir ausgeschöpft werden. Gelang dies, gab sich nach Hitlers Überzeugung »kein Land, das in größerem Maße autark sein wird als Europa. Wo finden wir ein Gebiet mit Eisen in der Hochwertigkeit des ukrainischen? Wo Nickel, Kohle, Mangan und Molybdän? [...] Dazu die Möglichkeit, Öl- und Gummi-Pflanzen anzubauen[25]!« Hitler war dem weitverbreiteten räumlichen Denken vieler seiner Zeitgenossen verhaftet, folgte der aktuellen geostrategischen Debatte, indem er einen intereuropäischen Austausch zwischen Rohstoff-, Agrar- und Industrienationen mit dem Ziel wechselseitiger struktureller Verbesserungen aufgrund einer entsprechenden Wirtschaftsordnung einforderte: »Man muß das Leben auf Absatz-Möglichkeiten gründen, die im eigenen Machtbereich liegen«, dozierte er im Führerhauptquartier[26]. Hitler gefiel sich ganz offensichtlich in der Rolle eines Politikers mit europäischen Visionen. Immer wieder sprach er von einer europäischen Wirtschaftsordnung, die während des Krieges nicht zu errichten war, aber ein bedeutsames Nachkriegsziel blieb. »Was die Planmäßigkeit der Wirtschaft angeht, stehen wir noch ganz in den Anfängen«, gestand er zu Beginn des Jahres 1942 ein, aber »ich stelle mir vor, es ist etwas wunderbar Schönes, eine gesamtdeutsche und europäische Wirtschaftsordnung aufzubauen«[27]. Letztlich würde sich selbst Großbritannien der Faszination eines geeinten Kontinentaleuropas nicht entziehen können, zumal auch die Vereinigen Staaten sich ihren eigenen Großwirtschaftsraum unter Einbeziehung Mittel- und Südamerikas aufbauten. »Nimmt man zusammen, was im europäischen Raum – Deutschland, England, nordische Länder, Frankreich, Italien – an Kräften zu schöpferischer Gestaltung schlummert, so muß man sagen, was sind daneben die amerikanischen Möglichkeiten[28].« Eine solche europapolitische Perspektive bezog Südosteuropa selbstverständlich mit ein. Es sollte »durch haltbare politische Bündnisse und Freundschaften« als deutsche Einflußsphäre gesichert werden, die »auch im Falle von Verwicklungen erreichbar« war[29]. Wie man sich im Kreise der NS-Machthaber

18.09.1941, S. 62. Es handelt sich um Gesprächsaufzeichnungen über Hitlersche Auslassungen, nicht um deren unbedingt wörtliche Wiedergabe.

24 Ebd., 13.10.1941, S. 78.

25 Ebd.

26 Ebd., 25.09.1941, S. 69.

27 Aufzeichnung aus den Monologen vom 8.-11.8.1941.

28 Hennry Picker, Hitlers Tischgespräche im Führerhauptquartier 1941-1942. Im Auftrage des Deutschen Instituts für Geschichte der nationalsozialistischen Zeit geordnet, eingeleitet und veröffentlicht von Gerhard Ritter, Bonn 1951, hier S. 46.

29 So der Großraumexperte NSDAP Botschafter a.D. Werner Daitz in einem Vortrag im Mai 1933 in Budapest, zit. nach Michael Riemenschneider, Die deutsche Wirtschaftspolitik gegenüber Un-

die wirtschaftspolitischen Beziehungen zu den Ländern Südosteuropas vorstellte, formulierte Seyss-Inquard 1938 für Insider, nämlich als »Nutzbarmachung der Agrarwirtschaft und der Bodenschätze der betreffenden Länder für den deutschen Verbrauch« in Verfolg der Schaffung einer Ernährungs- und Wehrautarkie in einer Großraumwirtschaft[30].

Führende Wirtschaftsrepräsentanten meldeten sich bereits vor Kriegsbeginn in diesem Sinne in einer Vielzahl von Schriften ebenso zu Wort wie renommierte Wirtschaftswissenschaftler[31]. An und neben den Universitäten entstanden explizite Institute für Großraumwirtschaft, so beispielhaft in Heidelberg, Dresden und Berlin. Große Konzerne verfaßten in eigenen Forschungseinrichtungen Expertisen auf statistischer Grundlage, an der Spitze die IG Farben. Ein Indikator für die politische Relevanz der Thematik ist z.B. das Engagement der großen deutschen Banken. So hat die Deutsche Bank dezidierte Expertisen über die Integration Österreichs und des Protektorats Böhmen und Mähren in den deutschen Wirtschaftsraum verfaßt[32]. Auch die Dresdener Bank ließ es sich angelegen sein, statistisches Grundlagenmaterial für einen europäischen Wirtschaftsverbund zusammenzutragen[33]. Vor allem Göring förderte als Beauftragter für den Vierjahresplan die Kapitalverflechtungen deutscher Geldinstitute im europäischen Maßstab mit solchen der okkupierten und verbündeten Länder. Das Planungsamt innerhalb von Albert Speers Rüstungsministerium wies ein Dezernat »Sonderuntersuchungen im Großraum, Großraumplanung« aus[34].

Nach dem Zweiten Weltkrieg wurde die nationalsozialistische Europapolitik, ähnlich wie die Wehrmachtverbrechen, die Unrechtjustiz und der Holocaust, tabuisiert. Über das Warum läßt sich begründet spekulieren. Man erachtete die NS-Europapolitik als stigmatisiertes Kapitel deutscher Geschichte, in dem nachzulesen sich in Anbetracht aktualisierter Europabemühungen verbot, sollte kein Verdacht deutschen Führungsanspruchs aufkommen. Bereits 1949 beklagte eine deutsche Zeitschrift: »Europa ist heute in aller Munde, aber oft will es scheinen, als wenn es schon zu einem üblen Geschwätz geworden sei. So bemüht sich bereits wieder eine tätige Propaganda darum, das Gespenst einer neuen ›deutschen Gefahr‹ zu malen[35].« Welche geschichtliche Hypothek westdeutsche Europapolitik hätte belasten können, wird klar, wenn man sich vor Augen führt, daß zahlreiche einstige

garn 1933-1944. Ein Beitrag zur Interdependenz von Wirtschaft und Politik unter dem Nationalsozialismus, Diss., Mainz 1983, Frankfurt a.M., Bern, New York, Paris 1987, S. 89.

30 Zit. nach ebd., S. 90.

31 Vgl. dazu Eckart Teichert, Autarkie und Großraumwirtschaft in Deutschland 1933-1939. Außenwirtschaftspolitische Konzeptionen zwischen Wirtschaftskrise und Zweitem Weltkrieg, München 1984.

32 Das Land Österreich im deutschen Wirtschaftsraum, hrsg. von der Deutschen Bank, Berlin 1938; Deutsche Bank, Das Protektorat Böhmen und Mähren im deutschen Wirtschaftsraum, Berlin 1939.

33 Großdeutschland und der Südost-Europäische Raum. Eine statistische Studie, hrsg. von der Dresdener Bank. Als Manuskript gedruckt, Berlin 1936.

34 Siehe Geschäftsverteilungsplan des Planungsamtes, in: Rolf-Dieter Müller, Albert Speer und die Rüstungspolitik im totalen Krieg, in: Das Deutsche Reich und der Zweite Weltkrieg, Bd 5/2, Stuttgart 1999, S. 273-773, hier nach S. 346.

35 Hans Eberhard Friedrich, Europa und die deutsche Gefahr, in: Thema, (1945) 3, S. 1 f., hier S. 2.

Protagonisten nationalsozialistischer kontinentaler Hegemoniebestrebungen auch und gerade außerhalb der Parteiorganisationen in Politik, Wirtschaft, Administration, Wissenschaft und Publizistik führende Positionen nach 1945 beibehalten oder wieder eingenommen hatten und sich nun für ein Europa gleichberechtigter Partner engagierten.

Nicht wenige Propagandisten einer europäischen wirtschaftlichen Neuordnung unter nationalsozialistischem Vorzeichen gerierten sich als Verfechter des 1950 proklamierten Schuman-Plans, nun wie selbstverständlich aus Einsicht in »die einfache wirtschaftliche Notwendigkeit einer großräumigen Wirtschaft als Voraussetzung für die künftige Lebensfähigkeit der kontinentalen Industrie. Jedermann weiß auch, daß die Überwindung der nationalen Eifersüchteleien die selbstverständliche Voraussetzung für den Frieden ist.« Bei so viel selbstlosem europäischen Engagement und Gesinnungswandel durfte es an einer Selbstentschuldung für die jüngste Vergangenheit nicht fehlen: »Und ebenso ist heute jedem Kontinentaleuropäer bewußt, daß nicht die einzelnen Franzosen oder Deutschen Kriegshetzer sind, sondern daß die nationalen Regierungen die Verantwortung für die außenpolitische Entwicklung tragen[36].«

Personelle Kontinuitäten konnten durchaus zu Störfaktoren westdeutscher Europapolitik werden, wenn man sich z.B. daran erinnerte, daß die beiden späteren Präsidenten der Bundesbank Karl Blessing und Otmar Emminger einschlägige Schriften zur Gestaltung europäischer Handelspolitik unter dem »Neuen Plan« verfaßt hatten[37]. Es ist bezeichnend, daß Blessing als »Oberster Banker« der Bundesrepublik 1960 vor der Deutschen Gesellschaft für Auswärtige Politik einen Vortrag hielt, demzufolge das internationale Währungssystem nur dann voll begreiflich erschien, »wenn man es als das Ergebnis eines geschichtlichen Prozesses« sah. So betrachtet führte die Weltwirtschaftskrise folgerichtig zur Auflösung der Weltwirtschaft zu Gunsten einer Bilateralisierung, mit deren Hilfe man Massenbankerotte und Massenarbeitslosigkeit den Nährboden für soziale und politische Umstürze entziehen wollte.

> »Der Keynesianismus trat seinen Siegeszug an [...]. In jener Zeit wurde der Vorrang des Binnenmarktes vor der äußeren Währungsstabilität stipuliert, der Goldautomatismus als unerträgliche Fessel bezeichnet und der Goldstandard als antiquiert und überholt abge-

---

[36] Gerhard Gebhardt, Der Schuman-Plan, in: Die Kommenden, 4 (10. Juni 1950), 11, S. 1 f., hier S. 2; siehe auch dazu die in der NS-Zeit erschienene Schrift desselben Autors über: Europas Wirtschaftseinheit, Essen 1941 (= Schriftenreihe der Gesellschaft für Europäische Wirtschaftsplanung und Großraumwirtschaft e.V. Berlin).

[37] Karl Blessing, Ein Jahr Neuer Plan, in: Ruhr und Rhein, 16 (1935), S. 650 f.; ders., Die deutsche Handelspolitik an der Jahreswende, in: Die deutsche Volkswirtschaft, 5 (1936), 1, S. 16–19; Blessing nahm in der Zeit des Dritten Reiches wichtige Positionen in der Nahrungsmittelindustrie ein, war Aufsichtsratsmitglied der Exportkreditbank und im Beirat der Deutschen Reichsbank. Vgl. hierzu: Wer leitet? Die Männer der Wirtschaft und der einschlägigen Verwaltung einschließlich Adressbuch der Direktoren und Aufsichtsräte 1941/42, Berlin [1942], S. 77; O[tmar] Emm[inger], Neuere Gedankengänge in der Theorie der Handelspolitik, in: Vierteljahreshefte zur Konjunkturforschung, 10 (1935/36), A, S. 360–364; ders., Zur wirtschaftlichen Problematik Europas, ebd., 11 (1936/37), A, S. 323–331.

lehnt. Kurz, dem Gelde wurde seine neutrale Funktion aberkannt, es wurde sozusagen politisiert[38].«

Kein Wort also zu der vom NS-Regime praktizierten Autarkie- und Großraumpolitik im Sinne der Errichtung einer hegemonialen Wirtschaftsordnung in Europa. Solche Beispiele der Erinnerungsverweigerung durch Zeitzeugen sowie personeller Kontinuität ließen sich vermehren. Zu verweisen ist, um im Bankensektor zu bleiben, auf Otto Pfleiderer, der im Dritten Reich zu europäischen Währungs- und Zahlungsproblemen Stellung bezog und in der Nachkriegszeit Präsident der Landeszentralbank in Baden-Württemberg war[39].

Für die Wirtschaftswissenschaft begnügen wir uns mit dem Beispiel Andreas Predöhl, der von 1932 bis über 1945 hinaus eine ordentliche Professur der wirtschaftlichen Staatswissenschaften in Kiel inne hatte und sich als Direktor des renommierten Instituts für Weltwirtschaft sowohl unter dem NS-Regime in dessen Sinne und dann in der Nachkriegszeit unter veränderten politischen Prämissen europapolitisch engagierte[40]. So machte sich Predöhl bereits 1950 zum vehementen Verfechter des französischen Schuman-Plans, der in die Montan-Union mündete und eine limitierte Bewirtschaftung im Kohle- und Stahlbereich europäischer Mitgliedstaaten unter Einschluß der Bundesrepublik vorsah. Der Schuman-Plan intendierte aber zunächst Kontrolle und Disziplinierung Westdeutschlands auf dem genannten Sektor, und erst in zweiter Linie beinhaltete er europäisch-integrative Momente. Predöhl verstand ihn allerdings als Vorstufe einer politischen europäischen Unifizierung und trat als deren entschiedener Befürworter auf[41].

Selbst zahlreiche Historiker haben sich der Faszination des nationalsozialistischen Europa-Gedankens nicht zu entziehen vermocht. So gab beispielhaft Fritz Fischers Hamburger späterer Kontrahent in der Kontroverse um die Kriegsziele im Ersten Weltkrieg, Egmont Zechlin, zusammen mit dem Reichsamtsleiter in der Dienststelle Rosenberg, Georg Leibbrandt, eine historiographische Monographie (Schriftenreihe »Weltpolitische Bücherei«) von Paul Herre über Deutschland als europäische Ordnungsmacht heraus, die in ein großes kontinentales Zukunftsszenario einmündet. Dieses Nachkriegseuropa konnte, wie wäre es anders vorstellbar gewesen, nur bestimmt sein von den Ideen und Methoden der nationalsozialistisch-faschistischen »Erneuerungsbewegung«. Dargestellt ist ein Europa unter einer historisch begründeten deutschen einheitlichen Führung in allerdings rassisch, und nicht zuletzt damit verbunden, ökonomisch variablen Formen. Als vordringlichste Aufgabe einer Europäisierung wird die wirtschaftliche Neuordnung erachtet, die »durch die beiden Mächte der Achse ihren Stempel erhalten« mußte,

---

38 Karl Blessing, Vom Goldautomatismus zur internationalen Währungskooperation, in: Europa-Archiv, 13/14 (1960), S. 407-415, hier S. 407 f.

39 Vgl. z.B. Otto Pfleiderer, Europäische Wirtschaftsfragen, in: Bankwirtschaft, (1943), S. 369-372; ders., Sinn und Grenzen zwischenstaatlicher Währungsgemeinschaften, in: Bank-Archiv, (1940), S. 365-368.

40 Vgl. z.B. Andreas Predöhl, Großraum, Autarkie und Weltwirtschaft, in: Das neue Europa, Dresden 1941, S. 158-166; ders., Das neue Wirtschaftsbild. Großraum, Autarkie und Weltwirtschaft, in: Das Reich, 1.9.1940.

41 Ders., Schuman-Plan, in: Deutsche Universitätszeitung Göttingen, 5 (1950), 12, S. 3-5.

wobei es sich nach Auffassung des Autors »im Grunde [...] nur um die Ausweitung und Übertragung der in Deutschland und Italien bereits verwirklichten nationalen Wirtschaftsordnungen auf Gesamteuropa« handeln konnte. »Die neue europäische Wirtschaftsordnung wird, im Gegensatz zum ökonomischen System der Angelsachsen, der völkischen Wirtschaft den Vorrang zuerkennen, die den Schwerpunkt in sich selbst besitzt, aber auch den Güteraustausch mit den anderen Wirtschafts- und Großwirtschaftsräumen« zu pflegen hatte. »Sie wird weder durch schematische Zwangsordnung noch autarkischen Abschluß gegenüber diesen anderen Räumen bestimmt sein, sondern durch ein planvoll sich ergänzendes Nebeneinander von organischem Aufbau, Wirtschaftssolidarität und Aufgeschlossenheit für einen fruchtbaren Welthandel[42].«

Mitte 1944 legte das Reichswirtschaftsministerium eine Skizze vor, die ein dreikategoriales wirtschaftliches Integrationsmuster erkennen ließ. Dieses setzte sich zusammen zunächst aus den besetzten Ländern, die sich schlicht deutscher Direktive zu beugen und sich allmählich deutscher ökonomischer Entwicklung anzupassen hatten mit der Begründung:

> »Wir haben den Staaten vieles beigebracht, was sie sicher nicht mochten, aber wir haben ihnen auch Produktionen herübergegeben, die früher von uns nicht außer Landes gegeben worden wären, einschließlich unserer Verfahren. So entstand eine von uns getragene Vorarbeit für eine europäische Zusammenarbeit«.

Die nächste integrative Stufenfolge bildeten die befreundeten Länder Südosteuropas sowie Dänemark und Finnland im Norden. Ihnen gegenüber mußten zum Erhalt der Freundschaft Zugeständnisse gemacht werden, zumal ihre Regierungen sich des Wohlwollens ihrer Untertanen nicht sicher sein konnten.

Die neutralen Staaten letztlich waren eine wichtige, ja unverzichtbare Stütze deutscher Wirtschaft und durften, allein schon wegen eines möglichen weltpolitischen Kreditverlustes, nicht verprellt werden[43].

Nicht gegenüber allen Wirtschafts- und Handelspartnern hat sich Deutschland deshalb verschuldet. Insgesamt aber wies es Ende 1943 eine Clearingschuld von 70 Milliarden Reichsmark auf, und es stellte sich die Frage, wie lange sich dieses innereuropäische komplizierte Versorgungs- und Austauschgefüge bei wachsendem militärischen Druck auf Deutschland aufrecht erhalten ließ.

In der Bundesrepublik Deutschland machten Europaenthusiasten bereits zu Beginn der fünfziger Jahre die enttäuschende Erfahrung, daß Euphorie nicht ausreichte, um in der Tat vorhandene nationale Vorbehalte potentieller Partner gegenüber westdeutschen Europainitiativen aus dem Weg zu räumen. Nach der Gründung des Europarates geriet der politische Zusammenschluß fürs erste denn auch ins Stocken. Auf wirtschaftlichem Wege erreichte man zwar die Montanunion, die aber nicht nur eine europäische Ordnungsfunktion bei Gewinnung, Produktion und Vermarktung auf dem Kohle- und Stahlsektor besaß, sondern auch der Kontrolle und Disziplinierung Westdeutschlands, insbesondere im Blick auf mögliche zukünftige Rüstungsambitionen, diente. Dessen eingedenk konnte es

---

42 Paul Herre, Deutschland und die europäische Ordnung, Berlin 1941, S. 191.

43 Vgl. dazu Wirtschaftspressekonferenz der Reichsregierung, 20.6.1944, BA-MA, RW 19/3189.

nicht verwundern, daß auf dem Rücken der Europäischen Verteidigungsgemeinschaft die Hürden des europäischen Parcours nicht zu nehmen waren. In Anbetracht der in den fünfziger Jahren noch stark ausgeprägten, insbesondere französischen, aus jüngster geschichtlicher Erfahrung resultierenden Reserviertheit gegenüber deutschen Europainitiativen galt es, »die tieferliegenden psychologischen Hemmnisse abzubauen«, die den europäischen Einigungsprozeß »als lastendes Erbe der Vergangenheit« behinderten[44]. In dieser Absicht lud das Institut für Zeitgeschichte im Frühjahr 1956 zu einer internationalen Tagung ein, auf der Historiker u.a. Erfahrungen verschiedener europäischer Staaten und Völker mit dem Nationalsozialismus als Okkupationsmacht erörterten, wobei Kollaboration und Neuordnung Europas in einen konditionalen Zusammenhang gestellt wurden. Die an sich disputable These von einem solch interdependenten Verhältnis blockierte aber letztlich die Debatte eher, als daß sie Erkenntnis gewinnend weiterführte. Entsprang sie doch einer Strategie der Selbstfreisprechung vom Verdacht der Kollaboration (so bei Henri Michel) aufgrund der simplifizierenden Formel: Ohne überzeugendes nationalsozialistisches europäisches Einigungskonzept gab es gar keine nennenswerte Kollaboration und ohne Kollaborationsbereitschaft keine erfolgreichen europäischen Unifizierungsbemühungen Deutschlands. Diese Formel erlaubte es, Autarkie und Großraumwirtschaft unter ideologische Theoreme zu rubrizieren und über Jahre hinweg als Leitbegriffe nationalsozialistischer Wirtschaftspolitik zu negieren. Die in den vierziger Jahren proklamierte wirtschaftliche »Neuordnung Europas« wurde als geplatzte »schillernde Seifenblase nationalsozialistischer Propaganda« gewertet und damit als Worthülse, als politisch irreal und unwirksam abgetan. Immerhin wurde konzediert, daß Propaganda nur dort wirksam werden kann, wo sie thematisch auf ein bereits vorhandenes, größeres allgemeines Interesse stößt. Als der Nationalsozialismus an die Macht kam, traf er in der Tat bereits auf eine entsprechende propagandistische Aufnahmebereitschaft, die in Deutschland besonders, aber auch europaweit vorhanden war.

Eine weitere Erklärung für das Ausblenden der Großraumproblematik aus der Retrospektive auf das Dritte Reich resultiert aus dem Umstand, daß Wirtschaftsgeschichte vornehmlich aus dem Blickwinkel von Ökonomen geschrieben worden ist und wird, deren Erkenntnisinteresse sich auf wirtschaftliche Strukturen, Abläufe, Produktion, Absatz und Profit, Arbeitsbeschaffung und Kreditschöpfung konzentriert. Diese eklektische Betrachtung blendet nicht selten die politischen Rahmenbedingungen ökonomischer Prozesse aus. So kam es beispielhaft in einem Sammelband zur deutschen Wirtschaftsgeschichte im Industriezeitalter darauf an, »der Nutzung theoretischer Ansätze für die Erklärung des Wachstums- und Entwicklungsprozesses der deutschen Industriewirtschaft besondere Aufmerksamkeit zu schenken«[45]. Es geht auch bei der Analyse der Wirtschaft des Dritten Reiches vornehmlich um Wachstums- und Konjunkturzyklen. So ist vom Nutzungsgrad der Verbrauchsgüterindustrie, vom Rückstau der privaten Nachfrage, vom An-

---

[44] Paul Kluke, Vorwort zu: Das Dritte Reich und Europa (wie Anm. 22), S. V-VII, hier S. V.

[45] Deutsche Wirtschaftsgeschichte im Industriezeitalter. Konjunktur, Krise, Wachstum, hrsg. von Werner Abelshauser und Dieter Petzina, Königstein/Ts. 1981, S. 1.

wachsen der Konjunktur aufgrund der Inanspruchnahme bislang unausgeschöpften Arbeitskräfte- und Qualifikationspotentials die Rede. Untersuchen wir die großen überblicksartigen Standardwerke zur deutschen Wirtschaftsgeschichte der Jahre 1933 bis 1945 aus sogenannter bürgerlicher Feder nach dem Konnex von Außenpolitik und Außenwirtschaft, läßt sich folgendes feststellen:

Bilateralisierung und Rüstung sind als bestimmende ökonomische Faktoren der Außenwirtschaftsbeziehungen erkannt. Deren Gestaltung wird allerdings endpolitisiert, wofür folgende Aussage symptomatisch steht:

> »Die Außenhandelspolitik wurde aus dem zerbrechenden Rahmen der Weltwirtschaft gelöst und als ein System vieler bilateraler Wirtschaftsbeziehungen organisiert, wobei entsprechend Schachts ›Neuem Plan‹ seit 1934 rüstungs- und vorratswirtschaftliche Gesichtspunkte und an Stelle von Großbritannien und Frankreich die kleineren, daher in der wirtschaftlichen Krise gefügigeren, in Kriegszeiten vorteilhafter gelegenen Mittel- und Kleinstaaten Südosteuropas und Skandinaviens als Partner in einem meist unmittelbaren Warentausch anstrebenden System bevorzugt wurden[46].«

Ein etliche Jahre später erschienenes Werk eines renommierten Autors in einem ebenso renommierten Verlag ist charakterisiert durch eine äußerst knappe Einbindung wirtschaftlichen Geschehens in politische Zusammenhänge, bleibt jedoch deutlich hinter dem Stand der NS-Forschung zurück. Wie weit der Verfasser entfernt ist von einer realistischen Beurteilung der außenpolitischen Intentionen des Dritten Reiches wird erkennbar an der Feststellung, Hitler habe die deutsche Wirtschaftskrise mit Hilfe seines östlichen Lebensraumprogrammes zu lösen versucht. »Wenn er an neue Absatzmärkte dachte, so waren es Kolonien«. Ohne diesen allerdings in den Kontext einer hegemonialen Großraumpolitik zu stellen, wird auf die gestaltende Funktion von Schachts »Neuem Plan« verwiesen, wonach »man mit den einzelnen Handelspartnern zweckdienliche Vereinbarungen traf. Das ganze System sollte vor allem der Aufrüstung zugute kommen. Die kriegswichtigen Rohstoffe konnten bevorzugt werden. Außerdem wurden die Handelspartner nach strategischen und politischen Gesichtspunkten ausgewählt[47].« In zahlreichen Taschenbüchern werden Sachverhalte diagnostiziert, ohne sie nach Ursache und beabsichtigter außenwirtschaftlicher und außenpolitischer Wirkung zu hinterfragen. Wir belassen es bei einem signifikanten Beispiel:

> »Im Rahmen der Staatswirtschaft fiel der Außenwirtschaft eine völlig neue Rolle zu. Soweit Ein- und Ausfuhr nicht durch bilaterale Clearing- und Tauschabkommen geregelt wurden, richteten sie sich nach den Interessen der Devisenbewirtschaftung. Die Ausfuhr diente dazu, ungeachtet der privatwirtschaftlichen Rentabilität Devisen zu verdienen, die Einfuhr wurde zwecks Ersparnis von Devisen unterbunden, wenn sie ungeachtet der privatwirtschaftlichen Rentabilität durch neue inländische Ersatzstoffindustrien ersetzt werden konnte oder als entbehrlich erschien. Ausländischen Gläubigern wurde die Rückzahlung ihrer Kredite im allgemeinen verweigert[48].«

---

[46] Wilhelm Treue, Wirtschaftsgeschichte der Neuzeit, Bd 2: 20. Jahrhundert, 3. Aufl., Stuttgart 1973, S. 52.

[47] Hermann Kellenbenz, Deutsche Wirtschaftsgeschichte, Bd 2: Vom Ausgang des 18. Jahrhunderts bis zum Ende des Zweiten Weltkriegs, München 1981, hier S. 369, 374.

[48] Rolf Engelsing, Sozial- und Wirtschaftsgeschichte Deutschlands, Göttingen 1973, S. 183 f.

Selbst wo der Zusammenhang von Außenhandel und ökonomischer Abhängigkeit erkannt wird, dient der Tatbestand lediglich als Hintergrund statistischer Bestandsaufnahme[49]. In einer Wirtschaftsgeschichte des Zweiten Weltkrieges aus den späten siebziger Jahren erscheint die deutsche Großraumwirtschaft lediglich in ihrer funktionalen Größe als rüstungs- und kriegsökonomischer Ergänzungsmarkt[50].

Schlägt man in Wirtschaftslexika nach, wird man gewahr, daß Autarkie lediglich als Begriff der Volkswirtschaftslehre verstanden ist, Autarkiepolitik als Streben nach möglichst weitgehender binnenwirtschaftlicher Selbstversorgung z.B. durch »prohibitive Zölle, Verwendungszwang inländischer Güter, Förderung der Produktion inländischer als Ersatz für ausländische Güter [...]. Auch eine annähernde Autarkie ist nur unter großen Wohlstandsverlusten erreichbar, da viele Güter im Inland nicht oder nur mit wesentlicheren Kosten produziert werden können[51].« Genau diese Nachteile einer auf Autarkie ausgerichteten Wirtschaftspolitik hatten die Pragmatiker erkannt und durch einen Cordon économique wirtschaftlich von Deutschland abhängiger und dessen Volkswirtschaft ergänzender Länder aufzuwiegen versucht.

Es ist die politisch orientierte Geschichtswissenschaft gewesen, die gleichsam aus der Vogelperspektive die Koinzidenz von Diplomatie, Wirtschaft und militärischer Aktion als Spezifikum des nationalsozialistischen Kontinentalimperialismus entdeckte. Historiker der DDR haben auf der Grundlage ihrer Monopolkapitalismustheorie und damit schwerpunktmäßig unter Berücksichtigung der deutschen industriellen Intensionen[52] als erste die Strategie einer Autarkie im Großraum als Kalkül nationalsozialistischer Expansionspolitik erkannt, ohne daß die westliche Geschichtsschreibung sich im Zeichen ideologischer Konfrontation und im Wissen um deren politisch-propagandistische Funktion mit den entsprechenden Forschungsergebnissen gleich auseinandergesetzt hätte. Auch vor dem politischen Szenario des Kalten Krieges hatten es sogenannte bürgerliche Historiker schwer, das Thema »Autarkie im Großwirtschaftsraum« im gültigen Kanon der Historiographie zu etablieren. Zwei internationale Tagungen des Militärgeschichtlichen Forschungsamtes boten mir in den siebziger Jahren Gelegenheit, erste Skizzen der Grundzüge einer nationalsozialistischen Außenwirtschaftspolitik vor und während

[49] Vgl. Karl Hardach, Wirtschaftsgeschichte Deutschlands im 20. Jahrhundert, Göttingen 1976, S. 88: »Die straffe Devisenbewirtschaftung des ›Neuen Planes‹ gestattete es Deutschland in den folgenden Jahren, nicht nur seine Zahlungsbilanz auszugleichen, sondern durch verstärkten Außenhandel mit Staaten, die im Konfliktfall zuverlässige Lieferanten bleiben würden (wie den Ländern Skandinaviens, des Balkans und des Nahen Ostens), indirekt auch den Grad seiner Selbstversorgung zu erhöhen. Obwohl sich die Abhängigkeit vieler Kleinstaaten vom deutschen Markt nach 1934 erheblich steigerte und in einigen südosteuropäischen Ländern sogar erdrückend wurde, blieb ihr Anteil am deutschen Außenhandel bescheiden.«

[50] Alan S. Milward, Der Zweite Weltkrieg. Krieg, Wirtschaft und Gesellschaft 1939-1945, München 1977.

[51] Dr. Gablers Wirtschafts-Lexikon. Kurzausgabe des Originalwerkes, hrsg. von R. Sellien und H. Sellien, Bd 1, 1972, S. 169. Ähnlicher Text in der 15. Aufl., S. 307. Der Terminus »Großraumwirtschaft« ist in dem besagten einschlägigen Lexikon nicht registriert.

[52] Vgl. dazu beispielhaft Diedrich Eichholtz, Geschichte der deutschen Kriegswirtschaft 1939-1945, Bde 1-3, Berlin (Ost) 1971, 1985, 1996.

des Zweiten Weltkrieges unter dem Vorzeichen europäischer Hegemonie zu entwerfen. Beide Beiträge, in diesem Band nochmals präsentiert, bildeten den Ausgangspunkt für Spezialstudien über die Gestaltung nationalsozialistischer Großraumwirtschaft unter friedens- und kriegsmäßigen Bedingungen.

Etwa zeitgleich zu meinen Forschungen erschienene Feldstudien wußten überzeugend zu belegen, daß das Dritte Reich zumindest mit südosteuropäischen Staaten ein deutschlandzentrisches komplementäres Austauschsystem zu installieren verstanden hat[53]. Von mir angeregte Dissertationen lassen die Struktur der Verflechtung der Länder Südosteuropas mit sowie den Grad der Ausrichtung und der Abhängigkeit von der Wirtschaft des Deutschen Reiches deutlich hervortreten[54]. Es bedarf der Erwähnung, daß es über die Profiteure des wirtschaftlichen Beziehungsgeflechtes zwischen Deutschland und dem sogenannten Reichsmarkblock (Bulgarien, Griechenland, Ungarn, Rumänien, Türkei, Jugoslawien) eine kontroverse Diskussion gibt. Bestritten wird nicht das deutsche Ansinnen, die besagten Länder wirtschaftlich unter Kuratel zu stellen, sondern die Fähigkeit dazu unter kriegsökonomischen Bedingungen. Aufgrund statistischer Erhebungen steht die These im Raum, ungeachtet der Ausbeutungspolitik des Dritten Reiches seien die südosteuropäischen Partnerländer letztlich die Gewinner deutscher Großraumpolitik gewesen[55].

> »Man muß nicht so weit gehen [...] und von einer Ausbeutung der wirtschaftlichen Schwäche des Reiches durch die Balkanstaaten ausgehen, doch sprechen die wirtschaftlichen Fakten eine klare Sprache. Das Reich konnte weder sein Monopson als Abnehmer agrarischer Überschüsse noch sein Monopol als Anbieter von Investitionsgütern und Waffen in einseitige wirtschaftliche Vorteile umsetzen. Tatsächlich haben sich die Terms of Trade in den dreißiger Jahren signifikant *zugunsten* des ›Reichsmarkblocks‹ verändert[56].«

Betrachtet man die wertmäßige Verrechnung wechselseitiger Lieferungen, mag diese Aussage bei erstem Hinsehen für sich sprechen. Aus deutscher Perspektive

---

53 Vgl. dazu Holm Sundhaussen, Wirtschaftsgeschichte Kroatiens im nationalsozialistischen Großraum 1941 - 1945. Das Scheitern einer Ausbeutungsstrategie, Stuttgart 1983; Karl-Heinz Schlarp, Wirtschaft und Besatzung in Serbien 1941 - 1944. Ein Beitrag zur nationalsozialistischen Wirtschaftspolitik in Südosteuropa, Wiesbaden, Stuttgart 1986.

54 Vgl. dazu Michael Riemenschneider, Die deutsche Wirtschaftspolitik gegenüber Ungarn 1933 - 1944. Ein Beitrag zur Interdependenz von Wirtschaft und Politik unter dem Nationalsozialismus, Frankfurt a.M., Bern, New York, Paris 1987; Gabriella Etmektsoglou-Koehn, Axis Exploitation of Wartime Greece, 1941 - 1943, Diss., Emory 1995, hier vor allem S. 13 - 51. Die in der DDR erstellte Dissertation von Anke Wappler, Grundzüge der Okkupationspolitik des faschistischen deutschen Imperialismus gegenüber Griechenland vom März 1943 bis zum Oktober 1944, Berlin (Ost) 1968, und die noch zu DDR-Zeiten begonnene Dissertation von Rainer Eckert, Vom »Fall Marita« zur »wirtschaftlichen Sonderaktion«. Die deutsche Besatzungspolitik in Griechenland vom 6. April 1941 bis zur Kriegswende im Februar/März 1943, Frankfurt a.M. [u.a.] 1992, thematisieren die Großraumproblematik nicht.

55 Alan S. Milward, The Reichsmark Block and the International Economy, in: Der »Führerstaat«. Mythos und Realität. Studien zur Struktur und Politik des Dritten Reiches, hrsg. von Gerhard Hirschfeld und Lothar Kettenacker, Stuttgart 1981, S. 377 - 411; Bernd-Jürgen Wendt, Südosteuropa in der nationalsozialistischen Großraumwirtschaft. Eine Antwort auf Alan S. Milward, ebd., S. 414 - 428.

56 Abelshauser, Kriegswirtschaft (wie Anm. 17), S. 520.

betrachtet war allerdings nicht der wertmäßige Ausgleich der Handelsbilanz wichtig, sondern die rüstungsökonomische Bedeutung der Importgüter an sich und vice versa die Sicherstellung, daß die als Äquivalent exportierten Investitionsgüter wiederum rüstungsrelevanten Importen zu Gute kamen. Dieses Reziprozitätsprinzip erhielt während des Zweiten Weltkrieges zunehmend den Vorzug vor einem wertmäßigen Ausgleich der Handelsbilanz, zu dem das Reich kriegswirtschaftlich bedingt immer weniger fähig und willig war. So lag Deutschland beispielsweise nichts an der generellen Verbesserung der ökonomischen Infrastruktur Ungarns, wohl aber an der gezielten Modernisierung der dortigen Ölförderungsanlagen. Südosteuropagesellschaft und Mitteleuropäischer Wirtschaftstag ließen nichts unversucht, mit Hilfe deutscher Minderheiten das Agrarwesen südosteuropäischer Staaten zielgerichtet auf deutsche Belange umzustrukturieren und das Bankwesen wie auch Firmen, insbesondere aus jüdischer Hand, in deutsche übergehen zu lassen. Diese Wirtschaftspolitik läßt sich in ihrem Ergebnis nicht numerisch nach Soll und Haben aufrechnen. Sie mußte aus deutscher Sicht rüstungs- und kriegsorientiert sein, und, wo immer möglich, gleichzeitig die Weichen für eine europäische Nachkriegsordnung stellen. So gehörte die Stabilisierung des Wechselkurses, gemessen an der Reichsmark und der Währungen der südosteuropäischen Länder, zu den besonders vordringlichen deutschen Anliegen, um die staatlichen bilateralen Verrechnungsabkommen umzusetzen und wie in Griechenland die Besatzungskosten berechenbar zu halten. Für die während des Krieges immer rascher galoppierende Inflation bedeutete dies die Stützung der Währungen südosteuropäischer Länder mit Hilfe eines Gutteils der deutschen Goldreserven.

Wir haben selbst darauf verwiesen, wie zielgerecht Österreich und die ehemalige Tschechoslowakei mit dem Schwert, Polen und die baltischen Staaten mit Hilfe der Diplomatie deutschen ökonomischen Interessen dienstbar gemacht wurden. Nachgewiesen ist dies inzwischen auch für Skandinavien, in Besonderheit für Schweden[57] und Norwegen[58]. Für die später so benannten Benelux-Staaten liegen fragmentarische Ergebnisse vor[59].

Dasselbe gilt für Frankreich, bei dem auch die Ausbeutungsstrategie den historiographischen Vorrang vor großraumwirtschaftlichen strukturellen Maßnahmen besaß. Dabei konnte der Primat kriegsökonomischer Ausrichtung des Landes assoziative Erfordernisse beinhalten. So wurde Vichy-Frankreich in den deutschen Clearing-Verbund in Rahmen eines Verrechnungssystems eingeschlossen, demzufolge die aus den Exporten nach Deutschland resultierenden Handelsbilanzdefizite vom französischen Fiskus ausgeglichen werden mußten[60]. Französische Unter-

---

57 Siehe hierzu die von mir angeregte Dissertation von Klaus Wittmann, Schwedens Wirtschaftsbeziehungen zum Dritten Reich 1933-1945, München, Wien 1978.

58 Siehe Robert Bohn, Reichskommissariat Norwegen. »Nationalsozialistische Neuordnung« und Kriegswirtschaft, München 2000, hier insbesondere S. 121-158, 453-466.

59 Im Manuskript liegt eine detaillierte Studie von Emil Krier, Die Wirtschaft Luxemburgs unter der NS-Herrschaft, vor.

60 Vgl. dazu Michel Margairaz, Deutschland, Vichy und die ökonomische Kollaboration, in: Kollaboration in Frankreich. Politik, Wirtschaft und Kultur während der nationalsozialistischen Besat-

nehmerorganisationen mußten sich an die deutschen assimilieren, um Rohstoffverteilung und Auftragsverlagerung besser koordinieren zu können. Die Frage: Kollaboration oder Zwang, ist hier nicht zu debattieren. Ihre Beantwortung bleibt aber ein bedeutsames Desiderat der Forschung. Eine gewisse französische Kollaborationsbereitschaft aus politischen wie ökonomischen Interessen heraus ist zumindest 1940/1941 erkennbar. Dabei war zunächst »die Vorstellung, Frankreich werde in einer neuen – infolge des notwendigen Ausgleichs der Kriegsverluste expandierenden – europäischen Wirtschaftsgemeinschaft als nahezu gleichberechtigter Partner des Deutschen Reiches eine wichtige Rolle spielen«, in der gegebenen politischen Konstellation für Politiker wie Unternehmer nicht ohne Faszination[61]. Tatsache ist, daß nach einer Phase intensiver Ausplünderung eine Einbeziehung der französischen Agrar- und Industrieproduktion in die deutsche Kriegswirtschaft erfolgte, die Präliminarien für ein von Deutschland zu gestaltendes Nachkriegseuropa geschaffen hätte, in dem partnerschaftliche Zusammenarbeit ohnehin nicht vorgesehen war. Die intensive Auftragsverlagerung nach Frankreich bedeutete für das Land natürlich auch Vorzüge wie technologische Modernisierung. Sie band Arbeitskräfte, die nicht zur Zwangsarbeit ins Reich transportiert wurden und warf für die Unternehmen Gewinne ab. Der schon bezüglich Südosteuropas angestrengte Disput[62] über die eigentlichen kommerziellen Gewinner ersparen wir uns an dieser Stelle, weil er von den eigentlichen politischen Intentionen nationalsozialistischer Außenwirtschaftspolitik wegführt. So ist wohl zu Recht zu konstatieren: »Die Auftragsverlagerung war [...] keine nennenswerte Konzession, sondern stellte eine weitere Methode dar, die französische Volkswirtschaft den deutschen Interessen zu unterwerfen und gleichzeitig das Land in einen *Großwirtschaftsraum* einzubeziehen[63].«

Über die wirtschaftlichen Wechselbeziehungen zwischen den Staaten der iberischen Halbinsel, Italien[64] sowie der Schweiz mit dem nationalsozialistischen Deutschland fehlt es noch an einschlägigen Untersuchungen. Die Ergebnisse einer

---

zung 1940-1944, hrsg. von Gerhard Hirschfeld und Patrick Marsch, Frankfurt a.M. 1991, S. 109-129.

[61] Gerhard Hirschfeld, Kollaboration in Frankreich – Einführung zu: Kollaboration in Frankreich (wie Anm. 60), S. 7-22, hier S. 17.

[62] Vgl. dazu Alan S. Milward, The New Order and the French Economy, Oxford 1970, hier S. 284 ff.

[63] Hans Umbreit, Die Verlockung der französischen Ressourcen. Pläne und Mehoden zur Ausbeutung Frankreichs für die kriegsbedingten Bedürfnisse und die langfristigen Ziele des Reiches, in: La France et L'Allemagne en Guerre, Septembre 1939 – Novembre 1942, Paris 1999, S. 435-448, hier S. 439; Birgit Kletzin, Trikolore unterm Hakenkreuz. Deutsch-französische Kollaboration 1940-1944 in den diplomatischen Akten des Dritten Reiches, Opladen 1996, hier insbesondere das Kapitel 2.2.: Deutsche Überlegungen zur »Neuordnung« Europas und die Grenzen der Collaboration, S. 52-69 sowie 3.2.: Die französische Industrie als »Juniorpartner« der deutschen Wirtschaft, S. 162-209.

[64] Zu Italien ist zu verweisen auf Lutz Klinkhammer, Zwischen Bündnis und Besatzung. Das nationalsozialistische Deutschland und die Republik von Salò 1943-1945, Tübingen 1993, der auch wirtschaftliche Fragen behandelt. Eine Studie, die sich der wirtschaftlichen Achse Berlin–Rom und den höchst brisanten Fragen territorialer Interessen und Überschneidungen widmet, fehlt bislang.

Londoner Konferenz von 1966 über die NS-Wirtschaftspolitik in den okkupierten Territorien sind zwar unter der Überschrift »Neuordnung Europas« subsumiert worden, ohne daß diese freilich als erkenntnisleitende Begrifflichkeit über die einzelnen Beiträge gesetzt werden könnte. Es ging Veranstaltern und Autoren vielmehr um folgende Fragenkomplexe: um Instrumente der ökonomischen Kontrolle (hier bezüglich Dänemark und Böhmen/Mähren), um den Faktor Arbeit im Okkupationsgebiet, um Lebensstandard und zivile Konsumwirtschaft (speziell in Griechenland, Frankreich und der UdSSR) sowie um Industrie- und Kapitalverflechtungen (hier in Sonderheit in Ungarn, Belgien und den Niederlanden). Das Interesse an langfristigen Ordnungsprinzipien trat weitgehend hinter das für kurzfristige Kriegsmaßnahmen zurück[65].

Eine Wirtschaftsgeschichte des Dritten Reiches unter Einbeziehung der politischen Implikationen[66] ist ebenso ein Desiderat der Forschung wie eine europäische Wirtschaftsgeschichte im Zeichen des Hakenkreuzes und des italienischen Faschismus. Dabei ist vielfältig dokumentiert, daß es in allen europäischen Staaten, insbesondere in den autoritär regierten, selbst im Frankreich Pétains, zahlreiche Exponenten eines faschistischen Europas mit Deutschland als ökonomischem Zentrum gegeben hat[67]. Ihre überraschend hohe numerische Größenordnung deutet etwas an von der bislang viel zu wenig thematisierten Kollaborationsbereitschaft in den besetzten Territorien, die insbesondere auf wirtschaftlichem Sektor auch und gerade in Frankreich nicht unterschätzt werden darf. Es ist nicht wissenschaftliches Allgemeingut aber von verschiedenen Historikern inzwischen erkannt, in welch dichtes ökonomisches Netzwerk – mit Deutschland in der Mitte – die europäischen Staaten zwischen 1933 und 1945 allmählich verwoben worden sind. Zu konstatieren ist ein seit dem Frühjahr 1940 sukzessiver »Übergang der deutschen Außenhandelspolitik von der weltwirtschaftlichen Orientierung zur ausschließlichen Ausrichtung auf eine kontinentale Großraumwirtschaft. Der Krieg

---

65 Die »Neuordnung« Europas. NS-Wirtschaftspolitik in den besetzten Gebieten, hrsg. von Richard J. Overy, Gerhard Otto und Johannes Houwink ten Cate, Berlin 1997.

66 Über den Zweiten Weltkrieg leistet dies nur ansatzweise aus marxistischer Sicht die insgesamt verdienstvolle und sehr materialreiche Arbeit von Dietrich Eichholtz, Geschichte der deutschen Kriegswirtschaft 1939-1945, 3 Bde, Berlin 1971, 1985, 1996, unter Mitarbeit v. Hagen Fleischer; auch die grundlegenden Studien von Rolf-Dieter Müller, Von der Wirtschaftsallianz zum kolonialen Ausbeutungskrieg, in: Das Deutsche Reich und der Zweite Weltkrieg, Bd 4, Stuttgart 1983, S. 98-189; ders., Mobilisierung der deutschen Wirtschaft für Hitlers Kriegführung, ebd., Bd 5/1, ebd. 1988, S. 249-689; ders., Albert Speer und die Rüstungspolitik im totalen Krieg, ebd., Bd 5/2, ebd. 1999, S. 275-773, sind weitgehend rüstungswirtschaftlich orientiert und folgen nur noch sporadisch der in Bd 1 des Weltkriegswerkes zunächst vorgezeichneten gesamtwirtschaftlichen Perspektive.

67 Sie kamen in unterschiedlichen Publikationsorganen zu Wort, in Deutschland u.a. in »Junges Europa«, veröffentlichten aber auch in wissenschaftlichen Reihen, wie z.B. in den »Kieler Vorträgen« des Instituts für Weltwirtschaft. Vgl. z.B. in Holland Robert van Genechten (Den Haag), Die Stellung der Niederlande innerhalb der wirtschaftlichen Neuordnung Europas, Jena 1942; A. Ratenieks, Was bringt die Neuordnung Europas den europäischen Völkern, Dresden 1942. Dokumente über die Schaffung eines faschistischen Europas befinden sich bei Hans Werner Neulen, Europa und das 3. Reich. Einigungsbestrebungen im deutschen Machtbereich 1939-1945, München 1987.

und die alliierte Seeblockade wirkten beschleunigend auf diesen Prozeß ein[68].« Und in der Tat, ein von Berlin aus planmäßig gesteuerter Prozeß erhielt nun eine ebenso vorteilhafte wie nachteilige Eigenläufigkeit. Nachteilig, weil einerseits die europäischen Staaten einschließlich der Neutralen und der besetzten Territorien durch den Krieg weitgehend ihrer ehemaligen außereuropäischen Kaufpartner beraubt waren und nun ihre Rohstoffe und Produkte der immer stärker sich auswirkenden deutschen Mangelwirtschaft zuführen mußten. Andererseits blieben ihre außerkontinentalen Lieferanten aus, so daß das Dritte Reich zwangsläufig an ihre Stelle treten und einen komplizierten innereuropäischen Austausch bei sich verschärfender Kriegslage in Gang bringen und koordinieren mußte. Vorteilhaft, indem Deutschland eine gesamteuropäische Verantwortlichkeit zufiel, die es dazu nutzte, die innereuropäische Arbeitsteilung im Sinne der von ihm definierten Eigen- und europäischen Bedürfnisse zu forcieren. Gleichzeitig bedurfte es eines Verteilungssystems, was wiederum ein funktionstüchtiges Lenkungsinstrumentarium voraussetzte. An theoretischen Vorüberlegungen und Modellen hat es nicht gefehlt, die aber in Anbetracht des Krieges zukunftsweisenden Charakter besaßen[69].

Zur praktischen Lösung des Problems bot sich die Abwicklung des kompensatorisch ausgerichteten, vertraglich fixierten bilateralen Wirtschaftsverkehrs über ein von Berlin gesteuertes europäisches Zentralclearing an. Es wurde in mehreren Schritten tatsächlich geschaffen. In einem ersten gelang es unter Beibehaltung und zum Teil unter Schaffung nationaler Landeswährungen die Reichsmark als europäische Leitwährung zu installieren. Damit gab es relativ einheitliche zwischenstaatliche Währungsrelationen. Ein Leitwährungssystem machte feste Zahlungsvereinbarungen notwendig, wobei der zunächst bilaterale Verrechnungsverkehr zwischen der Reichsbank und den nationalen Notenbanken abgewickelt wurde. Da sich das in der Regel bilaterale Kompensationsgeschäft als zu unflexibel erwies, weil es zu wertmäßigen Überhängen, zu sogenannten Clearingspitzen führte, wurde es – dies ein weiterer Schritt – ab Beginn der vierziger Jahre in ein multilaterales umgewandelt. Das ermöglichte einen intereuropäischen Saldenausgleich ohne Rücksicht darauf, daß ein Wirtschaftspartner gegenüber einem zweiten eine langfristige aktive oder passive Handelsbilanz aufzuweisen hatte. Dieser Zahlungsverkehr zwischen den europäischen Partnerländern wie mit den von Deutschland verwalteten Gebieten vollzog sich über die Tochtergesellschaft der Reichsbank, die Deutsche Verrechnungskasse in Berlin, die damit zwar eine von Berlin gesteuerte, nichts desto weniger aber de facto eine europäische Verrechnungszentrale bildete. 1942 wickelten 17 Länder ihren Zahlungsverkehr über diese Verrechnungskasse ab[70]. Auch die neutrale Schweiz war mit dem deutschen Clearing-Netz eng verwoben. Nach dem Sieg über Frankreich befand sich die Schweiz in der Zange zwischen Italien und Deutschland, das sich entschlossen zeigte, den neutralen Klein-

---

[68] Ludolf Herbst, Der totale Krieg und die Ordnung der Wirtschaft. Die Kriegswirtschaft im Spannungsfeld von Politik, Ideologie und Propaganda 1939-1945, Stuttgart 1982, S. 131.

[69] Vgl. beispielhaft dazu Arno Sölter, Das Großraumkartell. Ein Instrument der industriellen Marktordnung im neuen Europa, Dresden 1941.

[70] Vgl. dazu Karlrobert Ringel, Währungspolitik und zwischenstaatlicher Zahlungsverkehr in der Großraumwirtschaft, in: Weltwirtschaftliches Archiv, 56 (1942), S. 490-508.

staat in sein Wirtschaftsgefüge zu integrieren. Schon in den dreißiger Jahren hatte die Schweiz ein Drittel ihres Außenhandels über das deutsche Clearing abwickeln müssen, 1942 waren es drei Viertel. Der freie Zahlungsverkehr der Schweiz war in Europa nur noch mit Schweden und Portugal möglich[71]. Die Regierung in Bern hatte sich unter anderem aber aufgrund verständlichen wirtschaftlichen Selbsterhaltungstriebs selbst in diese Situation hineinmanövriert, indem sie den NS-Machthabern hohe Clearing-Kredite zum Kauf von hochwertigem Kriegsgerät in der Schweiz eingeräumt und sich als Gegenleistung vor allem Kohlelieferungen aus Deutschland hatte sichern lassen.

Dies sei hier angeführt, um beispielhaft zu demonstrieren, daß das nationalsozialistische Deutschland ungeachtet des Krieges, ja unter Kriegsbedingungen sogar beschleunigt, konkrete europäische Integrationsbemühungen unternahm, wie dies im übrigen auch Japan in der von ihm so deklarierten großasiatischen Wohlfahrtszone tat.

Das führte bei im Kriegsverlauf sich verknappenden Ressourcen zu einer verschärften Ausbeutung der okkupierten Gebiete und forderte Opfer von den Verbündeten, verbunden mit deren stringenter Ausrichtung auf vom Dritten Reich formulierte Bedürfnisse unter weitestgehender Vernachlässigung notwendiger und erwarteter infrastruktureller Maßnahmen. Bei allem durch die Kriegsereignisse als notwendig erachtetem Zwang auch gegenüber den Verbündeten durfte jedoch auf ein Mindestmaß an Respekt vor deren Eigenstaatlichkeit und nationaler Selbstachtung nicht verzichtet werden, wollte man sie politisch und militärisch bei der Stange halten. Dies wurde gegen Kriegsende immer schwieriger, so z.B., als die deutschen Truppen auf den Balkan zurückfluteten, wo sie ihre Eigenversorgung im Rahmen der gültigen Handelsverträge bewerkstelligen mußten. Das unbotmäßige Ungarn wurde militärisch besetzt.

Aufgrund der gegebenen machtpolitischen Verhältnisse war es nicht nur Euphemismus, sondern durchaus Realität, wenn Walther Funk 1942 bereits eine weitgehende faktische europäische Wirtschaftseinheit feststellte. Blieb nur noch, wie er es formulierte, »eine ethische: Der Wille zur europäischen Gemeinschaftsarbeit, so wie er jetzt unter dem harten Druck der Kriegsverhältnisse geprägt wird, muß der Leitgedanke der herrschenden Wirtschaftsgesinnung auch in der Friedenszeit sein[72].«

Es ist nicht ohne politische Ironie, daß der unter dem Nationalsozialismus zustande gekommene europäische Zahlungsverkehr als konstitutives Element einer europäischen Nachkriegsregelung ein zeitlich begrenztes Wiederaufleben in der Europäischen Zahlungsunion (EZU) erfahren konnte. Diese im Rahmen der OEEC geschaffene EZU sah ihre Hauptaufgabe in der Rückkehr zur vollen Multilateralität des Handels und in der Wiedereinführung der allgemeinen Konvertibi-

---

71 Vgl. Klaus Urner, Neutralität und Wirtschaftskrieg. Zur schweizerischen Außenhandelspolitik 1933-1945, in: Schwedische und Schweizerische Neutralität im Zweiten Weltkrieg, hrsg. von Rudolf L. Bindschedler [u.a.], Basel 1985, S. 251-292.

72 Walther Funk, Das wirtschaftliche Gesicht des neuen Europa, in: Europäische Wirtschaftsgemeinschaft, hrsg. vom Verein Berliner Kaufleute und Industrieller und der Wirtschafts-Hochschule Berlin, Berlin 1942, S. 17-41, hier S. 40.

lität der Währungen zwischen den europäischen Mitgliedstaaten und den assoziierten Ländern USA und Kanada untereinander. Es wurde ein multilaterales Clearing geschaffen, dem die Mitgliedsländer am Ende jeder Abrechnungsperiode ihre bilateralen Guthaben und Schulden gegenüber den anderen angeschlossenen Staaten melden mußten, um eine multilaterale Verrechnung und Saldenbildung vornehmen zu können. Die Aufgabe der EZU endete 1958, als zwölf Mitgliedstaaten ihre Währungen für frei konvertibel erklärten[73].

Europäische wirtschaftliche Einigungsbestrebungen Deutschlands behielten über den 8. Mai 1945 hinaus in Deutschland Aktualität, wenngleich sich ihre Funktionalität wandelte, was sich zumindest propagandistisch bereits in ersten Ansätzen nach dem militärischen Debakel von Stalingrad zeigte, als man sich vor allen Dingen in der politischen Administration Gedanken darüber machte, wie man eine europäische Wirtschaftsgemeinschaft unter deutscher Führung auf Freiwilligenbasis errichten könne. Im Auswärtigen Amt entwickelte man Vorstellungen mit Zukunftsperspektive, denen zu Folge Deutschland den potentiellen Mitgliedstaaten ein Europa offerieren wollte, das gerade wegen der Beibehaltung einer gelenkten Außenwirtschaft und eines europäischen Zentralclearings »den Erschütterungen der Umstellung der Kriegswirtschaft auf die Friedenswirtschaft« erfolgreich zu begegnen vermochte[74]. In den bis zum Kriegsende entworfenen Europaplänen wandelte sich dann Deutschlands Führungsrolle allmählich in eine zunehmend partnerschaftliche, aus einem Hegemonialkonzept entwickelte sich eine nationale Überlebensstrategie in Kenntnis des Morgenthau-Plans und der seitens der Anti-Hitler-Koalition geforderten bedingungslosen Kapitulation des Reiches, die Zweifel am Fortbestand deutscher nationaler Existenz weckten. In diesen Kontext ist auch eine Denkschrift Ludwig Erhards einzuordnen, die noch in den letzten Kriegstagen erschien. Sie läßt erkennen, daß der spätere Wirtschaftsdirektor der Bizonenverwaltung und erste langjährige Wirtschaftsminister der Bundesrepublik noch in raumgebundenen Dimensionen dachte.

Seiner Vorausschau nach war nach dem Krieg auf dem Weltmarkt nicht nur mit einer beherrschenden Position der USA zu rechnen, sondern gleichzeitig mit einem allgemein hohen Exportdruck infolge gesteigerter industrieller Produktionsfähigkeit auch kleinerer Staaten, selbst derjenigen aus dem bisherigen deutschen kontinentalen Machtbereich. Auch wenn deren industrielle Produktion von deutschen Bedürfnissen diktiert gewesen war, hatten sie einen Modernisierungsschub erfahren, der sie zu Konkurrenten auf dem Weltmarkt werden ließ. Deutschlands Wirtschaftskraft war bei Kriegsende höher einzustufen als 1933. Sie mußte in Friedensproduktion investiert werden. Wollte man die Beibehaltung politischer Stabilität, dann ließ sich dies nach Auffassung Erhards nur gewährleisten durch

---

73 Werner Bührer, Westdeutschland in der OEEC. Eingliederung, Krise, Bewährung 1947-1961, München 1997.

74 Aufzeichnung Clodius, Auswärtiges Amt, 20.08.1943, in: Neulen, Europa (wie Anm. 67), S. 121-124, hier S. 124; vergleiche dazu auch, wenngleich nicht ohne pauschalisierende Polemik, Karl Heinz Roth, »Neuordnung« und wirtschaftliche Nachkriegsplanungen, in: Krieg und Wirtschaft. Studien zur deutschen Wirtschaftsgeschichte 1939-1945, hrsg. von Dietrich Eichholtz, Berlin 1999, S. 195-219, hier auch weiterführende Literatur.

den vollen »Austausch des Sozialprodukts innerhalb der eigenen Volkswirtschaft«, also durch Vollbeschäftigung. Dies wiederum erschien einzig möglich durch weltwirtschaftliche Arbeitsteilung in Form einer »Ergänzungswirtschaft«[75] zur binnenmarktorientierten Konsumwirtschaft zwecks Behebung des rüstungsökonomisch bedingten Mangels. Dieser Rückzug auf die nationalwirtschaftlichen Bedürfnisse sollte Deutschland im Frieden vom Weltmarkt weitgehend unabhängig bleiben und es dort auch nicht zum Konkurrenten werden lassen.

Wir machen auf diesen Aufsatz aufmerksam, weil er nicht in der Kontinuität wirtschaftlicher Europakonzeptionen steht. Das ist insofern von bemerkenswertem Interesse, als Ludwig Erhard 1949 ein Wirtschaftsprogramm der Vollbeschäftigung durch Konsumgüterproduktion auflegte. Bundeskanzler Adenauer hatte Mühe, ihn auf seine europäische Integrationspolitik einzuschwören und wurde den Argwohn niemals los, daß sein Wirtschaftsminister diese ohne Überzeugung und Verve betrieb. Grund genug, Erhard die Eignung als Nachfolger im Amt des Bundeskanzlers abzusprechen:

> »Es ist auch feststehend, daß nur die Integration Europas und nur ein gutes Verhältnis zwischen Frankreich und Deutschland die Amerikaner an Europa festhält. [...] Leider gelten Sie weder in Frankreich noch in Italien noch – erlauben Sie es mir hinzuzusetzen – in den Benelux-Ländern als ein überzeugter Anhänger und Förderer der europäischen Integration und einer engen Zusammenarbeit zwischen Frankreich und Deutschland. Ich bitte Sie, darüber nachzudenken, und ich glaube, wenn Sie das in Ruhe tun, werden auch Sie zu der Überzeugung kommen, daß es [...] richtiger ist, wenn Sie nicht Bundeskanzler werden, sondern Wirtschaftsminister bleiben[76].«

Nicht öffentlich, sondern in der Konspiration hatten Freiburger Nationalökonomen im Zusammenwirken mit Kollegen anderer Fachrichtungen, die sogenannten »Freiburger Kreise«, Entwürfe einer sozialen Nachkriegswirtschaft eines nicht mehr nationalsozialistischen Deutschlands erarbeitet, die ebenfalls nicht den Gesetzen des freien Marktes allein, sondern auch bestimmten staatlichen Reglements folgen sollte. Auffällig ist auch hier, daß Europa im Gedankengebäude oppositioneller Eliten kein sichtbarer Platz eingeräumt wurde[77].

Die nachfolgenden Texte zu Autarkie und Großraumwirtschaft wollen als hinführend zu einer Thematik verstanden werden, der gegen Ende der Weimarer Republik in Deutschland erhebliches wirtschaftswissenschaftliches und wirtschaftspolitisches Interesse zukam. Zwischen 1933 und 1945 waren Autarkie und Großraum bestimmende Parameter nationalsozialistischer Wirtschaftspolitik nach innen und außen. Meine Beiträge mögen als Anregungen dienen, die Wirtschaftspolitik des Dritten Reiches wieder stärker in den historiographischen Blick zu nehmen. Dies empfiehlt sich nicht nur zur Erfassung faktographischer Defizite über das Wirtschaftsgeschehen zwischen 1933 und 1945, sondern auch unter dem

---

75 Ludwig Erhard, Kapitalexport und Welthandel, in: Bankwirtschaft (1945), S. 53 f.

76 Adenauer, Briefe 1957–1959, bearbeitet von Hans Peter Mensing, Paderborn [u.a.] 2000, S. 272 f., hier S. 273.

77 Christina Blumenberg-Lampe, Das wirtschaftliche Programm der »Freiburger Kreise«. Entwurf einer freiheitlich-sozialen Nachkriegswirtschaft. Nationalökonomen gegen den Nationalsozialismus, Berlin 1973.

Aspekt der Kontinuität und des Wandels ökonomischen Denkens, ein Wechselspiel, das nicht zuletzt durch Beharrungsvermögen und politische Anpassung bzw. Einsicht der Wirtschaftseliten mitbestimmt wurde, die seit Beginn der dreißiger Jahre meinungsbildend und im praktischen Wirtschaftsleben maßgeblich wirkten. Da sie erst Mitte der sechziger Jahre ausgetauscht wurden, sollten sie die besondere Aufmerksamkeit der Historiker erfahren. Ideengeschichtliche Entwicklungen, konstante Bewußtseinsphänomene und personelle Kontinuitäten, das gilt auch für die Wirtschaft, lassen weder 1918 als Revolutionsjahr noch 1933 durch die Machtübernahme der Nationalsozialisten und schon gar nicht 1945 mit dem Ende des Zweiten Weltkrieges als historische Brüche erkennen. Seit 1914 diskutierte nationale und hegemoniale großraumwirtschaftliche Vorstellungen mutierten zu einem wichtigen Gestaltungsmotiv partnerschaftlicher europäischer Politik in der zweiten Hälfte des 20. Jahrhunderts. Aber es waren die Politiker von vorgestern, nämlich die Weimarer Generation, welche die europäische Fahne ausrollten und die Bedingungen aushandelten, unter denen die Völker Europas sich versammelten. Und es waren zum Gutteil die Ökonomen von gestern, also der Zeit des Dritten Reiches, welche die wirtschaftlichen Rahmenbedingungen für ein gemeinsames Europa schufen. Ein weiteres Continuum darf nicht unberücksichtigt bleiben: Nachdem die Sowjetunion zu einem bedrohlichen militärischen Faktor für das Dritte Reich geworden war, erhielt der nationalsozialistische Europagedanke eine zumindest propagandistisch suggerierte neue politische Qualität: Ungeachtet einer kriegsbedingt sich verschärfenden Ausbeutung der okkupierten und verbündeten Länder wurde nun die Einigung des europäischen Abendlandes unter deutscher Führung im Kampf gegen den Bolschewismus proklamiert und propagiert, und dies nicht ohne Erfolg, nimmt man die entsprechend thematisierte Literatur zur Hand, die nicht nur aus deutscher Feder stammt, sondern von Repräsentanten aus Politik, Kunst, Kultur und Wissenschaft zwischen iberischer Halbinsel und dem Baltikum und von Italien bis Skandinavien publiziert wurden. Es war dieser Antibolschewismus, der nach 1945 den Europagedanken mit beflügelte, auch unter dem Aspekt, dem Faszinoikum eines Arbeiter- und Bauernparadieses die blühenden agrarischen und industriellen Landschaften eines sozial- und marktwirtschaftlichen Kapitalismus entgegenzusetzen. Das erklärt manche Kontinuität und manche anfängliche Schwierigkeit des europäischen ökonomischen Gestaltungsprozesses.

Die NS-Wirtschaft in Vorbereitung des Krieges: Von der Weltwirtschaft zur Großraumwirtschaft

Nach dem Vertrag von Versailles, der das politische Verhalten weiter Kreise der deutschen Gesellschaft der Weimarer Zeit in unverkennbarer Weise prägte, war die Weltwirtschaftskrise wohl das am tiefsten und nachhaltigsten in das öffentliche Bewußtsein gedrungene Ereignis der Weimarer Zeit. Ihren Ausgang nahm die Katastrophe in den USA, wo sich nach einer längeren Phase der Prosperität, verbunden mit einem irrational begründeten Optimismus in das Anhalten der Hochkonjunktur, 1929 erste Depressionserscheinungen aufgrund einer sich öffnenden Schere zwischen Produktion und Nachfrage einstellten und zu einer sich steigernden Unsicherheit im ökonomischen Bereich führten. Die bis dahin nahezu ungezügelte Spekulationslust wich im Oktober des Jahres einer erschrockenen Ernüchterung an der New Yorker Börse und führte zu deren Zusammenbruch. Die Folgen waren Produktionsrückgang, Preisstürze und Massenarbeitslosigkeit, die, bedingt durch die internationalen Handels- und Kapitalverflechtungen, nicht auf die Vereinigten Staaten begrenzt blieben. Wenn sie auch Deutschland mit aller Härte trafen, dann im Vergleich zu anderen Industriestaaten sicher im ganzen nicht schwerer, aber im einzelnen und graduell unterschiedlich. Österreich erlebte z.B. einen tieferen Niedergang seiner Wirtschaft, in England währte die Krise länger, und in den USA gab es relativ mehr Arbeitslose, vor allem mehr unversorgte. Die Andersartigkeit der Wirtschaftskrise in Deutschland lag weniger in ihrer rein ökonomischen als vielmehr in ihrer politischen Auswirkung und Dimension begründet. Hier bedeutete sie nämlich die Nagelprobe auf die Demokratie, weil vor allem die von der Wirtschaftskrise besonders betroffenen Mittelschichten den Glauben an die Lösung der ökonomischen Probleme allein mit wirtschaftlichen Mitteln verloren und der Agitation des Nationalsozialismus verfielen. »Tatsächlich traf für Deutschland die Krise der kapitalistischen Wirtschaft mit einer Vertrauenskrise des demokratischen Staatsgedankens und der parlamentarischen Regierungsform zusammen, und das ergab ihr Gewicht[1].« Es ist ein nicht zu übersehendes Phänomen, daß sich der Aufstieg der NSDAP von einer rechtsradikalen Splittergruppe zu einer regierungsfähigen Partei umgekehrt proportional zum Niedergang der Wirtschaft in der Weimarer Republik vollzog. Wenn man aus dieser unbestrittenen Tatsache auch nicht auf eine ausschließlich ökonomische Ursächlich-

---

1 Karlheinz Dederke, Reich und Republik. Deutschland 1917–1933, Stuttgart 1969, S. 199. Zur Weltwirtschaftskrise vgl. Ch. P. Kindleberger, Die Weltwirtschaftskrise, München 1973; Thomas Kuczynski, Das Ende der Weltwirtschaftskrise in Deutschland 1932/33, Diss. masch., Berlin (Ost) 1972; Die Staats- und Wirtschaftskrise des Deutschen Reiches 1929/33, Stuttgart 1967.

keit des Nationalsozialismus schließen darf, so lagen doch in den wirtschaftlichen Verhältnissen Ende 1929 bis 1932/Anfang 1933 wesentliche Voraussetzungen für das NS-Regime mitbegründet.

Neben dem Mittelstand war es auch das agrarische und industrielle Großunternehmertum, das sich seit 1930, zunächst noch zögernd, aber in Permanenz, dem demokratischen Staat entfremdete, den es ohnehin nie geliebt hatte, unter dem es aber zumindest in der Zeit der wirtschaftlichen Stabilität seit 1925 seine Interessen politischer wie wirtschaftlicher Natur wahrzunehmen wußte. Hatte man den demokratischen Staat bislang weitgehend mit dem liberalen, weltmarktorientierten Freihandelsprinzip identifiziert, so verlor dieser Staat in dem Maße an Ansehen und Glaubwürdigkeit, wie der Weltmarkt zerfiel. Und die Weltwirtschaftskrise bewirkte eine Schrumpfung des Weltmarktes auf praktisch allen Gebieten. Je länger die Depression anhielt, um so mehr setzte sich in Kreisen der Wirtschaft die Überzeugung durch, daß es sich hier nicht um eine vorübergehende, sondern mehr um eine Dauererscheinung handeln müsse. Aus dieser Überzeugung heraus wuchs die Bereitschaft, die bestehende Weltwirtschaftsordnung in ihrer Gültigkeit auf Dauer in Frage zu stellen, und es artikulierte sich immer häufiger der Wille, sie durch eine andere, nämlich nationale Ordnung zu ersetzen. Es entwickelte sich eine Wirtschaftsauffassung, die nicht mehr den internationalen, vielmehr den nationalen Markt im Auge hatte, die nicht mehr in der weltwirtschaftlichen Arbeitsteilung, sondern im Ausbau und in der Erweiterung der nationalen Volkswirtschaften ihr Ideal erblickte. Zwar lehnte man das Wirtschaften ausschließlich im engen binnenwirtschaftlichen Rahmen ab, gab den außenwirtschaftlichen Beziehungen aber einen veränderten Charakter. Als Kennzeichen der Wirtschaft der Zukunft formulierte man immer öfter die Bildung eines großen, mehrnationalen aber eng verflochtenen Wirtschaftsraumes.

In Deutschland zog die Weltwirtschaftskrise einen mit den Etappen des Zerfalls der Demokratie korrespondierenden Abbau des liberalen Wirtschaftssystems und eine sich stufenweise etablierende Staatskonjunktur, die ihre stärkste Ausprägung im Dritten Reich erfuhr, nach sich.

Immer größer wurde der Kreis derjenigen, bei denen die Weltwirtschaftskrise einem längst latent vorhandenen Mißtrauen gegenüber dem parlamentarisch-demokratischen, parallel mit dem Verlauf der Weltwirtschaftskrise zerfallenden Staatswesen und damit im Zusammenhang gegenüber der weiteren Funktionsfähigkeit des überkommenen liberal-freihändlerischen Weltwirtschaftsprinzips zum Durchbruch verhalf. War doch dieses ganz offenkundig in Aus- und Nachwirkung des Ersten Weltkrieges in arge Unordnung geraten, indem durch die forcierte außereuropäische industrielle Entwicklung eine Verlagerung des weltwirtschaftlichen Schwergewichtes stattgefunden hatte. Ehemalige Rohstoff- und Absatzmärkte präsentierten sich unversehens als harte Konkurrenten der klassischen Industrie-Nationen, die sich wiederum gezwungen sahen, auf die Suche nach einem neuen Platz innerhalb des Weltwirtschaftsgefüges zu gehen, was durch die Wirtschaftskrise erschwert wurde. Und so wuchs gerade in Deutschland die Neigung, sich aus der internationalen ökonomischen Verflechtung zurückzuziehen, zumal die meisten europäischen wie überseeischen Staaten Protektionismus und Schutzzölle für zweckmäßigere Attribute einer wirtschaftsfördernden Handelspolitik erachteten als Freihandel durch Meistbegünstigung. Weltwirtschaftskrise und Zerfall der Republik hatten in ihrem Zusammenwirken allenthalben das Bewußtsein gefestigt, am Rande einer Zeitenwende zu stehen, die eine totale Umwandlung der politischen wie wirtschaftlichen Verhältnisse bringen mußte[2].

Immer lauter und zahlreicher wurden die Stimmen derer, die bereits seit geraumer Zeit als die sogenannten wirtschaftspolitischen und -theoretischen »Reformer« das Versagen des wirtschaftlichen Automatismus prophezeiten und nach einer aktiven, umfassenden staatlichen Konjunkturpolitik riefen, die sich am konsequentesten innerhalb eines abgeschlossenen, möglichst sich selbst versorgenden Raumes verwirklichen ließ.

Damit war der Begriff *Autarkie* zur Diskussion gestellt, der zu vielfachen Mißverständnissen Anlaß bot. Aktualität erlangte er, als aus den Erfahrungen der Weltwirtschaftskrise der verständliche Wunsch erwuchs, Deutschland aus der internationalen Währungsbindung herauszunehmen und damit zukünftig vor monetären Störungen, wie sie der New Yorker Börsenkrach am Vorabend der Weltwirtschaftskrise auslöste, zu bewahren. Je tiefer das Konjunktur-Barometer der Wirtschaft fiel, um so höher stieg die Konjunktur des Schlagwortes Autarkie. Autarkie war – wie es ein zeitgenössischer Autor konstatierte – »mit einem Mal zu einem der meistbegegnenden Worte in der Tagespresse und in Zeitschriften« geworden[3]. Zwei Momente waren es, welche die Wunschvorstellung von der Autarkie im politischen Bewußtsein verankerten: ein überzogenes Nationalgefühl in Verbindung mit wirtschaftspolitischen Überlegungen. »Der hypertrophe Nationalismus unserer Tage«, so schrieb ein Schweizer Autor, »ist die beste Quelle, aus der das zweifelhafte Gewächs der Autarkiebewegung seine Kräfte zieht[4].« Autarkie, so formulierte es ein Frankfurter Ordinarius der Volkswirtschaftslehre 1932, war »das Wirtschaftsideal des Nationalismus« schlechthin[5].

Identifiziert diese Feststellung die Grundhaltung vieler Autarkisten, so gab es doch nicht wenige unter ihnen, die erkannten, daß eine Selbstversorgung Deutschlands in den überkommenen Grenzen unmöglich war. Sie verlangten die Aufrechterhaltung der außenwirtschaftlichen Verbindungen, deren Zustandekommen aber nicht dem freien Spiel der marktwirtschaftlichen Kräfte überlassen werden durfte, sondern deren Ausgestaltung unter den Bedingungen der weltweit praktizierten Hochschutzzollpolitik den nationalen und konjunkturellen Notwen-

---

2 Vgl. Andreas Predöhl, Die Epochenbedeutung der Weltwirtschaftskrise 1929 bis 1931, in: Vierteljahrshefte für Zeitgeschichte (VfZG), 1 (1953), S. 97–118.

3 Oswald von Nell-Breuning, Autarkie, in: Stimmen der Zeit, 63 (1932), 124, S. 28–39, hier S. 28; vgl. dazu Friedrich Hoffmann, Der Ruf nach Autarkie in der deutschen Gegenwartsideologie, in: Weltwirtschaftliches Archiv, 36 (1932), 2, S. 469–511.

4 Theo Keller, Sinn und Unsinn der Autarkie, in: Schweizerische Rundschau, 32 (1932/33), S. 769–783, hier S. 770.

5 Wilhelm Gerloff, Autarkie als wirtschaftliches Problem, in: Autarkie. 5 Vorträge von Karl Brandt [u.a.]. Auf der 1. Kundgebung des »Deutschen Bundes für freie Wirtschaftspolitik« gehalten. Eigentlich von Carl Petersen, Berlin 1932, S. 13–15, hier S. 13.

digkeiten Deutschlands Rechnung zu tragen hatte. Einer der prominentesten publizistischen Vertreter dieser Richtung forderte, den Außenhandel »jetzt nicht mehr schematisch und wild treiben zu lassen, sondern man muß sich mindestens einen Grundplan anlegen, von dem aus man einigermaßen sicher operieren« kann[6]. Und der renommierte und vielbeachtete Wirtschaftswissenschaftler Werner Sombart stimmte ihm – hier stellvertretend für eine Reihe anderer sprechend – zu, indem er auf die Notwendigkeit einer »zielbewußte[n] planmäßige[n] Gestaltung [...] der zwischenstaatlichen Wirtschaftsvorgänge von einem nationalen Mittelpunkt aus« hinwies[7].

Daß einer solchen, die wirtschaftliche Handlungsfreiheit erstrebenden Politik Schranken gesetzt sein mußten, haben die Zeitgenossen erkannt. Denn die internationalen Wirtschaftsbeziehungen waren zu eng und zu vielseitig, als daß ein Staat eine Handelspolitik in voller Souveränität hätte betreiben können. Es sei denn, man ersetzte das – ohnehin bereits durchlöcherte – Prinzip des Freihandels und der Meistbegünstigung durch das der Bilateralität, was den Außenhandel weitgehend auf den Warenaustausch zwischen Rohstoff- und Agrarländern auf der einen und Industriestaaten auf der anderen Seite beschränkt hätte, soweit diese sich wechselseitig zu ergänzen vermochten. Für einen bedeutsamen und originellen Publizisten und Ökonomen, der die wirtschaftstheoretische Diskussion der Endphase der Weimarer Republik und insbesondere die der »Reformer« entscheidend beeinflußt hat, stand wie für andere Autarkisten fest, daß die benötigten Importe durch Exporte auf bilateraler Basis gedeckt werden konnten. Denn, so argumentierte er, »das Bedürfnis, ihre Produkte abzusetzen, ist in den Rohstoff-Ländern mindestens so dringend als das Export-Bedürfnis Deutschlands«[8].

Dieser Gedanke des wechselseitig sich ergänzenden Güteraustausches zeigte erste Ansätze zu einem raumorientierten oder -gebundenen Außenhandel. Aus der Diskussion der »Reformer« über eine staatliche Konjunkturpolitik entwickelte sich die Idee der *Großraumwirtschaft*. Die Anhänger einer konsequenten staatlichen Konjunkturpolitik diskutierten nicht nur als Einzelpersonen mit wachsendem Interesse Fragen einer raumpolitischen Neuordnung innerhalb Europas, sondern es entstand darüber hinaus eine Reihe wirtschaftspolitischer Gesellschaften und Vereinigungen, die diese Problematik zum zentralen Gegenstand ihrer Arbeit machten. Innerhalb der »Studiengesellschaft für Geld- und Kreditwirtschaft« beispielsweise erschien ihrem publizistisch wirksamsten Repräsentanten die Autarkie nur in einem kontinentalen Rahmen realisierbar. Wenn sich für Deutschland die Notwendigkeit ergab, eine Politik der Importeinschränkungen und der Selbstversorgung mit Rohstoffen und Nahrungsmitteln zu verfolgen, so konnte es sich dabei nur um eine vorübergehende Lösung handeln. Angestrebt wurde der mehr-

6 Ferdinand-Friedrich Zimmermann, alias Ferdinand Fried, zit. nach Wilhelm Grotkopp, Die große Krise. Lehren aus der Überwindung der Wirtschaftskrise 1929/32. In Zusammenarbeit mit der Studiengesellschaft für Geld- und Kreditwirtschaft herausgegeben, Düsseldorf 1954, S. 218. Hier sind die Ideen der »Reformer« ausgebreitet und in ihrer Wirkung dargelegt.

7 Werner Sombart in einem 1932 gehaltenen Vortrag über die Zukunft des Kapitalismus, zit. ebd.

8 Robert Friedlaender-Prechtl, Dynamik und Bilanz der Arbeitsbeschaffung, in: Wirtschafts-Wende, Sonderheft Februar 1933, S. 5-25, hier S. 22.

nationale geschlossene Handelsraum. Für die »Reformer« wies »der Zeiger der wirtschaftlichen Welt-Uhr [...] nach der Richtung zunehmender Autarkie, nach dem Bestreben, innerhalb geschlossener Wirtschafts-Räume zu möglichster Selbstversorgung zu gelangen«[9]. Als Endziel postulierte man einen aus 300 Millionen Menschen sich rekrutierenden europäischen Wirtschaftsraum, der »gleichrangig, wenn nicht überlegen«, neben den Hegemonialraum Amerikas, das englische Imperium, den sich formierenden chinesisch-japanischen und schließlich den russischen Großraum treten sollte[10]. Eine besondere Rolle spielten die »Studiengesellschaft für Mittel- und Südosteuropa« und der »Mitteleuropäische Wirtschaftstag«, der unter dem Einfluß des Langnam-Vereins, des Reichsverbandes der Deutschen Industrie und des Deutschen Industrie- und Handelstages schwerindustrielle Interessen in Mitteleuropa vertrat und das wirtschaftliche Tor nach Südost- und Osteuropa offenhalten und verbreitern wollte. Letztlich ging es um die Schaffung »einer von Deutschland dominierten Großraumwirtschaft im mittel- und südosteuropäischen Raum«[11]. Allenthalben wurden Modelle zu einer europäischen Verbundwirtschaft entwickelt, wie sie als Pan-Europa-Idee[12], als Mitteleuropa-Plan oder unter der Bezeichnung Zwischeneuropa bekannt sind.

Die Begriffe Mitteleuropa und Zwischeneuropa standen im Mittelpunkt von Überlegungen des »*Tat*«-*Kreises*, innerhalb dessen man sich über die wirtschaftspolitische Gestaltung Europas unter deutscher Führung vielfältig und eingehend Gedanken machte. Es mag genügen, stellvertretend für die Haltung einer Vielzahl von Mitgliedern dieses einflußreichen, politisch konservativen Zirkels drei seiner bekanntesten Persönlichkeiten vorzustellen.

Zunächst ist der Publizist Gieselher Wirsing zu nennen, der sich für eine Verbindung Deutschlands mit Zwischeneuropa einsetzte (mit Österreich, Estland, Lettland, Litauen, Polen der Tschechoslowakei, Ungarn, Jugoslawien, Bulgarien und Rumänien). Er schlug 1930 eine ausreichende agrarische Arbeitsteilung »in dem deutsch-zwischeneuropäischen Gesamtraume« vor, um die angesprochenen Agrarländer von ihrer Monokultur und Überproduktion abzubringen und ihnen damit zu Kaufkraft durch den Absatz gezielt angebauter landwirtschaftlicher Mangelgüter zu verhelfen. Sollte dies erreicht werden, dann bedeutete auch der Absatz für deutsche industrielle Waren keine grundsätzliche Schwierigkeit mehr. Wirsing ging es nicht darum, »etwa die gesamte deutsche, österreichische und tschechoslowakische Industrieproduktion in diesem Raum unterzubringen, sondern nur einen so großen Teil davon, daß das Schicksal dieser Länder nicht mehr schlechthin abhängig« war »von der Aufnahmefähigkeit der Weltmärkte«[13]. Im Jahre 1931 sah

9 Ders., Wirtschaftswende. Die Ursachen der Arbeitslosen-Krise und deren Bekämpfung, Leipzig 1931, S. 132.

10 Ebd., S. 134.

11 Reinhard Frommelt, Paneuropa oder Mitteleuropa. Einigungsbestrebungen im Kalkül deutscher Wirtschaft und Politik 1925-1933, Stuttgart 1977 (= Schriftenreihe der VfZG, Nr. 34), S. 99.

12 Zur Literatur vgl. Hans-Erich Volkmann, Das außenwirtschaftliche Programm der NSDAP 1930-1933, in Archiv für Sozialgeschichte, 17 (1977), S. 251-274, hier S. 262, Anm. 76 f.

13 Giselher Wirsing, Zwischeneuropa und die deutsche Zukunft, Jena 1932 (= Tat-Schriften), S. 290. Das Manuskript war bereits im Herbst 1930 abgeschlossen.

er Deutschland, bedingt durch die sich herausbildenden geschlossenen Märkte Amerikas und Japans, bereits zwangsweise zur Autarkie verdammt, der es noch rechtzeitig vorzubeugen galt, und zwar durch eigene Initiative. »Aber wenn die Alternative: Kolonie des Westens oder Herauslösung aus kapitalistischer Verkettung, selbst unter schärfstem Opfer unserer Lebenshaltung, nicht mit ganzer Schwere gestellt wird, werden wir der Erlahmungspolitik der Stärkeren erliegen[14].«

Über Mitteleuropa hinaus blickte einer der einflußreichsten Repräsentanten des »Tat«-Kreises, Hans Zehrer. Er machte sich bereits Gedanken über den »Entwurf eines europäischen Wirtschaftsprogramms auf der Grundlage geopolitischen Raumdenkens gegen den ›wirtschaftlichen Nationalismus der anderen‹«. Als Voraussetzung für die Erfüllung eines solchen Wirtschaftsprogramms nannte er »zunächst die planwirtschaftliche, staatskapitalistische, autoritäre Einrichtung Deutschlands im Innern und die v[or] a[llem] wirtschaftlich bedingte kompromißlose außenpolitische Umorientierung nach Osten und Südosten«[15].

Ein dritter »Tat«-Kreis-Angehöriger, Ferdinand Friedrich Zimmermann, alias Ferdinand Fried, entwickelte noch weiter gesteckte Raumvorstellungen. Er ging bereits davon aus, daß, »wenn der Gedanke der Wirtschaftsräume als Grundsatz, als Antithese zum Freihandel noch abgelehnt« werde, »man sich doch schon auf die Synthesis des südosteuropäischen Raumes zahlreicher zusammen[finde]«[16]. Angesichts der Tatsache, daß sich allenthalben Wirtschaftsblöcke in der Welt formierten, während sich »der ganze ›Südosten‹ noch [als] ein Trümmerfeld« darstelle[17], sei der Anreiz für Deutschland, dieses in seinem Sinne aufzubauen, groß. Als Meilenstein auf dem Weg zu einer neuen Ordnung in Ostmitteleuropa wertete er die geplante deutsch-österreichische Zollunion, die »vielleicht schon die entscheidende Wendung nach der neuen Richtung, die uns in die Zukunft weist«, bringen konnte. Kam die Zollunion zwischen Deutschland und Österreich zustande, dann sah er »allmählich die neuen Konturen der Welt sich langsam abheben wie auf einer belichteten Platte im Entwickler«[18]. Um Deutschland-Österreich konnte sich dann der mittel- und südosteuropäische Raum, nach Möglichkeit unter Einschluß Griechenlands, gruppieren, mit der Verbindung zur Türkei und nach Persien. Dieser Raum mußte wirtschaftlich nach Norden den Anschluß suchen an die Baltischen Staaten, wodurch ein Gebiet entstand, das »schließlich im Osten an Rußland seinen gewaltigen wirtschaftlichen Rückhalt« finden konnte. Die von Zimmermann erhoffte wirtschaftliche Symbiose zwischen Mitteleuropa und Rußland konnte noch ausgedehnt werden nach Westen auf Belgien und Holland, nach Norden auf Skandinavien. Denn wie lange diese Gebiete sich noch auf das ihnen verbleibende Kolonialreich in Afrika und Hinterindien würden stützen können, blieb »eine Frage der Zeit«[19]. Friedrich Zimmermanns Ideen sind auf vielfältige Weise in das nationalsozialistische Gedankengut eingeflossen, zumal er frühzeitig

[14] Ders., Zwangsautarkie, in: Die Tat, 23 (1931), S. 428–438, hier S. 438.
[15] Hans Hecker, »Die Tat« und ihr Osteuropabild 1909–1939, Köln 1974, S. 136.
[16] Ferdinand Fried, Autarkie, Jena 1932 (= Tat-Schriften), S. 127.
[17] Ebd., S. 142.
[18] Ferdinand Fried, Ende des Kapitalismus, Jena 1932, S. 264.
[19] Ebd., S. 265.

aktiv in der NSDAP mitarbeitete und intensive Kontakte zu deren Führungsspitze unterhielt.

Wie weit verbreitet der Mitteleuropa-Gedanke war, beweist u.a. die Arbeit des gleichnamigen Instituts, das eine vielbeachtete Schriftenreihe herausgab. In einem Sammelband, dem der Reichsminister Treviranus sogar ein Geleitwort vorangestellt hatte, wurde die Großraumwirtschaft als der »Weg zur europäischen Einheit« bezeichnet[20].

All diesen Konzeptionen lag das gemeinsame, wenn auch im einzelnen modifizierte Bestreben zugrunde, die durch die Schaffung der europäischen Nachkriegsstaaten und damit durch die Errichtung einer Vielzahl von Zollschranken zerstörte relative Wirtschaftseinheit des Deutschen Reiches und Österreich-Ungarns wiederherzustellen, und zwar einmal zwecks Intensivierung des europäischen Binnenmarktes und zweitens zur Wettbewerbsstärkung dieses Raumes gegenüber den Kolonialmächten, den USA und Japan, auf dem Weltmarkt. War doch allenthalben die Tendenz zur Bildung autarker, unter der Kontrolle dieser Staaten stehender Großräume sichtbar, die sich durch die Weltwirtschaftskrise verstärkte[21]: Mit den Beschlüssen von Ottawa (1932) konstituierte Großbritannien seinen nahezu geschlossenen Wirtschaftsraum, innerhalb dessen die Kolonien, ebenso wie im Falle des im agrarischen Bereich bereits als Selbstversorger geltenden Frankreich[22], Präferenzen genossen. Auch das bolschewistische Rußland hatte seinen Außenhandel weitgehend auf die Einfuhr moderner Investitionsgüter beschränkt und ausgerichtet.

Bezeichnend mag sein, daß das *Institut für Sozial- und Staatswissenschaften an der Universität Heidelberg* (unter der Federführung von Arnold Bergsträsser, Jakob Marschak und Alfred Weber) eine Untersuchungsreihe begründete, in der die produktionswirtschaftliche Integration Europas aufgezeigt wurde und die Aufschluß über die Außenhandelsverflechtung zwischen den europäischen Staaten geben sollte. Die erste dieser Studien kam immerhin zu dem bemerkenswerten Ergebnis, daß der europäische Außenhandel »überwiegend der inneren wirtschaftlichen Ergänzung Europas« diente, mithin »der europäische Binnenmarkt [...] für die zugehörigen Länder wichtiger als die übrige Welt« war[23]. Hier konnte man auch den Beweis für den Rückgang des europäischen Handelsverkehrs mit der außereuropäischen Welt von 37 Prozent des Welthandelsvolumens des Jahres 1914 auf 31 Prozent im Durchschnitt der Jahre 1925 bis 1930 nachlesen. Demgegenüber ließ sich beispielsweise ein steigender Absatz der Vereinigten Staaten von Amerika und Japans auf den Überseemärkten registrieren. Die Schlußfolgerung aus diesen Tatbestän-

[20] Großraumwirtschaft. Der Weg zur europäischen Einheit, hrsg. von Wilhelm Gürge und Wilhelm Grotkopp, Berlin 1931.

[21] Vgl. Hans Raupach, Strukturelle und institutionelle Auswirkungen der Weltwirtschaftskrise in Ost-Mitteleuropa, in VfZG, 24 (1976), S. 38–52, hier S. 51.

[22] Vgl. Georges Henri Bousquet, Autarkie und weltwirtschaftliche Expansion als treibende Kräfte der französischen Wirtschaftspolitik der Gegenwart, Jena 1930 (= Kieler Vorträge, 31).

[23] Herbert Gaedicke und Gert von Eynern, Die produktionswirtschaftliche Integration Europas. Eine Untersuchung über die Außenhandelsverflechtungen der europäischen Länder, 2 Bde, Berlin 1933 (= Zum wirtschaftlichen Schicksal Europas, 1, 3), S. 21.

den vermochte die Autarkisten ebenso in ihrer Auffassung zu bestärken, wie liberale Volkswirtschaftstheoretiker und Unternehmer in ihrem Verhältnis zu Freihandel und Marktwirtschaft zu verunsichern, wenn es hieß:

> »Mag man auch der Meinung sein, daß die Industrialisierung neuer Länder den alten europäischen Industriestaaten auf die *Dauer* nicht zum Schaden gereicht, so sollte der Rückgang des europäischen Anteils am Welthandel doch ein Mahnruf zur Besinnung sein – zur Besinnung auf das gemeinsame europäische Interesse und auf die Notwendigkeit einer wirtschaftlichen Zusammenarbeit aller Staaten Europas[24].«

Nicht ohne Grund hatte die *Internationale Handelskonferenz* vom März 1930 die Problematik der engeren wirtschaftlichen Zusammenarbeit innerhalb Europas bereits in den Vordergrund der Diskussion gerückt, und auch der *Deutsche Industrie- und Handelstag* sah sich 1931 zu prüfen genötigt, »inwieweit die deutsche Volkswirtschaft durch ein engeres Verhältnis der europäischen Länder untereinander [...] gestärkt werden« könne[25].

Als eine Alternative zum weltwirtschaftlichen Freihandelsprinzip wurde also die Autarkietheorie entwickelt, deren Protagonisten innerhalb der Wirtschaftswissenschaft von der dort vorherrschenden liberalen Volkswirtschaftslehre zunächst einmal schwersten Angriffen ausgesetzt waren und deren Anhänger innerhalb des Unternehmertums vorab als krasse Außenseiter galten. Sie hielten daher Ausschau nach einer politischen Rückendeckung und fanden sie in der NSDAP. Denn diese stellte seit den Septemberwahlen 1930 nicht nur einen gewichtigen Faktor des politischen Geschehens in Deutschland dar, sondern ihre Lebensraumtheorie schien durchaus das gedankliche Dach zu bieten, unter dem die Idee der Autarkie gedeihen konnte, zumal die Partei noch nicht über ein konkret artikuliertes Wirtschaftsprogramm verfügte. Die Nationalsozialisten hatten bis zur Weltwirtschaftskrise »keine ernsthaften Beiträge zur ökonomischen Theorie geleistet, sondern lediglich in pseudowissenschaftlicher Form über ökonomische Probleme argumentiert«[26], so daß ihre damalige Wirtschaftsauffassung durchaus als »ein Konglomerat konfuser Ideen« bezeichnet werden kann[27]. Aber das ideologische Kernpostulat, nämlich nach Erweiterung des deutschen Lebensraumes, gewährt den gewünschten Aufschluß über die wirtschaftspolitische Maxime ihres Denkens und späteren Handelns. Formulierte doch die nationalsozialistische Bewegung den Anspruch, »stets ihre Außenpolitik von der Notwendigkeit bestimmen [zu] lassen, dem Leben unseres Volkes den notwendigen Raum zu sichern«[28]. Diese zu den weltanschaulichen Grundlagen der NS-Programmatik zählende Forderung war sicherlich primär macht- und rassenpolitisch motiviert. Aber wenn »Ernährungs- und Siedlungsraum im großen für das wachsende deutsche Volk zu schaffen« zur

24 Ebd., S. 126.

25 Bundesarchiv (BA), R 11/1291.

26 Werner Krause, Wirtschaftstheorie unter dem Hakenkreuz. Die bürgerliche politische Ökonomie in Deutschland während der faschistischen Herrschaft, Berlin (Ost) 1969, S. 17.

27 Wolfram Fischer, Deutsche Wirtschaftspolitik 1918–1945, Opladen 1968, S. 51.

28 Hitlers zweites Buch. Ein Dokument aus dem Jahre 1928. Eingeleitet und kommentiert von Gerhard L. Weinberg, Stuttgart 1961 (= Quellen und Darstellungen zur Zeitgeschichte, Bd 7), S. 78.

»Aufgabe der deutschen Außenpolitik« erhoben wurde[29], offenbarte sich deren starke wirtschaftliche, das heißt zunächst noch vorwiegend agrarökonomische Komponente. Wollte Deutschland wieder in dem Konzert der europäischen Mächte mitwirken – und die Nationalsozialisten waren hierzu fest entschlossen –, dann bedurfte es nach ihrer Auffassung zunächst der Konsolidierung der wirtschaftlichen Verhältnisse, worunter man vordergründig die Sicherstellung der Ernährung einer jährlich um schätzungsweise 900 000 Seelen wachsenden Bevölkerung verstand, was Hitler für die Voraussetzung einer aktiven außenpolitischen Betätigung hielt. Drei Wege schienen zur Lösung dieses Problems vorgezeichnet:

1. Die innere Kolonisation, der allerdings – ungeachtet möglicher Mechanisierung und Automation innerhalb der Landwirtschaft und der geplanten Intensivierung der Ertragsfähigkeit des Bodens durch vermehrte Düngung – deutliche Grenzen gesetzt sein mußten.
2. Ferner konnte man »neuen Boden erwerben, um die überschüssigen Millionen [...] abzuschieben und so die Nation auch weiter auf der Grundlage einer Selbsternährung erhalten«. Der Realisierung dieser Möglichkeit gab der Nationalsozialismus den Vorrang vor der Alternative,
3. »durch Industrie und Handel für fremden Bedarf zu schaffen, um vom Erlös das Leben zu bestreiten«, also durch Welthandel.

Der Forderung nach Extension des Bauernstandes und der agrarischen Produktion lag der Wunsch nach einem gesunden Gleichgewicht zwischen Landwirtschaft und Industrie zugrunde – nicht zuletzt zwecks Stabilisierung der innenpolitischen Verhältnisse. Denn »ein fester Stock kleiner und mittlerer Bauern« erschien als »der beste Schutz gegen soziale Erkrankungen«[30]. Zum anderen wurde ein Zustand relativer Nahrungsautarkie angestrebt, der »die Freiheit des Staates und die Unabhängigkeit der Nation besonders in schweren Tagen« zumindest teilweise garantieren sollte[31].

Aus der Einsicht in die vorab unveränderbaren kolonialpolitischen Konstellationen resultierte der Willen zu einem Arrangement mit Großbritannien, und so lag für Hitler und seine Partei »die einzige Möglichkeit zur Durchführung einer gesunden Bodenpolitik nur in der Erwerbung von neuem Lande in Europa selber«[32]. Folglich betrachteten es die Nationalsozialisten als ihre wirtschaftspolitische Aufgabe, »die Kolonial- und Handelspolitik der Vorkriegszeit« abzuschließen und »zur Bodenpolitik der Zukunft« überzugehen, wobei man »den Blick nach dem Land im Osten« richtete[33].

> »Wollte man in Europa Grund und Boden, dann konnte dies im großen und ganzen nur auf Kosten Rußlands geschehen, dann mußte sich das neue Reich wieder auf der Straße der einstigen Ordensritter in Marsch setzen, um mit dem deutschen Schwert dem deut-

[29] Gottfried Feder, Das Programm der NSDAP und seine weltanschaulichen Gedanken, München 1932 (= Nationalsozialistische Bibliothek, 1), S. 10.
[30] Adolf Hitler, Mein Kampf, Jubiläumsausgabe, München 1939, S. 150.
[31] Ebd., S. 152.
[32] Ebd., S. 153.
[33] Ebd., S. 742.

schen Pflug die Scholle, der Nation aber das tägliche Brot zu geben[34].« Hitler bevorzugte also schon vor der Weltwirtschaftskrise eine territoriale Expansion des deutschen Wirtschaftsraumes gegenüber dem Ausbau der welthandelspolitischen Stellung. »Das Gerede [von] der ›wirtschaftsfriedlichen‹ Eroberung der Welt« hielt der Führer der NSDAP für den »größte[n] Unsinn, der jemals zum leitenden Prinzip der Staatspolitik erhoben wurde«[35].

Aus der rassenideologisch und machtpolitisch begründeten Lebensraumideologie ergab sich schlüssig die Forderung nach einem geschlossenen Handelsstaat in Form eines von Deutschland beherrschten Großwirtschaftsraumes. Der nach Osten zu erweiternde Siedlungs- und zu vergrößernde agrarwirtschaftlich nutzbare Raum mußte der Landflucht und somit der fortschreitenden Industrialisierung Einhalt gebieten und vor allem die von Hitler aus außenpolitischen Erwägungen heraus kritisierte Exportabhängigkeit vermindern helfen. »Ein Volk, das seinen Landnachwuchs nicht mehr als Fabrikarbeiter in die Großstädte zu schieben« brauche, »sondern als freie Bauern auf eigener Scholle anzusiedeln« vermochte, sollte »der deutschen Industrie ein inneres Absatzgebiet erschließen, das sie langsam vom tobenden Kampf und dem Geraufe um den sogenannten Platz an der Sonne in der übrigen Welt entziehen« konnte[36]. Aber auch »angesichts der Beschränktheit unseres Rohstoffmaterials und der dadurch bedrohlichen Abhängigkeit von anderen Ländern« erschien dem Nationalsozialismus die Errichtung eines Osteuropa einbeziehenden Großwirtschaftsraumes dringend geboten[37].

Die frühe nationalsozialistische agrarpolitische Konzeption war bereits auf lange Sicht projektiert und schloß das kriegerisch-aggressive Moment bewußt in ihr Kalkül mit ein. Wollte man sie realisieren, hieß es für das deutsche Volk, »seine Kraft zu sammeln zum Vormarsch auf jener Straße, die aus der [...] Beengtheit des Lebensraumes dieses Volk herausführt zu neuem Grund und Boden«, der »als Nährquelle sowohl wie auch als machtpolitischer Stützpunkt angesehen«[38] wurde. Da eine solche Expansion letztlich nicht mit friedlichen Mitteln erreichbar war, würde Deutschland »im Innern zur stärksten Konzentration seiner Kraftmittel schreiten«, d.h. in erheblichem Umfange rüsten müssen. Unter dem Aspekt einer Ostsiedlung und der Errichtung eines wirtschaftlichen Großraumes stellten sich die Nationalsozialisten als politische »Hauptaufgabe [...] die Bildung einer überragend starken Landarmee«[39]. Denn »vor dem Pflug hat das Schwert zu stehen und vor der Wirtschaft eine Armee«[40].

Konkrete wirtschaftsprogrammatische Folgerungen aus den dargelegten Gedankengängen hatte die Partei zunächst nicht gezogen. Das von Gottfried Feder und Adolf Hitler konzipierte Parteiprogramm enthielt eine Reihe vieldeutiger Schlagworte, wie »Schaffung eines Ständestaates«, »Brechung der Zinsknecht-

[34] Ebd., S. 154.
[35] Ebd., S. 158.
[36] Hitlers zweites Buch (wie Anm. 28), S. 218 f.
[37] Ebd., S. 123.
[38] Hitler, Mein Kampf (wie Anm. 30), S. 732.
[39] Hitlers zweites Buch (wie Anm. 28), S. 218.
[40] Ebd., S. 124.

schaft«, »Gemeinschutz geht vor Eigennutz«[41]. Die letztgenannte Formel, das Adjektiv »sozialistisch« im Namenszug und schließlich die Schriften »linker« Nationalsozialisten (z.B. der Gebrüder Strasser) ließen den Verdacht aufkommen, die Partei huldige einer neuen Variante marxistischer Ideologie. »Die Gefahr, daß Freund und Feind die Bedeutung einzelner Schlagworte nicht erkennen, daß sie andere überschätzen und unter bewußter oder unbewußter Anlehnung an marxistische Gedankengänge und Terminologien aus Bruchstücken ein völlig falsches Bild konstruieren« würden, erschien »außerordentlich groß«[42].

Zum ersten großen Wahlerfolg im September 1930 genügte offenbar die allgemeine Kritik an den ökonomischen Zuständen der Weimarer Republik. Dann aber, in einer Zeit, in der das politische Klima in Deutschland unter den Auswirkungen der Weltwirtschaftskrise weitgehend von ökonomischen Komponenten bestimmt war, erschien ein über Gemeinplätze hinausgehendes, detailliertes Wirtschaftsprogramm notwendig. Es galt, »die alte gegnerische Behauptung, daß der Nationalsozialismus nichts von der Wirtschaft verstehe und sie, falls er an die Macht käme, ruinieren würde, in überzeugender Weise« zu widerlegen[43]. In der Erwartung, daß von den bevorstehenden innenpolitischen Auseinandersetzungen die Entscheidung über den Besitz der Macht zu erwarten sei, ließ Hitler ab 1930 »eine besonders sorgfältige Behandlung den wirtschaftlichen Fragen angedeihen«[44].

Es kam der NSDAP seit 1930 in ihrer propagandistischen Tätigkeit nicht darauf an, die Wirtschaftspolitik der Präsidialkabinette im einzelnen zu kritisieren, sondern sie grundsätzlich zu verwerfen und die derzeitigen ökonomischen Probleme in den Rahmen eines »eigenen Programms für den revolutionären Wandel der deutschen Zustände [...] hineinzustellen«[45], was besagt, daß die Nationalsozialisten eine ernsthafte Alternative zur Marktwirtschaft anbieten wollten, die sich letztlich Autarkie im Großwirtschaftsraum nannte.

Dem Bemühen der Partei um die Formulierung eines glaubwürdigen Wirtschaftsprogramms kam die aus den allgemeinen politisch-ökonomischen Verhältnissen der dreißiger Jahre resultierende Annäherung solcher Vertreter aus Wirtschaftswissenschaft und -praxis an die NSDAP entgegen, die das marktwirtschaftlich und welthandelsorientierte Wirtschaftssystem durch ein staatskonjunkturelles und raumgebundenes ersetzen wollten. Die NSDAP nahm diese Opponenten, nicht selten »Reformer« und Autarkisten, entweder unbedenklich in ihre Reihen auf und/oder reklamierte deren Programm für sich und adaptierte es in Verbindung mit der Lebensraumtheorie in ihrem Sinne. Von wesentlicher Bedeutung für die Formulierung eines konkreten und praktikablen Wirtschaftskonzeptes der NSDAP und beispielhaft für den Einfluß der sogenannten »Reformer« auf das Wirtschaftsdenken innerhalb der Partei war das Manuskript des Gründers der

41 Vgl. dazu Avraham Barkai, Das Wirtschaftssystem des Nationalsozialismus. Der historische und ideologische Hintergrund 1933-1936, Köln 1977 (= Bibliothek Wissenschaft und Politik, Bd 18), S. 25-30.
42 Hans Reupke, Der Nationalsozialismus und die Wirtschaft, Berlin 1931, Vorrede.
43 Paul Oestreich, Walther Funk. Ein Leben für die Wirtschaft, München 1940, S. 80.
44 Ebd.
45 Ebd., S. 81.

»Studiengesellschaft für Geld- und Kreditwirtschaft«, Dräger, das unter dem Titel »Arbeitsbeschaffung und produktive Kreditschöpfung« 1932 in der Schriftenreihe »Nationalsozialistische Bibliothek« erscheinen konnte. Es diente als geistige Vorlage der am 10. Mai 1932 vom Reichsorganisationsleiter der NSDAP, Gregor Strasser, im Reichstag gehaltenen Rede und des später als verbindlicher Leitfaden für die Propaganda- und Wahlhelfer der Partei publizierten »Wirtschaftlichen Sofortprogramms der NSDAP«. In Anlehnung an die besagte Schrift wurden für die spätere NS-Wirtschaftspolitik richtungsweisende Grundsätze proklamiert, so der Entwurf für ein über das »deficit-spending« zu finanzierendes großzügiges staatliches Arbeitsbeschaffungsprogramm. Das Sofortprogramm beinhaltete darüber hinaus eine handelspolitische Komponente, die nach 1934 den außenwirtschaftlichen Kurs Schachts bestimmte, nämlich das im »Neuen Plan« praktizierte Prinzip der Bilateralität. Strasser verlangte nicht nur eine Ankurbelung der Binnenwirtschaft durch staatskonjunkturelle Maßnahmen, sondern durch eine Belebung des inneren Marktes, insbesondere durch eine Förderung der Landwirtschaft. Nach seiner Auffassung sollte sich die Steigerung der landwirtschaftlichen Erträge unter dem Vorzeichen des Aufbaues eines geschlossenen Wirtschaftsraumes vollziehen, der zunächst zur stärkeren Sicherung der Volksernährung gedacht war. Nach der im »Wirtschaftlichen Sofortprogramm der NSDAP« geäußerten Überzeugung war es möglich, im Laufe weniger Jahre die Ertragsfähigkeit des deutschen Bodens so zu steigern, daß das Reich von ausländischen Lebensmittelimporten weitgehend unabhängig werden würde. Maßnahmen zur agrarischen Produktionsbelebung bedeuteten wiederum eine erhöhte Inlandsnachfrage bei den entsprechenden Industriezweigen (Maschinenbauindustrie, chemische Industrie). Eine bessere Ausnutzung des deutschen Bodens sollte, wie das Streben nach Selbstversorgung überhaupt, nach den im Sofortprogramm formulierten Grundgedanken in der Landwirtschaft mehr als eine Million Arbeitsplätze schaffen und insgesamt zu einer erhöhten Beschäftigung in anderen Wirtschaftszweigen führen. Also zielten die Autarkiebestrebungen in einem ersten Schritt auf einen forcierten »Aufbau des Binnenmarktes unter Eingliederung der Industrie« ab[46]. Demzufolge zeigte sich der Nationalsozialismus entschlossen, »jede Einfuhrbeschränkung durchzuführen, wenn dadurch deutsche Arbeiter oder deutsche Bauern in Brot und Arbeit gesetzt werden« konnten[47].

Zeigte man sich – übertrieben – optimistisch im Blick auf die deutschen agrarischen Selbstversorgungsmöglichkeiten, so urteilte man im industriellen Bereich nüchterner. Dennoch strebte der Nationalsozialismus nach einer Lockerung der weltweiten ökonomischen Verbindungen, nicht zuletzt unter dem Aspekt der Sicherung des Arbeitsbeschaffungsprogramms durch Ankurbelung der heimischen Produktion. Dabei ging man davon aus, daß 1931 etwa 1,5 bis 1,7 Mio. Arbeiter für den deutschen Export tätig waren. Drosselte man die Ausfuhr, zog dies – we-

[46] Rede Strassers, 10.5.1932, zit. nach Nationale Handelspolitik statt Weltwirtschaftspolitik. Programmatische Forderungen der NSDAP, in: Neue Wirtschaft, 6 (1932), 15, S. 6–8, hier S. 6.

[47] Wirtschaftliches Sofortprogramm der N.S.D.A.P. Ausgearbeitet von der Hauptabteilung 4 der Reichsorganisationsleitung der N.S.D.A.P., München 1932 (= Kampfschrift, 16), S. 17.

gen der so vermindert eingehenden Devisen – eine entsprechend rückläufige Einfuhr nach sich. Beschränkte diese Reduktion sich durch Außenhandelskontrolle weitgehend auf Fertigwaren, konnten zu deren Herstellung in Deutschland Arbeitsplätze geschaffen werden. Da zudem absehbar war, daß die Ausfuhrindustrie in Auswirkung der Weltwirtschaftskrise und der protektionistischen Politik anderer Staaten »ihren Beschäftigungsgrad trotz des Willens nicht halten oder gar noch auf frühere Höhe [würde] bringen können«, und Arbeitslosigkeit demzufolge auch außenwirtschaftlich bedingt war, konnte diese nach weitverbreiteter Auffassung allein »durch Schaffung neuer Arbeitsmöglichkeiten für einen mehr aufgeschlossenen Binnenmarkt« gemildert werden[48]. In solchem Sinne bedeutete »eine Gestaltung autarker Wirtschaft [...] die planmäßige, vom Binnenmarkt bestimmte Einrichtung auf einen notwendigen und möglichen Mindestumfang des Außenhandels und seine nach Menge und Art zulässige Ausweitung«[49]. In diesem Zusammenhang forderte Gottfried Feder eine »Prüfung der Notwendigkeit der Einfuhr von Rohstoffen, Exportförderung für Fertigwaren, Einschränkungen des Exports lebensnotwendiger Eigenerzeugnisse«. Das Schwergewicht der Arbeitsbeschaffungsmaßnahmen verlangte die »Umschaltung von der liberalistisch-kapitalistischen Wirtschaft [auf eine] auf vernünftige Autarkie zustrebende Binnenwirtschaft«[50].

Doch haben die mit den Nationalsozialisten liierten und in der Partei wirksamen Autarkisten niemals das Ideal einer Selbstversorgung durch Selbstgenügsamkeit, die Formel »zurück zu Linnen, Roggenbrot und Uckermärker Tabak«[51], als ökonomisches Endziel postuliert. Denn, daß im strengen Wortsinn die Selbstversorgung für Deutschland eine »glatte Unmöglichkeit«[52] war, stand für die Autarkisten in der NSDAP außer Frage. Autarkie verwirklichen hieß für sie nicht, wie deren Kritiker immer wieder betonten, die »Ummodelung der deutschen Wirtschaft zu einem von der Umwelt völlig abgeschlossenen Organismus« und war nicht synonym mit »hermetische[r] Verriegelung der [...] Grenzen und restlose[r] Abschließung von fremden Märkten«[53]. Auch wenn der Nationalsozialismus das liberal-individualistische Wirtschaftsprinzip durch ein anderes ersetzen wollte, nahm die Handelspolitik einen breiten Raum in der Programmdiskussion seit 1930 ein. Während sich die liberale Wirtschaftsform außenwirtschaftlich – zumindest theoretisch – als Frei- und Welthandel darstellte, proklamierte die NSDAP eine nationale Handelspolitik statt Weltwirtschaftspolitik. Vernünftige Autarkie verlangte einen grundlegenden Kurswechsel in der Außenhandelspolitik und bedeutete letztlich, nur so viel zu exportieren, wie zum Import notwendiger Rohstoffe und Nahrungsmittel und solcher Güter erforderlich erschien, die »nicht oder nur

48 Carl-Max Lüttgens, Autarkie und Arbeitsbeschaffung, Berlin 1932, S. 19.

49 Ebd., S. 29.

50 Expertise Feders über Arbeitsbeschaffung, etwa Sommer 1932, BA, Kleine Erwerbungen NSDAP NS 20/122.

51 Julius Epstein, Das Schicksal der Akkumulation in Deutschland oder der Irrsinn der Autarkie, Leipzig 1932, S. 20.

52 Gerloff, Autarkie (wie Anm. 5), S. 14.

53 Emil Maurer, Grundlagen und Zukunft der deutschen Nationalwirtschaft, Leipzig 1932, S. 48.

in nichtausreichendem Maße« in Deutschland vorhanden waren oder dort erzeugt werden konnten[54]. Um dies zu gewährleisten, bedurfte es einer Steuerung des Außenhandels und einer Kontingentierung, was Strasser im Sofortprogramm postulierte. »Autarkie bedeutet also die Aufstellung eines Ein- und Ausfuhrplanes, der von dem notwendigen Einfuhrbedarf« ausgeht »und ihn durch planmäßigen Warenaustausch zu decken sucht«[55]. Ein solches Wirtschaftssystem bezeichneten die Nationalsozialisten als Nationalwirtschaft, die dem deutschen Volk zu garantieren hatte, daß seine Volkswirtschaft weitgehend von den Krisen fremder Wirtschaften verschont blieb. Die wirtschaftliche Autarkie Deutschlands sah man »erst in der ökonomischen Unantastbarkeit erfüllt, in einer Wirtschaftslage, die jedenfalls nicht entscheidend durch auswärtige Manöver oder Ereignisse beeinflußt werden konnte«[56]. Ein solcher Zustand war nach Ansicht des späteren Reichsbankpräsidenten und Reichswirtschaftsministers Hitlers, Schacht, so lange nicht zu erreichen, wie fremde Staaten die eigene wirtschaftliche Entwicklung zu hemmen vermochten. Folglich war eine optimale Aufrüstung notwendig. Nach Schachts Auffassung boten sich nur zwei Möglichkeiten an, sich wirtschaftlichen Pressionen des Auslandes zu entziehen: »Einmal auf dem Wege einer starken Wehrhaftigkeit und eines entschlossenen Wehrwillens, der in entscheidenden Augenblicken den Bestand und die Lebensrechte der Nation« verteidigte. Der andere Schritt mußte zu einer wirtschaftlichen Kooperation mit den deutschen Anliegerstaaten führen. Es galt, »immer wieder deutlich zu machen, daß der eigentliche wirtschaftliche Vorteil mit demjenigen des Nachbarn Hand in Hand« wahrzunehmen und zu wahren war[57].

Für den Fall einer nationalsozialistischen Regierung hatte man demzufolge mit außenhandelspolitischen Folgen in Form der Umwandlung des bestehenden Handelsvertragssystems, mit der Kündigung laufender Handelsverträge zu den nächstmöglichen Terminen zu rechnen. Der Außenhandel mußte sich zudem aufgrund bilateraler Verträge, nach Möglichkeit unter Ausschluß des Devisenverkehrs, abwickeln, nach dem sogenannten Clearing-System. Dies besagt, daß bei neuen Vertragsabschlüssen das liberale Freihandelsprinzip dem der Reziprozität, also dem des Austausches von Waren gleichen Wertes und/oder gleicher Menge weichen mußte. Beim Clearing-Verfahren wurden anfallende Außenhandelswerte wechselseitig gutgeschrieben und ausgeglichen. Man wollte »also stets versuchen, mit einem Land in bezug auf Export nach Deutschland und Importe aus Deutschland zu einem Gleichgewichtszustand zu kommen«[58]. Dieses Prinzip der Gegenseitigkeit sollte zudem durch das der Präferenz anstelle der Meistbegünstigung ergänzt werden. Bei einem solchen Vertragssystem mußten politische, geographische oder ökonomische Gegebenheiten, zum Beispiel bestehende oder

---

54 Rede Strassers (wie Anm. 46), S. 7.

55 Fried, Autarkie (wie Anm. 16), S. 48.

56 Rudolf Albert, Nationalwirtschaft. Grundzüge der Gestaltung im Dritten Reich, Leipzig 1932, S. 8.

57 Hjalmar Schacht, Grundsätze deutscher Wirtschaftspolitik, Oldenburg i.O. 1932 (= Stalling-Bücherei »Schriften an die Nation«, 1), S. 61.

58 Nationale Handelspolitik (wie Anm. 46).

mögliche Bündnisse oder die Nachbarschaftslage, die bestimmenden Kriterien für eine differenzierte Behandlung der Wirtschaftspartner sein. Diese Forderungen wurden ebenfalls im Sofortprogramm erhoben. Präferenzverträge konnten auf die Entwicklung engerer wirtschaftlicher Beziehungen oder Verbindungen zwischen einzelnen Staaten hinwirken, denn »die Vertragspartner räum[t]en sich gegenseitig oder einem bestimmten Dritten Privilegien ein, die auf die übrigen Staaten nicht ausgedehnt« wurden[59]. Eine derart konzipierte Außenhandelspolitik sollte nach nationalsozialistischer Wunschvorstellung »ganz natürlich zu einem Zusammenschluß« führen[60].

An diesem Punkt vollzog der Nationalsozialismus also die gedankliche Verknüpfung der bereits außerhalb der NSDAP entwickelten Autarkie- und Großraumtheorie mit der rassisch-völkisch und machtpolitisch motivierten Lebensraumtheorie. Autarkie im nationalsozialistischen Sinne bedeutete demzufolge nichts anderes als wirtschaftlicher Imperialismus mit dem Ziel der »Schaffung eines sich in Produktion und Konsumption selbstgenügenden Wirtschaftsgebietes, das jedoch auf so große Räume und so reiche Hilfsquellen gestellt« sein mußte, »daß es allen wirtschaftlichen [...] Daseinsbedingungen seiner Mitglieder genügen« konnte, und Autarkie hieß darüber hinaus »Markterschließung und Markteroberung, die nicht der eigenen Kraft, der Leistungsfähigkeit der heimischen Produktion, dem freien Wettbewerb vertraut, sondern in Erlangung bequemer Vorzugsstellungen und monopolistischer Ausschließung der Konkurrenz ihre Waffen erblickt«[61]. Einen derart ökonomisch motivierten Expansionsdrang als »imperialistische Machtentfaltung«, oder gar als »Streben nach Weltherrschaft« zu apostrophieren, wies die NSDAP entschieden zurück. Sie erblickte darin lediglich das Ergebnis der, wie sie meinte, »richtigen Erkenntnis [...], daß die Schöpfung dem Menschen den Selbsterhaltungstrieb in die Seele gelegt« habe. Autarkie provoziere nicht unbedingt – wie es ein Mitglied des Reichswirtschaftsrates der Partei artikulierte – »Krieg um jeden Preis«. Sie könne »auch auf durchaus friedlichem, diplomatischem Wege« erfolgen[62].

Diese Markterschließung und -eroberung war zunächst mit außenwirtschaftlichen, mit friedlichen Mitteln anzustreben. Sie mußte aber unabdingbare Prämissen haben und Konsequenzen fordern, die im krassen Gegensatz zu Marktwirtschaft und Freihandel standen, nämlich planwirtschaftliche Eingriffe des Staates. Zentrale Wirtschaftsplanstellen sollten die Leistungen der deutschen Nationalwirtschaft gegenüber den Bedürfnissen der Bevölkerung ausbalancieren sowie Ein- und Ausfuhr nach nationalwirtschaftlichen Notwendigkeiten, die Partei und Staat als solche definierten, regeln.

Der Außenhandel mußte nach Ost- und Südosteuropa verlagert werden, weil es erstens in nationalsozialistischen Augen ein völlig unbefriedigender Zustand war,

---

59 Alexander Massakas, Präferenzzölle als Mittel der Annäherungspolitik der bedeutendsten Wirtschaftsgebiete Europas, Diss., Königsberg 1933, S. 11.
60 Fried, Autarkie (wie Anm. 16), S. 126.
61 Gerloff, Autarkie (wie Anm. 5), S. 13.
62 Alfred Pfaff, Wirtschafts-Aufbau im Dritten Reich, München 1932, S. 10.

wenn Deutschland seine Rohstoffbasis überwiegend in Gebieten hatte, von denen es bei irgendwelchen Verwicklungen verkehrsmäßig abgeschnitten werden konnte. Es gehörte daher zu den nationalsozialistischen handelspolitischen Richtlinien, wie sie im Sofortprogramm des Jahres 1932 ihren Niederschlag fanden, bei dem zusätzlich zur eigenen Erzeugung erforderlichen Rohstoffbezug befreundete europäische Staaten vorzuziehen, insbesondere dann, wenn sie sich bereit zeigten, als Äquivalent für den Bezug ihrer Rohstoffe industrielle Fertigprodukte aus Deutschland zu importieren[63].

Über Südosteuropa hinaus wollte ein nationalsozialistisches Deutschland den ganzen mittel- und ostmitteleuropäischen Raum durchdringen und die betroffenen Volkswirtschaften »wirtschaftlich in notwendiger Ergänzung der deutschen und ihrer eigenen Autarkie in feste wirtschaftspolitische Beziehungen zum deutschen Staats- und Wirtschaftsraum setzen«[64]. Nach Auffassung der Autarkisten stand Deutschland damit vor der gewaltigen und zukunftsweisenden Aufgabe »einen Wirtschaftsraum zum ersten Male richtig zu gestalten«[65].

Die Zeit nach 1933 hat bewiesen, mit welcher Meisterschaft, aber auch mit welcher Rücksichtslosigkeit das NS-Regime diese Aufgabe wahrnahm und durchführte. Wo die handelspolitische Karte nicht stach, auch das brachte die Wirtschaftsliteratur aus Kreisen der NSDAP vor der »Machtergreifung« unmißverständlich zum Ausdruck, erschien »der Appell an das Schwert nicht nur [als] Notwendigkeit, sondern auch [als] Recht«[66]. Damit kalkulierte man bewußt das kriegerische Moment mit in die Wirtschaftspolitik ein. Die NSDAP übernahm in der Weltwirtschaftskrise nicht nur die Idee der Autarkie im wirtschaftlichen Großraum, sondern sie ergänzte dieses zunächst auf handels- und vertragspolitischen Grundsätzen beruhende Konzept um eine aggressiv-machtpolitische Komponente. Die Vorstellung vom Leben als Kampf führte dazu, den Krieg nicht nur als integralen Bestandteil der Politik zu betrachten, sondern auch auf die Wirtschaft zu übertragen. In Kreisen des Nationalsozialismus war man überzeugt, »daß die Völker den Weg zu größerer und gesicherterer Lebensform erst unter dem Zwang kriegerischer Auseinandersetzungen zu beschreiten bereit« waren, auch im Blick auf die wie immer artikulierten ökonomischen Bedürfnisse. »Auf die Wünsche jedes Einzelstaates unbedingt Rücksicht nehmen«, hieß »eine Atomisierung der politischen Lebensräume befürworten und jede gesunde Weiterentwicklung zu größerer Lebensform unterbinden«[67]. Autarkie wurde, um im NS-Sprachgebrauch zu bleiben, als »das Lebensrecht jedes Volkes und jeder Nation« definiert, »seine Wirtschaft so zu gestalten, daß sie ihm eine Burg ist, in der es im Falle handelspolitischer, währungspolitischer oder gar kriegerischer Verwicklungen nicht ausge-

---

63 Wirtschaftliches Sofortprogramm (wie Anm. 47), S. 17.

64 Werner Daitz, Die nationalsozialistische Ostraumpolitik und der Hansa-Kanal. Ein Beitrag zum nationalsozialistischen Arbeitsbeschaffungsprogramm, Berlin o.J., S. 10.

65 Fried, Autarkie (wie Anm. 16), S. 127.

66 Pfaff, Wirtschafts-Aufbau (wie Anm. 62), S. 10.

67 Erich Obst, Die Großraumidee in der Vergangenheit und als tragender politischer Gedanke unserer Zeit. Breslau 1941 (= Vorträge der Friedrich-Wilhelms-Universität zu Breslau im Kriegswinter 1940/41), S. 20 f.

hungert oder ausgedurstet werden« konnte. Autarkie war gleichzusetzen mit »Sonderung des Bedürfnisses des Volkes nach wirtschafts- und wehrpolitischen Gesichtspunkten«[68].

Der nationalsozialistischen Autarkiepolitik, wie sie nach 1933 konsequent praktiziert wurde, lag ein bereits vor Hitlers Regierungsantritt formulierter Mehrstufenplan zugrunde. Ihm zufolge war es die nächstliegende Aufgaben der Wirtschaftspolitik eines nationalsozialistischen Deutschland, »den vorhandenen Raum auszunützen, alle Möglichkeiten zu erschöpfen«, die sich boten, um ein Höchstmaß an Selbstversorgung mit dem Ziel zu erreichen, unabhängig von möglichen ausländischen Repressalien rüsten zu können. Auf diese Weise schuf man die Voraussetzungen, die notwendig waren, um im wechselvollen Einsatz von Diplomatie und militärischer Aktion die »Erweiterung des [...] deutschen Reichsgebietes durch Wiedergewinnung geraubten Bodens (Ostdeutschland, Nordmark, Eupen-Malmedy, Elsaß usw.)« zu betreiben. Der nächste Schritt zielte dann in Richtung auf die »Schaffung Großdeutschlands durch Angliederung deutschbevölkerter und deutschfühlender Gebiete, die auch vor dem Weltkriege nicht zum Deutschen Reich gehörten«, auf die aber nach nationalsozialistischer Auffassung ein »Anspruch nicht bestritten werden« konnte[69] – gemeint waren Österreich, die Sudetengebiete und Teile Polens. Erst wenn es das Wirtschafts- und Rüstungspotential eines durch territorialen Zuwachs sukzessive gestärkten Deutschen Reiches erlaubte, war in einer letzten militärischen Anstrengung der Lebensraum nach Osten hin in seiner endgültigen Dimension abzustecken. Denn sich auf die überkommenen Grenzen zu beschränken, erschien den Nationalsozialisten »aus wirtschaftlichen Gründen ebenso unmöglich wie aus politischen«[70].

Der östlich orientierten Lebensraumidee fügten die NS-Programmatiker sehr bald eine westliche Komponente hinzu. Ein Agrarexperte der NSDAP schrieb bereits 1931, man solle in Verfolgung des Lebensraumprojektes »nicht einseitig den Blick nach Osten richten. Im Westen« wirke »jedenfalls der geringere [...] Gegendruck [...]. Schönes Ackerland« liege »auch dort im Westen; nach unseren Begriffen von Kultur und Arbeit nicht halb genutzt«[71]. Kurz vor der Auslösung des Zweiten Weltkrieges gab es Stimmen in Deutschland, die sich überhaupt nicht mehr auf einen fixierten Lebensraum festlegen wollten. Man sah im Lebensraum kein statisches Gebilde mehr, sondern eine dem Ausdehnungsdrang eines Volkes gemäß variable Größe: »Die völkische Lebensäußerung wird am sichtbarsten in der Bewegtheit der *Lebensraumgrenze*, die [...] ihrer Natur nach eine echte Bewegungsgrenze ist[72].«

---

68 So der Großraumexperte der NSDAP, Werner Daitz, zit. nach Alfred Ringer, Handel und Außenhandel. Neubau des Außenhandels im nationalsozialistischen Deutschland, Berlin 1933, S. 20.

69 Ursula Albert, Die deutsche Wiederaufrüstung der Dreißiger-Jahre als Teil der staatlichen Arbeitsbeschaffung und ihre Finanzierung durch das System der Mefowechsel, Diss. masch., Nürnberg 1956, S. 18.

70 Ebd., S. 19.

71 Werner Willikens, Nationalsozialistische Agrarpolitik, München 1931, S. 46.

72 Moritz Durach, Zum Begriff Lebensraum, in: Biographischer Anzeiger, 40 (1939), 1, S. 288–290, hier S. 288.

Hitler und andere NSDAP-Führer zeigten sich bemüht, ihr staatskonjunkturelles, letztlich den Rückzug aus den internationalen Verflechtungen zugunsten der Errichtung eines ökonomischen Hegemonialraumes in Europa intendierendes Wirtschaftsprogramm nicht nur in Zusammenarbeit mit den volkswirtschaftlichen Theoretikern, sondern auch in enger Fühlungnahme mit dem industriellen Unternehmertum auszuarbeiten. Zwar beabsichtigte die NSDAP, die Legitimation zur Übernahme der politischen Verantwortung aufgrund ihres hohen Wählerpotentials zu erlangen, doch war sie sich bewußt, auch die Zustimmung und das Vertrauen der industriellen Führungseliten zu benötigen, weshalb Hitler schon zwischen 1927 und 1928 durch Vorträge vor Ruhr-Industriellen diese für seine Ziele zu gewinnen suchte, ohne daß er bereits ein konkretes Wirtschaftsprogramm hätte anbieten können. Auch wurden Fäden zu zahlreichen anderen Unternehmern geknüpft. Die vielgeäußerte Annahme, diese Bemühungen hätten die Schwerindustrie, von einzelnen führenden Köpfen einmal abgesehen, insgesamt früh für die Partei eingenommen, ist auch von Historikern, die alles andere als industriefreundlich zu nennen sind, bezweifelt worden[73].

Waren innerhalb der Partei bestimmte Zuständigkeiten bereits früh institutionalisiert worden, so gab es lange Zeit kein Gremium, das die wirtschaftlichen Fragen autorisiert angegangen wäre. Erst 1929 rief Hitler den ehemaligen Offizier und Freikorpsführer, Vorstandsvorsitzenden einer Nähmaschinenfabrik, Otto Wagener, der auch als Dozent für Wirtschaftspolitik und Fabrikation im Hochschulbereich wirkte, in die Münchener Reichsleitung der Partei, wo er die Gründung einer Wirtschaftspolitischen Abteilung vorbereitete, die endlich am 1. Januar 1931 installiert wurde. Hier in der Wirtschaftspolitischen Abteilung sollten die praktischen Vorbereitungen getroffen werden, »die den Nationalsozialismus in die Lage versetz[t]en [...], jederzeit mit der politischen Machtübernahme auch die Leitung des Wiederaufbaus der deutschen Wirtschaft zu übernehmen«[74]. Mit der Ernennung Wageners wurde Gottfried Feder an den Rand der Führungsgruppe innerhalb der NSDAP gedrängt. Er, der sich bis dahin als legitimierter wirtschaftspolitischer Sprecher seiner Partei betrachtete, verfügte als Ingenieur nur über laienhafte Einsichten in ökonomische Zusammenhänge, so daß Hitler ihn nicht für befähigt hielt, praktikable und zudem sachkundige Wirtschaftspläne zu erstellen oder später sogar in Politik umzusetzen. Zudem entzündete sich an seiner Person aufgrund der von ihm geprägten verschwommenen Formeln »Brechung der Zinsknechtschaft« und »Gemeinnutz geht vor Eigennutz« immer wieder das Mißtrauen gewisser Unternehmergruppen gegenüber möglichen Sozialisierungs- und Enteignungsvorhaben der Nationalsozialisten, wenn ihnen der Griff zur Macht in absehbarer Zeit gelingen sollte. Feder verblieb zwar der Vorsitz im »Wirtschaftsrat der Reichsleitung« der Partei, doch übte er keinen entscheidenden Einfluß mehr auf die wirtschaftspolitische Meinungsbildung innerhalb der NSDAP aus. Er übernahm vielmehr das Gedankengut, das von Wageners Stab und neuen Funktionären

[73] George W.F. Hallgarten, Hitler, Reichswehr und Industrie. Zur Geschichte der Jahre 1918–1933, Frankfurt a.M. 1955, S. 96.

[74] Edgar von Schmidt-Pauli, Die Männer um Hitler, Berlin 1932, S. 148.

entwickelt wurde, und trug es an die Öffentlichkeit. Innerhalb der Wirtschaftspolitischen Abteilung fand schnell eine Arbeitsteilung statt, wobei zunehmend Männer aus der Wirtschaft Funktionen übernahmen. So ging das Referat für Industrie an einen ehemaligen Mitarbeiter des Flick-Konzerns (Dr. v. Lucke), das für Handel an einen Mitarbeiter der Siemens-Schuckert AG (Cordemann, Ehemann der Enkelin von Werner Siemens). Ferner berieten Arbeitskreise die Wirtschaftspolitische Abteilung, die unter Leitung namhafter Wissenschaftler (zum Beispiel Prof. Jens Jessen, Universität Kiel) oder Repräsentanten von Industrie und Banken standen. So wirkten im »Kreis für Weltwirtschaft« maßgebend ein Direktor der Deutschen Bank (v. Strauss) und ein Mitarbeiter der I.G.-Farben (Dr. Fischer) mit.

Um den Dialog mit der Industrie zu intensivieren, beauftragte Hitler den frühzeitig zur NSDAP gestoßenen Fabrikanten Wilhelm Keppler damit, »das Wirtschaftsprogramm der Partei in Zusammenarbeit mit den großen Unternehmern umzugestalten«[75]. Der »persönliche Wirtschaftsberater« Hitlers, dem man parteiintern eine große Karriere voraussagte, hatte durch die Gründung des sogenannten Keppler-Kreises entscheidende und feste Kontakte zwischen NSDAP und unternehmerischen Führungseliten hergestellt. Keppler gelang es, Fäden zu mehreren Großindustriellen und Großbanken, aber auch zu Großhandel und Großagrariern zu knüpfen und schließlich zwölf interessierte Persönlichkeiten quasi institutionalisiert zu einer Diskussions- und Arbeitsrunde zusammenzuschließen, der die Aufgabe gestellt war, ein wirtschaftliches Kontrastprogramm zur Regierungspolitik zu erarbeiten und das deutsche Unternehmertum gegen die Republik und für die Übernahme der Regierungsgewalt durch den Nationalsozialismus zu gewinnen.

Vom Wirtschaftsjournalismus hing es schließlich in hohem Maße ab, welche Resonanz die Autarkie-Ideologie bei den Vertretern der praktischen Wirtschaftsgestaltung fand. Hier kam der NSDAP zweifellos zustatten, daß die konservativnationale Rechte über einflußreiche wirtschaftspolitische Presseorgane verfügte und daß gerade zwei ihrer begabtesten Redakteure die Autarkie als programmatisches Gedankengut in die Partei mit einbrachten und gleichzeitig als Multiplikatoren in Unternehmerkreisen wirkten.

Gemeint ist zunächst der Handelsredakteur und spätere Pressechef Hitlers, Otto Dietrich, damals für die deutsch-nationalistische München-Augsburger Zeitung arbeitend. Als Schwiegersohn des früheren Vorsitzenden des Alldeutschen Verbandes und Herausgebers des politischen Sprachrohrs des Ruhrbergbaus, der Rheinisch-Westfälischen Zeitung, vermochte Dietrich den Annäherungsprozeß zwischen Nationalsozialisten und der politischen Rechten positiv zu beeinflussen.

Ferner ist Walther Funk, der spätere Reichswirtschaftsminister und Reichsbankpräsident, zu erwähnen. Er trat 1930 als weiterer persönlicher Wirtschaftsberater in Hitlers Dienste. Neben seinen engen Kontakten zur Industrie besaß er vor allem solche zu maßgeblichen konservativen politischen Kreisen. Nicht zuletzt verband ihn ein freundschaftliches Verhältnis mit dem Reichspräsidenten v. Hindenburg.

---

75 Aussage Kepplers im Nürnberger Flick-Prozeß, zit. nach Hallgarten, Hitler (wie Anm. 73), S. 97.

Funk galt als Redakteur eines führenden Berliner Börsenblattes, bereits ehe er zur NSDAP stieß, als qualifizierter und gewandter Schriftsteller und Wirtschaftsfachmann, »der immer wieder von maßgebenden Wirtschaftskreisen und besonders von den politischen Rechtsparteien zu Beratungen ihrer Wirtschaftsprobleme herangezogen wurde«[76]. Er war Mitglied des bei der Wirtschaftspolitischen Abteilung angesiedelten Wirtschaftsrates der NSDAP, dem Feder vorstand, dessen Wirken Funk aber paralysieren sollte. Wie ein aufmerksamer Beobachter der politischen Szenerie im Braunen Haus in München, der Zentrale der NSDAP, meinte, hatte »Hitler einen so erfahrenen Berater und anerkannt tüchtigen Wirtschaftspolitiker« deshalb zu Rate gezogen, weil er »eine gewisse Bürgschaft dafür zu bieten« schien, sich keineswegs »in Theorien zu verirren, sondern [...] praktische Wege einzuschlagen [...], die sich allerdings von den ausgefahrenen und holprigen Gleisen des heutigen Systems« – gemeint war das liberale marktwirtschaftliche Wirtschaftsprinzip – abheben sollten[77]. Funk fungierte 1931 und 1932 als einer der wichtigsten Mittelsmänner Hitlers zur deutschen Wirtschaft, und es gelang ihm, seine persönlichen Kontakte nutzend, so manchem Industriellen »nicht nur authentisch Rede und Antwort [zu] stehen, sondern ihn auch [zu] überzeugen und zum Förderer [zu] werben«. Jeder dieser Art »erzielte Erfolg bedeutete eine moralische, politische und wirtschaftliche Stärkung der Kampfkraft der Partei und trug dazu bei, das Vorurteil zu zerstören, auch der Nationalsozialismus sei nur eine Partei des Klassenhasses und des Klassenkampfes«[78].

Funk gehörte seit längerem dem Vorstand der »Gesellschaft für deutsche Wirtschafts- und Sozialpolitik« an, die zwar nicht das wissenschaftliche Renommee des mit ihr nicht zu verwechselnden »Vereins für Sozialpolitik«[79] besaß, dafür aber als eine zentrale wirtschaftliche Interessen-, ja Lobbyistengruppe zu bezeichnen ist, in der die herausragenden deutschen Unternehmen und Wirtschaftsverbände ebenso repräsentiert waren wie Wissenschaft, Verwaltung und Politik[80].

Die Gesellschaft verfügte über das nominell zwar unparteiische, praktisch jedoch seit 1930 für die NS-Wirtschaftspolitik zunehmend werbende Publikationsorgan »Neue Wirtschaft«, dessen Inhalt von Walther Funk als Chefredakteur verantwortet wurde. Das Blatt widmete dem Autarkiegedanken breiten Raum und äußerte seine Überzeugung, »daß das System der Nationalwirtschaft unter dem Streben starker autarkischer Tendenzen« – auch im Ausland – »die nächsten Jahrzehnte beherrschen« werde[81].

Von nicht zu unterschätzender Werbewirksamkeit im Sinne des Autarkiegedankens erwies sich der von Wagener »nach Verständigung mit verschiedenen Industriellen« herausgegebene Wirtschaftspolitische Presse-Dienst der NSDAP,

---

76 Schmidt-Pauli, Männer um Hitler (wie Anm. 74), S. 92.

77 Ebd., S. 95.

78 Oestreich, Walther Funk (wie Anm. 43), S. 84.

79 Vgl. die Schriften des Vereins für Sozialpolitik.

80 Vgl. Hans-Erich Volkmann, Das außenwirtschaftliche Programm der NSDAP 1930-1933, in: Archiv für Sozialgeschichte, 17 (1977), S. 251-274, hier S. 268 f.

81 A.W. Schürmann, Der Weg zur Autarkie. Übergangsstadium oder Dauersystem?, in: Neue Wirtschaft, 6 (1932), 8, S. 1-3, hier S. 3.

der Publikationsorgane, wirtschaftliche Interessenverbände und Kammern mit Informationen versorgte und nach Berechnung seines Herausgebers regelmäßig einen Leserkreis von über einer halben Million erreichte. Hier artikulierte sich das außenwirtschaftliche Programm der NSDAP als »Expansion der Schlüsselindustrien« in »ein autarkes ›geschlossenes Wirtschaftsgebiet‹ [...], das Ost- und Südosteuropa ganz umfaßte«[82].

Aus dem hier Gesagten die Schlußfolgerung zu ziehen, das deutsche industrielle Unternehmertum sei recht frühzeitig der Faszination der NS-Formel »Autarkie im Großwirtschaftsraum« erlegen und habe daher dem Nationalsozialismus zur Macht verholfen, wäre voreilig, ja in dieser Diktion unrichtig. Sicher ist vielmehr eine in weiten Kreisen der Großindustrie bis Ende 1932 verbreitete Skepsis gegenüber dem Nationalsozialismus. Zu fest saß die traditionell begründete Exportorientierung, als daß man sie ohne inneren Konflikt und kurz entschlossen hätten fallen lassen können. Und zu tief wurzelte das Mißtrauen gegenüber einer vermuteten Sozialisierungs- und Verstaatlichungsabsicht. Dennoch und gerade deshalb hatte sich die deutsche Wirtschaft nach dem großen Wahlerfolg im September 1930 dazu entschlossen, die Wirtschaftprogrammatik der NSDAP etwas genauer zu analysieren, obwohl »deren Ziele nicht einfach zu erkennen« waren[83]. Besonders im »Revier« betrachtete man die NSDAP seit 1930 als eine nicht zu unterschätzende Kraft, weshalb nach der Herbstwahl des Jahres auch engere Kontakte zu ihr geknüpft wurden. Nach dem enormen Stimmenzuwachs der Partei fühlten sich viele Ruhrindustrielle vor die Wahl gestellt, »entweder den Nationalsozialismus von vorneherein abzulehnen [...] mit allen [für sie möglicherweise] schädlichen Folgen im Falle einer mit Sicherheit zu erwartenden Regierungsbeteiligung oder aber sich für ihn zu interessieren [...]. Die Schwerindustrie wählte den letzteren Weg«, wie einer ihrer Repräsentanten nach 1945 bekannte[84].

Mit andauernder Erfolglosigkeit der Präsidialkabinette bei der Krisenüberwindung und mit zunehmender Polarisierung der agrarischen und industriellen Gruppen läßt sich ein wachsender Zulauf des industriellen Unternehmertums zur NSDAP, verbunden mit dem Versuch registrieren, bewußt auf die Gestaltung des Wirtschaftsprogramms in seinem Sinne einzuwirken. Die auf der Harzburger Tagung (11. Oktober 1931) aufgebaute Front der sogenannten nationalen Opposition, der reaktionären Rechten aus Politik und Wirtschaft, war zwar nicht *für* die Nationalsozialisten, aber *gegen* die Weimarer Republik, insbesondere gegen die Regierung Brüning aufgerichtet worden. Dennoch war durch die übereinstimmende Forderung nach einem starken Staat und nach »Wiederherstellung der deutschen Wehrhoheit und Rüstungsausgleich« die Koalitionsfähigkeit aller teilneh-

82 Gerhard Schulz, Aufstieg des Nationalsozialismus. Krise und Revolution in Deutschland, Frankfurt a.M. 1975, S. 625.

83 Hans Reupke, Der Nationalsozialismus und die Wirtschaft, Berlin 1931, S. 7.

84 August Heinrichsbauer, Schwerindustrie und Politik, Essen 1948, S. 38.

menden politischen Gruppierungen, damit auch der NSDAP, zur Regierungsmitverantwortung anerkannt worden[85].

Ab 1932 begann sich die Waagschale der politischen Entscheidungen im industriellen Unternehmertum und in Kreisen des Bankgewerbes ganz allmählich zugunsten der NSDAP zu senken, die mit ihrem Konzept der Staatskonjunktur und des autarken Großwirtschaftsraumes ein Alternativprogramm zu dem der Präsidialkabinette anzubieten schien. Die jedoch immer noch deutlich sichtbare Distanz gegenüber der Partei resultierte in erster Linie aus der Furcht vor der mit ihrer proklamierten Wirtschaftspolitik zwangsläufig – in welcher Form und Intensität auch immer – verbundenen Planwirtschaft und vor der vermeintlichen Eigentumsfeindlichkeit. Um diese Bedenken auszuräumen, trat Hitler vor dem Düsseldorfer Industrie-Club auf (27. Januar 1932) und legte ein eindeutiges Bekenntnis zur Privatwirtschaft und zur Unternehmer-Initiative und -Verantwortlichkeit ab, die er nur in einem autoritären Staat, der dem Führerprinzip huldigte, garantiert sah. Er hielt es für widersinnig, »wirtschaftlich das Leben auf dem Gedanken der Leistung, des Persönlichkeitswertes, damit praktisch auf der Autorität der Persönlichkeit aufzubauen, politisch aber diese Autorität der Persönlichkeit zu leugnen und das Gesetz der größeren Zahl, die Demokratie, an dessen Stelle zu schieben«[86]. Hitler versprach, den Einfluß der organisierten Arbeiterschaft auf das wirtschaftliche Geschehen zu beschneiden und die Weltwirtschaftskrise durch die territoriale Erweiterung der ökonomischen Basis des Reichs zu verbessern.

Der Erfolg dieses Vortrages ist, da er nähere Präzisionen vermied, schlecht zu beurteilen. Als sich jedenfalls im Frühjahr 1932 die politischen Verhältnisse in Deutschland immer mehr nach rechts und in Richtung auf ein autoritäres Regime hin entwickelten und eine Beteiligung an der Macht oder deren alleinige Ausübung seitens der Nationalsozialisten in den Bereich des Möglichen geriet, fehlte es dem Unternehmertum aus Unklarheit über das NS-Wirtschaftsprogramm immer noch weitgehend an der Entschlußkraft, mit der bestehenden Regierung zu brechen, zumal keine ihren Interessen besser dienende in Sicht war. Der seit Harzburg mit der NSDAP sympathisierende ehemalige Reichsbankpräsident Hjalmar Schacht hielt es daher für an der Zeit, die wirtschaftspolitischen Vorstellungen der Partei zu konkretisieren und mit denen der Industrie in Einklang zu bringen. Im Einvernehmen mit Hitler und befreundeten Unternehmern gründete er eine Studienstelle, die »bei gemeinsamer Arbeit eine völlige Übereinstimmung zwischen den Grundanschauungen des Nationalsozialismus und der Möglichkeit privater Wirtschaft erzielen« sollte[87].

85 Wolfgang Ruge und Wolfgang Schumann, Dokumente zur deutschen Geschichte 1929–1933, bearbeitet von Kurt Gossweil unter Mitwirkung von Margarete Piesche, Frankfurt a.M. 1977, S. 43.

86 Vortrag Adolf Hitlers vor westdeutschen Wirtschaftlern im Industrie-Club zu Düsseldorf am 27. Januar 1932, München 1932, S. 11.

87 Brief Schachts, 12.4.1932, an Hitler, zit. nach Dirk Stegmann, Zum Verhältnis von Großindustrie und Nationalsozialismus 1930–1933. Ein Beitrag zur Geschichte der sog. Machtergreifung, in: Archiv für Sozialgeschichte, 13 (1973), S. 399–483, hier S. 450.

Die von Banken und namhaften Konzernen auch finanziell getragene Institution kooperierte eng mit dem Keppler-Kreis. Um die Wirtschaft für eine Kanzlerschaft Hitlers zu gewinnen, bedurfte es der Eliminierung all der Programmpunkte, die Sozialisierungs- und Verstaatlichungstendenzen innerhalb der Partei sichtbar werden ließen. Folglich wurde das Sofortprogramm im Herbst 1932 eingestampft, weil es die Vergesellschaftung der Monopole und die staatliche Kontrolle der Aktiengesellschaften beinhaltete[88]. In der Folgezeit haben die Nationalsozialisten und die mit ihnen sympathisierenden Unternehmer nichts unversucht gelassen, die Arbeitgeberfreundlichkeit der NSDAP herauszustellen. Allmählich setzte sich auch in industriellen Kreisen, die der Partei noch abwartend oder skeptisch gegenüberstanden, die Überzeugung durch, »daß der Nationalsozialismus an den echten Grundlagen der Eigenwirtschaft festzuhalten« beabsichtigte[89].

Obwohl die November-Wahlen von 1932 der NSDAP erhebliche Stimmenverluste eintrugen, Papen aber keine zuverlässige Reichstagsmehrheit hinter sich brachte, häuften sich die Anzeichen dafür, daß ihm Industrie, Großagrarier und Banken ihre Gunst entziehen würden. Als symptomatisch hierfür kann die in ihrer historischen Aussagekraft viel umstrittene Eingabe von Repräsentanten dieser Wirtschaftsgruppen an Hindenburg gelten, die bekanntlich Hitlers Ernennung zum Reichskanzler forderte. Zwar ist darauf verwiesen worden, daß »die politischen Überzeugungen der Unterzeichner dieser Petition [...] nicht für diese Großunternehmer im November 1932 typisch« gewesen seien[90], zumal die Liste der Interventen um bekannte Namen aus der Unternehmerprominenz hätte ergänzt werden können. Die Korrespondenz des in dieser Sache federführenden Bankiers v. Schröder enthält aber eine Reihe von Briefen repräsentativer Wirtschaftsführer, aus denen deren Unterstützung der Petition zweifelsfrei belegt ist. Sie hielten es lediglich für inopportun, in so ostentativer Form für die NSDAP und ihren Führer zu votieren[91]. Wenige Tage nach dieser Eingabe versammelte sich in Düsseldorf der Langnam-Verein, eine Organisation, die verschiedene Zweige der rheinisch-westfälischen Industrie und des Handels repräsentierte, aber auch große Teile der inzwischen binnenmarktorientierten Schwer- und Montanindustrie vertrat. Er stand Autarkiebestrebungen im Rahmen eines von Deutschland beherrschten Europa positiv und aufgeschlossen gegenüber. Während man in diesem Gremium »noch vor wenigen Wochen Papen zugejubelt« hatte, ergab sich nun »die überra-

[88] Vgl. Wirtschaftliches Sofortprogramm (wie Anm. 47), S. 28 f.

[89] Berliner-Börsen-Zeitung, 6.4.1932, zit. und interpretiert in den Mitteilungen der Deutschen Arbeitgeberverbände, 15.4.1932, S. 110. Ähnlich äußerte sich ein Vertreter der Rheinischen AG für Braunkohlenbergbau und Brikettfabrikation. Vgl. dazu Michael Schneider, Unternehmer und Demokratie. Die freien Gewerkschaften in der unternehmerischen Ideologie der Jahre 1918-1933, Bonn-Bad Godesberg 1975 (= Schriftenreihe des Forschungsinstitutes der Friedrich-Ebert-Stiftung, Bd 116), S. 113.

[90] Henry Ashby Turner jr., Faschismus und Kapitalismus in Deutschland, Studien zum Verhältnis zwischen Nationalsozialismus und Wirtschaft, Göttingen 1972, S. 25. Text der Eingabe bei Reinhard Kühnl, der deutsche Faschismus in Quellen und Dokumenten, Köln 1975 (= Kleine Bibliothek. Politik, Wissenschaft, Zukunft, 62), S. 160 ff.

[91] Vgl. Volkmann, Außenwirtschaftliches Programm (wie Anm. 80), S. 272.

schende Tatsache, daß fast die ganze Industrie die Berufung Hitlers, gleichgültig unter welchen Umständen«, wünschte[92].

Zu Beginn des Jahres 1933 kam es zu einer Vereinbarung zwischen NSDAP und DNVP, die auf kaltem Wege, d.h. ohne Neuwahlen, die Bildung eines von Hitler geführten Koalitionskabinetts vorsah. Vorausgegangen waren Verhandlungen zwischen dem Keppler-Kreis und Industrieführern, die eine breite Zustimmung zu dem nationalsozialistischen Wirtschaftsprogramm ergaben. Man erwartete nun in weiten Kreisen des Unternehmertums »eine wirtschaftliche Konjunktur durch die Vergabe von größeren Staatsaufträgen«[93]. Im einzelnen rechnete man mit einer Belebung des Binnenmarktes durch die von Hitler in Aussicht gestellte Aufrüstung, mit der Ausweitung des Verkehrsnetzes und mit der damit im Zusammenhang stehenden Förderung des Automobil-, Schiff- und Flugzeugbaues durch die öffentliche Hand. Auch die IG-Farben AG schwenkte jetzt auf den Wirtschaftskurs der Partei ein. Als maßgebend hierfür muß das nationalsozialistische Versprechen gelten, die mit hohem Kostenaufwand betriebene Entwicklung eines Verfahrens zur Herstellung synthetischen Benzins und Gummis im Zuge der Aufrüstung im großen Umfang zu nutzen. Diese Zusage wurde untermauert durch die im »Wirtschaftlichen Aufbauprogramm der NSDAP«, das anstelle des Sofortprogramms die veränderte Wahlplattform darstellte, enthaltene Absichtserklärung, im Falle einer nationalsozialistischen Regierungsübername die Erweiterung der heimischen Rohstoffbasis zu betreiben.

Wenn sich große Teile des deutschen industriellen Unternehmertums Ende 1932/Anfang 1933 – unter ökonomischen Aspekten betrachtet – mit einer von den Nationalsozialisten getragenen Regierung und mit der von dieser propagierten Wirtschaftspolitik abfanden, dann nicht nur aufgrund der inzwischen glaubhaften Versicherung der Partei, daß sie, ungeachtet der mit der Autarkiepolitik unabdingbar verknüpften Wirtschaftslenkung, »die gesamte kapitalistische Wirtschaftsordnung und das Privateigentum nicht beseitigen« werde[94]. Aus der Sicht der Unternehmer galten zwei Tatsachen als Kriterien für eine positive Bewertung der Autarkiepolitik, nämlich einmal der Verbleib der Produktionsmittel in ihrem Eigentum, verbunden mit der Möglichkeit der Gewinnmaximierung, und zum andern das Versprechen der NSDAP, die aus der Weimarer Republik überkommenen ökonomischen Probleme zu lösen, und zwar durch territoriale Expansion und Markterweiterung. »Ein einziger großer Markt, ein vergrößerter Produktions-, Organisations- und Verkehrsraum mit seinen Möglichkeiten einer rationelleren und darum billigeren Gütererzeugung, das war es, was man herbeisehnte[95].« Ein Großteil der deutschen Finanz- und Wirtschaftsrepräsentanz war daher mehr oder weniger

[92] Information von Scholz, Leiter eines von den beiden Industriellen Wolff und Flick finanzierten Pressebüros, an Franz Bracht, den späteren Innenminister Schleichers, 16.11.1932, zit. nach Kühnl, Faschismus (wie Anm. 90), S. 163.

[93] So die Aussage des Bankiers v. Schröder vor dem Nürnberger Tribunal, zit. ebd., S. 175.

[94] Der Große Brockhaus, Bd 13, Leipzig 1932, S. 209.

[95] Walter Thiele, Großraumwirtschaft in Geschichte und Politik, Dresden, S. 158.

unbedenklich bereit, mit den Nationalsozialisten seit der Jahreswende 1932/33 gemeinsame Sache zu machen[96].

Als sich die exportorientierte deutsche Industrie auf dem Weltmarkt nicht mehr in erwartetem Umfang durchzusetzen und zu behaupten wußte, fand sie zunehmend Gefallen an einer Krisenlösung, die »die Bedingungen der Mehrwertproduktion und -realisierung auf dem Binnenmarkt schlagartig zu verbessern und langfristig die territoriale Ausweitung dieses Binnenmarktes vorzubereiten« versprach, um auf diese Weise eine Alternative zur weltmarktorientierten Exportpolitik in Richtung auf eine politisch und wenn nötig militärisch zu erzwingende Markterweiterung zu realisieren[97]. Mit solchen Plänen und Gedankengängen war man in industriellen Kreisen ja bereits aus eigenen Überlegungen heraus vertraut. Die nationalsozialistischen Bestrebungen, »Deutschland autark zu machen, wurden von gewissen wirtschaftlichen Unternehmungen möglicherweise nicht aus Idealismus, sondern aus nackter Profitgier begrüßt, als eine Möglichkeit, den eigenen Machtbereich zu vergrößern. Das wirtschaftliche Programm Hitlers war«, jedenfalls der Zeugenaussage des früh mit den Nationalsozialisten sympathisierenden Bankiers Schröder zufolge, »der Wirtschaft allgemein bekannt und wurde von ihr begrüßt«[98]. Das Bestreben und der Wunsch vieler Männer der Wirtschaft zielten darauf ab, nach den wirtschaftlichen Wirren eine starke, autoritäre Regierung zu besitzen, die für längere Dauer an der Macht bleiben würde und somit die Gewähr zu bieten vermochte, die ökonomischen Probleme längerfristig zu lösen. Der Ruf nach mehr Staat wurde letztlich unüberhörbar, nachdem ein Arrangement mit der NSDAP dahingehend möglich geworden war, »daß die Wirtschaft sich selbst lenken sollte zur Lösung der von der politischen Führung gestellten Probleme«. Konsolidierung der Wirtschaft bedeutete Stabilisierung der politischen Verhältnisse, und darunter verstand die Industrie nicht nur die Bekämpfung des Kommunismus, sondern die weitgehende Ausschaltung des Einflusses der organisierten Arbeiterschaft. Von einer nationalsozialistischen Regierung erwartete man ferner die Zwangsorganisation der wirtschaftlichen Verbände, die sich aber selbst lenken und repräsentieren sollten, »selbst für einen Ausgleich der Produktion zu sorgen hätten«, wobei man sich über die neuen Organisationen einen gegenüber früher sogar erhöhten wirtschaftspolitischen Einfluß versprach[99].

Als Papens Nachfolger Schleicher begann, eine unorthodoxe Wirtschaftspolitik zu praktizieren, und ein Bündnis von »Militär und Arbeiterklasse« im Bereich des Möglichen schien, fühlte man sich seitens der Industrie vor eine politische Alter-

---

96 Differenziert bei Alfred Sohn-Rethel, Ökonomie und Klassenstruktur des deutschen Faschismus. Aufzeichnungen und Analysen, hrsg. und eingeleitet von Johannes Agnoli [u.a.], Frankfurt a.M. 1973 (= Edition Suhrkamp, 630), S. 90-99; Hans-Erich Volkmann, Politik, Wirtschaft und Aufrüstung unter dem Nationalsozialismus, in: Hitler, Deutschland und die Mächte. Materialien zur Außenpolitik des Dritten Reiches, hrsg. von Manfred Funke, Düsseldorf 1976 (= Bonner Schriften zur Politik und Zeitgeschichte, 12), S. 269-291.

97 Niels Kadritzke, Faschismus und Krise. Zum Verhältnis von Politik und Ökonomie im Nationalsozialismus, Frankfurt a.M. 1976 (= Campus Studium, 528), S. 163 f.

98 Aussage des Bankiers v. Schröder vor dem Nürnberger Tribunal, zit. nach Kühnl, Faschismus (wie Anm. 90), S. 175.

99 Ebd., S. 174 f.

nativentscheidung gestellt, nämlich zwischen Nationalsozialismus und Marxismus zu wählen[100]. Ende 1932/Anfang 1933 war es so weit: »Die ständige Bürgerkriegsdrohung der KPD« – so wie sie jedenfalls von der Industrieführung empfunden worden sein will –, »ihre jedes europäische Denken negierende Kulturpropaganda, ihre Religionsfeindschaft [...], ihr brutal angekündigtes Totalitätsprinzip« erzeugten »in immer weiteren Kreisen (auch bei sehr sachlich und verständig denkenden Personen) die Vorstellung, daß gegenüber dem Kommunismus der Nationalsozialismus das kleinere Übel sei«[101].

Während sich die Annäherung zwischen NSDAP und Industrie nur zögernd, wenn auch in Permanenz vollzog und erst an der Jahreswende 1932/33 von einer weitgehenden Interessenidentität, insbesondere zwischen Hitler und der Schwerindustrie aufgrund gemeinsamer expansiver Ziele, gesprochen werden kann, bestand aufgrund der spezifischen Verhältnisse im Agrarsektor zwischen nationalsozialistischer Partei und Landwirtschaft eine frühere und höhere Affinität. Sie resultierte nicht zuletzt aus der rassenideologisch begründeten Bedeutung, die die deutsche faschistische Bewegung dem Bauernstand als biologischer Grundsubstanz des deutschen Volkes und als potentiellem Siedlerreservoir für die Germanisierung eines einmal erweiterten deutschen Lebensraumes zumaß.

Daher kristallisierte sich innerhalb der NS-Programmatik relativ früh eine agrarpolitische Konzeption heraus. Lag der NS-Bauern- und Landwirtschaftspolitik bereits in den zwanziger Jahren ein rüstungs- und kriegswirtschaftlicher Impetus zugrunde, so wurde dieser noch verstärkt, als sich 1930 der Diplomlandwirt Richard Walther Darré als Berater in landwirtschaftlichen Fragen der Reichsleitung der NSDAP zur Verfügung stellte. Er brachte das nötige Fachwissen, theoretisch-abstraktes Denkvermögen, gepaart mit schriftstellerischem Talent, und ein hohes Maß an Organisationsfähigkeit mit, um der Partei das bäuerliche Wählerpotential zu erschließen. Von dem gleichen fanatischen Rassenwahn besessen wie Adolf Hitler, begriff er mit diesem »das Bauerntum als Lebensquell der nordischen Rasse«[102]. In seiner »Blut- und Boden«-Theorie traf er sich mit Hitlers Vorstellungen von der Notwendigkeit der Erweiterung des deutschen Lebensraumes, und er wußte schon zur Weimarer Zeit das Fundament zu gießen, auf dem das nationalsozialistische Regime ab 1933 seine rüstungswirtschaftlich bedingte Autarkiepolitik im Agrarsektor aufbauen konnte. Darré wollte die Landwirtschaft in den Mittelpunkt des volkswirtschaftlichen Produktionsprozesses rücken. »In einer völkisch aufgebauten und geleiteten Volkswirtschaft« sollte »die Landwirtschaft, als die Wahrerin und Gewährleisterin der Ernährungsgrundlage [...] nicht ein Teil dieser Volkswirtschaft [...], sondern ihre Voraussetzung« sein. Denn zur vordringlichen Aufgabe des sogenannten völkischen Staates mußte es zählen, die Ernährung seiner Bevölkerung aus eigener Scholle sicherzustellen, »um sich auf diesem lebens-

[100] Turner, Faschismus (wie Anm. 90), S. 27; vgl. Heinrich August Winkler, Unternehmerverbände zwischen Ständeideologie und Nationalismus, in: VfZG, 17 (1969), S. 341–371, hier S. 368 ff.

[101] Heinrichsbauer, Schwerindustrie (wie Anm. 84), S. 36.

[102] Titel seines 1929 in München erschienenen Buches.

wichtigen Gebiet nicht dem Auslande auszuliefern«[103]. Wies man der Landwirtschaft die Aufgabe der Selbstversorgung eines Volkes und Staates zu, dann konnte sich die Industrie auf einen aufnahmefähigeren Binnenmarkt konzentrieren, ihre Auslandsabhängigkeit reduzieren, weil »sich sozusagen von selbst gewisse Gesetze für den Aufbau« des »inneren Marktes« ergaben. Ein dieser Art gefestigtes Staatswesen erlag in der Folge aber einem gleichsam, wie es hieß, natürlichen Expansionsdrang, denn »auch sein Verhältnis zum Raume [...] folgt dann gewissen Gesetzen, woraus sich wiederum seine Außenpolitik folgerichtig ableiten« ließ[104]. Für Darré war es unbestritten, daß Deutschland zu wenig Raum für eine wachsende starke Rasse besaß[105]. Wiederum in Übereinstimmung mit Hitler hieß es auch für ihn, den »fehlenden Raum dort zu gewinnen, wo er sich [...] in der natürlichen Weise« anbot, nämlich im Osten[106]. Durch die Blut- und Boden-Ideologie wurde »das sittliche Recht« fixiert, »so viel Land im Osten wiederzuholen als notwendig [...], um zwischen Volkskörper und dem geopolitischen Raume einen Einklang herzustellen«, was Kampf »auf Leben und Tod« bedeutete. Auf diese Auseinandersetzung mußte – nach nationalsozialistischem Willen – das deutsche »Volk vorbereitet werden und auch darauf, daß es in diesem Kampf [...] nur eine Losung geben« durfte: »siegen schlechthin«[107].

Um die Stimmen der Bauern zu fangen, formulierte Hitler im März 1930 eine »Parteiamtliche Kundgebung über die Stellung der NSDAP zum Landvolk und zur Landwirtschaft«, die folgende Leitgedanken beinhaltete:

1. Steigerung der landwirtschaftlichen Produktion mit dem Ziel, »sich im wesentlichen vom eigenen Grund und Boden zu ernähren«.
2. Schaffung einer leistungsstarken Agrarwirtschaft, die über genügend Kaufkraft verfügt, um die Exportabhängigkeit der deutschen Industrie zu mindern.
3. Das deutsche Bauerntum bildet als Nährstand den »Hauptträger völkischer Gesundheit« und »den Jungbrunnen des Volkes und das Rückgrat der Wehrkraft« zur Eroberung des für notwendig erachteten Lebens- und Siedlungsraumes[108].

Die Sympathie weiter Kreise des Agrariertums hatte sich die NS-Bewegung in zäher Arbeit bereits in der Endphase der Weimarer Republik erworben. Zwar stieß die Partei in den ersten Jahren ihres Bestehens mit ihrer im offiziellen Programm erhobenen Forderung nach einer den »nationalen Bedürfnissen angepaßte[n] Bodenreform, Schaffung eines Gesetzes zur unentgeltlichen Enteignung von Boden

---

[103] Zur Wiedergeburt des Bauerntums, 1.7.1931, in: Richard Walther Darré, Um Blut und Boden. Reden und Aufsätze, hrsg. von Hanns Deetje und Wolfgang Clauß, München 1940, S. 65.

[104] Ebd., S. 66.

[105] Vgl. Stellung und Aufgaben des Landstandes in einem nach lebensgesetzlichen Gesichtspunkten aufgebauten deutschen Staate, 1.9.1930, in: Richard Walther Darré, Erkenntnisse und Werden. Aufsätze aus der Zeit vor der Machtergreifung, hrsg. von Marie Adelheid Prinzessin Reuß-zur Lippe, Goßlar 1940, S. 163.

[106] Ebd., S. 164.

[107] Ebd., S. 165.

[108] Zit. nach Feder, Programm (wie Anm. 29), S. 7; vgl. auch Hans Merkel, Agrarpolitik, Leipzig 1942, S. 87-91.

für gemeinnützige Zwecke«[109] zunächst bei den Großagrariern ebenso auf Ablehnung, wie sie die Klein- und Mittelbauern um ihr Eigentum fürchten ließ. Daher sah sich Hitler im April 1928 genötigt, die für unabänderbar erklärten 25 Thesen des Parteiprogramms durch die Versicherung zu ergänzen, »daß der Passus ›Unentgeltliche Enteignung‹ nur auf die Schaffung gesetzlicher Möglichkeiten Bezug« habe, »Boden, der auf unrechtmäßige Weise erworben wurde oder nicht nach den Gesichtspunkten des Volkswohls verwaltet« werde, »wenn nötig, zu enteignen«. Da die NSDAP »auf dem Boden des Privateigentums« stehe, könne die besagte Formel lediglich »gegen die jüdischen Grundspekulationsgesellschaften«, nicht aber gegen das deutsche Bauerntum gerichtet sein[110].

Einfluß auf die Agrarier gewann die Partei erst durch die mit hohem propagandistischem Aufwand verbreiteten agrarpolitischen Thesen des Jahres 1930 und durch die gleichzeitig einsetzende fachberatende Tätigkeit auf dem Land. Unter anderem wurde der sogenannte »Agrarpolitische Apparat« eingerichtet, der aus landwirtschaftlichen Experten bestand, die »sozusagen wie ein feinverzweigtes Wurzelsystem in alle ländlichen Verhältnisse eindringen, sich in ihnen so festsaugen, sie so zu umfangen trachten« sollten, »daß im Reichsgebiet schließlich nichts mehr auf landwirtschaftlichem Gebiet geschehen« durfte, was die NSDAP »nicht [zu] übersehen und in seiner Grundlage [zu] beherrschen« vermochte[111]. Die seit dem Spätsommer 1931 erscheinende überregionale Wochenzeitung »Nationalsozialistische Landpost« verstärkte die Einflußnahme auf die Bauernschaft, und der Erfolg solchen Bemühens um die Gunst der ländlichen Wähler blieb nicht aus.

Ein Vergleich der Reichstagswahlergebnisse der NSDAP von 1928 bis 1933 in sechs überwiegend ländlichen Wahlkreisen (Ostpreußen, Pommern, Schleswig-Holstein, Osthannover, Hessen-Darmstadt und Pfalz) mit sechs überwiegend städtischen (Berlin, Westfalen-Süd, Düsseldorf-Ost, Chemnitz-Zwickau, Merseburg, Hamburg) ergibt Tabelle 1.

Im Jahre 1928 fiel die Differenz zwischen Stadt und Land kaum ins Gewicht. Zwei Jahre später hingegen gewann die NSDAP auf dem Land gegenüber der Stadt von 100 Wählern bereits 4,7 mehr. Diese Disproportionalität wuchs über 12,6 im Juli 1932 auf 12,8 im Jahre 1933[112].

Tabelle 1
Durchschnittlicher Anteil der NSDAP in jeweils 6 Wahlkreisen (in %)

	1928	1930	1932 (I)	1932 (II)	1933
vorwiegend ländlich	2,8	22,6	47,1	42,4	52,4
vorwiegend städtisch	2,4	17,9	34,5	29,9	39,6

[109] Feder, Programm (wie Anm. 29), S. 20 f.
[110] Ebd., S. 21.
[111] Rundschreiben Darrés, 27.11.1930, an den »Agrarpolitischen Apparat«, zit. nach Horst Gies, NSDAP und landwirtschaftliche Organisationen in der Endphase der Weimarer Republik, in: VfZG, 15 (1967), S. 341-376, hier S. 347.
[112] Vgl. ebd., S. 343, Anm. 10a.

Mit den Wahlerfolgen gewann die Agrarpolitik zunehmende Bedeutung im Agitationsplan der NSDAP, wofür die Einrichtung des Amtes für Agrarpolitik bei der Reichsleitung der Partei im Jahre 1932 spricht. Über die Gewinnung von Wählerstimmen auf dem Lande hinaus gingen die nationalsozialistischen Intentionen in Richtung auf eine Durchdringung der landwirtschaftlichen berufsständischen Organisationen. Die Voraussetzungen hierzu schienen gerade zu Beginn der dreißiger Jahre besonders günstig, weil zu der allgemeinen materiellen Not der Landwirtschaft und der wirtschaftlichen Depression im Zuge der Weltwirtschaftskrise die Unzufriedenheit der Bauern mit ihren im Konkurrenzkampf und im politischen Meinungsstreit liegenden Interessenvertretungen hinzukam. So gelang es der hemmungslosen nationalsozialistischen Propaganda- und Infiltrationstätigkeit, innerhalb eines Jahres (Herbst 1931 bis November 1932) die 1930 noch mit 19 Abgeordneten im Reichstag repräsentierte, einzige rein bäuerliche Belange vertretende »Christlich-nationale Bauern- und Landvolkpartei« aufzureiben, deren Wähler fortan großenteils für die NSDAP stimmten. Gleichzeitig begann die ideologische und personelle Unterwanderung der bedeutsamsten Bauernorganisation, des weitgehend großagrarisch orientierten Reichslandbundes. Einer seiner beiden Direktoren (H. v. Sybel) knüpfte 1931 erste Verbindungen zu den Nationalsozialisten und vertrat sie schließlich ab Juli 1932 im Reichstag. Ende 1931 wählte der Reichslandbund den Vertreter Darrés in der Reichsleitung der Partei zu seinem vierten Präsidenten, und im Frühjahr 1932 unterstützte er im zweiten Wahlgang offen die Kandidatur Hitlers für das Amt des Staatsoberhauptes. Diese spektakulären Erfolge wären zweifellos nicht möglich gewesen, wenn »Autarkiebestrebungen und Verherrlichung des Bauerntums, wie es in Darrés Blut- und Boden-Ideologie geschah«, nicht »seit langem Ziel politischer Bestrebungen dieses Bauernverbandes und seiner Anhänger« gewesen wären[113].

[113] Ebd., S. 376; vgl. Horst Denecke, Die agrarpolitischen Konzeptionen des deutschen Imperialismus beim Übergang vom bürgerlich-parlamentarischen System zur faschistischen Diktatur (Frühjahr 1930 bis Herbst 1934), Diss. masch., Berlin (Ost) 1972, S. 258–263.

Zum Verhältnis von Großwirtschaft und NS-Regime im Zweiten Weltkrieg

Die folgenden Ausführungen behandeln zwei Fragen: Eine *erste* nach dem Stellenwert einer der traditionellen Führungseliten, nämlich des deutschen Großunternehmertums, innerhalb der vom Dritten Reich betriebenen Kriegspolitik. Damit ist die *zweite* und weiterführende nach der gesellschaftlichen Struktur der Herrschaftsträger und nach der Herrschaftsform des nationalsozialistischen Regimes zwangsläufig verbunden.

Die Diskussion über diese Problematik hat über viele Jahre ihren Niederschlag in der Faschismus-Diskussion gefunden, die sich jedoch zumeist auf die Phase der sogenannten Machtergreifung bezieht und weniger auf die hier in Rede stehende System- und Kriegszeit. Zudem vollzog sie sich, grob kategorisiert, im Spannungsfeld zweier Theoreme, nämlich in der wissenschaftlichen Kontroverse um die marxistische Dimitroff-These und die sogenannte bürgerliche Totalitarismus-Theorie. Vor diesem Hintergrund gilt es, die vorliegenden Befunde zu überprüfen und darüber hinaus nach neuen Kriterien für eine Beurteilung des nationalsozialistischen Herrschaftssystems, speziell zur Bestimmung des Stellenwertes der Großwirtschaft im Dritten Reich, zu suchen.

Das enge Zusammenwirken zwischen Großwirtschaft[1] und der politischen Führung im Dritten Reich ist unbestreitbar. Die Erinnerungen eines der prominentesten Manager der Vereinigten Stahlwerke, Walter Rohland[2], geben beredtes Zeugnis von der Bedingungslosigkeit, mit der sich Vertreter der Großindustrie in den Dienst der nationalsozialistischen Kriegswirtschaft und damit hinter die nationalsozialistischen Kriegsziele stellten. Die praktische Kollaboration nahm die Qualität des bedenkenlosen militärischen Gehorsams an und ging immerhin so weit, daß sie mit hohen militärischen Auszeichnungen belohnt wurde. Rohland selbst erhielt bereits zu Beginn des Krieges für seine kriegswirtschaftliche Tätigkeit das Ritterkreuz zum Kriegsverdienstkreuz. Obwohl Rohland auf weite Strecken seiner Memoiren die Kunst des Verschweigens übt, zeigt er dennoch für die Kriegszeit den ununterbrochenen Kommunikationsstrang zwischen Hitler und der Großwirtschaft auf, der für die Vorkriegszeit aufgrund der schlechten Quellenlage nur bruchstückhaft erkennbar ist. Der persönliche Kontakt zwischen Hitler und füh-

---

1 Der Begriff der »Großwirtschaft« umfaßt sowohl die industriellen Großunternehmen als auch die industriellen Interessenverbände und Organisationen. Die Großbanken sowie das Großagrariertum bleiben in dieser Abhandlung außer Betracht. Vgl. P. Hüttenberger, Nationalsozialistische Polykratie, in: Geschichte und Gesellschaft (GG), 2 (1976), S. 417-442, hier S. 423, Anm. 17.

2 W. Rohland, Bewegte Zeiten. Erinnerungen eines Eisenhüttenmannes, Stuttgart 1978.

renden Industriellen bzw. verantwortlichen Politikern und Militärs riß bis zur Phase des unmittelbaren militärischen Zusammenbruchs nicht ab. Die Beziehungen zwischen Großunternehmertum und NS-Führung gingen weit über die Person Hitlers hinaus und erreichten streckenweise einen Grad der Intensität, der die seitens der Industrie viel beschworene kühle Reserve gegenüber den NS-Größen Lügen straft. Auch das läßt sich hier nur beispielhaft demonstrieren und zwar an einem ohne Not von führenden Bankiers und Industriellen an Heinrich Himmler adressierten Glückwunschtelegramm vom Spätsommer 1943, abgesandt aus Anlaß seiner Ernennung zum Reichsminister des Innern. Es mutet schon makaber an, wenn dort »mit aufrichtiger Freude« die neue Bestallung zur Kenntnis genommen und »eine starke Hand [...] für die Führung dieses Ministeriums« als »notwendig« und »dankbar empfunden« wird[3].

Der Dienst der Großindustrie am nationalsozialistischen Staat blieb nicht auf die Erfüllung kriegsökonomischer Forderungen und Erfordernisse beschränkt. Ihr politischer Stellenwert ergab sich aus dem in der NS-Zeit praktizierten Prinzip sogenannter unternehmerischer Selbstverwaltung und Selbstverantwortung. Es resultierte aus der Wirtschaftsauffassung des Nationalsozialismus, der zufolge »der Staat führt und lenkt [...], den einzelnen Gliedern der W.[irtschaft] in ihrem Bereich Selbständigkeit und Verantwortung« beläßt und überträgt[4]. Mit anderen Worten: Der Staat markierte die wirtschaftspolitischen Ziele, die von der Wirtschaft anzustreben waren. Um durch die politische Vorgabe nicht den Konflikt mit privatwirtschaftlichen Interessen zu provozieren, strebte die Regierung »das Zusammenwirken staatlicher Führung und Lenkung, wirtschaftlicher Selbstverwaltung und Unternehmerinitiative bei grundsätzlicher Aufrechterhaltung des Privateigentums« an, »das jedoch wie die gesamte Wirtschaft dem Gemeinwohl zu dienen hat[te]«[5]. Aus der Zwitterstellung der industriellen Selbstverwaltungsorgane als Sprachrohr der Industrie einerseits und Transmissionsstelle staatlichen Willens andererseits ergab sich das Kommunikationsverhältnis zwischen Staat und Großwirtschaft, wobei sich die sogenannte Selbstverantwortung des großindustriellen Unternehmertums und der seine Interessen vertretenden Selbstverwaltungskorporation im Laufe des Krieges zu immer größerer politischer Mitverantwortung auswuchs.

Zu Kriegsbeginn schien noch vieles für eine Stärkung der Position der Wehrmacht im kriegswirtschaftlichen Geschehen zu sprechen. Nahezu alle großindustriellen Branchen, vor allem aber die Eisen schaffende und verarbeitende sowie die Elektro-Industrie, aber auch die Großchemie rückten im Herbst 1939 enger an die militärische Wehrwirtschaftsorganisation des Generals Thomas heran, von der man bei Kriegsbeginn vermuten konnte, daß sie in stärkerem Maße als bisher zumindest die gesamte unmittelbare Rüstungsproduktion bestimmen würde. Da sowohl Investitionstätigkeit und Gewinne in einer den Primat der Rüstung akzep-

[3] Zit. nach W. Bleyer, Staat und Monopole im totalen Krieg. Der staatsmonopolistische Machtapparat und die »totale Mobilisierung« im ersten Halbjahr 1943, Berlin (Ost) 1970, S. 185.
[4] Der Neue Brockhaus, Bd 4, Leipzig 1942, S. 746.
[5] Ebd.

tierenden Wirtschaft in weiten Bereichen von einer solchen Institution abhingen, unterstützte man die Bemühungen des Generals, das Wehrwirtschafts- und Rüstungsamt im Oberkommando der Wehrmacht als rüstungsökonomische Leitstelle auszubauen, um den gesamtwirtschaftlichen Prozeß auf kriegsökonomische Bedürfnisse umzustellen. Bei Besprechungen zwischen Thomas und der Großindustrie Ende 1939 Anfang 1940 brachten deren Spitzenfunktionäre unmißverständlich zum Ausdruck, daß sie »vor allem eine einheitliche Führung der Wirtschaft und eine denkbar einfache Organisation« für notwendig erachteten. Dann werde sich, so der Vorstandsvorsitzende der AEG (Allgemeine Elektrizitäts-Gesellschaft) Hermann Bücher,

> »aus der Industrie, die ein sehr williges Organ ist, eine optimale Leistung herausholen lassen. Eine Stelle muß den Gesamtbedarf der Wehrmacht kennen, die Übersicht über die gesamten vorhandenen Rohstoffe haben und endgültig über deren Verwendung entscheiden. Eine Stelle muß nach einheitlichen Gesichtspunkten klar und unzweideutig die Größenordnung und Dringlichkeit des Bedarfes verfügen[6].«

Diese Ansicht wurde von der Schwerindustrie und der Großchemie geteilt: »Eine klare Verantwortung muß geschaffen werden, sonst fahren wir immer wieder fest (Waibel, I.G. Farben). Die Sache muß diktatorisch geregelt werden. Es schreit alles nach einem Mann, der die Dinge mit Sachverständnis diktatorisch regelt (Waibel und Poensgen [Vereinigte Stahlwerke])[7].« Aber zum einen durchkreuzte die Rivalität der Wehrmachtteile diese Pläne einer zentral gesteuerten, an den Kriegsbedürfnissen orientierten Wirtschaft. Praktisch gingen Luftwaffe und Marine eigene Wege. Aber auch den Beauftragten für den Vierjahresplan Göring und Hitler selbst konnte nicht daran gelegen sein, der Wehrmacht die ökonomisch bestimmende Rolle zu überlassen.

Die Kritik von General Thomas am sich ausweitenden System der Bevollmächtigten für Sonderaufgaben legte Göring als Kritik an seiner Person aus[8], was ihm Veranlassung bot, die militärische Wehrwirtschaftsorganisation in ihrer rüstungswirtschaftlichen Kompetenz im Inland weiter zu beschneiden und Hitler die Ernennung eines Sonderbevollmächtigten im Rahmen der Vierjahresplan-Organisation vorzuschlagen, der zwischen den staatlichen und industriellen Organen zunächst einmal in Fragen der Munitionsherstellung koordinierend wirken sollte. Bezeichnend mag sein, daß die Ernennung Todts (23. Februar 1940) zum »Generalinspekteur für Sonderfragen des Vierjahresplans« nach Konsultationen Hitlers mit der Industrie erfolgte. Todts Bestellung zum Minister für Bewaffnung und Munition (17. März 1940) muß aus der Retrospektive als eine erste Maßnahme zur Einschränkung der wirtschaftspolitischen Vollmachten Görings und zur Übertra-

---

6 Aktennotiz des Wehrwirtschafts- und Rüstungsamtes über eine Besprechung mit führenden Industriellen, 18.11.1939, zit. nach Anatomie des Krieges. Neue Dokumente über die Rolle des deutschen Monopolkapitals bei der Vorbereitung und Durchführung des zweiten Weltkrieges, Berlin (Ost) 1969, S. 235–240, hier S. 238. Vgl. D. Eichholtz, Geschichte der deutschen Kriegswirtschaft 1939–1941, Berlin (Ost) 1971, S. 116; G. Thomas, Geschichte der deutschen Wehr- und Rüstungswirtschaft, Bd 1: 1918–1943/45, Boppard a. Rhein 1966, S. 175.

7 Protokoll einer Besprechung, 16.2.1940, zit. nach Eichholtz, Kriegswirtschaft (wie Anm. 6), S. 118.

8 Vgl. Thomas, Wehr- und Rüstungswirtschaft (wie Anm. 6), S. 510.

gung immer wichtigerer und immer umfänglicherer kriegswirtschaftlicher Funktionen des Staates und der Wehrmacht an die Großindustrie gewertet werden. Nachdem der neue Minister in seiner Tätigkeit als Generalinspekteur für das deutsche Straßenbauwesen und als Westwallerbauer bereits ausgezeichnete Kontakte zur Rohstoff- und Bauwirtschaft hatte knüpfen können, sollte es sehr schnell zu einer engen Kooperation mit den übrigen großindustriellen Zweigen kommen. Im Jahre 1941 noch zum Generalinspekteur für Wasser- und Energiewirtschaft ernannt, unterhielt er auch zu diesen Branchen engste Verbindung. Als einer der wenigen Vertrauten Hitlers fungierte er neben Göring als wichtiger Verbindungsmann zwischen Großindustrie und dem »Führer«.

Die Reichsgruppe Industrie hielt Todt für den richtigen Mann an der rechten Stelle, zumal er einmal den wirtschaftlichen Interessen der Großindustrie entgegenzukommen versprach, indem er ein möglichst hohes Produktionsvolumen an Waffen und Munition bei geringstem Investitionsaufwand zu erreichen suchte. Zum anderen ließ Todt seine Bereitschaft erkennen, der Industrie und ihren Korporationen ein höheres Maß an wirtschaftspolitischer Eigenverantwortung (Selbstverantwortung) zuzubilligen, wovon er sich eine effektivere Kriegswirtschaft versprach, nicht zuletzt durch das unternehmerische Korrektiv gegenüber staatlichen Planungs-, Verteilungs- und Produktionsdirektiven.

Mit der Realisierung dieser Vorstellung setzte Todt eine Entwicklung fort, die bereits 1936/37 mit dem Vierjahresplan ihren Anfang genommen hatte. Mußte sich doch Göring, dem als Laie auf ökonomischem Feld tiefere Einsichten in volks- und betriebswirtschaftliche Zusammenhänge versagt blieben, in hohem Maße des Rates der Großindustrie bedienen. Führende Mitarbeiter der Vierjahresplan-Organisation nahmen nicht selten Schlüsselpositionen in der Großindustrie ein und in Einzelfällen darüber hinaus auch Ämter im Reichswirtschaftsministerium, in der militärischen Wehrwirtschaftsadministration und in wirtschaftspolitischen Institutionen der Partei. Die Vierjahresplan-Organisation war personell besonders eng verflochten mit der Großchemie, repräsentiert durch die IG-Farben AG. Als deren herausragendste Persönlichkeit ist ihr Direktor Krauch zu nennen, der nach Göring zum mächtigsten Mann in dieser Behörde avancierte, zumal er noch über eines der bedeutendsten Wirtschaftsforschungsinstitute Europas gebot, über die »Volkswirtschaftliche Abteilung« der IG-Farben. Die dominierende Rolle innerhalb des Vierjahresplans fiel der Großchemie durch ihre Bedeutsamkeit für die Kriegswirtschaft des blockadeanfälligen Deutschland zu, denn von der Leistungsfähigkeit und dem Leistungswillen der Großchemie hing die Versorgung der Wehrmacht mit künstlichem Kautschuk (Buna), sogenannten Werkstoffen als Ersatz für fehlende Metalle und vor allem mit Treibstoff aus dem Kohlefiltrierverfahren ab. Andererseits konnten diese nach kostspieligen Forschungen und Versuchen entwickelten Stoffe nur bei garantierter Massenabnahme und unter weitgehender Vernachlässigung des Rentabilitätsprinzips seitens des Staates, am besten durch die entsprechende Abnahme seitens einer kriegführenden Wehrmacht, die hohen Entwicklungskosten und schließlich Profit einspielen. Verbunden durch das gemeinschaftliche Interesse an der Ausweitung der rüstungs- und kriegswirtschaftlichen Produktion, übernahm Krauch im Auftrag Görings als Generalbevollmächtigter für die Erzeugung von Mineralöl, Kautschuk, und Leichtmetalle, von Schieß- und Sprengstoffen und deren Vorprodukten und Hilfsstoffen sowie für die Erzeugung von chemischen Kampfmitteln die Verantwortung für weite Bereiche der Rüstungswirtschaft. Seine Kompetenzen wurden mit der Einrichtung der »Reichsstelle für Wirtschaftsausbau« als eine dem Reichswirtschaftsminister nachgeordnete höhere Reichsbehörde, deren Leitung Krauch übernahm, noch erweitert. Die mit der Ende 1939 erfolgten Umbenennung in »Reichsamt für Wirtschaftsausbau« verbundene wirtschaftspolitische Aufwertung dieser Institution brachte auch Krauch und der IG-Farben vermehrten wirtschaftspolitischen Einfluß, da das Amt als Reichsbehörde für weite Gebiete der Kriegsproduktion – über die chemische hinaus – verantwortlich zeichnete. Hier wurde punktuell die Identifikation von Staat und einem großindustriellen Zweig deutlich.

Die Ernennung Todts zum Reichsminister mußte bei den offenkundigen Kompetenzüberschneidungen innerhalb der Wirtschaftsbürokratie zu Interessenkollisionen mit Göring oder aber zu einem Arrangement führen. Letztlich ist dieses Problem nie ausgeräumt worden. Fest steht aber, daß die Vierjahresplan-Organisation in enger Kooperation mit der Großchemie und der Textilindustrie verblieb, während Todt sein Augenmerk auf die unmittelbare Rüstungsfertigung richtete – soweit sie das Heer betraf –, wenngleich Göring auch in diesen Sektor hineinzuregieren suchte. Immerhin kann aber davon ausgegangen werden, daß mit der Installierung des Reichministeriums für Bewaffnung und Munition ein gewisser arbeitsteiliger Prozeß im kriegswirtschaftlichen Geschehen eingetreten war, in dessen Verlauf der Großwirtschaft, hauptsächlich repräsentiert durch die Reichsgruppe Industrie, über den Chemie-Sektor hinaus eine sich permanent ausbreitende gesamtwirtschaftspolitische Verantwortung zufiel. Daß Todt »jeden seiner ersten Schritte« buchstäblich an der Hand der führenden Vertreter großer Rüstungskonzerne und unter Anleitung durch die Reichsgruppe Industrie«[9] tat, ist sicher eine zu undifferenzierte Aussage. Richtig ist, daß auf Todts Aufforderung hin, »die Industrie möge ihm Vorschläge machen«[10], wie den kriegswirtschaftlichen Belangen am ehesten im organisatorischen Bereich Rechnung zu tragen sei, der Leiter der Reichsgruppe Industrie, Wilhelm Zangen, ein System von industriellen Beiräten und Ausschüssen entwarf. Diese Gremien sollten den Minister einerseits auf dem Munitionssektor fachlich beraten und andererseits mit dem Minister alle grundsätzlichen wirtschaftlichen Fragen erörtern, insbesondere solche der Preisprüfung, des Nachbaurechts, der Abschreibungen und des Arbeitseinsatzes.

So kam es auf Wehrbereichsebene zur Bildung von Arbeitsgemeinschaften in der Munitionserzeugung, deren aus dem Kreis der Industriellen sich rekrutierende Vorsitzende den regionalen Munitionsausschuß bestellten. Diese Regelung erfolgte weitgehend auf Kosten der Wehrmacht, die in den entsprechenden Verhandlungen

---

9 Eichholtz, Kriegswirtschaft (wie Anm. 6), S. 122.

10 Aktennotiz des Geschäftsführers der Wirtschaftsgruppe Feinmechanik und Optik über eine Sitzung der Reichsgruppe Industrie, 27.3.1940, zum Verhältnis zwischen der Reichsgruppe und Todt, zit. nach Anatomie des Krieges (wie Anm. 6), S. 243–246, hier S. 243.

im »Ausschuß zur Überprüfung der Auftragslenkung auf dem Gebiet der Munitionsproduktion« schlichtweg übergangen worden war. Sie beklagte denn auch, daß in den entscheidenden Verhandlungen »auf Grund des Vortrages der Vertreter der Reichsgruppe bei dem Reichsminister die Entscheidung über die Arbeit des Ausschusses bereits getroffen war, als die Besprechungen des dritten Tages begannen. Über die Vorschläge der Wehrmacht wurde im Ergebnis ohne weitere Erörterung hinweggegangen[11].«

Ein bei dem Reichsminister für Bewaffnung und Munition installierter Munitionsbeirat sorgte für die Koordination staatlicher Wünsche und industrieller Fertigungsmöglichkeiten.

Nach Abschluß des Frankreich-Feldzuges trat die Munitions- zu Gunsten einer allgemeinen Verbreitung der Rüstungsproduktion in den Hintergrund. Die regional gegliederten Munitionsausschüsse firmierten nun als Rüstungsausschüsse. Sogenannte Sonderausschüsse, an deren Spitze führende Industrievertreter standen, faßten auf Reichsebene größere Fertigungsbereiche innerhalb der Rüstungsindustrie zusammen, sorgten für Planung, Verteilung und Durchführung von Rüstungsaufträgen. Beispielsweise übertrug Todt im August 1940 dem Manager der Vereinigten Stahlwerke, Rohland (Panzer-Rohland), den sogenannten Panzerausschuß, der das zu erledigen und zu korrigieren hatte, was die Bürokratie nicht zu leisten vermochte und auch gar nicht leisten sollte: »Die Panzerproduktion systematisch auf die geeigneten Betriebe zu verteilen und die Tätigkeit der zahlreichen beteiligten Produktions- und Zuliefer-Betriebe in den Bereichen Herstellung und Entwicklung zu koordinieren[12].«

Ab Sommer 1941 vermochte die Großwirtschaft mit Hilfe Todts ihren Einfluß auch auf die technischen Entwicklungsprogramme des Heeres auszudehnen. Die unter Leitung von Ferdinand Porsche stehende Panzerkommission, in der die Vertreter der Wehrmacht in der Minderheit blieben, gibt hiervon Zeugnis[13].

Die Ausdehnung der Todtschen Kompetenzen und auch der der Großindustrie zeigt sich in der Umbenennung des ministeriellen Munitionsbeirates in Rüstungsbeirat.

Nach dem Scheitern des Blitzkrieges gegen die UdSSR verstärkte sich der kriegswirtschaftliche Einfluß des deutschen Großunternehmertums. In den neu installierten »Hauptausschüssen« für Munition, Waffen, Panzerwagen und Allgemeines Wehrmachtgerät übertrug man »jeweils einem bewährten Fachmann der entsprechenden Sparten der Rüstungsindustrie die Planung und Verantwortung für die Produktion«[14].

Über das Maß der entfalteten wirtschaftspolitischen Initiativen in dem genannten Ausschuß-System besteht in der Historiographie noch weitgehend Un-

---

11 Aus dem Bericht des Wehrwirtschafts- und Rüstungsamtes über die Sitzungen des genannten Ausschusses, 2.,3.,5.4.1940, zit. nach Anatomie des Krieges (wie Anm. 6), S. 247-249, hier S. 249.

12 Rohland, Bewegte Zeiten (wie Anm. 2), S. 71.

13 Vgl. Eichholtz, Kriegswirtschaft (wie Anm. 6), S. 126-132.

14 Rohland, Bewegte Zeiten (wie Anm. 2), S. 79; vgl. auch das geheime Rundschreiben der Reichsgruppe Industrie, 9.1.1942, an die Leiter der Wirtschaftsgruppen, in: Anatomie des Krieges (wie Anm. 6), S. 371 f.

klarheit. In den wenigen bisher ausgewerteten militärischen Quellen haben sich fast ausschließlich die Interventionen der Wehrmacht, speziell des Heereswaffenamts, gegen einen Kompetenzabbau zugunsten der industriellen Organe niedergeschlagen[15]. Den publizierten Akten zufolge erschöpfte sich die Funktion der Arbeitsgemeinschaften und Ausschüsse in der Umsetzung der von der Wehrmacht erteilten Aufträge in Produktion. Unter anderem oblagen den Sonderausschüssen aber folgende Aufgaben:

»a) beschleunigte Umstellung auf devisenfreie Rohstoffe,
b) Austausch wirtschaftlicher Fertigungsverfahren,
c) Beratung bei der Auftragslenkung«[16].

Geht man davon aus, daß ein totalitärer Staat die genannten Funktionen selbst hätte wahrnehmen können, dann blieb dem industriellen Unternehmertum im Dritten Reich ein erheblicher Handlungsspielraum, »eine Sphäre zwar relativer, aber gleichwohl bedeutender Autonomie«[17].

Daß sich die Großindustrie nicht ausschließlich im engen Rahmen des hier beschriebenen Verantwortungsbereichs bewegte, geht weniger aus den bisher erschlossenen Quellen hervor als vielmehr aus Äußerungen in der noch spärlichen Memoiren-Literatur. Hier siegt nicht selten der Wunsch, die Wichtigkeit der eigenen Person zu unterstreichen, über den Vorsatz, die kritische Distanz zum NS-System und seinen Führern glaubwürdig darzustellen. So lesen wir bei Rohland, daß die erwähnten Sonderausschüsse nicht nur auf bürokratischem Wege der Industrie dekretiert wurden. Sie waren vielmehr eine der Reaktionen der politischen Führung auf die Forderung der Großwirtschaft nach koordiniertem und sachkundigem Einsatz der Produktionsmittel für die Rüstung. Nur so erklärt sich die nicht gerade selbstverständliche Tatsache, daß Hitler am 11. Dezember 1941 aus Anlaß der Bekanntgabe des Einsatzes der Sonderausschüsse auf einer Tagung des Munitionsbeirates an einem Mittagessen mit dessen Mitgliedern teilnahm. Nicht ohne Stolz weiß Rohland von einer Serie von Zusammenkünften mit Hitler zu berichten, bei denen er in seiner Eigenschaft als Vorsitzender des Sonderausschusses wie später in anderen Funktionen hinreichend Gelegenheit hatte, Einfluß auf das kriegswirtschaftliche Geschehen zu nehmen[18].

Die praktische wirtschaftliche Zusammenarbeit zwischen der nationalsozialistischen Staatsrepräsentanz und der Großindustrie nahm mit der Installation des Ministeriums Speer zu. Dies muß nicht unbedingt im Widerspruch stehen zu der Tatsache, daß unter dem neuen Minister eine unmittelbare Übertragung des kriegswirtschaftlichen Willens der politischen und militärischen Führung auf die Wirtschaft erfolgte und auch erreicht wurde. Ganz im Gegenteil: Gerade weil die Wirtschaft stärker auf die Erfordernisse des Krieges ausgerichtet, die Rüstungs-

---

15 Vgl. Eichholtz, Kriegswirtschaft (wie Anm. 6), S. 130 f.

16 Schreiben Keßlers, Leiter des Munitionsbeirates der Reichsgruppe Industrie beim Reichsminister für Bewaffnung und Munition, 25.5.1940, an die Vorsitzenden der Munitionsausschüsse, sonstige Ausschüsse und Erfahrungsgemeinschaften, zit. nach Anatomie des Krieges (wie Anm. 6), S. 255-257, hier S. 255.

17 W. Sörgel, Metallindustrie und Nationalsozialismus, Frankfurt a.M. 1965, S. 5.

18 Vgl. Rohland, Bewegte Zeiten (wie Anm. 2), S. 71.

produktion gesteigert und die Effektivität der Unternehmen erhöht werden sollten, bedurfte es einer Straffung der Wirtschaftsverwaltung an der Spitze und gleichzeitig eines feinverästelten Apparates nach unten, mit dessen Hilfe alle Sparten und Industriezweige in die Kriegsfertigung eingespannt werden konnten und auch kontrollierbar waren. Wollte man die Großindustrie nicht verstaatlichen – und dies stand im Dritten Reich niemals ernsthaft zur Diskussion –, dann ließ sich die genannte Absicht am besten mittels der durch das Profitinteresse bestimmten unternehmerischen Verantwortung und Sachkenntnis verwirklichen. Speer befand sich hier in Übereinstimmung mit Hitler und setzte das Werk seines Vorgängers im Amt fort, wenn er vor Industriellen erklärte:

> »Dr. Todt und auch ich selbst haben unsere Laufbahn erfolgreich in dem privaten Unternehmertum und im freien Beruf begonnen, und auf Grund dieser Erfolge in diesem Wirkungskreis sind uns wichtigste staatliche Aufgaben übertragen worden. Wir kannten die Kräfte, die in der Initiative des privaten Unternehmers liegen, aus eigener Anschauung und bejahten sie aus eigener Überzeugung[19].«

Erblickte man in der Privatinitiative des Unternehmers die beste Garantie zur Erfüllung kriegswirtschaftlicher Erfordernisse, dann war es nur konsequent, das Unternehmertum an Stelle des Militärs in hohem Maße an der kriegswirtschaftlichen Verantwortung zu beteiligen. Unter Speer mußte sich die Wehrmacht immer mehr mit der Rolle des Auftraggebers begnügen, und auch diese wurde zunehmend beschnitten. Nach dem Willen Speers konnte »die Durchführung umfassender industrieller Aufgaben [...] nur von Männern gelenkt werden, die aus der Industrie selbst hervorgegangen« waren[20]. Die bislang noch in der kriegswirtschaftlichen Verantwortung stehenden Offiziere mußten von dieser entbunden werden. »Ihr Streben und ihre fachliche Bildung mußte auf ganz anderen Gebieten liegen[21].« Speer setzte die Politik Görings im Vierjahresplan und des Ministers Todt fort, führende großindustrielle Repräsentanten mit politischen Aufgaben zu betrauen. Zum Teil wurden sie aus Wirtschaft in den Staatsdienst übernommen, zum Teil nahmen sie staatliche Funktionen ehrenamtlich wahr. Das Ziel Speers war es, in wenigen Monaten die Leitung des gesamten industriellen Komplexes in die Hände des Großunternehmertums zu legen. Und es gelang ihm, »den Wechsel von der Lenkung der Rüstung und der Bestimmung ihres Ausstoßes im gesamten und im einzelnen durch die bisherigen staatlichen Behörden zu der Übernahme dieser Aufgabe durch einen Kreis betriebserfahrener und erfolgreicher führender Männer der Rüstungsindustrie selbst« zu vollziehen[22].

Zunächst galt es, die von Todt für die Munitions- und Waffenfabrikation gebildeten Selbstverantwortungskörperschaften der Großindustrie auf die gesamte industrielle Produktion auszudehnen. Die Wirtschaft wurde bekanntlich mit einem

---

19 Auszug aus einer Rede Speers, 9.6.1944, zit. nach Anatomie des Krieges (wie Anm. 6), S. 449-451, hier S. 449.

20 Ebd.

21 Aus der genannten Rede Speers, zit. nach W. Bleyer, Die Reichsgruppe Industrie – eine wirtschaftliche Kommandostelle des »totalen Krieges«, in: Monopole und Staat in Deutschland 1917-1945, Berlin (Ost) 1966, Berlin 1973, S. 191, Anm. 7.

22 Aus der genannten Rede Speers, zit. nach Anatomie des Krieges (wie Anm. 6), S. 450.

Raster von Ausschüssen und Ringen überzogen, an deren Spitze die Führer der mit staatlichen Aufträgen belegten Unternehmen selbst, von nun an auch als staatliche Koordinatoren und Kontrolleure, traten. Speer betrachtete die Leiter der Ausschüsse und Ringe als »die aus der Industrie hervorgegangenen Führungskräfte meines Ministeriums«, mithin als staatliche Vollzugsorgane, deren Weisungen an die Industrie als bindend anzusehen waren. Von anderer Seite hatte diese keinerlei Befehle entgegenzunehmen: »Scharfe Weisungen in der Industrie sind nur dann untragbar, wenn sie von industriefremden Stellen veranlaßt werden[23].« Fortan sorgten 21 Hauptausschüsse für die Endfertigung der Rüstung, zwölf Ringe hatten die notwendigen Zulieferungen zu gewährleisten.

Im Laufe des Jahres 1942 trat die sogenannte »Neuordnung der Bewirtschaftung« in Kraft, von der nunmehr die Grund- und Rohstoffindustrie betroffen waren. Reichsstellen für den Textilsektor und Kautschuk, Reichsvereinigungen für Kohle und Eisen sowie Textilveredelung wie auch Gemeinschaften für Schuhe und Hohlglas übernahmen die kriegsökonomische Bewirtschaftung, indem sie die bereits vorhandenen Institutionen von Handwerk, Handel und Gewerbe einheitlich lenkend zusammenfaßten und für deren straffen kriegswirtschaftlichen Einsatz Sorge trugen. Wie in Ausschüssen und Ringen, so hatten auch hier die Vertreter der Großindustrie das Sagen. Nicht selten wurden Aufgaben in Ausschüssen und Ringen mit solchen in den Reichsstellen und Reichsvereinigungen in Personalunion geführt. Beispielhaft sei auf die Reichsvereinigungen Kohle und Eisen hingewiesen, die als Selbstverwaltungskorporationen zuständig waren für die Verteilung von Kohle und Eisen auf die verarbeitende Industrie. Ihre Vorsitzenden und Vorstandmitglieder bekleideten gleichzeitig Führungspositionen in den bereits genannten Ringen, die für die Einbettung der Zulieferindustrie in den rüstungsökonomischen Prozeß verantwortlich zeichneten. Beispiel für die Häufung von Verantwortlichkeiten: Die Leitung der Reichsvereinigung Eisen lag bei Röchling und Rohland, die beide auch dem Eisenring vorstanden.

Im Sommer 1942 stellten die Reichsvereinigungen Kohle und Eisen – nicht etwa Reichswirtschaftsministerium oder Vierjahresplan – einen Produktionsplan für das Reich und für alle besetzten Gebiete auf, der Hitler persönlich seitens der Industrievertreter vorgetragen und erläutert wurde[24]. Deutlicher kann der Gleichlauf von Staats- und Wirtschaftsführung kaum demonstriert werden.

Wenn die Wehrmacht bislang durch die Vorgabe von technischen Wünschen, Anregungen und Forderungen auf dem Gebiet der Entwicklung von Munition, Waffen und Gerät eine dominierende Position inne gehabt hatte, so sollte sie dieser unter Speer zunehmend verlustig gehen. Neben den Hauptausschüssen und Ringen auf dem Produktionssektor entstanden Gremien, bestehend aus Firmen-Technikern und Vertretern des Militärs, in welche die Wehrmachtteile ihre militärischen Forderungen einzubringen hatten. Diese »Kommissionen« standen in der Regel unter dem Vorsitz von hochkarätigen Konstrukteuren aus der Industrie, die letztlich über Möglichkeit und Unmöglichkeit der Durchführung eines von der

23 Ebd., S. 450 f.

24 Vgl. Rohland, Bewegte Zeiten (wie Anm. 2), S. 82.

Wehrmacht gewünschten Rüstungsobjektes entschieden. »Ihnen ist die letzte Entscheidung über die Entwicklung der Waffe in die Hand gegeben [...]. Diese einmalige Organisation der Selbstverantwortung der Industrie« setzte sich 1942 aus 6000 ehrenamtlichen betrieblichen Ingenieuren und Technikern zusammen. Sie übernahm die fachliche Lenkung »bis in die kleinsten Gliederungen der Industriefertigungen« hinein. Sie entschied über die Typenbeschränkung, Produktionsart der einzelnen Werke und verfügte bisweilen die Stillegung von Fertigungsabläufen und von Betrieben, »die Rationalisierung in rohstoffmäßiger, konstruktiver und fertigungstechnischer Hinsicht«, und sie gewährleistete den technischen Erfahrungsaustausch zwischen den einzelnen Firmen[25].

Speer entzog der Wehrmacht im Verlauf des Krieges immer stärker ihre rüstungswirtschaftlichen Kompetenzen und übertrug sie bewährten Industrievertretern aus dem geschäftlichen und technischen Management. Erinnert sei an den Rüstungsbeirat bei seinem Ministerium und an die Industrieräte beim Oberkommando des Heeres und bei der Luftwaffe. Wie die Mitglieder des Rüstungsrates das Ministerium für Bewaffnung und Munition, so berieten die Industrieräte die Wehrmachtteile »bei der Durchführung der rüstungswirtschaftlichen Aufgaben«[26]. Den genannten Gremien gehörten wiederum namhafte Vertreter aus Großindustrie und Technik an.

Parallel zur Straffung des fachlich gegliederten kriegswirtschaftlichen Apparates verlief unter Speer die Zentralisation der gewerblichen Selbstverwaltungskorporation auf Regionalebene. Um die ungenau abgegrenzten Kompetenzfelder bestehender Institutionen genauer abzustecken, erfolgte die Substitution von 28 Bezirkswirtschaftskammern, 111 Industrie- und Handelskammern und 75 Handwerkskammern durch die Schaffung von 42 Gauwirtschaftskammern, deren Wirkungsbereiche sich mit denen der übrigen Gauverwaltungen deckten[27].

Sicherlich beruhte diese Umstrukturierung auf dem Vorsatz, eine straffe Lenkung des kriegswirtschaftlichen Geschehens zu erreichen. »Die Organisation der gewerblichen Wirtschaft muß[te] unter Gewährleistung der reibungslosen Fortführung ihrer kriegswirtschaftlichen Arbeit auf ein Höchstmaß von Leistungsfähigkeit gebracht werden[28].« Dennoch war mit dieser »Flurbereinigung« keine »weitere Etappe auf dem Wege zur völligen Unterwerfung der Wirtschaft erreicht«[29] wor-

[25] Auszug aus der genannten Rede Speers, zit. nach Anatomie des Krieges (wie Anm. 6), S. 450.

[26] Nachrichten des Reichsministers für Bewaffnung und Munition, 30.4.1942, über die Bildung des Industrierates des Oberkommandos des Heeres (OKH), zit. nach Anatomie des Krieges (wie Anm. 6), S. 396; vgl. Rundschreiben Udet, 22.5.1941, über die Berufung eines Industrierats für die Luftwaffe, ebd., S. 331.

[27] Vgl. H.J. Weyres v. Levetzow, Die deutsche Rüstungswirtschaft von 1942 bis zum Ende des Krieges, Diss., München 1975, S. 29.

[28] Erste Verordnung zur Durchführung der Verordnung über die Vereinfachung und Vereinheitlichung der Organisation der gewerblichen Wirtschaft (Gauwirtschaftskammerverordnung), v. 20.4.1942, in: Reichsgesetzblatt (RGBl.) 1942, T. I, S. 189.

[29] H.-E. Kannapin, Wirtschaft unter Zwang. Anmerkungen und Analysen zur rechtlichen und politischen Verantwortung der deutschen Wirtschaft unter der Herrschaft des Nationalsozialismus im Zweiten Weltkrieg, besonders im Hinblick auf den Einsatz und die Behandlung von ausländischen Arbeitskräften und Konzentrationslagerhäftlingen in deutschen Industrie- und Rüstungsbetrieben, Köln 1966, S. 46.

den und sollte wohl auch nicht erreicht werden. Natürlich unterstanden die Gauwirtschaftskammern der unmittelbaren Aufsicht des Reichswirtschaftsministers. Sie blieben jedoch rechtsfähig und Rechtsnachfolger der in ihnen integrierten früheren Institutionen. Es ist unbestritten, daß die Träger der alten Kammern aus Industrie, Handwerk und Handel die neue organisatorische Zusammenfassung nicht immer vorbehaltlos begrüßten. Andererseits blieben die Gauwirtschaftskammern aber »die regionalen Führungsstellen der Deutschen Wirtschaftsorganisation im Bereich der Gaue«[30]. Sie waren ausdrücklich mit dem Recht der Selbstverwaltung der gewerblichen Wirtschaft ausgestattet; sie vertraten die Wirtschaft weiterhin gegenüber dem Staat, auch wenn sie diesen »in seiner Wirtschaftsführung zu unterstützen und den Gauleiter bei der Durchführung ihrer Aufgaben zur Verfügung zu stehen« hatten[31]. Aufgrund der entsprechenden Verordnungen mußten die Präsidenten und Vizepräsidenten hauptberufliche Unternehmer sein, und sie konnten als solche die Interessen des Unternehmertums wirkungsvoll vertreten, auch wenn sie durch den Reichswirtschaftsminister im Benehmen mit dem jeweiligen Gauleiter berufen und abberufen wurden. Auch die Gauwirtschaftkammern, und das zeigt ihre starke Position, übernahmen staatliche Führungsfunktionen in der Wirtschaft, so daß dem Unternehmertum nun auch auf der Gauebene eine wirtschaftspolitische Verantwortung zufiel. Die Gauwirtschaftskammern hatten »in eigener Verantwortung die Gesamtbelange der Wirtschaft ihrer Bezirke wahrzunehmen und zu fördern sowie den Ausgleich der verschiedenen wirtschaftlichen Interessen zu bewirken.« Sie konnten »in Durchführung dieser Aufgabe unmittelbar mit den obersten Reichsbehörden in Verbindung treten« und damit ausdrücklich durch Gesetze oder Verordnungen bzw. durch Erlaß des Reichswirtschaftsministers wirtschaftspolitische bzw. hoheitliche Aufgaben übernehmen.

Zwar saß nun die Industrie-, Handels- und Handwerksrepräsentanz mit den Gauwirtschaftsberatern der Partei in einem gemeinsamen Gremium[32]. Aber de facto hatte sich die Position der Industrie wie der anderen in der Gauwirtschaftskammer vertretenen gewerblichen Zweige gegenüber derjenigen der Industrie- und Handels- bzw. Handwerkskammern nicht geändert. Denn das Korps der Gauwirtschaftsberater rekrutierte sich ohnehin weitgehend aus dem einflußreichen Unternehmertum. Hinzu kam, daß die Präsidenten der Gauwirtschaftskammern in Personalunion das Amt des Gauwirtschaftsberaters übernehmen konnten. Zwar sollte der Gauwirtschaftsberater »ein politischer Aktivist« sein, während der Präsident einer Gauwirtschaftskammer »für die gewissenhafte Durchführung der der wirtschaftlichen Selbstverwaltung obliegenden Aufgaben Sorge zu tragen« hatte. Doch schloß diese von Reichsleiter Borman vertretene Auffassung »in besonders glück-

30 Dritte Verordnung zur Durchführung der Verordnung über die Vereinfachung und Vereinheitlichung der Organisation der gewerblichen Wirtschaft (Gauwirtschaftskammerverordnung, GWKV), v. 30.5.1942, RGBl. 1942, T. I, S. 371-374, hier S. 371.

31 Ebd.

32 Vgl. P. Hüttenberger, Die Gauleiter. Studie zum Wandel des Machtgefüges in der NSDAP, Stuttgart 1969, S. 183, der dies irrtümlicherweise bestreitet.

lich gelagerten Fällen eine Personalunion nicht aus«[33]. In den Gauwirtschaftskammern blieb das Unternehmertum also weitgehend unter sich.

Will man bezüglich des Stellenwertes des deutschen Unternehmertums im Dritten Reich, speziell während des Zweiten Weltkrieges, zu einer brauchbaren Aussage kommen, dann darf folgendes als Zwischenbilanz festgehalten werden:

Zum einen hat sich die staatliche Führung zur Entlastung »häufig der wirtschaftlichen Selbstverwaltung bedient« der militärischen und politischen Instanzen[34]. Sicherlich bedarf diese Selbstverwaltung einer Interpretation. Sie vollzog sich in den oben genannten Gremien. So war der Leiter von Ausschüssen und Ringen »im Grunde oft nicht viel anderes als ein Staatskommissar, und die Tatsache, daß der Rahmen, in dem er arbeitete, äußerlich den Formen einer Selbstverwaltung angenähert oder angeglichen war, änderte nichts an der Tatsache, daß die Tätigkeit eines solchen Mannes mit Selbstverwaltung kaum mehr etwas zu tun hatte«[35]. Es ist sicher richtig, daß in den beschriebenen Funktionen der Unternehmer in staatliche Dienste genommen worden war. Darüber hinaus blieb er jedoch für das Unternehmertum tätig und wurde von diesem bezahlt. Den Selbstverwaltungscharakter der hier behandelten Organe lediglich darin zu sehen, »daß sie die Weisungen des Staates auszuführen hatten«[36], faßt in der Beurteilung allerdings zu kurz. Zum anderen waren die sogenannten Selbstverwaltungsorgane zwar Werkzeuge zur Durchsetzung des staatlichen Willens. Gleichzeitig entsprachen sie jedoch dem Selbstverständnis des deutschen Unternehmertums, seine Interessen über die Selbstverwaltungsorgane an den Staat heranzutragen bzw. in den Selbstverwaltungs-Institutionen wahrzunehmen und zu vertreten.

Daraus ergibt sich, daß das deutsche Großunternehmertum im Zweiten Weltkrieg hoheitliche Rechte und staatliche Aufgaben wahrgenommen hat. Dies ist eine unbestrittene und keineswegs selbstverständliche Tatsache. Des weiteren blieb der im Verlauf des Krieges wachsenden Anforderungen des Staates an die Großindustrie und unbeschadet der sich doch relativ früh abzeichnenden deutschen Niederlage die Vertrauensbasis und damit die Grundlage für eine Zusammenarbeit von Staat und Wirtschaftsführung nahezu bis zum Zusammenbruch bestehen. Gegen Ende des Krieges neigte Speer dazu, »der Industrie einen starken Einfluß einzuräumen gegenüber dem stark angewachsenen ministeriellen Apparat«[37]. Auf dem Chemiesektor blieb die Monopolstellung der IG-Farben unangetastet. Seit Ende des Jahres 1944, als eine zentrale Lenkung der Wirtschaft aufgrund der Kriegsereignisse nicht mehr möglich erschien, übertrug Speer einzelnen Persönlichkeiten für bestimmte regionale Bereiche die nahezu absolute wirtschaftspoliti-

---

33 Der deutsche Volkswirt, 16 (1942), S. 1313. Vgl. Kannapin, Wirtschaft unter Zwang (wie Anm. 29), S. 47.

34 E. Welter, Falsch und Richtig planen. Eine kritische Studie über die deutsche Wirtschaftslenkung im Zweiten Weltkrieg, Heidelberg 1954, S. 123. Der Verfasser trat im Dritten Reich selbst mit viel beachteten Abhandlungen zur Wirtschaftspolitik hervor.

35 Ebd.

36 Ebd., S. 124.

37 Chronik des Speer-Ministeriums, Bundesarchiv (BA), R 3/1704, zit. nach Weyres v. Levetzow, Die deutsche Rüstungswirtschaft (wie Anm. 27), S. 156.

sche Verantwortung. Anfang Dezember 1944 erhielt Albert Vögler die Ernennung zum Generalbevollmächtigten für das Rhein-Ruhr-Gebiet, und gleichzeitig wurde er Chef des sogenannten Ruhrstabes, eines bereits bestehenden losen Verbundes der im Ruhrgebiet arbeitenden Dienststellen des Ministeriums. Vögler erhielt den Auftrag,

> »all die notwendig erscheinenden Entscheidungen auf dem Gebiet der Rüstungs- und Kriegsproduktion des Rhein-Ruhr-Gebietes in meinem Namen zu treffen [...]. Der Generalbevollmächtigte hat im Rahmen meines Geschäftsbereiches insbesondere die Dringlichkeiten für die Wiederherstellung und die Aufrechterhaltung der Produktion [...] ohne Rücksicht auf Sondervollmachten in eigener Verantwortung zu regeln [...][38].«

Im Verlauf des Monats Februar 1945 teilte Speer das Reichsgebiet in weitere Bezirke auf und ernannte zu weiteren Bevollmächtigten Kelchner, Wolff, Malzacher und Seebauer. Mit dieser Maßnahme war die wirtschaftspolitische Verantwortlichkeit im Reich den Vertretern der Großindustrie übertragen. »Die Ernennungen bildeten die Krönung von Speers industrieller Selbstverantwortung, da die Rüstungslenkung jetzt ausschließlich in den Händen dieser Industrieführer lag[39].«

Es ist natürlich, daß es zwischen Industriellen und dem niedergehenden politischen System Differenzen gegeben hat. Die Überlebensziele der Unternehmer gerieten zunehmend in Kollision mit den Interessen der politischen Führung. Aufgrund dieses Sachverhaltes ließ sich Generalfeldmarschall Milch im März 1944 zu der Bemerkung hinreißen: »Wer heute fragt: Was wird aus meinem Werk nach dem Kriege, der gehört heute bereits vor seinem Werke aufgehängt[40].« Wo es in der Großindustrie namhaften Widerstand gegen die NS-Politik gab, lag es nicht selten im persönlichen politischen Verständnis einzelner begründet. In den letzten Monaten des Systems artikulierte er sich als Selbsterhaltungstrieb. Bezeichnend ist, daß Gedanken über die wirtschaftliche Zukunft nach einer Niederlage offen und ganz offiziell der politischen Führung, wenn auch nicht Hitler, so doch der Administration, unterbereitet wurden. Die Reichsgruppe Industrie überreichte z.B. im Dezember 1944 dem Reichswirtschaftsministerium ein Papier, das von dem Bemühen getragen war, »der staatlichen Wirtschaftsführung Material für die Lösung wichtiger Nachkriegsprobleme, besonders vom Standpunkt der Industrie aus, zur Verfügung zu stellen«[41]. Bereits einen Monat früher hatte Ludwig Erhard, ebenfalls über die Reichsgruppe Industrie, gegenüber demselben Adressaten Stellung zur Frage der Lösung wichtiger Nachkriegsprobleme bezogen[42].

Auf der Suche nach einer Erklärung für die unbestreitbare Zusammenarbeit zwischen der Großwirtschaft und der politischen Führung im NS-Staat helfen

---

[38] Erlaß Speers, Nachrichten Nr. 65, 15.3.1945, zit. nach G. Janssen, Das Ministerium Speer. Deutschlands Rüstung im Krieg, Berlin 1968, S. 285 f.

[39] Janssen, Das Ministerium Speer (wie Anm. 38), S. 286.

[40] Zit. nach Weyres v. Levetzow, Die deutsche Rüstungswirtschaft (wie Anm. 27), S. 9.

[41] Schreiben von Rudolf Stahl, stellvertretender Leiter der Reichsgruppe Industrie, an SS-Gruppenführer Otto Ohlendorf, Stellvertreter des Staatssekretärs im Reichswirtschaftsministerium und Leiter des Amtes III im Reichssicherheitshauptamt der SS, 13.12.1944, zit. nach Anatomie des Krieges (wie Anm. 6), S. 468–470, hier S. 468.

[42] Vgl. W. Schumann, Nachkriegsplanungen der Reichsgruppe Industrie im Herbst 1944. Eine Dokumentation, in: Jahrbuch für Wirtschaftsgeschichte (JbW) 1972, T. 3, S. 259–296.

sicher die Bemerkungen einiger verantwortlicher Wirtschaftsmanager des Dritten Reiches weiter, und es gilt sicher, was Hans Kehrl, Textilindustrieller und hoher Beamter in staatlichen Wirtschaftsinstitutionen, in Nürnberg zu Protokoll gegeben hat: »In einem waren sich fast alle einig, ihre Pflicht zu tun an dem Platz, an den sie gestellt waren [...]. Sie folgten der Führung, der sie vertrauten, und waren gerade in der Erinnerung an den letzten Weltkrieg entschlossen, daß es an ihnen nicht fehlen sollte[43].«

Das reimt sich gut zusammen mit der Feststellung von Ernst Poensgen, einer der schwerindustriellen Schlüsselfiguren im Ruhrgebiet während des Dritten Reiches, »daß wir Ruhrindustriellen nach Ausbruch des Krieges alles, was in unseren Kräften stand, getan haben, um die Rüstungsproduktion qualitativ und quantitativ zu stärken«[44].

Aber auf die einfache Formel der Pflichterfüllung läßt sich die Frage nach der Verantwortlichkeit der Großindustrie für den Zweiten Weltkrieg wohl nicht reduzieren. Die These des Ruhrmanagers Heinrichtsbauer, die sich mit Aussagen anderer Industrierepräsentanten deckt, »in Deutschland selbst« habe z.B. »die Ruhrindustrie von sich aus keinerlei Maßnahmen zu Kriegsvorbereitungen getroffen [...]. An eine über das unbedingt notwendige Maß hinausgehende Aufrüstung« habe »kein Ruhrindustrieller gedacht, geschweige denn sie gewollt«[45], ist wohl heute ebensowenig diskussionswürdig wie die Behauptung, Wirtschaft und Wehrmacht hätten »vor diesem Krieg gewarnt, ohne die Kräfte der Unvernunft übertönen zu können«[46].

Einer solchen Verzerrung der Wirklichkeit vermochte man auch nicht durch die an der Dimitroff-These orientierte Feststellung des DDR-Standardwerkes zum Zweiten Weltkrieg entgegenzuwirken, der vom Dritten Reich provozierte militärische Konflikt sei »eine gesetzmäßige Erscheinung der kapitalistischen Klassengesellschaft« gewesen[47]. Auch die etwas modifizierte Theorie des DDR-Historikers Eichholtz blieb unbefriedigend, »daß mit dem Faschismus eine Herrschaftsform des staatsmonopolistischen Kapitalismus geschaffen« worden sei, »die die Krise des Kapitalismus mit Terror im Innern und durch die Neuaufteilung der Welt nach außen überwinden sollte«[48]. Hier wurde der Zweite Weltkrieg aber zumindest im Zusammenhang mit einer spezifischen ökonomischen Krisensituation und dem Versuch zu deren Überwindung gesehen.

---

43 H. Kehrl, Krisenmanager im Dritten Reich. 6 Jahre Frieden – 6 Jahre Krieg. Erinnerungen, Düsseldorf 1973, S. 175.

44 Zit. nach E. Hennig, Industrie, Aufrüstung und Kriegsvorbereitung im deutschen Faschismus (1933-1939). Anmerkungen zum Stand »der« neueren Faschismusdiskussion, in: Gesellschaft. Beiträge zur Marxschen Theorie 5, Frankfurt a.M. 1975, S. 68-148, hier S. 79.

45 A. Heinrichsbauer, Schwerindustrie und Politik, Essen 1948, S. 68 f.

46 Kannapin, Wirtschaft unter Zwang (wie Anm. 29), S. XI.

47 Deutschland im zweiten Weltkrieg, Bd 1: Vorbereitung, Entfesselung und Verlauf des Krieges bis zum 22. Juni 1941, Berlin (Ost) 1974, S. 23.

48 Eichholtz, Kriegswirtschaft (wie Anm. 6), S. 1.

*

Der marxistische Autor Alfred Sohn-Rethel hat bereits in den dreißiger Jahren die Weltwirtschaftskrise als die Chance des Nationalsozialismus bezeichnet, sich mit dem industriellen Unternehmertum zu arrangieren. In der Tat, die Nationalsozialisten boten mit ihrer in der Lebensraumtheorie verankerten Expansionspolitik eine Lösung aus der Weltwirtschaftskrise an. Das nationalsozialistische Konzept einer Hegemonie in Europa schien weiten Kreisen der deutschen Industrie die Möglichkeit zu beinhalten, den zerrütteten Weltmarkt durch einen von Deutschland beherrschten europäischen Großwirtschaftsraum zu substituieren[49]. In Deutschland wuchs die Neigung, sich aus der internationalen ökonomischen Verflechtung zurückzuziehen, zumal die meisten europäischen und überseeischen Staaten Protektionismus und Schutzzölle für zweckmäßigere Attribute einer wirtschaftsfördernden Handelspolitik erachteten als Freihandel durch Meistbegünstigung. Weltwirtschaftskrise und Zerfall der Republik hatten in ihrem Zusammenwirken allenthalben das Bewußtsein gefestigt, am Rande einer Zeitwende zu stehen, die eine totale Umwandlung der politischen wie wirtschaftlichen Verhältnisse bringen mußte[50].

Je tiefer das Konjunktur-Barometer der Wirtschaft in Deutschland fiel, um so höher stieg der Kurs des Schlagwortes Autarkie im Großwirtschaftsraum. Autarkie war »mit einem Mal zu einem der meistbegegnenden Worte in der Tagespresse und in Zeitschriften« geworden[51]. Die Diskussion über Autarkie und Selbstversorgung Europas fand in Monographien ebenso ihren Niederschlag wie auf Fachtagungen, in Studien von Instituten und in den Diskussionen von Interessengesellschaften. So auch innerhalb des unter maßgebendem Einfluß des Langnam-Vereins stehenden »Mitteleuropäischen Wirtschaftstages«, in dem der Reichsverband der Deutschen Industrie und der Deutsche Industrie- und Handelstag den Ton angab. Allenthalben wurden Modelle zu einer europäischen Verbundwirtschaft entwickelt, wie sie als Pan-Europa-Idee, als Mitteleuropa-Plan oder unter der Bezeichnung Zwischeneuropa bekannt sind. Ihnen lag letztlich ein Anliegen zugrunde, nämlich den durch die Nachkriegsereignisse zuungunsten Deutschlands umstrukturierten Weltmarkt und die mit der Schaffung einer Fülle von Nationalstaaten in Europa verbundene Zerrissenheit des einstmals relativ geschlossenen deutsch-österreichischen Wirtschaftsgebietes zu ersetzen durch einen möglichst geschlossenen, sich selbst versorgenden europäischen Markt. Es ging um die Schaffung »einer von Deutschland dominierten Großraumwirtschaft im mittel- und südosteuropäischen Raum«[52].

---

49 Vgl. A. Sohn-Rethel, Ökonomie und Klassenstruktur des deutschen Faschismus. Aufzeichnungen und Analysen, Frankfurt a.M. 1973.

50 Vgl. A. Predöhl, Die Epochenbedeutung der Weltwirtschaftskrise 1929 bis 1931, in: Vierteljahrshefte für Zeitgeschichte (VfZ), 1 (1953), S. 97-118.

51 O. v. Nell-Breuning, Autarkie, in: Die Stimmen der Zeit, 124 (1933), S. 28-39, hier S. 28.

52 R. Frommelt, Paneuropa oder Mitteleuropa. Einigungsbestrebungen im Kalkül deutscher Wirtschaft und Politik 1925-1933, Stuttgart 1976, S. 99. Vgl. zu dieser Problematik H.-E. Volkmann, Das außenwirtschaftliche Programm der NSDAP 1930-1933, in: Archiv für Sozialgeschichte (AfS), 17 (1977), S. 251-274.

Dieser Gedanke eines wechselseitig sich ergänzenden Güteraustausches in Europa zeigte erste Ansätze zu einem raumorientierten Außenhandel, der auf den stärksten Partner zentriert sein mußte, auf Deutschland. Diese Vorstellungen berührten sich eng mit den nationalsozialistischen Lebensraumgedanken, und so nimmt es nicht wunder, daß in einer Zeit der wirtschaftlichen und der politischen Krise ein Interessenbündnis weiter Kreise der Großindustrie, der Wirtschaftswissenschaft und -publizistik mit einer politischen Kraft, dem Nationalsozialismus, zustande kam. Hjalmar Schachts »Neuer Plan« erfüllte außenhandelspolitisch die in den Nationalsozialismus gesetzten Erwartungen. Wo aber die handelspolitische Karte nicht stach, das hatte die NSDAP vor 1933 bereits unmißverständlich zum Ausdruck gebracht, erschien »der Appell an das Schwert nicht nur [als] Notwendigkeit, sondern auch [als] Recht«[53]. Damit kalkulierte man eine Ausdehnung des deutschen Einflusses in Europa auf machtpolitischem Wege mit ein, oder, wie es ein NS-Ideologe ausdrückte, man war sich bewußt, »daß die Völker den Weg zu größerer und gesicherterer Lebensform erst unter dem Zwang kriegerischer Auseinandersetzungen zu beschreiten bereit« sein würden. »Auf die Wünsche eines jeden Einzelstaates unbedingt Rücksicht nehmen«, hieß im nationalsozialistischen politischen Verständnis, »eine Atomisierung der politischen Lebensräume befürworten und jede gesunde Weiterentwicklung zu größerer Lebensform unterbinden«[54]. Hitlers Formulierungen waren schon vor 1933 nicht weniger eindeutig: »Vor dem Pflug hat das Schwert zu stehen und vor der Wirtschaft eine Armee[55].«

Aus dem gedanklichen Zusammenspiel von nationalsozialistischem politisch-rassisch aber auch ökonomisch motiviertem Lebensraumkonzept mit latent vorhandenen Autarkievorstellungen erwuchs das nach 1933 von Großwirtschaft und NS-Machthabern gemeinsam getragene Wirtschaftsprogramm. Autarkie in einem europäischen Großwirtschaftsraum lautete der kleinste gemeinsame Nenner, auf den sich großindustrielle und nationalsozialistische Interessen bringen ließen. »Die Bestrebungen, Deutschland autark zu machen, wurden« – nach dem Zeugnis des Bankiers von Schröder – »von gewissen wirtschaftlichen Unternehmen möglicherweise nicht aus Idealismus, sondern aus nackter Profitgier begrüßt, als eine Möglichkeit, den eigenen Machtbereich zu vergrößern. Das wirtschaftliche Programm Hitlers war der Wirtschaft allgemein bekannt und wurde von ihr begrüßt[56].«

Rüstung diente letztlich dem gemeinsamen Ziel der territorialen Expansion zwecks Sicherung des deutschen wirtschaftlich und politisch dominierenden Einflusses in Europa. Der Anteil der Großindustrie am Kriegsgeschehen erschöpft sich daher nicht in der rüstungs- und kriegsökonomischen Leistung, sondern erstreckt sich auch und gerade auf die mit den Nationalsozialisten gemeinsam verfochtene Europastrategie. Einige Beispiele, die das Interpretationsmodell von einer

53 A. Pfaff, Der Wirtschaftsaufbau im Dritten Reich, München 1932, S. 10.

54 E. Obst, Die Großraum-Idee in der Vergangenheit und als tragender politischer Gedanke unserer Zeit, Breslau 1940/41, S. 20 f.

55 Hitlers Zweites Buch. Ein Dokument aus dem Jahre 1928. Eingeleitet und kommentiert von Gerhard L. Weinberg, Stuttgart 1961, S. 214.

56 Zit. nach Volkmann, Das außenwirtschaftliche Programm (wie Anm. 52), S. 274.

zwischen NS-Regime und industriellem Großunternehmertum herrschenden, im gemeinsamen Expansionswillen kulminierenden Interessenidentität stützen sollen:

In der Euphorie der Siege 1940 traten nicht nur die Großraumideologen der NSDAP und des Regierungsapparats mit ihren Konzepten der sogenannten Neuordnung Europas an die Öffentlichkeit. In industriellen Interessenverbänden und großen Konzernen dachte man nun laut über die Ausrichtung der europäischen Wirtschaft auf die deutschen Kriegs- und vor allen Dingen Nachkriegsbedürfnisse nach. Sie wurden von amtlicher Seite sogar offiziell ersucht, »umgehend festzustellen, welche Wünsche für den kommenden Friedensvertrag und für die Neugestaltung der Wirtschaftsbeziehungen im europäischen Raum bestehen«, wobei sich solche Überlegungen nicht nur auf die bereits besetzten Gebiete, sondern auch auf die neutralen skandinavischen Staaten, England und auf den Balkan erstrecken sollten[57].

Die Richtung, in der sich die Vorstellung der Großwirtschaft zu bewegen hatte, war von ministerieller Seite vorgezeichnet worden. Angestrebt wurde eine gegenseitige Abhängigkeit, natürlich zugunsten Deutschlands, und zwar dergestalt, »daß die kleinen Staaten ohne schwere Krisen gar nicht mehr aus der Verpflichtung mit Deutschland heraus könnten«[58].

Die großraumwirtschaftliche Integration hatte auf drei Gebieten zu erfolgen:

Zum einen auf der Ebene der Privatfirmen, »die sich möglichst eng verflechten, personell und kapitalmäßig verbinden soll[ten]«[59]. Zur Beseitigung ausländischer Konkurrenz, zur Sicherung der Rohstoffquellen und zur Beherrschung des Marktes war der Reichsregierung kein Kapitaleinsatz zu hoch, obwohl die Staatskasse unter einem chronischen Devisenmangel litt. Es war »der Wunsch der höchsten Stellen, daß gerade die Methode der Kapitalbeteiligung von der deutschen Industrie auf das Stärkste gepflegt« wurde. Für die nächsten Jahre hatte die politische Führung der Großindustrie das Ziel gesteckt, »auf allen Gebieten kapitalmäßig möglichst tief in die Betriebe Europas, insbesondere Industriebetriebe, einzudringen, damit wir die Dinge von dort aus steuern können. Dann wird statt einer Konkurrenz, einer wilden, ungeregelten Konkurrenz, mindestens ein geregelter Wettbewerb oder aber eine Zusammenarbeit entstehen«. Dies sollte nicht einmal zu Lasten der Industrie gehen, denn der Staat war bereit, tief in die Tasche zu greifen. Wie das Reichswirtschaftsministerium der Reichsgruppe Industrie versicherte, war der Fiskus bereit, »für Kapitalbeteiligungen in Holland, Belgien, Frankreich und auch in Norwegen, in den nordischen Ländern und im Südosten die notwendigen

57 Rundschreiben der Wirtschaftsgruppe Eisen schaffende Industrie über »Wünsche für den Friedensvertrag und die Neugestaltung der europäischen Wirtschaftsbeziehungen«, 26.6.1940, zit. nach Weltherrschaft im Visier. Dokumente zu den Europa- und Weltherrschaftsplänen des deutschen Imperialismus von der Jahrhundertwende bis Mai 1945, Berlin (Ost) 1975, S. 265.

58 Niederschrift über eine Rede des Ministerialdirektors im Reichswirtschaftsministerium Schlotterer, 29.7.1940, ebd., S. 270 f., hier S. 270.

59 So der Ministerialdirektor im Reichswirtschaftsministerium Schlotterer. Auszug aus dem Protokoll der Sitzung des Großen Beirates der Reichsgruppe Industrie, 3.10.1940, zu Fragen der europäischen Großraumwirtschaft, zit. nach Anatomie des Krieges (wie Anm. 6), S. 289-296, hier S. 295.

Devisen bereitzustellen. Sie können jeden Betrag haben [...]. Wichtig ist für uns, daß Sie eindringen und daß wir auf diese Weise unseren Einfluß in den betreffenden Ländern geltend machen können[60].« Zum zweiten im Bereich der Kartelle und Zusammenschlüsse und schließlich auf der Ebene der Selbstverwaltung der Wirtschaft, auf der man zu einer Zusammenarbeit zu kommen wünschte.

An der hier aufgezeigten politischen Leitlinie hat sich die deutsche Großindustrie in der Folgezeit orientiert.

> »Wir begrüßen überhaupt die weitsichtige Politik, die Sie [gemeint ist Ministerialdirektor Schlotterer vom Reichswirtschaftsministerium] in den ganzen Fragen des europäischen Aufbaus hier eben geschildert haben und die Sie sich zur Grundlage machen, eine Politik, die, wenn wir Sie richtig verstanden haben, ausgerichtet ist nach den natürlichen wirtschaftlichen Gegebenheiten und natürlichen wirtschaftlichen Grundsätzen [...].«

– so der Leiter der Reichsgruppe Industrie, Wilhelm Zangen. Die deutsche Großwirtschaft identifizierte sich vollständig mit dem Konzept der europäischen Wirtschaftslenkung durch Berlin. »Seien sie überzeugt«, so Zangen,

> »daß wir [...] gar keinen Zweifel daran haben, daß in der deutschen Mangellage und in der europäischen Zusammenarbeit, wie sie jetzt stattfinden soll, die Lenkung der Wirtschaft nicht nur Deutschlands, sondern auch Europas unbedingt notwendig ist, und daß wir uns gern in das alles einfügen, was in dieser Beziehung geschehen muß. Und wenn Sie die Lenkung so auffassen, daß Sie sich des Wirtschaftens in den einzelnen Fragen enthalten [...], dann werden Sie unsere ganze Unterstützung wie bisher auch in Zukunft finden[61].«

Die Großwirtschaft begriff sehr schnell, um was es ging und wo ihre Aufgaben im Prozeß der Integration Europas in das deutsche Wirtschaftssystem lagen. Der Aufbau eines europäischen Großwirtschaftsraumes sollte »auf eine gewisse Autarkie Europas« hinauslaufen. Das hieß im einzelnen: Beste Erschließung der vorhandenen Rohstoffquellen, Aufbau eines integrierten Verkehrsnetzes, weiterer Ausbau eines auf Berlin zentrierten Außenhandelssystems innerhalb Europas und schließlich darüber hinaus. Als Vorbild für eine solche Entwicklung galt das seit 1934 ausgebaute Verhältnis zu Südosteuropa, wo in »systematischer Weise die deutsche Wirtschaftspolitik schon seit Jahren auf die Gestaltung des Großeuropäischen Wirtschaftsraumes hinarbeitet[e] [...]. Die gleiche Entwicklung bahnt[e] sich mit Holland, Belgien und den nordischen Staaten an[62].«

Die der Großwirtschaft in diesem Prozeß zugedachte Rolle bestand vornehmlich darin, stellvertretend für den Staat gewisse wirtschaftspolitische Funktionen zu übernehmen. »Entsprechend dem Führer-Grundsatz, daß der Staat die Wirtschaft nur lenken, nicht aber selbst wirtschaften soll, wird die wirtschaftliche Zusammenarbeit mit den Staaten des Großraums im einzelnen weitgehend in der Hand der Privatwirtschaft liegen.« Nach Aussagen der Reichsgruppe Industrie waren entsprechende Planungsarbeiten schon vorangeschritten[63]. Dem NS-Regime und der

---

60 Ebd., S. 293.

61 Ebd., S. 295 f.

62 Aus dem Vortrag von Wilhelm Zangen, Leiter der Reichsgruppe Industrie, 7.2.1941, über den Kriegseinsatz der deutschen Industrie, zit. nach Weltherrschaft im Visier (wie Anm. 57), S. 292 f., hier S. 293.

63 Ebd.

Großwirtschaft erschien es zweckmäßig, bereits vor einer Friedensregelung zu versuchen, mit Mitteln der Privatwirtschaft, vorrangig durch den Erwerb von Unternehmungen, durch die Beseitigung von Konkurrenzsituationen usw., erste Schritte in Richtung einer europäischen Verbundwirtschaft zu gehen[64].

Im Westen läßt sich das harmonische Zusammenspiel zwischen Großindustrie und nationalsozialistischer Staatsführung demonstrieren. Überkommene industrielle Interessen und Eigentumsansprüche suchte die Großwirtschaft im Einklang mit dem völkischen Programm der NSDAP z.B. in Lothringen bereits vor einer Friedensregelung zu realisieren. Durch Einsetzung Röchlings als Generalbeauftragten für Eisen und Stahl im besetzten wie quasi annektierten Lothringen und Luxemburg und durch die treuhänderische Verwaltung der dortigen Minette-Industrie seitens deutscher Industrieller wurden solche Bestrebungen durch die in Personalunion vertretenen privatwirtschaftlichen wie politisch-militärischen Interessen unterstützt[65].

Für die besetzten neutralen Staaten Dänemark, Belgien und Niederlande hatte Göring bereits im Frühsommer 1940 die Devise ausgegeben, neben der kriegswirtschaftlichen Ausnutzung dieser Länder den Grundstein für eine wirtschaftliche Integration im Frieden zu legen. Ihm kam es darauf an, »für die Nachkriegszeit den wirtschaftlichen Machtbereich Deutschlands in Europa und der übrigen Welt soweit als möglich zu erstrecken«. Daher legte er besonderen Wert darauf,

> »daß noch vor Ende des Krieges eine möglichst intensive Durchdringung der holländischen und belgischen Wirtschaft durch deutsches Kapital auf breitester Grundlage angestrebt und umgekehrt holländischen und dänischen Interessenten Gelegenheit zu wirtschaftlicher Betätigung und zur Anlage ihres Kapitals in Deutschland eröffnet«

wurde »mit dem Ziel, in kürzester Zeit eine wechselseitige Wirtschaftverflechtung und Interessenverbindung zwischen Deutschland und diesen Ländern zu schaffen«[66].

Was Südosteuropa anbetrifft, so war Schachts »Neuer Plan« bereits der erste, und zwar außenwirtschaftspolitische Schritt in Richtung auf eine wirtschaftspolitische Integration seiner Staaten in ein von Deutschland beherrschtes europäisches Wirtschaftssystem.

> »Bei der Realisierung dieses Projekts trafen die Interessen des deutschen Großkapitals auf der einen, die niemals völlig aufgegebene ›Mitteleuropa‹-Konzeption des deutschen Imperialismus und den daraus von den nationalsozialistischen Theoretikern entwickelte ›Großraum‹-Ideologie auf der anderen Seite mit den durch die Weltwirtschaftskrise her-

---

64 Protokoll einer Besprechung im Reichswirtschaftsministerium, 16.8.1940, zit. nach Anatomie der Aggression. Neue Dokumente zu den Kriegszielen des faschistischen deutschen Imperialismus im zweiten Weltkrieg, Berlin (Ost) 1972, S. 87.

65 Vgl. J. Freymond, Les industriels allemands de l'acier et le bassin minier lorrain 1940-1942, in: Revue d'histoire moderne et contemporaine, 19 (1972), S. 27-44; D. Eichholtz, Das Minette-Revier und die deutsche Montanindustrie. Zur Strategie der deutschen Monopole im zweiten Weltkrieg (1941/42), in: Zeitschrift für Geschichtswissenschaft (ZfG), 25 (1977), S. 816-838; H.-E. Volkmann, L'importance économique de la Lorraine pour le IIIe Reich, in: Revue d'histoire de la Deuxième Guerre Mondiale, 120 (1980), S. 69-93.

66 Brief Görings, 17.8.1940, an Funk, zit. nach H.-E. Volkmann, Autarkie, Großraumwirtschaft und Aggression. Zur ökonomischen Motivation der Besetzung Luxemburgs, Belgiens und der Niederlande 1940, in: Militärgeschichtliche Mitteilungen (MGM), 1 (1976), S. 51-76, hier S. 71.

vorgerufenen einschneidenden Umstrukturierungen des Binnen- und Außenwirtschaftssystems der meisten europäischen Staaten zusammen[67].«

Die Ergänzungsmöglichkeiten zwischen Agrar- und Rohstoffländern und einem hochindustrialisierten, unter Rohstoff- und Agrarprodukt-Mangel leidenden Deutschland legte es der politischen Führung wie schwerindustriellen deutschen Kreisen nahe, eine unverbrüchliche Zweckgemeinschaft zwischen Südosteuropa und dem Dritten Reich zu begründen. Bereits vor Kriegsbeginn hatte die deutsche Großindustrie, an ihrer Spitze die IG-Farben, sich eingehend mit dem Problem Südosteuropa befaßt. 1940/41 wurden von der IG-Farben-Industrie sogenannte »Länderberichte« angefertigt, mit denen, wie der Konzern dem Reichswirtschaftsministerium mitteilte, die »Vorarbeiten für die eigentliche Gestaltung des europäischen Großraumes als solchem unter Einbezug des nordischen und des osteuropäischen Raumes sowie der Schweiz [...] eingeleitet« waren[68]. IG-Farben-Direktor Ilgner brachte im Spätsommer 1940 vor dem von der Reichsgruppe Industrie getragenen »Mitteleuropäischen Wirtschaftstag« zum Ausdruck, daß die »Einstellung zu den Ländern des Südostens nicht etwa kriegsbedingt« sei, wie beispielsweise gegenüber Frankreich. Hier und in Osteuropa gelte es, die 1933 mit dem »Neuen Plan« begonnene ökonomische Verschmelzung mit Deutschland voranzutreiben. Die Richtlinien für die zukünftigen deutschen Wirtschaftsbeziehungen zu den Ländern des Südostens ergäben sich »im Rahmen der Außenpolitik des Großdeutschen Reiches, und zwar im Rahmen der Stellung Großdeutschlands im europäischen Wirtschaftsraum schlechthin«[69]. Die in den letzten Jahren gegenüber den Ländern des Südostens verfolgte Politik des bilateralen Wirtschaftsverkehrs habe »den Begriff des Lebensraumes besonders stark in den Vordergrund gerückt«. Er glaube, »daß gerade dieses Beispiel besonders dazu angetan« sei, »die Definition des Begriffs Lebensraum zu veranschaulichen«[70].

Im Auswärtigen Amt glaubte man die Donau-Staaten im Jahre 1940 bereits an der wirtschaftspolitischen Kandare. Was jetzt Not tat, war die Aufrechterhaltung des Status quo auf Dauer und die Ausrichtung der Länder auf die kriegsökonomischen Bedürfnisse Deutschlands. Diese Aufgabe dachte man von Regierungsseite der deutschen Großindustrie zu. In diesem Zusammenhang ist es von untergeordneter Bedeutung, welche Anregungen und Initiativen von Regierungs- oder von der Wirtschaftsseite ausgingen. Wichtig ist allein das Faktum, daß die Großwirtschaft Stellvertreterfunktion für die staatliche Macht übernahm. Wie in der modernen Historiographie auch nicht-marxistischer Provenienz inzwischen konstatiert wird, ergänzten sich Staatsapparat und Großwirtschaft »in einem Maße, daß die Trennung hinfällig« ist. »Die Expansionswünsche der deutschen Wirtschaft beeinflußten die staatlichen Organe bei ihrer Planung in eben dem Maße, wie diese ihrerseits in Verfolgung einer aggressiven Außen- und Kriegspolitik die Realisie-

---

67 H. Sundhaussen, Südosteuropa in der nationalsozialistischen Kriegswirtschaft am Beispiel des »unabhängigen Staates Kroatien«, in: Südost-Forschungen, 32 (1973), S. 233-266, hier S. 233.

68 Zit. ebd., S. 237.

69 Auszug aus dem Vortrag von Max Ilgner, 2.9.1940, zit. nach Anatomie der Aggression (wie Anm. 64), S. 91-99, hier S. 94.

70 Ebd., S. 93.

rung dieser Wünsche ermöglichte[71].« Beweise für diese Feststellung lassen sich beispielhaft finden: So bestand eine enge Verbindung zwischen der zu Beginn des Jahres 1940 seitens des Reichswirtschaftsministers Funk gegründeten »Südosteuropa-Gesellschaft« als einer quasi-staatlichen Institution zu deutschen Handelsorganisationen in Südosteuropa. Die Gesellschaft trat unterstützend bei dem Erwerb von Konzessionen und bei Investitionen auf sowie bei der Erfüllung deutscher Wünsche im Blick auf Wirtschaftsplanungen in den Balkanstaaten[72]. Die »Südosteuropa-Gesellschaft« korrespondierte in ihrer Arbeit mit dem im November 1941 von der Reichsgruppe Industrie installierten »Südost-Ausschuß«, dessen Tätigkeit sich dahingehend umschreiben läßt, »der Privatindustrie Gelegenheit zu geben, in Fragen der wirtschaftlichen Entwicklung des Südostens den Behörden mit Rat und Tat zur Seite zu stehen«[73]. Innerhalb des »Südost-Ausschusses« etablierten sich sieben Länder-Ausschüsse, die ihrerseits je einem Balkanstaat ihre Aufmerksamkeit schenkten. Der mit der Reichsgruppe Industrie liierte »Mitteleuropäische Wirtschaftstag« stellte dem »Südost-Ausschuß« die Mitarbeiter seiner Beiräte für Industrie, Landwirtschaft, Verkehr und Banken zur Verfügung, so daß hier eine enge personelle Verflechtung zu konstatieren ist.

Die genannten Länder-Ausschüsse des »Südost-Ausschusses« arbeiteten ihrerseits eng mit den offiziellen Regierungsausschüssen zusammen, die für die Ausgestaltung der Außenwirtschaft des Dritten Reiches zuständig waren. Diese Regierungsausschüsse, nach Ländern gegliedert, hatten wiederum beratende Untergremien, sogenannte Industrie-Ausschüsse gebildet, mit denen die für Südosteuropa zuständigen Länderausschüsse der Reichsgruppe Industrie kooperierten.

> »Die Industrieausschüsse leiteten ihre Aufgaben [...] unmittelbar aus behördlichen Auftrag [...] her, während die Länderausschüsse [...] selbständig aus der Notwendigkeit der industriellen Großraumplanung entstanden sind. Da die Ziele sowohl der Industrieausschüsse als auch der Länderausschüsse aber die gleichen sind [...] können ihre Beziehungen nicht eng genug sein. Für die Länder, für die es keine Industrieausschüsse gibt, werden die Länderausschüsse darüber hinaus bemüht sein müssen, Aufgaben der Industrieausschüsse unmittelbar zu übernehmen[74].«

Tatsächlich beruhte die Arbeit der Länderausschüsse der Reichsgruppe Industrie auf einer vom Auswärtigen Amt zur Bedingung gemachten engen Korrespondenz mit der Wilhelmstraße.

Die UdSSR war bereits in der nationalsozialistischen Lebensraum-Theorie potentieller Bestandteil des deutschen Einflußbereiches. Dies galt nicht nur unter machtpolitischen und rassischen Aspekten, sondern auch unter großraumwirtschaftlichen. Ein unter deutscher Führung stehendes autarkes Europa kam ohne die Nutzung der Wirtschaftskräfte der UdSSR nicht aus, insbesondere in der Kriegszeit. Um die Wirtschaft der Sowjetunion für die Zeit des Krieges ökono-

---

71 Sundhaussen, Südosteuropa (wie Anm. 67), S. 237.

72 Vgl. D. Orlow, The Nazis in the Balkans. A Case Study of Totalitarian Politics, Pittsburgh 1968.

73 Protokoll der konstituierenden Sitzung des Südost-Ausschusses der Reichsgruppe Industrie, 7.11.1941, zit. nach Anatomie der Aggression (wie Anm. 64), S. 149-152, hier S. 149.

74 Bericht der Reichsgruppe Industrie, 8.11.1941, über die Sitzung ihres Außenhandelsausschusses, ebd., S. 152-158, hier S. 156.

misch zu nutzen, boten sich zwei Mittel an: Erstens die friedliche Zusammenarbeit und Verflechtung der Volkswirtschaften (Versuch im Hitler-Stalin-Pakt) und zweitens die militärische Niederwerfung und zwangsweise ökonomische Einbindung in ein gesamteuropäisches Wirtschaftssystem (Überfall 1941)[75].

Hatten großindustrielle Kreise nach Abschluß des Hitler-Stalin-Paktes die UdSSR zumindest offiziell um der guten Optik willen in ihren Europa-Konzeptionen ausgespart, weil man darauf fixiert war, sich auch auf lange Sicht mit einem industriell aufstrebenden, einen ungeheuer großen Markt mit kaum schätzbaren Rohstoffen besitzenden bolschewistischen Rußland zu arrangieren, so änderte sich dies im Sommer 1941. Wie nun seitens der NSDAP verlautete, mußte

> »eine kontinental-europäische Großraumwirtschaft unter deutscher Führung [...] in ihrem letzten Friedensziel sämtliche Völker des Festlandes von Gibraltar bis zum Ural und vom Nordkap bis zur Insel Zypern umfassen, mit ihren natürlichen kolonisatorischen Ausstrahlungen in den sibirischen Raum und über das Mittelmeer nach Afrika hinein«[76].

In dem Vorsatz, bestimmte russische Territorien, so z.B. die ehemaligen baltischen Staaten, dem Reich anzugliedern, traf Hitler sich mit alten Vorstellungen der deutschen Großindustrie aus der Zeit des Ersten Weltkrieges. Diese Interessenparallelität und die in Aussicht gestellte deutschlandzentrische europäische Großraumlösung erlaubten es der politischen Führung, der deutschen Großindustrie weitgehend die industriewirtschaftliche Gestaltung in den besetzten russischen Gebieten zu überlassen.

Die Großwirtschaft war entscheidend an der Ausschöpfung der Wirtschaftskräfte der besetzten sowjetischen Gebiete beteiligt. Sie hatte ihre Repräsentanten in der militärischen Wehrwirtschaftsorganisation ebenso wie bei den Reichs- und Gebietskommissaren. Der Großwirtschaft wuchsen sowohl von militärischer wie von staatlicher Seite administrative und hoheitliche Aufgaben auf wirtschaftspolitischem Sektor wie im Bereich der Produktion zu. Beispielhaft sei hier auf die sogenannten Ostmonopolgesellschaften für Eisen, Kohle, Faserstoffe und Chemie hingewiesen, die fast sämtliche sowjetrussischen Unternehmen der genannten Branchen im besetzten Territorium kontrollierten und verwalteten. Hier handelte es sich um sogenannte Treuhänderverwaltung, denn nach Ansicht Hitlers und Görings kamen »Organe des Staates, der Partei und der Wehrmacht zur Übernahme von Wirtschaftsbetrieben, zu deren Verwaltung sie außerstande sind, nicht in Frage.« Das NS-Regime überließ die Wirtschaft der okkupierten Gebiete der Sowjetunion vielmehr der Privatinitiative der deutschen Wirtschaft, die damit Vollmachten der Okkupationsmacht übernahm. Die Monopolgesellschaften waren zur Zusammenarbeit mit den Reichskommissaren angehalten, ohne aber bei Meinungsverschiedenheiten Weisungen entgegennehmen zu müssen. Bei Differenzen

---

75 Denkschrift der Amtsgruppe Wehrwirtschaftsstab über die Möglichkeiten einer Großraumwirtschaft unter deutscher Führung, August 1939, Auszug in: Weltwirtschaft im Visier (wie Anm. 57), S. 255-257.

76 Denkschrift der Gesellschaft für europäische Wirtschaftsplanung und Großraumwirtschaft, 1940, zit. nach Volkmann, Autarkie (wie Anm. 66), S. 71; hier auch weiterführende Literatur.

entschieden die Reichsbehörden, in letzter Instanz Reichsmarschall Göring als Beauftragter für den Vierjahresplan[77].

Das Gründungskapital für die Monopolgesellschaften hatten das Reich und die Großwirtschaft gemeinsam aufgebracht. Die effektiv benötigten wirtschaftlichen Mittel zur Wiederingangsetzung oder Inganghaltung der Produktion der Unternehmen in den okkupierten Gebieten wurden auf privatwirtschaftlicher Basis durch Bankkredite beschafft. Kleine und mittlere, von der deutschen Militär- oder Zivilverwaltung übernommene Betriebe gingen in die Hände industrieller Treuhänder über oder wurden von deutschen Einzelfirmen in Patenschaft übernommen. »Ohne diese vom Reiche im Zusammenwirken mit der Privatwirtschaft vorgenommenen Planungen, Vorbereitungen und Aufbaumaßnahmen«, so schrieb Reichswirtschaftsminister Funk im Sommer 1942 an den Chef der Reichskanzlei, Lammers, »wären die Reichskommissariate überhaupt nicht in der Lage, die Wirtschaft in den besetzten Ostgebieten in Gang zu bringen und entsprechend den Erfordernissen des Reiches produktiv und ertragreich zu gestalten«[78].

*

Bei dieser beispielhaft beschreibenden Darstellung des Verhältnisses von Großwirtschaft und NS-Regime im Zweiten Weltkrieg mag es sein Bewenden haben, um nun den Versuch einer zusammenfassenden Wertung zu wagen, über dessen provisorischen Charakter kein Zweifel bestehen kann. Zu Bezugspunkten der folgenden thesenhaften Aussagen sind zwei Begriffe gewählt, die derzeit zur Analyse der Herrschaftsform und zum anderen zur Identifizierung der Herrschaftsträger des Dritten Reiches verwendet werden: Zum einen der Begriff der Kontinuität, wie er von Fritz Fischer auf dem Hamburger Historikertag des Jahres 1978 wieder zur Diskussion gestellt wurde[79], und des weiteren der Begriff der Polykratie, den Peter Hüttenberger zwei Jahre zuvor aufgegriffen hatte[80]. Vielleicht läßt eine derart perspektivisch ausgerichtete Rückschau auf die hier ausgebreiteten Tatsächlichkeiten zumindest eine Teilantwort auf die im Jahre 1970 von Hans-Ulrich Wehler formulierte und damals noch als provozierend empfundene Frage finden:

> »Laufen nicht im Feld der Interessenpolitik die Linien weiter: vom ›Centralverband deutscher Industrieller‹ und ›Bund Deutscher Industrieller‹ zum ›Reichsverband der

---

77 Memorandum über die wesentlichen Ergebnisse der Diskussion über die Wirtschaftspolitik und -organisation in den neubesetzten Ostgebieten, Anfang November 1941, zit. nach Weltherrschaft im Visier (wie Anm. 57), S. 313-316, hier S. 316; vgl. zum Problem der Wirtschaftsverwaltung in den besetzten russischen Gebieten R. Czollek, Zur wirtschaftspolitischen Konzeption des deutschen Imperialismus beim Überfall auf die Sowjetunion. Aufbau und Zielsetzung des staatsmonopolistischen Apparats für den faschistischen Beute- und Vernichtungskrieg, in: JbW 1968, T. I, S. 141-181.

78 BA, R 43/686a.

79 Vgl. F. Fischer, Bündnis der Eliten. Zur Kontinuität der Machtstrukturen in Deutschland 1871-1945, Düsseldorf 1979.

80 Vgl. Hüttenberger, Nationalsozialistische Polykratie (wie Anm. 1).

deutschen Industrie‹ und ›Reichsstand der deutschen Industrie‹ [...]. Haben nicht die Geschäftsführer und Leitungsgremien Kontinuität über alle Umbrüche hinweg gewahrt[81]?«

Was die Kontinuität der Ziele der deutschen Großwirtschaft anbetrifft, so sind sie im Blick auf die wirtschaftliche Vormachtstellung in Europa evident. Marxistische wie »bürgerliche« Historiker haben diese Konstante deutscher Außen- und Außenwirtschaftspolitik aufgezeigt. Sicherlich weist sie Variationen auf. Anvisiertes Ziel blieb aber stets ein Deutsches Reich als politisch und ökonomisch dominante Größe in Europa. Bereits im Jahre 1914 hatte Reichskanzler von Bethmann Hollweg als Friedensforderung postuliert:

»Es ist zu erreichen die Gründung eines mitteleuropäischen Wirtschaftsverbandes unter Einschluß von Frankreich, Belgien, Holland, Dänemark, Österreich-Ungarn, Polen und eventuell auch Italien, Schweden und Norwegen. Dieser Verband [...] unter äußerlicher Gleichberechtigung seiner Mitglieder, aber tatsächlich unter deutscher Führung, muß die wirtschaftliche Vorherrschaft Deutschlands über Mitteleuropa stabilisieren[82].«

Dieser Mitteleuropaplan ist vor allem in Kreisen der deutschen Schwerindustrie während der Weimarer Zeit diskutiert worden, in Sonderheit seit etwa 1925[83]. Der unter dem Nationalsozialismus zum wirtschaftlichen Leitgedanken erhobene Begriff der Großraumwirtschaft beruhte auf tradiertem Gedankengut.

Erinnert sei in diesem Zusammenhang insbesondere an Vorstellungen der »Studiengesellschaft für Mittel- und Südosteuropa« und vor allen Dingen des »Mitteleuropäischen Wirtschaftstages«, der unter dem Einfluß des »Langnam-Vereins«, des »Reichsverbandes der Deutschen Industrie« und des »Deutschen Industrie- und Handelstages« schwerindustrielle Interessen in Mitteleuropa vertrat und das wirtschaftliche Tor nach Südost- und Osteuropa offenhalten und verbreitern wollte, wobei es letztlich um die Errichtung »einer von Deutschland dominierten Wirtschaftszone im mittel- und südosteuropäischen Raum«[84] ging. Der schon vor 1933 betriebene Anschluß Österreichs sollte aus der Sicht der Großindustrie den Sprung nach Mittel- und Südosteuropa ermöglichen. Den hier genannten Konzeptionen lag ein revisionistisches Moment zugrunde, nämlich das Bestreben, die durch die Schaffung der europäischen Nachkriegsstaaten und damit durch die Errichtung einer Vielzahl von Zollschranken zerstörte relative Wirtschaftseinheit des Deutschen Reiches und Österreich-Ungarns wiederherzustellen. Die Diskussion um einen europäischen Zusammenschluß ging quer durch alle

---

[81] H.U. Wehler, Krisenherde des Kaiserreiches 1871-1918. Studien zur deutschen Sozial- und Verfassungsgeschichte, Göttingen 1970, S. 13.

[82] Richtlinien der Politik beim Friedensschluß, 9.9.1914, zit. nach W. Gutsche, Mitteleuropaplanungen in der Außenpolitik des deutschen Imperialismus vor 1918, in: ZfG, 20 (1972), S. 533-549, hier S. 533.

[83] Vgl. R. Berndt, Wirtschaftliche Mitteleuropapläne des deutschen Imperialismus (1926-1931). Zur Rolle des Mitteleuropäischen Wirtschaftstages und der Mitteleuropa-Institute in den imperialistischen deutschen Expansionsplänen, in: Wissenschaftliche Zeitschrift der Martin-Luther-Universität Halle-Wittenberg, 1965 (= Gesellschafts- und sprachwissenschaftliche Reihe 14), S. 227-236; D. Stegmann, »Mitteleuropa« 1925-1934. Zum Problem der Kontinuität deutscher Außenhandelspolitik von Stresemann bis Hitler, in: Industrielle Gesellschaft und politisches System, Bonn 1978, S. 203-221.

[84] Frommelt, Paneuropa (wie Anm. 52), S. 99.

politischen Parteien und fand in der Großwirtschaft ihren Niederschlag. Dabei tauchte auch außerhalb der NSDAP bereits vor 1933 der Gedanke des deutschen Lebensraumes auf[85].

Solche zunächst nach Ost- und Südosteuropa ausgerichteten Raumvorstellungen erhielten im Rahmen der politischen Hegemonial- und Revisionsansprüche der Großindustrie gesamteuropäische Dimension. Das seit List latent vorhandene ökonomische Großraumdenken, das in der Weltwirtschaftskrise aktualisiert wurde, erschien im Bündnis mit einem autoritären, zur Expansion entschlossenen Regime realisierbar. Die Nationalsozialisten selbst haben sich in der Kontinuität von Friedrich List gesehen. Und noch eine Kontinuität bestand, nämlich im personellen Bereich. Die Vertreter des Großraumgedankens in der Weimarer Ministerialbürokratie blieben auch unter dem nationalsozialistischen Regime in ihren Positionen, in denen sie zumeist avancierten (u.a. Posse, Ministerialdirektor in der Weimarer Zeit, Staatssekretär im Dritten Reich, der bereits im Frühjahr 1932 »die Notwendigkeit der Erweiterung unseres Wirtschaftsraumes« hervorgehoben hatte)[86].

Die deutsche Großindustrie hat nach dem bisher Gesagten in der Gestaltung der NS-Wirtschaftspolitik ein gewichtiges Wort mitgeredet. Aus der Identität der außenpolitischen Ziele, verbunden mit dem Wirtschaftsaufschwung durch Aufrüstung, der Zerschlagung der Arbeitnehmerorganisationen und der Garantie des Privateigentums, erwuchs das spezielle Verhältnis von Großindustrie und Staat bzw. Partei im Dritten Reich.

Und damit ist der Begriff Polykratie angesprochen, d.h. die Frage, ob und in welchem Maße die Großindustrie ihre aus der Weimarer Zeit überkommene gewichtige praktisch-politische Rolle im Dritten Reich hat weiterspielen können. Peter Hüttenberger hat einmal die These aufgestellt, »die Beziehungen zwischen den Herrschaftsträgern im Jahre der Machtergreifung 1933 könn[t]en als ein ›Pakt‹ von Großwirtschaft, Reichswehr und Nationalsozialismus umschrieben werden«[87]. Die Herrschaftsbeziehungen im Krieg, so meinte er, seien allerdings »anders gelagert« und »noch nicht systematisch untersucht«[88].

Eines dürfte sich inzwischen deutlich abzeichnen: Die deutsche Großindustrie kann weder aus der Verantwortung für die Mitgestaltung der wirtschaftspolitischen Programmatik des nationalsozialistischen Regimes noch für dessen politische Ausgestaltung entlassen werden, weder im Frieden noch während des Krieges. Im Gegenteil! Es wurde aufzuzeigen versucht, wie der Großindustrie in zunehmendem Maße wirtschaftspolitische Verantwortung zufiel, ja wie die staatlichen und militärischen Instanzen und Institutionen sich von der Eigeninitiative und Eigen-

85 Siehe E. Koch-Weser, Deutschlands Außenpolitik in der Nachkriegszeit 1919-1929, Berlin-Grunewald 1929. Siehe zum Problem der Europa-Ideen vor 1933, Europastrategien des deutschen Kapitals, hrsg. von R. Opitz, Köln 1977.

86 Auszug aus einer Niederschrift über eine Präsidial- und Vorstandssitzung der Deutschen Gruppe des Mitteleuropäischen Wirtschaftstages in Berlin, 19.5.1932, zit. nach Europastrategien (wie Anm. 85), S. 606-607, hier S. 606; vgl. ergänzend dazu Stegmann, »Mitteleuropa« (wie Anm. 83), S. 221.

87 Hüttenberger, Nationalsozialistische Polykratie (wie Anm. 1), S. 423.

88 Ebd., S. 435.

verantwortung der Großindustrie eine effektivere Kriegswirtschaft versprachen, als durch administrative Kontrolle. Mehr noch: Die Großindustrie und die von ihr getragenen sogenannten Selbstverwaltungsorgane wuchsen in immer stärkerem Maße in administrative Funktionen hinein. Aber auch damit nicht genug: Von der Großindustrie und ihren Verbänden getragene Forschungsinstitutionen erarbeiteten die Grundlagen für politische Entscheidungen, und in weiten Bereichen trat die großindustrielle Privatwirtschaft, in Stellvertretung des politischen Regimes und der militärischen Besatzungsmacht, als Träger der Außenwirtschaftspolitik auf, wobei sie Kompetenzen und Aktionsradius der zuständigen klassischen staatlichen Ressorts, nämlich des Auswärtigen Amtes und des Reichswirtschaftsministeriums, beschnitten. Aus der wirtschaftspolitischen Interessenidentität wurde eine Partizipation an der Macht. Selbst da, wo der Staat bewußt reglementierend einzugreifen versuchte, hat die Großindustrie vermocht, sich einen Spielraum zum Teil außerhalb der Legalität zu bewahren. Gemeint sind die Felder der Lohn- und Preisgestaltung. Auch wenn sie in der Investitionspolitik und in den Entscheidungen über die zu produzierenden Güter nicht frei zu handeln vermochte. Dies waren kriegsvorbereitende und kriegsbedingte Einschränkungen, denen in anderer Form und in ungleich stärkerem Maße andere Gesellschaftsgruppen und wirtschaftliche Zweige unterworfen waren. Erinnert sei an die Schließung nicht rüstungsrelevanter oder nicht rationell genug arbeitender mittelständischer Unternehmen und vor allem Handwerksbetriebe. Das Zerfließen der Grenzen zwischen staatlicher Wirtschaftsadministration und privatwirtschaftlicher Sphäre, das zielsichere Verfolgen der großraumwirtschaftlichen Konzeption durch Staat und Großunternehmertum, die Substitution zwischenstaatlicher Regelungen durch privatwirtschaftliche Initiative verweisen auf die moralische und praktisch-politische Komplizenschaft einer alten deutschen Elite, der Großindustrie, mit dem Nationalsozialismus.

Das Verhältnis von Wirtschaft und Staat ist auch bereits während des Dritten Reiches diskutiert worden. Natürlich legte das NS-Regime Wert darauf, die Wirtschaft instrumental für Aufrüstung und Krieg einzusetzen. Dies geschah aber weniger durch staatliche Reglementierungen und Kontrolle, als vielmehr – auf der Grundlage der Interessenidentität – durch Selbstverwaltung. Wie in einem während der NS-Zeit erschienenen Standardwerk zur Stellung des Unternehmertums festgestellt wurde, bedeutete der Einsatz des Unternehmers für die politischen Ziele,

> »seine bewußte Nutzbarmachung für die Produktionsaufgaben der Wirtschaft [...] jedoch nicht, daß der Unternehmer auf dem Gebiete der Wirtschaftspolitik jedes Einflusses beraubt worden wäre. Das Gegenteil ist der Fall. Was wir in diesen Jahren erleben, ist der erste große Versuch, den deutschen Unternehmer außer für seine privatwirtschaftlichen Produktionsaufgaben noch für eine zweite große Aufgabe heranzuziehen, die auf wirtschaftspolitischem Felde liegt[89].«

Das Prinzip der Selbstverwaltung bedeutete nicht, daß der Staat befahl und der Unternehmer ausführte, sondern es schuf ein echtes Kommunikationsverhältnis,

[89] E. Welter, Der Weg der deutschen Industrie, Frankfurt a.M. 1943, S. 15.

innerhalb dessen der Unternehmer sich zu artikulieren vermochte. Wie ein NS-Wirtschaftsfunktionär es einmal formulierte, war »die Organisation der gewerblichen Wirtschaft [...], praktisch gesehen, ein Schaltwerk, das dafür zu sorgen hat, daß auf der einen Seite die Befehle von oben richtig nach unten kommen, auf der anderen Seite Wünsche, Anregungen und Beschwerden von unten richtig nach oben gegeben werden[90].« Die konstatierte Interessenidentität machte es im NS-Staat möglich, den Unternehmer in seinen unternehmerischen Funktionen zu erhalten und »doch ganz in den Dienst des Staates zu stellen.« Es wurde »auf der gesamten Linie [...] das Bestreben deutlich, den Staat zu entlasten und die Unternehmerinitiative auch für die Aufgaben der Industrielenkung so stark wie möglich einzuschalten«[91].

Was die Großraumpolitik anbetrifft, so arbeiteten hier Staat und Großwirtschaft Hand in Hand. Dies sollte nach einer Friedensregelung auch so bleiben.

> »Den Lenkungsverbänden, die im jetzigen interkontinentalen Produktionskrieg als Tasten auf dem industriellen Instrument zunächst für den inneren Gebrauch gebildet worden sind, wird vermutlich die Aufgabe zufallen, auch nach außen hin bei der Aufteilung von Produktion und Absatz zwischen den einzelnen Mitgliedern der europäischen Völkerfamilie maßgebend mitzuwirken.«

Bei der Schaffung des Großwirtschaftsraumes würde sich »die Voraussicht des Staatsmannes und Wirtschaftspolitikers [...] mit der Initiative des Unternehmers vereinigen müssen, um den Rahmen richtig auszufüllen, der sich hier eröffnet[e]«[92].

Abschließend läßt sich sagen: Der Stellenwert der Großindustrie war der einer tragenden Säule des Dritten Reiches. Die bewußte Verkettung von privatwirtschaftlichem Interesse und staatlichen Funktionen kennzeichnete nicht nur die Beziehung von Nationalsozialismus und Großunternehmertum; sie war vielmehr ein Wesenszug des NS-Regimes schlechthin.

---

90 K. Seeliger, Der Unternehmer in der gelenkten Wirtschaft. Vortrag, gehalten am 26.3.1941 in der Vortragsreihe »Gelenkte Wirtschaft« der wirtschafts- und sozialwissenschaftlichen Fakultät der Universität Köln, 4. Aufl., Leipzig o.J., S. 23.

91 Welter, Der Weg (wie Anm. 89), S. 22.

92 Ebd., S. 207 f.

Außenhandel und Aufrüstung in Deutschland 1933-1939

Zum Thema Außenhandelspolitik im NS-Staat ist seit 1945 erst eine größere Untersuchung erschienen[1]. Sie umschließt lediglich den Zeitraum von 1933 bis 1935 und beachtet – obwohl sie grundlegenden wie allgemeinen Charakters ist – rüstungspolitische Aspekte nur peripher. Die folgenden Ausführungen sind daher als Anriß eines Problems zu verstehen, das der systematischen Erforschung noch harrt. Die möglichen Erkenntnisse und Schlußfolgerungen bedürfen des kritischen Vergleichs mit dem derzeitigen Stand der Erforschung des Nationalsozialismus ebenso wie der Einordnung in die Gesamtdiskussion über das Wechselverhältnis oder über die Prioritäten von rüstungspolitischen und rein ökonomischen Momenten im Wirtschaftsprozeß des Dritten Reiches. Damit ist die Aufgabenstellung der Studie als eine doppelte umschrieben:

Zum einen als der Versuch, Aufschluß über die Bedeutung des Außenhandels für das NS-System im allgemeinen zu gewinnen, wobei wir gleichzeitig die Frage nach den Beziehungen von Industrie und Nationalsozialismus im Hinterkopf behalten wollen, eine Frage, die Dörte Doering mit der These von der »Gleichschaltung der Außenwirtschaft in der Frühphase des nationalsozialistischen Regimes« beantwortet zu haben scheint, sowie zum anderen als das Bemühen, die rüstungsspezifische Funktion des auswärtigen merkantilen Verkehrs zwischen nationalsozialistischer Machtergreifung und Ausbruch des Zweiten Weltkrieges zu bestimmen, wobei wir – in Anlehnung an Dörte Doering – Ausschau »nach Vorgänge[n] und Entwicklungen« halten wollen, »die offen oder getarnt« auf die Unterwerfung des Außenhandels »unter die Erfordernisse des Aufrüstungskurses hindeuten«[2].

Bei vordergründiger Betrachtung tauchen zunächst Zweifel an der Sinnfälligkeit des formulierten Themas auf. War es doch in der Weimarer Zeit den wirtschaftlich bestimmenden Kräften in Deutschland aufgrund der Versailler Restriktionen im Zusammenwirken mit weltwirtschaftlichen Krisenerscheinungen weder gelungen, einer hochindustrialisierten, von Rohstoffimporten abhängigen Industrie ein vertretbares Mindestmaß an Devisen bereitzustellen, noch den dringend benötigten

---

1 Vgl. Dörte Doering, Deutsche Außenwirtschaftspolitik 1933-1935. Die Gleichschaltung der Außenwirtschaft in der Frühphase des nationalsozialistischen Regimes, Diss., FU Berlin 1969. Daneben sei noch die Untersuchung von Manfred Meier, Deutsche Außenhandelsregulierung von 1933 bis 1939, Diss., Basel, Bergen-Enkheim 1956, erwähnt, in der allerdings nur ein Aspekt der Außenhandelspolitik betrachtet und zudem die Außenwirtschaft zu wenig in ihrer spezifischen Funktion während der NS-Herrschaft gesehen wird.

2 Doering, Deutsche Außenwirtschaftpolitik (wie Anm. 1), S. 7.

ausländischen Exportmarkt zu schaffen, so daß sich allenthalben, auch außerhalb der Reihen der Nationalsozialisten, insbesondere in denen der Wirtschaftswissenschaftler und der Industrie, Protagonisten eines Rückzuges aus den weltwirtschaftlichen Verflechtungen und Konjunkturschwankungen auf einen relativ geschlossenen Binnenmarkt fanden. Als die Nationalsozialisten, die sich die Parole der Selbstversorgung auf ihre Fahnen geheftet hatten, zur Macht gelangten, ging daher in in- und ausländischen Wirtschaftskreisen die Fama von der Autarkie um, innerhalb derer einer Außenhandelspolitik ein nur geringer Spielraum zugebilligt sein konnte. Wollte man den Rückzug auf den nationalen Markt nicht als Weg in die *Selbstgenügsamkeit* begreifen, sondern mit dem von den Nationalsozialisten proklamierten Ziel eines schnell und dauerhaft wirksamen Arbeitsbeschaffungsprogramms beschreiten, dann konnte er in Kenntnis der unzureichenden produktionswichtigen Rohstoffe des Deutschen Reiches auf längere Sicht nur in ein noch größeres als ohnehin schon vorhandenes wirtschaftliches Chaos führen, es sei denn, es gelang, die ökonomische Basis territorial in erheblichem Umfange zu erweitern.

Wie sich das NS-Regime die Lösung des Problems vorstellte, machte der Wirtschafts- und Ernährungsminister der Koalitionsregierung, Hugenberg, vor der Weltwirtschaftskonferenz in London deutlich, wenn er darlegte: »Nur durch Gesundung der einzelnen nationalen Volkswirtschaften« und »durch Wiederherstellung der Binnenmärkte« könnten »die Aufnahmefähigkeit der Länder für fremde Waren und damit der Welthandel wieder gehoben werden«. Solle Deutschland an diesem weltwirtschaftlichen Gesundungsprozeß mitwirken und teilhaben, müßten »dem ›Volk ohne Raum‹ Gebiete eröffnet« werden, »in denen es seiner tatkräftigen Rasse Siedlungsraum« zu erschließen vermöchte[3]. Nur ein unübertrefflicher politischer Illusionist konnte ernsthaft hoffen, diesen Siedlungsraum auf friedliche Weise zu erlangen.

Der Wehrmachtführung projizierte Hitler daher schon im Februar 1933 den Hintergrund, vor dem seine Macht- und Wirtschaftspolitik zu betrachten war, nämlich vor dem der Eroberung des Lebensraumes, wie er ihn in seinen Schriften bereits abgesteckt hatte. In der Historiographie steht heute bewiesenermaßen fest, daß der nationalsozialistische Reichskanzler »vom ersten Augenblick der Machtübernahme an konsequent die Vorbereitung eines Krieges zur Eroberung neuen Lebensraumes im Osten« betrieb[4]. Wenn der frühere Reichsbankpräsident und Wirtschaftsminister des Dritten Reiches, Schacht, demgegenüber feststellte, daß »bisher noch niemand ernstlich behauptet«[5] habe, »daß Hitler schon in den Jahren 1933 und 1934 einen Angriffskrieg vorbereitete«, habe, dann zeugt diese Äußerung sowohl von mangelnder Literaturkenntnis als auch von einem hohen Maß an Uneinsichtigkeit in eigenes politisches Fehlverhalten. An dieser Stelle mag als Beweis für die These von den schon im Frühjahr 1933 einsetzenden Rüstungsanstrengun-

---

3 Hugenberg-Memorandum vom Juni 1933, Politisches Archiv des Auswärtigen Amtes (PA), Botschaft Moskau, Sonderband A 9i.

4 Wolfram Fischer, Deutsche Wirtschaftspolitik 1918-1945, 3. Aufl., Opladen 1968, S. 61.

5 Hjalmar Schacht, 1933. Wie eine Demokratie stirbt, Düsseldorf 1968, S. 87.

gen die im April des Jahres erfolgte Einsetzung des Reichsverteidigungsrates und seines ständigen Ausschusses genügen, dem »die Aufgabe gestellt [war], die Kriegführung wirtschaftlich vorzubereiten«[6].

Verantwortliche Vertreter der Wehrmacht, wie der völlig unmotiviert zum NS-Widerstandskämpfer stilisierte spätere General Thomas, billigten das Lebensraumprogramm, wenn sie den »Urdrang eines auf seinem Boden nicht mehr die Nahrungsgrundlage findenden Volkes zur Ausdehnung« zum »Imperativ für die Gestaltung der Politik« erhoben[7].

Auch der wissenschaftlichen Öffentlichkeit blieb der Sinn des Autarkiebegriffes nicht verschlossen. Die Zeitschrift »Die Deutsche Volkswirtschaft« bestritt schon im März-Heft 1933, »daß eine 100%ige Selbstgenügsamkeit [...] vom Nationalsozialismus ernstlich erstrebt« werde, zumindest nicht in einer »Friedensautarkie«, die sie – ganz im Sinne der Lebensraum-Ideologie – terminologisch von der sogenannten »Kriegsautarkie« abhob, welche allerdings »unter anderem aus den möglichen Veränderungen des aus eigener Kraft zu beliefernden Gebietes« resultieren könne[8]. Somit galt die Autarkie als die lediglich erstrebte Wirtschaftsform in einem erweiterten Lebensraum, wie er den vom NS-System definierten Bedürfnissen des deutschen Volkes angemessen schien.

Zur Errichtung dieses projektierten Lebensraumes war eine extensive Aufrüstung conditio sine qua non, die sogleich nach der Machtübernahme durch die Nationalsozialisten einsetzte, auch wenn Schacht im Rückblick die Arbeitsbeschaffung als erste Phase der NS-Wirtschaftspolitik bezeichnet und wiederholt versichert, die Aufrüstung habe »in den ersten zwei Jahren des Regimes nahezu gar keinen und danach nur geringen Anteil an der Arbeitsbeschaffung gehabt«[9]. Aber es gibt keinen ernstzunehmenden Versuch seitens der historischen Wissenschaft, die These zu bestreiten, »daß es nicht Arbeitsbeschaffung, daß es noch viel weniger Erhöhung des Sozialproduktes pro Kopf der Bevölkerung oder irgend ein anderes wirtschaftliches oder soziales Ziel war«, welches Hitler zu realisieren trachtete, sondern einzig das der Rüstung durch Arbeitsbeschaffung[10].

Verwirklicht werden sollte dieses Programm durch die sogenannte »Wehrwirtschaft«. Gemäß den aus dem Ersten Weltkrieg gezogenen Lehren, denen zufolge der künftige, von den Nationalsozialisten ins politische Kalkül einbezogene Krieg nicht allein Sache der Wehrmacht, sondern des ganzen deutschen Volkes, also ein totaler Krieg, sein werde, der nicht zuletzt alle ökonomischen Kräfte und Reserven beanspruchte, definierte die NS-Literatur die »Wehrwirtschaft« als »all das Wirken und Tun, das im Gegensatz zu rein friedensmäßigem wirtschaftlichen Handeln auf

6 Bericht des Reichswirtschaftsministeriums, 30.9.1934, in: International Military Tribunal (IMT = Der Prozeß gegen die Hauptkriegsverbrecher vor dem Internationalen Gerichtshof Nürnberg), 14. November 1945 bis 1. Oktober 1946, Bd 36, Nürnberg 1949, S. 158-214, hier S. 159.

7 Georg Thomas, Geschichte der deutschen Wehr- und Rüstungswirtschaft (1918-1943/45), hrsg. von Wolfgang Birkenfeld, Boppard am Rhein 1966, S. 82.

8 Die Deutsche Volkswirtschaft, 2 (1933), S. 79.

9 Schacht, 1933 (wie Anm. 5), S. 169.

10 Fischer, Wirtschaftspolitik (wie Anm. 4), S. 61.

den Krieg ausgerichtet ist«[11]. Im Nationalsozialismus war »die Wirtschaftspolitik Werkzeug der Rüstungspolitik« geworden, wie das Regime und seine Paladine offen verkündeten[12].

Wenn Hitler am 23. März 1933 vor dem neugewählten Reichstag versicherte, er wisse, »daß die geographische Lage des rohstoffarmen Deutschlands eine Autarkie für unser Reich nicht vollkommen« zulasse und daß es deshalb »die Verbindung mit der Welt nötig« habe[13], erhielt der Außenhandel durch den »entschieden wehrwirtschaftlichen Akzent« der »Volkswirtschaftspolitik« seine spezifische Funktion zugewiesen[14]. Sein wichtigster und eigentlicher Zweck erfüllte sich in der »Beschaffung von Gütern aus dem Ausland, die im Inland nicht oder nicht in ausreichendem Umfang vorhanden« waren[15]. Anders ausgedrückt, der Außenhandel hatte in der Phase des rüstungsindustriellen Aufbaus die notwendigen Rohstoffe und Nahrungsmittel sicherzustellen und »die Exportwirtschaft [wurde] [...] neben der Landwirtschaft einer der Grundpfeiler für Deutschlands Wohlergehen«[16]. Unter dem Zwang des Rohstoffmangels mußte man einstweilen eine Schwächung der »Wehrsicherheit durch die Abhängigkeit vom Ausland« in Kauf nehmen[17], wollte man nicht allein die Rüstung in gesteigertem Tempo vorantrieben, sondern darüber hinaus auch das Arbeitsbeschaffungsprogramm termingerecht realisieren, von dessen Verwirklichung sich das NS-System den nötigen moralischen und gleichzeitig politischen Kredit versprach, den es zu seiner Stabilisierung und zur Durchführung seiner machtpolitischen Pläne benötigte.

Während indessen die Binnenwirtschaft durch die Rüstungsaufträge bereits 1933 eine steigende Erzeugung im Bereich der Produktions- und Investitionsgüter aufzuweisen hatte[18], blieb die Belebung des Außenhandels zunächst aus. Mehr noch, trotz rüstungsbedingtem steigenden Rohstoffbedarf behielt die Import- und Exportkurve ihre seit 1929/1930 fallende Tendenz bei, das heißt eine verringerte Ausfuhr führte zu einem verminderten Devisenanfall, der wiederum die für die Rüstungsproduktion notwendige Erhöhung der Rohstoffeinfuhr verhinderte (Tabelle 1).

---

11 Thomas, Wehr- und Rüstungswirtschaft (wie Anm. 7), S. 83.

12 Alexander Graf Brockdorff, Weltwirtschaft und Weltrüstung, in: Wehrtechnische Monatshefte, 39 (1935), S. 492-496, hier S. 492.

13 Max Domarus, Hitler. Reden und Proklamationen 1932-1945. Kommentiert von einem deutschen Zeitgenossen, Bd I/1, Wiesbaden 1973, S. 234.

14 Theodor Pütz, Die deutsche Außenwirtschaft im Engpaß der Jahre 1933-1937, Berlin 1938, S. 17.

15 Die Deutsche Volkswirtschaft, 8 (1939), S. 44.

16 Rudolf Eicke, Warum Außenhandel? Eine Lebensfrage für das deutsche Volk, 5. Aufl., Berlin 1939, S. 8.

17 Otto Korfes, Grundsätze der Wehrwirtschaftslehre, Hamburg 1936, S. 56.

18 Vgl. Gerhard Kroll, Von der Wirtschaftskrise zur Staatskonjunktur, Berlin 1958, S. 610 ff.

Tabelle 1
Außenhandelsergebnisse und Goldbestände der Reichsbank 1928 bis 1937

	Außenhandel insges. in Mill. RM	Ausfuhr in Mill. RM	Einfuhr in Mill. RM	Ausfuhr – Einfuhr = Überschuß in Mill. RM	Durchschnittliche Gold- und Devisenbestände in Mill. RM
1928	26277	12276	14001	- 1725	2405,4
1929	26930	13483	13447	+ 36	2506,3
1930	22429	12036	10393	+ 1643	2806,0
1931	16326	9599	6727	+ 2872	1914,4
1932	10406	5739	4667	+ 1072	974,6
1933	9075	4871	4204	+ 667	529,7
1934	8618	4167	4451	- 284	164,7
1935	8429	4270	4159	+ 111	91,0
1936	8986	4768	4218	+ 550	75,0
1937	11379	5911	5468	+ 443	rd. 70,0
1938	10706	5257	5449	- 192	
1939	10860	5653	5207	+ 446	

Quelle: Monatlicher Bericht des Wehrwirtschaftsstabes über den »Stand der wirtschaftlichen Lage 1.2.1938« Bundesarchiv-Militärarchiv (BA-MA), Wi I F 5/543

© MGFA 04579-02

Um die knappen Devisen rüstungsökonomisch und möglichst effektiv einzusetzen, griff die nationalsozialistische Regierung gleich zu Beginn ihrer Tätigkeit zum staatsintervenistischen Mittel der Steuerung von Import und Export, wenn vorab auch recht behutsam. Zunächst beschnitt sie die Kompetenzen der Industrie- und Handelskammern, indem sie deren außenwirtschaftliche Funktionen den sogenannten »Außenhandelsstellen« übertrug, die als öffentlich-rechtliche Berufsvertretungen von Handel und Gewerbe von diesen finanziert werden mußten, die aber der Aufsicht der von Auswärtigem Amt und Reichswirtschaftsministerium getragenen Reichsstelle für den Außenhandel unterstanden. Ihnen fielen offiziell die folgenden Aufgaben zu:

a) »Allgemeine Exportberatung und Auskunftsdienst;
b) Nachrichtendienst durch Verwertung und Verbreitung von amtlichen und selbständig beschafften Nachrichten;
c) Förderung einer dauernden Verbindung zwischen der Wirtschaft und den Reichsbehörden sowie Durchführung sonstiger der Außenhandelsförderung dienender Maßnahmen[19].«

Die Außenhandelsstellen kontrollierten somit das Außenhandelsgebaren von Industrie und Handel und dienten als Instrumentarium staatlicher Intervention. Als weitere außenwirtschaftliche Maßnahme erließ das Kabinett zum Schutz des Exportes ein Gesetz, aufgrund dessen solche Länder von deutschen Importaufträgen

19 Geheimer Erlaß des Auswärtigen Amts und des Reichswirtschaftsministeriums, 18.1.1933, über die Errichtung und die Arbeit von Außenhandelsstellen in der vom 25.4.1933 geltenden Fassung, PA, Sonderreferat W. Handel No. 7, Abt. X (Zweigstellen), Staatliche Organisation des Außenhandels, Bd 1.

ausgeschlossen werden konnten, die Deutschland die Meistbegünstigung verweigerten oder deutsche Exporte als Reaktion auf den nationalsozialistischen Antisemitismus boykottierten[20]. Der Regierung selbst stand ein Außenhandelsrat als Sachverständigen-Organ zur Verfügung[21]. Als das Gremium Mitte Dezember 1933 zu seiner konstituierenden Sitzung zusammentrat[22], zeigte die Ausfuhr eine stark rückläufige Tendenz, wobei »der Rückgang sich auf alle für den Export deutscher Waren in Betracht kommende Länder und auf fast alle Waren« erstreckte[23].

Die Bilanz des ersten Vierteljahres 1934 erbrachte ein neuerliches Exporttief, das Arbeitsentlassungen und Betriebsstillegungen nach sich zog[24]. Zudem wurde eine deutliche Verlagerung der Einfuhrgüter sichtbar, wenn im genannten Zeitraum 44,8 Prozent der Rohstoffimporte auf die Verbrauchsgüter- und nur 15,5 Prozent auf die Produktionsgüterindustrie entfielen, was den rüstungswirtschaftlichen Intentionen völlig zuwiderlief, sich aber nicht zuletzt aus der durch das Arbeitsbeschaffungsprogramm gesteigerten Kaufkraft der Bevölkerung erklärt. Die negative Handelsbilanz seit Januar 1934 und die rapide schmelzenden Devisenvorräte signalisierten eine krisenhafte Zuspitzung der gesamtökonomischen Situation, und so stand das NS-System bereits nach dem ersten Jahr seiner Herrschaft vor einer ernsten Bewährungsprobe, in der die Entscheidung über die Fortführung der »Wehrwirtschaft« in der anfangs von uns skizzierten Form fallen mußte, denn dem Wehrmachtsamt erschien bereits die Rüstungslage mangels Devisen und aufgrund der daraus resultierenden Verschlechterung der Rohstoffzufuhr »in höchstem Maße bedenklich«[25]. Man warnte militärischerseits vor unausweichlichen Engpässen im Binnenmarkt, auf die vor allem der für die Rüstungsindustrie ausschlaggebende Maschinenbau bei rohstoffbedingter Drosselung der Rüstungsproduktion stoßen mußte, so daß ein Ausweichen auf Exportaufträge unumgänglich werden würde. In der Überzeugung, die Rüstungsindustrie könne sich in einem begrenzten und relativ undurchlässigen deutschen Wirtschaftsraum »nie mit eigenen Kräften über Wasser halten«, betrieb man daher die »Förderung des Auslandsgeschäfts mit allen Mitteln«[26], und man drängte insbesondere auf den Neuaufbau des von den Nationalsozialisten aus ideologischen und machtpolitischen Erwägungen heraus abgewürgten Exports in die UdSSR.

---

20 Gesetz vom 22.9.1933, PA, Sonderreferat W. Handel 11 Nr. 1, Ein-, Aus- und Durchfuhr, Grundsätzliches, Bd 13.

21 Gesetz über Maßnahmen zur Förderung des Außenhandels, 18.9.1933, Reichsgesetzblatt (RGBl.) 1933, T. I, S. 743.

22 Protokoll der Sitzung, 19.12.1933, PA, Sonderreferat W. Handel 7, Bd 2.

23 Antwort der Außenhandelsstelle für Hamburg und die Nordmark auf die Frage der Reichsstelle für Außenhandel: »Ist die Ausfuhr weiter zurückgegangen, oder ist eine Besserung des Ausfuhrgeschäfts zu verzeichnen und zwar nach welchen Ländern und in welchen Warengruppen?« Ähnliche Auskünfte lagen von den anderen Außenhandelsstellen vor, PA, Sonderreferat W, Handel 6, Außenhandel im allgemeinen, Bd 10.

24 Ebd.

25 Unterlagen von Oberst Thomas, Wehrmachtsamt, für einen Vortrag beim Reichswehrminister und Chef der Heeresleitung, 16.4.1934, BA-MA, Wi I F 5/3260.

26 Ebd.

Die Regierung nahm vorab Zuflucht zu einer administrativ geregelten Beschaffung, Lagerung und Verteilung von Rohstoffen und Halbfertigwaren sowie zur Steuerung von Verbrauch und Absatz, um durch Prioritäten die Kontinuität der Aufrüstung zu gewährleisten[27], wobei sie im wohlverstandenen eigenen Interesse auf die Erwartungen und Stimmungen der Bevölkerung Rücksicht zu nehmen hatte. Sie setzte sich dieserart aber erheblicher Kritik militärischer Kreise aus, die, ungeplagt von sozialen Skrupeln, darauf drängten, »mit Beginn der deutschen Aufrüstung alle nicht unbedingt militärpolitisch wichtigen Vorhaben der öffentlichen Hand zurückzustellen und dadurch die finanzielle Belastung und rohstoffmäßige Beanspruchung des Reiches zu vermindern«[28].

Den Argumenten der Exportbegünstigung verschloß sich die politische Führung nicht. Vor der Öffentlichkeit versicherte sie, »niemand in der Reichsregierung« glaube, »daß Deutschland wirtschaftlich vom Ausland isoliert werden sollt[e]«. Zwar werde weiterhin daran gearbeitet, die Wirtschaft von ausländischen Rohstoffen und Lebensmitteln unabhängiger zu machen, doch verlange Deutschlands »zentrale Lage in Europa verständnisvolle und auf wechselseitiges Entgegenkommen aufgebaute Handelsbeziehungen«[29].

Solche demonstrativen Bekundungen guten Willens reichten aber dort zur Beseitigung der dem deutschen Export entgegenstehenden Hindernisse nicht aus, wo die aus der Währungsparität ausgescherten Länder nicht zu unterschätzende Konkurrenten auf dem Weltmarkt darstellten. Des weiteren hatten die Wehrwirtschaftsexperten ein die Aufrüstung begleitendes Moment nicht kalkuliert, nämlich die seit 1933 einsetzende und für die deutsche Industrie bislang so atypische Exportmüdigkeit. Große Aufträge im Verlauf der sogenannten Arbeitsschlacht und risikolose Profite aus der Rüstungsproduktion führten zu einer Vernachlässigung des Ausfuhrgeschäfts und zu einer Gefährdung der rüstungswichtigen Rohstoffzufuhr. In welchem Umfang dies 1934 bereits der Fall war, demonstrieren die energischen Appelle zentraler Reichsbehörden, in denen die Unternehmer »auf die lebenswichtige Frage der Förderung der Ausfuhr und Sicherstellung der Rohstoffversorgung mit allem Nachdruck« aufmerksam gemacht und in denen Betrieben aufgrund mangelnder Ausfuhrtätigkeit die Beschneidung der Devisen, schließlich die Stornierung staatlicher Aufträge angedroht wurde[30]. Mitte 1934 glaubte die

---

27 Gesetz vom 22.3.1934, RGBl. 1934, T. I, S. 212.

28 Thomas, Wehr- und Rüstungswirtschaft (wie Anm. 7), S. 87.

29 Rede von Außenminister Neurath vor dem Ibero-Amerikanischen Institut in Hamburg, Deutsches Nachrichtenbüro, Erste Früh-Ausgabe 1./15.4.1934, Nr. 789.

30 Schreiben des Reichswirtschaftsministers, das der Reichsverband der Deutschen Industrie im Juni 1934 verbreitete. In diesem Rundschreiben hieß es unmißverständlich: »Gerade von diesen Unternehmungen, denen die Möglichkeit eines Ausgleichs niedriger Exportpreise durch erhöhten Inlandabsatz gegeben ist, muß erwartet werden, daß sie ihre nationale Pflicht erkennen und es als ihre vordringliche Aufgabe ansehen, Auslandsgeschäfte selbst dann zu tätigen, wenn damit für sie gewisse Opfer verbunden sind. Letzten Endes handeln sie damit auch in ihrem eigenen Interesse, da eine durch Devisenverknappung eintretende Stockung in der Rohstoffversorgung zwangsläufig eine Beeinträchtigung des Inlandsgeschäfts zur Folge haben müßte. Ich darf daher bitten, die für eine Berücksichtigung bei der Vergebung öffentlicher Aufträge in Betracht kommenden Firmen, vor allem solche, die früher bereits Ausfuhr betrieben haben, auf diese Gesichtspunkte alsbald hinzuweisen und ihnen zu eröffnen, daß künftig eine Auftragserteilung von einer angemes-

Wehrmacht noch, den von ihr unmittelbar benötigten Rohstoffbedarf decken zu können. Doch spätestens nach Überwindung der Aufbauphase, wenn die Aufrüstung ins Stadium der unmittelbaren Kriegsvorbereitungen trat, mußte eine durch unzureichende Devisenbestände stark gedrosselte Einfuhr die Rohstoffvorräte in einer Weise schrumpfen lassen, die »eine ausreichende Versorgung der Kriegswehrmacht mit unersetzbaren Rohstoffen unmöglich« machte und die Herstellung von Kriegsgerät und Ausrüstungsgegenständen auf ein Minimum reduzierte[31].

Die gesamtwirtschaftliche Lage ließ sich im Herbst 1934 durch folgende Umstände beispielhaft charakterisieren: Die baumwollverarbeitende Industrie verfügte lediglich noch über Reserven, die eine 14tägige Beschäftigung erlaubten; in der Kautschukproduktion reichten die Vorräte noch für zwei, die Treibstoffe deckten den Bedarf noch für etwa drei bis dreieinhalb Monate; in handelspolitischen Konsultationen zweifelten fremde Regierungen immer stärker an der deutschen Liquidität, und sie fanden sich zu handelspolitischen Abmachungen nur noch nach vorheriger Sicherstellung der Bezahlung ihrer für Deutschland bestimmten Waren bereit. Kurz, die nationalsozialistische Wirtschaft stand vor dem Ruin[32]. Da einer Verlangsamung des Rüstungstempos für die nationalsozialistische Regierung keinen Diskussionspunkt darstellte, faßte diese auf Empfehlung Schachts den Entschluß zur totalen Außenhandelssteuerung mittels zentraler Devisenbewirtschaftung, ein Entschluß, der ihr nicht leicht fiel. »Aber politische Bewegungen«, so hieß es in der bereits zitierten »Deutschen Volkswirtschaft«, »müssen auch den letzten Anschein meiden, als ob sie ihre Ziele wechseln [...]. Wir unterschätzen die wirtschaftlichen Schwierigkeiten nicht. Wir überschützen sie aber auch nicht. Wir sehen die Lage ganz nüchtern so: Devisen sind kaum mehr vorhanden[33].« Der sogenannte »Neue Plan« des September 1934 sollte die außenwirtschaftliche Entwicklung wieder in rüstungsökonomische Bahnen lenken, und zwar vornehmlich durch eine zentrale Devisenkontrolle und -zuteilung. Der Plan, von dem am 2. August 1934 mit der Führung der Wirtschaftsgeschäfte des Reiches betrauten Hjalmar Schacht entworfen und realisiert, beruhte auf dem Grundsatz: »Nicht mehr kaufen als bezahlt werden kann und in erster Linie das kaufen, was notwendig gebraucht wird[34].« Und gebraucht wurden vordringlich rüstungswichtige Rohstoffe, die man fortan da, wo die Devisenbestände nicht ausreichten, »durch eine Umstellung unseres Exportes auf rohstoffliefernde Länder und durch eine geeig-

senen Betätigung im Ausfuhrgeschäft abhängig gemacht werden müsse.« PA, Sonderreferat W. Handel 7, Bd 3. Vgl. auch das vorhergehende Schreiben des Führers der Wirtschaft, Kessler, 25.4.1934, an den Präsidenten des Reichsstandes der Deutschen Industrie, Krupp von Bohlen und Halbach, ebd., Bd 4.

31 Expertise des Reichswehrministeriums, Sommer 1934, BA-MA, Wi I F 5/701.

32 Bericht der volkswirtschaftlichen und statistischen Abteilung der Reichsbank über Ausfuhrrückgang und seine Gründe im Spiegel der jährlichen Handelsberichte von 53 selbständigen Reichsbankanstalten. Berichtszeit: 1.4.1933-31.3.1934, PA, Sonderreferat W, Außenhandel im allgemeinen, Handel 6, Bd 11.

33 Die Deutsche Volkswirtschaft, 3 (1934), S. 482.

34 Deutschland in der Weltwirtschaft. Vortrag des mit der Führung der Geschäfte des Reichswirtschaftsministers beauftragten Reichsbankpräsidenten Dr. Hjalmar Schacht auf der Leipziger Frühjahrsmesse, Leipzig, am 4. März 1935, S. 15.

nete Handhabung des Verrechnungssystems unter Vermeidung von Devisenbarzahlungen« zu finanzieren gedachte[35]. Der »Neue Plan« maß daneben der Förderung der heimischen Rohstofferzeugung hohe Bedeutung bei, und er stellte bereits die Weichen für die so bezeichnete Ersatz- und Werkstoffproduktion. Diese bedurfte aber einer umfangreichen Vorbereitung und einer längeren Anlaufzeit, so daß sie, im Zusammenwirken mit Devisenbewirtschaftung und Neuorientierung des Außenhandels, frühestens im Laufe des Jahres 1935 wirken konnte.

Um den wirtschaftlichen Zusammenbruch unter Beibehaltung des wehrwirtschaftlichen Kurses abzuwenden, griff Hitler zu einem drastischen Mittel. Auf Vorschlag von Schacht und mit Zustimmung des Wehrmachtsamtes verfügte er den Angriff auf die nicht zuletzt aus kriegswirtschaftlichen Motiven heraus angelegten nationalen Lebensmittelreserven, um die Durststrecke bis zum erwarteten binnen- und außenwirtschaftlichen Aufschwung 1935 durch Importminderung zu überbrücken[36]. In der Folgezeit gelang eine Intensivierung des Außenhandels durch den Abschluß zahlreicher Konventionen, insbesondere mit Südosteuropa und lateinamerikanischen Staaten. Außenhandelsgeschäfte auf dem Wege bilateraler Verrechnung waren bereits vor Verkündung des »Neuen Planes« als sogenannte Einzelkompensationsgeschäfte getätigt worden. Diese sahen in der Regel die Lieferung eines bestimmten Gutes (oder mehrerer Güter) im Tausch gegen ein gleichwertiges anderes (oder gegen gleichwertige andere) vor. So exportierte Brasilien beispielsweise Kaffee gegen deutsche Kohle oder Kaffee gegen Schiffsgerät; Irland erhielt als Gegenleistung für Butter- und Eierkontingente drei Zuckerfabriken; Bulgarien forderte für seinen Tabak Eisenbahnmaterial. Daneben hatte die Reichsregierung seit Ende 1933/Anfang 1934 Handelsverträge, wenn irgend möglich, nach dem Prinzip zweiseitiger Verrechnung ohne Inanspruchnahme von Devisen abgeschlossen, die Globalkompensation vorsahen, das heißt der Warenverkehr wurde in seinem Gesamtvolumen kompensiert. Solche Abkommen bestanden mit Ungarn, Jugoslawien und Griechenland, mit Staaten, die – neben anderen südosteuropäischen – in der nationalsozialistischen Außenwirtschaftspolitik zukünftig einen besonderen Stellenwert einnehmen sollten[37]. An späterer Stelle wird darauf zurückzukommen sein. Doch durch den nach dem Motto »Kaufe bei deinem Kunden« auf der Basis devisenloser Verrechnung gegenseitiger Warenforderungen betriebenen Außenhandel fielen nicht nur keine Devisen für vermehrte Rohstoffeinfuhr an. Die Handelsbilanz verschlechterte sich sogar. Denn in der Praxis war kaum auszuschließen, daß beim Festhalten an dem starren Grundsatz der Reziprozität die von Deutschland zu liefernden Fertigwaren (zum Beispiel Textilien) größere Devisenaufwendungen erforderten (durch Import der Baumwolle), als durch

---

35 Brief Schachts, 5.8.1937, an Göring, IMT 36, S. 569. Vgl. zum »Neuen Plan« und zu den einzelnen Verrechnungsformen Doering, Deutsche Außenwirtschaftspolitik (wie Anm. 1), S. 246 ff.; Dietmar Petzina, Autarkiepolitik im Dritten Reich. Der nationalsozialistische Vierjahresplan, Stuttgart 1968, S. 18 f.

36 Vgl. Niederschrift über die unter dem Vorsitz Hitlers stattgefundene Chefbesprechung, 18.10.1934, zwecks Devisenverteilung, Bundesarchiv (BA), R 43 II/331.

37 Siehe dazu Hermann Werner, Die deutschen Verrechnungsabkommen in den Jahren 1932/34, Diss., Köln, 1936.

Tabelle 2
Vorräte wichtiger Rohstoffe
(in t)

Rohstoff	1.4.1934	1.9.1935
Baumwolle	95000	68000
Wolle	67000	48000
Seide	–	–
Flachs	11000	8000
Hanf	8000	6000
Jute	30000	22000
Leder	–	76000
Magnesit	12000	10000
Leinsaat	120000	80000
(Leinöl)	(45000)	(26000)

Quelle: BA-MA, Wi I F5/270. Zur deutschen Rohstoffabhängigkeit vom Ausland vgl. Tab. 6. Ferner sei hingewiesen auf Jörg-Johannes Jäger, Die wirtschaftliche Abhängigkeit des Dritten Reiches vom Ausland dargestellt am Beispiel der Stahlindustrie, Berlin 1969.

die ausländischen Kompensationsleistungen eingespart wurden. Ein spezieller Nachteil der Verlagerung des Außenhandels auf Südosteuropa ergab sich aus der mangelnden Aufnahmefähigkeit dieser schwachindustrialisierten Agrar- und Rohstoffländer für deutsche Fertigwaren.

Im Frühjahr 1935 löste die Außenhandelssituation starke Beunruhigung bei Politikern und Militärs aus. Die von 1933 auf 1934 leicht gestiegene devisenbelastende Gesamteinfuhr fiel im folgenden Jahr hauptsächlich wegen der Beschränkung des Fertigwaren-Imports. Auch war eine Zunahme wichtiger Rohstoff-Importe zugunsten der Rüstungswirtschaft zu konstatieren, doch im Textilsektor machte sich ein starker Mangel an Wolle und Baumwolle bemerkbar, der sich aus Importkürzungen erklärt, und der durch synthetische Produkte nicht zu paralysieren war[38]. So bot sich das Bild einer im Drei-Schichten-Rhythmus arbeitenden, voll ausgelasteten, aber bereits die Rohstoffreserven (zum Teil bis 50 Prozent) aufbrauchenden Industrie (Tabelle 2).

Der Wehrmacht erschien bereits als Zukunftsvision, »daß wir durch reine Inlandsbeschäftigung von Tag zu Tag ärmer werden, daß wir ohne Export keine Devisen schaffen, und daß ohne Devisen keine Rüstung möglich ist«[39]. Tatsächlich stand der 1935 erzielten Exportsteigerung kein entsprechender Devisenüberschuß

---

[38] Die deutsche Einfuhr an wichtigen Rohstoffen in Mill. RM:

	Wolle	Baumwolle	Kautschuk	Eisenerze	Kraftstoffe u. Schmieröle
1933	266,2	307,0	25,1	58,8	127,5
1934	322,6	260,2	42,3	88,3	124,4
1935	248,1	329,7	45,5	123,4	144,6
1936	229,4	257,7	66,2	168,3	169,2

Quelle: Statistisches Jahrbuch für das Deutsche Reich, Jg. 1941/42. Vgl. Kroll, Wirtschaftskrise (wie Anm. 18), S. 481.

[39] Expertise der Dienststelle Wehrwirtschafts- und Waffenwesen, 18.2.1935, Geheime Kommandosache, BA-MA, Wi I F 5/383.

gegenüber, denn »die Aktivierung der Handelsbilanz [war] fast ausschließlich von den Verrechnungsländern getragen worden«[40]. Seitens des Militärs befürchtete man daher in absehbarer Zeit einen erheblichen »Rückschlag in der Beschäftigung der Rüstungsindustrie« und die Gefährdung des Rüstungsprogramms mangels nötiger Rohstoffe, weshalb man eine Streckung der laufenden Beschaffungsprogramme und die »Zurückstellung aller Bevorratungswünsche mit ausländischen Rohstoffen« sowie die Exportförderung »im Interesse der Überwindung der augenblicklichen Krise« forderte[41]. Es fehlte nicht an Stimmen, auch nicht im nationalsozialistischen Lager, die eine Belebung des deutschen Exportes durch währungspolitische Eingriffe propagierten. Denn die zunehmend schrumpfende Ausfuhr hatte eine ihrer Hauptursachen zweifellos in der Abwertung des Pfund, des Dollar und des Yen. Indessen stießen die Befürworter einer deutschen Devalvation bei der politischen Reichsleitung auf den entschiedensten Widerstand, der vornehmlich durch währungspsychologische und damit innenpolitische Momente bestimmt war[42]. Darüber hinaus befürchtete man eine Verschärfung der gesamtökonomischen Situation, da eine Abwertung zwar die Ausfuhr steigern, gleichzeitig aber die Kosten der Einfuhr hochwertiger Rohstoffe ungleich mehr als das Exportvolumen erhöhen konnte.

Hitler ergriff dann im März eine Initiative zur Belebung der Ausfuhr mittels einer staatlichen Exportförderung. Durch entsprechenden Erlaß erlegte er allen mit öffentlichen Aufträgen bedachten Firmen eine Ausfuhrabgabe auf[43], die den exportfreudigen, aber auf dem Weltmarkt nicht konkurrenzfähigen Unternehmen zufloß[44]. Die Exportförderungssumme errechnete sich jeweils aus der Differenz zwischen dem echten deutschen Exportpreis und dem Konkurrenzangebot und war »gerade groß genug [...], um die Konkurrenten aus dem Felde zu schlagen«[45].

Der Wehrmacht genügte ein solcher materieller Anreiz zur Exportsteigerung nicht, denn – diese Frage drängte sich auf – was konnte eine rüstungsorientierte und auf den Aufbau kriegswichtiger Anlagen ausgerichtete Industrie überhaupt und in welcher Größenordnung exportieren, wenn sie der eigenen Aufrüstung nicht die notwendigen Ressourcen an Arbeitskräften und an Material entziehen wollte? Die Antwort auf diese Überlegung erschien ebenso überzeugend wie widersinnig: Kriegsgerät. In einer allenthalben rüstenden Welt war dieses Kriegsgerät so begehrt wie auf den ersten Blick auch devisenträchtig, so daß man sich bei dessen Verkauf einen erheblichen Devisenüberschuß zum Import rüstungswichtiger Rohstoffe versprach.

In internen Besprechungen der Ministerialbürokratie mit Wehrmachtstellen und der Industrie war man dem Gedanken des Rüstungsexports in den vorausge-

---

[40] Gutachten des Reichswehrministeriums, 6.5.1938, ebd., Wi VI/386.

[41] Siehe Werner, Verrechnungsabkommen (wie Anm. 37).

[42] Zum Problem der Abwertung vgl. Doering, Deutsche Außenwirtschaftspolitik (wie Anm. 1), S. 219-229.

[43] Erlaß vom 22.3.1935, BA, R 43 II/301a.

[44] Bestimmungen des Reichswirtschaftsministers über die Förderung zusätzlicher Ausfuhr. Streng vertraulich, Berlin 1935, BA, R 13a I/498.

[45] Kroll, Wirtschaftskrise (wie Anm. 18), S. 492.

gangenen Monaten bereits nähergetreten. Solche Lieferungen erfolgten, wie in der Weimarer Republik auch, nach der nationalsozialistischen Machtübernahme in relativ geringem Umfange ins Ausland, denn nach wie vor befand sich das Versailler Kriegsgerätegesetz in Kraft, das Deutschland Waffenexporte und ähnliches verbot. Immerhin lancierte eine eigens hierfür beim Reichsstand der deutschen Industrie installierte Stelle Kriegsgeräteexporte aufgrund besonderer geheimer Verfügungen über die Zollstationen Stettin und Friedrichshafen, und im November 1934 kamen Vertreter verschiedener Ressorts überein, die Kriegsgeräteausfuhr künftighin – wenn auch getarnt – durch Reichskredite oder Reichsbürgschaften zu fördern[46]. Noch wußte man freilich nicht, wie Hitler sich zu einer Ausdehnung dieser Geschäfte stellen würde, die ja die deutsche Aufrüstung beeinträchtigen konnte. Die prekäre Devisenlage ließ aber keine Wahl, und der »Führer und Reichskanzler« gab im Juni 1935 gegenüber dem Reichskriegsminister Blomberg seinem Wunsch Ausdruck, »daß die Ausfuhrförderung auch auf dem Waffen- und Munitionsgebiete einen möglichst starken Antrieb« erhielt. Als Voraussetzung hierfür stimmte er der Aufhebung des Kriegsgerätegesetzes von 1927 und der Entsendung von aktiven oder ehemaligen Offizieren als Wirtschaftsattachés in Staaten zu, die als Abnehmer von Waffen und Munition in Betracht kamen[47].

Wenige Tage nach dieser grundsätzlichen Entscheidung Hitlers drängte der Reichskriegsminister auf schnellste Annullierung des Kriegsgerätegesetzes, da die derzeitige technische Überlegenheit der deutschen Industrie und des deutschen Kriegsmaterials eine günstige Ausgangsposition für den Export bot. »Die Beseitigung des Kriegsgerätegesetzes« dulde »daher keinen Aufschub, wenn nicht wichtige Ausfuhraussichten, die gerade jetzt und für die nächste Zukunft« bestünden, »verlorengehen soll[t]en«[48]. Das Auswärtige Amt machte jedoch auf mögliche außenpolitische Folgen aufmerksam, wenn es die Gefahr heraufbeschwor, daß in kriegerische Auseinandersetzungen verwickelte Staaten (zum Beispiel Spanien, ferner Italien, Japan) deutsche Maßnahmen zur Erleichterung der Kriegsgeräteausfuhr als gezielte Unterstützung des Gegners auslegten. Um derartigen Anschuldigungen vorzubeugen, wandte sich die Wilhelmstraße mit Unterstützung anderer Ressorts gegen eine ersatzlose Streichung des Kriegsgerätegesetzes und suchte nach einem wirksamen Ausfuhrkontrollverfahren auf dem Weg über ein neues Gesetz[49]. Die bis zu einer endgültigen Regelung eintretende Verzögerung des Kriegsgeräteexports nahm Hitler indes nicht hin. Er betrachtete die Versailler Restriktion durch seine am 21. Mai 1935 gehaltene Reichstagsrede[50], in der er die Wiedererlangung der deutschen Wehrhoheit verkündete, »für aufgehoben und

[46] Aufzeichnung der Ressortbesprechung, 22.11.1934, PA, F Abr. 5 Rüstungsindustrie, Bd 2.

[47] Aktennotiz (Entwurf) von Thomas, 12.6.1935, über das Ergebnis eines Vortrages von Blomberg bei Hitler vom selben Tag, BA-MA, Wi I F 5/383.

[48] Schreiben Blombergs, 24.6.1935, an Reichsminister des Äußern von Neurath, PA, II F–M (Militär und Marine), Kriegsgerätegesetz, Bd 8.

[49] Brief Neuraths, 27.6.1935, an Blomberg, ebd.

[50] Domarus, Hitler (wie Anm. 13), I/2, S. 505-515.

erledigt« und wünschte keine besondere Erklärung mehr darüber[51]. In einer interministeriellen Besprechung wurden dennoch nicht auszuräumende juristische Bedenken gegen diese unkonventionelle Art, ein Gesetz außer Kraft zu setzen, laut, weshalb man übereinkam, eine formal einwandfreie Neuregelung zu finden. Diese kam schließlich durch ein im September geheim erlassenes Gesetz zustande, demzufolge eine bei der Reichsgruppe Industrie institutionalisierte »Ausfuhrgemeinschaft für Kriegsgerät« als Selbstverwaltungsorgan der Industrie die Abwicklung der Geschäfte regelte. Diese Institution, an deren Spitze der ehemalige Staatssekretär im Auswärtigen Amt, v. Trendelenburg, berufen wurde, stellte den Lieferfirmen entsprechende Unbedenklichkeitserklärungen aus, die Auswärtiges Amt und Kriegsministerium durch die Person des Reichskommissars für die Überwachung der Aus- und Einfuhr zu überprüfen hatten. Im November 1935 erfolgte dann die Veröffentlichung des Gesetzes, um England mit der Drohung, an Italien Waffen zu liefern, vor einem Eingreifen in den Abessinien-Konflikt abzuschrecken[52].

In der Zeit vom November 1935 bis zum Juli 1940 schloß die Industrie Exportverträge über Kriegsgerät im Wert von über eineinviertel Milliarden Reichsmark ab, und Ende 1939 lagen noch Aufträge in Höhe von fast einer halben Milliarde Mark vor[53]. Um eine Größenordnungsvorstellung zu vermitteln: Ein kriegsmäßig bestücktes Flugzeug kostete zwischen 100 000 und 250 000 RM. Die deutsche Rüstungsindustrie lieferte, von wenigen Geheimkonstruktionen abgesehen, Kriegsgerät in der Spannweite zwischen Flugzeug und Kochgeschirr an fast alle Staaten der Welt, Frankreich, Rußland und Litauen zunächst ausgenommen, bis auch diese Einschränkung partiell aufgehoben wurde. So genehmigte die Kriegsmarine im Januar 1936 die Ausfuhr von U-Boot-Batterien in die UdSSR, versagte ihre Zustimmung hingegen dem Abschluß eines Hilfeleistungsabkommens, das die Sowjetunion in die Lage versetzt hätte, selbst hochwertige Akkumulatoren-Batterien zu entwickeln und zu produzieren[54]. Erst im Juli 1939 ließ Hitler das Oberkommando der Wehrmacht wissen,

> »daß er Waffenlieferungen an feindlich gesinnte Länder oder an Staaten, deren Haltung im Kriege zweifelhaft wäre, nicht gutheiße. Waffen soll[t]en dorthin geliefert werden, wo sie uns nützen oder mindestens nicht schaden könn[t]en, zum Beispiel nach Südamerika, den Baltenstaaten, Norwegen, Bulgarien[55].«

Der enorme Kriegsgeräteexport vermochte seiner doppelten Funktion, nämlich die Rohstoff- und Nahrungsmittelzufuhr in einem Deutschland kriegsfähig und unabhängig machenden Maße sicherzustellen und gleichzeitig die Arbeitsplätze zu garantieren, nur im letzten Punkt gerecht zu werden, wenngleich Arbeitsfrieden

51 Bericht Thomas, 11.7.1935, in einer Besprechung im Reichskriegsministerium. Niederschrift der Sitzung, PA, Geheimakten II FK 30, Bd 9.

52 RGBl. 1935, T. I, S. 1337.

53 Vgl. Tabellen 7a-7j, Quelle: u.a. BA-MA, Wi VI/355.

54 Schreiben des Oberbefehlshabers der Kriegsmarine, 22.1.1936, an die Reichsstelle für Außenhandel, BA, Rep. 317/112.

55 Schreiben des Oberkommandos der Wehrmacht (OKW), 22.7.1939, an Auswärtiges Amt, PA, Abt. W. Handel mit Kriegsgerät, Allgemeines, Bd 4.

durch Vollbeschäftigung zu den wichtigsten Prämissen einer Konsolidierung der NS-Macht zählte. Die in den Kriegsgeräteexport gesetzten außenwirtschaftlichen Hoffnungen blieben hingegen unerfüllt. Eine erste Überschlagsrechnung für 1936 erbrachte höchst dürftige Ergebnisse, zumal er nur einen verschwindend geringen Anteil am Gesamtexport ausmachte. Einerseits sahen Verträge mit dem derzeitigen Hauptabnehmer China Devisenzahlungen überhaupt nicht vor. Von den in der Rangliste folgenden Staaten war Bulgarien zu 60 Prozent vom deutschen Außenhandel abhängig und schlechterdings zur Devisenzahlung außerstande. Die beachtlichen Verträge mit der Türkei basierten auf einer Devisenquote von lediglich vier Prozent, die mit Ungarn von elf Prozent. Griechenland kaufte Waffen im Tausch gegen Erze, die Deutschland längst verarbeitet hatte, der Rest wurde verrechnet mit bereits früher dem Reich gelieferten Lebensmitteln und Tabaken, die, so hieß es lapidar im Jahresbericht der Ausfuhrgemeinschaft für Kriegsgerät, »schon aufgegessen oder verraucht« waren[56]. Mitte 1939 war der Erlös an Bardevisen merklich zurückgegangen, obgleich Göring eine Exportförderung »auch durch Ausfuhr unserer hochwertigen Waffen« angeordnet hatte, »die jedoch nur gegen Devisen oder gegen Hereinnahme von Rohstoffen abgegeben« wurden[57]. Dieser Rückgang beruhte zum Teil auf dem mit Rücksicht auf den japanischen Verbündeten verfügten Lieferstopp nach China, so daß nun Brasilien[58] und die südosteuropäischen Staaten an die Spitze der Abnehmerländer getreten waren, die aber im Rahmen von langfristigen Krediten oder Kreditabkommen beziehungsweise im Tausch gegen Rohstoffe und Nahrungsmittel deutsches Kriegsgerät bezogen. Andererseits weckte der forcierte Kriegsgeräteexport einen erheblichen Mehrbedarf an Rohstoffen, sofern er nicht auf Kosten der deutschen Aufrüstung betrieben werden sollte, was sich in der Praxis aber nicht vermeiden ließ. In der Tat war der Verkauf von Kriegsgerät ins Ausland »kaum möglich, ohne daß die Wehrmacht Verzichte auf sich nahm oder aus ihrer laufenden Fertigung oder sogar aus Beständen Gerät abgab«[59].

Als die Abteilung für Zentrale Wirtschaftsbeobachtung bei der Reichswirtschaftskammer im Frühjahr 1936 eine Gesamtanalyse der wirtschaftlichen Verhältnisse anstellte, fiel das Ergebnis niederschmetternd aus. Die in den Kriegsgeräteexport gesetzten Hoffnungen auf vermehrt anfallende Devisen zum Zwecke der Rohstoff- und Nahrungsmitteleinfuhr hatten getrogen, und es zeigte sich, »daß die Deutsche Rohstoffversorgung erstmals ernstlich bedroht« war. Es ergab sich vor allem, »daß insbesondere die deutsche Ernährungswirtschaft für dieses Jahr auf eine Rekordernte angewiesen« war, »wenn eine erhebliche Verknappung der

---

56 Ebd., Bd 1.

57 Protokoll der Sitzung des Reichsverteidigungsrates, 18.11.1938, Geheime Kommandosache, BA-MA, Wi I F 5/5690.

58 Vgl. Willi A. Boelcke, Die Waffengeschäfte des Dritten Reiches mit Brasilien, in: Tradition (1971), S. 177-200.

59 Bericht des Vorsitzenden des Reichsverteidigungsausschusses an den Reichsverteidigungsrat, Geheime Kommandosache, Anlage zum Verteiler des OKW, 5.6.1939, BA-MA, RW 4/523.

wichtigsten Nahrungsmittel vermieden werden« sollte, wobei man sich über die Versorgung mit den wenigen wichtigen geflissentlich ausschwieg[60].

Im Reichsverteidigungsausschuß kamen nun die Karten offen auf den Tisch, wobei zutage trat, daß »die starke Wirtschaftsbelegung oder – genauer ausgedrückt – die Aufrüstung und Arbeitsbeschaffung« nur hatten geleistet werden können durch den Verbrauch der »Rohstoffvorräte, die in früheren Jahren angesammelt oder gegen eine Neuverschuldung auf Verrechnungskonten aus dem Ausland bezogen worden waren«. Folgende Beispiele mögen diese Aussage unterstreichen. Von März bis Dezember 1935 gingen zurück:

Eisenerz	um mehr als ein Drittel,
Kupfer, Blei	um fast zwei Drittel,
Zink	um mehr als zwei Drittel,
Wolle, Kammzüge	um mehr als die Hälfte,
Baumwolle	um mehr als die Hälfte,
Jute	um fast zwei Drittel,
Häute, Felle	um fast die Hälfte,
Kautschuk	um mehr als zwei Drittel.

Dies bedeutete eine Bevorratung der Rüstungsindustrie von ein bis zwei Monaten. Zur Aufrechterhaltung der gewerblichen Wirtschaft, der Aufrüstung und der Ernährung auf dem bisherigen Stand bedurfte es 1936 einer Erhöhung der Gesamteinfuhr gegenüber dem Jahre 1935 um vier Prozent, bei den Nahrungsmitteln um zehn Prozent als Mehraufwand infolge Preissteigerungen und um zehn Prozent zur Schonung der Vorräte[61]. Die Konjunktur- und Wirtschaftsforschung errechnete für das Jahr 1936 demzufolge eine notwendige Ausfuhrsteigerung von einer Milliarde Reichsmark, wollte man zum einen das Produktionsvolumen von 1935 beibehalten und die Arbeitsplätze sichern und zum anderen die zusammengeschrumpften Vorräte nicht auf Null sinken lassen. Von einer Wiederauffüllung der Reserven war erst gar nicht die Rede. Statt der geforderten Steigerung um eine Milliarde erzielte man schließlich eine Effektive von 59 Mill. RM[62]. Die Schere zwischen Rohstoffbedarf und Devisenertrag und zwischen Eigenproduktion und Einfuhrquote klaffte immer weiter auseinander und hatte nahezu ihren Grenzwinkel erreicht.

Der Versuch des Reichs- und Preußischen Wirtschaftsministeriums, Produktionsprioritäten zu setzen, indem es Auslandsaufträgen grundsätzlich den Vorrang vor öffentlichen und damit auch vor rüstungsbedingten einräumte[63], scheiterte am Widerstand Görings[64], der im Mai 1936 vor dem neu eingesetzten Gutachteraus-

---

60 Die deutsche Rohstoff- und Ernährungslage in ihrer volkswirtschaftlichen Verflechtung, Geheimer Bericht vom Mai 1936, BA-MA, Wi I F 5/1568.

61 Bericht über die 12. Sitzung des Reichsverteidigungsausschusses, 14.5.1936, Geheime Reichssache, BA-MA, Wi I F 5/701.

62 Bericht des Wehrwirtschaftsstabes, 1.2.1938, BA-MA, Wi F 5/543.

63 Verfügung, 7.4.1936, BA, R 43 II/332.

64 Göring erhielt am 4.4.1936 von Hitler den Auftrag, alle erforderlichen Maßnahmen zur Verbesserung der Rohstoff- und Devisenlage zu ergreifen, »um die weitere Wehrhaftmachung sicherzu-

schuß für Exportfragen die Parole ausgab: »Primär ist das politische Muß des gleichen Tempos der Aufrüstung[65].«

Die unzureichende Devisen- und Rohstofflage führte zu Störungen bei den Wehrmachtsaufträgen. Knappheit herrschte insbesondere auf dem Rohgummi-Sektor und dem der unedlen Metalle, wodurch im Laufe des Jahres 1936 eine Gefährdung der planmäßigen Fortführung langfristiger Programme drohte. Das Wort von der »Exportsteigerung« gewann allmählich traumatischen Charakter, und es entwickelte sich zum Schlüsselbegriff aller wirtschaftspolitischen Diskussionen. Die Einsicht in die Unmöglichkeit, die Krise der Rüstungswirtschaft allein über eine Intensivierung des Außenhandels steuern zu können, führte im Spätsommer des Jahres zur Ausarbeitung und Proklamation des sogenannten Vierjahresplanes, dessen Funktion im »Erreichen des höchstmöglichen Rüstungsstandes, wehrpolitisch und wirtschaftspolitisch« lag, denn diese Begriffe waren »nicht polar, sondern homogen«[66]. Als Pendant zum vorwiegend außenwirtschaftlich orientierten »Neuen Plan« verpflichtete er die Wirtschaft zum rücksichtslosen Ausschöpfen der einheimischen Rohstoffquellen sowohl im Bereich der Rohstoffförderung als auch der Ersatz- und Werkstoffproduktion. Diese binnenwirtschaftlichen Anstrengungen waren aber nicht gleichbedeutend mit einer Einschränkung des Außenhandels. Diesem oblag es nach wie vor, »die Ernährung und die Bewaffnung des deutschen Volkes« sicherzustellen[67], und zwar mit unverminderter Anstrengung. Auf den ersten Blick trugen die Bemühungen auch Früchte, denn das Jahr 1937 erbrachte eine merkliche Außenhandelssteigerung, seitens der Ausfuhr ebenso wie seitens der Einfuhr. Dennoch blieb der Außenhandelsüberschuß um über 100 Mill. RM hinter dem des Vorjahres zurück. Die Devisen- und Goldbestände erreichten einen weiteren Tiefstand, und die notwendigen Importe zu Erfüllung der im Vierjahresplan stark erhöhten Produktionsnormen konnten daher nicht annähernd bereitgestellt werden. Die Rohstoffknappheit traf vor allem die Produktion der stahlverarbeitenden, das heißt der rüstungsintensivsten Betriebe. Infolgedessen schrumpften die der Wehrmacht zugeteilten Stahlkontingente 1937 um 50 Prozent des Plansolls zusammen, wodurch unter anderem der Schiffsbau nicht im Rahmen des im Londoner Abkommen festgelegten gegenseitigen Verhältnisses vonstatten ging, die Kraftwagenproduktion ihr Soll nicht erreichte, das auf das Jahr 1942 ausgerichtete Befestigungsprogramm auf das Jahr 1948 gestreckt wurde und der erforderliche Munitionsbedarf nicht zu decken war[68].

---

stellen«. Auswärtiges Amt, Büro Reichsminister, Erlaß des Führers zur Verbesserung der Rohstoff- und Devisenlage.

65 Niederschrift der Sitzung, 15.5.1936, BA, R 26 I/36.

66 Vorschläge zur Durchführung des zweiten Vierjahresplanes 37/40, von Hauptmann Dr. Zinnemann, Wehrwirtschaftsstab, BA-MA, Wi I F 5/1083. Zum Thema Wehrmacht und Vierjahresplan vgl. Raimund Wagner, Die Wehrmachtführung und die Vierjahrplanpolitik im faschistischen Deutschland vor der Entfesselung des Zweiten Weltkrieges, in: Militärgeschichte, 12 (1973), S. 180-188.

67 Göring in der Sitzung des Gutachterausschusses für Exportfragen, 30.6.1936, BA, R 26 1/36.

68 Vortrag Thomas, Juli 1937, vor Hitler, BA-MA, Wi I F 5/114.

Graphik 1
Ausfuhr und Auftragseingänge 1938 für das Altreich (in Mill. RM)

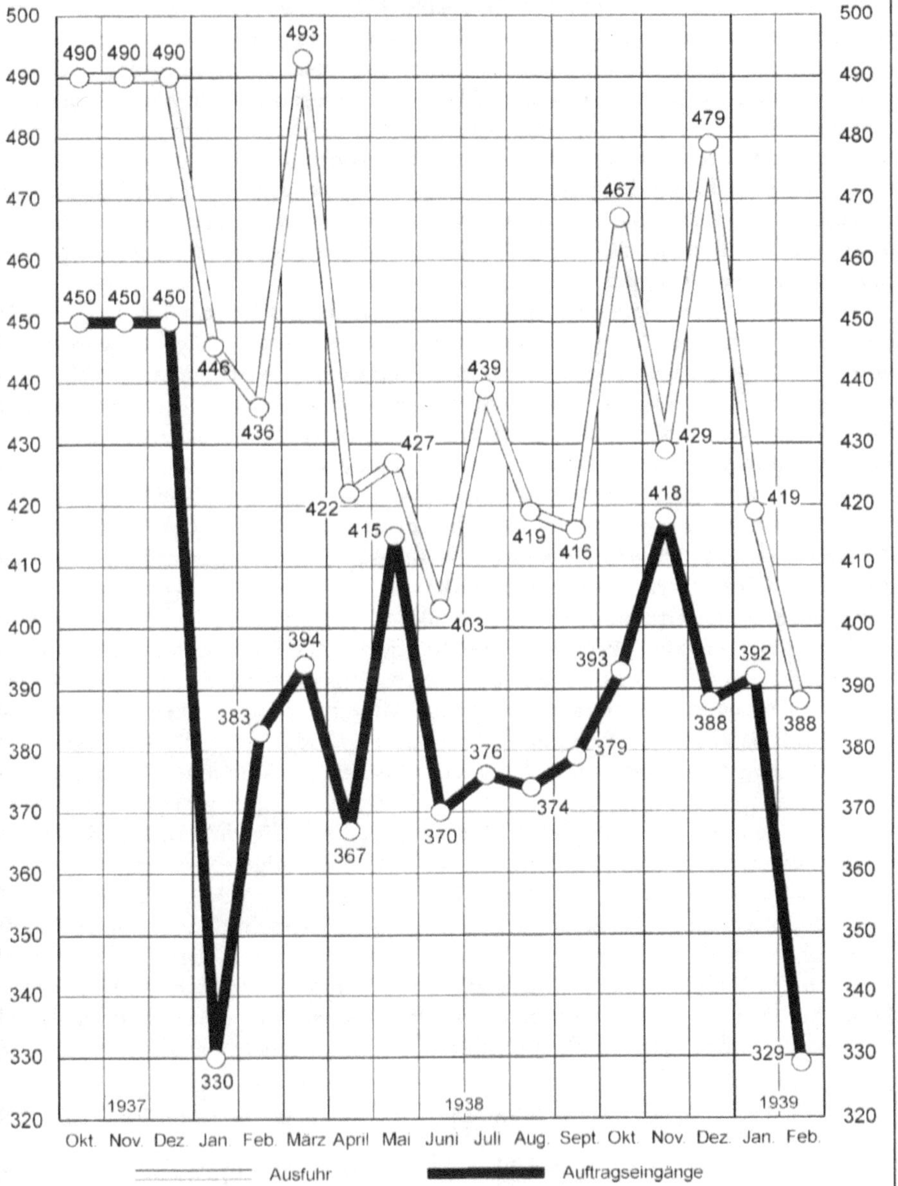

Anteil des Exports an der Produktion: 1923 = 22,5%; 1937 = 16,2%; 1. Halbjahr 1938 = 13,1%

Quelle: u. a. BA-MA, Wi I F 5/543.

Hitlers erklärtem Bemühen, »jede Möglichkeit wahrzunehmen, unsere wirtschaftlichen Beziehungen zu anderen Völkern zu stärken«, waren deutliche Grenzen gesetzt[69], obgleich die neue Parole gegen den Widerstand Görings lautete: »Export geht vorläufig allem anderen, auch der Rüstung, voran![70]« Natürlich wirkte sich der erneute Rückschlag in der Weltkonjunktur negativ auf die deutsche Handelsbilanz aus. Schwerer wog aber die zum Teil volle Auslastung der früher exportorientierten Industrien in Deutschland mit Investitionsaufträgen. Zudem verlängerten dringliche innerdeutsche Rüstungsobjekte die Lieferfristen und minderten die Konkurrenzfähigkeit der deutschen Exportindustrie, so daß deren Auftragspolster im Laufe des Jahres 1938 rapide schwand, mitunter um 30 Prozent. Insgesamt hatten sich die Proportionen von inländischer Erzeugung und Ausfuhr durch die Aufrüstung zwischen 1933 und 1938 permanent zuungunsten des Exports verschoben (Graphik 1).

Das Dilemma, in dem sich die »Wehrwirtschaft« des Dritten Reiches 1937/38 befand, ist von einem zeitgenössischen Beobachter genau analysiert worden. Als wissenschaftlicher Mitarbeiter im »Mitteleuropäischen Wirtschaftstag e.V.«, einer vom Stahlhof gegründeten Interessenvertretung der Industrie, die »ständige enge Fühlung mit der Reichswehr [...], speziell mit dem Kriegswirtschaftsamt [...], dem Heeresverpflegungsamt [...] sowie mit dem Auswärtigen Amt« hielt, verfügte Sohn-Rethel gleichermaßen über die gebotene Sachkenntnis zur Beurteilung ökonomischer Zusammenhänge wie über zuverlässige wirtschaftspolitische Informationen, die eine nüchterne Diagnose ebenso ermöglichten wie Aussagen über die Ziele der nationalsozialistischen Wirtschaftspolitik vor dem Zweiten Weltkrieg[71]. Seiner Auffassung nach hatte die Rüstungsproduktion im genannten Zeitraum die Grenze ihrer Steigerungsfähigkeit im Frieden erreicht. Das Rüstungstempo wurde von unbefriedigender Rohstoffzufuhr bei gleichzeitigem Mangel an Arbeitskräften wegen inzwischen eingetretener Vollbeschäftigung programmiert. Von beiden Faktoren hing auch die durch den Aufbau rüstungsindustrieller Reservekapazitäten für den Kriegsfall (sogenannter Schattenindustrien) entstandene Investitionskonjunktur ab. Deren Umstellung auf devisenbringende Exportgüter war von daher ebenso undenkbar wie vom Gesichtspunkt ihrer Zweckbestimmung – nämlich bei Kriegsausbruch voll funktionsfähig für die Rüstungsproduktion zu sein.

Wie aber ließ sich trotz ungenügender Rüstung das Projekt der Lebensraumerweiterung verfolgen? Die geschilderte Kalamität überraschte die nationalsozialistische Führungsspitze durchaus nicht. Sie hatte sich frühzeitig abgezeichnet, und im Rahmen des Vierjahresplanes wollte man ihr durch geeignete Schritte beikommen. Hitler beschrieb in seiner bekannten geheimen Denkschrift exakt die dem Vierjahresplan gestellten ökonomischen und politischen Aufgaben, die »in einer Erweite-

---

69 Rede, 30.1.1937, zit. nach Ludwig Siebert, Die neuen Wege in der deutschen Wirtschaft, 2. Aufl., München 1938, S. 107.

70 Bericht des Wehrwirtschaftsstabes, 1.5.1937, über den Stand der wirtschaftlichen Lage, BA-MA, Wo 1-8/44.

71 Alfred Sohn-Rethel, Ökonomie und Klassenstruktur des deutschen Faschismus. Aufzeichnungen und Analysen, hrsg. und eingeleitet von Johannes Agnoli, Bernhard Blanke und Niels Kadritzke, Frankfurt a.M. 1973, S. 33.

rung des Lebensraumes beziehungsweise der Rohstoff- und Ernährungsbasis« beruhten. Wollte man sie erfüllen, kam es darauf an, rüstungsmäßig »jene Maßnahmen zu treffen, die für die Zukunft eine endgültige Lösung« ermöglichten[72]. Da die Voraussetzung einer solchen Rüstung aber durch Knappheit »in Sonderheit von den Rohstoffen und Stoffen, die wir für die Bewaffnung brauch[t]en«[73], besonders ungünstig waren, mußten in der eingetretenen Rohstoff- und Ernährungskrise, also für den Übergang, eine »vorübergehende Entlastung« gefunden werden[74]. Die Lebensraumerweiterung ist demzufolge als eine schrittweise begriffen und betrieben worden, mit kalkuliertem Risiko, auch und gerade unter ökonomischer Motivation. Der Vierjahresplan bedeutete nichts anderes als den Versuch, in einer kurz währenden, übermäßigen wirtschaftlichen Anstrengung auf eine militärische Intervention zwecks partieller Ausdehnung der ökonomischen Grundlage hin zu rüsten, die ausreichend Substanz für erneute Rüstungsinitiativen im Blick auf das Endziel des autarken Lebensraumes bieten sollte.

Die Außenhandelspolitik blieb somit weiterhin rüstungsorientiert, was zur Folge hatte, »daß ein großer Teil der [...] Einfuhr noch nicht unmittelbar der Hebung des Lebensstandards zugute« kam, solange man sich »noch auf dem Wege zur Vervollständigung unserer Landesverteidigung« befand[75]. Ihre Aufgabe bestand darin, sich um den eigenen territorialen Bereich einen Kranz befreundeter oder neutraler Handelspartner zu legen, einen Cordon économique, diesen in möglichst hohe wirtschaftliche Abhängigkeit zu bringen und/oder/beziehungsweise Handelspartner dort zu suchen, »wo sie im Falle von Verwicklungen im Bereich der eigenen Waffen« lagen[76]. Dies verlangte eine Abwendung des deutschen Außenhandels vom Weltmarkt und eine Konzentration auf eine bestimmte Gruppe von Handelspartnern. »Das Schwergewicht des deutschen Außenhandels, vor allem der Einfuhr, sollte von Übersee nach Europa verlagert werden, [...] um Deutschland mit einer ständigen Bezugsreserve an industriellen und agrarischen Rohstoffen in seiner näheren Umgebung zu versehen[77].« Nach diesem Prinzip verfuhr die deutsche Außenhandelspolitik bereits vor 1936. Sie setzte diesen Kurs aber unter dem Vierjahresplan konsequenter fort, was Tabelle 3 beweist.

Wir sehen eine deutliche Einfuhrzunahme aus den nordeuropäischen und aus den südosteuropäischen Staaten sowie aus Polen und den sogenannten Randstaaten. Das gleiche Bild vermittelt die Ausfuhr in Tabelle 4.

72 Wilhelm Treue, Hitlers Denkschrift zum Vierjahresplan 1936, in: Vierteljahrshefte für Zeitgeschichte (VfZG), 3 (1955), S. 184-210, hier S. 206.

73 Göring in der Sitzung des Gutachterausschusses für Exportfragen, 30.6.1936, BA, R 26 I/36.

74 Vgl. Sohn-Rethel, Ökonomie (wie Anm. 71), S. 33.

75 Rudolf Brinkmann, Außenhandel und Handelspolitik, in: Vierjahresplan, 2 (1938), S. 386-388, hier S. 387.

76 Die Deutsche Volkswirtschaft, 3 (1934), S. 482.

77 Sohn-Rethel, Ökonomie und Klassenstruktur (wie Anm. 71), S. 82 f.

Tabelle 3
Deutschlands Einfuhr aus Europa
(in Mill. RM)

	1932	1933	1934	1935	1936	1937	1938
England	259	238	206	256	264	309	283
Schweden	95	103	134	153	192	232	262
Italien	181	166	185	188	209	221	246
Niederlande	273	232	264	196	169	216	198
Belgien-Lux.	146	139	161	126	139	197	194
Dänemark	122	104	101	119	154	158	166
Frankreich	190	184	177	154	99	156	144
Rumänien	74	46	59	80	92	180	140
ČSR	140	122	162	121	112	141	130
Türkei	40	38	68	93	119	98	116
Ungarn	36	34	64	78	93	114	110
Jugoslawien	30	34	36	61	75	132	108
Schweiz	92	83	116	114	106	94	103
Norwegen	52	73	69	94	88	91	99
Polen	59	56	54	59	58	68	95
Griechenland	60	53	55	59	68	76	94
Spanien	99	87	100	118	98	123	92
Bulgarien	35	31	34	41	58	72	84
Sowjetunion	271	194	210	215	93	65	47
Österreich	65	58	66	71	77	93	–
Sonstige Länder	221	244	307	168	159	202	255
Einfuhr aus Europa	2540	2319	2628	2564	2522	3038	2966
Anteil an der Gesamteinfuhr	54%	55%	59%	62%	60%	56%	54%

Quelle Eicke warum Außenhandel? (wie Anm. 16), S. 35

© MGFA 04581-03

Zudem traten als Rohstofflieferanten südamerikanische Staaten immer stärker in den Vordergrund, während die USA immer stärker abfielen. Besonders beispielhaft läßt sich dies an der Einfuhr von Baumwolle und Kupfer zeigen, für die auch Afrika in wachsendem Maße herangezogen wurde (Tabelle 5).

Rein numerisch fanden mit den späteren Benelux-Ländern, den nord- und nordosteuropäischen Staaten, Polen, der Tschechoslowakei, Österreich, der Schweiz, den Staaten Südosteuropas und der Türkei die weitaus meisten Vereinbarungen und Regelungen über bilateralen Waren- und Zahlungsverkehr zwischen 1936 und 1939 ihren Abschluß.

Auf die Verlagerung des Außenhandels gerade nach Südosteuropa ist in der Forschung mehrfach hingewiesen worden[78]. Liest man, daß sich diese Länder 1938

[78] Etwa in dem Aufsatz von Bernd Jürgen Wendt, England und der deutsche »Drang nach Südosten«. Kapitalbeziehungen und Warenverkehr in Südosteuropa zwischen den Weltkriegen, in: Deutschland in der Weltpolitik des 19. und 20. Jahrhunderts. Fritz Fischer zum 65. Geburtstag, hrsg. von Imanuel Geiss und Bernd Jürgen Wendt, Düsseldorf 1973, S. 483-512, hier auch wei-

Tabelle 4
Einfuhr und Ausfuhr Deutschlands
(in Mill. RM)

	Einfuhr Deutschlands					Ausfuhr Deutschlands				
	1932	1935	1936	1937	1938	1932	1935	1936	1937	1938
Skandinavische Staaten	273	369	439	488	533	495	439	509	634	598
Südoststaaten	373	441	498	715	666	450	384	515	707	681
Türkei	40	93	118	98	116	31	67	79	111	151
Österreich	65	71	77	93	–	160	108	109	123	–
Polen und Randstaaten	169	163	176	237	293	197	159	184	247	303
Sowjetunion	271	215	93	65	47	626	39	126	117	32
Nord- und Oststaaten insgesamt	1 191	1 352	1 401	1 696	1 655	1 959	1 196	1 522	1 939	1 765
Südamerikan. Staaten	353	467	435	731	696	192	326	409	532	534
USA	598	243	244	282	405	295	177	183	210	150
China	177	56	70	94	102	81	91	126	148	99
Mittelamerikan. Staaten	91	79	100	119	114	44	65	100	120	89
Japan mit Außenbesitz einschl. Mandschukuo	19	67	68	90	102	81	88	82	129	120

Quelle: Eicke, Warum Außenhandel? (wie Anm. 16), S. 39

zu zehn bis elf Prozent am deutschen Außenhandel beteiligten, besagt dies zunächst wenig. Erfährt man aber umgekehrt, daß Jugoslawien, Ungarn, Rumänien, Bulgarien und Griechenland im selben Jahr im Schnitt rund 50 Prozent aller ihrer Außenhandelsgeschäfte mit Deutschland tätigten, vermag man den Grad ihrer nicht nur wirtschaftlichen Gebundenheit, sondern darüber hinaus auch ihrer politischen Abhängigkeit vom Dritten Reich zu ermessen. Und das NS-System zögerte nicht, diese sorgsam aufgebaute Position skrupellos auszunutzen. Während es ein Optimum an potentiellen Nahrungs- und Rüstungsgütern bezog, dachte es nicht daran, die Handelsbilanz seinerseits durch hinreichende Zahlungen oder Gegenlieferungen auszugleichen. Von den Sachverständigen des Exportausschusses auf die Gefahr eines solchen Ungleichgewichtes bereits 1936 angesprochen, reagierte Göring höchst ungehalten mit der Aufforderung, sich um brennendere Fragen zu kümmern. »Was später geschehen wird«, belehrte er seine Zuhörer, »werden wir später erledigen, primär ist momentane Deckung des Rohstoffbedarfs«[79]. Auch Schacht, der als Reichs- und Preußischer Wirtschaftsminister die Umstellung des Exports auf rohstoffliefernde Länder »durch eine geeignete Handhabung des Verrechnungssystems unter Vermeidung von Devisenbarzahlungen« zunächst förderte, zeigte sich im Spätsommer 1937 nicht mehr gewillt, eine Außenhandelspolitik federführend zu verantworten, die auf machtpolitischen Zukunftsperspektiven

terführende Literaturhinweise; Griff nach Südosteuropa. Neue Dokumente über die Politik des deutschen Imperialismus und Militarismus gegenüber Südosteuropa im zweiten Weltkrieg, hrsg. von Wolfgang Schürmann, Berlin (Ost) 1973.

[79] Niederschrift der Sitzung des Gutachterausschusses für Exportfragen, 15.5.1936, BA, R 26 I/36.

Tabelle 5
Einfuhr von Baumwolle und Kupfer
(in 1000 t)

Einfuhr von Baumwolle

Lieferant	1927	1929	1932	1934	1935	1936	1937	1938
Brasilien	1	1	–	8	83	38	70	103
USA	464	336	317	220	106	117	119	85
Ägypten	24	24	34	45	40	30	42	46
Brit.-Indien	38	57	24	38	32	39	37	30
Argentinien	2	3	5	6	15	10	6	17
Peru	3	2	8	11	25	19	19	14
Türkei	–	–	2	6	15	16	8	4
Sonstige Länder	59	54	35	65	81	56	49	54
Insgesamt	591	477	425	399	397	325	350	353

Einfuhr von Kupfer

Lieferant	1927	1929	1932	1934	1935	1936	1937	1938
USA	196	110	37	67	35	21	51	92
Südafrikanische Union und Rhodesien	1	1	26	46	48	40	53	78
Belgisch Kongo	1	4	18	25	25	28	30	40
Chile	37	40	18	23	35	19	20	40
Großbritannien	13	13	8	11	19	26	34	29
Schweden	5	6	7	6	10	11	9	12
Jugoslawien	7	8	14	9	12	13	12	7
Sonstige Länder	48	80	47	42	32	37	54	60
Insgesamt	308	262	175	229	216	195	263	358

Quelle: Eicke, Warum Außenhandel? (wie Anm. 16), S. 20 f.

beruhte, statt sich an ökonomischen Prinzipien auszurichten. In einem Schriftwechsel mit dem Beauftragten für den Vierjahresplan, Göring, entspann sich eine harte Kontroverse um die maßgeblichen Richtlinien für die Außenwirtschaft, in deren Verlauf Schacht als Wirtschaftsminister seinen Abschied nahm. Er warnte vor einer weiteren Rohstoff- und Nahrungsmittelausbeutung namentlich Südosteuropas und der Türkei, eine Ausbeutung von Ländern, bei denen das Reich mit einer halben Milliarde Reichsmark verschuldet war, und Schacht prophezeite für die Zukunft einen empfindlichen Ausfuhrrückgang, wenn man die Rohstoffe in gesteigertem Umfang für die Rüstungsgüter- statt für die Exportgüterproduktion in Anspruch nahm. Auf keinen Fall wollte er dem von Göring verfügten vollständigen Verbrauch der ohnehin minimalen Gold- und Devisenreserven als Vorschuß auf die Rohstoff- und Nahrungsmittelreserven des zu erobernden Lebensraumes zustimmen[80]. Der Preußische Ministerpräsident wies indessen solche Bedenken energisch mit dem Hinweis zurück, »daß von der Exportseite her allein die [...]

80 Brief Schachts, 5.8.1937, an Göring, IMT 36, Dok. 497-EC, S. 467-578, hier S. 569.

gestellten Aufgaben nicht zu lösen« wären und daß die im Vierjahresplan zu gewinnenden Roh- und Werkstoffe letztlich die Devisen ersetzten[81].

In einer Situation, in der die Nahrungsmittelvorräte der Streitkräfte zu deren laufender Verpflegung herhalten mußten, drängte – wie es ein im Dritten Reich engagierter Wirtschaftswissenschaftler formulierte – der deutsche Binnenwirtschaftsraum »nach Erweiterung, weil die Wirtschaftlichkeit so stark belastet war, daß die Wehrhaftigkeit und Sicherheit nicht [mehr] gefördert werden« konnten[82]. Der Handel mit Südosteuropa hatte sicher ökonomische Motive, er war aber auch weitgehend politisch orientiert, »nicht nur zur Sicherung notwendiger Einfuhren im Frieden wie im Kriegsfall durch Intensivierung eines nachbarlichen Güteraustausches, sondern auch aus ferner liegenden Gründen wie etwa [...] der Anknüpfung politischer Beziehungen über handelspolitische«. Für die Nationalsozialisten bedeutete dies in concreto, »daß auch nach einer Beseitigung der deutschen Zwangslage etwa die erhebliche Verlagerung des Nahrungs- und Futtermittelbezugs von Übersee und Westeuropa nach Südosteuropa nicht rückgängig gemacht werden« würde, »obwohl die Preislage dort vielleicht 20 % günstiger« war, »solange politische Gründe eine wirtschaftliche Verflechtung mit den Südoststaaten notwendig erscheinen« ließen[83]. »Denn«, so fragte der Kieler Wirtschaftswissenschaftler Predöhl, »was will denn die autonome Wirtschaftspolitik? Sie will nicht den größtmöglichen wirtschaftlichen Ertrag, sondern die bestmögliche Erreichung aller Ziele des Volkes. Sie verzichtet auf die maximale Güterversorgung und nimmt ökonomische Opfer in Kauf, wenn dieses Maximum mit Gefährdung anderer politischer Ziele verbunden ist[84].«

Dies war der auch von anderer Seite längst intonierte Ruf nach der Großraumwirtschaft durch Einbeziehung fremden Territoriums, der auch für den Außenhandel neue Akzente setzte. Angestimmt hatten ihn so engagierte Verfechter des Autarkiegedankens wie der enge Mitarbeiter Darrés, Friedrich Zimmermann[85]. Seine bereits vor der Machtergreifung unter dem Pseudonym Ferdinand Fried erschienenen Schriften[86] gingen von der Unmöglichkeit einer Selbstversorgung Deutschlands in den gesteckten Grenzen aus, und der Autor verstand Autarkie lediglich als die »größtmögliche wirtschaftliche Unabhängigkeit«[87]. Als Ausgangspunkt einer Autarkiewirtschaft fixierte er »grundsätzlich immer die eigene Versorgung« und erst dort, wo diese nicht zu erreichen war, konnte »ein noch vorhandener Bedarf zusätzlich durch Auslandswaren gedeckt werden«. Aufgrund eines genauen Bedarfsplanes hatte sich dann ein »Austausch von bestimmten Warenmen-

81 Brief Görings, 22.8.1937, an Schacht, ebd., Dok. 493-EC, S. 549-564, hier S. 554.
82 A. Predöhl, zit. nach Meier, Deutsche Außenhandelsregulierung (wie Anm. 1), S. 55.
83 Hans Weidemann, Die Gestaltung der deutschen Außenwirtschaft unter dem Neuen Plan, Diss., Frankfurt a.M. 1938, S. 66.
84 Andreas Predöhl, Die Beziehungen zwischen Währung und Handelspolitik, in: Zeitschrift für die gesamte Staatswissenschaft, 97 (1937), S. 71-84, hier S. 77.
85 Stabsleiter im Stabsamt des Reichsbauernführers und ab 1953 wirtschaftspolitischer Mitarbeiter der »Welt«.
86 Zum Beispiel: Das Ende des Kapitalismus, Jena 1931; Die Zukunft des Außenhandels, Jena 1934.
87 Ferdinand Fried, Autarkie, Jena 1932, S. 46.

gen zwischen zwei Ländern« zu vollziehen[88]. Dieser bilaterale Handelsverkehr brachte nach Zimmermanns Vorstellung die Partner zwangsläufig in wechselseitige Abhängigkeit, die »ganz natürlich zu einem Zusammenschluß, zu mehr oder minder großen ›Wirtschaftsräumen‹« führen mußte[89].

Die naheliegendste Erweiterung des deutschen Wirtschaftsraumes, die Angliederung Österreichs, bereitete man zunächst in handelspolitischen Vereinbarungen vor, nämlich in einem geheimen Protokoll vom Frühjahr 1937 zwischen der italienischen und der deutschen Regierung. In diesem wurde der gemeinsame Wille zum Ausdruck gebracht, festzulegen, »in welcher Weise Deutschland und Italien sich gegenseitig in normalen und anormalen Zeiten über das bisherige Maß hinaus besondere Unterstützung auf wirtschaftlichem Gebiet gewähren könn[t]en«. Zu diesem Zweck tauschten beide Seiten Wunschlisten dringend benötigter Rohstoffe, Nahrungsmittel und Chemieerzeugnisse aus. Ferner versprachen die Parteien zu prüfen, »ob und in welchem Umfange die industrielle Aufrüstung des einen Landes von dem anderen Lande durch die Erleichterung der Überlassung von Patenten und Lizenzen« zu fördern sei. »Im Einvernehmen darüber«, daß bei der angestrebten rüstungswirtschaftlichen Kommunikation, insbesondere in einem erwarteten Konfliktfall, »die Transportfrage von entscheidender Bedeutung« sein mußte, ging man davon aus, »daß nur der Weg über Österreich frei« war[90]. Somit fielen die Würfel über das Schicksal dieses Staates bereits ein Jahr vor seiner Annexion.

Die am 13. März 1938 vollzogene Angliederung Österreichs verdient wehrökonomisch besondere Beachtung, gerade unter außenwirtschaftlichen Aspekten. Immerhin brachte sie – nach Abzug der österreichischen Eigenbedürfnisse – dem Dritten Reich einen zusätzlichen Devisenbetrag von 295 Mill. RM[91]. Ferner flossen der deutschen Rüstungswirtschaft bisherige österreichische Exportquoten an Hölzern, Eisenerzen, Magnesit und Bleizinkerzen in einem Umfang zu, »daß rohstoff- und devisenwirtschaftlich die erste Hälfte des Vierjahresplans gesichert« war, was bislang durchaus offengestanden hatte. Es ergaben sich aber auch durchaus negative Aspekte der Eingliederung Österreichs. Das Land mußte insgesamt versorgungswirtschaftlich vorerst »als ein Zuschußgebiet ersten Ranges betrachtet [...] und damit wehrwirtschaftlich als eine Belastung angesehen werden«. Nach Überzeugung informierter Kreise würden allerdings »die Mobilisierung der wirtschaftlichen, verkehrsgeographischen und strategischen Möglichkeiten [...] in verhältnismäßig kurzer Zeit den Einsatz dieser Zuschußmittel [...] rechtfertigen«[92]. Die eigentliche wehrwirtschaftliche Bedeutung der Einverleibung Österreichs wurde aus

---

88 Ebd., S. 47.

89 Ebd., S. 126.

90 Geheimes Protokoll, 14.5.1937, PA, Ha. Pol. Italien, Geheime Zusatzabkommen und Vereinbarungen, Bd 1.

91 Vgl. Besprechung über Wirtschaftsfragen, 19.5.1938, unter Vorsitz von Staatssekretär Körner in Anwesenheit der Staatssekretäre Backe, Brinkmann, Alpers, Keppler. Geheime Reichssache, BA, R 26 IV/4; vgl. Norbert Schausberger, Der wirtschaftliche Anschluß Österreichs 1938, in: Österreich in Geschichte und Literatur, 18 (1971), S. 249-273.

92 Studie des Statistischen Reichsamts, Geheime Reichssache, BA, R 24/17, fol. 1.

der Tatsache ersichtlich, daß das Deutsche Reich »nunmehr unmittelbar an den südosteuropäischen Raum« angrenzte, »der als Nahrungsmittel- und Rohstofflieferant und als Absatzgebiet für die industriellen Fertigerzeugnisse sein natürliches Hinterland darstellt[e]«[93]. Nunmehr ragte es »weit in den kriegsversorgungswirtschaftlich überaus bedeutsamen europäischen Südosten hinein«[94]. Nutzte man die wirtschaftliche Vorpostenstellung Österreichs gegenüber Südosteuropa, dann bestand die berechtigte Hoffnung, die deutsche Rohstoff- und Devisenwirtschaft – wenn auch »nur auf lange Sicht« – zu entlasten[95]. Mit dieser Aussicht wollten sich die Nationalsozialisten aber keineswegs zufriedengeben, und ein führender NS-Wirtschaftsexperte, der Direktor im Statistischen Reichsamt, Grävell, deutete in einer Fachzeitschrift an, daß das Dritte Reich sich nicht in derzeit festgelegten Grenzen einzurichten gedenke, wenn er »schon die herrlichen Ziele einer Neuordnung der Welt« vor Augen hatte, die »auf dem Willen der Völker zur gegenseitigen Ergänzung im Rahmen jener Großwirtschaftsräume, die durch die Lebensbedürfnisse der großen Nationalwirtschaften bestimmt sind«, beruhen werde[96]. Denn erst der Ergänzungsraum biete, zusammen mit dem eigenen Land, einer nicht autarken Volkswirtschaft den lebensnotwendigen Versorgungsraum.

Wo dieser Ergänzungsraum à la longue zu suchen war, hatte Hitler in seiner berühmten Reichstagsrede vom 30. Januar 1937 ganz prononciert und unzweideutig erklärt, als er ausführte:

> »Deutschland lebt heute in Zeiten eines schweren Kampfes um Lebensmittel und Rohstoffe. Ein genügender Einkauf wäre nur denkbar bei einer fortgesetzten und dauernden Steigerung unserer Ausfuhr. Also wird die Forderung nach Kolonien in unserem so dicht besiedelten Land als eine selbstverständliche sich immer wieder erheben[97].«

Da Kolonien aber vorerst nicht zur Verfügung standen, mußte man sich vorab mit einem engeren Großraum unter Einschluß Südosteuropas bescheiden. Deshalb hatte von der österreichischen Bastion her »die wirtschaftliche Erfassung des Süd-ost-Raumes, umfassend die Staaten Ungarn, Jugoslawien, Bulgarien und Rumänien, aus[zu]gehen«[98]. Für den deutschen Außenhandel bestand allerdings die Schwierigkeit, selbständige Staaten des Großraumes nicht wie Kolonien behandeln zu dürfen, sie aber dennoch zu Gliedern eines einheitlichen Wirtschaftsgefüges machen zu sollen. So stellte sich die Notwendigkeit, »dem Außenhandel als Versorgungshandel Spielregeln« zu geben, »die alle beteiligten Nationen in Erkenntnis ihrer Ergänzungsbedürftigkeit, ihrer gegenseitigen Ergänzungsmöglichkeiten und des gleichen Ziels, ihren Wohlstand zu vergrößern, einzuhalten bereit« sein würden[99].

Die Aufgabe, den Nahrungsmittel- und Rohstoffbedarf Deutschlands »in Außenhandelsverträgen derart zu verankern, daß daraus ein Höchstmaß gegenseitiger

---

93 OKW, Stand der wirtschaftlichen Lage, 1.4.1938, BA-MA, Wi I F 5/543.
94 Vgl. Wirtschaftsfragen (wie Anm. 91).
95 Vgl. Studie des Statistischen Reichsamts (wie Anm. 92).
96 Die Deutsche Volkswirtschaft, 8 (1939), S. 43.
97 Domarus, Hitler (wie Anm. 13), I/2, S. 673.
98 Göring auf der Sitzung des Generalrats der Wirtschaft, 5.4.1938, BA, R 26 IV/5.
99 Die Deutsche Volkswirtschaft, 8 (1939), S. 44.

Verpflichtungen« entstand[100], wurde nun tatkräftig in Angriff genommen. Göring drängte auf die Festigung der Wirtschaftsbeziehungen zu Südosteuropa in einer Weise, daß die Handelsbeziehungen »in allen Lagen einen geregelten Warenaustausch sicherstell[t]en«[101].

Diesem Ziel kam das NS-Regime bedeutend nahe durch die Ausdehnung seiner nicht nur ökonomischen, sondern auch territorialen und machtpolitischen Sphäre auf die Tschechoslowakei. Die wehrwirtschaftliche Potenz Deutschlands erfuhr in Form der stark ausgeprägten Rüstungsindustrie der dem Reich einverleibten Territorien dieses Staates eine nicht zu unterschätzende Zunahme. Außenwirtschaftlich befanden sich die neuen Zuwachsgebiete in einer dem »Altreich« ähnlichen Rohstoffabhängigkeit, so daß eine Erleichterung auf diesem Sektor nicht eintrat. Als wichtigster Aktivposten der Zerschlagung der Tschechoslowakei erwies sich allerdings der – wenngleich einmalige – Zufluß von rund 500 Mill. RM an Gold und Devisen sowie Vorratsreserven an Rohstoffen und Fertigwaren von etwa 2,9 Mrd. RM.

> »Weitere wesentliche wehrwirtschaftliche Verbesserungen stell[t]en die durch die Angliederung erfolgte Vergrößerung des großdeutschen Wirtschaftsraumes, die weitere Steigerung der Bedeutung Deutschlands als Abnehmer auf dem Weltmarkt sowie vor allem die nunmehrige endgültige beherrschende Stellung Großdeutschlands im Südostraum dar[102].«

Die wirtschaftliche Autonomie Böhmen-Mährens aufgrund der mit Deutschland geschlossenen Zollunion war nur eine formale und scheinbare. In Wahrheit standen, wie von nationalsozialistischer Seite damals bereits öffentlich zugegeben wurde, alle das Protektorat betreffenden Regelungen im »Einklang [...] mit den politischen, militärischen und wirtschaftlichen Belangen des Reiches[103].«

Die neue ökonomische Position wurde zunächst stabilisiert, indem man im Frühjahr 1939 die Handelsvertragsverhältnisse zwischen Ungarn und dem ehemaligen Staat Österreich beziehungsweise zwischen Ungarn und dem Großdeutschen Reich den politisch-territorialen Veränderungen anpaßte. Die entsprechende Vereinbarung vom 2. März 1939 sah eine Steigerung der deutschen Ausfuhr nach Ungarn um geschätzte 20 Mill. RM vor, während sich die ungarische Ausfuhr ins Reich »nur unwesentlich erhöhen« sollte[104]. In Zusatzprotokollen zu den Verhandlungsergebnissen setzte die deutsche Seite eine Erhöhung der Ausfuhrkontingente aus dem Reich mit politischem Druck durch, und zwar »im Hinblick auf die Wiedervereinigung des Karpatenlandes mit dem Königreich Ungarn«[105], wobei das

[100] Walter Grävell, Nationalwirtschaft, Großraumwirtschaft, Weltwirtschaft, in: Archiv für Rechts- und Sozialphilosophie, 27 (1933/34), S. 99-113, hier S. 109.

[101] Vgl. Göring (wie Anm. 98).

[102] Expertise des Wehrwirtschaftsstabes, 22.3.1939, Geheim, BA-MA, Wi I/177. Vgl. auch F. Friedensburg, Das wehrwirtschaftliche Rohstoffpotential des Protektorats Böhmen-Mähren und der Slowakei, in: Wehrtechnische Monatshefte, 43 (1939), S. 146-155.

[103] Die Deutsche Volkswirtschaft, 8 (1939), S. 312.

[104] Expertise des Reichswirtschaftsministeriums über »Die Entwicklung der wirtschaftspolitischen Beziehungen Deutschlands zum Ausland im ersten Vierteljahr 1939«, BA-MA, Wi VI/112.

[105] Rundschreiben der Wirtschaftsgruppe Textilindustrie Nr. 115/g., 10.7.1939, BA, R 13 12/vorl. 374.

Ziel »eine gegenseitige Ergänzung der beiden Wirtschaften«[106] war. Der am 23. März 1939 mit Rumänien abgeschlossene Entwicklungsvertrag bildete eine Zäsur in der nationalsozialistischen Außenhandelspolitik. Er beruhte auf einem Außenhandelskonzept, welches das IG-Farben Vorstandsmitglied Max Ilgner in die Formel »Exportsteigerung durch Einschaltung in die Industrialisierung der Welt« gekleidet hatte[107]. In der Praxis band der Vertrag Bukarest in einer ökonomischen Zwangsehe an die Wirtschaft des Dritten Reiches. Er basierte auf einem von beiden Ländern erstellten Fünfjahresplan, dem zufolge Rumänien festgelegte Agrarprodukte und Rohstoffe, zum Beispiel Mineralöl, lieferte, für deren Gewinnung und Verarbeitung Berlin die notwendigen Anlagen und Maschinen bereitstellte. Im einzelnen sah der Vertrag vor:

1. Ausbau und Lenkung der rumänischen Agrarwirtschaft im Blick auf den verstärkten Anbau von Futtermitteln, Ölfrüchten und Faserpflanzen;
2. Intensivierung der rumänischen Holz- und Forstwirtschaft;
3. eine forcierte Erschließung der rumänischen Bodenschätze durch gemeinsame deutsch-rumänische Gesellschaften;
4. die Realisierung eines großzügigen Erdölprogramms, ebenfalls durch eine deutsch-rumänische Gesellschaft;
5. eine enge Zusammenarbeit der deutschen mit der rumänischen Industrie zwecks Abstimmung des deutschen und des rumänischen Lieferinteresses;
6. Ausbau des Verkehrsnetzes und des Verkehrswesens allgemein;
7. Ausrüstung der Streitkräfte.

Deutschland war also 1939 handelspolitisch in die entscheidende Phase des Wechsels vom Welthandel zur Großraumwirtschaft eingetreten. Der deutsch-rumänische Kontrakt galt als »Vorbild einer modernen Regelung der wirtschaftlichen Zusammenarbeit zweier Staaten innerhalb des Großwirtschaftsraumes«[108]. In diesem Sinne bemühte man sich um »eine Erweiterung und Ausrichtung der Produktion in den Südoststaaten nach Maßgabe des deutschen Bedarfs«[109], weshalb man im Januar 1939 bereits einen Vertrag zwischen einer deutschen Firmengruppe und einer bulgarischen zur gemeinsamen Ausbeutung von Blei- und Zinkerzvorkommen unterzeichnet hatte. In der Schwebe befanden sich seit Monaten deutsch-jugoslawische Verhandlungen über die Vergabe von Erdölkonzessionen im nördlichen Teil Jugoslawiens. Dieser im Entstehen befindliche Großwirtschaftsraum Deutschland/Südosteuropa fand seine Ergänzung »durch die im Aufbau begriffene deutsch-italienische Verbundwirtschaft«[110]. Konsultationen mit Litauen, ebenfalls im Frühjahr 1939, sollten »die dauerhafte Regelung der gemeinsamen Wirtschaftsfragen« garantieren[111]. Verhandlungen mit Lettland und Estland führten in

---

106 Rundschreiben Nr. 17/G., 18.4.1939, ebd.

107 Max Ilgner, Exportsteigerung durch Einschaltung in die Industrialisierung der Welt, Jena 1938. Als Spezialuntersuchung zum deutsch-rumänischen Wirtschaftsvertrag vgl. Gerda Schwabe, Der Deutsch-Rumänische Wirtschaftsvertrag vom 23. März 1939, Diss. masch., Berlin (Ost) 1968.

108 Josef Koelble, Grundzüge der Neuen Deutschen Wirtschaftsordnung, Leipzig 1939, S. 63.

109 Vgl. Anm. 104.

110 Koelble, Grundzüge (wie Anm. 108), S. 63.

111 Vierteljahrshefte für Wirtschaftsforschung, (1939) 40, S. 8.

die gleiche Richtung, und als vorerst letztes Glied der Kette folgte im Februar 1940 der deutsch-russische Wirtschaftsvertrag, der die »gemeinsame Durchführung eines großen Wirtschaftsprogramms« in Aussicht stellte[112]. »Die endgültige Gestalt des südost- und mitteleuropäischen Großwirtschaftsraumes«, so hieß es sibyllinisch in einer NS-Schrift des Jahres 1939, »liegt noch nicht fest. Die endgültige Form wird erst die Zukunft ergeben[113].« Wenige Monate später, im September 1939, hatte die Zukunft mit dem Einmarsch in Polen bereits begonnen.

*

Der Außenhandel war im Dritten Reich Ausdruck des politischen und wirtschaftlichen Machtkampfes. Dies erkannte Felix Weil bereits 1938, wenn er in der damals außerhalb der deutschen Grenzen erscheinenden »Zeitschrift für Sozialforschung« feststellte, daß »die Wirtschaft [und damit auch speziell der Außenhandel] des Deutschen Reiches [...] in erster Linie an den Bedürfnissen der deutschen Aufrüstung ausgerichtet« sei »und alle Sonderinteressen gegenüber diesem Ziel zurückzutreten« hätten[114]. Als »das die Wirtschaftsanschauung, -form und -gestaltung bestimmende Prinzip im Frieden und im Krieg« galt die »Wehrwirtschaft«[115], innerhalb derer die Rohstoffbeschaffung eines der schwierigsten Probleme darstellte. Auf die Antinomie, den Wirtschaftsraum eines den Krieg vorbereitenden Staates weitgehend unabhängig von außenwirtschaftlichen Einflüssen zu gestalten und gleichzeitig eine rüstungsbedingt gesteigerte Rohstoffzufuhr zu sichern, ist von der Forschung, auch der zeitgenössischen im Dritten Reich selbst, frühzeitig hingewiesen worden. Dieser Widerspruch ist durch folgende Komponenten bestimmt:

1. Die aus der Weimarer Zeit übernommenen Gold- und Devisenbestände reichten zum rüstungsnotwendigen Rohstoff- und Nahrungsmittelimport nicht aus.
2. Dieser Import sollte durch Export finanziert werden. Der aber blieb
3. durch die forcierte Rüstung bei gleichzeitigem Aufbau einer Ersatz-, Werkstoff- und einer erst im Krieg wirksam werdenden Schattenindustrie zwangsläufig reduziert.
4. Der gewählte Ausweg, das unter strategischen Gesichtspunkten auf bestimmte, zumeist Agrar- und Rohstoffländer konzentrierte Clearing- und Kompensationsgeschäft, endete mangels Aufnahmefähigkeit für deutsche Fertigwaren in einer Sackgasse[116].

---

[112] Zit. nach Meier, Deutsche Außenhandelsregulierung (wie Anm. 1), S. 56.
[113] Koelble, Grundzüge (wie Anm. 108), S. 64.
[114] Felix Weil, Neuere Literatur zur deutschen Wehrwirtschaft, in: Zeitschrift für Sozialforschung, 7 (1938), S. 200-218, hier S. 201.
[115] Heinrich Hellmer, Wehrwirtschaft, Berlin 1936, S. 25, Anm. 5.
[116] Vgl. Graphiken 2 und 3.

Das heißt: Die kriegswirtschaftlich bedingten Autarkiebestrebungen führten schon aus diesem Ungleichgewicht »zwangsläufig zu Großraumpolitik und Imperialismus«[117]. Das hat der Hjalmar Schacht nahestehende Wirtschaftstheoretiker Albrecht Forstmann mehr als deutlich und mit beachtlicher Courage 1935 in seinem Buch »Der Kampf um den internationalen Handel« formuliert, wenn er schrieb:

> »wirtschaftliche Gesetze gehorchen, um mit Keynes zu sprechen, ›nicht einmal einem Diktator und können auch nicht mit Rizinusöl behandelt werden‹, ganz gleich, unter welcher Wirtschaftsform man sie zu umgehen versucht, man kann ihre Wirkungen nie aufheben, sondern nur aufschieben, und diese Wirkungen werden dann um so furchtbarer sein, je länger man sie hat aufhalten können«[118].

Sicherlich überspitzt, aber im Kern treffend kann folgende These formuliert werden: Weil Hitler es ablehnte, seine machtpolitischen Ziele und damit das forcierte Rüstungsprogramm zurückzustecken, geriet die nationalsozialistische Wirtschaft 1938/39 in eine unüberwindbare Krisensituation, die sich zum Krieg zuspitzte.

Die territoriale Expansion, um der Beseitigung der vermeintlichen Versailler Schmach willen befürwortend, ließ sich die Wehrmacht auf das riskante Spiel der territorialen Basiserweiterung ein. Die eingangs angesprochene Frage nach dem Verhältnis von Industrie und politischer Führung im Dritten Reich stellt sich im Rahmen der Außenhandelsproblematik weniger in der alternativen Form »Primat der Politik« oder »Primat der Wirtschaft«. Aus der Optik der politischen Repräsentanz des NS-Regimes konnten »alle außenwirtschaftlichen Zusammenhänge [...] nur von einem *völkischen Lebensziel* aus erkannt und bewertet werden, soweit es sich bei den Deutschen um ein Volk handelt[e], das in der Geschichte bestimmte Aufgaben zu erfüllen hat[te], bei dem man also außerökonomische Triebkräfte voraussetzen« konnte[119]. Aus der Sicht der Unternehmer galten allein zwei Tatsachen als Kriterium für eine positive Bewertung der »Wehrwirtschaft«, nämlich einmal der Verbleib der Produktionsmittel in ihrem Eigentum, verbunden mit der Möglichkeit der Gewinnmaximierung, und zum anderen das Versprechen der Nationalsozialisten, die aus der Weimarer Republik übernommenen ökonomischen Probleme zu lösen, und zwar durch territoriale Expansion und Markterweiterung. Die deutsche Finanz- und Wirtschaftrepräsentanz war daher mehr oder weniger unbedenklich bereit, mit dem NS-Regime gemeinsamen Kriegskurs zu steuern.

117 Doering, Deutsche Außenwirtschaftspolitik (wie Anm. 1), S. 36.

118 Albrecht Forstmann, Der Kampf um den internationalen Handel, 2. Auf., Berlin 1936, S. 98.

119 Weidemann, Gestaltung (wie Anm. 83), S. 109.

Tabelle 6
Zur Versorgung der Großmächte mit Rohstoffen

Rohstoffe, in denen ein Ausfuhrüberschuß besteht:

Großbritanien und Kolonien[1]	Britisches Weltreich	USA und abhängige Gebiete[2]	UdSSR	Frankreich und Kolonien	Deutschland	Italien und Kolonien	Japanisches Imperium
Zinn	Blei, Zinn	Kupfer	Mangan	Eisen	Kohle	Quecksilber	Schwefel
Mangan	Mangan, Nickel	Molybdän	Petroleum	Bauxit	Kali	Schwefel	Seide
Kohle	Chrom, Vanadium	Kohle	Asbest	Graphit		Seide	
Graphit	Kohle, Asbest	Petroleum	Platin	Kali		Hanf	
Gummi	Graphit, Platin	Schwefel	Flachs				
	Gummi, Jute	Phosphat	Holz				
	Wolle	Baumwolle					
	Pflanzl. Öle	Pflanz. Öle					

Rohstoffe, in denen die Versorgungslage etwas ausgeglichen ist:

Großbritanien und Kolonien[1]	Britisches Weltreich	USA und abhängige Gebiete[2]	UdSSR	Frankreich und Kolonien	Deutschland	Italien und Kolonien	Japanisches Imperium
Bauxit	Eisen	Eisen	Eisen, Magnesium	Nickel		Blei	Kupfer
Vanadium	Kupfer, Zink	Blei	Quecksilber	Chrom		Zink	Kohle
Phosphat	Bauxit	Zink	Kohle	Molybdän		Bauxit	Graphit
Sisal	Wolfram	Holz	Phosphat, Kali	Phosphat		Pflanzl. Öle	
Pflanzl. Öle	Magnesium		Baumwolle	Flachs			
	Phosphat		Seide, Hanf	Pflanzl. Öle			
	Sisal, Holz		Pflanzl. Öle				

Rohstoffe, in denen teilweise Abhängigkeit vom Ausland besteht

Großbritanien und Kolonien[1]	Britisches Weltreich	USA und abhängige Gebiete[2]	UdSSR	Frankreich und Kolonien	Deutschland	Italien und Kolonien	Japanisches Imperium
Eisen	Schwefel	Bauxit	Kupfer	Antimon	Eisen	Antimon	Eisen, Blei
Kupfer	Baumwolle	Magnesium	Zink	Kohle	Zink	Magnesium	Zink, Mangan
Schwefel		Quecksilber	Chrom	Holz	Magnesium	Asbest	Wolfram, Chrom
Wolle		Kali	Graphit		Graphit	Graphit	Molybdän
		Wolle	Schwefel		Schwefel		Asbest
			Wolle		Holz		Sisal, Holz

Rohstoffe, in denen erhebliche oder vollständige Abhängigkeit vom Ausland besteht

Großbritanien und Kolonien[1]	Britisches Weltreich	USA und abhängige Gebiete[2]	UdSSR	Frankreich und Kolonien	Deutschland	Italien und Kolonien	Japanisches Imperium
Blei, Zink	Molybdän	Zinn	Blei	Kupfer	Kupfer, Blei	Eisen	Zinn
Nickel	Antimon	Mangan	Zinn	Blei	Zinn, Bauxit	Kupfer	Bauxit
Wolfram	Quecksilber	Nickel	Bauxit	Zink	Mangan, Nickel	Zinn	Nickel
Chrom	Petroleum	Wolfram	Nickel	Zinn	Wolfram	Mangan	Vanadium
Molybdän	Kali	Chrom	Wolfram	Mangan	Chrom	Nickel	Antimon
Antimon	Seide	Vanadium	Vanadium	Wolfram	Vanadium	Wolfram	Magnesium
Magnesium	Flachs	Antimon	Molybdän	Vanadium	Molybdän	Chrom	Quecksilber
Quecksilber	Hanf	Asbest	Antimon	Magnesium	Antimon	Vanadium	Petroleum
Petroleum	Manilahanf	Graphit	Gummi	Quecksilber	Quecksilber	Molybdän	Phosphat
Asbest, Kali		Platin	Jute	Petroleum	Petroleum	Kohle	Kali
Platin		Gummi	Manilahanf	Asbest	Asbest	Petroleum	Platin
Baumwolle		Seide	Sisal	Schwefel	Phosphat	Phosphat	Gummi
Seide, Flachs		Flachs		Platin	Platin, Gummi	Kali, Platin	Baumwolle
Jute, Hanf		Jute		Gummi	Baumwolle	Gummi	Wolle
Manilahanf		Hanf		Baumwolle	Wolle	Baumwolle	Flachs
Holz		Manilahanf		Wolle	Seide, Flachs	Wolle	Jute
		Sisal		Seide	Jute, Hanf	Flachs	Hanf
				Jute, Hanf	Manilahanf	Jute	Manilahanf
				Manilahanf	Sisal	Manilahanf	Pflanzl. Öle
				Sisal	Pflanz. Öle	Sisal, Holz	

[1] Einschl. Kolonien, Protektorats- und Mandatsgebieten, Süd-Rhodesia ausgenommen

[2] Ohne Philippinen

Quelle: Vierteljahreshefte zur Konjunkturforschung 11 (1936/37) A. N.F. S. 333

Tabelle 7a

Zusammenstellung der K.G.-Exportabschlüsse der einzelnen Firmen vom 1.11.1935–1.7.1940 geordnet nach Zeit, Art und Firma (zusammengestellt unter Berücksichtigung aller bis 1.1.1941 erfolgten Stornos und Berichtigungen; Wert in RM)

Gerät	Firma	1.11.1935–1.7.1940	1.11.1935–1.2.1937	1937 I[1]	1937 II	1938 I	1938 II	1939 I	1939 II[2]	1940 I[2]
				1. Handfeuerwaffen						
a) Revolver, Pistolen und Maschinenpistolen	Bergmann	417577	–	–	–	–	5000	6820	385862	19895
	Brünn	100170	–	–	–	–	–	–	99692	478
	Dusek	99	–	–	–	–	–	–	99	–
	Erma	2838	–	–	408	–	–	–	–	2430
	Frank, G.	250	–	–	–	–	–	–	250	–
	Genschow	3221	–	–	–	–	–	–	1400	1821
	Haenel	1252405	–	49665	230854	61114	12821	613533	244358	40060
	Mauser-Werke	512956	–	–	–	–	1390	37791	472885	890
	Siemssen	467	–	–	–	–	–	–	467	–
	Steyr-Solothum	403583	–	–	–	–	197657	125166	80760	–
	Strakonice	30510	–	–	–	–	–	–	30510	–
	Walther	220	–	–	–	–	–	–	–	220
	Summe	2724296	–	49665	231262	61114	216868	783310	1316283	65794
b) Gewehre, Karabiner	Ageka	3487500	–	–	–	–	5000	6820	3487500	–
	Brünn	14907228	–	–	–	–	–	–	56465	14850763
	Fertsch & Co.	420	–	–	–	–	–	–	420	–
	Franken & Co.	551	–	–	–	–	–	–	551	–
	Genschow	3474	–	–	–	–	–	2717	757	–
	Imex	12264	–	–	–	–	12264	–	–	–
	Mauser-Werke	14794405	–	16752	8752458	1971883	3335416	46841	671055	–
	Poldihütte	607487	–	–	–	–	–	–	–	607487
	Siemssen	3162	–	–	–	–	–	–	3162	–
	Steyr-Solothum	1398000	–	–	–	–	–	–	1398000	–
	Summe	35214491	–	16752	8752458	1971883	3347680	49558	5617910	15458250
c) Maschinengewehre	Ageka	1400000	–	–	–	–	–	–	1400000	–
	Berl. Lüb.	–	–	–	–	–	–	–	–	–
	Mesch.	7000	–	7000	–	–	–	–	–	–
	B.S.W.	175082	–	–	–	–	175082	–	–	–
	Brünn	22610836	–	–	–	–	–	–	1048542	21562294
	C.K.D.	454140	–	–	–	–	–	–	–	454140
	Dauge	2264	–	–	–	–	–	2264	–	–

Quelle: Aufstellung der Ausfuhrgemeinschaft für Kriegsgerät v. 18.2.1941 f. das OKW. BA-MA, Wi VI/1355. [1] 5 Monate [2] incl. Protektorat

Tabelle 7b

Zusammenstellung der K.G.-Exportabschlüsse der einzelnen Firmen vom 1.11.1935–1.7.1940 geordnet nach Zeit, Art und Firma (zusammengestellt unter Berücksichtigung aller bis 1.1.1941 erfolgten Stornos und Berichtigungen; Wert in RM)

Gerät	Firma	1.11.1935–1.7.1940	1.11.1935–1.2.1937	1937 I[1]	1937 II	1938 I	1938 II	1939 I	1939 II[2]	1940 I[2]
	Hirtenberg	166650	–	–	–	–	–	–	–	166650
	Oberhütten	380	–	–	380	–	–	–	–	–
	Poldihütte	166055	–	–	–	–	–	–	–	166055
	Pose-Leder	52995	–	52995	–	–	–	–	–	–
	Rheinmetall	3491159	–	–	–	455184	–	2455	292872	2740648
	Sajowitz	13050	–	–	–	–	–	8650	4400	–
	Steyr-Solothurn	452460	–	–	–	–	93604	–	339256	19600
	Strakonice	166459	–	–	–	–	–		52033	114426
	Weber	44315	–	–	–	–	–	44315	–	–
	Summe	29202845	–	59995	380	455184	268686	57684	3137103	25223813
	2. Geschütze									
a) 2 cm M.K.	Ageka	852000	–	–	–	-	-	-	-	852000
	B.S.W.	3996592	510000	–	620692	-	-	2865900	-	-
	Hirtenberg	2359761	–	–	–	-	-	-	2100810	258951
	Rheinmetall	10020115	–	13846	2230791	451701	4314194	275881	1333196	1400506
	Summe	17228468	510000	13846	2851483	451701	4314194	3141781	3434006	2511457
b) Flak außer 2 cm	Ageka	3240000	–	–	–	–	–	–	–	3240000
	Bochum. Verein	5571	–	–	–	–	–	5571	–	–
	Böhler	4319901	–	–	–	–	–	–	2210400	2109501
	Krupp	24238654	–	–	1798385	–	18427022	444747	–	3568500
	Rheinmetall	21978323	–	–	6349734	25212	9844970	3601009	684554	1472844
	Skodawerke	10915899	–	–	–	–	–	–	10915899	–
	Summe	64698348	–	–	8148119	25212	28271992	4051327	13810853	10390845
c) Geschütze bis 15,5 cm (u. darüber)	Ageka	1979500	–	–	–	–	–	–	–	1979500
	Bochum. Verein	3761494	–	–	–	–	3761494	–	–	–
	Böhler	2908159	–	–	–	–	–	–	2771787	136372
	Krupp	114487219	–	–	21451001	–	81154618	1006200	10155400	720000
	Oberhütten	8664	–	–	8664	–	–	–	–	–
	Rheinmetall	15546705	–	541573	5724912	–	2890600	4880860	774000	734760
	Ruhrstahl	155117	–	–	–	–	–	–	155117	–

Quelle: Aufstellung der Ausfuhrgemeinschaft für Kriegsgerät v. 18.2.1941 f. das OKW. BA-MA, Wi VI/1355. [1] 5 Monate [2] incl. Protektorat

Tabelle 7c

Zusammenstellung der K.G.-Exportabschlüsse der einzelnen Firmen vom 1.11.1935–1.7.1940 geordnet nach Zeit, Art und Firma (zusammengestellt unter Berücksichtigung aller bis 1.1.1941 erfolgten Stornos und Berichtigungen; Wert in RM)

Gerät	Firma	1.11.1935–1.7.1940	1.11.1935–1.2.1937	1937 I[1]	1937 II	1938 I	1938 II	1939 I	1939 II[2]	1940 I[2]
	Siemssen	35798881	–	–	–	–	–	–	35798881	–
	Skodawerke	1174962	–	–	–	–	–	–	–	1174962
	Witkowitz	4449	–	–	–	–	–	–	4449	–
	Summe	175825150	–	541573	27184577	–	87806712	5887060	49659634	4745594
d) Pak	Ageka	9150300	–	–	–	–	–	–	–	9150300
	Böhler	13060359	–	–	–	–	–	1074553	11985806	–
	Rheinmetall	17048748	–	1392657	6767613	765273	452390	3197915	7400	4465500
	Skodawerke	5883200	–	–	–	–	-	–	2314200	3519000
	Summe	45092607		1392657	6767613	765273	452390	4272468	14307406	17134800
e) Minenwerfer	Böhler	19070	–	–	–	–	–	–	–	19070
	Rheinmetall	2473649	–	–	551230	–	1107480	814939	–	–
	Summe	2492719	–	–	551230	–	1107480	814939	–	19070
	3. Munition									
a) Pulver, Spreng- und Zündladung	B.S.W.	840	–	–	840	–	–	–	–	–
	C.K.D.	1133	–	–	–	–	–	–	–	1133
	D.W.M.	42188	–	20080	–	–	10	–	98	22000
	Explosia	986032	–	–	–	–	–	–	680532	305500
	Genschow	57400	–	–	–	–	–	–	–	57400
	Hirtenberg	29505	–	–	–	–	100	–	28621	784
	Köln-Rottweil	23003383	130000	640067	1660863	4643587	5210745	1918117	3232819	5567185
	Lignose	3304	–	–	310	–	–	2994	–	–
	Mech. Werkst.	17600	–	–	–	–	–	17600	–	–
	Rheinmetall	147124	–	7590	850	–	134427	4257	–	–
	R.W.S.	331156	–	–	–	115648	11901	36152	111297	56158
	Sellier & Bel.	772287	–	–	–	–	–	–	52395	719892
	Skodawerke	280	–	–	–	–	–	–	–	280
	Wasag	3955680	–	–	3955680	–	–	–	–	–
	Wolff	3031334	–	64081	321160	632150	–	760950	1244783	8210
	Summe	32379246	130000	731818	5939703	5391385	5357183	2740070	5350545	6738542

Quelle Aufstellung der Ausfuhrgemeinschaft für Kriegsgerät v. 18.2 1941 f. das OKW BA-MA. Wi VI/1355. [1] 5 Monate [2] incl. Protektorat

Tabelle 7d

Zusammenstellung der K.G.-Exportabschlüsse der einzelnen Firmen vom 1.11.1935–1.7.1940 geordnet nach Zeit, Art und Firma (zusammengestellt unter Berücksichtigung aller bis 1.1.1941 erfolgten Stornos und Berichtigungen; Wert in RM)

Gerät	Firma	1.11.1935–1.7.1940	1.11.1935–1.2.1937	1937 I[1]	1937 II	1938 I	1938 II	1939 I	1939 II[2]	1940 I[2]
	Junghans	332290	–	–	–	–	322290	–	–	–
	Krupp	464259	–	–	439231	–	25028	–	–	–
	Poppe	21658	–	–	–	–	–	–	–	21658
	Rheinmetall	1352817	–	187600	829592	251472	30317	12474	36124	5238
	Skodawerke	2966982	–	–	–	–	–	–	2963770	3212
	Schaffler	1410	–	–	–	–	–	–	–	1410
	Thiel-Seeb.	177451	–	–	–	–	–	–	177451	–
	Summe	5316867	–	187600	1268823	251472	387635	12474	3177345	31518
c) Kart. und Patronen-Hülsen	Böhler	171100	–	–	–	–	–	–	171100	–
	D.W.M.	1609500	–	–	–	156835	55	634540	818070	–
	Hirtenberg	6661	–	–	–	–	6661	–	–	–
	Polte	1212920	–	–	563743	45982	113257	91248	380530	18360
	Poppe	1466	–	–	–	–	–	–	–	1466
	Rheinmetall	11370	–	–	–	–	–	8850	2520	–
	Summe	3013017	–	–	563743	202817	119973	734638	1372020	19826
d) Pistolen- und Revolver-Munition	D.W.M.	934238	–	–	317440	–	140520	96758	201226	178294
	Genschow	291178	–	–	8797	17900	85951	3264	175266	–
	Haenel	620	–	–	–	–	–	–	620	–
	Hirtenberg	8562	–	–	–	–	1526	3868	3168	–
	Sellier & Bel.	14494	–	–	–	–	–	–	10443	4051
	Schönebeck	1560	–	–	–	–	–	–	1560	–
	Steyr-Soloth.	27657	–	–	–	–	–	–	27657	–
	Strakonico	2777	–	–	–	–	–	–	-	2777
	Summe	1271086	–	–	326237	17900	227997	103890	419940	185122
e) Gewehr-Munition	Ageka	2935825	–	–	–	–	–	–	2935825	–
	Brünn	1711581	–	–	–	–	–	–	1493831	217750
	C.K.D.	352872	–	–	–	–	–	–	–	352872
	D.W.M.	16102966	–	4492193	4474389	3420824	2661148	14480	117988	921944
	Genschow	19510	–	–	–	–	4938	–	–	14572
	Hirtenberg	4719474	–	–	–	–	4463170	11443	178141	66720

Quelle: Aufstellung der Ausfuhrgemeinschaft für Kriegsgerät v. 18.2.1941 f. das OKW. BA-MA, Wi VI/1355 [1]5 Monate [2]incl. Protektorat

Tabelle 7e

Zusammenstellung der K.G.-Exportabschlüsse der einzelnen Firmen vom 1.11.1935–1.7.1940 geordnet nach Zeit, Art und Firma (zusammengestellt unter Berücksichtigung aller bis 1.1.1941 erfolgten Stornos und Berichtigungen; Wert in RM)

Gerät	Firma	1.11.1935–1.7.1940	1.11.1935–1.2.1937	1937 I[1]	1937 II	1938 I	1938 II	1939 I	1939 II[2]	1940 I[2]
	Polte	5855001	–	4984450	446250	80151	20700	–	321200	2250
	R.W.S.	2259445	–	–	410167	1847743	280	1150	105	–
	Sellio & Bel.	3175	–	–	–	–	–	–	2247	928
	Schönebeck	60533	–	–	60553	–	–	–	–	–
	Summe	34020402	–	9476643	5391359	5348718	7150236	27073	5049337	1577036
f) 2-cm Munition	Ageka	2250000	–	–	–	–	–	–	–	2250000
	B.S.W.	691347	–	–	–	2128	–	689219	–	–
	D.W.M.	260423	–	–	–	186225	–	3198	1000	70000
	Hirtenberg	3325490	–	–	–	–	–	–	2575090	750400
	Rheinmetall	10539374	–	38303	6708	147040	1368361	4600416	389642	3988904
	Steyr-Soloth.	5690	–	–	–	–	–	5690	–	–
	Summe	17072324	–	38303	6708	335393	1368361	5298523	2965732	7059304
g) Flak-Munition	Ageka	710000	–	–	–	–	–	–	–	710000
	Krupp	9854470	–	–	–	–	3009250	420000	2896500	3528720
	Rheinmetall	7539468	–	–	–	–	1940080	4710320	619700	269368
	Skodawerke	25286800	–	–	–	–	–	–	25286800	–
	Summe	43390738	–	–	–	–	4949330	5130320	28803000	4508088
h) Artillerie-Munition	Ageka	7479240	–	–	–	–	–	–	330000	7149240
	Bochum. Verein	1600000	1600000	–	–	–	–	–	–	–
	Böhler	16645140	–	–	–	–	335235	4065550	12244355	–
	Krupp	28461523	–	–	–	220720	16225934	458325	11321544	235000
	Rheinmetall	25114267	–	–	849236	15998	12199938	5968795	2223000	3857300
	Skodawerke	3951884	–		–	–	–	–	–	3951884
	Summe	83252054	1600000		849236	236718	28761107	10492670	26118899	15193424
i) N.W.-Munition	Rheinmetall	6302202	–	–	420580	–	2513956	1840165	5875	71521626
k) Hand-granaten	Rheinmetall	2765	–	–	–	–	–	2765	–	–
	Skodawerke	8111340	–	–	–	–	–	–	8111340	–
	Summe	8114105	–	–	–	–	–	2765	8111340	–

Quelle. Aufstellung der Ausfuhrgemeinschaft für Kriegsgerät v. 18.2.1941 f. das OKW. BA-MA. Wi VI/1355. [1] 5 Monate [2] incl. Protektorat

Tabelle 7f

Zusammenstellung der K.G.-Exportabschlüsse der einzelnen Firmen vom 1.11.1935–1.7.1940 geordnet nach Zeit, Art und Firma (zusammengestellt unter Berücksichtigung aller bis 1.1.1941 erfolgten Stornos und Berichtigungen; Wert in RM)

Gerät	Firma	1.11.1935–1.7.1940	1.11.1935–1.2.1937	1937 I[1]	1937 II	1938 I	1938 II	1939 I	1939 II[2]	1940 I[2]
4. Chemische Geräte										
a) Nebelgeräte	Chema	93304	–	–	–	–	–	–	21100	72204
	Hagenuk	95847	–	–	39314	–	4561	13269	15823	22880
	Minimax	19534	–	–	–	–	6902	12632	–	–
	Summe	208685	–	–	39314	–	11463	25901	36923	95084
b) Flammenwerfer	Minimax	20442	–	–	–	–	20442	–	–	–
c) Chemische Kampfstoffe	Auergesellsch.	525	–	–	–	–	–	–	525	–
	Chema	763	–	–	–	–	–	–	–	763
	Drägerwerk	90	–	–	–	–	–	–	90	–
	Hagenuk	191202	–	–	138000	–	–	307	52721	174
	Schuchardt	59			–	–	16	43	–	–
	Stoltzenberg	8495			232	2687	1609	2694	1415	378
	Summe	201134			138232	2687	1105-	3044	54751	1315
d) Gasmasken und Filter	Auergesellsch.	350	–	–	–	–	–	–	–	350
	Chema	4988763	–	–	–	–	–		4580991	407772
	Dolezal	447947	–	–	–	–	–	–	159603	288344
	Eckhardt	656239	–	–	–	–	–	–	276482	379757
	Fatra	396047	–	–	–	–	–	–	354467	41580
	Horak	2195	–	–	–	–	–	–	2195	–
	Summe	6491541	–	–	–	–	–	–	5373738	1117803
5. Optische Geräte										
a) Allgem. Optik	Brünn	144340	–	–	–	–	–	–	84200	60140
	Goerz	744289	–	–	–	–	27269	–	–	717020
	Hensoldt	4175	–	–	4175	–	–	–	–	–
	Leitz	70507	–	41742	16200	10000	2565	–	–	–
	Navigation	245400	–	–	–	–	–	–	–	245400
	Reiss	37320	–	–	37320	–	–	–	–	–
	Srb & Stys	511361	–	–	–	–	–	–	491879	19482

Quelle: Aufstellung der Ausfuhrgemeinschaft für Kriegsgerät v. 18.2.1941 f. das OKW. BA-MA. Wi VI/1355. [1] 5 Monate [2] incl. Protektorat

Tabelle 7g

Zusammenstellung der K.G.-Exportabschlüsse der einzelnen Firmen vom 1.11.1935–1.7.1940 geordnet nach Zeit, Art und Firma (zusammengestellt unter Berücksichtigung aller bis 1.1.1941 erfolgten Stornos und Berichtigungen; Wert in RM)

Gerät	Firma	1.11.1935–1.7.1940	1.11.1935–1.2.1937	1937 I[1]	1937 II	1938 I	1938 II	1939 I	1939 II[2]	1940 I[2]
	Zeiss	8286004	–	102275	5758861	14958	131976	587418	685488	1005028
	Summe	10043396	–	144017	5816556	24958	161810	587418	1261567	2047070
b) Meß- und Ziel-gerät	Ageka	1760289	–	–	–	–	–	–	–	1760289
	Brünn	1125097	–	–	–	–	–	–	44	1125053
	Busch	1606545	–	–	99850	–	–	–	1482375	24320
	C.K.D.	370559	–	–	–	–	–	–	–	370559
	Goerz	10254807	–	–	–	–	3580675	2691740	1091049	2891343
	Hensoldt	131864	–	–	–	–	–	–	60264	71600
	Heyde	9960	–	9960	–	–	–	–	–	–
	Kuhlmann	920	–	–	–	–	–	–	920	–
	Mech. Werkst.	208950	–	–	–	–	–	–	–	208950
	Navigation	528372	–	4869	–	–	78545	52460	88398	304100
	Oigee	360848	–	–	–	28515	3737	21301	44369	262926
	Pannke	1045	–	–	–	–	–	–	–	1045
	Reiss	1803548	–	–	–	43325	–	122380	–	1637843
	S.A.M.	435178	–	–	–	–	–	–	240471	194707
	Skodawerke	1097098	–	–	–	–	–	–	595438	501660
	Srb & Stys	346409	–	–	–	–	–	–	344909	1500
	Strakonice	3077	–	–	–	–	–	–	–	3077
	Zeiss	21972385	3670600	1917352	559392	1125273	2718565	4829991	4471536	2679676
	Summe	42016951	3670600	1932181	659242	1197113	6381522	7717872	8419773	12038648
c) Kom-mando-, Schall-aufn. Ger.	Atlas-Werke	5936448	90000	251892	435530	57659	1430572	44925	269180	3356690
	Eletroacustic	10052513	1324000	968160	643364	14460	287451	1425062	2204478	3185538
	Goerz	3843943	–	–	–	–	1062000	30673	108915	2642355
	Reiss	15373	–	–	–	–	–	–	–	15373
	S.A.M.	4751007	–	–	–	–	–	–	4751007	–
	S.S.W.	170130	–	–	–	–	–	170130	–	–
	Zeiss	10656462	2465354	–	–	582295	757108	4307165	2029620	514920
	Summe	35425876	3879354	1220052	1078894	654414	3537131	5977955	9363200	9714876
d) Schein-werfer und Zubehör	A.E.G.	4129937	–	828564	997386	–	440266	–	–	1863721
	C.K.D.	482967	–	–	–	–	–	–	482967	–
	Lindner	43685	–	–	–	–	–	–	–	43685

Quelle: Aufstellung der Ausfuhrgemeinschaft für Kriegsgerät v. 18.2.1941 f. das OKW. BA-MA, Wi VI/1355. [1] 5 Monate [2] incl. Protektorat

Tabelle 7h

Zusammenstellung der K.G.-Exportabschlüsse der einzelnen Firmen vom 1.11.1935–1.7.1940 geordnet nach Zeit, Art und Firma (zusammengestellt unter Berücksichtigung aller bis 1.1.1941 erfolgten Stornos und Berichtigungen; Wert in RM)

Gerät	Firma	1.11.1935–1.7.1940	1.11.1935–1.2.1937	1937 I[1]	1937 II	1938 I	1938 II	1939 I	1939 II[2]	1940 I[2]
	S.S.W.	34888375	13480000	150000	2099550	691187	2398796	815461	9134905	6118476
	Summe	39544964	13480000	978564	3096936	691187	2839062	815461	9617872	8025882
e) Nachrichtengerät	Atlas-Werke	11782	–	11782	–	–	–	–	–	–
	Goerz	80800	–	–	–	–	–	–	–	80800
	Hell	11756	–	–	–	–	–	–	–	11756
	S.A.M.	15173	–	–	–	–	–	–	5433	9740
	Zeiss	571752	–	–	–	–	–	–	482361	89391
	Summe	691263	–	11782	–	–	–	–	487794	191687
6. Luftfahrtgeräte										
a) Flugzeuge, Motoren und Zubehör	Daimler-Benz	1650520	–	–	–	–	–	–	–	1650520
	Heyde	14000	–	–	–	–	–	–	14000	–
	Mech. Werkst.	27500	–	–	–	–	27500	–	–	–
	R.D.L.I.	235299889	40140000	–	41609281	3670618	17490844	17317212	84403282	30668652
	Rheinmetall	4252	–	–	–	–	–	–	–	4252
	Walter	654752	–	–	–	–	–	–	654752	–
	Summe	237650913	40140000	–	41609281	3670618	17518344	17317212	85072034	32323424
b) Flugzeugbomben	Hagenuk	902250	–	–	–	–	902250	–	–	–
	Mech. Werkst.	204400	–	–	–	–	180000	–	–	24400
	R.D.L.I.	5388586	–	–	–	–	–	484560	4626576	277450
	Rheinmetall	39695535	17760000	245796	103922	61077	5894445	–	–	15630295
	Summe	46190771	17760000	245796	103922	61077	6976695	484560	4626576	15932145
6. Marinegerät										
a) Marinefahrzeuge und Zubehör	Krupp	3751647	–	–	–	–	3751467	–	–	–
	Kr.-Germ.Wft.	8025000	–	–	–	–	–	–	8025000	–
	Lürssen	6746667	–	–	–	–	6746667	–	–	–
	Marine	29800000	29800000	–	–	–	–	–	–	–
	Summe	48323134	29800000	–	–	–	10498134	–	8025000	–
b) Torpedos	D.W.K.	5616433	–	–	–	–	445703	1775291	1853605	1541834

Quelle: Aufstellung der Ausfuhrgemeinschaft für Kriegsgerät v. 18.2.1941 f. das OKW. BA-MA, Wi VI/1355. [1] 5 Monate [2] incl. Protektorat

Tabelle 7i

Zusammenstellung der K.G.-Exportabschlüsse der einzelnen Firmen vom 1.11.1935–1.7.1940 geordnet nach Zeit, Art und Firma (zusammengestellt unter Berücksichtigung aller bis 1.1.1941 erfolgten Stornos und Berichtigungen; Wert in RM)

Gerät	Firma	1.11.1935–1.7.1940	1.11.1935–1.2.1937	1937 I[1]	1937 II	1938 I	1938 II	1939 I	1939 II[2]	1940 I[2]
c) Seeminen und Abwehrgerät	Andersen	33657	–	–	–	–	–	32517	1140	–
	C.K.D.	264000	–	–	–	–	–	–	–	264000
	Poppe	1462168	–	42606	86148	39582	145378	579254	288798	280402
	S.S.W.	2900498	–	1996822	–	–	335009	–	415225	153442
	Summe	4660323	–	2039428	86148	39582	480387	611771	705163	697844
d) Wasserbomben	S.S.W.	120545	–	103670	–	–	–	–	–	16875
8. Kraftfahrzeuge										
a) Zugkraftwagen und Schlepper	Borgwald	623500	–	–	–	–	623500	–	–	–
	Büssing	9928635	–	–	–	–	–	3150000	6778635	–
	C.K.D.	483952	–	–	–	–	–	–	–	483952
	Daimler-Benz	3647392	–	–	–	–	–	–	–	3647392
	Demag	387000	–	–	–	–	–	–	–	387000
	Hanomag	4271960	–	–	–	–	–	4271960	–	–
	Krauss & Maf.	1989222	–	–	–	–	–	–	1829622	159600
	Skodawerke	4086043	–	–	–	–	–	–	2653560	1432483
	Summe	25417704	–	–	–	–	623500	7421960	11261817	6110427
b) Panzerkampfwagen	Ageka	2188574	–	–	–	–	–	–	2188574	–
	C.K.D.	9319966	–	–	–	–	–	–	81980	9237986
	Daimler-Benz	257266	–	–	–	–	–	–	–	257266
	Skodawerke	588926	–	–	–	–	–	–	–	588926
	Wagg. & Masch.-F.	138442	–	–	–	–	–	–	–	138442
	Summe	12493174	–	–	–	–	–	–	2270554	10222620
c) 2- oder mehrachs. angetr. Gel.-Kraftfahrzeuge	C.K.D.	1525774	–	–	–	–	–	–	–	1525774

Quelle: Aufstellung der Ausfuhrgemeinschaft für Kriegsgerät v. 18.2.1941 f. das OKW. BA-MA, Wi VI/1355. [1]5 Monate [2]incl. Protektorat

© MGFA 04585I-02

Tabelle 7j

Zusammenstellung der K.G.-Exportabschlüsse der einzelnen Firmen vom 1.11.1935–1.7.1940 geordnet nach Zeit, Art und Firma (zusammengestellt unter Berücksichtigung aller bis 1.1.1941 erfolgten Stornos und Berichtigungen; Wert in RM)

Gerät	Firma	1.11.1935–1.7.1940	1.11.1935–1.2.1937	1937 I[1]	1937 II	1938 I	1938 II	1939 I	1939 II[2]	1940 I[2]
e) Kraftfahrz. oder Anhänger mit Spez.-Auf-	Bauer	7423	–	–	–	–	–	–	–	7423
	Škodawerke	184606	–	–	–	–	–	–	–	84606
	Steyr	217728	–	–	–	–	–	217728	–	–
	Summe	409757	–	–	–	–	–	217728	–	192029
9. Stahlhelme und Vormaterial										
	Poldihütte	58000	–	–	–	–	–	–	58000	–
	????	364951	–	–	–	–	–	–	–	364951
	Summe	422951	–	–	–	–	–	–	58000	364951
10. Panzermaterial										
	Poldihütte	67291	–	–	–	–	–	–	175	67116
	Witkowitz	29780	–	–	–	–	–	–	–	29780
	Summe	97071	–	–	–	–	–	–	175	96896
Geräte verschiedener Art in einer Summe										
	Harpo K.K.	70050000	70050000	–	–	–	–	–	–	–
	Krupp (Gesch. und Mun.)	51200000	51200000	–	–	–	–	–	–	–
	Rheinmetall (Gesch. und Mun.)	32330000	32330000	–	–	–	–	–	–	–
	Summe	153580000	153580000	–	–	–	–	–	–	–
Insgesamt										
		1277773767	264549954	19184342	121882036	21856406	226117078	88396888	321145770	214641293

Quelle: Aufstellung der Ausfuhrgemeinschaft für Kriegsgerät v. 18.2.1941 f. das OKW. BA-MA, Wi VI/1355. [1]5 Monate [2]incl. Protektorat

© MGFA 04585J-02

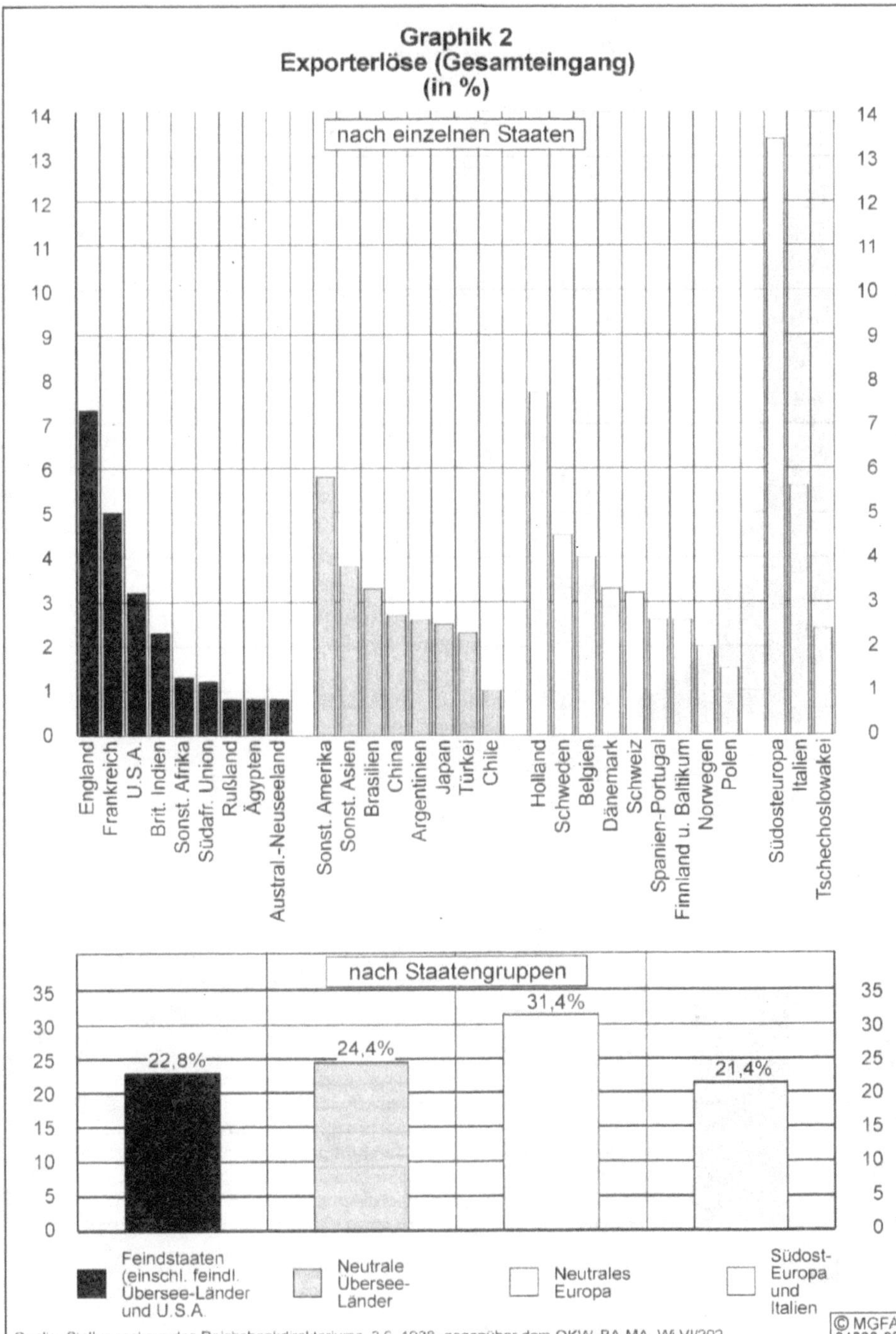
Graphik 2
Exporterlöse (Gesamteingang)
(in %)
nach einzelnen Staaten
England
Frankreich
U.S.A.
Brit. Indien
Sonst. Afrika
Südafr. Union
Rußland
Ägypten
Austral.-Neuseeland
Sonst. Amerika
Sonst. Asien
Brasilien
China
Argentinien
Japan
Türkei
Chile
Holland
Schweden
Belgien
Dänemark
Schweiz
Spanien-Portugal
Finnland u. Baltikum
Norwegen
Polen
Südosteuropa
Italien
Tschechoslowakei
nach Staatengruppen
22,8%
24,4%
31,4%
21,4%
Feindstaaten (einschl. feindl. Übersee-Länder und U.S.A.
Neutrale Übersee-Länder
Neutrales Europa
Südost-Europa und Italien
Quelle: Stellungnahme des Reichsbankdirektoriums, 3.6. 1938, gegenüber dem OKW. BA-MA Wi VI/202.
© MGFA 04666-03

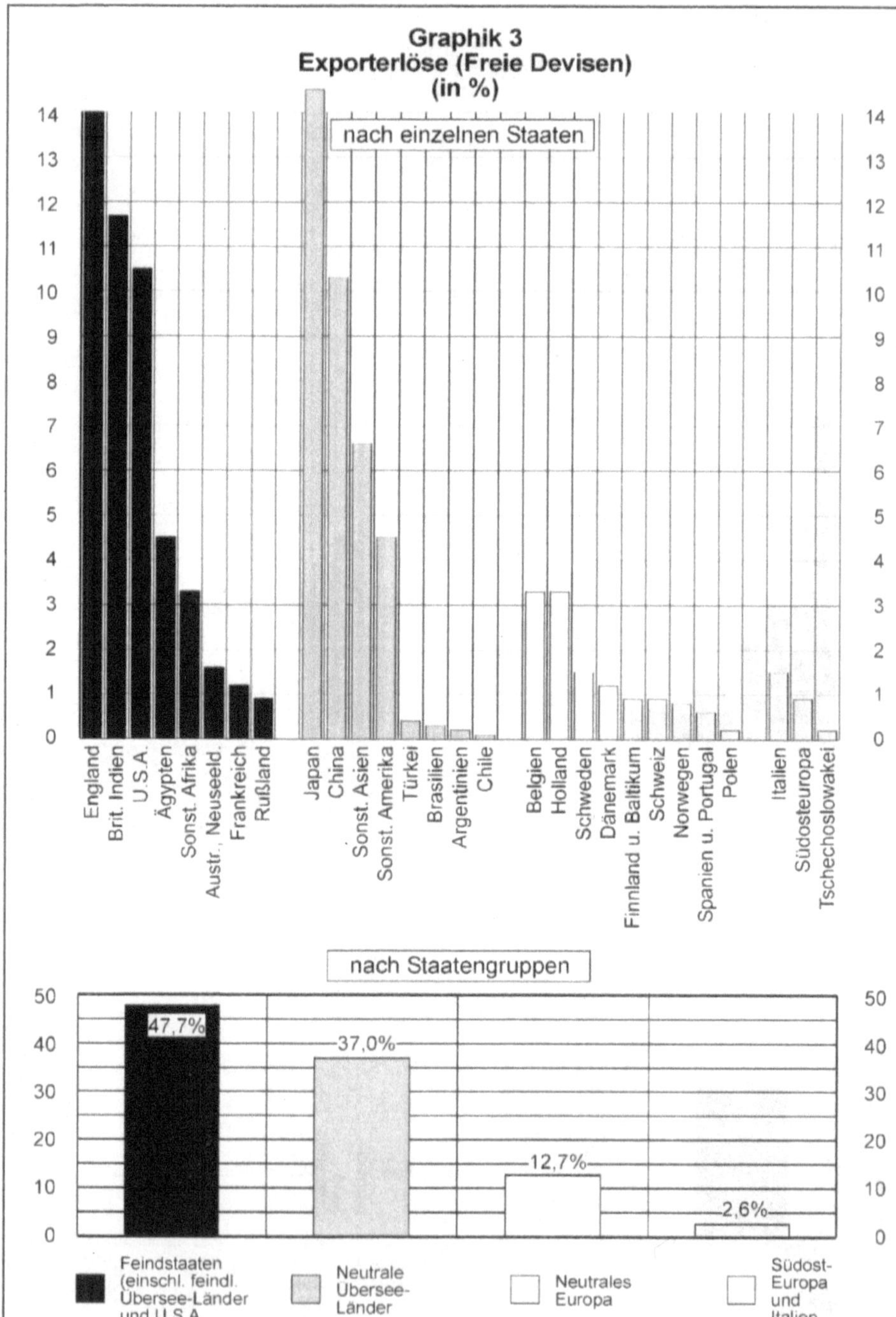

Quelle: Stellungnahme des Reichsbankdirektoriums, 3.6. 1938, gegenüber dem OKW. BA-MA, Wi VI/202.

NS-Außenhandel im »geschlossenen« Kriegswirtschaftsraum 1939-1941

Die Wirtschaftspolitik des NS-Regimes war von Anbeginn auf Autarkie ausgerichtet, die man als »Lebensrecht jedes Volkes und jeder Nation« definierte, »ihre Wirtschaft so zu gestalten, daß sie ihr eine Burg ist, in der sie im Falle handelspolitischer, währungspolitischer oder gar kriegerischer Verwicklungen nicht ausgehungert oder gar ausgedurstet werden kann«[1]. Dies bedeute keineswegs ökonomische Selbstgenügsamkeit durch Verzicht auf Außenhandel, sondern eine strikte Absage an das Freihandelsprinzip auf der Grundlage »außenwirtschaftlicher Zufallsverknüpfungen«. Sollte vielmehr »zu einer gegebenen Zeit im gegebenen Raum die Befriedigung eines bestimmten Lebensbedürfnisses nicht zu erreichen sein, dann muß[te] dasselbe innerhalb der Reichweite« des »politischen Machtwillens, der seine Ausstrahlungen in angrenzende Räume sendet, gedeckt werden«[2]. Verwirklichen ließ sich dieses soge-

---

1 Definition des Experten der NSDAP für Großraumwirtschaft, Reichsamtsleiter W. Daitz, zit. nach J. Stoye, Die geschlossene deutsche Volkswirtschaft. Geopolitik, Autarkie, Vierjahresplan, Leipzig, Berlin 1937, S. 36.

2 H. Lüdecke, Die Sicherung der wirtschaftlichen Unabhängigkeit Großdeutschlands (Ein Beitrag zur Klärung des Autarkieproblems), Diss., Wien, Würzburg 1939, S. 23. »Großraumwirtschaft ist nun eine andersartige Ordnung der Außenwirtschaft, weil hier die am Güter- und Leistungstausch beteiligten Volkswirtschaften in ein grundsätzlich anderes Ordnungsverhältnis zueinander treten. In der Großraumwirtschaft stehen sich die Gesamtbedarfe bzw. die wirtschaftlichen Gestaltungsziele der beteiligten Volkswirtschaften nicht mehr als *fremd* und verschieden gegenüber, die jede für sich ihr eigenes Gestaltungsziel als allbestimmendes Gestaltungsgesetz der Außenwirtschaft hat. In der Großraumwirtschaft hat die Gruppe der Volkswirtschaften als Einheit des Zusammenlebens gewisse Lebensbedarfe gemeinsam. Durch diese mehr oder weniger weitgehende Gemeinsamkeit ergibt sich die Möglichkeit und Notwendigkeit einer Ordnung der außenwirtschaftlichen Beziehungen unter dem Gesichtspunkt eines der Gruppe übergeordneten einheitlichen Gestaltungszieles. Die politische Führungsmacht ist der Träger des übergeordneten Ordnungswillens. Diese Vereinheitlichung der außenwirtschaftlichen Ordnung hebt die Einheit der beteiligten Volkswirtschaften nicht auf, sondern überbaut und bindet sie bezüglich jener Bedarfe, die die Glieder der Großraumwirtschaft gemeinsam haben. Die Vereinheitlichung der Gestaltungsziele und des Gestaltungswillens – Verhältnis von Führung und Gefolgschaft, gesichert durch Führungsmacht – führt sinnlogisch dazu, daß die Ordnung der außenwirtschaftlichen Vorgänge ergänzt wird durch eine entsprechende gegenseitige Abstimmung der hinter den Austauschvorgängen stehenden binnenwirtschaftlichen Verhältnisse. Dadurch gewinnt die Ordnung der Außenwirtschaft in der Großraumwirtschaft ihre Ausrichtung auf Dauer. Je bedeutsamer der Anteil der gemeinsamen Bedarfe am Gesamtbedarf der beteiligten Volkswirtschaften ist, um so mehr wird sich allerdings die großraumwirtschaftliche Ordnung, infolge der Interdependenz aller wirtschaftlichen Teilerscheinungen auf das ganze Wirtschaftsleben der Großraumpartner auswirken. – Durch ihre besondere Art der Ordnung der Außenwirtschaft mindert die Großraumwirtschaft die außenwirtschaftliche Gefährdung der Autarkie; sie vermindert die außenwirtschaftliche

nannte Lebensrecht nach nationalsozialistischer Auffassung letztlich nur in einem mittels Diplomatie und militärischer Aggression zu schaffenden Großwirtschaftsraum, der in seiner letzten Dimension nach dem Krieg »sämtliche Völker des Festlandes von Gibraltar bis zum Ural und vom Nordkap bis zur Insel Zypern umfassen [mußte], mit ihren natürlichen kolonisatorischen Ausstrahlungen in den sibirischen Raum und über das Mittelmeer nach Afrika hinein«[3]. Als erster Schritt in diese Richtung versteht sich die schwerpunktmäßige Verlagerung des deutschen Außenhandels auf Kontinentaleuropa und hier speziell auf Rohstoffländer und industriell unterentwickelte Agrarstaaten, weshalb die deutsche Außenhandelswirtschaft seit 1933 »mehr als bisher ihr Interesse dem Norden und Osten Europas« zuwandte, »eine Entwicklung, die in der wirtschaftlichen Erschließung des Südostraumes ihre natürliche Ergänzung« finden sollte[4]. »Aus wehrwirtschaftlichen Gründen vertrat« die NSDAP, insbesondere das Außenpolitische Amt, frühzeitig »den Gedanken einer möglichst weitgehenden *Umlagerung des Rohstoffbezuges aus Übersee* nach den verkehrstechnisch zu Lande erreichbaren Gebieten, d.h. vorwiegend *in den Balkan*«[5]. Die Rohstoffbasis Südosteuropas war »nicht nur aus wirtschaftlichen, sondern auch aus wehrpolitischen Gründen von nicht zu unterschätzender Bedeutung«, weshalb »für die deutsche Volkswirtschaft [...] die erfolgreiche Bearbeitung des südosteuropäischen Raumes unerläßlich« schien[6].

»Das wahre Problem für das deutsche Volk«, so formulierte es Hitler im März 1939, lag darin, »sich der Quellen zu versichern, von denen die Rohmaterialien, so notwendig für seine Wohlfahrt«, zu erlangen waren. Daher wollte man die deutsche Herrschaft auf Polen ausdehnen, »um [die] polnische Lieferung landwirtschaftlicher Produkte und Kohle für Deutschland zu sichern«[7]. Nach Ansicht Hitlers gehörten auch Ungarn und Rumänien »ohne Frage in das lebenswichtige Gebiet Deutschlands«. Nach dem Fall Polens wollte man sie durch angemessenen Druck »dazu bringen, klein beizugeben«, um die »uneingeschränkte Kontrolle über ihre unermeßlichen landwirtschaftlichen Quellen und ihre Petroleum-Schätze [zu] haben«.

Abhängigkeit, weil sie die Ordnung festigt. Indem die Großraumwirtschaft die Außenwirtschaftsbeziehungen zwischen mehreren Volkswirtschaften in eine einheitliche Ordnung bringt, wird sie als Ganzes – und mit ihr auch das Wirtschaftsleben ihrer Glieder – autarker.« Th. Pütz, Grundlagen der Außenwirtschaftstheorie, Jena 1940, S. 125 f.

3 Denkschrift der Gesellschaft für europäische Wirtschaftsplanung und Großraumwirtschaft, Mai 1940, zit. nach K. Drechsel, H. Dress und G. Hass, Der Platz Zentraleuropas in der Konzeption der Großraumwirtschaft. Zum Problem der Kriegsziele des faschistischen deutschen Imperialismus in Europa 1939-1945, in: Bulletin des Arbeitskreises »Zweiter Weltkrieg«, 1/2 (1970), S. 2-29, hier S. 6.

4 So die Industrie- und Handelskammer Lübeck im Jahre 1936, in: Ostseejahrbuch 1936, S. 18.

5 IMT (= Der Prozeß gegen die Hauptkriegsverbrecher vor dem Internationalen Militärgerichtshof), Bd XXV, Nürnberg 1947, S. 34-47, hier S. 36. Hervorhebungen im Original.

6 J. Haslmayr, Die politischen Grundlagen der deutsch-südosteuropäischen Wirtschaftsbeziehungen, Diss., Berlin 1938, Berlin 1939, S. 4.

7 Aus Berichten von Wilhelm Keppler, Staatssekretär im Auswärtigen Amt, und Generaldirektor Vogl über die Rede Adolf Hitlers, 8.3.1939, vor führenden Vertretern der Wirtschaft, der NSDAP und der Generalität, zit. nach Anatomie des Krieges. Neue Dokumente über die Rolle des deutschen Monopolkapitals bei der Vorbereitung und Durchführung des Zweiten Weltkrieges, hrsg. von D. Eichholtz und W. Schumann, Berlin (Ost) 1969, S. 204 f., hier S. 204.

Tabelle 1
Die Lebensmittelversorgung im großdeutschen Wirtschaftsraum (um 1938/39)

	Bevölkerung (Mill.)	Grad der Selbstversorgung (in %)	Mit Hilfe inländischer Lebensmittel ernährte Bevölkerung (Mill.)	Mit Hilfe ausländischer Lebensmittel ernährte Bevölkerung (Mill.)
Deutschland (Altreich)	67,50	83	56,00	11,50
Saarland	0,84	40	0,34	0,50
Ostmark	6,76	75	5,07	1,69
Sudetengebiete	3,70	80	2,96	0,74
Memelland	0,15	ca. 150[1]	0,23	- 0,08[2]
Danzig	0,41	ca. 70	0,28	0,13
Neue deutsche Ostgaue	7,37	ca. 109	8,03	- 0,66
I Großdeutschland	86,73	84	72,91	13,82
Generalgouvernement	14,50	ca. 100	14,50	–
Protektorat	7,10	ca. 95	6,75	0,35
Slowakei	3,75[3]	95	3.55	0,20
II Großdeutscher Wirtschaftsbereich	112,08	87	97,71	14,37

[1] 150 % bedeutet, daß nicht nur die Bevolkerung dieses Gebietes vollstandig, d h zu 100% aus der eigenen Scholle ernahrt werden kann sondern daß daruber hinaus noch Überschusse an Lebensmitteln produziert werden Das Gebiet konnte also z Zt nicht 0 15 Mill sondern 0.23 Mill Menschen ernähren

[2] - 0,08 bedeutet in diesem Falle also einen Ausfuhruberschuß an Lebensmitteln, der rechnerisch zur Ernährung von 0,08 Mill Menschen reichen wurde

[3] Vorl Zahl

Quelle Denkschrift des Instituts für Konjunkturforschung uber Großraumwirtschaft, BA-MA, RW 19, Anhang I/1147

Dasselbe galt für Jugoslawien. Dies war »der Plan, der bis 1940 vollbracht werden soll[te]«[8].

Vor dem Angriff auf Polen und kurz danach verschafften sich verantwortliche militärische, politische und wirtschaftliche Kreise in Deutschland noch einmal Klarheit über die ökonomische Leistungsfähigkeit und über die Ressourcen des mit dem Dritten Reich wirtschaftlich seit 1933 allmählich immer enger verknüpften Staatennetzes, um notfalls durch geeignete Maßnahmen

> »die Blockadesicherheit für eine unter deutscher Führung stehende europäische Mächtegruppe herzustellen. Insbesondere galt es zu analysieren, inwieweit diese Blockadesicherheit ganz oder zu einem großen Teil erreichbar [war], wenn die Wehrwirtschaft des oben skizzierten Raumes [...] bis zur Höchstleistung ausgebaut und die Wirtschaft weiterer im Machtbereich dieses Raumes liegender Staaten wie der Nordraum (Schweden, Norwegen, Finnland, baltische Staaten) in dem wehrwirtschaftlich notwendigen und erreichbaren Umfang zum Einsatz gebracht«

wurde[9]. Das Ergebnis fiel zwiespältig aus. Unter der Voraussetzung, daß »die Produktion und Ausfuhrfähigkeit der nordost- und südosteuropäischen [Staaten-]

[8] Ebd.

[9] Studie des Reichsamtes für Wirtschaftsausbau über die »Möglichkeiten einer Großraumwirtschaft unter deutscher Führung«, I T., Juli 1939, BA (= Bundesarchiv Koblenz), R 25/53. Vgl. auch Geheimes Gutachten des Instituts für Weltwirtschaft über »Das russische Wirtschaftspotential und

Tabelle 2
Die Ernährungsbilanz des mitteleuropäischen Wirtschaftsblocks

	Bevölkerung (Mill.)	Grad der Selbst-Versorgung (in %)	Mit Hilfe inländischer Lebensmittel ernährte Bevölkerung (Mill.)	Mit Hilfe inländischer Lebensmittel ernährte Bevölkerung (Mill.)
Großdeutscher Wirtschaftsraum	112,1	87,0	97,7	14,4
Skandinavischer Wirtschaftsraum	16,7	80,0	13,4	3,3
Holländisch-Belgischer Wirtschaftsraum	17,0	59,0	10,1	6,9
Baltischer Wirtschaftsraum	5,6	107,0	6,0	- 0,4
Südosteuropäischer Wirtschaftsraum	56,9	107,0	60,9	- 4,0
I Mitteleuropäischer Block zusammen	208,3	88,0	188,1	20,2
II Russischer Wirtschaftsraum	185,7	101,0	188,2	- 2,5
Insgesamt I und II	394,0	94,5	376,3	17,7

Quelle: Denkschrift des Instituts für Konjunkturforschung über Großraumwirtschaft, BA-MA, RW 19, Anhang I/1147 vgl. auch K. Th. Weinbrenner, Voraussetzungen, Möglichkeiten und Grenzen der landwirtschaftlichen Selbstversorgung Deutschlands. Diss., Gießen 1938

© MGFA 04626-03

Gruppe aufrechterhalten« blieb, ergab sich »ein günstiges Bild der deutschen Ernährungslage«, die, so war man überzeugt, »durch eine Seeblockade auch von längerer Dauer nicht erschüttert werden«[10] konnte (Tabelle 1).

Zwar konnte sich, den Berechnungen zufolge, Großdeutschland nur zu 84 Prozent selbst mit Lebensmitteln versorgen, doch zusammen mit dem Generalgouvernement, dem Protektorat und der Slowakei waren es bereits 87 Prozent. Rechnete man den sogenannten mitteleuropäischen und den russischen Wirtschaftsraum hinzu, ergaben sich bereits stolze 96 Prozent (Tabelle 2).

Anders sah es auf dem Rohstoffsektor aus. Nach den Berechnungen konnten die Achsenmächte mit Spanien und den Balkanstaaten als ein geschlossener ökonomischer Raum ihren Bedarf an kriegswirtschaftlichen Rohstoffen »nur unvollkommen« decken (Tabelle 3).

---

die Möglichkeiten einer Intensivierung der deutsch-russischen Handelsbeziehungen«, September 1939, BA-MA (= Bundesarchiv-Militärarchiv Freiburg), RW 19 Anhang I/701; Geheimes Gutachten des Instituts für Weltwirtschaft über »Die Bedeutung der Südosteuropäischen Getreidewirtschaft und ihre wehrwirtschaftliche Beurteilung«, April 1939, BA-MA, RW 19 Anhang I/572; Studie von A. Kruemmer, im Auftrage des Wehrwirtschafts-Stabes, über »Die jugoslawische Bergwirtschaft und ihre Bedeutung für Deutschland im Frieden und im Krieg«, 13.10.1938, BA-MA, RW 19 Anhang I/115.

10 Geheime Studie der IG Farbenindustrie über »Die Lage der Nahrungs- und Futtermittelversorgung in Deutschland«, 1939, BA-MA, Wi I/376.

Tabelle 3
Großraum[1]-Versorgung mit Textilien 1937
(Garne und Fertigwaren auf Rohstoffbasis umgerechnet; in 1 000 t)

	Ohne UdSSR Einfuhr- (-) oder Ausfuhr- (+) Überschuß					Einschließlich UdSSR Einfuhr- (-) oder Ausfuhr- (+) Überschuß				
	Eigenerzeugung	Rohstoffe[3]	Überschuß Garne	Gewebe und Fertigwaren	Insgesamt	Eigenerzeugung	Rohstoffe[6]	Überschuß Garne	Gewebe und Fertigwaren	Insgesamt
Baumwolle	27,8	-878,7	-65,7	+47,9	-896,5	847,8	-881,4	-64,9	+70,9	-875,4
Wolle	91,3[2]	263,7	-13,5	+9,9	-267,3	214,3[5]	-299,7	-13,5	10,0	-303,2
Flachs	171,8[2]	+24,2				780,4[5]	+64,6			
Hanf, europ.	106,3[2]	-38,9	18,2	+86,9[4]	-400,5	240,7[5]	-38,3	-18,2	+87,6	-405,6
Jute	–	-291,8				–	-319,8			
Andere pflanzl. Spinnstoffe	–	-162,7				–	181,5			
Seide, Florettseide, Zellwolle	104,5	-16,9	-11,5	+7,1	-21,3	106,2	-17,6	-11,5	+7,3	-21,8
Kunstseide	89,1					96,1				
Nicht nach Rohstoffen gegliederte Fertigwaren				-10,0	-10,0				-7,2	-7,2
Insgesamt	590,8	-1628,5	-108,9	+141,8	-1595,6	2285,5	-1 673,7	-108,1	+168,6	-1613,2

[1]Deutschland, Ostmark, Tschechoslowakei Polen Dänemark, Schweden, Norwegen, Finnland, Ungarn, Rumänien Jugoslawien Bulgarien, Griechenland, Litauen Estland Lettland Niederlande, Belgien-Luxemburg [2]Ohne Polen [3]Einschließlich 2/3 Polen. [4]Einschl Tauwerk. [5]Einschl. Polen. [6]Einschl 1/3 Polen.

Quelle Gutachten des Instituts für Konjunkturforschung Juni 1940, über Großraumwirtschaft Das Gewerbe im mitteleuropäischen Wirtschaftsraum, BA-MA, RW 19, Anhang I/1147

Günstig war nur die Versorgung mit Kohle, Eisen und Leichtmetall, dagegen fielen so wichtige Rohstoffe wie die Mehrzahl der Nichteisen-Metalle, Kautschuk, Erdöl, Baumwolle und Wolle »nur in relativ beschränkten Mengen oder überhaupt nicht an«[11] (Tabelle 4). Das Oberkommando der Wehrmacht erhob daher die Forderung, Nordeuropa in den Großwirtschaftsraum einzubeziehen, insbesondere wegen der Sicherung der Erze und Energiereserven Skandinaviens. Die »restlose Sicherung« des so zu erweiternden ökonomischen Rahmens eines kriegführenden Deutschland erschien aber »nur mit den Rohstoffen Rußlands [...] möglich«[12].

Mit dem Abschluß des Hitler-Stalin-Paktes wurde daher nicht den strategischen, sondern vielmehr auch den kriegswirtschaftlichen Forderungen des Militärs und der Industrie entsprochen, denen im Falle eines Abschneidens von Deutschland vom Weltmarkt infolge eines Kriegseintritts von Großbritannien »*eine starke*

---

11 Kriegswirtschaftlicher Lagebericht des OKW (= Oberkommandos der Wehrmacht) Nr. 11, 1.8.1940, BA-MA, RW 4/v. 308.

12 Vgl. die genannte Studie des Reichsamtes für Wirtschaftsausbau. Die Ergebnisse sind übernommen von einer Denkschrift der Amtsgruppe Wehrwirtschafts-Stab im OKW, August 1939, in: Weltherrschaft im Visier. Dokumente zu den Europa- und Weltherrschaftsplänen des deutschen Imperialismus von der Jahrhundertwende bis Mai 1945, Berlin (Ost) 1975, S. 255-257.

Tabelle 4
Versorgungsbilanz des Großwirtschaftsraumes

Rohstoff	Versorgungslage
Kohle	Ausfuhrüberschuß 17 Mill. t
Eisenerz	Verbrauch 22 Mill. t in Erz, davon im Raum gedeckt 80%
Schrott	Verbrauch knapp 15 Mill. t, davon im Raum gedeckt 93%
Kupfer	Erzbergbau deckt etwa ein Fünftel des Bedarfs
Blei	Erzbergbau deckt knapp die Hälfte des Bedarfs
Zink	Erzbergbau deckt rund vier Fünftel des Bedarfs
Zinn	nur unbedeutende Vorkommen im Großwirtschaftsraum; Verbrauch über 30000 t, Produktion einige 100 t
Mineralöl	Friedensverbrauch (14 Mill. t) bis auf 3 Mill. t im Großraum selbst zu decken
Rohkautschuk	Einfuhrüberschuß jährlich etwa 130000 bis 150000 t; einschl. Waren etwa 175 Mill. RM
Häute und Felle	Einfuhrüberschuß etwa 275 bis 300 Mill. RM jährlich, das sind 200000 bis 250000 t Rohhäute
Baumwolle	Einfuhrüberschuß (einschl. Garnen und Fertigwaren) 900000 t
Wolle	Einfuhrüberschuß (einschl. Garnen und Fertigwaren) 270000 t
Flachs	Ausfuhrüberschuß Rohflachs 24000 t
Hanf, europäischer	Einfuhrüberschuß an Rohfasern 39000 t
Jute	Einfuhrüberschuß an Rohfasern 292000 t
Sonstige pflanzl. Spinnstoffe	Einfuhrüberschuß an Rohfasern 163000 t
Rohseide, Zellwolle, Kunstseide	Einfuhrüberschuß (einschl. Garnen und Fertigwaren) 21000 t
Schnittholz	Ausfuhrüberschuß beträgt fast 9 Mill. fm; könnte aber bei normaler Nutzung der deutschen Wälder fast ganz im Raum abgesetzt werden.
Faserholz	Einfuhrüberschuß 1,9 Mill. fm, der aber aus dem Baltikum und der UdSSR gedeckt werden kann.
Grubenholz	Ausfuhrüberschuß 1,6 Mill. fm; davon könnte Deutschland bei normaler Nutzung seiner Wälder bis 1 Mill. fm aufnehmen.
Zellstoff	Großer Ausfuhrüberschuß, der innerhalb des Raumes nicht abgesetzt werden kann. Umstellung auf Zellwolle-Zellstoff wäre zu erwägen.

Quelle: Denkschrift des Instituts für Konjunkturforschung über Großraumwirtschaft. Das Gewerbe im mitteleuropäischen Wirtschaftsraum, BA-MA, RW 19, Anhang I/1147.

Vermehrung der deutschen Ausfuhr nach der Sowjetunion und eine entsprechende Hereinnahme russischer Rohstoffe und Nahrungsmittel [...] geboten« schien[13].

In Vorbereitung des Waffenganges gegen Frankreich unter Einbeziehung der Möglichkeit eines Kriegseintritts von Großbritannien hatte Berlin bereits im Februar 1939 mit Moskau die Rahmenbedingungen für eine Intensivierung des merkantilen Austausches festgelegt. Obgleich die Sowjetregierung nur rund 50 Prozent der vom NS-Regime gewünschten Rohstoffkontingente zu liefern bereit war, ging Deutschland in die entscheidenden Verhandlungsrunden mit dem Vorsatz, »aus wirtschaftlichen und politischen Gründen auch dann mit den Russen ab[zu]schließen, wenn eine wesentliche Erhöhung des letzten [...] Angebots [...]

[13] C. v. Kügelgen, Deutschland-Rußland. Die Entwicklungsmöglichkeiten des deutsch-russischen Handels mit der Sowjetunion, in: Deutsche Wirtschaftszeitung, 37 (1940), S. 44-46, hier S. 46. Hervorhebungen im Original.

nicht erreicht werden sollte«[14]. Doch das nach mehreren Zwischenvereinbarungen Anfang Februar 1940 unterzeichnete Abkommen legte bis Mitte August 1941 russische Lieferungen in Höhe von über 1 Mrd. RM fest[15] (50 Mill. RM[16]), während sich das Dritte Reich für Kompensationsleistungen in gleicher Höhe einen Zeitraum von 27 Monaten hatte einräumen lassen. Berlin stelle der Sowjetunion also einen Wechsel auf die Zukunft aus, den diese erst ab 1945 einzulösen vermochte. Durch dieses voluminöse, ausbaufähige, aber zugunsten Deutschlands einseitige Geschäft wurde denn auch »die englische Blockade in ihrer Wirkung entscheidend abgeschwächt«[17], während das spätere deutsch-sowjetische Wirtschaftsabkommen, nämlich vom Januar 1941, nochmals »eine große Stärkung des deutschen Kriegspotentials« darstellte[18]. Die Sowjetunion hatte z.B. in der Zeit vom 11. Februar bis 11. August 1941 folgende Mengen von Buntmetallen zu liefern:

6000 t Kupfer,
500 t Zinn,
1500 t Nickel,
500 t Wolfram,
500 t Molybdän.

Die Entscheidung über diese Lieferungen konnte erst im allerletzten Stadium der Verhandlungen herbeigeführt werden[19].

Dessen ungeachtet litt die deutsche Kriegswirtschaft seit Herbst 1939 an einer ernsten Versorgungskrise. Dies nicht zuletzt aufgrund des beim Berliner Clearing-Konto angewachsenen Schuldensaldos von rund 500 Mill. RM gegenüber den deutschen Lieferländern[20], da einige Staaten »eine Fortsetzung ihres Handelsverkehrs mit einem kriegführenden Staat nur [für] möglich« hielten, »wenn dieser [...]

---

14 Aufzeichnung des Auswärtigen Amtes, 15.6.1939, PA (= Politisches Archiv des Auswärtigen Amtes Bonn), Ha.-Pol. Handakten Clodius, Rußland, Bd 2.

15 Aufzeichnungen des Auswärtigen Amtes, 11.2.1940, PA Büro Staatssekretär, Rußland. Verhandlungen, Wirtschaft, Nichtangriffspakt, Bd adh 2.

16 Aufzeichnung des Auswärtigen Amtes, 15.6.1939, PA, Ha.-Pol. Handakten Clodius, Rußland, Bd 2.

17 Aufzeichnung des Vorsitzenden der deutschen Wirtschaftsdelegation in Moskau, Schnurre, 26.2.1940, über das deutsch-sowjetische Wirtschaftsabkommen, 11.2.1940, in: ADAP (= Akten zur deutschen Auswärtigen Politik 1918-1945) D: 1937-1945, Bd VIII/1, S. 641-643, hier S. 643. Vgl. auch Ph. W. Fabry, Die Sowjetunion und das Dritte Reich. Eine dokumentierte Geschichte der deutsch-sowjetischen Beziehung von 1933 bis 1941, Stuttgart 1971, S. 88 ff., der die Bedeutung der deutsch-russischen Wirtschaftsbeziehungen im besagten Zeitraum recht eigenwillig interpretiert.

18 Anweisung der Presseabteilung des Auswärtigen Amtes zur Kommentierung der deutsch-sowjetischen Vereinbarung, 10.1.1941, PA, Ha.-Pol. Handakten Clodius, Rußland, Bd 6.

19 Telefonnotiz Botschafter Schulenburg, 7.2.1941, PA, Ha.-Pol. Handakte Clodius, Rußland, Bd 6. »Januar bis Juni 1941 betrugen die Einfuhrzahlen 215,61 Mill., die Ausfuhrzahlen 240,34 Mill. RM. Innerhalb eines Jahres, von 1939 bis 1940, stieg damit der russische Anteil an der deutschen Einfuhr von 0,6 auf 7,8 v.H., der an der Ausfuhr von 0,6 auf 4,5 v.H. [...]. Im ganzen war in diesen beiden Jahren der Blüte des deutsch-russischen Außenhandels zugunsten Rußlands ein Aktivsaldo von 167,8 Mill. RM (oder 22,1 v.H. der deutschen Einfuhr aus Rußland) zu verzeichnen«, BA-MA, RW 19 Anhang I/567.

20 Bericht des Verbindungs-Offiziers des OKW zur Reichsbank, Oberstleutnant Drews, 1.12.1939, über »Die Entwicklung des Clearingverkehrs seit Kriegsbeginn« (nach Angaben der Deutschen Verrechnungskasse), BA-MA, Wi I/107.

keine Verschuldung aus dem bisherigen Warenverkehr« aufwies[21]. Obwohl sich die deutsche industrielle Produktion weitgehend auf kriegswirtschaftliche Anforderungen eingestellt hatte, geriet man nun in den Zwang zur Fertigung von Exportgütern und zur verstärkten Ausfuhr von Kriegsgerät, um insbesondere die für die Kriegführung unabdingbaren Einfuhren aus den neutralen Ländern weiterhin aufrechtzuerhalten. Gelang es auch bis Ende 1939, zumindest gegenüber einigen Gläubiger-Ländern, wieder eine positive Handelsbilanz zu erzielen, so war der deutsche Gesamt-Import im Dezember des ersten Kriegsjahres im Vergleich zum monatlichen Durchschnittswert der Jahre 1938/1939 (1. Januar 1938 bis 30. Juni 1939) doch um erschreckende 62 Prozent gesunken. Die Verminderung des deutschen Ausfuhrvolumens um 84 Prozent signalisierte die kriegswirtschaftlich bedingte Unfähigkeit des Dritten Reiches, seinen Import durch Export zu kompensieren oder mittels Devisen zu bezahlen[22].

Diesem außenhandelspolitischen Desaster wußte das NS-Regime nur durch die territoriale Ausweitung seines Hegemonialbereiches entgegenzuwirken, wie sie sich in der Besetzung Dänemarks, Norwegens, der später so benannten Benelux-Staaten und von Teilen Frankreichs vollzog[23]. Die ökonomischen Vorteile der Okkupation liegen auf der Hand: Zum einen wurden die neutralen Staaten in graduell abgestufter Form Bestandteil des großdeutschen Binnenwirtschaftsraumes[24]; sie schieden »als eigentliche Außenhandelskunden aus« und mußten dem Dritten Reich »während des Krieges ihre Güter auch ohne sofortige, laufende deutsche Gegenleistung zugute kommen lassen«[25]. Die Handelsverträge der Niederlande wurden beispielsweise vom Deutschen Handelspoltischen Ausschuß unter Hinzuziehung von Sachverständigen der holländischen Verwaltung abgeschlossen. »Grundsätzlich kann gesagt werden, daß sowohl die von Holland eingeführten wie auch ausgeführten Waren mit den deutschen Regierungsstellen daraufhin abgestimmt« waren, »daß nur solche Waren von Holland geliefert oder bezogen« wurden, »an denen Deutschland selbst kein dringendes Interesse hat[te] oder die Deutschland gerade in Holland für die Durchführung seiner Rüstungsaufträge benötigt[e]«[26]. Gleichwohl wurde der wirtschaftliche Verkehr mit dem Dritten Reich statistisch unter der Rubrik Außenhandel ausgewiesen. Zum anderen mußten die in ihrer territorialen Integrität und staatlichen Existenz unangetasteten Neutralen, soweit sie durch die veränderten machtpolitischen Konstellationen verkehrsgeographisch vom Welthandel abgeschnitten waren, ihre Wirtschaft notgedrungen nach den Erfordernissen der deutschen Kriegsrüstung und -versorgung ausrichten.

---

21 Aufzeichnung Drews, 17.1.1940, über die »Außenhandelsbilanz Deutschlands« (Entwicklung des Clearing-Verkehrs), BA-MA, Wi I/107.

22 Aufstellung Drews, 29.6.1940, über den »Außenhandel Deutschlands«, BA-MA, Wi I/107.

23 Vgl. H.-E. Volkmann, Autarkie, Großraumwirtschaft und Aggression. Zur ökonomischen Motivation der Besetzung Luxemburgs, Belgiens und der Niederlande 1940, in: Militärgeschichtliche Mitteilungen, 1 (1976), S. 51-72.

24 Als solche können sie in unserer Untersuchung außer Betracht bleiben.

25 Kriegswirtschaftlicher Lagebericht des OKW Nr. 10, 1.7.1940, BA-MA, RW 4/v. 308.

26 Bericht Drews, 19.6.1941, BA-MA, Wi VI/326a.

Nach dem Waffenstillstand mit Frankreich besaß das NS-Regime »in Europa [...] politisch die Macht, eine *Neuordnung der Wirtschaft* entsprechend seinen Bedürfnissen durchzusetzen. Der politische Wille, diese Macht zu gebrauchen«, war nach Ausführungen des Reichswirtschaftsministers vorhanden. »Die Wirtschaft der übrigen europäischen Länder muß[te] sich«, so Walther Funk, »unseren Bedürfnissen anpassen«[27].

Nach der Niederwerfung Frankreichs arbeitete das Reichswirtschaftsministerium konkrete Richtlinien für den innereuropäischen Warenverkehr aus:

1. Intensivierung des Handelsverkehrs mit den europäischen Ländern durch Verdrängung amerikanischer, britischer und französischer Waren und durch Umlenkung der nach außereuropäischen Staaten bislang geflossenen Warenströme ins Dritte Reich.
2. Kontrolle des Handels der europäischen Staaten mit Drittländern durch Deutschland. Langsames Anlaufen des Warenverkehrs zwischen den Niederlanden und Ungarn.
3. Lenkung des Warenverkehrs europäischer Staaten mit Außeneuropa durch Deutschland und im deutschen Interesse. Sicherung des deutschen Einflusses auf die außenwirtschaftlichen Aktivitäten der europäischen Staaten mit außereuropäischern durch folgende Maßnahmen:
   a) »Bei Ländern mit bodenständigem Überseehandel (Holland, Dänemark) gemeinsames Vorgehen bei Ein- und Ausfuhr, eventuell organisatorischer Zusammenschluß unter deutscher Führung.
   b) Bei Ländern mit rückständiger Handelsorganisation: Lenkung des Außenhandels nach Möglichkeit über deutsche Handelsfirmen; Zurückführung des lokalen Außenhandels auf den Charakter eines europäischen Binnenhandels.
   c) Einschaltung deutscher Banken, Transportvermittler und Versicherungsinstitute in den Außeneuropahandel.
   d) Ausbau der Transitplätze Hamburg, Bremen, Wien; Eingliederung der Transitplätze Rotterdam und Antwerpen[28].«

Zur Sicherung der benötigten Einfuhren, vor allem auf dem Ernährungs- und Rohstoffsektor, bedurfte es darüber hinaus bereits der Lenkung der Produktion innerhalb Europas. Dies hatte zu geschehen mittels der »bei der deutschen Ernährungsschlacht und beim Aufbau des Vierjahresplans angewandten Grundsätze und Methoden« mit dem Ziel: »Ausdehnung der deutschen Aufbaumaßnahmen auf dem Gebiet der Ernährung und Rohstoffe auf die europäischen Länder des deutschen Machtbereichs[29].« Ferner erschien es wesentlich, die europäischen Transportunternehmen zu kontrollieren, um einen geregelten Warentransfer zu gewährleisten. Zudem galt es, »die Wirtschaft der europäischen Länder [...] nach ähnlichen

---

27 Vermerk über eine am 22.7.1940 unter Vorsitz von Funk abgehaltene Chefbesprechung, zit. nach J. Freymond, Le IIIe Reich et la réorganisation économique de l'Europe 1940-1942. Origines et Projets, Leiden, Genf 1974, S. 221-231, hier S. 223. Hervorhebungen im Original.

28 Richtlinien, Juli 1940, des Reichswirtschaftsministeriums, zit. nach Freymond, Le IIIe Reich (wie Anm. 27), S. 237-241, hier S. 238 f.

29 Ebd., S. 239.

Gesichtspunkten zu organisieren wie die deutsche Wirtschaft, so daß die Organisation des Reichsnährstandes und der gewerblichen Wirtschaft in Deutschland entsprechende Kontrahenten in den übrigen Ländern« besaßen. Schließlich mußte sich die deutsche Kapitalbeherrschung »auf alle wichtigen Schlüsselunternehmungen in Europa erstrecken«[30], wobei die zu schaffenden Institutionen im ökonomischen Bereich als die organisatorischen Träger des zukünftigen Nachkriegseuropas unter deutscher Führung gedacht waren. Und letztlich galt es Sorge dafür zu tragen, daß Deutschland die Gestaltung der Preis-, Lohn- und Einkommenspolitik in dem von ihm beherrschten und noch zu beherrschenden Wirtschaftsblock »absolut in der Hand« hielt[31]. Dies praktizierte man insbesondere gegenüber den *baltischen Staaten*, deren langfristige Lieferverpflichtungen auch nach ihrer Eingliederung in die Sowjetunion von dieser übernommen wurden[32].

Die Bedeutung *Finnlands* für die deutsche Kriegswirtschaft war »nicht allzu groß«. In den Ende Mai zum Abschluß gebrachten deutsch-finnischen Wirtschaftsverhandlungen mußten die Finnen dem Umstand Rechnung tragen, daß sie durch die deutsche Besetzung Norwegens und Dänemarks in ihrem Handelsverkehr mit Westeuropa abgeschnitten waren. Das wichtigste Ausfuhrprodukt für Deutschland waren 11 000 t Kupfer für das Jahr 1940. Zudem wurde die Lieferung von 70 000 t Schwefelkies vereinbart, während finnische Nickel- und Eisenerzvorkommen von Deutschland und Finnland gemeinsam gefördert und verarbeitet werden sollten. Die großen Nickelvorkommen in Petsamo entzogen sich zunächst dem deutschen Zugriff, da sie sich in kanadischem Besitz befanden[33].

Schweden und die *Schweiz* konnten sich dem doppelten Bemühen der Berliner Machthaber, nach Abschluß des Frankreichfeldzuges alle europäischen Wirtschaftskräfte zum Kampf gegen England zu mobilisieren und gleichzeitig den Grundstein für eine »Europäische Wirtschaftsgemeinschaft« unter deutscher Führung zu legen, nicht entziehen. In der Euphorie der Siege im Westen hatte Reichswirtschaftsminister Funk vor der internationalen Presse die Notwendigkeit und die Entschlossenheit bekundet, den zukünftigen Frieden ganz auf Europa zu zentrieren, und er provozierte dieserart ein lebhaftes schwedisches Echo[34]. Politiker, Nationalökonomen und Publizisten wandten sich in Stockholm zwar gegen eine »wirtschaftliche Bevormundung der kleineren Staaten und eine etwaige Verquikkung wirtschaftlicher Dinge mit politischen Anpassungsforderungen«, und man hielt »eine geschlossene europäische Wirtschaft ohne Verbindung mit den übrigen Weltmärkten« für unvereinbar »mit den weitverzweigten schwedischen Ausfuhr-

---

30 Ebd., S. 240.

31 Ebd., S. 241.

32 Vgl. dazu H.-E. Volkmann, Ökonomie und Machtpolitik. Lettland und Estland im politisch-ökonomischen Kalkül des Dritten Reiches (1933-1940), in: Geschichte und Gesellschaft, 2 (1976), S. 471-500.

33 Bericht Drews, 27.5.1940, BA-MA, Wi VI/347 I. Vgl. M. Menger, Die Sicherung finnischer Rohstoffe für die faschistische Kriegswirtschaft 1939/40, in: Bulletin des Arbeitskreises »Zweiter Weltkrieg«, 1/2 (1974), S. 125-139.

34 W. Funk, Wirtschaftliche Neuordnung Europas! Sonderdruck aus dem »Südost-Echo«, 26.7.1940, S. 30.

Tabelle 5
Handelsverkehr Deutschland-Schweiz nach der deutschen Statistik (in Mill. RM)

	1938		1939		1940	
	Einf.	Ausf.	Einf.	Ausf.	Einf.	Ausf.
Januar	8,3	14,7	11,5	15,9	5,9	16,3
Februar	7,6	16,6	9,5	17,0	6,6	19,7
März	8,4	17,0	10,8	19,0	7,0	23,9
April	9,6	17,7	10,8	20,8	9,4	23,9
Mai	9,9	20,8	12,1	22,2	7,5	16,0
Juni	10,4	20,1	11,5	20,5	7,1	12,7
Juli	10,0	19,6	10,2	25,2	12,7	11,9
August	10,5	19,1	10,5	19,0	12,2	13,1
September	9,0	19,4	6,0	17,7	14,3	23,3
Oktober	11,3	21,4	4,4	26,1	21,1	30,4
November	10,7	18,1	5,6	25,0	25,1	32,1
Dezember	12.7	19,4	8,5	24,4	–	–

Quelle: PA, HA.-Pol. II a, Handel 11, Handelsbeziehungen zu Deutschland, Bd 1. Vgl. auch D. Bourgeois, Le Troisième Reich et la Suisse 1933–1941, Neuchâtel 1974, hier S. 158–182; ders., Publications récentes sur la politique commerciale de la Suisse pendant la Deuxième Guerre mondiale, in: Relations Internationales 1 (1974), S. 217–226; Die Schweizerische Kriegswirtschaft 1939–1948, Bern 1950.

interessen«[35], doch zeigte man angesichts der in praxi kaum vorhandenen Möglichkeiten zur Aufrechterhaltung eines internationalen Handelsverkehrs »gesteigertes Interesse, die Handelsbeziehungen mit Deutschland zu intensivieren«[36]. Die für »die deutsche Kriegführung entscheidenden Lieferungen«[37] schwedischen Erzes trafen daher vertragsgemäß in Deutschland ein[38], doch mußte Deutschland die für Schweden ausfallenden lebenswichtigen Importe aus Großbritannien in Form erhöhter Kontingente an Kohle, Koks und Walzwerkerzeugnissen übernehmen[39].

Die *Schweiz* verlor mit dem deutschen Einmarsch in Frankreich einen ihrer wichtigsten Handelspartner, und mit dem Kriegseintritt Italiens[40] wurde zudem der

---

35 Bericht der deutschen Gesandtschaft Stockholm, 12.8.1940, über schwedische Stellungnahmen zu den Ausführungen Funks, PA, Ha.-Pol. VI, Schweden, Wirtschaft 6-1, Wirtschaftsgemeinschaften mit Deutschland, Bd 1.

36 Kriegswirtschaftlicher Lagebericht des OKW Nr. 10, 1.10.1940, BA-MA, RW 4/v. 308.

37 Aufzeichnung des Staatssekretärs im Auswärtigen Amt, Weizsäcker, 21.5.1940, über die »Notwendigkeit der Durchführung vertraglich vereinbarter Waffenlieferungen nach Schweden, in: ADAP D: 1937-1945, Bd IX/2, S. 326 f., hier S. 327.

38 Ausarbeitung von Oberst Becht, Wehrwirtschafts- und Rüstungsamt, 13.9.1940, über die »Entwicklung der Rohstofflage im 1. Kriegsjahr und ihr gegenwärtiger Stand«, BA-MA, Wi I F 5/378.

39 Vgl. zu den deutsch-schwedischen Wirtschaftsbeziehungen den Beitrag von K. Wittmann, Deutsch-schwedische Wirtschaftsbeziehungen im Zweiten Weltkrieg, in: Kriegswirtschaft und Rüstung 1939-1945, hrsg. von Friedrich Forstmeier und Hans-Erich Volkmann, Düsseldorf 1977, S. 182-218; und ders., Schweden in der Außenwirtschaftspolitik des Dritten Reichs 1933-1945, Diss. masch., Hamburg 1976.

40 Zu den deutsch-italienischen Handelsbeziehungen vgl. den Beitrag von F. Schinzinger, Kriegsökonomische Aspekte der deutsch-italienischen Wirtschaftsbeziehungen 1934-1971, in: Kriegswirtschaft und Rüstung 1939-1945, hrsg. von Friedrich Forstmeier und Hans-Erich Volkmann, Düsseldorf 1977, S. 164-181.

Transfer nach den Mittelmeerländern erheblich gestört. Zwischen den Achsenmächten eingeklemmt, blieb keine andere Wahl, als sich wirtschaftlich mit diesen zu arrangieren. Dem Bestreben der eidgenössischen Regierung, auch während des Westfeldzuges noch einen geregelten Warenverkehr mit Frankreich und Großbritannien aufrechtzuerhalten, trat Berlin zunächst durch Proteste entgegen, die in Bern »als eine politische oder gar militärische Drohung aufgefaßt« wurden[41], weshalb im Frühsommer 1940 geführte Handelsvertragsverhandlungen scheiterten. Diese nahm die NS-Regierung wiederum zum Anlaß, Mitte Juni ein Kohlenembargo über die Schweiz zu verhängen, das diese dann im August des Jahres den wirtschaftlichen Ansprüchen seines großen Nachbarn gefügig machte[42]. Als Folge der deutschen Liefersperre – in Verbindung mit der blockadebehinderten Zufuhr aus anderen Staaten – verzeichnete die Schweiz einen rapiden Rückgang der Importe, so daß bei Aufrechterhaltung der Produktion seit Juli 1940 ein Ausfuhrüberschuß entstand. »Für ein Land mit so geringer Rohstoffausstattung [...] bedeutet[e] dieser Export jedoch notwendigerweise Arbeitsbeschaffung auf Kosten der Lager«, die sehr bald geräumt waren[43]. Der Schweizerische Handels- und Industrie-Verein riet daher bereits im Juni 1940, »den Export nach Deutschland im Vergleich zum Stand der letzten Monate zu steigern, auch wenn dazu die im Lande liegenden Vorräte herangezogen werden« müßten[44]. Die wirtschaftliche Kommunikation zwischen Deutschland und der Schweiz verdichtete sich dann auch 1940/41 derart, daß Deutschland gezielt Aufträge aus überlasteten Produktionsbereichen an Schweizer Firmen vergab (Tabelle 5).

Reichhaltige Bodenschätze und seine für die Kriegsführung gegen Großbritannien strategisch bedeutsame Position ließen *Spanien* zum stark umworbenen Partner für den deutschen Großwirtschaftsraum werden. Mangels machtpolitischer Pressionsmöglichkeiten fiel der Diplomatie zunächst die Aufgabe zu, den iberischen Staat in eine den deutschen kriegswirtschaftlichen Ansprüchen gerecht werdende europäische Verbundwirtschaft einzubeziehen. Der Ende 1939 zustande gekommene Wirtschaftsvertrag, der nach den Richtlinien Görings dahingehend ausgerichtet war, »daß aus Spanien an lebenswichtigen Waren, insbesondere Rohstoffe, wie z.B. Wolfram, Zinn, Quecksilber, Wolle herausgeholt werde, was herauszuholen ist«[45], erfüllte aber nicht die Berliner Erwartungen. Denn Madrid sah sich unter dem wachsenden politischen und wirtschaftlichen Druck der deutschen Feindmächte genötigt, auch mit diesen Abkommen zu treffen, in denen es Frankreich zum Beispiel »die Überlassung von zum Teil für die Kriegführung sehr wichtiger Rohstoffe in einem sogar über den Friedensabsatz hinausgehenden Umfang

41 Aktenvermerk des Botschafters Ritter, 3.6.1940, über ein Gespräch mit dem schweizerischen Gesandten, ADAP D: 1937-1945, Bd IX/2, S. 417 f., hier S. 417.

42 ADAP D: 1937-1945, Bd X/3, S. 371, 373.

43 E. Böhler, Die schweizerische Kriegswirtschaft, in: Weltwirtschaftliches Archiv, 53 (1941), I, S. 48-74, hier S. 60.

44 Rundschreiben des Vororts des Schweizerischen Handels- und Industrie-Vereins, 11.6.1940, PA, Ha.-Pol. IIa Handel 11, Handelsbeziehungen zu Deutschland, Bd 1.

45 Aufzeichnung über eine Spanien-Besprechung unter Vorsitz Görings, 16.2.1940, PA, Ha.-Pol. Handakten Wiehl, Spanien, Bd 9.

Tabelle 6
Deutschlands Einfuhr aus Spanien 1940 bis 1943
(in Mill. RM)

		1940	1941	1942	1943
Nahrungsmittel					
tier. Ursp.:	Fische	0,3	1,1	9,6	24,2
pfl. Ursp.:	Südfrüchte	6,6	79,6	59,2	68,7
	Gemüse, Obst	0,8	7,3	14,2	25,7
	Gewürze	0,5	0,6	2,5	4,0
Rohstoffe:	Felle, Häute	2,9	8,8	7,6	17,3
	Eisenerze	0,1	4,3	22,1	11,8
	sonst. Erze	1,1	5,7	13,0	17,7
Halbwaren:	Buntmetalle	0,4	13,7	7,5	12,2
Fertigwaren:	Wollgewebe	0,2	0,8	2,7	6,0
	chem. Vorprodukte	0,6	2,9	5,5	9,0
	Holzwaren	0,5	5,1	8,3	6,6
zusammen		14,0	129,9	152,2	203,2
Gesamteinfuhr:		20,4	146,3	165,8	219,7

Quelle: K. Kling, Die Wandlung der Wirtschaftsstruktur im Agrarstaat Spanien und die Entwicklung der deutsch-spanischen Handelsbeziehungen seit dem Ersten Weltkrieg, Diss. masch., München 1955, S. 108

zusagte«[46]. Erst der siegreiche Abschluß des West-Feldzuges schuf die machtpolitischen und verkehrstechnischen Prämissen, um Spanien gegenüber den deutschen wirtschaftlichen Forderungen gefügig zu machen. Nach dem bewährten Motto, so viel für die Kriegsrüstung zu importieren wie nur möglich und Gegenleistungen auf die Nachkriegszeit zu verschieben, steigerten sich die spanischen Lieferungen an das Dritte Reich, vornehmlich Rohstoffe, 1941 im Vergleich zum Vorjahr um 700 Prozent, wohingegen der deutsche Export nach Spanien im gleichen Zeitraum nur um 150 Prozent wuchs[47] (Graphik 1 und Tabelle 6).

Mit dem Kriegseintritt Italiens kam Deutschland der Wirtschaftlichen Neuordnung Europas, für die »der deutsche Außenhandel eine äußerst wichtige Rolle spielte, wesentlich näher«[48]. Vor Kriegsausbruch bereits in kaum lösbarer handelspolitischer Verflechtung mit dem Dritten Reich, waren die mittel- und südosteuropäischen Länder »nun noch mehr als bisher auf Deutschland angewiesen«[49]. Für sie kam zunächst einmal, im Unterschied zu den Niederlanden beispielsweise und zu – wenn auch gescheiterten – Versuchen gegenüber Dänemark[50], eine Zoll- und Währungsunion mit Deutschland nicht in Frage. Ihre Realisierung konnte nach

[46] Bericht der Deutschen Botschaft Madrid, 12.6.1940, PA, Ha.-Pol. Handakten Wiehl, Spanien, Bd 9.

[47] K.-J. Ruhl, Spanien im Zweiten Weltkrieg. Franco, die Falange und das »Dritte Reich«, Hamburg 1975, S. 41.

[48] Vortrag von W. Zangen, Leiter der Reichsgruppe Industrie, 7.2.1941, über den Kriegseinsatz der deutschen Industrie, zit. nach Weltherrschaft im Visier (wie Anm. 12), S. 293.

[49] Kriegswirtschaftlicher Lagebericht des OKW Nr. 10, 1.7.1940, BA-MA, RW 4/v. 308.

[50] Vgl. W. Schumann, Das Scheitern einer Zoll- und Währungsunion zwischen dem faschistischen Deutschland und Dänemark 1940, in: Jahrbuch für Geschichte, 9 (1973), S. 515-566.

Graphik 1
Vierteljährliche Bewegungen der Ein- und Ausfuhr des deutschen Reiches mit Spanien (in Mill. RM)

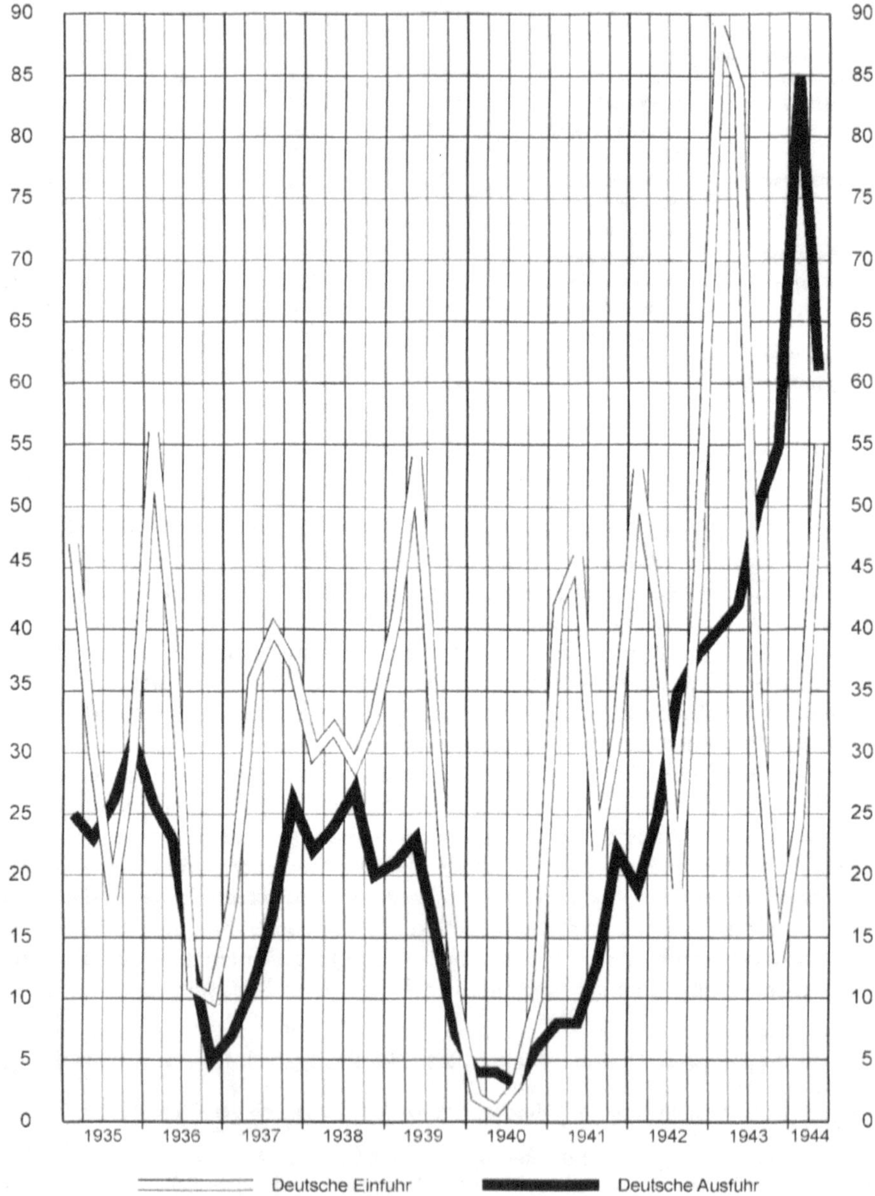

Quelle: K. Kling, Die Wandlung der Wirtschaftsstruktur im Argrarstaat Spanien und die Entwicklung der deutsch-spanischen Handelsbeziehungen seit dem ersten Weltkrieg. Diss. masch., München 1955, S. 106.

© MGFA 04663-03

Tabelle 7
Der Export der Slowakei
(in Mill. KČS)

nach	1939	1940	1941	1942	1943
Deutschland	513	859	920	1750	2270
Böhmen und Mähren	1126	1382	1381	1294	1507
Zusammen:	1639	2241	2301	3044	3777
Italien	21	184	230	575	412
Ungarn	67	161	176	249	387
Rumänien	111	121	74	386	633
Übriges Europa	287	450	410	450	623
Asien insgesamt	53	18	–	–	–
Afrika insgesamt	2	–	–	–	–
Amerika insgesamt	17	–	–	–	–
Australien insgesamt	2	–	–	–	–
Zusammen:	2200	3175	3191	4704	5832

Quelle: Dress, Die Stellung des sog. Slowakischen Staates (wie Anm. 53), S. 247. Zur agrarischen Bedeutung der Slowakei vgl. H. Groß, Die Slowakei in der europäischen Großraumwirtschaft, in: Internationale Agrar-Rundschau 1944, S. 9-18

nationalsozialistischer Auffassung »nur Ländern gegenüber erörtert werden, welche etwa den *gleichen Lebensstandard*« wie Deutschland besaßen[51]. Da im Krieg eine »*Währungs- und Wirtschaftsunion [...] nur für wenige europäische Länder in Frage*« kam, mußte, nach Meinung des Reichswirtschaftsministeriums, »in vielen Fällen eine *Form von Bündnisverträgen gefunden werden [...], durch die ein Teil der Staaten auch ohne Währungsunion an Deutschland wirtschaftlich angegliedert werden*« konnte[52]. Der im Spätsommer 1940 um die Slowakei, Ungarn und Rumänien und schließlich Anfang 1941 um Bulgarien und Jugoslawien erweiterte Dreimächtepakt bot hierfür die geeigneten Rahmenbedingungen.

Der im März 1939 die *Slowakei* oktroyierte »Schutzvertrag« legte Preßburg politisch wie wirtschaftlich an die Berliner Kette, da Deutschland bei eventuellen Außenwirtschaftsverhandlungen »über diese [...] fortlaufend zu unterrichten« war[53]. Dieses Papier sah die »Steigerung und Lenkung der slowakischen landwirtschaftlichen Erzeugung«, die »Entwicklung der slowakischen Holz- und Forstwirtschaft [...] unter Berücksichtigung der Absatzmöglichkeiten in Deutschland«, die »Erforschung, Erschließung und Verwertung der slowakischen Bodenschätze« u.ä. vor und bestimmte schließlich die »Entwicklung und Lenkung der industriellen Erzeugung unter Berücksichtigung der deutschen und slowakischen Lebensinteressen

[51] Vermerk Funks über eine am 22.7.1940 abgehaltene Chefbesprechung, zit. nach Freymond, Le IIIe Reich (wie Anm. 27), S. 221-231, hier S. 222.

[52] Niederschrift über eine Besprechung im Reichswirtschaftsministerium zu »Fragen der wirtschaftlichen Neugestaltung Europas«, 15.7.1940, zit. nach Weltherrschaft im Visier (wie Anm. 12), S. 266. Hervorhebungen im Original.

[53] Vertrauliches Protokoll über wirtschaftliche und finanzielle Zusammenarbeit zwischen dem Deutschen Reich und dem Staat Slowakei, 23.3.1939, zit. nach H. Dress, Die Stellung des sog. Slowakischen Staates im Rahmen der faschistischen Neuordnung Europas (1939-1941), Diss. masch., Berlin (Ost) 1957, S. 141.

und Marktverhältnisse und Zusammenarbeit auf dem Gebiet des Exports industrieller und sonstiger Waren«[54].

Der sogenannte »Wehrwirtschaftsvertrag« vom Januar 1940 unterstellte dann die wichtigsten Rüstungsbetriebe mit rund 31 Prozent aller Beschäftigten der Slowakei der direkten Kontrolle der deutschen Wehrmacht.

Systematisch wurde die forstwirtschaftliche und industrielle Produktion an den deutschen kriegswirtschaftlichen Bedürfnissen ausgerichtet. So gerieten beispielsweise im April 1941 die slowakischen Zementfabriken unter die Ägide der deutschen Branchenorganisation. »Durch die Neuregelung der Eingliederung in den Zementverband als selbständige Gruppe« wurden »die Fragen der Absatzregelung gemeinsam mit den deutschen Verbänden« gelöst[55]. Über welche starke Position Großdeutschland und der von ihm kontrollierte europäische Großwirtschaftsraum im slowakischen Exportgeschäft verfügte, ist Tabelle 7 zu entnehmen.

In Vorbereitung des zukünftigen europäischen Großwirtschaftsraumes erwies sich im Sommer 1940 »die slowakische Wirtschaft«, wie man in Berlin offen eingestand, als »völlig von Deutschland abhängig«. Die Slowakei verfügte in Deutschland über ein Clearing-Guthaben von rund 100 Mill. RM, »dessen Transferierung nicht möglich« schien, da die Slowakei nicht in der Lage war, »auch nur annähernd die gleichen Warenmengen aus Deutschland zu beziehen«, die Deutschland aus der Slowakei erhielt. Andererseits sah sich Berlin außerstande, die Importwünsche Preßburgs zu erfüllen[56]. Entfielen damals schon 70,5 Prozent der slowakischen Ausfuhr auf Großdeutschland, so fanden 1943 90 Prozent des slowakischen Exports Aufnahme in Ländern, die aktiv an der Seite des nationalsozialistischen Deutschland kämpften. Was lag also für Berlin näher, als bei den Beratungen der verschiedenen Ressorts »über die Vorbereitung des zukünftigen europäischen Großwirtschaftsraumes« auch die Frage zu ventilieren, »ob die Slowakei in den engeren Kreis der durch Zoll- und Währungsunion verbundenen Staaten (Deutschland, Protektorat, Generalgouvernement, Skandinavien, Holland, Belgien und Luxemburg) einbezogen werden soll[te]«[57].

Die gegenüber den *Balkanstaaten* verfolgte Außenhandelspolitik intendierte, die agrarische Produktion Südosteuropas ebenso wie die Rohstoffgewinnung mit Hilfe deutscher technischer Einrichtungen und Kapitalbeteiligungen zu steigern und nach dem deutschen Bedarf zu steuern. Die deutschen Balkaninteressen ließen sich auf die knappe Formel bringen: »Exportsteigerung durch Einschaltung in die Industrialisierung der Welt[58].« Die deutschen Bestrebungen stießen bei den Regierungen der südosteuropäischen Staaten zunächst auf Wohlwollen, bis die macht-

---

54 Ebd., S. 139 f.

55 So der Beauftragte des Reichsprotektors beim Zentralverband der Industrie für Böhmen und Mähren, B. Adolf, in seinem Werk Die Wirtschaft der Slowakei. Vertraulicher Bericht über die slowakische Wirtschaftsstruktur, Prag 1941, S. 136.

56 Aufzeichnung des Leiters der Wirtschaftspolitischen Abteilung des Auswärtigen Amtes, Wiehl, 27.7.1940, ADAP D: 1937-1945, Bd X/3, S. 280.

57 Ebd.

58 Dies war die Formel für ein außenhandelspolitisches Konzept, das Max Ilgner, Vorstandsmitglied der IG-Farbenindustrie, in einer gleichnamigen Schrift, Jena 1938, entwickelt hatte.

Tabelle 8
Deutschlands Außenhandel mit Südosteuropa (reiner Warenverkehr) (in Mill. RM)

	1939		1940		1941	
	Einfuhr	Ausfuhr	Einfuhr	Ausfuhr	Einfuhr	Ausfuhr
Bulgarien	110960	97811	176835	162250	187442	260388
Griechenland	92122	85479	93020	60279	81206	10456
Jugoslawien	131501	181273	239719	317055	83836[1]	90898[1]
Kroatien					34957[2]	54788[2]
Serbien					43706[2]	13230[2]
Montenegro					11[2]	-
Rumänien	209509	216676	427063	350142	346552	434870
Slowakei	44216[3]	44042	199737	216056	214563	257872
Ungarn	222503	228698	207262	298286	351165	349880

[1] Januar-Mai 1941
[2] ab Juni 1941
[3] ab April 1939

Quelle: Außenhandelsbilanzen Großdeutschlands (nur für den Dienstgebrauch), PA Ha.-Pol. Handakten L.R. Junker und Ha.-Pol. Handakten Waldern. Vgl. Sundhaussen, Südosteuropa (wie Anm. 62), Tab. 2

© MGFA 04592-02

und wirtschaftspolitischen Triebfedern der deutschen Wirtschaftspolitik offenkundig wurden. Deutschlands Wunsch nach Ausdehnung seiner Agrar- und Rohstoffeinfuhren und nach einer sicheren Fertigwarenausfuhr harmonisierte mit dem Willen der südosteuropäischen Länder, die strukturellen und konjunkturellen Absatzschwierigkeiten durch die Ausfuhr in ein Land zu beheben, »das als einziges in Europa wegen seiner fehlenden kolonialen Bindung in der Lage war, große Partien zu hohen Preisen laufend abzunehmen, und die Industrialisierung durch die verstärkte Einfuhr von Industrieproduktion aus Deutschland zu fördern«[59]. Die deutschen Bemühungen, »ein Höchstmaß an wirtschaftlichen Leistungen aus diesen Ländern herauszuholen«[60], fußten auf wissenschaftlichen Analysen zur rohstoffwirtschaftlichen Bedeutung des Südosteuropäischen Raumes, wie sie u.a. vom Reichsamt für wehrwirtschaftliche Planung durchgeführt worden waren[61]. Entscheidend für die Lieferfähigkeit der Balkanstaaten war die Klärung der Frage, inwieweit diese »eine eigene Schwerindustrie aufbauen« konnten[62], eine Frage, die sich offensichtlich positiv beantworten ließ. Gab doch die »mangelhafte Ausstattung der Südostländer mit Kokskohle [...] dem Deutschen Reich weitgehend die Möglichkeit in die Hand, das Ausmaß der schwerindustriellen Entwicklung der Südostländer zu bestimmen«[63]. Die deutschen Importerwartungen hingen also nicht zuletzt von dem Umfang der deutschen Hilfsmaßnahmen zur Industrialisie-

59 E. Weber, Stadien der Außenhandelsverflechtung Ostmittel- und Südosteuropas, Stuttgart 1971, S. 11.

60 Schreiben des Reichsfinanzministers Schwerin v. Krosigk, 15.7.1942, an verschiedene Reichsbehörden, BA, R 7 X/327.

61 Ebd., R 7 X/323.

62 H. Sundhaussen, Südosteuropa in der nationalsozialistischen Kriegswirtschaft am Beispiel des »Unabhängigen Staates Kroatien«, in: Südost-Forschungen, 32 (1973), S. 233-266, hier S. 236.

63 Studie des Reichsamtes für wehrwirtschaftliche Planung, März 1939, über die rohstoffwirtschaftliche Bedeutung des Südostraumes für die deutsche Wehrwirtschaft, BA, R 7 X/323.

Tabelle 9
Der deutsche Anteil am Außenhandel Südosteuropas bzw. der Donauländer 1933/40 (in %)

	Einfuhr		Ausfuhr	
	Südosteuropa	nur Donauländer	Südosteuropa	nur Donauländer
1933	18 44	19.55	15.35	14.15
1934	19 66	17.88	22.72	19.56
1935	25 92	25,01	25.69	21.94
1936	33 77	34.02	29.62	26.46
1937	32 86	32,80	26,32	23.52
1938[1]	40 07	41,28	40,73	29.99
1939[2]	50 61	56,58	46,08	49.72
1940[3]	54 01	62.32	46.36	50.82

[1]einschl Österreich. [2]einschl »Protektorat«. [3]Griechenland bis zum Kriegsausbruch im Sept. d J

Quelle O Schulmeister Werdende Großraumwirtschaft Die Phasen der Entwicklung in Südosteuropa, Berlin 1943 S 52 Vgl Sundhaussen Südosteuropa (wie Anm 62). S 236

© MGFA 04593-02

rung und damit zur Rohstofförderung und Produktionssteigerung ab. Die Statistik läßt denn auch erkennen, daß das Dritte Reich im Rahmen seiner – allerdings sehr begrenzten – kriegswirtschaftlichen Möglichkeiten den Export nach Südosteuropa gefördert hat (Tabelle 8).

So blieb die Außenhandelsbilanz gegenüber Jugoslawien und während des Krieges positiv, und auch gegenüber Rumänien war 1939 und 1941 ein Ausfuhrüberschuß vorhanden, ebenfalls gegenüber Ungarn in den Jahren 1939 und 1940. Gleichzeitig stieg die Einfuhr aus Südosteuropa seit 1933 gleichmäßig an. Im Jahre 1940 war das Dritte Reich mit rund 50 Prozent am Außenhandel Südosteuropas beziehungsweise der Donauländer beteiligt (Tabelle 9).

Im einzelnen verfügten die besagten Agrarländer über die Exportgüter, »an denen Großdeutschlands Einfuhrbedarf am stärksten« war[64]. Alle Länder Südosteuropas besaßen Manganerzvorkommen zur Eisen- und Stahlerzeugung, insbesondere Rumänien und Ungarn. Im ungarisch-slowakischen Grenzgebirge befanden sich die damals bedeutendsten Antimonlager. Jugoslawien und Ungarn spielten eine wesentliche Rolle als Oxydexporteure. In Ungarn und Rumänien konnte die Erdölförderung in erheblichem Maße gesteigert werden, und schließlich muß auf die hohe Bedeutung der jugoslawischen und griechischen Chromerze für die deutsche Edelstahlproduktion hingewiesen werden. Zusammen mit Bulgarien bezog das Dritte Reich aus diesen Territorien im Jahr 1941 rund 26 Prozent seines Bedarfs (Tabelle 10).

Hinzu traten die kriegswirtschaftlich wichtigen landwirtschaftlichen Textilrohstoffe.

---

[64] G. Schmölders, Probleme des erweiterten Wirtschaftsraumes, in: Jahrbuch der Akademie für Deutsches Recht, 5 (1938), S. 106-202, hier S. 201.

Tabelle 10
Chromerzeinfuhr Deutschlands aus Südosteuropa 1940 bis 1944
(in t ausbringbarer Chrominhalt)

	1940	1941	1942	1943	1944[2]	Insgesamt Mai 1941 – Nov. 1944
Jugoslawien[1]	1500	2100	660	734	60	2695
Bulgarien	924	3600	16428	15312	25483	60628
Griechenland	612	2280	13008	6000	4703	25991
Albanien	–	–	-	1398	6336	7734
Insgesamt	3036	7980	30096	23444	36582	97012
Anteil an der Gesamteinfuhr (in %)	29	93	91	71	75	80
Anteil am Gesamtverbrauch (in %)	10	31	139	66	98	88

[1]Ab 1942 nur Serbien
[2]Nur Januar bis November 1944

Quelle: Griff nach Südosteuropa. Neue Dokumente über die Politik des deutschen Imperialismus und Militarismus gegenüber Südosteuropa im Zweiten Weltkrieg, hrsg. von W. Schumann, Berlin (Ost) 1973, S. 14

Bis 1938 war es dem Dritten Reich gelungen, »im Südostraum praktisch die unbestrittene wirtschaftliche und politische Vorherrschaft« auszuüben. Es zählte zu den größten Rüstungslieferanten, besaß die höchsten Außenhandelsanteile, und es hatte »durch die Clearingpolitik (Zweiseitigkeitsverkehr) [...] die Südostländer immer ›in der Zange‹«. In der jugoslawischen Wirtschaft dominierte der deutsche Einfluß, und »den Rest des Außenhandels« überließ Berlin »gern anderen Ländern«, da ihm so »die Sorge für den jugoslawischen Bedarf an Industrierohstoffen genommen war«[65]. Insbesondere nach dem Münchener Abkommen war »eine politische Entwicklung vor sich gegangen, die die besten Grundlagen für die Weiterentwicklung der Wirtschaftsbeziehungen zum Südosten geschaffen hat[te]. Unsere alte Forderung«, so referierte der Präsident des Mitteleuropäischen Wirtschaftstages Ende November 1938, »über die Handelsverträge bis zum Wirtschaftsbündnis zu schreiten, beginnt heute in den Bereich der politischen Möglichkeiten zu rücken«[66].

Erstmals ausgeschöpft wurden diese Möglichkeiten im deutsch-rumänischen Wirtschaftsvertrag vom März 1939, dessen Klauseln dem rumänischen Kabinett klarmachen, »daß es sich um weit mehr als einen Handelsvertrag im üblichen Sinne handelte«[67]. Der Kontakt, vom NS-Regime als »Vorbild einer modernen Regelung

[65] Expertise der Osteuropa-Gesellschaft Wien, 1942, über die industriewirtschaftlichen Folgen des Rückgangs (und Zuwachs) des deutschen politischen Einflusses auf Südosteuropa seit 1938, zit. nach Griff nach Südosteuropa. Neue Dokumente über die Politik des deutschen Imperialismus und Militarismus gegenüber Südosteuropa im Zweiten Weltkrieg, hrsg. von W. Schumann, Berlin (Ost) 1973, S. 26.

[66] Vortrag von T. Frhr. v. Wilmowsky über Entstehung, Entwicklung und Arbeit des Mitteleuropäischen Wirtschaftstages, 22.11.1938, zit. nach Schumann, Griff nach Südosteuropa (wie Anm. 65), S. 26.

[67] Bericht des deutschen Unterhändlers Wohlthat, 27.3.1939, an Göring, zit. nach Schumann, Griff nach Südosteuropa (wie Anm. 65), S. 28

Tabelle 11
Rumäniens Ausfuhr an Mineralölprodukten 1940

Deutschland	1390467 t
Großbritannien	497306 t
Griechenland	214073 t
Frankreich	171398 t
Italien	159413 t
Türkei	121074 t
Syrien	32615 t
Ägypten	30931 t
Palästina	20931 t
Tunis	20889 t
Malta	13968 t
Marokko	13062 t

Quelle: Hegemann, Diktat von Wien (wie Anm. 70), S. 48

der wirtschaftlichen Zusammenarbeit zweier Staaten innerhalb des Großwirtschaftsraumes« propagiert[68], führte Deutschland in Wirklichkeit dem Ziel einer »Erweiterung und Ausrichtung der Produktion in den Südoststaaten nach Maßgabe des deutschen Bedarfs« entgegen[69].

Seine Ergänzung fand dieses Vertragswerk im sogenannten Öl-Waffenpakt vom 29. Mai 1940, durch den es gelang, »die von den Feindmächten maßgeblich beeinflußten Raffinerien zur Lieferung nach Deutschland zu bewegen«[70]. Nun flossen zwei Drittel des rumänischen Exports der westeuropäischen Petroleumkonzerne nach Deutschland (Tabelle 11).

Die wachsende Bedeutung Rumäniens für die deutsche Kriegswirtschaft beweist auch die Statistik (Tabelle 12).

Mit dem Beitritt zum Dreimächtepakt blieb den nunmehrigen deutschen Verbündeten »nur noch die Möglichkeit, ihre Wirtschaft eindeutig auf die europäische, unter deutscher Führung stehende Wirtschaftsgemeinschaft auszurichten«, wie es die Industrie- und Handelskammer Berlin formulierte[71]. Fortan waren Handels- und Lieferverträge in die Form einseitiger deutscher Forderungen gekleidet, zumal es nicht im deutschen Interesse lag, über die allernötigsten Gegenleistungen und Investitionen hinaus »im Südosten den gleichen Lebensstandard wie in Deutsch-

---

68 J. Koelble, Grundzüge der Neuen Deutschen Wirtschaftsordnung, Leipzig 1939, S. 63.

69 Expertise des Reichswirtschaftsministeriums über »Die Entwicklung der wirtschaftspolitischen Beziehungen Deutschlands zum Ausland im ersten Vierteljahr 1939«, BA-MA, Wi VI/112.

70 Bericht des Deutschen Sonderbeauftragten für Wirtschaftsfragen an der Deutschen Gesandtschaft in Bukarest, 8.2.1941, über die rumänische Mineralwirtschaft im Jahre 1940, zit. nach M. Hegemann, Das Diktat von Wien (1940) und seine Bedeutung für die Umwandlung Rumäniens in eine militärische Aggressionsbasis Hitlerdeutschlands, Diss. masch., Leipzig 1960, S. 49.

71 Wirtschaftsblatt der Industrie- und Handelskammer zu Berlin, 39 (1941), S. 370.

Tabelle 12
Die Mineralöllieferungen Rumäniens an Deutschland (Reichsgebiet und Wehrmacht an den Fronten)

1933	1934	1935	1936	1937	1938
187000 t	255000 t	688000 t	900000 t	532000 t	450000 t
1939	1940	1941	1942	1943	1944
1272000 t	1177000 t	2963000 t	2192000 t	2406000 t	1043000 t

Quelle: Aufgestellt von der Deutschen Gesandtschaft Bukarest. Zit. nach A. Hillgruber, Hitler, König Carol und Marschall Antonescu. Die deutsch-rumänischen Beziehungen 1938-1944, Wiesbaden 1954, S. 249

© MGFA 04596-02

land einzuführen«. Dies hätte »nur die Leistungsfähigkeit der dortigen Wirtschaft beeinträchtigen« können[72].

Diese Erfahrungen mußten neben Rumänien auch *Ungarn* machen, wo die westeuropäischen Staaten noch bis Mitte der dreißiger Jahre zumindest im Kapitalverkehr eine dominierende Position besaßen. Die Handelspolitik Deutschlands gegenüber Ungarn »strebte seit 1933 planmäßig nach Festigung und Erweiterung der vorhandenen Wirtschaftsbeziehungen [...], um einerseits auf diese Weise den wegen Devisenschwierigkeiten eingetretenen Verlust an seinen überseeischen Rohstoffquellen ersetzen zu können, andererseits durch die wirtschaftliche Annäherung die Donau-Länder stärker an sich zu binden«. War die ungarische Landwirtschaft doch in der Lage, »einen bedeutenden Teil des deutschen Lebensmittelbedarfes gegen die Lieferungen von Industriegütern zu befriedigen«[73]. Seit 1935 stand das Dritte Reich an der Spitze der ungarischen Abnehmer- und Lieferländer, und es hielt diesen Platz, seine Position immer stärker ausbauend, bis zum Jahre 1945 (Tabelle 13).

Denn mit der Eingliederung Österreichs und der Zerschlagung der Tschechoslowakei hatte sich das Dritte Reich auch noch eine Pressionsbasis geschaffen, um Einfluß auf das ungarische Innen- und Außenwirtschaftsgebaren zu nehmen. So ging im ohnehin geringen Außenhandel Ungarns mit Großbritannien in der Zeit zwischen 1938 und 1939 die Einfuhr von 6,3 Prozent auf 4,8 Prozent und die Ausfuhr von 8,1 Prozent auf 5,2 Prozent zurück. Der Anteil Frankreichs an der ungarischen Einfuhr verringerte sich von 1,5 Prozent auf 1,3 Prozent und an der Ausfuhr von 1,9 Prozent auf 1,2 Prozent. Im Warenverkehr mit den USA sank der ungarische Außenhandel um 50 Prozent, nämlich von sechs Prozent auf drei Prozent. Demgegenüber wuchs die außenhandelspolitische Bedeutung der Achsenmächte.

[72] Funk, 22.7.1940, auf einer Chefbesprechung, zit. nach Freymond, Le IIIe Reich (wie Anm. 27) S. 222.

[73] Deutsches Geheimdokument, 18.11.1937, zit. nach J. Tihanyi, Deutsch-ungarische Außenhandelsbeziehungen im Dienste der faschistischen Aggressionspolitik 1933 bis 1944, in: Jahrbuch für Wirtschaftsgeschichte, I (1972), S. 65-73, hier S. 70.

Tabelle 13
Deutschlands Anteil am ungarischen Außenhandel (in %)

Jahr	Einfuhr aus Deutschland	Ausfuhr nach Deutschland
1934	18,3	11,2
1935	22,7	22,2
1936	26,0	23,9
1937	25,9	24,1
1938	30,1	27,4
1939	48,4	50,4
1940	52,9	48,7
1941	58,1	59,9
1942	51,1	54,9
1943	53,4	60,3
1944	70,3	73,6

Quelle Angaben nach J. Buzás und A. Nagy Magyaroszág kulkereskedelme 1919-1945 (Ungarns Außenhandel 1919-1935), Budapest 1961, S. 120, Anm. Zit. nach Tihanyi Deutsch-ungarische Außenhandelsbeziehungen (wie Anm. 73), S. 68

Dies war das Ergebnis gezielter Maßnahmen, »die auf eine organische Eingliederung des Landes in die neue *kontinentaleuropäische Großraumwirtschaft*« hinwirkten[74].

»Die meisten handelspolitischen Maßnahmen, die Ungarn schon seit Ausbruch des [...] Krieges, besonders aber seit dem Sommer 1940, unternommen hat[te]«[75], standen im Zeichen der Großraumwirtschaft. Dies kam am deutlichsten im Agrarabkommen zwischen Ungarn und Deutschland vom Oktober 1940 zum Ausdruck, das eine langfristige Arbeitsplanung und Arbeitsteilung zwischen beiden Staaten vorsah, nachdem sich die ungarische Regierung, ähnlich wie die jugoslawische auf dem Sektor des Außenhandels, in einem vertraulichen Protokoll vom Juli 1937 bereits verpflichtet hatte, der NS-Regierung in jedem Jahr bis spätestens zum 30. November die Getreideüberschußkontingente mitzuteilen, damit Berlin seine Getreideanforderungen entsprechend fixieren konnte. Bei dem Kontrakt vom Oktober 1940 handelte es sich nicht um einen »kurzfristigen Handelsvertrag im üblichen Sinne, sondern das Abkommen bildet[e] vielmehr die feste Grundlage für eine gemeinsame Planung der landwirtschaftlichen Erzeugung beider Länder«. Mit anderen Worten, in Ungarn war die landwirtschaftliche Produktion, namentlich in den Zweigen umgestellt bzw. eingeschränkt worden, »in denen sich Deutschland auch auf die eigene Landwirtschaft sowie auf andere Teile des neuen kontinentaleuropäischen Großraumes stützen« konnte, während in anderen Bereichen, in denen innerhalb Deutschlands und des Großwirtschaftsraumes Mangel herrschte, eine Intensivierung des Anbaues betrieben wurde[76].

Wie gegenüber anderen Staaten, verfolgte das Dritte Reich auch gegenüber Ungarn eine Politik der gezielten Verschuldung und bei Kriegsausbruch wies das

---

74 Th. Surányi-Unger, Ungarische Wehrwirtschaft, in: Weltwirtschaftliches Archiv, 53 (1941) I, S. 75-111, hier S. 93. Hervorhebungen im Original.

75 Surányi-Unger, Ungarische Wehrwirtschaft (wie Anm. 74), S. 93.

76 Ebd.

Clearingkonto einen Saldo von 49,1 Mill. RM auf, womit Ungarn der Hauptgläubiger Deutschlands war. Mitte 1944 betrug die Gesamtclearing-Schuld Deutschlands rund 28 Mrd. RM, von denen allein auf Ungarn 3,7 Mrd. entfielen[77].

Jugoslawien zählte zu den wenigen Staaten, denen gegenüber Deutschland eine positive Handelsbilanz aufweisen konnte und die es verstanden, sich über den Kriegsausbruch hinaus eine relativ große außenwirtschaftliche Bewegungsfreiheit zu bewahren. Dies ergibt sich zum Beispiel aus dem Umstand, daß es, im Unterschied zu anderen südosteuropäischen Ländern, zwischen 1935 und 1939 eine wachsende Ausfuhr in die Devisenländer zu verzeichnen hatte, und sogar zwischen September 1939 und April 1940 stieg die Ausfuhr nach England und Frankreich noch einmal sporadisch an, weil beide Staaten die letzte Chance nutzten, aufgrund ihrer Beteiligungen Rohstoffe, insbesondere Bergbauprodukte, aus Jugoslawien herauszuziehen. Dessen ungeachtet fand zwischen 1938 und 1939 bereits eine merkliche räumliche Verlagerung des Außenhandels auf die Clearingländer statt[78]. Im Herbst 1939 trat Berlin in Geheimverhandlungen mit Belgrad, als deren Ergebnis Jugoslawien ein Verbot der Ausfuhr kriegswichtiger Rohstoffe an die deutschen Feindmächte auferlegt wurde. »Deutschland kontrollierte somit den gesamten jugoslawischen Außenhandel[79].« Nach der erfolgreichen Okkupation Dänemarks und Norwegens und nach Abschluß des Westfeldzuges verstärkte das Dritte Reich seinen Druck auf Jugoslawien und zwang es in einem geheimen Zusatzabkommen (28. Mai 1940), vor der geplanten Ausfuhr dieser Rohstoffe grundsätzlich das Berliner Einverständnis einzuholen. In der Folgezeit trat Deutschland mit dem Protektorat an die erste Stelle der jugoslawischen Außenhandelspartner, gefolgt von Italien (Tabelle 14).

Rein mengenmäßig unterschied sich der Außenhandel Jugoslawiens im ersten Kriegsjahr nicht von dem des Zeitraumes zwischen September 1938 und dem gleichen Monat des Jahres 1939. Die jugoslawische Ausfuhr nach Deutschland stieg insbesondere bei Holz, Hanf, Fleisch, Wein, Federn, Blei, Kupfer und anderen Mineralien, während die Lieferungen von landwirtschaftlichen Erzeugnissen sanken. Dies war nicht nur der schlechten Ernte zuzuschreiben, sondern vielmehr Ergebnis der nach den deutschen kriegswirtschaftlichen Bedürfnissen gesteuerten Agrarproduktion.

---

77 Vgl. Tihanyi, Deutsch-ungarische Außenhandelsbeziehungen (wie Anm. 73), S. 72 f. Zur Problematik der deutsch-ungarischen Wirtschaftsbeziehungen auch J. Borus, Die militärgeographische und kriegswirtschaftliche Bedeutung Ungarns für das faschistische Deutschland, in: Bulletin des Arbeitskreises »Zweiter Weltkrieg«, 3/4 (1971), S. 45-63; R. Door, Zu einem Aspekt der Ungarnpolitik des faschistischen Deutschland, ebd., S. 64-69; G. Rańki, Das ungarische Wirtschaftsleben im Dienste der deutschen Kriegswirtschaft zur Zeit des zweiten Weltkrieges, in: Probleme der Geschichte des zweiten Weltkrieges, Berlin (Ost) 1958, S. 238-259.

78 Vgl. M. Lamer, Kriegswirtschaftliche Einflüsse in Jugoslawien, in: Weltwirtschaftliches Archiv, 53 (1941), I, S. 112-138, hier S. 121. Vgl. S. Baar, Die Jugoslawienpolitik des faschistischen deutschen Imperialismus in der Zeit von 1935 bis zum 6. April 1941, Diss. masch., Leipzig 1968; W. Schumann, Aspekte und Hintergründe der Handels- und Wirtschaftspolitik Hitlerdeutschlands gegenüber Jugoslawien 1933 bis 1945, in Bulletin des Arbeitskreises »Zweiter Weltkrieg«, 3 (1973), S. 5-38.

79 M. Zöller, Über die Politik des imperialistischen Deutschland gegenüber Jugoslawien bis zum 6. April 1941, in: Jahrbuch für Wirtschaftsgeschichte (1963), IV, S. 291-312, hier S. 305.

Tabelle 14
Ausfuhr Jugoslawiens von wichtigen Waren nach wichtigen Bestimmungsländern, Januar bis August 1939 und 1940 (in 1000 Din.)

Ware bzw. Land	1939	1940	Ware bzw. Land	1939	1940
Weizen	177370	150101	Frisches und ver-		
Deutschland	160491	16593	arbeitetes Fleisch	138019	407886
Mais	97635	798	Deutschland	44554	193225
Deutschland	26285	78	Protektorat	49218	132403
Weizenmehl	1839	54030	Schweineschmalz	70215	143636
Deutschland	175	53733	Deutschland	16587	74291
Dörrpflaumen	13060	101132	Eier	127377	142937
Frankreich	–	36391	Deutschland	41554	55657
Protektorat	3239	27626	Schweiz	19599	34007
Deutschland	3991	27545	Italien	10700	23707
Wein	19729	51943	Geflügelfedern	32735	68140
Protektorat	13068	34709	Deutschland	31860	66351
Deutschland	2459	12572	Leder	80943	105728
Medizin. Pflanzen	21471	31096	Deutschland	22223	34153
Deutschland	9888	22765	Ungarn	18615	33726
Tabak	37014	222582	Brennholz	12019	48987
Protektorat	36948	115455	Italien	3294	31446
Frankreich	–	71916	Bauholz	554843	879728
Hanf	146891	297126	Italien	164620	282241
Deutschland	33388	122959	Ungarn	62648	148136
England	64012	49638	Deutschland	58269	102484
Schweden	15240	38221	Frankreich	3321	56840
Dänemark	188	20680	Zement	35081	22147
Frankreich	10962	15816	Italien	859	7732
Hanf- und			Albanien	264	5564
Flachsabfälle	61066	87 417	Roh- und Tafelblei	21885	81761
Deutschland	45502	36 932	Ungarn	10484	26995
Pferde	21188	82 763	Deutschland	97	25554
Frankreich	3786	34 043	Rohkupfer	430228	489073
Deutschland	482	19 587	Deutschland	59393	224780
Rinder	47955	89 295	Frankreich	71244	204276
Deutschland	37621	38 887	Belgien	168283	–
Italien	8006	38 408	Verein. Staaten	97440	–
Schweine	364988	191 333	Rumänien	12073	–
Deutschland	175339	127 917	England	8979	–
Protektorat	183968	47 898	Verschiedene Erze	266841	315370
			Deutschland	62158	110191

Quelle: Lamer Kriegswirtschaftliche Einflusse (wie Anm 78), S 125.

Tabelle 15
Lieferungen Jugoslawiens an Deutschland (nach dem Wirtschaftsvertrag vom 1. Okt. 1940 bis 30. Sept. 1941)

Bauxit[1]	400000 t
Chromerz	10000 t
Schwefelkies	150000 t
Ferrosilicium	2100 t
Ferrochrom[2]	2100 t
Zinkkonzentrate[2]	3000 t
Antimon[2]	1200 t
Hanf und Hanfwerg	20000 t
Felle zu Pelzwerk (Wildfelle)	375000 RM
Schweinshäute	100 t
Schweinsleder	200 t
Lammfelle	1400000 Stück
Schaffelle	400000 Stück
Ziegenfelle	90000 Stück
Zickelfelle	400000 Stück
Holz	25000000 RM
Mais	360000 t

[1] In der Vergangenheit hatten sich jedoch der Ausnutzung des vollen Kontingents Transportschwierigkeiten in den Weg gestellt
[2] monatlich

Quelle Drews 28.10.1940 BA-MA Wi VI/347 III Vgl ergänzend die hier nicht mehr berücksichtigte Studie von R. Schönfeld Deutsche Rohstoffsicherungspolitik in Jugoslawien 1934–1944, in Vierteljahrshefte für Zeitgeschichte, 24 (1976) S. 215–258

Nach dem vom 1. Oktober 1940 bis 30. September 1941 gültigen Wirtschaftsvertrag hatte Jugoslawien an Deutschland folgende aus Tabelle 15 abzulesende Rohstoffe und Waren zu liefern.

Wie in anderen Ländern Südosteuropas, unterlag auch in Jugoslawien der Außenhandel einer straffen Organisation, weil nur dadurch eine optimale Ausrichtung auf die Bedürfnisse der Achsenmächte gewährleistet war.

Der *bulgarische* Außenhandel gestaltete sich ebenfalls kriegsbedingt. Er erhielt seine charakteristische Ausformung durch eine verstärkte Nachfrage seitens aller kriegsführenden Mächte, insbesondere seitens des Dritten Reiches und durch eine Verminderung des Einfuhrangebotes wegen der Reduzierung der Ausfuhr der am Krieg beteiligten Staaten. Durch diesen Umstand »verschlechterte sich die Lage der Versorgung mit ausländischen und inländischen Waren, und zwar für den Staat, für den Verbrauch und für die Erzeugung des Landes«[80]. Wie Jugoslawien, so vermochte sich auch Bulgarien bis zu seinem Beitritt zum Dreimächtepakt im Frühjahr 1941 in stärkerem Maße als Ungarn, Rumänien und die Slowakei den deutschen außenhandelspolitischen Ansprüchen zu entziehen. Die seit September 1939 praktizierte Ausfuhrkontingentierung diente zunächst der Stabilisierung der

[80] K.N. Bobtschew, Bulgariens Wirtschaft und Wirtschaftspolitik im Zeichen des gegenwärtigen Krieges, in: Weltwirtschaftliches Archiv, 53 (1941), I, S. 155-193, hier S. 163.

wirtschaftlichen Verhältnisse im Lande selbst. Doch auf längere Sicht war Bulgarien in Ausfuhr und Einfuhr von den Achsenmächten, vor allem von Deutschland, abhängig. Deshalb war das am 1. Oktober 1940 auf ein halbes Jahr abgeschlossene Handelsabkommen mit Berlin »am wichtigsten«[81], denn es bewirkte nun in Umkehrung des bisherigen Kurses eine eindeutige Protektion der Ausfuhr, die sich vertragsgemäß verdoppeln sollte. Im einzelnen waren folgende bulgarische Lieferungen ins Dritte Reich vorgesehen:

Tabak in Höhe von 45 Mill. RM,
Häute und Felle in Höhe von 30 Mill. RM,
Heilkräuter in Höhe von 1 Mill. RM,
Eier in Höhe von 11 Mill. RM;

ferner Schweine, Mais, Ölkuchen, Ölsamen, Wein und Weintrauben, Käse, Sojabohnen in Höhe von 9 Mill. RM.

Darüber hinaus wurden Holz, Walnüsse, Paprika, Opium und kleine Mengen von Erzen (Blei, Chrom, Mangan, Erze und Schwefelkies) an Deutschland geliefert und auch ein wechselseitiges Sondergeschäft in Höhe von bis zu 60 Mill. RM vereinbart: Eisenwaren nach Bulgarien, Agrarprodukte nach Deutschland[82].

Im Frühjahr 1941 wurde der Warenverkehr zwischen Bulgarien und Deutschland für die Zeit von April bis Oktober 1941 neu geregelt, und zwar hatte Bulgarien in der Hauptsache für 100 Mill. RM Tabak zu liefern und für 150 Mill. RM andere Waren bereitzustellen, deren Zusammensetzung sich Deutschland nach Verhandlungsabschluß vorbehielt. Sofia mußte also eine Blanko-Lieferbestätigung ausstellen. Da die Verrechnungskonten einen erheblichen Saldo zu Lasten Deutschlands aufwiesen, wurden seitens Berlin alle Lieferkontingente nach Bulgarien aufgehoben, das heißt, es konnte ein freier Export aller gewünschten Waren stattfinden, soweit diese natürlich für die deutsche Kriegswirtschaft entbehrlich schienen[83].

Als Unterausschüsse der beiderseitigen Regierungsausschüsse tagten im Mai 1941 erstmals deutsch-bulgarische Industrieausschüsse, die im Sinne einer deutschen wirtschaftlichen Kontrolle »eine enge und planmäßige Zusammenarbeit der nationalen Industrien beider Länder« in Angriff nahmen[84].

Der Einfall in Jugoslawien und die Okkupation Griechenlands ließen Wirtschaftsverträge mit diesen Staaten zur Farce werden. Frühzeitig waren Vorkehrungen getroffen worden, der militärischen Sicherung dieser Territorien die wirtschaftliche folgen zu lassen. Ziel der Besetzung mußte es sein, »die in den Gebieten vorhandenen wirtschaftlichen Kräfte [...] unversehrt in den Dienst der Gesamtkriegführung« zu stellen[85]. Territorialen Kompensationswünschen im Balkan-

[81] Ebd., S. 167.
[82] Bereicht Drews, 25.11.1940, BA-MA, Wi VI/347 III.
[83] Bericht Drews, 10.6.1941, BA-MA, Wi VI/326a.
[84] Protokoll über die erste Tagung des deutsch-bulgarischen Industrieausschusses, 7.5.-10.5.1941, Anlage 4, BA-MA, Wi IC 5/36. Vgl. auch C. Einhorn, Die volksfeindliche Politik des deutschen Faschismus gegenüber Bulgarien im zweiten Weltkrieg, in: Deutsche Außenpolitik, 5 (1960), S. 440-449.
[85] Führerbefehl, Entwurf des Wehrwirtschafts- und Rüstungsamtes, 1.4.1941, BA-MA, Wi I/59.

raum gab Berlin nur unter der Bedingung statt, daß ihm die wirtschaftliche Beute zufiel. So mußte sich Budapest »im Hinblick auf die Wiedervereinigung der siebenbürgischen Gebiete mit Ungarn [...] zu einer zusätzlichen Lieferung von landwirtschaftlichen Erzeugnissen« in erheblichem Umfang verpflichten[86]. Auch mußten die Erdölvorkommen des im Frühjahr 1941 an Ungarn gefallenen jugoslawischen Gebietes gemäß dem Wortlaut einer Übereinkunft zwischen Berlin und Budapest »auf die Dauer des Krieges ohne Rücksicht auf die Deckung des ungarischen Inlandsbedarfs an Deutschland geliefert werden«[87].

Im außenwirtschaftlichen Kalkül des NS-Regimes besaß die *Türkei* als südöstlicher Eckpfeiler des konzipierten geschlossenen europäischen Handels- und Wirtschaftsraumes einen besondern Stellenwert, zumal Deutschland in Friedenszeiten die Hälfte seines Chromerzbedarfes dort zu decken vermochte. Nachdem das deutsch-türkische Verrechnungsabkommen am Tage vor Kriegsausbruch abgelaufen war, stellte Ankara seinen Außenhandel, bislang zu 50 bis 60 Prozent auf Deutschland ausgerichtet, sofort auf die Westmächte um. Mit dem Wirtschaftsabkommen vom 8. Januar 1940 überließ die Türkei ihre gesamte Chromerz-Förderung Großbritannien und Frankreich, zunächst auf zwei Jahre. Ein neuer Handelsvertrag mit Berlin kam erst im Juli 1940 in Form eines Sonder- und Zahlungsabkommens über den deutsch-türkischen Warenverkehr zustande. Er sah den Austausch von Rohstoffen gegen industrielle Güter vor, beinhaltete aber keine türkischen Chromerzlieferungen. Aber »in dem Maße, in dem die militärischen Ereignisse England daran hinderten, die türkischen Wünsche auf wirtschaftlichem Gebiet, besonders in der Lieferung von Rüstungsmaterial, zu befriedigen, wuchs die deutsch-türkische Zusammenarbeit«[88]. Erst nach Beginn des Rußlandfeldzuges konnte am 9. Oktober 1941 eine neue vertragliche Regelung getroffen werden, die nun auch die deutscherseits so stark begehrten Chromerzlieferungen in Fluß brachte[89].

Wer im Frühjahr 1941 Bilanz über den Erfolg der deutschen Außenhandelspolitik unter dem Aspekt der Schaffung eines geschlossenen europäischen Wirtschaftsraumes zog, konnte bei oberflächlicher Analyse zu höchst positiven Ergebnissen gelangen: Die okkupierten, ehemals neutralen Staaten *Norwegen, Belgien, Luxemburg* und die *Niederlande* waren »kapazitäts- und produktionsmäßig weitgehend in den deutschen Wirtschaftsraum einbezogen«[90]:

Einerseits durch eine »unter deutscher Führung« vorgenommene Wiederbelebung des Außenhandels dieser Länder mit Drittstaaten, in Sonderheit mit dem

[86] Bericht Drews, 29.11.1940, BA-MA, Wi I F 2/6.

[87] Deutsch-ungarisches vorläufiges Protokoll, 30.5.1941, PA, Ha.-Pol. IVa, Ungarn, Handelsvertragsverhältnis zu Deutschland (Regierungsausschüsse), Bd 14.

[88] L. Krecker, Deutschland und die Türkei im Zweiten Weltkrieg, Frankfurt/Main 1964, S. 80.

[89] Vgl. auch J. Glasneck, Die Türkei im deutsch-anglo-amerikanischen Spannungsfeld, in: J. Glasneck und I. Kircheisen, Türkei und Afghanistan -- Brennpunkte der Orientpolitik im zweiten Weltkrieg, Berlin (Ost) 1968, S. 15-158.

[90] K. Schultze-Schlutius [Ministerialrat im Reichswirtschaftsministerium], Der Stand des deutschen Außenhandels, in: Wirtschaftsblatt der Industrie- und Handelskammer zu Berlin, 39 (1941), S. 189-191, hier S. 190.

Südosten und Schweden, andererseits durch einen Ausbau der Industrien der besagten Gebiete und sonstigen Produktion sowie durch die Erschließung der natürlichen Kräftereserven mittels Beteiligungen der deutschen Wirtschaft, Neugründungen und Marktabreden. Wie man es beschönigend formulierte, galten diese Maßnahmen »einer engen Zusammenarbeit der beteiligten Wirtschaften«[91], mit dem Ziel, »in kürzester Zeit eine wechselseitige Wirtschaftsverflechtung und Interessenbindung zwischen Deutschland und diesen Ländern zu schaffen«[92].

Im Außenhandel *Dänemarks* hatten sich, durch dessen Abschnürung von Übersee und durch die Unterbindung seines Warenaustausches mit Großbritannien, »eine starke Umlagerung der Ein- und Ausfuhr auf Deutschland« ergeben, und mit Hilfe deutscher Kohle- und Eisenlieferungen waren »auch weitgehend die dänischen industriellen Kapazitäten in den Dienst der deutschen Wirtschaft gestellt«[93].

Der Warenaustausch mit *Italien* wurde noch als »glückhafte Ergänzung im Kriege zum Nutzen beider Völker« empfunden, denn die echten versorgungswirtschaftlichen Schwierigkeiten des Achsenpartners traten erst zu einem späteren Zeitpunkt auf. Aufgrund deutscher Kohle- und Kokslieferungen kam das Dritte Reich gesteigert in den Genuß von Erzbezügen aus *Schweden,* und es erhielt darüber hinaus in großem Umfange Zellstoff, Papier, Veredelungserze und Holz. Die vertraglichen Regelungen mit den *südosteuropäischen Staaten* sicherten einen großen Teil des deutschen Nahrungs-, Futtermittel- und Mineralölbedarfs.

Neben den bereits genannten Vorteilen des *Rußland-Handels* ist auf die Bedeutung des deutsch-sowjetischen Wirtschaftsverkehrs in Form russischer Transitleistungen hinzuweisen, die eine Aufrechterhaltung und Intensivierung der deutschen außenwirtschaftlichen Beziehungen mit den Staaten des Fernen und Nahen Ostens, also mit Japan, Mandschukuo, dem Iran und Afghanistan, ermöglichten.

Wie in den besetzten Gebieten war das Dritte Reich bestrebt, den Zahlungsverkehr innerhalb ganz Europas zu zentralisieren und gleichzeitig auf dem multilateralen Weg zu steuern, wobei ein allgemeiner Zahlungsverkehr über die Reichsmark angestrebt wurde und teilweise erreicht war.

Diese Entwicklung der Dinge war sicherlich durch die britische Blockade vorangetrieben worden, sie lag aber ursächlich begründet in einer zielstrebigen Außenhandelspolitik des Dritten Reiches seit 1933. Das NS-Regime gab unumwunden zu, daß die Außenwirtschaftslage

> »nicht unbedingt zwangsläufig war, sondern daß sie, abgesehen von der durch den englischen Versuch einer Blockade des europäischen Raumes bedingten engeren wirtschaftlichen Zusammenarbeit der einzelnen Völker des europäischen Kontinents, auch auf der pfleglichen Behandlung und dem Ausbau des deutschen Außenhandels vor dem Kriege beruht[e], und daß darüber hinaus eine laufende und angespannte handelspolitische Arbeit auch während des Krieges erforderlich war«[94].

Die Fäden der Außenwirtschaftspolitik hielten die für die einzelnen Länder zuständigen Regierungsausschüsse in der Hand, die bald nicht nur den zwischen-

---

[91] Ebd.

[92] Brief Görings, 17.8.1940, an Funk, zit. nach Freymond, Le IIIe Reich (wie Anm. 27), S. 246.

[93] Schultze-Schlutius, Stand des deutschen Außenhandels (wie Anm. 90), S. 100.

[94] Ebd., S. 191.

staatlichen Warenaustausch regelten, sondern darüber hinaus massiv in den ökonomischen Prozeß der deutschen Partnerländer zur Regulierung des europäischen Marktes eingriffen. »Wirtschaftliche Maßnahmen innerhalb der einzelnen Länder mußten weitgehend erörtert, nicht nur Preisfragen [...] behandelt, sondern auch Industriebesprechungen und Vereinbarungen [...] in zahlreichen Fällen eingeleitet und durchgeführt« werden[95]. Zog man in Berlin die Summe dieses außenwirtschaftlichen Engagements, so kam man zu der Erkenntnis, daß sich »schon die organische Entwicklung des europäischen Großwirtschaftsraumes abzeichnet[e]« (Graphik 3).

So positiv die Ansätze für eine europäische wirtschaftliche Neuordnung auch sein mochten, ohne machtpolitische Absicherung mußte sie doch als relativ labil gelten. Im Vordergrund der deutschen außenwirtschaftlichen Bemühungen hatte bislang die Aufgabe gestanden »*während des Krieges* die Erzeugung von Nahrungsmitteln und kriegswichtigen Gegenständen in dem von Deutschland beherrschten Raum zugunsten der deutschen Kriegswirtschaft nach der Zielsetzung des Vierjahresplans auf das höchstmögliche Maß« zu steigern. In zweiter Linie und darüber hinaus kam es darauf an, »*für die Nachkriegszeit* [...] den wirtschaftlichen Machtbereich Deutschlands in Europa und der übrigen Welt so weit als möglich zu erstrecken und dem deutschen Volk bei voller wehrwirtschaftlicher Sicherung den höchstmöglichen Lebensstandard zu geben«[96]. Dies ließ sich auf die Dauer nur erreichen, wenn nach dem ursprünglichen Lebensraumprogramm die Sowjetunion, zumindest bis an den Ural, zum integralen Bestandteil des nationalsozialistischen Machtbereiches zählte. Deshalb stand die deutsche Außenhandelspolitik seit dem Sommer im Vorzeichen der für das folgende Jahr projektierten Aggression gegenüber dem bolschewistischen Rußland. Der zumindest zeitweilige Verzicht auf eine Invasion in Großbritannien zugunsten des Unternehmens »Barbarossa« erforderte eine grundlegende kriegswirtschaftliche Umorientierung, die nicht nur das Rüstungsprogramm betraf. Hatte man bislang mit dem Gelingen des Unternehmens »Seelöwe« auch die Hoffnung auf ein Wiederingangkommen der Zufuhren aus Übersee zwecks umsichtiger und umfangreicher rüstungswirtschaftlicher Vorbereitungen des langfristig immer geplanten Rußlandfeldzuges verbunden, so mußte dieser nun fast ausschließlich mittels der im europäischen Machtbereich der Achse verfügbaren Ressourcen präpariert werden, und die Ausgangslage schien auf den ersten Blick gar nicht unbefriedigend. Ließ doch die Statistik nach dem Tief des Winters 1939/40 einen deutlichen ökonomischen Aufwärtstrend, insbesondere im Außenhandel, erkennen. Bereits in der zweiten Hälfte des Jahres 1940 überstieg die deutsche Einfuhr allein aus den europäischen Staaten den Gesamtimport des Rekordjahres 1938. Graphik 2 vermittelt den Eindruck eines hohen Maßes an güterwirtschaftlicher Versorgung, so daß der Zeitpunkt des Überfalles auf die UdSSR unter diesem Aspekt als äußerst günstig gewählt gelten konnte.

---

95 Ebd., S. 191 f.

96 Brief Görings, 17.8.1940, an Funk, zit. nach Freymond, Le IIIe Reich (wie Anm. 27), S. 245 f. Hervorhebungen im Original.

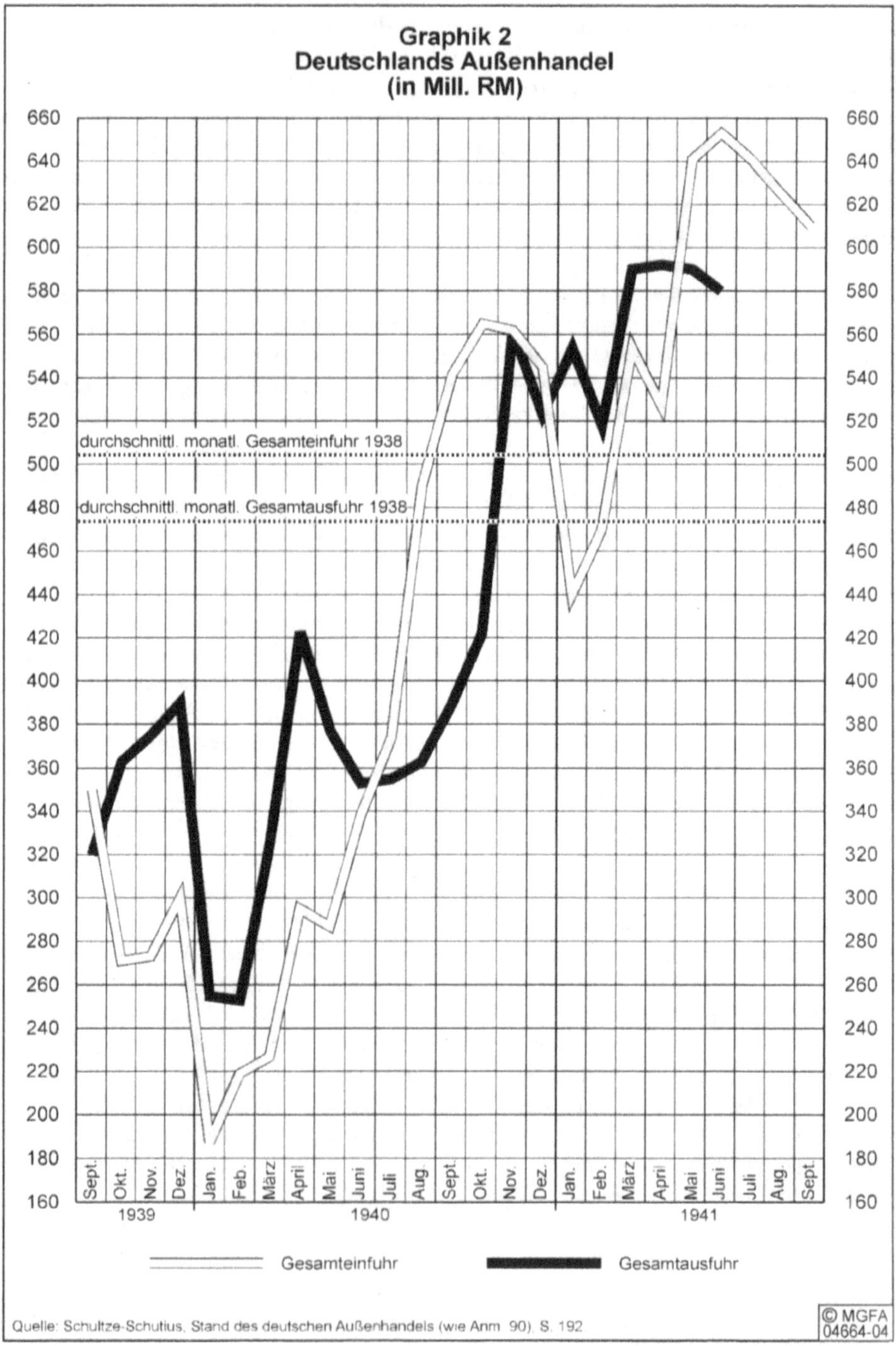
Graphik 2
Deutschlands Außenhandel
(in Mill. RM)
660
640
620
600
580
560
540
520
500
480
460
440
420
400
380
360
340
320
300
280
260
240
220
200
180
160
durchschnittl. monatl. Gesamteinfuhr 1938
durchschnittl. monatl. Gesamtausfuhr 1938
Sept.
Okt.
Nov.
Dez.
Jan.
Feb.
März
April
Mai
Juni
Juli
Aug.
Sept.
Okt.
Nov.
Dez.
Jan.
Feb.
März
April
Mai
Juni
Juli
Aug.
Sept.
1939
1940
1941
Gesamteinfuhr
Gesamtausfuhr
Quelle: Schultze-Schutius, Stand des deutschen Außenhandels (wie Anm. 90), S. 192
© MGFA
04664-04

Graphik 3
Prozentualer Anteil Deutschlands, des Achsenraumes, des Feindraumes und der neutralen Länder (am Wert der Ein- und Ausfuhr nachfolgender neutraler Staaten im Jahre 1943)

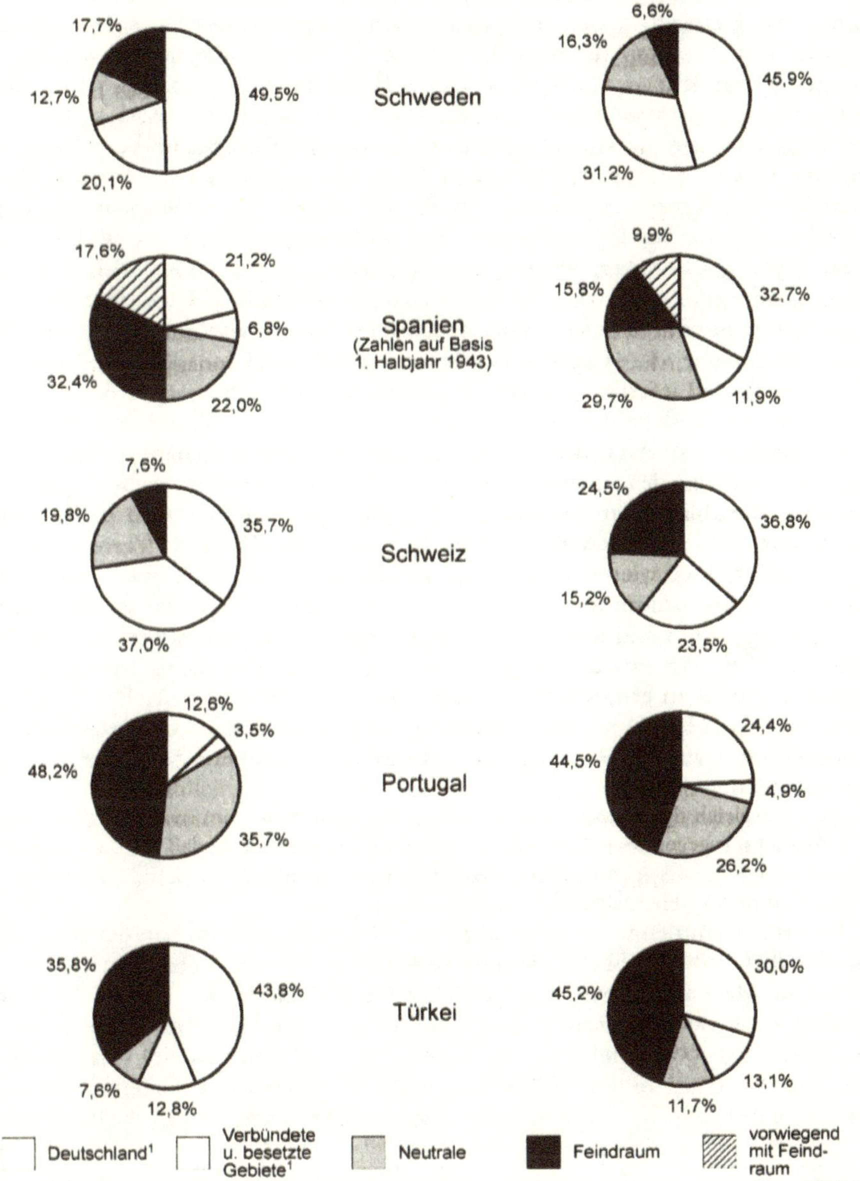

Quelle: Schultze-Schutius, Stand des deutschen Außenhandels (wie Anm. 90), S. 192. [1]Achsenraum

© MGFA 04665-04

Doch ist dies eine vorschnelle Interpretation der kriegswirtschaftlichen Lage, zumal die Ausfuhrkurve unberücksichtigt blieb. Denn Deutschland importierte wesentlich mehr, als es auszuführen willens oder fähig war. Da sich der Außenhandel fast ausschließlich in Form von Clearing-Verträgen abwickelte, also auf der Basis eines bilateralen Austausches von Waren gleichen Wertes ohne Inanspruchnahme von Devisen, bedeutete dies letztlich nichts anderes als eine wachsende deutsche Verschuldung, die tatsächlich von rund 308 Mill. RM im November 1939 auf über 1 Mrd. RM im Mai 1941 anstieg und sich bis zum Ende des Jahres nochmals verdoppelte. Diese zum Teil bewußt in Kauf genommene passive Handelsbilanz sollte im Zuge der wirtschaftlichen Neuordnung Europas und der Neuverteilung der Kolonien nach dem Sieg über England ausgeglichen werden. Durch das Vorziehen des Krieges gegen die UdSSR wuchsen die deutschen Schulden rapide an und mit diesen die Inflationsraten in den Gläubigerländern, u.a. weil einerseits deren Clearing-Guthaben stiegen, aber mangels deutscher Gegenleistungen tot lagen, andererseits aber die nach Deutschland liefernden Exporteure aus den Staatskassen bezahlt werden mußten. Darüber hinaus war durch die reduzierte deutsche Ausfuhr, die ja in der Hauptsache aus Produktionsgütern bestand, auf längere Sicht die Lieferfähigkeit der deutschen Handelspartner gefährdet.

Um diesem Mißstand abzuhelfen und in Vorbereitung der europäischen Wirtschaftsgemeinschaft nach dem Krieg wurde in Berlin ein sogenanntes Zentralclearing zur Regelung des innereuropäischen Warenverkehrs eingerichtet, das heißt, man ging allmählich vom bilateralen Verrechnungswesen zu einem multilateralen über. Zwar hatte sich nach allgemeiner Auffassung das bilaterale Verrechnungssystem bewährt, doch wies es den Mangel auf, daß Clearingspitzen nur zwischen den beiden Vertragspartnern abgebaut werden konnten. Das heißt, das in ein Clearingsystem eingebaute Land konnte seine Bedürfnisse nicht ohne weiteres durch Einfuhren aus Drittländern befriedigen, was sich im multilateralen Clearing änderte. Dieses neue System ermöglichte es nun unter anderem den deutschen Gläubigerstaaten, ihre im Handel mit dem Dritten Reich angewachsenen Exportguthaben zu Einkäufen oder zur Schuldendeckung bei anderen Mitgliedern des Zentralclearings zu verwenden.

> »Der Ausgleich der Zahlungsbilanz eines jeden Teilnehmers am multilateralen Clearing erfolgt[e] nur gegenüber der Gesamtheit der Clearingpartner, so daß ein Clearingpartner dem einen Land gegenüber eine dauernd aktive, dem anderen Land gegenüber eine dauernd passive Handelsbilanz aufweisen konnte[97].«

In diesem Zusammenhang ist der Hinweis wichtig, daß das Prinzip der Bilateralität grundsätzlich erhalten blieb, während »durch eine zentrale Verrechnungskasse die Salden aus dem Austausch des Länderpaares im Handel mit dritten Volkswirtschaften verwendet werden« konnte »und umgekehrt«. Entscheidend war ebenso die zentrale Steuerung der Verrechnungen, d.h., Berlin behielt sich das Recht vor, zu entscheiden, mit welchen Drittländern die Überhänge des bilateralen Clearings und für welche Güter zu verrechnen waren. Die Verrechnung durfte sich also

[97] K. Ringel, Währungspolitik und zwischenstaatlicher Zahlungsverkehr in der Großraumwirtschaft, in: Weltwirtschaftliches Archiv, 56 (1942), II, S. 490-508, hier S. 499 f.

»nicht darin erschöpfen, die tatsächlichen Handelsbewegungen mit ihren Export- und Importüberschüssen als gegeben hinzunehmen und automatisch zu verbuchen, sondern es muß[te] auf diese Bewegung wirtschaftspolitisch Einfluß genommen werden«, und dieserart wurden die außenhandelspolitischen Gleise in Berlin gestellt, und zwar geschah dies unter dem Aspekt der Errichtung einer »Großraumordnung, deren innerräumliche Austauschbedingungen andere« waren »als die außerräumlichen«[98]. Seit Sommer 1940 liefen die Bemühungen um den »Ausbau des deutschen Clearing-Systems zu einem europäischen Zentralclearing«, wodurch »die Verflechtung des deutschen Wirtschaftsraumes mit den Wirtschaftsräumen der in das Zentralclearing einzubeziehenden Länder« gefördert und vertieft werden sollte, um »damit die europäische Großwirtschaft organisch vorzubereiten«[99].

Zwar ließ sich nun der europäische Warenaustausch von Berlin aus zentral steuern, doch blieb die Chance der deutschen Handelspartner, in Deutschland nicht vorhandene Exportgüter in anderen europäischen Staaten erwerben zu können, gering. Denn in Vorbereitung des Rußlandfeldzuges hatte das Dritte Reich nahezu alle verfügbaren Rohstoff- und Produktionskapazitäten des europäischen Raumes an seine Kriegswirtschaft gebunden, und der rücksichtslose Einsatz der menschlichen und materiellen Ressourcen führte im Frühjahr 1941 in eine akute ökonomische Krise, die einen Produktionszuwachs nicht mehr erwarten ließ, eher das Gegenteil. Der starke Rückgang des deutschen Außenhandels Ende 1940/Anfang 1941 – der übrigens bei fast allen europäischen Staaten zu registrieren ist – trat »auf Grund der zunehmenden Vorratserschöpfung sowie die Auswirkungen der britischen Blockade« auf[100]. Die Importsteigerung des Frühjahres 1941 beruhte überwiegend auf russischen Rohstofflieferungen, für die wiederum eine mit letzter Anstrengung vorgenommene deutsche Ausfuhrerhöhung in die UdSSR Voraussetzung war. Im Sommer 1941 ließen die Handelsbilanzen erkennen, daß der innerkontinentaleuropäische Außenhandelsverkehr noch nicht auf den bestmöglichen Stand gebracht und daß dies nur mit erheblichen Schwierigkeiten und nach einer längeren Frist erreicht werden konnte. Auch das Berliner Zentralclearing lief erst allmählich an. Für die angespannte kriegswirtschaftliche Lage lassen sich einige charakteristische Symptome nennen: In der Rüstungsindustrie bestand ein Fehlbedarf von ca. 1,2 Mill. Arbeitskräften[101]. Die Rohstoffsituation war gekennzeichnet durch die bereits Anfang 1941 im Reich und in den okkupierten Gebieten getroffenen Vorkehrungen zum Einschmelzen der Glocken, um die Versorgungslage bei Kupfer und Zinn zu verbessern. Mangels Kohle wegen unzureichender Transportmittel kam es zu »einigen vorübergehenden Betriebsstillegun-

---

98 K. Schiller, Meistbegünstigung, Multilateralität und Gegenseitigkeit in der zukünftigen Handelspolitik, in: Weltwirtschaftliches Archiv, 53 (1941), I, S. 370-406, hier S. 392.

99 Vorlage des Auswärtigen Amtes, Sommer 1940, für eine Sitzung des Handelspolitischen Ausschusses beim Auswärtigen Amt, zit. nach Deutschland im zweiten Weltkrieg, Bd 10, Berlin (Ost), Köln 1974, S. 408.

100 Kriegswirtschaftlicher Lagebericht Nr. 18, 10.3.1941, BA-MA, RW 19/99.

101 Ebd.

gen«[102]. Die Kautschukvorräte waren in einem Maße zusammengeschrumpft, daß im Frühjahr 1941 mit Betriebspausen gerechnet wurde. Die Mineralölproduktion erreichte »nicht den vorgesehenen Stand«, und, so hieß es lapidar im Kriegswirtschaftlichen Lagebericht vom Mai 1941: »Das ständig steigende Fertigungssoll entfernt sich immer mehr von der durch die verfügbaren Arbeitseinsatz-, Rohstoff-, Betriebs- und Transportkapazitäten gegebenen Fertigungsbasis[103].«

Auf dem Ernährungssektor bot sich ein ähnliches Bild: Die Einfuhren aus den okkupierten Territorien gingen 1941 rasch zurück, da einmal deren Vorräte erschöpft waren, zum zweiten der Abzug von Arbeitskräften ins Reich und letztlich obstruktives Verhalten der Bevölkerung zu einem Produktionsrückgang führten, so daß sich die Ernährungslage nicht nur in Deutschland, sondern »vor allem in Frankreich, Belgien und im Generalgouvernement von Monat zu Monat immer schwieriger« gestaltete[104]. Im Frühjahr 1941 mußten »die besetzten Gebiete [...] von Deutschland zum größten Teil miternährt werden«[105], was durch das Ansteigen der Exportkurve verdeutlich wird. Auch in der Konsumgüterversorgung kam es zu Engpässen. So stieß zum Beispiel die Ausstattung der Bevölkerung mit Schuhwerk »auf Schwierigkeiten, weil der Lederanfall ständig geringer« wurde »und eine erhöhte Zuweisung von Buna nicht möglich« erschien[106]. Nach Auffassung des Wehrwirtschafts- und Rüstungsamtes mußte »daher ab Sommer 1941 mit einer erheblichen Verschärfung der Versorgungslage gerechnet werden«[107]. Darüber hinaus wies der geschlossene europäische Wirtschaftsraum zumindest in Konturen die ersten Risse auf. Zwar entwarf Hitler im Juni 1941 gegenüber Mussolini noch ein optimistisches Bild der Rohstofflage, bezeichnete »die Petroleumversorgung als gesichert«, ebenso die Nickelzufuhren aus Finnland. »Bezüglich Kupfer habe man in den Minen von Bor und in Kroatien eine ausreichende Versorgung. Aluminium und Oxyd bekäme man aus dem ehemaligen jugoslawischen Raum, aus Ungarn, Frankreich und Italien in ausreichenden Mengen. Die Kohlenversorgung wäre lediglich ein Arbeits- und Transportproblem [...]«. Doch konnte man seiner zusammenfassenden Bemerkung, daß »sich die Probleme meistern« ließen, »wenn die ganze europäische Wirtschaft, die nunmehr von der Achse kontrolliert würde, richtig organisiert« sei, erste Zweifel der Staats- und Parteiführung an der gesicherten Kriegswirtschaft entnehmen. Hitler kam daher auch nicht umhin, die Lebensmittellage als »durch die Zuschußgebiete Norwegen, Belgien, Holland, Frankreich und andere erschwert« zu kennzeichnen[108]. Er brachte jedoch seine Hoffnung zum Ausdruck, daß »in der Folge in den Ostgebieten und in Rumänien mehr erzeugt werden« könne. Kenner der ökonomischen Szenerie hielten allerdings »die

102 Kriegswirtschaftlicher Lagebericht Nr. 17, 10.2.1941, BA-MA, RW 4/v.308.
103 Ebd.
104 Vgl. Anm. 100.
105 Vgl. Anm. 102.
106 Vgl. Anm. 100.
107 Expertise des Wehrwirtschafts- und Rüstungsamtes, 14.12.1940, über die »Voraussichtliche Entwicklung der Wehrwirtschaftslage bis 1.5.1941«, BA-MA, Wi I F 5/3662.
108 Aufzeichnung über das Treffen Hitler-Mussolini, Juni 1941, ADAP D: 1937-1945, Bd XII/2, S. 791.

Steigerung des Produktionspotentials der Landwirtschaft in den Donaustaaten« für »zeitlich gebunden«, und sie rechneten »erst in einer Reihe von Jahren« mit einer »optimale[n] Kapazität«[109]. Die Balkanländer ließen es bereits angesichts des nicht erkennbaren kriegsentscheidenden militärischen Durchbruches an dem Willen fehlen, die bei ihnen zumeist hochverschuldeten Achsenmächten über Gebühr wirtschaftlich zu päppeln, zumal diese auch mit den versprochenen Hilfsmaßnahmen zur Industrialisierung und landwirtschaftlichen Ertragssteigerung im Wort standen. Man begann in Südosteuropa über die ihm innerhalb des Großwirtschaftsraumes zugewiesene ökonomische Rolle nachzudenken. Selbst mit dem faschistischen Deutschland und der Großraum-Idee sympathisierende Autoren wiesen, mit deutlicher Kritik an der mangelnden Berücksichtigung der wirtschaftlichen Eigenbedürfnisse der Balkanstaaten, darauf hin, daß Ertragssteigerungen nur dort zu verzeichnen seien, wo man mit deutschem Kapital für deutsche Interessen wirtschafte, wie z.B. in den Hermann Göring-Werken der Ostmark[110]. Im Gegensatz hierzu stagniere die Produktion – wenn sie nicht gar rückläufig war – in den inländischem »Eigenbedarf dienenden Industrien«, für die das »notwendige Kapital aus dem eigenen Volksvermögen beschafft werden« müsse[111]. Da das Dritte Reich aber in Vorbereitung des Rußlandfeldzuges lediglich an einer Überproduktion in ganz speziellen Bereich interessiert war, wollte es »in keinem Fall an einer Entwicklung mithelfen«, die in Ostmittel- und Südosteuropa »das dortige Lebensniveau« hob[112]. Man achtete in Berlin vielmehr darauf, daß unter allen Umständen eine positive Handelsbilanz der betroffenen Staaten gegenüber Deutschland aufrechterhalten wurde. Durch eine auf die allgemeine Produktionssteigerung im Südostraum hinzielende deutsche Außenwirtschaftspolitik wäre »genau das Gegenteil dessen erreicht« worden, »was aus wirtschaftspolitischen und wehrwirtschaftlichen Gründen angestrebt werden« sollte. Deutschland hätte dann weitgestreute Investitionen in Südosteuropa vornehmen müssen, die die Arbeitslosigkeit beseitigten, die Kaufkraft stärkten und damit den Konsumanspruch steigerten. »Die augenblickliche Folge wären Passivsalden im Außenhandel jener Länder mit« Deutschland gewesen.

> »Jede Einkommensvermehrung zu dem wir dem Südosten durch Kredite und dergleichen verhelfen, wird sich also weniger in erhöhten Sparquoten als vielmehr in erhöhtem Konsum niederschlagen. Dies bedeutet, daß ein zunehmender Teil der Produktion in den eigenen Verbrauch überführt werden würde. Es könnte sein, daß mit deutscher Hilfe die Produktion zwar ansteigt, die absolute Menge der Ausfuhr aber kaum zunimmt oder gar sinkt. Würde der Verbrauchsstandard ansteigen, dann würden nicht nur die bisherigen Exportüberschüsse Südosteuropas an Nahrungs- und Futtermitteln fortfallen, sondern es würde darüber hinaus in der gesamteuropäischen Ernährungs- und

---

109 O. v. Franges, Die Donaustaaten Südosteuropas und der deutsche Großwirtschaftsraum, in: Weltwirtschaftliches Archiv, 53 (1941), I, S. 284-320, hier S. 316.

110 Ebd., S. 315.

111 Ebd., S. 316.

112 Ausarbeitung der Forschungsstelle für Wehrwirtschaft beim Amt des Beauftragten für den Vierjahresplan, 15.1.1941, zit. nach Griff nach Südosteuropa (wie Anm. 65), S. 109-114, hier S. 109 f.

Rohstoffversorgung ein Defizit auftreten, das überhaupt nicht mehr überbrückt werden könnte[113].«

Das aus dieser wirtschaftspolitischen Haltung Deutschlands gegenüber dem Donauraum resultierende zunehmende Spannungsverhältnis wird durch das Eingeständnis Hitlers demonstriert, z.B. »auf Ungarn ein[en] Druck« ausüben zu müssen, »damit es in den ihm zugesprochenen Gebieten die landwirtschaftliche Produktion steigere«[114].

Trennte man in Berlin im Frühjahr 1941 bei einer unter den Aspekten der Kriegstüchtigkeit vorgenommenen wirtschaftlichen Bestandsaufnahme nach Soll und Haben, dann konnte man zwar noch einen Gewinn verbuchen, doch waren die Anzeichen für eine Restriktion bereits unübersehbar.

Kalkulierte man das Risiko eines Angriffskrieges gegen die Sowjetunion, dann war es, von politischen Erwägungen einmal abgesehen, im Sommer 1941 unter ökonomischen Kriterien geringer als erwartet. Niemand wußte vorauszusagen, wie lange sich die UdSSR und andere deutsche Gläubigerstaaten angesichts der offenkundigen deutschen Liefer- und Zahlungsschwierigkeiten bereit finden würden, im bisherigen Umfang und auf längere Sicht ihren für die deutsche Kriegswirtschaft unverzichtbaren Beitrag zu leisten. Niemand vermochte auch abzuschätzen, in welch hohem Maße die UdSSR bereits gerüstet war und in welchem Tempo sie mobilisierte. Wollte man am alten Lebensraumprogramm festhalten, dann mußte der Schlag gegen die Sowjetunion bald geführt werden. Ein Krieg mit der UdSSR enthob die deutschen Verbündeten, insbesondere in Südosteuropa, des begründeten Anspruchs auf deutsche Unterstützung zur Intensivierung ihrer gesamtwirtschaftlichen Produktion und zur Anhebung des Lebensstandards. Jetzt war ein ausschließlich kriegsorientiertes Wirtschaften motivierbar. »Die Bedeutung des Krieges für die großraumwirtschaftliche Entwicklung in Südosteuropa« lag »darin, die machtpolitische Bedingung einer derartigen Zusammenarbeit zu schaffen [...]. Nicht nur, daß aus dem Krieg eine neue Hegemonie hervorgeht«, hieß es in einer programmatischen NS-Schrift,

> »bildet er also selbst eine Phase der großraumwirtschaftlichen Integration, indem er die notwendigen Umstellungen im wirtschaftlichen Leben radikal beschleunigt und gegen alle Hemmungen erzwingt. Was versäumt wurde, muß nun in wenigen Jahren nachgeholt werden. Dadurch gewinnt der Kriegsvorgang aber, über jede andere Auseinandersetzung hinausgehend, einen revolutionären Rang[115].«

Darüber hinaus erhoffte man sich von der Eroberung und wirtschaftlichen Ausbeutung des russischen Territoriums, vornehmlich der Ukraine, die agrarischen und industriellen Rohstoffe, die man nicht nur zur Blockadesicheren zivilen Versorgung, sondern auch zur forcierten Aufrüstung in Vorbereitung des Krieges gegen Großbritannien, womöglich auch gegen die USA, benötigte (Tabelle 16).

---

113 Ebd., S. 110

114 Hitler an Mussolini, Juni 1941, ADAP D: 1937-1945, Bd XII/2, S. 791.

115 Denkschrift des Instituts für Konjunkturforschung über Großraumwirtschaft. Die Selbstversorgungsmöglichkeiten des mitteleuropäischen Wirtschaftsblocks mit Lebensmitteln, BA-MA, RW 19 Anhang I/1147.

Tabelle 16
Für den russischen Wirtschaftsraum berechneter Agrarüberschuß (in 1000 t)

	Einfuhr- (-) bzw. Ausfuhr- (+) Überschüsse an Agrarprodukten		
	Russ. - Polen	Rußland	Insgesamt
Getreide (einschl. Reis)	- 50	+ 1300	+ 1250
Zucker	- 40	+ 130	+ 90
Ölkuchen und dgl.[1]	–	+ 170	+ 170
Öle und Fette[2]	+ 2	- 10	- 8
Fleisch	–	- 115	- 115
Speck und Schmalz	–	–	–
Butter	–	+ 15	+ 15
Käse	0	0	0
Eier (in Mil. Stück)	+150	0	+ 150

[1] Ölfruchte umgerechnet auf Ölkuchen
[2] Ölfruchte umgerechnet auf Öle

Schulmeister S. 16 f. Vgl. Die Kriegsziele Hitlerdeutschlands im zweiten Weltkrieg und die Ursachen ihres Scheiterns. Diskussionsmaterial für das internationale Historiker-Kolloquium in Weimar vom 26. bis 31. Mai 1975. Ausgearbeitet von einem Autorenkollektiv unter Leitung von Wolfgang Schumann, o.O. o.J., S. 45-62

Spätestens im Frühjahr 1941 entsagte das nationalsozialistische Deutschland gänzlich der bislang praktizierten Außenwirtschafts-, speziell Außenhandelspolitik, mittels derer »man sich die erforderlichen Vorräte für die fehlenden Bestände angelegt bzw. durch Wirtschaftsbündnisse auch die Belieferung im Kriege [ge]sichert« hatte, um seine aus eigenen Ressourcen nicht zu befriedigenden Bedürfnisse durch Raub zu stillen. Hitler war zu der Erkenntnis gelangt, in den »autarkistischen Bestrebungen zu weit gegangen zu sein«, weshalb er gegenüber Todt und Keitel seinen Entschluß bekundete, sich fortan »alle die Gebiete, die für uns wehrwirtschaftlich von besonderem Interesse sind, durch Eroberung zu sichern«[116].

Im politischen Verständnis des Nationalsozialismus »bedeutet[e] es eine allgemeine menschliche Tragik, daß die Völker den Weg zu größerer und gesicherterer Lebensform erst unter dem Zwang kriegerischer Auseinandersetzungen zu beschreiten bereit« waren. Und so schien es gerechtfertigt, »bisweilen die Kinder zu ihrem Glück [zu] zwingen! Auf die Wünsche jedes Einzelstaates unbedingte Rücksicht zu nehmen«, widersprach dem nationalsozialistischen Rassebewußtsein. Bedeutete es letztlich doch nicht anderes, als »jede gesunde Weiterentwicklung zu größerer und stärkerer Lebensform [zu] unterbinden«. Wer daher den notwendigen Gemeinschaftssinn für die Schaffung eines unter Dominanz der deutschen Herrenrasse stehenden Großraumes »nicht freiwillig aufbringt«, so wurde die Studentenschaft der Universität Breslau im Kriegswinter 1940/41 belehrt,

»darf und muß dazu gezwungen werden. Eine solche Notlage aber ist gegenwärtig gegeben, denn der einzelne Nationalstaat ist nicht in der Lage, ohne Zusammenwirken

116 Aktennotiz vom General Thomas über eine Instruktion von Todt und Keitel, 20.6.1941, zit. nach IMT, Bd XXVII, Nürnberg 1948, S. 220 f.

mit anderen die Auseinandersetzung mit den imperialistischen Großraumkolossen erfolgreich zu bestehen, und zwar weder militärisch, noch wirtschaftlich, noch kulturell. Nach dem Obengesagten versteht es sich andererseits von selbst, daß die beim Aufbau der Großraum-Einheiten etwa noch notwendig erscheinenden Zwangsmaßnahmen zeitlich beschränkt und so bald als irgend möglich durch eine weise Aussöhnungspolitik ersetzt werden müssen«[117].

Nach der von Hitler so oft beschworenen Vorsehung sollte alles ganz anders kommen.

[117] E. Obst, Die Großraum-Idee in der Vergangenheit und als tragender politischer Gedanke unserer Zeit. Vorträge der Friedrich-Wilhelms-Universität zu Breslau im Kriegswinter 1940/41, Breslau o.J., S. 20 f.

Die Eingliederung der Sudetengebiete und Böhmen-Mährens in das Deutsche Reich

Die hier zu behandelnde Problematik soll aus der verengten Perspektive des Münchener Vertragswerkes herausgelöst und in einen größeren Rahmen gespannt werden, indem der Stellenwert der genannten Territorien in der politisch-ökonomischen Gesamtrechnung des Dritten Reiches vor und auch nach München bestimmt wird.

Wer die Triebfedern des nationalsozialistischen Aggressionskurses eruieren will, darf sich nicht darauf beschränken, allein über die machtpolitischen und rassenideologischen Ursächlichkeiten der Annexionspolitik zu reflektieren; er muß vielmehr auch ihre ökonomischen Momente hinterfragen. Gerade dies aber hat die nicht marxistische Historiographie lange Zeit sträflich versäumt. Dies gilt ganz allgemein für die Beurteilung der deutschen Okkupationspolitik und speziell für die Wertung und Deutung der Einbeziehung des sogenannten Sudetengaues und des Protektorats in das als »großdeutsch« bezeichnete Reich. Konnten die Nationalsozialisten den Anschluß der Sudetengebiete noch mit der Umsetzung des vom Völkerbund sanktionierten Rechts der nationalen Selbstbestimmung leidlich legitimieren, das Herausbrechen des böhmisch-mährischen Gebietes aus dem tschechoslowakischen Staatsverbund und damit dessen Auflösung ließ sich als ein zu offenkundiger Akt territorialer Expansion nicht mehr mit der Beseitigung einer – wie es Hitler nannte – »ungeheuerlich[en] Bedrohung des europäischen Friedens« kaschierend begründen[1]. Dafür hatte sich das Verhältnis zwischen Prag und Berlin in der Weimarer Zeit ungeachtet bestehender Differenzen zu sehr normalisiert. Beide hier genannten Territorien erwiesen sich bei sorgfältiger Analyse politischer wie ökonomischer Faktoren der NS-Außenpolitik vielmehr als integraler Bestandteil des auf lange Sicht hin projektierten Lebensraumprogramms – dessen wirtschaftspolitische Komponente seine Formulierung in der Großraumkonzeption fand. Zwischen 1930 und 1933 artikuliert, stellte die Großraumordnung die Alternative zum offenbar während der Weltwirtschaftskrise fragwürdig gewordenen liberalen, marktwirtschaftlich orientierten Welthandelsprinzip dar. Dem Gedanken der Großraumwirtschaft lag bereits vor der sogenannten Machtergreifung in Kreisen außerhalb der NSDAP die Vorstellung von einem wechselseitig sich ergänzenden Güteraustausch zwischen Agrar- und Rohstoffländern auf der einen und In-

---

[1] Erlaß des Führers und Reichkanzlers, 16.3.1939, zit. nach Das Protektorat Böhmen und Mähren im deutschen Wirtschaftsraum. Bearbeitet in der Volkswirtschaftlichen Abteilung der Deutschen Bank, Frühjahr 1939, S. 7.

dustrienationen auf der anderen Seite zugrunde, wobei man mit Einschränkungen von einer theoretischen Vorstufe der nach 1945 gegründeten Europäischen Wirtschaftgemeinschaft sprechen kann. Eine Vielzahl von wirtschaftlichen Interessenverbänden entwickelte nahezu gleichartige Modelle einer europäischen Verbundwirtschaft, wie sie als »Pan-Europa-Idee«, als »Mitteleuropa-Plan« oder unter der Bezeichnung »Zwischeneuropa« bekannt sind. Als Endziel postulierte man den aus 300 Millionen Menschen sich rekrutierenden europäischen Wirtschaftsraum, der, wie es ein Wirtschaftstheoretiker aus dem Lager der sogenannten Reformer 1932 formulierte, »gleichrangig, wenn nicht überlegen«[2], neben den Hegemonialraum Amerikas, das englische Imperium, den sich formierenden chinesisch-japanischen und schließlich neben den russischen Großraum treten sollte. Eine besondere Rolle spielten bei diesen Bestrebungen die Studiengesellschaft für Mittel- und Südosteuropa und der Mitteleuropäische Wirtschaftstag, der unter dem Einfluß des Langnam-Vereins, des Reichsverbandes der Deutschen Industrie und des Deutschen Industrie- und Handelstages schwerindustrielle Interessen in Mitteleuropa vertrat und das wirtschaftliche Tor nach Südost- und Osteuropa offenhalten und verbreitern wollte. Letztlich ging es um die Schaffung »einer von Deutschland dominierten Großraumwirtschaft im mittel- und südosteuropäischen Raum«[3].

Diese weitverbreiteten Vorstellungen bildeten die Plattform für eine von dem nationalsozialistischen politischen Regime und der deutschen Großwirtschaft gemeinsam getragenen und verantworteten Wirtschaftspolitik, als deren Ziel die viel diskutierte und noch mehr mißverstandene Autarkie postuliert wurde. Um dies klarzustellen: Die Nationalsozialisten haben unter Autarkie niemals das Ideal einer Selbstversorgung durch Selbstgenügsamkeit verstanden, etwa nach dem Motto: »Zurück zu Linnen, Roggenbrot und Uckermärker Tabak[4].« Daß eine Autarkie in den überkommenden engen Reichsgrenzen eine glatte Unmöglichkeit sein mußte, darüber bestand innerhalb der NSDAP kein Zweifel. Das Dritte Reich hat niemals eine wirtschaftliche Askese als Folge eines Rückzuges von den Weltmärkten propagiert, und Autarkie war niemals synonym mit »hermetische[r] Verriegelung der [...] Grenzen und restlose[r] Abschließung von fremden Märkten«[5]. Autarkie hieß der wirtschaftliche Endzustand eines Hegemonialbereiches, der durch die Lebensraumtheorie gefordert und abgesteckt war. Autarkie im nationalsozialistischen Sinne bedeutete nichts anderes, als wirtschaftlicher Imperialismus mit dem Ziel der »Schaffung eines sich in Produktion und Konsumtion selbst genügenden Wirtschaftsgebietes, das jedoch auf so große Räume und so große Hilfsquellen gestellt« sein mußte, »daß es allen wirtschaftlichen [...] Daseinsbedingungen seiner Mitglieder genügen« konnte. Und Autarkie war schließlich gleichbedeutend mit »Markterschließung und Markteroberung, die nicht der eigenen Kraft, der Leistungsfähig-

---

2 R. Friedländer-Prechtl, Wirtschaftswende. Die Ursachen der Arbeitslosen-Krise und deren Bekämpfung, Leipzig 1931, S. 134.

3 R. Frommelt, Paneuropa oder Mitteleuropa. Einigungsbestrebungen im Kalkül deutscher Wirtschaft und Politik 1925–1933, Stuttgart 1976, S. 99.

4 J. Epstein, Das Schicksal der Akkumulation in Deutschland oder der Irrsinn der Autarkie, Leipzig 1932, S. 20.

5 E. Maurer, Grundlagen und Zukunft der deutschen Nationalwirtschaft, Leipzig 1932, S. 48.

keit der heimischen Produktion, dem freien Wettbewerb vertraut[e], sondern in Erlangung bequemer Vorzugsstellungen und monopolistischer Ausschließung der Konkurrenz ihre Waffen erblickt[e]«[6]. Mit anderen Worten: Markterschließung und Markterweiterung sollten zunächst mit wirtschaftlichen, mit vertraglichen, also durchaus friedlichen Mitteln erfolgen. Sie boten sich aus der Perspektive des Nationalsozialismus nach Osteuropa und nach dem Balkan an, weil die dortigen rohstoffreichen Staaten und agrarischen Überschußgebiete einen idealen Versorgungsraum für die deutsche Volkswirtschaft abgaben, gleichzeitig aber auch durch ihre industrielle Unterentwicklung und fehlende Infrastruktur die erwünschte Aufnahmefähigkeit für deutsche industrielle Produkte aufwiesen. Ost- und Südosteuropa mußten auf die deutschen Bedürfnisse ausgerichtet werden, um ein gleichsam unlösbares Austauschverhältnis zu schaffen, um die betroffenen Volkswirtschaften »wirtschaftlich in notwendiger Ergänzung der deutschen und ihrer eigenen Autarkie in feste wirtschaftspolitische Beziehungen zum deutschen Staats- und Wirtschaftsraum [zu] setzen«[7]. Getreu der Lebensraumtheorie machte die NSDAP aber keinen Hehl daraus, daß ihr dort, wo die handelspolitische und diplomatische Karte nicht stach, »der Appell an das Schwert nicht nur [als] Notwendigkeit, sondern auch [als] Recht erschien«[8].

Der nationalsozialistischen Autarkiepolitik, wie sie nach 1933 konsequent verfolgt wurde, lag ein bereits vor der »Machtübernahme« formulierter Mehrstufenplan zugrunde. Ihm zufolge war es die nächstliegende Aufgabe der Wirtschaftspolitik eines nationalsozialistischen Deutschlands – wie es ein NS-Wirtschaftstheoretiker forderte –, »den vorhanden Raum auszunützen, alle Möglichkeiten zu erschöpfen«, die sich boten, um ein Höchstmaß an Selbstversorgung mit dem Ziel zu erreichen, unabhängig von möglichen ausländischen Repressalien rüsten zu können. Auf diese Weise schuf man die Voraussetzungen, die notwendig waren, um im wechselvollen Einsatz von Diplomatie und militärischer Aktion die »Erweiterung des [...] deutschen Reichsgebietes durch Wiedergewinnung geraubten Bodens« – darunter verstand man Ostdeutschland, die sogenannte Nordmark, Eupen-Malmedy, Elsaß usw. – zu betreiben. Nach Ansicht des Verfassers einer Schrift über »Nationalwirtschaftliche Grundzüge der Gestaltung im Dritten Reich« mußte dann der nächste Schritt in Richtung auf die »Schaffung Großdeutschlands durch Angliederung deutschbevölkerter und deutschfühlender Gebiete« zielen, »die auch vor dem Weltkriege nicht zum Deutschen Reiche gehörten, auf die aber« nach nationalsozialistischer Überzeugung ein »Anspruch nicht bestritten werden« konnte[9], gemeint waren Österreich, die Sudetengebiete, Böhmen, Mähren und Teile Polens. Mit diesen Territorien verbunden, sollte Deutschland »ein eherner Kern, ein zentraler Staat im Mittelpunkt Europas« sein, der einem Mitarbeiter des

6 W. Gerloff, Autarkie als wirtschaftliches Problem, in: Autarkie, Berlin 1932, S. 13–35, hier S. 13.

7 So der Großraumexperte der NSDAP, W. Daitz, Die nationalsozialistische Ostraumpolitik und der Hansa-Kanal. Ein Beitrag zum nationalsozialistischen Arbeitsbeschaffungs-Programm, Berlin o.J., S. 10.

8 A. Pfaff, Der Wirtschafts-Aufbau im Dritten Reich, München 1932, S. 10.

9 R. Albert, Nationalwirtschaft. Grundzüge der Gestaltung im Dritten Reich, Leipzig 1932, S. 18.

Agrarpolitischen Apparates der NSDAP schon vor 1933 vorschwebte[10]. Erst wenn es das Wirtschafts- und Rüstungspotential eines durch territorialen Zuwachs sukzessive gestärkten Deutschen Reiches erlaubte, war in einer letzten militärischen Anstrengung der Lebensraum nach Osten hin in seiner endgültigen Dimension abzustecken. Denn sich auf die überkommenden Grenzen zu beschränken, erschien den Nationalsozialisten »aus wirtschaftlichen Gründen ebenso unmöglich wie aus politischen«[11].

Die hier vorgestellte Programmatik aus der Zeit vor 1933 besaß während der nationalsozialistischen Machtausübung axiomatischen Charakter. Der NS-Staat steuerte seit seinem Bestehen zielstrebig auf die Autarkie in einem erweiterten Wirtschaftsraum zu. Das Deutsche Reich sollte, so schrieb ein namhafter Autarkie-Theoretiker, »möglichst alle Güter, die die Bürger zum Leben notwendig haben, innerhalb seiner Grenzen besitzen. Und zwar sollte dabei nicht nur an den Friedenszustand gedacht, sondern auch Kriegszeiten sollten berücksichtigt werden«[12]. Wo bzw. solange ein solches unmittelbar zu beherrschendes Territorium nicht zu schaffen war, fiel der Außenwirtschaftspolitik die Aufgabe zu, nach den Kriterien der Selbstversorgung zumindest einen genügend großen ökonomischen Hegemonialbereich abzustecken.

Bekanntlich verfolgte der Reichsbankpräsident und Reichswirtschaftsminister Hjalmar Schacht mit dem »Neuen Plan« die Umorientierung der Handels- und Wirtschaftspolitik vom Weltmarkt nach Europa, und hier schwerpunktmäßig nach Ostmittel- und Südosteuropa, weil sich die wirtschaftliche Orientierung auf diesen Raum mit dem Wunsch nach einer blockadesicheren Rüstung verband, die aber durch ihre begrenzten materiellen und menschlichen Ressourcen bereits 1936 erstmals in einer Sackgasse zu geraten drohte. Mit dem im Sommer jenes Jahres verkündeten Vierjahresplan beendete Hitler die erste Phase der Großraumpolitik auf dem Wege wirtschaftspolitischer Expansion, um nun die eigentliche Aggressionsphase einzuleiten. Er wies der Wirtschaft zum einen die Aufgabe zu, beschleunigt alle Maßnahmen einzuleiten, die auf ökonomischem Gebiet, das heißt im Sinne der Autarkie, »für die Zukunft eine endgültige Lösung« der wirtschaftlichen Probleme schufen, die »in einer Erweiterung des Lebensraumes beziehungsweise der Rohstoff- und Ernährungsbasis« zu sehen war, und zum anderen für die Übergangszeit, also bis zur Schaffung der Lebensraumerweiterung im benötigten Umfange, »eine vorübergehende Entlastung« zu suchen[13]. Diese Weisung kam einer bedingungslosen Ausbeutung der deutschen Ressourcen und Produktionskraft zum Zwecke der Aufrüstung gleich. Und so bedeutete die Durchführung des Vierjahresplans nichts anderes als eine kurzwährende übermäßige wirtschaftliche Anstrengung zur Vorbereitung militärischer Interventionen zwecks partieller Ausdehnung der ökonomischen Basis des Dritten Reiches. Diese mußte ausreichende

[10] Zit. nach H. Rauschning, Gespräche mit Hitler, Zürich 1940, S. 37.
[11] Albert, Nationalwirtschaft (wie Anm. 9), S. 19.
[12] B. Laum, Die Autarkie als soziologisches und politisches Problem, in: Archiv für Rechts- und Sozialphilosophie, 27 (1933/34), S. 409–419, hier S. 416.
[13] Zit. nach W. Treue, Hitlers Denkschrift zum Vierjahresplan 1936, in: Vierteljahrshefte für Zeitgeschichte (VfZG), 3 (1955), S. 154–210, hier S. 206.

Substanz für erneute Rüstungsinitiativen im Blick auf das Endziel des autarken Lebensraumes bieten. Die Wehrmacht gab aufgrund des Vierjahresplans die Parole aus: »Erreichen des höchstmöglichen Rüstungsstandes, wehrpolitisch und wirtschaftspolitisch«, und zwar als Vorbedingung der »Übernahme der außenpolitischen Führung in Europa durch Deutschland«[14]. Der Vierjahresplan entpuppte sich daher sowohl als Politik der »Flucht nach vorn«, um die schier unüberwindlich erscheinenden rüstungsökonomischen Schwierigkeiten zu beheben, wie auch als Konzentration auf den Krieg um den sogenannten Lebensraum[15].

Bereits ein Jahr nach Inkrafttreten des Vierjahresplans sah sich Hitler vor dem Dilemma, daß einerseits die deutsche Wirtschaft wider Erwarten frühzeitig an die Grenzen ihrer Leistungsfähigkeit gestoßen war, andererseits das inzwischen erreichte Rüstungsniveau militärische Operationen größeren Stils und von längerer Dauer noch nicht erlaubte. Dennoch erblickte er – wie er sich ausdrückte – »die einzige, [...] vielleicht traumhaft erscheinende Abhilfe [...] in der Gewinnung eines größeren Lebensraumes«[16] durch eine Politik der kleinen Annexionsschritte. Ende 1937 drängten nach Ansicht namhafter Kenner des Wirtschaftsgeschehens in Deutschland die angespannten ökonomischen Verhältnisse innerhalb des deutschen Binnenwirtschaftsraumes nach dessen »Erweiterung, weil die Wirtschaftlichkeit so stark belastet war, daß die Wehrhaftigkeit und Sicherheit nicht [mehr] gefördert werden« konnten[17]. So sah sich das Dritte Reich angesichts der desolaten Wirtschaftslage früher als geplant auf den Weg zur Schaffung einer europäischen Verbundwirtschaft mittels militärischer Intervention gedrängt. Das NS-Regime wurde das Opfer der rüstungswirtschaftlichen Eigendynamik, die es nicht mehr erlaubte, den Zeitpunkt einer zwar geplanten Expansion seitens der Regierung zu bestimmen. Nur noch die Richtung ließ sich festlegen, wobei es, der noch labilen rüstungswirtschaftlichen Situation entsprechend, Vorsorge dafür zu treffen galt, daß sich eine begrenzte militärische Aktion nicht zu einem unkalkulierbaren Risiko ausweitete. Eine Drosselung der hektischen Kriegsvorbereitungen, wie sie einer Reihe von Militärs vorschwebte, stand für Hitler niemals zur Diskussion.

Mit dem Einmarsch in Österreich geriet die deutsche Wirtschaft aber nur kurzfristig aus der ärgsten Bedrängnis. Zwar durfte nun »rohstoff- und devisenwirtschaftlich die erste Hälfte des Vierjahresplans [als] gesichert« erscheinen[18]. Längerfristig gesehen mußte der territoriale Zuwachs aber wegen der in Österreich herrschenden Mangellage auf dem Rohstoff- und Ernährungssektor eine Belastung bilden. Erst unter großraumwirtschaftlichen Aspekten läßt sich daher die eigentli-

14 Vorschläge des Wehrwirtschaftsstabes, 5.9.1936, zur Durchführung des Vierjahresplans 37/40, Bundesarchiv-Militärarchiv (BA-MA), Wi I F 5/1083.

15 Vgl. dazu die abweichende Auffassung in: Konzept für die »Neuordnung« der Welt. Die Krise des faschistischen deutschen Imperialismus im zweiten Weltkrieg, Berlin (Ost) 1977, S. 21.

16 Niederschrift des Obersten Hoßbach, 10.11.1937, über eine Besprechung mit Hitler in der Reichskanzlei, 5.11.1937, zit. nach International Military Tribunal (IMT), Bd 25, S. 406.

17 So der Kieler Wirtschaftsprofessor und Leiter des Instituts für Weltwirtschaft, Predöhl, zit. nach M. Meier, Deutsche Außenhandelsregulierung von 1933 bis 1939, Diss., Basel 1956, S. 55.

18 Bericht über eine Besprechung wirtschaftlicher Fragen im Vierjahresplan, 19.5.1938, Bundesarchiv (BA), R 26 IV/4.

che Bedeutung der Arrondierung des Deutschen Reiches um das Territorium der Alpenrepublik ermessen, denn nunmehr ragte es »weit in den kriegsversorgungswirtschaftlich überaus bedeutsamen europäischen Südosten hinein«, wie das Statistische Reichsamt befriedigt registrierte[19].

Das Signal für weitere Eroberungen war also gestellt, als deren nächstes Opfer die Tschechoslowakei bereits feststand. Nachdem Hitler ursprünglich die »Bereinigung der tschechischen Frage« hatte zurückstellen wollen, »um erst Österreich verdauen« zu können, wie er gegenüber General Jodl versicherte, ließ er im April 1938 – unter Nutzung des aus dem Anschluß Österreichs unmittelbar wirksamen rüstungswirtschaftlichen Zuwachses – die Vorbereitungen für die Zerschlagung der Tschechoslowakei anlaufen[20]. Aus großraumwirtschaftlichen Überlegungen heraus mußte klar sein, daß sich das Dritte Reich »nicht mit den sudetendeutschen Gebieten begnügen« würde. »Der nächste Schritt«, so erklärte Hitler Ende 1939 rückblickend seinen Oberbefehlshabern, »war Böhmen, Mähren und Polen«. Doch ließ sich dieses Vorhaben aus politischen Rücksichten wie insbesondere aus ökonomischen Erwägungen heraus nur in bestimmten zeitlichen Abständen – wie Hitler bekannte –, »nicht in einem Zuge« realisieren[21]. Denn der Bau des Westwalles und die Verwirklichung des in seiner Grundkonzeption von der IG-Farbenindustrie stammenden Wehrwirtschaftlichen Neuen Erzeugungsplans vom Juli 1938, der das Rüstungstempo über die Normen des Vierjahresplanes hinaus noch einmal forcierte, beanspruchten die wirtschaftlichen Ressourcen in einer Weise, die nur begrenzte militärische Aktionen und damit territoriale Teillösungen erlaubte.

Allein zur militärischen Absicherung der Verhandlungen um die Lösung der Sudetengebiete aus dem tschechoslowakischen Staatsverband mußte nach Görings Erklärung »bewußt mit den Devisenbeständen Raubbau getrieben und der Export vernachlässigt« werden[22], wollte man den eigenen Forderungen den notwendigen Nachdruck durch die Drohung notfalls kriegerischer Schritte verleihen. Dennoch erweckte dieses von den Zwängen der rüstungswirtschaftlichen Dynamik diktierte, auf die Sicherstellung des »großen Bedarf[s] für den Fall des Krieges« ausgerichtete Expansionsstreben bei den Militärs noch »gewisse Bedenken«. Sahen sie doch in einer solchen Politik die Gefahr einer Konflikteskalation verborgen, auf die das Dritte Reich wirtschaftlich noch unzureichend vorbereitet war. In Kreisen der Wehrmacht galt – so der General Thomas – »der Gedanke der Großraumwirtschaft vielleicht [als] ein Gegenstand des Strebens« in weiterer Zukunft, machte jedenfalls eine umfänglichere Rüstung notwendig[23].

---

19 Studie des Statistischen Reichsamtes, BA, R 24/17.

20 Eintragung im Jodl-Tagebuch, zit. nach IMT, Bd 28, S. 372.

21 H.A. Jacobsen, 1939-1945. Der Zweite Weltkrieg in Chronik und Dokumenten, 5. Aufl., Darmstadt 1961, S. 134.

22 Aufzeichnung über Ausführungen Görings, 14.10.1938, vor dem Generalrat des Vierjahresplans, BA, R 26 VI/5.

23 Vortrag des Chefs der Amtsgruppe Wehrwirtschaft im Oberkommando der Wehrmacht (OKW), Thomas, 21.6.1938, vor Mitarbeitern der Reichsbank, BA-MA, Wi I F 5/153.

Solche Vorbehalte gegenüber der Expansionspolitik zum gegebenen Zeitpunkt übten aber auf den Ablauf des Gesamt- und speziell rüstungsökonomischen sowie politisch-militärischen Geschehens keinerlei Einfluß mehr aus. In Kreisen der Großwirtschaft wurde im Frühjahr 1938 das Sudetengebiet bereits öffentlich gehandelt, nachdem Einflußnahmen auf Unternehmungen in den Sudetengebieten von Regierungsseite als »durchaus erwünscht« bezeichnet worden waren[24]. Namhafte Banken wie Firmen versuchten im Kontakt mit Partei- und Regierungsstellen durch gezielte Beteiligung an Unternehmen und durch den Auf- und Ausbau ihrer Geschäftsbeziehungen und Niederlassungen das wirtschaftliche Tor zum Osten weiter aufzustoßen.

Die allgemeine ökonomische Krise in Deutschland zwang zur optimalen wirtschaftlichen Ausschöpfung des besetzten Territoriums. Zivile und militärische Institutionen wie privatwirtschaftliche Einrichtungen hatten die sogenannte politische Spannungszeit zwischen der Einvernahme Österreichs und dem Abschluß des Münchener Abkommens genutzt, um, gestützt auf die Hilfe des Wirtschaftsstabes Heinlein, die wirtschaftliche Inbesitznahme des Sudetenlandes durch Erkundung der wirtschaftlichen Verhältnisse vorzubereiten[25]. Mit Anordnung vom 1. Oktober 1938, die das zu besetzende Sudeten-Territorium zum Operationsgebiet des Heeres erklärte, wurden vier Sonderbeauftragte des Generalbevollmächtigten für die Wirtschaft (diese Funktion nahm der Reichswirtschaftsminister in Personalunion wahr) den bei den vier Heeresgruppenkommandos installierten Zivilchefs unterstellt[26]. Ihre Aufgabe bestand darin, möglichst rasch und möglichst umfänglich Erhebungen über die Betriebe anzustellen, die für die Ausführung öffentlicher Aufträge in Betracht kamen, sowie deren maschinelle Ausstattung und Lieferbereitschaft zu erkunden. Des weiteren sollten sie sich einen Überblick über die Rohstoffversorgung der für die Übernahme öffentlicher Aufträge in Betracht kommenden Firmen verschaffen und ihre Erkenntnisse an die zentralen Beschaffungsstellen weiterleiten[27].

Über den Kommunikationsapparat der sudetendeutschen industriellen Vereinigungen gelang es der Wehrmacht, wie später übrigens auch in Böhmen-Mähren, sofort nach dem Einmarsch Rüstungsaufträge zu vergeben, um Rohstoffe und Produktionskapazitäten zu nutzen, ehe zivile Behörden über diese verfügten. Zur Wahrnehmung der Interessen des Militärs wurde die okkupierte Zone sogleich den auf Reichsterritorium befindlichen benachbarten Wehrwirtschaftsinspektionen unterstellt. Doch konnte es sich bezüglich des Sudetengaues wie später gegenüber

---

24 Bericht des stellvertretenden Vorstandsmitgliedes der IG-Farbenindustrie, Haeflinger, 6.4.1938, über ein Gespräch mit Staatssekretär Keppler vom Auswärtigen Amt, zit. nach Anatomie des Krieges. Neue Dokumente über die Rolle des deutschen Monopolkapitals bei der Vorbereitung und Durchführung des zweiten Weltkrieges, hrsg. von D. Eichholtz und W. Schumann, Berlin (Ost) 1969, S. 175.

25 Vgl. z.B. die Studie der Dresdner Bank, Volk und Wirtschaft im Sudetenland. Eine volkswirtschaftliche Studie, Berlin 1938.

26 Besondere Anordnungen des OKW zum Befehl für die Besetzung der von der Tschechoslowakei abgetrennten Gebietsabschnitte, 1.10.1938, BA-MA, RW 29/2.

27 Verordnung des Reichswirtschaftsministers, 1.10.1938, BA-MA, Wi I F 3/169.

Tabelle 1
Gewinn und Verlust in der Landwirtschaft und Ernährung nach Anbauflächen (in %)

	Gewinn Deutschland	Verlust Tschechoslowakei
Brot- und Futtergetreide	6,9	22,0
Hackfrüchte	7,0	19,2
Forsten	8,3	22,4
Schweine (schwankt stark)	1,2	20,9
Rindvieh	2,8	28,0

Quelle: Expertise des OKW, 10.10.1938, über die wehrwirtschaftliche Bedeutung des sudetendeutschen Gebietes BA-MA, Wi I F 3/169

dem Protektorat nicht um eine »Ausnutzung besetzter Gebiete« handeln, als vielmehr um die »wehrwirtschaftliche Aktivierung neuer Landesteile«, wie es ein Wehrwirtschaftsoffizier formulierte[28], also um die Ausrichtung der Wirtschaft nach den im Altreich geltenden rüstungsökonomischen Prioritäten. Es galt demzufolge, die unmittelbaren Bedürfnisse der Wehrmacht in Einklang zu bringen mit dem Wunsch nach einer möglichst raschen Eingliederung der annektierten Gebiete in den gesamtdeutschen Wirtschaftsprozeß zwecks Entlastung der angespannten Wirtschaftslage. Deshalb übernahm es ein ziviler Beamter, »alle Maßnahmen zur schnellen wirtschaftlichen Eingliederung des Sudetenlandes in das Reichsgebiet in die Wege zu leiten und alle Arbeiten des [Wirtschafts-] Ministeriums auf diesem Gebiet zu koordinieren«[29]. Zunächst mußte alles getan werden, um einen ungeregelten Abfluß von Halbfertigwaren und Rohstoffen nach Deutschland zu verhindern, die dort die ohnehin bereits um zwölf Prozent überlasteten Produktionskapazitäten über Gebühr strapaziert hätten. Statt dessen betrieb man den planmäßigen Einsatz der sudetendeutschen Wirtschaft für die Aufrüstung, was am ehesten im Rahmen des Vierjahresplans gewährleistet schien, in den sie dann auch im Laufe des Oktober 1938 eingebunden wurde.

Macht man eine Bestandsaufnahme zur Ermittlung der ökonomischen Bedeutung des sudetendeutschen Gebietes für die deutsche Wehrwirtschaft (darunter versteht man die seit 1933 gültige, an den rüstungswirtschaftlichen Forderungen ausgerichtete Wirtschaftsordnung und -form des Dritten Reiches), dann gelangt man, unter Berücksichtigung der in Frage kommenden 143 Gerichtsbezirke, zu folgendem Ergebnis:

1. Das hinzugewonnene Territorium betrug rund 22 Prozent des tschechoslowakischen Staatsgebietes und bedeutete für Deutschland einschließlich Österreich einen Zuwachs von rund 6,2 Prozent.
2. Das Deutsche Reich hatte einen Bevölkerungszuwachs von 3,72 Millionen zu verzeichnen, das kam einer Steigerung von 5,5 Prozent gleich und einem Bevölkerungsverlust der Tschechoslowakei von 24 Prozent.

---

28 Erfahrungsbericht des Wehrwirtschaftsoffiziers Nagel über die Einmärsche 1938/39, BA-MA, Wi I F 5/154.

29 H. Kehrl, Krisenmanager im Dritten Reich. 6 Jahre Frieden – 6 Jahre Krieg. Erinnerungen, Düsseldorf 1973, S. 133.

Tabelle 2
Gewinn und Verlust aufgrund der Beschäftigungszahlen (in %)

	Gewinn Deutschland	Verlust Tschechoslowakei
1. Bergbau	9,4	38,3
2. Industrie d. Steine und Erden	18,5	39,3
3. Glasindustrie	65,2	60,4
4. Metallindustrie	5,0	23,9
5. Chemische Industrie	5,4	33,5
6. Textilindustrie	26,2	62,3
7. Lederindustrie	5,7	29,7
8. Kautschuk- und Asbestindustrie	2,8	25,5
9. Holzindustrie	9,0	30,4
10. Nahrungs-, Genußmittel- und Getränkeindustrie	4,8	29,3
11. Bekleidungs- und Schuhindustrie	6,9	25,8
12. Baugewerbe	8,7	30,2
13. Wasser, Gas- und Elektrizitätsgewinnung	4,8	36,5

Quelle: Expertise des OKW 10.10.1938 über die wehrwirtschaftliche Bedeutung des sudetendeutschen Gebietes, BA-MA, W I F 3/169

© MGFA 04602-02

3. Berechnet man Gewinn und Verlust auf den Sektoren Landwirtschaft und Ernährung nach Anbauflächen, ergibt sich daraus Tabelle 1.
Dieser Zuwachs wurde relativiert durch den Anstieg der Bevölkerung um fünfeinhalb Prozent. Die ernährungswirtschaftliche Bilanz erbrachte unter Berücksichtigung dieses Faktors eine gleichbleibende Versorgungslage im jetzigen Großdeutschen Reich gegenüber dem früheren Altreich bei Brot- und Futtergetreide. Der im Sudetengebiet im Vergleich mit dem Altreich gemessen an der Gesamtfläche geringere Bevölkerungsanteil wurde durch niedrigere Hektarerträge ausgeglichen. Insbesondere bei Fleisch und Fett erwies sich das annektierte Territorium als zuschußbedürftig, auf Sektoren, auf denen im Altreich selbst ein Mangel von 30 bis 50 Prozent herrschte.
4. Die industrielle Gesamtsituation stellt sich dar wie in Tabelle 2.
Die Sudetengebiete waren also in hohem Maße industrialisiert. Ein Vergleich des Zuwachses an Bevölkerung mit dem Zuwachs an Beschäftigten ergibt einen verhältnismäßig gleichen Gewinn bei folgenden Gewerbezweigen: Metallindustrie, Chemische Industrie, Leder-, Nahrungs- und Genußmittelindustrie, Bekleidungs- und Schuhindustrie, Gas-, Wasser- und Elektrizitätserzeugung. Bei der Kautschuk- und Asbestindustrie war der Zuwachs an Beschäftigten verhältnismäßig niedriger als der an Bevölkerung. Bei folgenden Erzeugergruppen überstieg der Zuwachs an Beschäftigten den der Bevölkerung: Bergbau, Steine/Erden, Holz- und Baugewerbe. Bei der Textilindustrie trat ein Zuwachs ein, der das fünffache des Zuschlags an Bevölkerung ausmachte, bei der Glasindustrie immerhin das zwölffache.

Die Reichsbehörden erblickten ihre vornehmlichste Aufgabe zunächst darin, mit möglichster Beschleunigung und in großem Umfang Auftragsverlagerungen zur Entlastung der Industrie des Altreiches auf Unternehmen in den sudetendeutschen Gebieten vorzunehmen. Die hier stark ausgeprägte Textilindustrie mußte insbesondere zur Herstellung von Uniformtuchen für die Wehrmacht herangezogen werden. Die in deutsche Hand gefallenen Industriezweige mit zum Teil ungenügend ausgenutzten Kapazitäten boten in Verbindung mit einer hohen Arbeitslosenzahl zumindest auf den ersten Blick günstige Voraussetzungen für ihre Dienstbarmachung im Sinne der Rüstungswirtschaft. So schätzten denn auch die Jahrbücher für Nationalökonomie und Statistik die Menschen, die das Sudetenland ins Deutsche Reich einbrachte, als »das kostbarste Gut« ein, »welches das Land zu bieten hat[te]«, und dies um so mehr, als Arbeitskräfte zu den größten Mangelerscheinungen der deutschen Rüstungswirtschaft zählten[30]. Hier waren aber in erster Linie Facharbeiter gefragt, wohingegen die werktätige Bevölkerung des Sudetenlandes weitgehend aus ungelernten Industriearbeitern bestand.

5. Das neue Reichsgebiet wies auf gewissen Rohstoffsektoren hohe Überschüsse auf. Eine wesentliche Verbesserung trat bei der Holzversorgung ein, nachdem die erhöhte Nachfrage nach Hölzern zur Fasergewinnung im Bereich der Textil- und Papierindustrie sowie zur Holzvergasung bei Kraftfahrzeugen zu einer derartigen Erhöhung des Holzschlages in Deutschland geführt hatte, die in absehbarer Zukunft forstwirtschaftlich nahezu irreparable Folgen zeitigen mußte. Das Sudetengebiet besaß ferner reiche, rüstungswirtschaftlich nutzbare Lagerstätten an Wolfram und Uranerzen, über die Deutschland bisher nicht verfügte. Hinzu kamen hochwertige Braunkohlelager, die, soweit sie sich nicht in sudetendeutschem Besitz befanden, in staatliches Eigentum übergingen. Von Qualität und Umfang her erlaubten sie den Aufbau leistungsfähiger Produktionsanlagen für die Herstellung von Hydrierkraftstoffen und Buna, ferner eine Expansion der chemischen Industrie sowie der Energiewirtschaft. Am 15. Oktober 1938 legte die Reichsstelle für Wirtschaftsausbau einen entsprechenden Plan für Sudetendeutschland, insbesondere für den Bereich Nordwest-Böhmen und Egerland vor, der in seinen Produktionsnormen über den bereits erwähnten »Neuen Wehrwirtschaftlichen Erzeugungsplan« vom 12. Juli 1938 wesentlich hinausging[31].

Dennoch bedeutete die Angliederung des Sudetengaues insgesamt keinen vornehmlich rüstungswirtschaftlichen Zuwachs, und zwar aufgrund der strukturellen Verhältnisse. Denn einmal fehlte es vollkommen an direkten Rüstungsbetrieben. Zum anderen war die Industrie des Sudetengebietes weitgehend konsum- und gebrauchsgüterorientiert, so daß es erheblicher Investitionen bedurfte, um sie rüstungswirtschaftlich produktiv werden zu lassen. Mehr noch: Das Reich mußte in

---

30 Jahrbücher für Nationalökonomie und Statistik, 149, 1939, S. 541.

31 Reichsstelle für Wirtschaftsausbau. Ausbauplan Sudetenland (Bereich Nordwest-Böhmen und Egerland) für Mineralöl, Buna, Chemie einschließlich Vorprodukte und Energie, 15.10.1938, BA-MA, Wi I F 3/180.

Tabelle 3
Die wichtigsten Industriezweige des angegliederten Sudetengebietes an das Deutsche Reich im Jahre 1939

Industriezweig	Zahl der beschäftigten Personen	Von der gesamten Beschäftigungszahl der Tschechoslowakei fielen an Deutschland in %
Bergbau	45411	37,5
Eisen-, Stahl- und Metallwaren	48286	33,0
Maschinenbau	26485	19,8
Elektrotechnische Industrie	10582	23,7
Chemische Industrie	13106	32,3
Textilindustrie	207400	57,6
Glasindustrie	41304	65,0

Quelle: H. Barthel, Zur Politik der rüstungswirtschaftlichen Führungsorgane des deutschen Finanz- und Rüstungskapitals beim Aufbau der faschistischen Wehr- und Kriegswirtschaft in den Jahren 1933 bis 1939, Diss. masch. Leipzig 1963, S. 104

großem Umfang durch Subventionen und nicht rüstungsrelevante Aufträge die Phase der wirtschaftlichen Umstellung überbrücken helfen und darüber hinaus noch einen gewissen Ausgleich für die Exportverluste schaffen, die die Sudetenwirtschaft aufgrund ausländischer Boykottmaßnahmen als Reaktion auf die deutsche Expansionspolitik zu verzeichnen hatte. Da die Wirtschaft des Sudetenlandes insgesamt durch ihre hohe Rohstoffabhängigkeit charakterisiert war und erheblicher Zufuhren bedurfte, bedeutete ein Exportrückgang letztlich eine Belastung der ohnehin schwachen deutschen Devisenbilanz und eine Gefährdung der Rohstoff- und vor allem der Nahrungs- und Futtermittelversorgung. Da die Lebenshaltung der Bevölkerung weit unter dem Niveau in Deutschland lag, waren die an die Vereinigung mit dem Reich geknüpften ökonomischen Erwartungen hoch, die das NS-Regime aus politisch-psychologischen Erwägungen heraus nicht enttäuschen durfte. Deshalb zog der territoriale Zuwachs, wie das OKW enttäuscht vermerkte, zumindest »für den Augenblick [...] eine Verschlechterung der gesamtdeutschen wehrwirtschaftlichen Lage« nach sich[32]. Obgleich Göring verlangt hatte, »das Sudetenland müsse mit allen Mitteln ausgenützt werden«, ließ sich hinsichtlich der rüstungsökonomischen Mobilmachung insgesamt kein nennenswerter Fortschritt erzielen. Wie der Beauftragte für den Vierjahresplan mit entwaffnender Offenheit zugab, stand man in Deutschland in der zweiten Hälfte 1938 »vor ungeahnten Schwierigkeiten. Die Kassen seien leer, die fabrikatorischen Kapazitäten für Jahr hinaus mit Aufträgen vollgepropft«[33].

Der ökonomische Zuwachs um das Sudetengebiet beruhte also nicht in der unmittelbar nach der Annexion wirksam werdenden wirtschaftlichen Kraft. Vielmehr bestand nach Ansicht des Oberkommandos der Wehrmacht ökonomisch gesehen der Annexionsgewinn ganz allgemein in der »Vergrößerung des Groß-

32 Bericht des OKW, 1.11.1938, über den Stand der wirtschaftlichen Lage, BA-MA, Wi I F 5/543.
33 Protokoll einer Konferenz bei Göring, 14.10.1938, zit. nach IMT, Bd 27, S. 163.

deutschen Wirtschaftsraumes«, wobei »die nunmehrige politische und wirtschaftliche Abhängigkeit der Rest-Tschechoslowakei vom Reich« nicht zu übersehen und unterzubewerten war[34] (Tabelle 3).

Durch die Abtretung des Sudetengebietes verlor die »Münchener Tschechoslowakei« wichtige Wirtschaftszweige und Rohstoffressourcen, da in dem annektierten Gebiet der Industrialisierungsgrad höher als im Durchschnitt der ČSR, sogar höher als in Deutschland und in Großbritannien lag. So waren im Sudetengebiet 51 Prozent der Erwerbstätigen im Bergbau und in der Industrie tätig, in der Rest-Tschechoslowakei nur 33 Prozent, in Deutschland 40,7 Prozent und in Großbritannien 46 Prozent[35]. Im einzelnen verlor der tschechoslowakische Staat durch die Abtrennung der Sudetengebiete 69,9 Prozent der Glas-, 40 Prozent der chemischen, 89,9 Prozent der keramischen, 98 Prozent der Porzellan-, 60,5 Prozent der Zellulose-, 68 Prozent der Papier- und 53,8 Prozent der Holzindustrie. Insgesamt mußte Prag auf 2317 Industrieunternehmen, davon allein 443 der Textilbranche, verzichten, während es lediglich noch im Besitz von drei von Hundert der ursprünglichen Braunkohle- und 45 von Hundert der Steinkohleförderung verblieb.

Wie man in deutschen Wirtschaftskreisen öffentlich zugab, bedeutete »der Anschluß des Sudetengebietes an das Reich [...] für den verbleibenden Reststaat, dessen wirtschaftliche Kernländer Böhmen und Mähren waren, einen schweren wirtschaftlichen Schlag«[36]. So zeigte sich die Wirtschaft der Rumpf-Tschechoslowakei beispielsweise auf Kohlelieferungen Deutschlands und Polens ebenso angewiesen wie auf die Aufrechterhaltung des wirtschaftlichen Austausches mit den Sudetengebieten. Prag sah sich demzufolge möglichen Pressionsversuchen aufgrund dieser Abhängigkeiten ausgesetzt. In nüchterner Erkenntnis der zugunsten Deutschlands veränderten politisch-ökonomischen Konstellationen gab sich die tschechoslowakische Regierung keinen Illusionen über ihre wirtschaftspolitische Manövrierfähigkeit hin. Unter dem Zwang der Verhältnisse mußte sie die wirtschaftliche Annäherung an den ungeliebten Nachbarn suchen. Sie konnte sich bei diesem Vorhaben auf die Zustimmung der heimischen Industrie stützen. Und so erklärte der tschechoslowakische Außenminister Chvalkovsky gegenüber seinem deutschen Kollegen Ribbentrop (13. Oktober 1938), »daß die Tschechoslowakei [...] auf wirtschaftlichem Gebiet völlig in das deutsche System sich eingliedern wolle [...]. Er könne mitteilen, daß die tschechoslowakischen Wirtschaftskreise einem Zusammengehen mit Deutschland sehr positiv gegenüberständen[37].«

Auch von deutscher Seite wurden Regelungen angestrebt, die die bisherige wirtschaftliche Kommunikation zwischen den Sudetengebieten und der Rest-Tschechoslowakei nicht abrupt unterbrachen, und zwar im Sinne einer ungestör-

---

[34] Expertise des OKW, 1.11.1938, BA-MA, W 01-9/47.

[35] Vgl. R. Polzer, Die Sudetendeutsche Wirtschaft in der Tschechoslowakei, Kitzingen/Main o.J., S. 12.

[36] Wirtschaftsraum Böhmen und Mähren. Die wirtschaftliche Bedeutung des Reichsprotektorats, in: Badische Wirtschafts-Zeitung, Jg. 19, 2.5.1939, Nr. 6.

[37] Aufzeichnung des Gesandten Schmidt über die besagte Unterredung, zit. nach Geschichte des Zweiten Weltkrieges in Dokumenten, Bd 1: Der Weg zum Kriege 1938–1939, 2. Aufl., Freiburg 1954, S. 292–295, hier S. 295.

ten Aufrechterhaltung der Produktion in dem annektierten Territorium wie im Blick auf rüstungsrelevante Importe in das Reich. Nachdem die deutsche Regierung die zollfreie Einfuhr tschechoslowakischer Waren nach dem Sudetenland zugelassen hatte, fertigte auch die tschechoslowakische Ende 1938 Importe sudetendeutschen Ursprungs zollfrei ab.

Gegen Ende des Jahres 1938 glaubten führende politische Kreise in Deutschland und auch im Ausland an einen fortschreitenden Normalisierungsprozeß im Verhältnis Berlins zu Prag. Allzu deutlich sichtbar waren die Zeichen der rüstungswirtschaftlich bedingten ökonomischen Krise des Dritten Reiches, als daß man neue aggressive Akte in naher Zukunft befürchtet hätte. Vielmehr sprach einiges für die Notwendigkeit einer Phase der wirtschaftlichen Konsolidierung Deutschlands. Selbst der Staatssekretär im Auswärtigen Amt, v. Weizsäcker, hielt »München« für »Anfang und Ende zugleich«, und er gab der Hoffnung Ausdruck, »daß im Laufe der Zeit gewisse finanzielle und wirtschaftliche Umstände [...] zu einer Drosselung unseres Rüstungstempos führen könnten«[38]. In den laufenden deutsch-britischen Wirtschaftsverhandlungen glaubten die Engländer ihren Gesprächspartnern keine Zugeständnisse machen zu sollen, weil solche »in Wirklichkeit nur dazu dienen würden, ihre Rüstungsposition zu stärken«[39]. Auch der englische Militärattaché in Berlin äußerte sich ähnlich, und selbst der britische Handelsminister hielt noch Anfang März 1939 in einer Unterredung mit dem polnischen Botschafter die deutsche Wirtschaftskrise in völliger Verkennung der Hitlerschen Ambitionen und Reaktionen auf die rüstungsökonomischen Engpässe für die beste Friedensgarantie[40].

Die Zertrümmerung auch des Westteiles des tschechoslowakischen Staates war aber von Hitler langfristig vorprogrammiert; und zwar erschien sie aus großraumwirtschaftlichen Überlegungen heraus notwendig wie aus derzeitigen rüstungswirtschaftlichen Erwägungen unaufschiebbar. Während im Verständnis führender Militärs und Diplomaten rüstungswirtschaftliche Anstrengungen zunächst einmal ein retardierendes Moment in den Expansionsbestrebungen sein mußte, gingen die Überlegungen Hitlers und seiner Paladine in eine völlig andere Richtung. Gerade die ökonomischen Schwierigkeiten bewogen den »Führer«, den vorhandenen Rüstungsvorsprung vor den potentiellen Feindmächten zu nutzen, um die Grenzen des Deutschen Reiches auszudehnen. Der Anschluß der Sudetengebiete sollte sich so recht erst unter dem Aspekt der weiteren Ausdehnung der territorialmachtpolitischen und damit zugleich auch ökonomischen Sphäre Deutschlands auszahlen. Denn darüber hatte nach Aussage Görings in NS-Führungskreisen kein Zweifel bestanden, daß »die friedliche Befreiung Sudetendeutschlands und seine Angliederung an das Reich [...] nur eines der auf dem Lebenswege unseres Volkes liegenden Ziele« darstellen konnte[41]. Die Nationalsozialisten betrachteten die Ein-

---

38 Schreiben des Staatssekretärs Weizsäcker, Auswärtiges Amt, 3.11.1938, an den deutschen Botschafter in Rom, von Mackensen, ebd., S. 281 f., hier S. 282.

39 Bemerkungen des Finanzberaters der britischen Botschaft in Berlin, 27.1.1939, zu den deutsch-britischen Wirtschaftsverhandlungen, ebd., S. 379 f., hier S. 380.

40 Ebd.

41 Brief Görings, 15.10.1938, an die obersten Reichsbehörden, BA-MA, Wi I F 5/560.

gliederung als einen gewichtigen Schritt zur Bildung eines Ostmittel- und Südosteuropa umfassenden wirtschaftlichen und damit auch politischen Hegemonialraumes.

Hitlers am 21. Oktober 1938 ausgegebener Befehl zur »Erledigung der Rest-Tschechei« versteht sich nach dem bisher Gesagten sowohl vor dem Hintergrund der Großraumpolitik wie als Ausflucht aus einer spezifischen rüstungsökonomischen Konstellation des Dritten Reiches. Diese steckte den zeitlichen Rahmen, innerhalb dessen die Forderung erhoben wurde, die bislang noch in staatlicher Unabhängigkeit belassenen tschechoslowakischen Gebiete der Kontrolle des deutschen Reiches zu unterstellen. Anfang 1939 nutzte Hitler die Gelegenheit, einen relativ weitgefaßten Kreis deutscher Führungseliten von der Notwendigkeit der schrittweisen Realisierung des nationalsozialistischen Lebensraumprogramms zu überzeugen. In einer auffälligen Häufung von Reden stellte er immer wieder das seiner Ansicht nach zentrale Problem des deutschen Volkes heraus, nämlich »sich der Quellen zu versichern, von denen die Rohmaterialien, [die] so notwendig für seine Wohlfahrt [seien], erlangt werden könnten«. Mache man sich diese Auffassung unter dem momentanen Problem der Aufrüstung wie unter dem der langfristigen Zielsetzung der Selbstversorgung innerhalb des zu erweiternden Lebensraumes zu eigen, »werde Prag benötigt als Ausgangsort für den Gewinn dieser Rohstoffmaterialien«, weshalb er Befehl gegeben habe, »innerhalb etlicher Tage, nicht später als am 15. März, die Tschechoslowakei militärisch zu besetzen«[42].

Zwei Tage vor diesem entscheidenden Datum machte Hitler dem slowakischen Ministerpräsidenten Tiso deutlich, worum es ihm bei der sogenannten Lösung der tschechoslowakischen Frage ging, nämlich um die Arrondierung des deutschen Staatsgebietes, und zwar insbesondere aus ökonomischen Motiven. Der »Führer« erläuterte seinem Gesprächspartner, »Mitteleuropa sei ein bestimmter, geschlossener Wirtschaftsraum, der nur leben könne, wenn er völlig befriedet sei«[43]. In der über das Schicksal der Rest-Tschechoslowakei in der Nacht vom 14. zum 15. März 1939 entscheidenden Unterredung zwischen Hitler, dem tschechoslowakischen Staatspräsidenten Hacha und dem Prager Außenminister Chvalkovsky wiederholte der deutsche Regierungschef seine wirtschaftspolitischen Absichten. Auf eine entsprechende Frage Hachas bestätigte er, daß das tschechische Gebiet zukünftig »an dem großen Deutschen Wirtschaftsraum teilhaben würde. Er wolle die tschechische Wirtschaft nicht vernichten, sondern ungeheuer beleben«. Generalfeldmarschall Göring konkretisierte als Beauftragter für den Vierjahresplan Hitlers Ausführungen, indem er verdeutlichte, nach der Auflösung des tschechoslowakischen Staates seien »Deutschland und die Tschechei [...] ein Wirtschaftsraum«[44].

Mit dem Einmarsch in die zum Protektorat Böhmen-Mähren proklamierten Territorien der Rest-Tschechoslowakei war eine unmittelbare Verbesserung der

42 Aus Berichten des Staatssekretärs Keppler und des Generaldirektors Vogl über eine Rede Hitlers, 8.3.1939, vor Vertretern der Wirtschaft, der Partei und der Generalität, zit. nach Anatomie des Krieges (wie Anm. 24), S. 204 f.

43 Äußerung Hitlers, 13.3.1939, gegenüber Tiso, zit. nach Akten zur deutschen auswärtigen Politik 1918-1945, Serie D (1937-1945), Bd 4, S. 212-214, hier S. 212.

44 Ebd., S. 229-234, hier S. 234.

deutschen Rüstungslage verbunden. Nach Auffassung führender Militärs ergab sich aus der Bewaffnung der tschechoslowakischen Armee nach der Sicherstellung ihres Kriegsmaterials »ein ungeheurer Kraftzuwachs«[45]. Den großen Wert, den die Nationalsozialisten der Ausbeutung Böhmens und Mährens zum Zwecke der Aufrüstung beimaßen, verriet die mindestens drei Monate vor der Invasion generalstabsmäßig geplante Beschlagnahmung von Waffen und militärischem Gerät, sowie Übernahme der Kontrolle über die Rüstungsbetriebe. Die militärische Wehrwirtschaftsorganisation spielte erstmals ihr Konzept zur Sicherstellung der deutschen rüstungsökonomischen Interessen in besetztem Gebiet durch. Die hier gesammelten Erfahrungen erhielten paradigmatische Bedeutung für das Vorgehen bei späteren Okkupationen.

Darüber hinaus hatten wirtschaftliche Unternehmungen wie im Falle des Sudetenlandes, so auch bezüglich des späteren Protektorats, Expertisen über die ökonomische Situation Böhmen-Mährens erstellt[46].

Die Wehrmacht inspizierte in Kürze alle Rüstungsbetriebe und verschaffte sich dieser Art einen schnellen Überblick über die erzeugten Waren und über die Produktionskapazitäten. »Zur raschen Ausnutzung der Tschechei für die Aufrüstung der Wehrmacht« wurde die Einrichtung einer Wehrwirtschaftsinspektion in Prag verfügt, die »eine vorläufige Verteilung der vorhandenen tschechischen Rüstungsbetriebe auf die Wehrmachtteile vorzunehmen, ferner sonst noch geeignete Betriebe zu erkunden« hatte, damit entsprechende Aufträge schnell vergeben werden konnten[47]. Noch am 15. März übernahm die Wehrmacht die Überwachung der Kriegsgeräteproduktion der Firma Škoda-Pilsen und der Brünner-Waffenwerke A.G. zu dem Zweck, »sofort den Handel mit Kriegsgerät mit dem Ausland zu erfassen und zu kontrollieren«[48]. Bereits am 18. März gestattete der Reichswirtschaftsminister der Wehrmacht, Rüstungsbetrieben des Protektorats Aufträge zur Herstellung und Lieferung von Waffen, Munition und Kriegsgerät zu erteilen[49].

Die parallel zum militärischen Vorgehen verlaufende Inbesitznahme rüstungswichtiger Unternehmen und die Konfiskation vorgefundener Waren und Rohstoffe funktionierten derart perfekt, daß bereits während der Aggression Transporte mit erheblichen Mengen militärischen Beutegutes nach Deutschland abgingen, die die Wehrmacht im Falle unerwartet auftretender internationaler Verwicklungen dringend benötigt hätte. Deshalb konnte nach dem Zeugnis des Generalquartiermeisters des Heeres »der Führer [...] nicht früh genug einen Überblick über das

---

45 Der Generalquartiermeister. Briefe und Tagebuchaufzeichnungen des Generalquartiermeisters des Heeres, General der Artillerie Eduard Wagner, hrsg. von E. Wagner, München 1963, S. 82.

46 Vgl. Das Protektorat Böhmen und Mähren im deutschen Wirtschaftsraum (wie Anm. 1); den Wirtschaftsbericht Tschechoslowakei der Volkswirtschaftlichen Abteilung der IG-Farbenindustrie, BA-MA, RW 19 Anhang I/996; die Ausarbeitung derselben Firma über Die Wirtschaftsgebiete des Protektorates Böhmen und Mähren und der Slowakei, BA-MA, RW 19 Anhang I/994; die Studie von Heinrich Helmer, Gedanken zu: »Was bedeutet die Schaffung des Protektorates Böhmen-Mähren?«, BA-MA, Wi I F 3/117.

47 Befehl des OKW, 5.3.1939, BA-MA, Wi I F 3/207.

48 Befehl des OKW, 15.3.1939, ebd.

49 Schreiben des Reichswirtschaftsministers, 18.3.1939, ebd.

Tabelle 4
Konfiskation tschechoslowakischen Kriegsgerätes

	Nach Angaben Hitlers	Nach tschechoslowakischer Quelle
Flugzeuge	1582	1231[1]
Flakgeschütze	501	–
Panzerabwehrkanonen	–	1966
Feldartilleriegeschütze	2175	2253
Minenwerfer	785	–
Panzer	469	810
Maschinengewehre	43876	57000
Gewehre	1090000	630000
Pistolen	114000	–
Infanteriemunition	über 1 Mrd.	–
Artillerie- und Gasmunition	über 3 Mio	–

[1] dazu Material für weitere 240 Flugzeuge

Quelle: Vgl. dazu V. Mastny, The Czechs Under Nazi Rule. The Failure of National Resistance 1939–1942, New York 1971, S. 66

Kriegsmaterial bekommen und drängt[e] dauernd« auf seine genaue Erfassung[50]. Schließlich reichten die Armee-Bestände zur Ausrüstung von 20 Divisionen, anderes Kriegsgerät im Werte von 77 Mill. RM nicht eingerechnet. Tabelle 4 zeigt auf, welches Kriegsmaterial im einzelnen in deutsche Hände fiel.

Neben der Beschlagnahme des vorgefundenen Kriegsmaterials verlief die Sicherung wirtschaftlicher Einrichtungen von militärischer Bedeutung, beispielsweise der Elektrizitäts- und Gaswerke, zwecks Aufrechterhaltung der Produktion, aber auch zum Schutz von Sabotageakten. Gleichzeitig fielen über zweihunderttausend technische Zeichnungen und Patente in deutsche Hand, die für Wehrmacht und Rüstungsindustrie von wesentlicher Bedeutung waren.

Ungeachtet der Form der staatsrechtlichen Verbindung des Protektorats mit dem Dritten Reich zeigte sich Deutschland entschlossen, seine sogenannten tausendjährigen Interessen »nicht nur politischer, sondern auch wirtschaftlicher Art« voll wahrzunehmen[51]. Die wirtschaftliche Autonomie Böhmen-Mährens blieb formal garantiert, war aber eine scheinbare, erst recht nach der am 1. Oktober 1940 geschlossenen Zollunion. Diese zwar nicht faktisch, wohl aber *de jure* respektierte außenwirtschaftliche Aktionsfreiheit sollte entscheidende Vorteile bringen, nämlich die Anwendung des devisenträchtigen Meistbegünstigungsprinzips im Gegensatz zum ansonsten bilateral ausgerichteten Clearing-Verkehr Deutschlands mit seinen Handelspartnern. Diese Aufrechterhaltung der Fiktion einer außenwirtschaftlichen Souveränität des Protektorats im Warenaustausch und monetären Verkehr mit Teilen des Auslandes zahlte sich aus. So konnte z.B. ein umfänglicher Handel mit Großbritannien und Frankreich aufrechterhalten werden, der z.B. im

---

50 Wagner, Der Generalquartiermeister (wie Anm. 45), S. 83.

51 Rede Hitlers, 28.4.1939, zit. nach Max Domarus, Hitler. Reden und Proklamationen, Bd 2, Würzburg 1963, S. 1156 f.

Sommer 1939 für das Protektorat immer noch aktiv war und beachtliche Devisenkontingente einbrachte, mit der die deutsche passive Zahlungsbilanz gegenüber den USA auszugleichen war, was in Anbetracht der von den Vereinigten Staaten gelieferten rüstungswichtigen Rohstoffe für die deutschen ökonomischen Kriegsvorbereitungen von besonderer Wichtigkeit sein mußte. Zum anderen verbarg sich hinter der Aufrechterhaltung der wirtschaftlichen Autonomie des Protektorats die Hoffnung, das hauptsächlich in Großbritannien deponierte und dort beschlagnahmte staatliche und private Kapital der tschechoslowakischen Nationalbank sukzessive freizubekommen. Als dies mit Abstrichen erreicht war, zudem der Krieg den Außenhandel weitgehend auf die Verbündeten und wenige Neutrale reduzierte, wurden mit dem Abschluß der Zollunion auch pro forma die Handels- und Devisenschranken zwischen dem Reich und dem Protektorat beseitigt. Wie ein deutscher Regierungsbeamter freimütig gestand, bildete die Aufhebung der Zollgrenze nun »die Voraussetzung für den vollen unbehinderten Einsatz der Rüstungswirtschaft des Protektorats für die deutsche Kriegsführung«[52]. In Wahrheit standen alle das Protektorat betreffenden Regelungen, was Hitler offen zugab, »im Einklang mit den politischen, militärischen und wirtschaftlichen Belangen des Reiches«[53]. In Anbetracht der bereits geplanten weiteren Eroberungen hieß dies nicht nur, »das Kriegspotential des Protektorats in Teilen oder im Ganzen unbedingt auszunutzen und möglichst bald auf den Mobfall auszurichten«, wie es Göring forderte[54], sondern die Einbindung des gesamten Wirtschaftsprozesses in den Vierjahres- und Wehrwirtschaftlichen Neuen Erzeugungsplan. Wie bei der Besetzung Wiens, so war das NS-Regime auch nach dem Einmarsch in Prag darauf bedacht, in den Besitz der tschechoslowakischen Gold- und Devisenreserven zu gelangen. Unter dem Druck der Militärbehörden transferierte die Tschechoslowakische Nationalbank im Sommer 1939 über 800 000 Unzen Gold ungeachtet des britischen Embargos von London nach Berlin. Ein Jahr später wurden die in Prag befindlichen Goldvorräte »in den Gewahrsam der Reichsbank« genommen[55]. Durch erzwungene Kapitalerhöhungen und Aktienverkäufe sowie durch Enteignung jüdischen Vermögens und jüdischer Beteiligungen vollzog sich eine rasche Durchdringung des Bankwesens und der Industrie.

In Böhmen und Mähren lag der größte Teil der Industrie der tschechoslowakischen Republik, aus der die metall- und elektrotechnische sowie die Textilbranche besonders herausragten. Die Produktionsanlagen befanden sich überwiegend in einem technisch ausgezeichneten Zustand, was speziell für die Metall-, Maschinen- und Rüstungsunternehmen galt. Diese verfügten über nicht voll ausgeschöpfte Kapazitäten, die sofort genutzt werden konnten und demzufolge für die überbeschäftigte deutsche Wehrwirtschaft eine wesentliche Entlastung bedeuteten. Aus

52 G. von Schmoller, Das Wirtschaftsrecht in Böhmen und Mähren, Brünn 1945, S. 18.

53 Erlaß Hitlers, 16.3.1939, Akten zur deutschen auswärtigen Politik 1918-1945, Serie D (1937-1945), Bd 4, S. 247.

54 Göring, 25.7.1939, vor Vertretern des OKW sowie der Regierung, zit. nach IMT, Bd 3, S. 193 f.

55 Schreiben des Reichsprotektors Neurath, 10.6.1940, an den Vorsitzenden der Protektoratsregierung, Eliáš, zit. nach D. Brandes, Die Tschechen unter deutschem Protektorat, T. 1, München 1969, S. 150.

diesem Grunde durften die vorgefundenen Vorräte an Rohstoffen und Fertigwaren im Werte von rund 2,9 Mrd. RM nicht nach Deutschland abtransportiert werden. Das gleiche galt für die vorhandenen Halbfabrikate, die der Industrie des Protektorats zur Verarbeitung überlassen blieben. Die Hüttenwerke besaßen Erzvorräte für zehn Monate[56]. Da die Industrie des Protektorats von der Eisen- und Stahlzufuhr aus dem Reich abhängig war, wurde noch im März 1939 eine Eisen- und Stahlkontingentierung und -planung verfügt[57]. Zur direkten Erweiterung der deutschen Rüstungsproduktion trugen – neben anderen – die beiden größten Rüstungsfirmen, die Škoda-Werke in Pilsen/Prag und die Tschechoslowakischen Waffenwerke AG in Brünn bei. Einen für die deutsche Wirtschaft wichtigen Faktor bildete die hohe Kriegsgeräteausfuhr, der die ČSR nicht zuletzt ihre in der Regel positive Außenhandelsbilanz verdankt hatte. Immerhin stand die Tschechoslowakei 1937 an vierter Stelle der Kriegsgeräte exportierenden Länder der Welt. Wenn auch die wirtschaftlichen Eingriffe der deutschen Behörden im Protektorat letztlich darauf hinausliefen, »die Produktion der Werke auf deutsche Rüstungsbedürfnisse« umzustellen[58], so wurde zunächst »doch auf die Erhaltung dieser Ausfuhr [...] aus den bekannten Devisengründen ausschlaggebender Wert gelegt«[59]. Zumindest galt es, dafür Sorge zu tragen, daß die ohnehin knappen ausländischen Zahlungsmittel des Reiches nicht noch für die Rohstoffversorgung Böhmen-Mährens in Anspruch genommen werden mußten. Denn das Protektorat wies – ähnlich wie Deutschland – eine starke Rohstoffabhängigkeit bei hoher Fertigwarenausfuhr auf. Die Wehrmacht, die gleich nach der Okkupation Vorkehrungen »zur raschen Ausnutzung der Tschechei für die Aufrüstung« getroffen hatte[60], sah sich daher bald genötigt, ihre – zum Teil bereits vergebenen – Aufträge mit dem Vierjahresplan abzustimmen. Dieser legte zunächst für die exportorientierten Betriebe bestimmte Ausfuhrquoten fest, ehe er die Produktionskapazitäten für die Wehrmacht freigab.

Bemerkenswert ist allerdings in diesem Zusammenhang, daß Göring in seiner Eigenschaft als Beauftragter für den Vierjahresplan keineswegs die wirtschaftspolitischen Vollmachten erhielt, die er im übrigen Reichsgebiet ausübte. Der Feldmarschall mußte sich vielmehr damit begnügen, seine beabsichtigten Maßnahmen je nach Zweckmäßigkeit Hitler vorzutragen, der sie dem Reichsprotektor in Form von Weisungen weitergab, oder aber unmittelbar das Einvernehmen mit dem Reichsprotektor suchen[61].

Alle bereits laufenden Auslandsaufträge für Kriegsgerät mußten zudem erfüllt werden, sofern sie Devisen erbrachten. Mitte April 1939 erfolge aber bereits die allmähliche Umstellung der Rüstungsindustrie auf deutsche Erfordernisse[62], was

56 Vgl. Wehrwirtschafts-Inspektion Prag, 26.3.1939, BA-MA, Wi I F 3/207.
57 Vgl. Verfügung des Reichswirtschaftsministers, 18.3.1939. Ebd.
58 Kehrl, Krisenmanager (wie Anm. 29), S. 160.
59 Inspektionsbefehl Nr. 3 der Wehrwirtschafts-Inspektion Prag, 27.3.1939, BA-MA, I F 3/207.
60 Anlage 1 zum Inspektionsbefehl Nr. 1, 22.3.1939, der Wehrwirtschafts-Inspektion Prag, ebd.
61 Schreiben des Chefs der Reichskanzlei, 29.3.1939, an Staatssekretär Körner vom Vierjahresplan, BA, R 43 II/1329 a.
62 BA-MA, Wi I F 3/161.

im Spätsommer des Jahres zur Lenkung aller öffentlichen und staatswichtigen Aufträge im Protektorat führte[63]. Auf diese Weise gelang es, »bis tief in den Kriegswinter 1939/40 hinein die industrielle Tätigkeit voll aufrechtzuerhalten und die Erteilung der von der Rüstungsindustrie erstrebten unmittelbaren Wehrmachtaufträge an die Bedingung der Deckung des Rohstoffbedarfes aus eigener Kraft der auftragnehmenden Firmen zu knüpfen«[64].

Wertet man den industriellen Zuwachs des Dritten Reiches um das Protektorat im Zusammenhang mit der Einverleitung der Ostmark und des Sudetenlandes, dann ergab sich Mitte 1939 ein deutscher Anteil an der industriellen Weltproduktion von 15 Prozent. Das Reich stand damit nach den USA an zweiter Stelle der Rangliste der Industrieländer der Welt[65]. Da die freien Produktionskapazitäten Böhmen-Mährens nicht sogleich voll genutzt werden konnten, suchte Deutschland einen Teil der über 100 000 Arbeitslosen für den Einsatz im Reich zu gewinnen, zumal es sich bei ihnen in der Hauptsache um vielbegehrte qualifizierte Facharbeiter handelte. Darüber hinaus sollte das Arbeitskräftereservoir den geplanten Bau der Autobahn Berlin-Wien durch das Protektorat und den Baubeginn zweier Autobahnen im Protektorat selbst ermöglichen, denen man sowohl eine wirtschaftlich integrierende wie strategische Funktion beimaß. Bis Mitte April 1939 gelang die Anwerbung von rund 30 000 Arbeitern, eine Zahl, die sich bis Kriegsausbruch auf 70 000 erhöhte[66].

Resümierend läßt sich festhalten, daß die Eingliederung des Protektorats sicher vom gesamtwirtschaftlichen Standpunkt aus eine Erleichterung der deutschen Wirtschaftslage bedeutete, aber mehr noch in einzelnen wichtigen Bereichen. So war die Vergrößerung des industriellen Produktionsvolumens angesichts der im Altreich äußerst angespannten Produktionskapazitäten von nicht zu unterschätzendem Wert. Sie brachte darüber hinaus eine erhebliche Erweiterung der Rüstungsindustrie mit sich. Ein nicht zu übersehender Faktor war die Tatsache, daß das Deutsche Reich durch den Zuwachs um Böhmen und Mähren eine gesamtwirtschaftlich zu Buche schlagende räumliche und vor allen Dingen bevölkerungsmäßige Erweiterung erfuhr, die es zum volkreichsten europäischen Industriestaat machte, mit den sich daraus ergebenden Möglichkeiten der ökonomischen Leistungssteigerung. Im Protektorat selbst herrschten relativ günstige ernährungswirtschaftliche Verhältnisse. Böhmen und Mähren wiesen Überschüsse bei den Hauptgetreidearten auf, schließlich bei Zucker, Fleisch und tierischen Fetten, während bei Kartoffeln Eigenversorgung möglich war. Insgesamt konnte sich das Gebiet im Notfalle selbst ernähren. Bezieht man das am 22. Mai 1939 dem litauischen Staat ausgegliederte Memelland in eine gesamtdeutsche Ernährungsbilanz mit ein, dann ergibt sich insgesamt ein günstiges Bild. Sicher waren keine neuen Kornkammern zum Reich hinzugekommen, aber die allgemeinen Anbau- und vor

63 Vermerk über eine Besprechung im Vierjahresplan, 8.8.1939, BA-MA, 29/2.

64 Geschichte der Rüstungsinspektion Prag, BA-MA, 22/21.

65 Deutschlands wirtschaftliche Lage in der Jahresmitte 1939. Expertise der Reichs-Kredit-Gesellschaft, Berlin. Vgl. Barthel, Zur Politik der rüstungswirtschaftlichen Führungsorgane (wie Anm. Tab. 3), S. 105.

66 Vgl. Brandes, Die Tschechen (wie Anm. 55), S. 154 f.

allem Austauschbedingungen bei den einzelnen landwirtschaftlichen Produkten hatten sich verbessert. Es war somit auf dem Agrarsektor eine großraumspezifische positive Veränderung erfolgt.

Wenn die Geschichtswissenschaft dem ökonomischen Komplex in der Protektoratsfrage nur marginale Bedeutung beigemessen hat, dann müssen hier sichtbare Akzentverschiebungen erfolgen. Diese Notwendigkeit wird u.a. unterstrichen durch eine Denkschrift des Reichsinnenministeriums vom April 1939, in der es heißt:

> »Die Einschiebung Böhmens und Mährens in das Großdeutsche Reich bedeutete nicht nur auf politischem, sondern insbesondere auch auf wirtschaftlichem Gebiet eine Großtat ersten Ranges: [...] Sie bedeutet nach dem Anschluß Österreichs [...] eine weitere Bereinigung der unwirtschaftlichen Aufspaltung Mitteleuropas in kleine, unrationell arbeitende Wirtschaftsräume. Sie führt in das Reich ein Wirtschaftsgebiet zurück, das von Natur und kraft einer tausendjährigen Geschichte zum Reiche gehört[67].«

Aber noch vor einem anderen Hintergrund verdient die Annexion der »Rest-Tschechei« besondere Beachtung, nämlich unter dem der bereits eingangs angesprochenen Großraumwirtschaft. Verstand man bisher zum Beispiel laut einer Expertise der Deutschen Bank, deren Aussage sich mit den außenwirtschaftspolitischen Vorstellung Schachts deckte, »unter einer europäischen Großraumwirtschaft das Zusammenwirken mehrerer Staaten zu gemeinsamen wirtschaftlichen Zielen und die Steigerung des gegenseitigen Güteraustausches auf der Basis enger handelsvertraglicher Bindungen«, also die handelspolitische Verflechtung mehrerer Volkswirtschaften, »so hat[te] dieser Begriff nun eine für Europa neue Prägung erhalten«[68]. Das heißt mit der territorialen Eingliederung Österreichs, des Sudetengebietes sowie Böhmen-Mährens hatte sich als erste Stufe die deutsche Großraumwirtschaft innerhalb erweiterter Reichsgrenzen herausgebildet. Das »Großdeutsche Reich« war in seiner ersten Dimension abgesteckt. Ein vergrößerter einheitlicher Wirtschaftskörper ließ sich nun nach einem einheitlichen Willen, nach rüstungswirtschaftlichen Prioritäten also, lenken. »Dieser in sich geschlossene Wirtschaftskörper« konnte, und in diesem Punkt deckten sich die Ansichten der Deutschen Bank wiederum mit denen der Reichsregierung, »fortschreitend so ausgestaltet werden, wie es die Erzielung höchster Leistungsfähigkeit verlangt[e]«. Konkret bedeutete dies, daß fortan »die Produktion Böhmens und Mährens [...] auf die Produktion des Reiches abgestimmt«, Fragen der Arbeitsteilung und der industriellen Standorte »unter Berücksichtigung der natürlichen Produktionsbedingungen des Gesamtreiches gelöst werden« sollten[69].

Darüber hinaus aber tat das Dritte Reich mit der Schaffung des Protektorats einen ersten erfolgreichen Schritt in Richtung der Beherrschung eines wirtschaftlichen Großraumes über seine territorialen Grenzen hinweg. Berlin ließ es nun nicht

---

67 Zit. nach G. Hass, Das Münchener Abkommen in der Strategie des deutschen Imperialismus und in der Appeasement-Politik der Westmächte, in: Bulletin des Arbeitskreises »Zweiter Weltkrieg«, 2 (1973), S. 37–69, hier S. 63.

68 Das Protektorat Böhmen und Mähren im deutschen Wirtschaftsraum (wie Anm. 1), S. 19.

69 Denkschrift des Reichsinnenministeriums, April 1939, zit. nach Hass, Das Münchner Abkommen (wie Anm. 67), S. 63.

an dem Bemühen fehlen, um seinen unmittelbaren Herrschaftsbereich herum einen Kranz formal zwar souveräner, politisch, vor allem aber ökonomisch von ihm kontrollierbarer, besser noch abhängiger Staaten zu legen, und zwar zunächst einmal an seiner Südostflanke. Es entsprach den Intentionen der NS-Machthaber, »einen einheitlichen, geschlossenen Wirtschaftsblock im Mitteleuropa [zu] bilden, der seinen außenwirtschaftlichen Schwerpunkt – natürlichen Gegebenheiten entsprechend – in dem südosteuropäischen Raum haben« sollte[70]. Das Dritte Reich leitete die zweite Phase seiner wirtschaftlichen Hegemonial- und Großraumpolitik ein.

Für dieses Vorhaben bot das neugewonnene Territorium die beste Ausgangsbasis, von der aus zunächst der Griff nach der Slowakei gelang. Göring rechnete – wie er sagte – »mit einer völligen wirtschaftlichen Angleichung der Slowaken«. Dem Chef des Wehrwirtschaftsstabes im Oberkommando der Wehrmacht erklärte er, aus der Slowakei »müsse herausgeholt werden, was irgend möglich« sei. Dem sogenannten Schutzstaat würde, wie der Bevollmächtigte für den Vierjahresplan sich ausdrückte, lediglich die Rolle eines »deutsche[n] Dominions« zugebilligt[71], das eine gewisse Autonomie auf wirtschaftlichem Sektor behielt, lediglich der äußeren Optik wegen. Das deutsch-slowakische Verhältnis sollte Modellcharakter für die ergänzungswirtschaftliche Zusammenarbeit zweier sogenannter »befreundeter« Staaten tragen. Die NS-Machthaber benutzten, dem deutschen Gesandten in Preßburg zufolge, die Slowakei als »die Visitenkarte«, die sie »den kleinen südosteuropäischen Staaten und besonders den slawischen Völkern hinhielt: So selbständig kann ein kleiner Staat leben«, der sich der ökonomischen Neuordnung Europas unter deutscher Regie nicht widersetzt[72].

Durch die militärische und damit auch politische Oberhoheit über die Slowakei ragte der deutsche Machtbereich nunmehr keilförmig in den Südosten Europas hinein, wodurch das Dritte Reich eine hervorragende Basis zur politischen aber auch ökonomischen Beherrschung dieses Raumes besaß. Die letztere ließ sich um so besser ausüben, als die Gefährdung der Donau-Schiffahrt von und nach den Balkanländern beseitigt war. Jetzt mußte es gelingen, Ungarn, Rumänien und Jugoslawien in den deutschen Machtbereich zu integrieren, um, wie Hitler es in einer Rede formulierte, die »uneingeschränkte Kontrolle über ihre unermeßlichen landwirtschaftlichen Quellen und über ihre Petroleum-Schätze« zu gewinnen[73]. Dies schien um so leichter möglich, als die wirtschaftliche Abhängigkeit der Gebiete der ehemaligen ČSR vom Dritten Reich die ohnehin im Zuge der Politik des Neuen Plans bereits vertieften deutsch-südosteuropäischen Wirtschaftsbeziehungen noch

---

70 Ebd.

71 Aufzeichnung des Chefs des Wehrwirtschaftsstabes im OKW, Thomas, über eine Besprechung bei Göring, 14.10.1938, zit. nach Ursachen und Folgen. Vom deutschen Zusammenbruch 1918 und 1945 bis zur staatlichen Neuordnung Deutschlands in der Gegenwart, Bd 12, Berlin 1967, S. 522–525, hier S. 524.

72 Aufzeichnung des deutschen Gesandten in Preßburg, 25.6.1940. Akten zur deutschen auswärtigen Politik, Serie D, Bd 10, S. 15.

73 Bericht Kepplers, 8.3.1939, über eine Rede Hitlers, zit. nach Anatomie des Krieges (wie Anm. 24), S. 204.

Tabelle 5
Der Außenhandel der Münchener Tschechoslowakei; 4. Quartal 1938 (in Mill. K.)

	Einfuhr	Ausfuhr
Deutschland (Altreich)	107	123
Sudetenland	344	283
Ostmark	11	29
Polen	22	24
an Polen abgetretene Gebiete	83	7
Rumänien	84	110
Jugoslawien	72	73
Italien	57	37
Belgien	20	37
England	75	161
Frankreich	60	40
Schweiz	45	59
Holland	54	69
Schweden	40	37
U.S.A.	133	62

Quelle: Übersicht des OKW 28.3.1939 über die wirtschaftliche Lage Böhmen-Mährens Anfang März 1939 und die voraussichtlichen Auswirkungen der Angliederung auf die wehrwirtschaftliche Lage Großdeutschlands. BA-MA, Wi I/177

intensivierte. Denn zum einen waren die handelspolitischen Verflechtungen zwischen der Tschechoslowakei und den Balkanstaaten, insbesondere mit Jugoslawien und Rumänien, schon recht eng gewesen und ließen sich nun unter ergänzungswirtschaftlichen Aspekten von Berlin nutzen (Tabelle 5).

Zum anderen besaßen Firmen und Banken des Sudetengebietes, des Protektorats und der Slowakei beachtliche Kapitalanlagen in Südosteuropa, in erster Linie in der Metall-, Eisen- und Maschinenindustrie, aber auch im Textil- und Chemiebereich, hier auch wieder schwerpunktmäßig in Rumänien und Jugoslawien, über die sich ein gewisser Einfluß auf das Wirtschaftsgeschehen der besagten Länder ausüben ließ[74]. Die Bedeutung der wirtschafts- und machtpolitischen Veränderungen im böhmisch-mährischen Raum läßt sich nicht besser als mit der Ansicht des Oberkommandos der Wehrmacht zum Ausdruck bringen, daß nämlich »die nunmehrige politische und wirtschaftliche Abhängigkeit der Rest-Tschechoslowakei vom Reich und die dadurch erreichte verstärkte Sicherung des Zuganges zum Südostraum« den eigentlichen Hintergrund des Geschehens bilde[75].

Im Frühjahr 1939 kam des NS-Regime der geplanten Errichtung eines Großwirtschaftsraumes einen wesentlichen Schritt näher. Doch reichte die inzwischen angesammelte ökonomische Kraft immer noch nicht aus, um entweder den Revanchekrieg gegen Frankreich – mit den Risiken des Kriegseintritts Großbritanniens – oder gar den Kampf um den Lebensraum im Osten, das heißt gegen die

[74] Vgl. die Expertise des OKW, 28.3.1939, über tschechoslowakische Kapitalanlagen in Südosteuropa, ebd.
[75] Brief Görings an die obersten Reichsbehörden, 15.10.1938, BA-MA, Wi I F 5/560.

UdSSR, mit begründeter Aussicht auf Erfolg führen zu können. Noch erschien die Nahrungs- und Futtermittelversorgung im Blockadefall ebensowenig gewährleistet wie der Bedarf an Arbeitskräften gedeckt, der im Kriegsfall allein schon aufgrund notwendig werdender umfangreicher Rekrutierungen wachsen mußte. Unter Beibehaltung des rüstungswirtschaftlichen Kurses war eine Verbesserung der ökonomischen Situation Deutschlands auch weiterhin »ohne Einbruch in fremde Staaten oder Angreifen fremden Eigentums [...] nicht möglich«, was Hitler den Spitzen der Wehrmacht Ende Mai 1939 klarzumachen suchte. Die Lösung des Problems sah er – das langfristige Programm der Lebensraumgewinnung mit dem kurzfristigen der Rüstung verbinden – in der Eroberung Polens. Diese hielt er für unabdingbar »notwendig, um [die] polnische Lieferung landwirtschaftlicher Produkte und Kohle für Deutschland zu sichern«. Gelang dies, dann mußte nach seiner Überzeugung »Deutschland unbesiegbar sein«, und es konnte »ein für alle Mal mit seinem Erzfeinde Frankreich abrechnen«[76]. Danach endlich schien der Weg frei in Richtung Ural. Mit der Zerschlagung des Tschechoslowakei tat das Dritte Reich den ersten Schritt zur vielbeschworenen »Neuordnung« Europas.

[76] Inhaltliche Wiedergabe einer Rede Hitlers vor Vertretern der Wirtschaft, der Partei und der Generalität, 8.3.1939, zit. nach Anatomie des Krieges (wie Anm. 24), S. 204.

Polen im politisch-wirtschaftlichen Kalkül des Dritten Reiches 1933-1939

Als Hitler Ende Januar 1933 die Regierungsgeschäfte übernahm, geriet er bezüglich der Ostpolitik rasch unter Erwartungsdruck, insbesondere durch die Repräsentanten deutschen »Dranges nach Osten«. So erinnerte beispielsweise der Deutsche Ostbund den neuen Reichskanzler öffentlich an seine in »Mein Kampf« niedergelegte Lebensraumtheorie, aufgrund welcher die Nationalsozialisten die Kolonial- und Handelspolitik der Vorkriegszeit beenden und zur östlich orientierten Bodenpolitik übergehen sollten. Das mindeste, was man aber in den Kreisen der Glaubensbrüder deutscher Sendung im Osten erwartete, war eine konsequente Revisionspolitik. »Versailles wird ausgelöscht werden«, prophezeite die Zeitschrift »Ostland« Anfang 1933, »und die Grenzen, die dort einem willen- und wehrlosen Volke [...] diktiert worden sind, werden von demselben [...] so neu festgelegt werden, wie es die Leistungen der Vergangenheit und die Lebenserfordernisse der Zukunft verlangen«[1]. Der völkischen politischen Einigung im Inneren mußte die Befreiung des Deutschtums im Ausland im Rahmen territorialer Arrondierung im Sinne einer neuen Raumordnung folgen, die durchaus auch wirtschaftspolitischer Natur sein konnte. Für völkisch-nationale und revisionistische Kreise hieß dies, »über den deutschen Staat hinaus den Siedlungsbereich des Deutschtums [zu] erfassen«. Daß auch Polen Ziel deutscher Revisionsbestrebungen war, wurde zumindest indirekt publizistisch nicht verschwiegen: »Eine auf Volkstum begründete deutsche Staatspolitik muß den Rahmen der Landesgrenzen überschreiten und ihren außenpolitischen Bereich dort finden, wo ihn das deutsche Volk geschichtlich erschlossen hat[2].«

Auch bei den Koalitionspartnern der Nationalsozialisten im Kabinett ging man wie selbstverständlich von einer aktiven Revisions- und Siedlungspolitik gegenüber Polen aus. Hatte Hitler dort doch wohl auch mit Blick auf Polen erklärt, »die Zukunft Deutschlands hänge ausschließlich und allein vom Wiederaufbau der Wehrmacht ab. Alle anderen Aufgaben müßten hinter der [...] Wiederaufrüstung zurücktreten[3].«

---

1 Die Angst der Polen. Hitler bedeutet die Revision!, in: Ostland, 14 (1933), S. 71.

2 Rudolf Craemer, Staatserneuerung und volksdeutsche Politik, in: Volk und Reich, 9 (1933), S. 194-204, hier S. 200.

3 Protokoll der Sitzung des Ausschusses der Reichsregierung für Arbeitsbeschaffung, 9.2.1933, in: Die Regierung Hitler, I: 1933/34, hrsg. von Karl-Heinz Minuth, Boppard a.Rh. 1983, S. 58-64, hier S. 62.

Der parteilose Reichsaußenminister v. Neurath hob ausdrücklich hervor: »Unser Hauptziel bleibt die Umgestaltung der Ostgrenze[4].« Der Deutschnationale Hugenberg, Reichswirtschafts- und Ernährungsminister, ließ auf der Londoner Weltwirtschaftskonferenz im Juni 1933 durchblicken, was den polnischen Nachbarn erwartete: Es müßten »dem ›Volk ohne Raum‹ Gebiete eröffnet« werden, »in denen es seiner tatkräftigen Rasse Siedlungsraum erschließen könne«[5].

Eine forcierte Aufrüstung war zumindest in der Anlaufphase mit dem Risiko behaftet, daß die Siegermächte des Ersten Weltkrieges unter Berufung auf die in Versailles festgelegten Rüstungsbeschränkungen militärisch intervenierten, und Hitler wies mit Nachdruck auf die Notwendigkeit der »Tarnung der Arbeiten für die Verbesserung der Landesverteidigung« hin[6]. Aber darüber, wie diese Tarnung zu geschehen habe, zeichneten sich innerhalb des Kabinetts Meinungsverschiedenheiten ab. So hielt v. Neurath ungeachtet eines möglichen Präventivschlages seitens des östlichen Nachbarn »eine Verständigung mit Polen« weder für »möglich noch erwünscht«. Um der Gefahr einer *polnischen* militärischen Intervention zu entgehen, riet der Außenminister, die »politische Tätigkeit der Regierung zunächst auf wirtschaftliche Fragen zu konzentrieren«, um in aller Stille erst einmal die rüstungswirtschaftlichen Grundlagen zu verbessern[7].

Dieser vom Außenminister vorgezeichnete Weg, Tarnung und wirtschaftliche Aufrüstungsmaßnahmen miteinander zu verbinden, indem man in einem ersten Schritt zunächst einmal die ökonomische Grundstruktur verbesserte und erst in einem zweiten mit der Rüstung begann, erschien Hitler wirtschafts- und gesamtpolitisch zu risikoreich. Tempo und Intensität der Aufrüstung wären von außenpolitischen Konstellationen abhängig gewesen, und der über die Aufrüstung geplante wirtschaftliche Aufschwung, verbunden mit der politisch notwendigen auffälligen Verringerung der Arbeitslosigkeit, wäre unter Umständen zu langsam verlaufen, um die NS-Herrschaft rasch und dauerhaft innenpolitisch zu stabilisieren. Polen mußte in die Überlegungen um eine außen-, innen- und wirtschaftspolitische Konsolidierung nationalsozialistischer Herrschaft miteinbezogen werden. Dabei war dem stark ausgeprägten Revisionsbedürfnis große Teile der deutschen Öffentlichkeit Rechnung zu tragen, gleichzeitig aber mußte der ausschließlich taktische Charakter einer Annäherung an Polen verschleiert werden.

Der von Warschau initiierte erste Besuch seines Gesandten in Berlin beim neuen Reichskanzler Anfang Mai 1933 kam Hitlers Intentionen entgegen, durch schrittweises Zugehen auf die polnische Regierung die deutsche Bevölkerung an den Gedanken eines Ausgleichs zu gewöhnen. Daß wirtschaftliche Kontakte hier Vorreiterfunktion übernehmen konnten, brachte Hitler durch das gegenüber dem polnischen Gesandten ausgedrückte Bedauern zum Ausdruck, daß die nach 1918

4 Protokoll der Ministerbesprechung, 7.4.1933, ebd., S. 31, 34.

5 Akten zur deutschen Auswärtigen Politik (= ADAP), C I, 2, S. 557-562, hier S. 561.

6 Protokoll der Sitzung des Ausschusses der Reichsregierung für Arbeitsbeschaffung, 9.2.1933, in: Regierung Hitler (wie Anm. 3), S. 63.

7 Ebd., S. 317 f.

entstandenen territorialen Konstellationen leider einen normalen Wirtschaftsaustausch unterbunden hätten[8].

Wenige Tage nach dieser bedeutsamen Begegnung wurde in der Reichskanzlei eine Expertise über Stand und Aussichten der deutschen Warenausfuhr erarbeitet, Hitler vorgelegt und von ihm gebilligt. Das Papier dokumentierte die unabdingbare Notwendigkeit, die durch Weltwirtschaftskrise, Zollkriege und auch Boykottmaßnahmen gegenüber dem NS-Regime zerrütteten Außenwirtschaftsbeziehungen des in hohem Maße rohstoff- und ernährungswirtschaftlich abhängigen Deutschland rasch neu zu ordnen und zu intensivieren, wollte man Rüstung und rüstungswirtschaftlich bedingten Aufschwung sichtbar in Gang setzen. »Deutschland muß sich«, so stand zu lesen, »nach jeder Lücke in der politischen und handelspolitischen Umzingelung umsehen, in der es sich befindet[9].« Was lag also näher, als den des imperial und rassisch motivierten Expansionismus verdächtigen Parteiführer Hitler als den in Verantwortung stehenden pragmatischen Politiker dadurch herauszustellen, daß man sich mit dem Erbfeind Polen arrangierte? Man gewann dadurch nicht nur außenpolitisch den unverzichtbaren Freiraum für die heimliche Aufrüstung, sondern man konnte diese sogar durch polnische Importe noch unmittelbar fördern. Dieses Bestreben hat der deutsch-nationale Wirtschafts- und Ernährungsminister Hugenberg auf der Weltwirtschaftskonferenz in London öffentlich desavouiert, indem er Siedlungsland im europäischen Osten und zudem Kolonien verlangte[10], willkommener Anlaß für Hitler, ihn und seinen deutschnationalen Anhang aus der Regierungsverantwortung zu entlassen. Nicht, daß Hugenberg in der Frage der Lebensraumerweiterung mit Hitler im Dissens gelebt hätte, sondern daß er diesen Expansionismus im Sinne einer Großraum- und Siedlungspolitik zum unrechten Zeitpunkt proklamiert hatte, kostete ihn seinen Ministerposten! Anfang Juli 1933, nachdem die Parteien und Gewerkschaften verschwunden waren, galt es für Hitler, der Arbeiterschaft klarzumachen, daß die nationalsozialistische Regierung deren Interessen erfolgreich wahrnahm. Das hieß, es mußten überzeugende Erfolge in der Arbeitsbeschaffung erzielt werden. Arbeit durch Aufrüstung und Aufrüstung durch Intensivierung der Außenwirtschaftsbeziehungen hieß das Motto. Aber, das hatte Hitler nach wie vor im Auge, »auf wirtschaftlichem Gebiet haben wir eine Mauer vor uns. Die Staaten rund um uns haben sich wirtschaftlich gegen uns abgeschlossen[11].« Ein verschärfter Wirtschaftskrieg mußte zukünftig vermieden werden. Mehr noch: »Wir müssen tatsächlich versuchen, zu einer Verständigung zu kommen mit jedermann, mit dem man sich verständigen kann, weil wir noch keine andere Möglichkeit haben. [...] Ich treibe Verständigungspolitik, um dadurch zu einer Politik der Stärke später einmal zu kommen[12].«

---

8 Aufzeichnung Neuraths, 2.5.1933, in: ADAP, C I, 1, S. 363 f.

9 Vermerk Ministerialrat Franz Willuhn, 24.5.1933, in: Regierung Hitler (wie Anm. 3), S. 480-486, hier S. 485.

10 Vgl. dazu Denkschrift Hugenbergs, 21.6.1933, über die Londoner Weltwirtschaftskonferenz, ebd., S. 571-575.

11 Aufzeichnung über eine Reichsstatthalterkonferenz, 6.7.1933, ebd., S. 629-636, hier S. 632.

12 Ebd., S. 633.

Hitlers vorsichtigem Taktieren gegenüber Polen, aber auch seinem festen Willen, die sogenannte polnische Frage »so oder so« zu lösen, entsprach denn auch seine Reaktion auf das Anfang August 1933 zwischen der Freien Stadt Danzig und der Warschauer Regierung getroffene Abkommen über die Belebung der Seeschiffahrt im Danziger Hafen und über das Danziger Schulwesen. Beide Kontrakte boten zumindest formal den Polen gleiche Chancen wie der Danziger Bevölkerung[13]. In einem internen Informationsbericht der Reichsregierung hieß es dazu:

> »Es liegt z.B. durchaus in der außenpolitischen Linienführung des Kanzlers, wenn der Danziger nationalsozialistische Präsident ein sehr loyales Abkommen mit Polen getroffen hat. Dieses Abkommen [...] stellt den Versuch dar, mit Polen zu einem modus vivendi zu gelangen. Dabei liegt die Überzeugung zugrunde, daß das geistig bedeutendere deutsche Volk in allmählicher Aufbauarbeit das polnische Element zurückdrängen wird und es bevölkerungspolitisch und geistig nach Jahren zur Defensive treibt. Sollte sich diese Annahme als Utopie erweisen, so ist es nach Meinung des Führers und des Auswärtigen Amtes später immer noch Zeit, diesen kurz zu revidieren, nämlich dann, wenn eine stärkere deutsche Wehrmacht ausgebildet vorhanden ist[14].«

Damit war der zukünftige politische und wirtschaftspolitische Kurs gegenüber Polen von Hitler vorgezeichnet, und er sollte unter kurz- und mittelfristiger Zeitplanung der deutschen binnenwirtschaftlichen Konsolidierung dienen. Interessant ist, daß der Staatssekretär im Reichswirtschaftsministerium, Posse, den Ausweg Deutschlands aus seiner wirtschaftlichen Kalamität in der Weise vorzeichnete, daß er einer friedlichen außenwirtschaftlichen Durchdringung des europäischen Raumes das Wort redete. Der zweite Mann nach dem neuen Minister, Kurt Schmitt, war es denn auch, der im Oktober 1933 im Kabinett zur Außenhandelspolitik vorhersagte, die deutsche Exportindustrie werde im kommenden Winter voraussichtlich mit sehr großen Schwierigkeiten zu rechnen haben. Er halte deshalb die Aufnahme einer aktiven Handelspolitik, die sich auf dem Grundsatz der Reziprozität aufbaue, für erforderlich. Hierbei seien vor allem Wirtschaftsräume in Aussicht zu nehmen, in denen mit einer Beherrschung der Märkte durch den deutschen Kaufmann zu rechnen sei. Posse ließ sich ausdrücklich im Kabinett durch den Stellvertreter des Reichskanzlers, v. Papen, versichern, »daß auch der Herr Reichskanzler die gezeichneten Linien der Handelspolitik verfolge«[15]. Wenn man mit dem Instrumentarium des komplementären Warenaustausches, von Präferenzen, von Kontingentierung der Ein- und Ausfuhr und des bilateralen Clearings arbeiten wollte, dann sollte es auch gegenüber dem nächsten östlichen Nachbarn Anwendung finden. Das war zumindest das Primärziel.

Dieses Ziel ließ sich um so leichter verfolgen, als bereits deutsche Handelskreise »die Wiederherstellung geordneter Wirtschaftsbeziehungen mit Polen« gefordert hatten[16]. Ein neuer polnischer Zolltarif, der im Oktober 1933 hätte in Kraft treten

---

13 Vgl. Keesings Archiv der Gegenwart, 1933, S. 971 f.

14 NS-Presseanweisungen der Vorkriegszeit, Bd 1: 1933, bearb. von Gabrielle Toepser-Ziegert, München, New York, London, Paris 1984, S. 91.

15 Aufzeichnung der Kabinettsitzung, 4.10.1933, in: Regierung Hitler (wie Anm. 3), S. 878-884, hier S. 881.

16 Deutscher Industrie- und Handelstag, 13.9.1933, an Reichswirtschaftsminister, Deutsches Zentralarchiv Potsdam (= DZA), AA IV, Handel 13, Polen, Bd 17.

sollen und besonders gegen Deutschland ausgerichtet war, wirkte initiierend. Nun setzte sich auch im Auswärtigen Amt die Auffassung durch, »daß im Zuge der auf eine Entspannung hinzielenden Politik jetzt [...] wirtschaftspolitische Besprechungen mit Polen wieder angebahnt werden sollten«[17]. Der deutsche Gesandte in Warschau erhielt den Auftrag, das Terrain für Wirtschaftsverhandlungen mit der polnischen Regierung vorzubereiten. Als Aufgabe des Jahres 1934 formulierte Otto Sarnow in der Deutschen Wirtschaftszeitung, das oben beschriebene Wirtschaftsgebaren müsse gegenüber einer ganzen Reihe von Staaten (gegenüber den Niederlanden, der Schweiz, Ungarn, Dänemark, Finnland, der Sowjetunion und Frankreich), insbesondere auch gegenüber Polen, praktiziert werden[18].

Doch wollte die polnische Seite sich vor Abschluß eines Wirtschaftsabkommens in Berlin politisch rückversichern. Als dies ruchbar wurde, schlug das NS-Regime seinerseits den dann im Januar 1934 abgeschlossenen deutsch-polnischen Nichtangriffs- und Freundschaftsvertrag vor und sicherte sich damit gegenüber Warschau sowie der Weltöffentlichkeit einen politisch-psychologischen Vorteil. Im Frühjahr 1934 wurde dann der Zollkrieg beendet. Das den Wirtschaftskonflikt zwischen Polen und dem Reich beendende Protokoll vom 7. März des Jahres hob die Behinderungen im wechselseitigen Warenaustausch weitgehend auf. Man könnte von einem handelspolitischen Befreiungsschlag sprechen.

Während Polen im ökonomischen Kalkül des Dritten Reiches bis dahin die Rolle eines außenpolitischen und außenwirtschaftlichen Blockadebrechers spielen sollte, kam mit der Verkündigung des sogenannten »Neuen Plans« des Reichswirtschaftsministers Schacht dem deutsch-polnischen Wirtschaftsverhältnis eine veränderte Qualität zu. Deutschland hatte sich nach anfänglichem Aufschwung in eine rüstungswirtschaftlich begründete Mangellage manövriert. Im Frühjahr 1934 war die deutsche Außenhandelsbilanz erstmals seit 1929 wieder passiv. Durch die Öffnung der Schere zwischen Einfuhr und Ausfuhr waren die ohnehin geringen Devisenreserven zusammengeschrumpft, so daß der Wehrmacht die Rüstungslage als »in höchstem Maße bedenklich erschien«[19]. Theoretisch sah sich die Regierung plötzlich vor die Alternative gestellt, die Wehrwirtschaft entweder konsequent mit allen sich daraus ergebenden ökonomischen Risiken weiterzuführen, oder eine Verlangsamung des Rüstungstempos vorzunehmen, was die NS-Führung strikt ablehnte. Abhilfe sollte der »Neue Plan« schaffen, der zum einen binnenwirtschaftlich die Rohstoff-, vor allem aber Ersatzstoffindustrie fördern, zum andern aber und vor allem eine außenwirtschaftliche Umorientierung bedeuten sollte. Fortan würde versucht werden, die deutschen Importe durch Exporte bilateral zu kompensieren oder miteinander zu verrechnen. Deutschland wollte einen möglichst hohen Prozentsatz des bisherigen Warenverkehrs kontinentaleuropäischer Staaten auf sich selber ziehen. Wenn ein Direktor des Statistischen Reichsamts

17 Schreiben des Auswärtigen Amts, 25.9.1933, an den Gesandten in Warschau, v. Moltke, ebd., AA, 09.1/67407.

18 Otto Sarnow [Ministerialdirektor im Reichswirtschaftsministerium], Die Aufgaben der deutschen Handelspolitik im Jahre 1934, in: Deutsche Wirtschaftszeitung, 31 (1934), 4, S. 73 ff.

19 Unterlagen Thomas für einen Vortrag beim Reichswehrminister und Chef der Heeresleitung, 16.4.1934, Bundesarchiv-Militärarchiv (= BA-MA), Wi I F 5/3260.

öffentlich davon sprach, Nahrungs-, Futtermittel und Rohstoffe Deutschlands seien »in Außenhandelsverträgen derart zu verankern, daß daraus ein Höchstmaß gegenseitiger Verpflichtung«[20] erwachse, dann war letztlich gemeint, den schwächeren Partner an die Wirtschaftskraft des stärkeren zu binden.

Wenn Polen, im Unterschied zu den südosteuropäischen Staaten, im Zusammenhang mit solchen außenwirtschaftspolitischen raumorientierten Erwägungen weder in internen Papieren der Frühphase der NS-Herrschaft noch öffentlich ausdrücklich genannt wurde, so wohl deshalb, weil es vornehmlich und ohnehin als Objekt deutscher territorialer Expansion galt, über dessen politische Fortexistenz, möglicherweise in Form eines nach Osten orientierten staatlichen Neugebildes, damals noch nicht entschieden war. Solange man aber nicht die militärischen Voraussetzungen einer wie auch immer gearteten Regelung der polnischen Frage besaß, so lange, meinte der Staatssekretär im Auswärtigen Amt, von Bülow, wie potentielle Gegner Deutschland »in die ärgste Not versetzen« konnten, »indem sie eine offene oder versteckte Finanz- und Wirtschafts-Blockade« verhängten[21], so lange mußte Polen in das wirtschaftspolitische Kalkül des »Neuen Plans« miteinbezogen werden, zumal es sich von seiner geographischen Lage her als deutscher Ergänzungsmarkt hervorragend zu eignen schien. Denn als unterentwickeltes Agrarland konnte Polen seine landwirtschaftliche Produktion mit Hilfe deutscher Technologie und Düngemittel steigern und auf deutsche Bedürfnisse ausrichten. Mit deutschem Know-how ließ sich seine Rohstofförderung zugunsten des Reiches intensivieren und als ambitionierter Industriestaat seine industrielle Entwicklung mit Hilfe deutscher Maschinen deutschem rüstungswirtschaftlichen Bedarf anpassen. Darüber hinaus wies Polen den Vorzug auf, in seiner deutschen Minderheit eine wirtschaftlich tüchtige Volksgruppe zu besitzen, die sich in reichsdeutschem Interesse zu engagieren bereit war, die man wirtschaftlich bevorzugen und zum Kristallisationspunkt späterer Eindeutschungsbestrebungen in Polen machen konnte[22].

Als es über den Umweg eines im Herbst 1934 geschlossenen Kompensationsabkommens, dem eine streng vertraulich behandelte Reise von 150 deutschen Industriellen nach Polen »mit dem Ziele eines neuen Handelsabkommens« vorausgegangen war[23], Anfang November 1935 zu einem regulären deutsch-polnischen Wirtschaftsvertrag kam, konnte man die Frage stellen, die auch schon anläßlich des Nichtangriffs- und Freundschaftsvertrages aktuell war: Hat die Warschauer Regierung die wahren langfristigen deutschen politischen und wirtschaftlichen Intentionen nicht erkannt?

Die polnischerseits in den gleichsam den Höhepunkt des sogenannten Normalisierungsprozesses bildenden Wirtschaftsvertrag gesetzten Erwartungen können

---

20 Zit. nach Hans-Erich Volkmann, Die NS-Wirtschaft in Vorbereitung des Krieges, in: Ursachen und Voraussetzungen der deutschen Kriegspolitik. Das Deutsche Reich und der Zweite Weltkrieg, Bd 1, Stuttgart 1979, S. 175-368, hier S. 259.

21 Bülow an Neurath, 16.8.1934, in: ADAP, C III, 1, S. 320.

22 Vgl. z.B. Schreiben der NSDAP, 9.3.1934, an Auswärtiges Amt, DZA, AA IV Polen, Handel 11 Nr. 1 Pol. Bd 24.

23 Toepser-Ziegert, NS-Presseanweisungen (wie Anm. 14), Bd 2: 1934, S. 251.

hier nicht erörtert werden. Wohl aber lassen sich die Faktoren *deutscher* Politik aufzeigen, die zu dem offenkundigen und für Polen so verhängnisvollen Mißverständnis führten. Im amtlichen Kommuniqué zum Vertragswerk hieß es, die Normalisierung der Handelsbeziehungen zwischen Deutschland und Polen entspräche der Entwicklung der politischen Beziehungen[24]. Worauf gründete sich die Warschauer Annahme von normalen Beziehungen? Und worauf stützte sich die Erwartung, diese angebliche Normalität könne von Dauer sein? Hitler und die offizielle Diplomatie haben stets glauben gemacht, das Dritte Reich wolle seine Probleme mit Polen friedlich lösen. Die strikt befolgte Anweisung an die deutsche Presse, alle Krisen um Danzig, alle Konflikte zwischen Polen und der deutschen Minderheit bis hin zu den Enteignungen deutscher Bauern und Unternehmungen publizistisch nicht aufzubauschen, ja, unter Umständen davon gar nicht Notiz zu nehmen, schufen das notwendige Vertrauensklima. Dem mag man das berechtigte Argument entgegenhalten, die nationalsozialistische politische Führung habe nach außen und innen niemals einen Zweifel an ihrem Revisionsbegehren aufkommen lassen. Selbst in Kreisen des Auswärtigen Amtes kommentierte man den Abschluß des Freundschafts- und Nichtangriffspaktes mit der Bemerkung: »Wir brauchen im Osten Ruhe. Wir müssen unsere Sachen aus dem Versailler Vertrag in Ordnung bringen[25].« Bereits im Spätsommer 1933, als die polnische Seite ihr Interesse an einer Verbesserung der Wirtschaftsbeziehungen zum westlichen Nachbarn signalisierte, schrieb der nationalsozialistische Wirtschaftsdienst:

> »So begrüßenswert dieser langsame Umschwung der wirtschaftlichen Einstellung Polens aber auch ist, so darf sie jedoch nicht vergessen machen, daß einer endgültigen freundschaftlichen Regelung der deutsch-polnischen Beziehungen die Korridorfrage so lange hemmend im Wege stehen wird, bis Polen unserer selbstverständlichen Forderung auf Rückgabe rein deutschen Gebietes Genugtuung geleistet hat[26].«

Aber: Hitler wußte dem polnischen Gesandten bereits bei ihrem ersten Zusammentreffen im Frühjahr 1933 andeutungsweise zu suggerieren, deutsche Ansprüche im Westen Polens könnten durch östliche Kompensationen ausgeglichen werden, wenn er bemerkte:

> »Es wäre wesentlich klüger gewesen, Polens Zugang zum Meer [...] auf der anderen Seite von Ostpreußen zu suchen. In diesem Falle würde wohl schon längst ein gutes Verhältnis zwischen Deutschland und Polen bestehen und auch die Möglichkeit einer wirtschaftlichen Verständigung gegeben gewesen sein. Er, der Kanzler, möchte nur wünschen, daß die [...] schwebenden politischen Fragen einmal von den beiderseitigen Staatsmännern leidenschaftslos geprüft und behandelt würden[27].«

Das zweite Mißverständnis war wirtschaftpolitisch begründet und ist zumindest andeutungsweise ebenfalls dem genannten Kommuniqué zu entnehmen. Dort ist zu lesen, die Erweiterung der Warenumsätze erfolge »unter Berücksichtigung der beiderseitigen wirtschaftspolitischen [wohl gemerkt: wirtschafts*politischen*, nicht

---

24 Text in: Osteuropa, 11 (1935/36), S. 213.

25 Fritz Sänger [Journalist in der NS-Zeit], Politik der Täuschungen. Mißbrauch der Presse im Dritten Reich. Weisungen, Informationen, Notizen 1933-1939, Wien 1975, S. 51.

26 Kurt A. Hoeher, Deutschland und Polen. Wirtschaftliche und politische Gegebenheiten, in: Braune Wirtschaftspost, 2 (1933/34), S. 193 f., hier S. 193.

27 Aufzeichnung Neurath, 2.5.1933, ADAP, C I, 1, S. 363 f.

wirtschaftlichen] Erfordernisse«[28]. Hier kann wiederum nur erläutert werden, was die deutsche Seite unter einem solchen partnerschaftlichen Verhalten verstand. Dies wiederum ist nur dem Schrifttum nationalsozialistischer Wirtschaftsideologen und den Veröffentlichungen der der NSDAP nahestehenden oder angehörenden Wirtschaftswissenschaftler bzw. Beamten aus der Wirtschaftsadministration zu entnehmen. Es handelt sich also um Darlegungen, mit denen sich die Regierung nicht unbedingt identifizieren mußte, die aber in einem Staat mit funktionierender Zensur inhaltlich schwerlich von der Regierungsmeinung abweichen durften. Gemeint sind die Publikationen zu Autarkie und Großraumwirtschaft[29].

Schon vor der Weltwirtschaftskrise und durch diese dann ausgelöst verstärkte sich ein weltweiter Trend zu in sich abgeschlossenen, weltwirtschaftlichen Wechselfällen gegenüber relativ unempfindlichen Wirtschaftsräumen. Dies konnten in der Regel keine Nationalwirtschaften sein, sondern nur Großraumwirtschaften, mit der Tendenz krisenfreier Ausgestaltung durch wirtschaftlichen Zusammenschluß von Nationalwirtschaften. Gerade diese Autarkie strebte das Dritte Reich an, wobei es Großbritannien die Kolonien überlassen wollte, sich selbst aber wirtschaftspolitisch freie Hand in Europa ausbat. Nach einer kurzen Phase der binnenwirtschaftlichen Konsolidierung in Deutschland, so schrieb 1933/34 der Staatssekretär im Reichswirtschaftsministerium Posse, also nicht irgendein Ideologe, und nach dem planmäßigen innenwirtschaftlichen Ausbau erfolge »nunmehr die langsame Eingliederung in einen organisch wachsenden Großwirtschaftsraum [...]. Die deutsche Wirtschaft braucht ein großes wirtschaftliches Gebiet, in dem sie ihre Lebensbedürfnisse befriedigen kann[30].« In diesem Bestreben suchte das Dritte Reich insbesondere die Annäherung an die südosteuropäischen Staaten, schloß Polen aber mit in seine Überlegungen ein[31].

Demjenigen, der befürchten sollte, das Dritte Reich könne seine Position zu eigenen Gunsten ausnutzen, versicherte man, Außenhandelsverträge müßten zukünftig so angelegt werden, daß kein Partner übervorteilt oder übertölpelt werde[32]. Skeptikern, auch in Polen, suchte man großraumwirtschaftliche Zusammenarbeit mit Deutschland durch den Hinweis schmackhaft zu machen, ein Großwirtschaftsraum könne nicht allein dadurch funktionieren, daß ein Land Rohstoffe und Nahrungsmittel gegen Fertigwaren eintausche. Die Fähigkeit, Fertigwaren aufzunehmen, setze Kaufkraft und wirtschaftliche Strukturverbesserungen voraus. Deutschland wolle sich in diesem Sinne engagieren, ebenso wie hinsichtlich der

---

28 Osteuropa, 11 (1935/36), S. 213.

29 Vgl. Hans-Erich Volkmann, Das außenwirtschaftliche Programm der NSDAP 1930-1933, in: Archiv für Sozialgeschichte, 17 (1977), S. 250-274; ders., NS-Wirtschaft (wie Anm. 20); Eckart Teichert, Autarkie und Großraumwirtschaft in Deutschland 1930-1939. Außenwirtschaftspolitische Konzeptionen zwischen Wirtschaftskrise und Zweitem Weltkrieg, München 1984.

30 Hans Ernst Posse, Möglichkeiten der Großraumwirtschaft, in: Die Nationale Wirtschaft, 1/2 (1933/34), S. 282 f.

31 Vgl. Walter Grävell [Direktor im Statistischen Reichsamt], Welthandel von morgen, ebd., S. 284-287, hier S. 286.

32 Werner Daitz [Gesandter, Außenpolitisches Amt der NSDAP], Neue Außenhandelspolitik, in: Braune Wirtschaftspost, 2 (1933/34), S. 791 f., hier S. 792.

Erschließung der Bodenschätze des Ostens durch ein umfangreiches Investitionsförderprogramm[33].

Solche Versprechungen mußten natürlich den auf ökonomischem Sektor ambitionierten Politikern in Warschau höchst angenehm in den Ohren klingen. Außerdem erschöpften sich die deutschen Verlockungen nicht in der Zusicherung der Wahrung polnischer nationaler wirtschaftlicher Interessen und der Mithilfe bei der gesamtwirtschaftlichen Erschließung des Landes. Es wurde der polnischen Führung suggeriert, man werde ihr im gemeinsamen Kampf gegen das bolschewistische Rußland eine dominante politische Rolle in Ostmitteleuropa, einen eigenen sogenannten *kleinen* Großwirtschaftsraum, zugestehen. Man sprach bereits nach Beendigung des Zollkrieges von der deutsch-polnischen *Raumgemeinschaft* in Gesamt-Osteuropa, von einer durch Lage und Kampf gegen den Bolschewismus aufs engste verbundenen Schicksalsgemeinschaft. Nach Abschluß des Wirtschaftsabkommens mit Polen, dem ähnliche Kontrakte mit südosteuropäischen Staaten vorausgegangen waren bzw. folgten, schmeichelte man in der deutschen wirtschaftswissenschaftlichen Literatur der nationalen Eitelkeit des östlichen polnischen Nachbarn: Es vollziehe sich vor aller Augen »der historische Vorgang, daß die Waage des kontinentaleuropäischen Gleichgewichts sich langsam nach Osten neigt. Der Aufstieg der jungen *Großmacht* Polen im Nordosten und das im Aufbau begriffene politische und wirtschaftliche Kraftfeld im Südosten Europas sind der sinnfällige Ausdruck für diese Entwicklung«. Großmacht Polen, das hielt man letztlich sogar für eine ungenügende Etikettierung. Man schien in Deutschland Polens Anspruch auf eine *Dominanz* in Ostmitteleuropa als selbstverständlich zu erachten. In einer publizierten Studie über das wirtschaftliche Gesicht Europas hieß es unter dem Abschnitt Polen: »Der Aufstieg der jungen *Vormacht* im Osten Europas muß als einer der wichtigsten Faktoren der europäischen Nachkriegsentwicklung gewertet werden[34].«

Die polnische Reaktion zeigte, daß man den von Deutschland ausgelegten Köder angenommen hatte. In einem wohl im Frühjahr 1935 von dem einstigen Kampfgefährten Piłsudskis, Studnicki, in Polnisch herausgegebenen, ein Jahr später in Deutschland und in deutscher Sprache erschienenen Buch hieß es denn auch:

> »Polen und Deutschland können die Grundlage eines riesigen mitteleuropäischen Blokkes bilden, der Österreich, Ungarn, die Tschechoslowakei, Rumänien, Bulgarien, Jugoslawien, Griechenland, die Türkei und die baltischen Staaten umfaßt [...]. Dieser Block würde eine erstrangige wirtschaftliche und militärische Macht darstellen. Deutschland würde in ihm naturgemäß die erste Stelle einnehmen, die zweite würde Polen zufallen[35].«

In der Euphorie über die vermeintlich zustande gekommene deutsch-polnische politisch-ökonomische Verbundenheit hatten die Verantwortlichen in Warschau beim Studium der großraumwirtschaftlichen Literatur ganz offensichtlich – wie bei

33 Grävell, Welthandel von morgen (wie Anm. 31).

34 Anton Reithinger, Das wirtschaftliche Gesicht Europas, Stuttgart 1936, S. 134 f.

35 Władisław Studnicki, Polen im politischen System Europas, poln. Ausg. 1934 od. 1935, dt. Ausg. Berlin 1936, hier S. 147.

einem verlockenden Versicherungsvertrag – die Nebensätze, das Kleingedruckte überlesen. Bei näherem Hinsehen enthielt dieses aber bemerkenswerte Aussagen: Da stand unter anderem, Deutschland suche Partner, die »im Hinblick auf eine notwendige Interessengemeinschaft unter Führung des deutschen Nahrungsmittel- und Rohstoffbedarfs« den Willen zum politischen Zusammenschluß Europas aufbrächten[36]. Deutschland stellte also den Anspruch, daß sich seine Handelspartner nach seinen Bedürfnissen ausrichteten. Dies *mußte* für hauptsächlich agrarstrukturierte und Rohstoffländer nicht unbedingt ein Nachteil sein, zumal das sich kriegsvorbereitende Dritte Reich für den Absatz entsprechender Produkte einen großen Markt besaß. Es *konnte* hochindustrialisierte Länder aber begünstigen, und so verhielt es sich dann auch.

Wie haben sich die Außenwirtschaftsbeziehungen nun tatsächlich entwickelt? Ging das deutsche Kalkül auf, die polnische Wirtschaftskraft seinen rüstungswirtschaftlichen Anstrengungen nutzbar zu machen? Zunächst einmal muß festgestellt werden, daß nach dem Ende des neunjährigen Zollkrieges und mit Abschluß der Kompensationsvereinbarung vom Herbst 1934 mengenmäßig eine leichte Belebung des deutsch-polnischen Warenaustausches stattfand, die aber aus deutscher Sicht als ungenügend empfunden wurde. Aufgrund noch weiter bestehender Zollschranken und noch nicht ausgelaufener beiderseitiger Verträge mit anderen Staaten kam vor allen Dingen der deutsche Export nach Polen nicht so recht in Schwung, auch wegen bewußt überhöhter deutscher Exportpreise, so daß Warschau gegenüber Berlin eine positive Handelsbilanz aufweisen konnte. Der Wirtschaftsvertrag vom Jahresende 1935 sollte, gekoppelt mit einem Verrechnungsabkommen, der Versuch sein, eine generell bessere Ausgangsbasis für den deutschen Warenaustausch mit Polen zu schaffen, die den unterschiedlichen ökonomischen Zwängen in Deutschland, insbesondere aber den rüstungswirtschaftlichen Bedürfnissen besser als bislang Rechnung trug[37]. Das bedeutsamste Moment des Abkommens lag aus deutscher Sicht allerdings darin, daß es ein weiteres Element des wirtschaftlichen und politischen Konsolidierungsprozesses zwischen Polen und seinem westlichen Nachbarn darstellte. Es war »das natürliche Ergebnis und zugleich ein neuer Erfolg der vom Führer und von Marschall Piłsudski eingeleiteten deutsch-polnischen Verständigungspolitik«[38].

Der Vierjahresplan Hitlers vom Jahre 1936 bedeutete einen qualitativen Schnitt in den deutsch-polnischen Wirtschaftsbeziehungen, aber auch in der Gestaltung des politischen Verhältnisses. Der Plan beruhte auf der Einsicht der NS-Machthaber, daß die wirtschaftliche Decke zur Führung eines größeren Krieges zu kurz sei und nur zur partiellen territorialen Expansion und damit teilweisen Verbreiterung der ökonomischen Basis ausreichte. Unter diesem Aspekt betrachtet kam dem deutsch-polnischen Warenaustausch ein recht hoher Stellenwert zu.

36 Walter Grävell, Nationalwirtschaft, Großraumwirtschaft, Weltwirtschaft, in: Archiv für Rechts- und Sozialphilosophie, 27 (1933/34), S. 99-113, hier S. 108.

37 Wirtschaftsvertrag zwischen dem Deutschen Reich und der Republik Polen, 4.11.1935, in: Reichsgesetzblatt, 1935, II, S. 768-787.

38 Karl Heidrich [Hauptgeschäftsführer der Deutschen Handelskammer für Polen], Deutsch-Polnischer Wirtschaftsvertrag, in: Ost-Europa-Markt, 15 (1935), S. 629-633, hier S. 633.

Aber auch rein mengenmäßig erreichte der deutsch-polnische Warenaustausch beachtliche Ziffern. Allein 1937 war eine Steigerung der deutschen Ausfuhr nach Polen im Vergleich zum Jahr davor um 27,4 Prozent und der polnischen Ausfuhr ins Reich um 14,4 Prozent zu verzeichnen. Im ersten Quartal 1938 nahm die deutsche Ausfuhr nach Polen im Vergleich zum selben Zeitraum des Vorjahres um 42 Prozent zu, der deutsche Import aus Polen sogar um 45 Prozent[39]. 1936 und 1937 rangierte das Dritte Reich an erster Stelle der polnischen Importländer, gefolgt von Großbritannien. Bezüglich des Exports war das Verhältnis zwischen Deutschland und England umgekehrt[40].

Wenn es dennoch unentwegt zu Friktionen kam und sich die wirtschaftliche, insbesondere aber die politische Situation zwischen beiden Ländern ab 1936 stetig zuspitzte, dann hatte dies mehrere Gründe. Die deutscherseits Ende 1938 gegenüber Polen passive Außenhandelsbilanz signalisierte ein Problem, das, kaschiert, permanent vorhanden gewesen war: Polen vermochte den Ansprüchen des rüstungswirtschaftlich orientierten Deutschen Reiches, was den Export anbetraf, ebensowenig zu genügen wie Deutschland umgekehrt, weil die wechselseitig benötigten Waren hüben und drüben nicht in ausreichendem Maße zur Verfügung standen. Deutschland hätte nur bei rüstungswirtschaftlicher Selbstbeschränkung, die nicht zur Diskussion stand, die polnischen Wünsche halbwegs befriedigen können.

Die Problematik wurde verstärkt deutlich, als die polnische Regierung für die Zeit vom Sommer 1936 bis zum Sommer 1940 einen Vierjahresplan aufstellte, der erhebliche infrastrukturelle wirtschaftliche Veränderungen vorsah, und zwar regionaler wie qualitativer Art. 1937 verkündete sie das Projekt eines zentralen Industriereviers in dem sogenannten Sicherheitsdreieck mit dem Mittelpunkt der Stadt Sandomierz (Sandomir). Hier sollte in einem dem unmittelbaren sowjetischen, tschechoslowakischen und deutschen militärischen Zugriff entzogenen Territorium ein Industriezentrum geschaffen werden[41].

Schon im Vorfeld, nämlich in der Planungsphase der Errichtung des wirtschaftlichen Sicherheitsdreiecks, setzte eine Konjunkturbelebung ein, die 1937 wuchs und durch hohe staatliche Investitionen ihren deutlichen Niederschlag im polnischen Wirtschaftsleben fand. Dies spiegelte sich auch in den steigenden Ziffern des deutsch-polnischen Warenaustauschs wider. Die Errichtung des Industriereviers in Sandomierz barg allerdings auch einen starken Keim des sich anbahnenden deutsch-polnischen Zerwürfnisses in sich. Zunächst einmal einen rein ökonomischen: Die polnische Regierung hatte nie einen Hehl daraus gemacht, daß

39 Ders., Günstige Gestaltung des deutsch-polnischen Handels, in: Die Ostwirtschaft, 27 (1938), 5, S. 82 f.

40 Vgl. dazu ders., Die Stellung Deutschlands im polnischen Außenhandel, in: Ost-Europa-Markt, 18 (1938), S. 14-21.

41 Vgl. dazu Milan Hauner, Die Rolle der Rüstungsindustrie in Osteuropa und die Verteidigungsanstrengungen Polens bis 1939, in: Wirtschaft und Rüstung am Vorabend des Zweiten Weltkrieges, hrsg. von Friedrich Forstmeier und Hans-Erich Volkmann, Düsseldorf 1975, S. 331-363, hier S. 345 ff.; Zbigniew Landau und Jerzy Tomaszewski, Wirtschaftsgeschichte Polens im 19. und 20. Jahrhundert, Berlin (Ost) 1986, S. 159 f.

sie dem zentralen Industrierevier eine eminent wichtige rüstungswirtschaftliche Bedeutung beimaß, ja daß ihre Wirtschaftspolitik seit 1936 primär rüstungswirtschaftlichen Charakter trug. Im Zeichen der Hochkonjunktur der Aufrüstungen in Europa mußte auch die polnische Wirtschaft sich wehrwirtschaftlichen Interessen unterordnen[42]. Diese ökonomische Kursbestimmung bedeutete nichts anderes, als daß jetzt plötzlich die rüstungswirtschaftlichen Bedürfnisse Polens und Deutschlands miteinander konkurrierten. Das, was Polen hätte an rüstungswirtschaftlichen Rohstoffen – mit Ausnahme von Kohle – nach Deutschland exportieren können, benötigte es nun selbst. Umgekehrt mußte die deutsche Regierung von Polen benötigte Investitionsgüter wegen Eigenbedarfs, aber auch aus strategischen Rücksichten zurückhalten. Zwar begünstigte man von deutscher Seite aus die polnischen rüstungswirtschaftlichen und wirtschaftsstrukturellen Anstrengungen, solange sie gegen die Sowjetunion gerichtet waren. Aber wie lange waren sie dies? Als Polen nicht ohne Erfolg versuchte, sein ehrgeiziges Sandomir-Projekt mit französischen bzw. englischen und amerikanischen Krediten zu finanzieren[43], sah sich Berlin daher im Oktober 1938[44] zur Gewährung eines längerfristigen Kredits gezwungen, um Polen wirtschaftlich und damit auch politisch bei der Stange zu halten, und dies, obwohl die auf Hochtouren laufende deutsche Rüstungswirtschaft praktisch über keine Kapazitäten verfügte, um hochwertige Investitionsgüter nach Polen zu liefern, und die Reichsbank faktisch kaum Devisen besaß.

Mit dem am 30. September 1938 in Berlin unterzeichneten deutsch-polnischen Warenkreditabkommen verband die nationalsozialistische Regierung einen eindeutigen Hintergedanken, nämlich den, auf Warschaus Wirtschaftsgebaren im zentralen Industrierevier Einfluß zu nehmen. Bei den entsprechenden Verhandlungen hatten die Deutschen die Polen übervorteilt. Versprochen wurde diesen die Lieferung von Anlagen, Einrichtungen, Maschinen, Apparaten und Werkzeugen, und zwar mit einer Bestellfrist von zweieinhalb Jahren vom Abschluß des Vertrages an gerechnet. Die Lieferfrist betrug allerdings viereinhalb Jahre, gleichfalls vom Abschluß des Vertrags an. Verlockend für Warschau war der Zinssatz von viereinhalb Prozent. Der entscheidende Vorteil für Deutschland bestand allerdings darin, daß Polen seinerseits kreditär in Anspruch genommen wurde, denn es mußte den deutschen »Wünschen entsprechend [...] *sofort* nach Abschluß des Vertrages einen *unverzinslichen* Gegenkredit [...] zur Verfügung«[45] stellen, für den Deutschland Holz und Getreide, beides chronische Mangelwaren, kaufen konnte. Da Hitler längst beschlossen hatte, die polnische Frage militärisch zu lösen, und zwar in absehbarer Frist, bedeutete das Kreditabkommen letztlich, daß nur die deutsche Seite daraus ihren rüstungswirtschaftlichen Vorteil zu ziehen vermochte.

---

42 Vgl. den Bericht der Deutschen Botschaft Warschau, 16.2.1937, an das Auswärtige Amt, BA-MA, Wi ID/3.

43 Vgl. dazu u.a. Peter Heinz Seraphim, Der polnische Vierjahresplan, in: Raumforschung und Raumordnung, 1 (1937), S. 367-371, hier S. 371; Die Osteuropawirtschaft, 28 (1939), 3, S. 46.

44 Vgl. dazu u.a. Ostland, 19 (1938), S. 475 f.

45 Aufzeichnung Schnurre, 1.10.1938, Politisches Archiv des Auswärtigen Amts (= PA), Ha.-Pol. Wiehl, Polen, Bd 15.

Um die Kalamität darzulegen, in der sich die sogenannte deutsche Wehrwirtschaft 1938/39 befand, genügt es, skizzen- und beispielhaft die gesamtökonomische Situation vorzustellen:

1938 war sowohl wegen außenwirtschaftlicher als auch innerer Schwierigkeiten auf dem Sektor der Landwirtschaft für das darauffolgende Jahr mit Engpässen in allen Bereichen der Ernährung – mit Ausnahme von Getreide und Futtermitteln – zu rechnen. Die Arbeitsmarktlage erwies sich für die Landwirtschaft bei zunehmender Landflucht in die florierende Industrie als bedrohlich. Zwar hatte die deutsche Wirtschaft 1938 eine neue Leistungsspitze aufzuweisen. Die Erzeugungssteigerung reichte dennoch zur Befriedigung der allgemein ökonomischen Ansprüche nicht aus, vor allem deshalb nicht, weil die Produktionskapazitäten zu gering waren und sich ein eklatanter Mangel unterschiedlichster Rohstoffe herausstellte. Arbeitslosigkeit war Arbeitermangel gewichen, und dem sprunghaft gestiegenen Volkseinkommen mit wachsender Nachfrage stand ein Mangel an Konsumgütern gegenüber, weil die Rüstungserfordernisse Prioritäten genossen. Der Staat hatte einen ungeheuren rüstungsbedingten Geldbedarf, der bei weitem nicht zu decken war. Knappheit herrschte bei Textilrohstoffen und Fett, bei Nichteisenmetallen, Treibstoffen und Kautschuk. Ungeachtet der wirtschaftlichen Entlastung durch die Eingliederung Österreichs und des Sudetengebietes konnte nichts

> »darüber hinwegtäuschen, daß eine weitere Überbeanspruchung des wirtschaftlichen Leistungsvermögens zu einer Schwächung der Wehrkraft führen kann und höchstens zur Erlangung eines politischen Nahzieles noch kurze Zeit fortgesetzt werden könnte. Schon heute ist die wirtschaftliche Wehrkraft des deutschen Volkes beeinträchtigt durch die Devisenlage, den im letzten Jahr bereits notwendigen Einsatz der Rohstoffreserven und dem darauf folgenden Mangel wichtiger Rohstoffe[46].«

Mit den mangelnden Devisen verband sich ein weiterer schwelender Konflikt, der für Deutschland politisch gefährlich zu werden drohte. Die deutsch-polnischen Wirtschaftsbeziehungen waren von Anbeginn an durch eine Hypothek belastet: die deutschen Devisenschulden für den Transitverkehr durch den Korridor. Man ist dieses Problem immer partiell angegangen, und es war stets nötig, jeweils an der politischen Spitze unter Einschaltung Hitlers den offenen Konflikt abzuwenden. Auf unabsehbare Zeit konnte man es nicht vor sich herschieben, ohne daß Polen die Handhabe gegeben wurde, den Korridorverkehr nachhaltig zu blockieren, was es mehrfach androhte.

Und ein drittes Moment muß angesprochen werden: Es war die Lage der deutschen Minderheit in Polen, insbesondere in Oberschlesien. Ungeachtet der sich oberflächlich vollziehenden Normalisierung lief die seit den zwanziger Jahren auch auf Kosten der deutschen Minderheit in Polen eingeleitete Agrarreform mit den vorgesehenen Enteignungen von Großgrundbesitz weiter, betrieb die Warschauer Regierung eine Polonisierung deutschen großindustriellen Eigentums. Obwohl Polen dies auf der Rechtsgrundlage des am 15. Mai 1922 in Genf geschlossenen

---

46 Geheime Expertise des Wehrwirtschaftsstabes über »Die Voraussetzungen für die Steigerung der Wehrkraft und des Leistungsvermögens der deutschen Wirtschaft und für die Erhaltung der volkswirtschaftlichen Grundlagen«, o.O. (wahrscheinlich Ende 1938/Anfang 1939), BA-MA, RW 19/1500.

deutsch-polnischen Abkommens über Oberschlesien tat, registrierte man diese Maßnahmen in deutschen nationalen Kreisen als Unrechtsakte[47]. Diese Tatsache allein schon bedeutete einen erheblichen moralischen Druck auf die Reichsregierung, weil der angestaute und verdeckte Polenhaß in weiten Bevölkerungsschichten in gefährlicher Weise geschürt wurde und insbesondere das Parteivolk und die Volkstumspolitiker der NSDAP ihr ideologisches Selbstverständnis erheblichen Belastungen ausgesetzt sahen. Es blieb die Frage, wie lange die deutsche Minderheit in Polen die Verhältnisse akzeptieren oder lauthals nach deutschem Eingreifen verlangen würde. Daß sich eine solche Möglichkeit immer stärker abzuzeichnen begann, lag wiederum in einem wirtschaftlichen Unvermögen des Dritten Reiches mitbegründet. Arbeitslose Reichsdeutsche, insbesondere in Oberschlesien, waren aus dem deutschen Staatssäckel in polnischer Valuta in Höhe deutschen Arbeitslosengeldes unterstützt worden. Ihre Zahl stieg, nicht zuletzt deshalb, weil die Woiwodschaftsbehörden von einem Kriegsleistungsgesetz des Jahres 1934 Gebrauch machten, in kriegswichtigen Unternehmen nur Polen zu beschäftigen und auch rein deutsche Unternehmen zu zwingen suchten, es so zu handhaben. Diese Unterstützungsmaßnahmen beruhten zwar auf Art. 40 des genannten Genfer Abkommens, doch verband die deutsche Seite damit aus ihrer Sicht durchaus positive politische Intentionen: »Dieses Verfahren wurde eingeführt, um durch das Verbleiben der Reichsdeutschen das hiesige Deutschtum nach Möglichkeit zu stützen«. Bereits Ende 1935 war »infolge des wirtschaftlichen Niedergangs und des deutschfeindlichen Verhaltens der polnischen Lokalbehörden [...] der Prozentsatz der Reichsdeutschen des Amtsbezirks [Kattowitz], die seit langem arbeitslos sind, sehr groß«[48]. Die Reichsbank sah sich Ende der dreißiger Jahre einfach nicht mehr in der Lage, die Devisen zur Unterstützung dieser Arbeitslosen aufzubringen. Eine Bankrotterklärung lag außerhalb des politisch Denkbaren. Fortgesetzt fanden in großem Maße aber auch Entlassungen von Deutschen polnischer Staatsangehörigkeit statt, zumeist von Facharbeitern und Angestellten, obwohl gerade die ersteren Mangelware darstellten, ein Vorgang, der sich zu einer gefährlichen politischen Hypothek zu Ungunsten Polens im Bewußtsein der Deutschen im Reich anwuchs und Interventionserwartungen gegenüber den Berliner Machthabern weckte. Auf oberster Ebene hatten Warschau und Berlin denn auch versucht, dem Minderheitenkonflikt durch eine bilaterale Vereinbarung von Ende 1937 die Spitze zu nehmen. Dort hieß es: »Die Angehörigen einer Minderheit dürfen [...] in der Wahl oder bei der Ausübung ihres Berufes oder einer wirtschaftlichen Tätigkeit nicht behindert und benachteiligt werden[49]«. Die Vereinbarung blieb freilich in Anbetracht der sich wechselseitig hochschaukelnden Animositäten zwischen den Polen und ihrer deutschen Minderheit praktisch folgenlos.

Zu all diesen Schwierigkeiten kamen Boykottmaßnahmen polnischer und jüdischer Firmen und Geschäftsleute gegenüber deutschen Waren hinzu, die als Reak-

---

47 Vgl. Reichsgesetzblatt 1922, II, S. 237 ff.

48 Schreiben des Deutschen Generalkonsulats, 3.12.1935, an Auswärtiges Amt, PA, 83/3 Warschau, Oberschlesien 1935-1937, P III 9c.

49 Vgl. dazu Nation und Staat, 11 (1937/38), S. 183 ff.

tion auf die Behandlung der Juden seitens der Nationalsozialisten und auf die Eingliederung Österreichs, der Sudetengebiete und Böhmen-Mährens zurückzuführen waren. Im Zusammenhang mit der Zerschlagung der Tschechoslowakei sollte sich aber eine für Deutschland viel ernstere Situation abzeichnen. Was man als Belohnung für politisches und wirtschaftpolitisches Wohlverhalten gedacht hatte, nämlich die Abtretung des hochindustriellen Olsa-Gebietes an Polen, drohte ein Bumerang zu werden. Die Inbesitznahme der Kreise Teschen und Freistadt bedeutete für Polen lediglich einen Gebietszuwachs von rund 0,2 Prozent dafür aber eine Erhöhung des Produktionspotentials der Schwerindustrie um fast 50 Prozent. Diese Zahlen machen die ungeheure ökonomische Bedeutung des territorialen Zuschlags und die damit verbundenen Erwartungen schon rein quantitativ sichtbar. Es blieb eine offene Frage, ob das polnische Mutterland diesen ökonomischen Brocken würde verdauen können. Der deutsche Botschafter in Warschau setzte das Auswärtige Amt davon in Kenntnis, daß wichtige Betriebe des Olsa-Gebietes die Sowjetunion als besten Kunden verzeichnet hätten, nun aber mangels anderer Absatzgebiete ihre Produktion weitgehend einstellen müßten. Auch habe konsequenterweise die polnische Führung, der die ökonomischen Schwierigkeiten des Dritten Reiches nicht verborgen geblieben seien, sich zu einer gesamtwirtschaftlichen Umorientierung entschlossen, an deren Anfang bereits wirtschaftspolitische Sondierungen gegenüber Moskau stünden, die jederzeit wohl zum Ausgangspunkt von Vereinbarungen politischen Charakters gemacht werden könnten. Wenn sich »nach den ausgesprochen schlechten Beziehungen der letzten Jahre eine Normalisierung anzubahnen scheint«, so der Botschafter, »dürfte hierbei in erster Linie die Befürchtung mitgesprochen haben, daß das immer stärker werdende Deutschland sich über lebenswichtige polnische Interessen hinwegsetzten werde«[50].

Die Gesamtheit der politischen Intentionen Hitlers, die ihn zum Abschluß des berühmt-berüchtigten Paktes mit Stalin bewogen haben, kann hier unberücksichtigt bleiben. Unstrittig ist aber, daß ökonomische Interessen eine hervorragende Rolle gespielt haben, was sich nicht zuletzt aus der Liste der bis zum Überfall auf die Sowjetunion gelieferten sowjetischen Waren an das Dritte Reich ablesen läßt. Die Sowjetunion konnte aus dem Schatz ihrer Kornkammern und Rohstoffressourcen ein vielfaches dessen anbieten, was Polen zu liefern vermochte. Aber mit der Sowjetunion als Verbündetem ließen sich nicht nur die bisherigen polnischen Lieferungen ergänzen oder alternativ um ein mehrfaches substituieren – für eine Partizipation an der Beute konnte man nun mit militärischen Mitteln den gesamten Polen-Komplex lösen und sich in den Besitz all der Wirtschaftskräfte bringen, deren Nutzung über reguläre Außenwirtschaftsbeziehungen nur zu einem geringen Teil möglich gewesen war.

Ende Mai 1939 stand der Einmarsch in Polen fest. Und obwohl Hitler die Danzig-Frage und die des Baues einer Autobahn durch den Korridor in einer Weise aufwarf, die ihm eine polnische Abfuhr einbringen mußte, wodurch er sich ein politisches Alibi zu schaffen versuchte, waren es doch nicht die aktuellen politi-

[50] Telegramm Botschafter v. Moltke, 27.11.1938, an Auswärtiges Amt, PA, Büro Staatssekretär, Polen, Bd 1.

schen, sondern die ökonomischen Probleme und das langfristige Lebensraumziel, die Hitler bewogen, Anfang September Polen zu überfallen. Die innerdeutsche, sogenannte »ideelle« Stabilität sah Hitler 1939 als erreicht an. »Die wirtschaftlichen Probleme müssen auch gelöst werden«, äußerte er den führenden Militärs gegenüber. »Ohne Einbruch in fremde Staaten oder Eingreifen in fremdes Eigentum ist dies nicht möglich [...] Danzig ist nicht das Objekt, um das es geht. Es handelt sich für uns um die Erweiterung des Lebensraumes im Osten und Sicherstellung der Ernährung[51].« Expansion war immer nur in kleinen Schritten vorgesehen. Wenn »die Ernährungs- und Rohstofflage wohl für einen kurzen Krieg gesichert war, für einen langen Krieg aber nicht genügte«, hieß dies, nach bewährtem Muster die vorhandene rüstungswirtschaftliche Potenz zur Verbreiterung der territorialen und damit ökonomischen Basis zum Einsatz zu bringen[52]. Im nachhinein hat Hitler selbst diese Interpretation bestätigt:

> »Vom ersten Augenblick an war mir klar, daß ich mich nicht mit dem sudetendeutschen Gebiet begnügen könnte. Es war nur eine Teil-Lösung. Der Entschluß zum Einmarsch in Böhmen war gefaßt. Dann kam die Errichtung des Protektorats, und damit war die Grundlage für die Eroberung Polens gelegt [...]. Die steigende Volkszahl erforderte größeren Lebensraum[53].«

Als der Hitler-Stalin-Pakt unter Dach und Fach war, konnte die Intervention in Polen gewagt werden. »Wir brauchen keine Angst vor einer Blockade zu haben«, meinte der »Führer«. »Der Osten liefert uns Getreide, Vieh, Kohle, Blei, Zink. Es ist ein großes Ziel, das viel Einsatz fordert[54].«

Anfang September 1939 machte Hitler das wahr, was er in »Mein Kampf« öffentlich lesbar niedergeschrieben und im September 1933 vor Politikern, Beamten und Wirtschaftsführern gesagt hatte: »Zu allen Zeiten war das Schwert der Wegbereiter des Pfluges, war die Macht die Wegbereiterin der Wirtschaft. Das ist früher so gewesen und wird in Zukunft selbstverständlich ebenso sein[55].« Nun rächte sich für Warschau, daß man wegen politischer Kurzsichtigkeit und eigener hegemonialer Ambitionen das »Kleingedruckte« im wirtschaftspolitischen Schrifttum des Nationalsozialismus nicht gelesen hatte: In der Zeitschrift »Volk und Reich«, bereits 1924 gegründet, stand im Jahre der nationalsozialistischen Machtübernahme zu lesen:

> »Man darf den Begriff der Autarkie [...] nicht zu eng fassen. Autarkie kann ebenso gut Konzentrierung wie auch Expansion bedeuten. Dort, wo einem Staat einfach gewisse Rohstoffe fehlen, muß entweder Austausch eintreten mit anderen Ländern oder er muß

---

51 Bericht über eine Besprechung der Obersten Wehrmachtführer, mit Hitler, 23.5.1939, in: Hans-Adolf Jacobsen, Der Zweite Weltkrieg in Chronik und Dokumenten, 1939-1945, 5. Aufl., Darmstadt 1951, S. 109-114, hier S. 110.

52 So der verantwortliche Offizier des Heeres für die Rüstung. Vgl. Georg Thomas, Geschichte der deutschen Wehr- und Rüstungswirtschaft (1918-1943/45), hrsg. von Wolfgang Birkenfeld, Boppard a.Rh. 1966, S. 147.

53 Aufzeichnung über eine Besprechung Hitlers mit den Oberbefehlshabern, 23.11.1939, in: Jacobsen, Der zweite Weltkrieg in Chronik (wie Anm. 51), S. 133-139, hier S. 134.

54 Aufzeichnung einer Ansprache Hitlers vor den Oberbefehlshabern, 22.8.1939, ADAP, D 7, S. 167-170, hier S. 168-170.

55 Aufzeichnung über die 2. Sitzung des Generalrats der Wirtschaft, 20.9.1933, in: Regierung Hitler (wie Anm. 3), S. 805-821, hier S. 807.

> sich die fehlenden Gebiete erwerben [...]. Wenn aber für Deutschland aus geographischen Gründen keine Beherrschung von Meeren und Überseeländern in Frage kommt, so liegt die Aufgabe zweifellos auf dem Kontinent[56].«

Noch unverblümter hat es ein hoher NS-Wirtschaftsfunktionär und Reichstagsabgeordneter 1934 in der Fachzeitschrift »Die Deutsche Volkswirtschaft« zum Ausdruck gebracht:

> »Wir haben es [...] von jeher für unabweisbar notwendig gehalten, daß psychologisch und praktisch der Schwerpunkt der Wirtschaft unseres Volkes stets in unserem eigenen Raume liegt, daß die Ernährung unsers Volkes innerhalb seiner Grenzen gesichert ist und daß die notwendigen Nahrungsmittel und Rohstoffe, die in unserem Land nicht vorhanden sind, weil die Rohstoffbasis oder weil die Anbauflächen nicht ausreichen, in erster Linie dort gekauft werden, wo sie im Falle von Verwicklungen im Bereich der eigenen Waffen liegen[57].«

56 Wulf Siewert, Weltpolitik oder Raumpolitik?, in: Volk und Reich, 9 (1933), S. 143-150, hier S. 145 f.

57 Die deutsche Volkswirtschaft, 3 (1934), S. 482.

Zwischen Ideologie und Pragmatismus: Zur nationalsozialistischen Wirtschaftspolitik im Reichsgau Wartheland

Die nationalsozialistische Expansionspolitik war in viel stärkerem Maße, als dies die historische Forschung bislang zur Kenntnis nimmt, ökonomisch motiviert. Zwar ist die sogenannte Lebensraumtheorie als eine entscheidende Komponente der Ostpolitik des Dritten Reiches frühzeitig erkannt, doch zumeist nur als ideologischer Wegweiser für den Aggressionskurs gegenüber der Sowjetunion verstanden worden. Als dominante Kriterien zur Beurteilung des Polenfeldzuges hat die historische Wissenschaft die nationalsozialistische Volkstumsideologie, das in breiten Bürgerkreisen vorhandene kulturpolitische Sendungsbewußtsein und die letztlich auf Versailles beruhenden Revisionsforderungen ausgemacht. Eine solche Betrachtungsweise faßt jedoch zu kurz und läßt eine wichtige Komponente nationalsozialistischen politischen Wollens und Handelns außer Acht, nämlich die wirtschaftliche. Zumindest Zeit und Reihenfolge nationalsozialistischer Aggressionsakte der Jahre 1938/39 waren maßgeblich durch die ökonomische Situation bestimmt. Aber auch im langfristigen wirtschaftspolitischen Kalkül einer Neugestaltung der europäischen Wirtschaftsordnung spielte Polen eine bedeutende Rolle. Was die ökonomische Situation des Dritten Reiches anbetrifft, so steckte die rüstungsökonomisch orientierte deutsche Wirtschaft seit 1936 in einer schweren Krise, die aus der Unmöglichkeit erwachsen war, zwei Aufgaben miteinander zu verbinden: optimale Rüstung mit wirtschaftlicher Blockadesicherung durch Autarkie. In seiner Denkschrift zum Vierjahresplan machte Hitler keinen Hehl daraus, daß die begrenzten ökonomischen Ressourcen bei gleichzeitigem Abbau der weltwirtschaftlichen Verflechtung aus Gründen der Rüstungssicherung sowohl zu Engpässen in der Aufrüstung führen mußten wie zu einer Einschränkung der Lebenshaltung. Beides durfte nicht eintreten. Denn zum einen war die NS-Führung nicht bereit, die Realisierung ihrer mehrfach formulierten Kriegsabsichten auf die lange Bank zu schieben, zum anderen erschien aus Gründen der Systemstabilität der Gedanke indiskutabel, auf ausländische Lebensmittel zu verzichten: »Allein, da die Lebensmitteleinfuhr im großen gesehen überhaupt keine wesentliche Senkung verträgt, sondern eher steigt«, so argumentierte Hitler, »muß auf anderem Weg ein Ausgleich gefunden werden[1].« Diesen Ausweg zeigte der Vierjahresplan auf: Er bestand in einer höchsten Rüstungsanstrengung, die es ermöglichen sollte, mit den

---

[1] W. Treue, Hitlers Denkschrift zum Vierjahresplan 1936, in: Vierteljahrshefte für Zeitgeschichte, 3 (1955), S. 154–210, hier S. 207.

vorhandenen militärischen Kräften die ökonomische Basis des deutschen Reiches sukzessive zu erweitern. Der Anschluß Österreichs sowie die Zerschlagung und territoriale Neugestaltung des tschechoslowakischen Staates sind als erste Schritte in diese Richtung zu deuten[2], mit denen das angestrebte Ziel aber nicht erreicht wurde. Seit 1934 im Zuge des von Hjalmar Schacht entwickelten »Neuen Plans« unternommene Anstrengungen zur wirtschaftlichen Anbindung der südosteuropäischen Staaten an das Deutsche Reich zeigten zwar Erfolg, wurden jedoch sowohl durch die technologisch wie vom Angebot her bedingte relativ beschränkte Leistungsfähigkeit dieser Region als auch durch das mangelnde Entgegenkommen ihrer Regierungen in Grenzen gehalten. Unter Beibehaltung des rüstungswirtschaftlichen Kurses war eine Verbesserung der ökonomischen Situation Deutschlands unrealistisch.

Bereits vor der Besetzung der Resttschechoslowakei stand Hitlers Plan zur Eroberung Polens fest. Vor hohen Vertretern der Wirtschaft, der Partei und der Generalität führte er Anfang März 1939 aus, das Problem der deutschen Politik bestünde darin, auf lange Sicht Rohstoffe und Nahrungsmittel sicherzustellen, um für den Revisionskrieg im Westen, aber auch für das Endziel, nämlich die Eroberung der Sowjetunion und die Beherrschung des Kontinents, gerüstet zu sein. Deshalb, so argumentierte er, »werde Prag benötigt als Ausgangsort für den Gewinn dieser Rohmaterialien [...] Polen wird folgen.« Und zwar sei die »deutsche Herrschaft über Polen [...] notwendig, um polnische Lieferung landwirtschaftlicher Produkte und Kohle für Deutschland zu sichern«[3]. Polen in deutscher Hand, das trug nicht nur den momentanen ökonomischen Bedürfnissen Rechnung, das war nicht nur ein weiterer Schritt auf dem Weg in Richtung Sowjetunion, es bedeutete auch die Möglichkeit, den Südosten wirtschaftlich fester in den Griff zu bekommen: »Was Ungarn und Rumänien anbetrifft, so gehören sie ohne Frage in das lebenswichtige Gebiet Deutschlands. Der Fall Polens wie auch angemessener Druck wird sie unzweifelhaft dazu bringen, klein beizugeben«, so Hitler vor dem oben erwähnten Hörerkreis. Und frohlockend fügte er hinzu: »Dann werden wir uneingeschränkte Kontrolle über die unermeßlichen landwirtschaftlichen Quellen und ihre Petroleum-Schätze haben. Dasselbe kann von Jugoslawien gesagt werden[4].« In diesem Sinne äußerte sich Hitler auch vor den höchsten Militärs in der zweiten Maihälfte des Jahres 1939. Die Lage sei so, meinte er, daß die wirtschaftlichen Probleme Deutschlands ein für allemal gelöst werden müßten; dies sei »ohne Einbruch in fremde Staaten oder Angreifen fremden Eigentums [...] nicht möglich [...] Der Lebensraum, der staatlichen Größe angemessen, ist die Grundlage für jede

[2] Vgl. dazu H.-E. Volkmann, Die NS-Wirtschaft in Vorbereitung des Krieges, in: Ursachen und Voraussetzungen der deutschen Kriegspolitik. Das Deutsche Reich und der Zweite Weltkrieg Bd 1, Stuttgart 1979, S. 175-368, hier S. 323-338.

[3] Aus Berichten von Wilhelm Keppler, Staatssekretär im Auswärtigen Amt und Generaldirektor. Vgl. über die Rede Hitlers, 8.3.1939, zit. nach Anatomie des Krieges. Neue Dokumente über die Rolle des deutschen Monopolkapitals bei der Vorbereitung und Durchführung des zweiten Weltkrieges, hrsg. von D. Eichholtz und W. Schumann, Berlin (Ost) 1969, S. 204.

[4] Ebd.

Macht.« Polen, so fügte er hinzu, sei kein zusätzlicher Feind, sondern ohnehin im Eroberungskonzept enthalten. Es gehe auch nicht um Danzig.

»Es handelt sich für uns um die Erweiterung des Lebensraumes im Osten und Sicherstellung der Ernährung sowie die Lösung des Baltikum-Problems. Lebensmittelversorgung ist nur von dort möglich, wo geringe Besiedlung herrscht. Neben der Fruchtbarkeit wird die deutsche gründliche Bewirtschaftung die Überschüsse gewaltig steigern[5].«

»Baltikum-Problem« und »deutsche, gründliche Bewirtschaftung« sind Schlüsselworte, die über die nationalsozialistische gesamtpolnische Politik und speziell Aufschluß über die ökonomische Funktion des sogenannten »Reichsgaues Wartheland« geben.

Zunächst aber ging es im Herbst 1939 darum, die okkupierten polnischen Gebiete der deutschen Wirtschaft auf dem Ernährungs- wie auf dem Rohstoffsektor nutzbar zu machen. Verschiedenste Forschungsinstitutionen entwarfen in Eile ein detailliertes Bild dessen, was man wirtschaftlich in Polen antreffen würde und was bei energischer Arbeit produktiv geleistet werden konnte. Das Institut für Konjunkturforschung in Berlin legte bereits zum 15. September 1939 eine Studie über »Die Ernährungswirtschaft der nach dem Weltkrieg im Osten verlorengegangenen Gebiete (Pommerellen, Posen, Oberschlesien, Danzig)« vor, die vor allen Dingen den Gesamtverbrauch und die agrarischen Überschüsse der genannten Gebiete auswies. In Verbindung mit dem Schlesischen Institut für Wirtschafts- und Konjunkturforschung gab dieselbe Institution bereits einen Monat später den interessierten Dienststellen eine Expertise über »Die gewerbliche Wirtschaft im früheren polnischen Staatsgebiet« an die Hand, der sowohl die vorkommenden Bodenschätze zu entnehmen waren wie die benötigten instruktiven Angaben über die wichtigsten polnischen Industriezweige als auch über die polnische »Rüstungskonjunktur«[6].

Das Gebiet des späteren Reichsgaues Wartheland sollte nach Beseitigung der vielgeschmähten sogenannten polnischen Mißwirtschaft zur Korn- und Kartoffelkammer des Reiches werden. »Die deutsche Aufbauarbeit«, so hieß es überschwenglich in sinngemäßer Übereinstimmung zwischen zahlreichen wirtschaftspolitischen Fachorganen, »wird vor allem auch in dem Gebiet von Posen bedeutende Erfolge erzielen«[7]. Dieses galt als ein wichtiges Agrarüberschußland, in dem 63 Prozent der Gesamtfläche für den Anbau von Brotgetreide, Futtermitteln und Hackfrüchten verwendet wurden, während 12 Prozent Wiesen und Weiden ausmachten. Der Anteil des Waldes blieb unter 20 Prozent der Gesamtfläche. Das Territorium verfügte über eine an seinem agrarwirtschaftlichen Charakter orientierte recht gut ausgebaute Nahrungsmittelindustrie auf dem Sektor des Mühlenwesens, der Kartoffelverarbeitung, der Spiritusherstellung sowie der Verarbeitung von Zuckerrüben, Fleisch, Obst und Gemüse. Daneben wurden Holz- und Milch-

[5] Bericht über die Besprechung Hitlers in der Reichskanzlei, 23.5.1939, zit. nach H.-A. Jacobsen, 1939-1945. Der Zweite Weltkrieg in Chronik und Dokumenten, 5. Aufl., Darmstadt 1971, S. 110.

[6] Vgl. H. v.d. Decken, Die Landwirtschaft in dem neuen deutschen Interessengebiet im Osten, in: Vierteljahrshefte zur Wirtschaftsforschung N.F., 14 (1939/40), S. 206-214; R. Wagenführ, Die gewerbliche Wirtschaft im deutschen Interessengebiet des früheren Polen, ebd., S. 215-222.

[7] Weltwirtschaft, 27 (1939), S. 374.

erzeugnisse hergestellt. Das Zentrum Posen wies neben einer bedeutenden Munitions- und Waffenfabrik beachtliche Unternehmen für den Landmaschinenbau, aber auch in der Metallindustrie und zum Lokomotiv- und Waggonbau auf. Es fehlte auch nicht an elektrotechnischen Betrieben und solchen der Papier- und Tabakfabrikation. Lodz hatte einen guten Ruf als Zentrum der Textilindustrie. Bei der schwierigen Versorgungslage im Reich konnte das eroberte Posener Gebiet mit keinerlei wirtschaftlicher Unterstützung durch Berlin rechnen. Für die der kämpfenden Truppe folgende militärische Wirtschaftsorganisation und die dem Militärbefehlshaber Posen unterstellte Zivilverwaltung galt daher der Grundsatz, »daß die Provinz Posen zunächst ein sich selbst versorgendes Wirtschaftsgebiet ist«[8]. Die wirtschaftliche Aufgabenstellung der Besatzungsorgane erschöpfte sich jedoch nicht in der Sicherstellung der Versorgung des okkupierten Territoriums. Von Anfang der Inbesitznahme an war ihnen eine doppelte Aufgabe gestellt, nämlich »die Ausnutzung des Landes für die Versorgung der Truppe sowie der Heimat und der Wehrwirtschaft«, wobei unter langfristiger Perspektive Grundlagen gelegt werden mußten für »eine wirtschaftliche Sicherheit unter Betonung der künftigen Ernährungshilfe für das Altreich«[9]. Damit trugen die ökonomischen Maßnahmen der Militäradministration eindeutig kriegsversorgungswirtschaftlichen Charakter.

Als schwierig erwies sich bereits, die kriegsgeschädigte Wirtschaft überhaupt wieder in Gang zu setzen. Ein gut Teil der Bemühungen richtete sich darauf, verschleppte Fabrikationsgüter und Rohstoffe zu ermitteln und dem Produktionsprozeß wieder zuzuführen, der jedoch nur ganz allmählich in Gang kam. Die führenden polnischen Angestellten und Besitzer der größeren Betriebe hatten zumeist mit wichtigen Akten die Flucht ergriffen. Für die Ingangsetzung und Inganghaltung der zumeist stilliegenden Werke fehlten polnische Facharbeiter, die entweder geflüchtet oder in Gefangenschaft geraten waren. Kurzfristig aus dem Reichsgebiet verpflichtete Arbeiter versahen wegen schlechter Unterbringung, Verpflegung und Umwelt ihre Tätigkeit nur widerstrebend. Das Verbot, den Arbeitsplatz ohne ausdrücklich Genehmigung zu verlassen oder zu wechseln, um so den Arbeitseinsatz zu steuern, zeigte keinen durchschlagenden Erfolg, zumal diese Anordnung nicht in Einklang zu bringen war mit den Bemühungen von Reichsstellen, die Polen aus dem besagten Raum auszusiedeln. Zudem verfügten die meisten Betriebe aufgrund des Abzuges der polnischen Behörden und Banken über keine Barmittel; Außenstände ließen sich nicht eintreiben. Produktionstüchtige Werke litten mangels zentraler Steuerung unter Auftragsmangel, was wiederum Arbeitslosigkeit zur Folge hatte.

Die Zivilverwaltung beim Militärbefehlshaber Posen sowie die Wehrmachtführung bemühten sich, auf dem Versorgungswege das Chaos allmählich zu steuern. Gleichzeitig unternahmen sie erste Schritte, die Wirtschaft des Landes in die des

[8] Chef der Zivilverwaltung Greiser, 25.9.1939, zit. nach St. Nawrocki, Hitlerowska okupacja Wielkopolski w okresie zarządu wojskowego wrzesień-październik 1939, Posen 1966, S. 264, Anm. 19.

[9] Besondere Anordnung Nr. 2 des Landratsamtes Schrimm, 17.9.1939, zit. nach ebd., S. 248, Anm. 37.

Altreiches zu integrieren. In der Ordnung des Geld- und Kreditwesens sah man eine der Grundvoraussetzungen für die Wiederbelebung der Wirtschaft im Militärbezirk Posen. Bereits Mitte September 1939 wurde der Zahlungsmittelverkehr geregelt, wobei Złoty und Reichsmark im Verhältnis 2:1 als gültige Währungen galten. Um die Wirtschaft wieder anzukurbeln, mußte versucht werden, den Geldkreislauf wiederherzustellen, insbesondere die Kreditfähigkeit der Geldinstitute. Das Anhäufen größerer Bargeldmengen blieb daher untersagt. Geldbestände, die bei privaten Haushalten und geschäftlichen Unternehmen die Bedarfsdeckung einer Woche überstiegen, mußten bei Banken, Sparkassen und Genossenschaften eingezahlt werden. Umgekehrt durften von bestehenden Konten pro Person und Woche lediglich 100 Złoty oder 50 Reichsmark abgebucht werden. Der Bedarf zu wirtschaftlichen Zwecken, für Steuern, Löhne, Mieten und Warenrechnungen bedurfte des Verwendungsnachweises. Ausländische Bankguthaben oder Konten von im Ausland Verweilenden wurden gesperrt. Um eine Kontrolle des jüdischen Geschäftsverkehrs zu ermöglichen, durften Barzahlungen an Juden die Höhe von 50 Reichsmark bzw. 100 Złoty nicht übersteigen. Größere Geldbeträge waren von Konto zu Konto zu transferieren[10]. Diese Überwachung wie auch die aller Geschäfte der Geldinstitute übernahm eine Bankaufsichtsstelle beim Chef der Zivilverwaltung[11].

Mit der Installation von Reichskreditkassen übernahm das Reich die Finanz- und Währungshoheit im besetzten polnischen Gebiet[12]. Dies war ein erster Vorgriff auf die wirtschaftliche Integration dieses Territoriums. Ging man doch bei der Okkupation davon aus, daß die Existenz des polnischen Staates vernichtet sei und damit »der Złotywährung die hoheitliche Grundlage fehlte«[13]. Die Reichskreditkassen nahmen daher die Funktion der polnischen Staatsbank wahr und schufen mit den von ihnen in Umlauf gesetzten Reichskreditkassenscheinen praktisch ein neues Zahlungsmittel. Die Geldversorgung war somit sichergestellt. Zum anderen kam es darauf an, der Wirtschaft zu ihrer raschen Belebung Kredite zur Verfügung zu stellen. Diese konnten an Personen und Unternehmen sowie Einrichtungen des öffentlichen Rechts vergeben werden, die vor der obersten deutschen Verwaltungsbehörde als darlehensfähig galten. Mit dieser Reglung verband sich die Absicht, polnische und jüdische Geschäfte sowie Unternehmen zu ruinieren. Dieser Übergangszustand fand noch im Oktober 1939 sein Ende, indem sämtliche Reichskreditkassen in Reichsbankanstalten umgewandelt wurden. Diese Transaktion gelang um so leichter, als sie von langer Hand durch die Besetzung der Reichskreditkassen mit Reichsbankangestellten und später mit sogenannten volksdeut-

---

[10] Verordnung des Chefs der Zivilverwaltung beim Militärbefehlshaber von Posen über den Geldverkehr, 14.9.1939, Verordnungsblatt des Chefs der Zivilverwaltung beim Militärbefehlshaber von Posen Nr. 1, S. 1 f.

[11] Entsprechende Verordnung vom 15.9.1939, ebd., S. 3.

[12] Verordnung des Oberbefehlshabers des Heeres, 23.9.1939, in: Verordnungsblatt für die besetzten Gebiete in Polen, 26.9.1939, S. 11-14.

[13] H. Kasten, Die Neuordnung der Währung in den besetzten Gebieten und die Tätigkeit der Reichskreditkassen während des Krieges 1939/40, Diss., Berlin 1941, S. 75.

schen Bediensteten vorbereit war[14]. Fortan besaß die Reichsmark als alleiniges Zahlungsmittel Gültigkeit. Die formelle Unterstellung des Reichsgaues unter die deutsche Währungshoheit erfolgte allerdings erst im Dezember 1939[15].

Gleichzeitig ließen sich so den kriegs- und rüstungswirtschaftlichen Notwendigkeiten angepaßte Produktionsschwerpunkte festlegen. In diese Richtung zielte auch das dem Oberbefehlshaber Ost eingeräumte Recht, für Unternehmen, Betriebe und Grundstücke sowie für Warenlager und Vermögensteile aller Art Verwalter einzusetzen, die auch über Vermögensverschiebungen in Form von Grundstücks- und Unternehmensveräußerungen entschieden[16].

Im Vordergrund aller wirtschaftlichen Erwägungen der Militäradministration stand die Frage nach der Sicherung und Intensivierung der landwirtschaftlichen Erzeugung sowie der Verarbeitung agrarischer Produkte. Bei der Vergabe von Krediten genossen landwirtschaftliche Betriebe und die von ihnen abhängige verarbeitende Industrie auch Vorrang vor allen anderen Produktionszweigen. Die bereitgestellten Mittel dienten hier nicht der Tätigung langfristiger Investitionen, vielmehr sollten sie unmittelbar der Produktion zugute kommen. Aus ihnen konnten Löhne ebenso bestritten wie die Beschaffung von Saatgut, Düngemitteln, lebendem und totem Inventar getätigt werden[17].

Der Konsolidierung der Wirtschaft im Gebiet des späteren Reichsgaues Wartheland liefen die Maßnahmen entgegen, die der Entlastung der angespannten Wirtschaftlage im Altreich dienten. So konnten praktisch alle agrarischen Produkte, industriellen Rohstoffe und Fertigwaren beschlagnahmt und lediglich ein geringer Prozentsatz dieser Güter zur Weiterverarbeitung im Lande belassen werden[18].

Da die Requirierungen für die Wehrmacht und zum Zwecke der Versorgung des Reiches bei der desolaten wirtschaftlichen Situation im Bereich des Militärbefehlshabers von Posen zu einer akuten Warenverknappung mit den Gefahren des Preiswuchers und der Hortung führten, sah sich die Besatzungsmacht genötigt, einen generellen Preisstopp zu erlassen bzw. für Grundnahrungsmittel Festpreise zu benennen[19]. Um dennoch aufgrund des verknappten Warenangebotes der möglichen Entwicklung einer Lohn-Preis-Spirale und den damit verbundenen inflationären Tendenzen vorzubeugen, fror man Löhne und Gehälter auf den letzten Vorkriegsstand ein[20].

---

[14] Vgl. M. Kretzschmann, Die Reichskreditkassen, in: Deutsche Geldpolitik, Berlin 1941, S. 113-139.

[15] Vgl. E. Puhl, Währungsordnung in den Ostgebieten, in: Der Vierjahresplan, 4 (1940), S. 90.

[16] Verordnungen des Oberbefehlshabers des Heeres, 29.9.1939, in: Verordnungsblatt für die besetzten Gebiete in Polen, 4.10.1939, S. 21-24.

[17] Verordnung des Chefs der Zivilverwaltung, 10.10.1939, in: Verordnungsblatt des Chefs der Zivilverwaltung beim Militärbefehlshaber von Posen, 21.10.1939, S. 33.

[18] Verordnung des Oberbefehlshabers des Heeres, 5.10.1939, in: Verordnungsblatt für die besetzten Gebiete in Polen, 10.10.1939, S. 25-28.

[19] Verordnungsblatt des Chefs der Zivilverwaltung, 14./19.9.1939, in: Verordnungsblatt des Chefs der Zivilverwaltung beim Militärbefehlshaber von Posen, 3.10.1939, S. 4.

[20] 24.10.1939, in: Verordnungsblatt des Chefs der Zivilverwaltung beim Militärbefehlshaber von Posen, 27.10.1939, S. 39.

Mit der raschen Ablösung der Militärverwaltung und der Proklamation des Reichsgaues Wartheland mit Wirkung zum 1. November 1939 begann die zweite Phase der politischen und ökonomischen Integration dieses Territoriums in das Deutsche Reich. Man sprach jetzt, geschichtsklitternd, von der »Wiederherstellung der Wirtschaftseinheit des deutschen Ostens mit dem Reich«[21]. Zwar sah Reichsstatthalter und Gauleiter Greiser es als wirtschaftspolitische Hauptaufgabe an, »die neuen Gebiete als wertvolle Bestandteile in den großdeutschen Wirtschaftsorganismus einzugliedern«, doch verhehlte er auch nicht, worauf es weiterhin ankam, nämlich auf die »sofortige Erschließung sämtlicher wirtschaftlicher Kraftquellen im Interesse der deutschen Kriegswirtschaft«[22]. Diese Formel ermöglichte es, den Auf- und Ausbau der Warthegau-Wirtschaft im Zweifelsfalle hinter »die Notwendigkeit, diesen Aufbau im Rahmen der Kriegswirtschaft durchzuführen«, zurücktreten zu lassen[23]. An dieser Interpretation ließ zumindest die militärische Seite keinen Zweifel. »Verlangt einmal die Wehrmacht etwas, so liegt darin viel mehr, als ein Anfordern kriegsnotwendiger Produkte«, schrieb der Befehlshaber des Wehrkreises Posen im vollen Selbstwertgefühl der militärischen Macht, und er motivierte diesen Anspruch für das Wartheland mit dem Hinweis auf die Tatsache, daß die Wirtschaft des Landes überhaupt erst durch die Leistung der Wehrmacht in die des Altreiches einbezogen werden konnte. Der General betonte ausdrücklich den Primat rüstungsökonomischer Gesichtspunkte im Wirtschaftsgeschehen, und er forderte demgemäß, »daß die gesamte Produktion ausgerichtet wird auf Erhöhung und Erhaltung der Wehrkraft, vor allem Schlagkraft«. Daß dies unter Hintanstellung infrastruktureller Gesundung bzw. Neugestaltung und unter Vernachlässigung aller Integrationsbestrebungen zu erfolgen hatte, bedurfte keiner Diskussion: »Auch die vielen Probleme hier im Warthegau, deren Lösung an sich dringend erscheint, müssen zurückgestellt werden, sobald sie die Leistung der Kriegswirtschaft verringern[24].«

Der wirtschaftliche Inkorporationsprozeß war gekennzeichnet durch Maßnahmen wie die Einführung der deutschen Devisengesetzgebung[25], die Reichsmarkwährung[26], steuerrechtlicher Vorschriften des Reiches[27], die Inkraftsetzung von Vorschriften über Aus- und Einfuhrverbote[28] – kurz, durch die sukzessive Anwendung des Reichswirtschaftsrechts. Dessen automatische Übertragung auf den Warthegau erfolgte allerdings nicht überall, sondern nur dort, wo Reichsgesetze und anderweitige Vorschriften dies ausdrücklich bestimmten[29], weil man erst allmählich die entsprechenden verwaltungsmäßigen und infrastrukturellen Anglei-

---

21 Deutsche Wirtschaftszeitung, 38 (1941), S. 872.

22 Warthegau-Wirtschaft, 1 (1940), 1, S. 1.

23 R. Spreng, Wirtschaftsaufbau im Warthegau im Rahmen der Kriegswirtschaft, in: Warthegau-Wirtschaft, 1 (1940), 1, S. 8.

24 General der Artillerie Petzel, in: Warthegau-Wirtschaft, 1 (1940), 3, S. 1.

25 17.11.1939, in: Reichsgesetzblatt 1939, 1, S. 2133 f., 2255 f.

26 22.11.1939, ebd., S. 2291 f.

27 18.11.1939, ebd., S. 2258 f.

28 1.12.1939, ebd., S. 2347.

29 Verordnung, 26.10.1939, ebd., S. 2108 f.

chungen schaffen mußte. Maßgabe für den Grad der Verschmelzung der Wirtschaft blieb weiterhin der kriegswirtschaftliche Bedarf, und so wundert es nicht, daß im Reichsgau Wartheland von Anbeginn an der Vierjahresplan als kriegswirtschaftliches Lenkungsinstrument Gültigkeit erhielt[30]. Als weiteres wichtiges wirtschaftspolitisches Steuerungssystem kamen die sogenannten Selbstverwaltungskörperschaften der Wirtschaft als unternehmerische Interessenvertretungen wie Träger des staatlichen und parteilichen wirtschaftspolitischen Willens hinzu. Die ihnen obliegenden Aufgaben wiesen eine eindeutige Prioritätenfolge auf: »Neben dem Aufbau der Wirtschaft im Gau selbst [...] steht die nicht minder wichtige Aufgabe, die Wirtschaft des Reichsgaues fest mit der Gesamtwirtschaft des Großdeutschen Reiches zu verflechten.« Diese Arbeit mußte aber hinter die Verpflichtung zurücktreten, die Bedürfnisse der Wehrmacht zu befriedigen, »für sie die Waffen zu schmieden zum sicheren Siege!«[31]

Die wirtschaftsadministrative Inbesitznahme des Warthegaues und die Inkorporation in den kriegswirtschaftlichen Prozeß des Reiches erfolgten nach dem bewährten Muster, das man bei der Annexion Österreichs und der Sudetengebiete erprobt hatte. Doch während es in diesen Territorien und im Protektorat Böhmen und Mähren darum gegangen war, die Produktion auf die deutschen Kriegsbedürfnisse auszurichten, und zwar im wesentlichen unter Beibehaltung des wirtschaftsstrukturellen Grundrasters, sowie die vorhandenen Arbeitskräfte entsprechend zum Einsatz zu bringen, stellte man sich für den Warthegau die veränderte Aufgabe, das nahezu ausschließlich agrarische Land mit einer »gesunden« wirtschaftlichen Infrastruktur zu versehen. Darüber hinaus galt es, das im Vergleich zu Österreich bzw. den annektierten tschechoslowakischen Gebieten und dem Altreich wesentlich höhere Wirtschaft- und Sozialgefälle zu nivellieren, um ein ökonomisch gefestigtes Kerngebiet des deutschen Reiches diesem auf »ewig« zu sichern. Neben den projektierten Ausbau und die Rationalisierung der Landwirtschaft trat somit die Notwendigkeit, Handel, Handwerk und Industrie zu fördern und damit ein in sich ruhendes Wirtschaftsgefüge zu schaffen. Bereits im September 1940 wurden die entsprechenden Grundsätze zwischen der staatlichen und parteipolitischen Leitung und den Vertretern der gewerblichen Wirtschaft vereinbart, nachdem eine neu eingerichtete Gewerbeförderungsstelle die Federführung in dieser Angelegenheit übernommen hatte. Allgemein proklamiertes Ziel war eine zwar vorwiegend an der Landwirtschaft orientierte Wirtschaft, daneben aber auch eine breite Streuung von Unternehmen, die möglichst vielen Berufsgruppen Arbeit und Verdienstmöglichkeiten bieten und für genügend Kaufkraft sorgen sollten. Verhindert werden sollte vor allen Dingen, daß eine einseitig landwirtschaftlich orientierte Bevölkerung dem Sog der industrialisierten Großstädte – insbesondere des Altreiches – mit ihrer lohnintensiven Kriegsproduktion erlag.

---

30 Verordnung, 30.10.1939, ebd. S. 2125.

31 Alles für Deutschland! Alles für unseren Führer! Rede des Staatssekretärs Landfried, 15.4.1940, bei der Einführung des Präsidenten der Industrie- und Handelskammer Posen und der Wirtschaftskammer Wartheland sowie des Präsidenten der Handwerkskammer Posen, in: Warthegau-Wirtschaft, 1 (1940), 4, S. 4.

Dem programmierten Bemühen um optimale kriegswirtschaftliche Nutzung des Warthegaues auf der Grundlage rascher Leistungssteigerung, um eine Verbesserung der Infrastruktur und letztlich um eine Angleichung an das gesamtwirtschaftliche und soziale Niveau des Reiches und der damit möglichen Produktionsteilung stand aber die von Anbeginn der Okkupation an praktizierte Absicht der Berliner Machthaber entgegen, den Warthegau zu einem rassischen Kerngebiet Deutschlands umzuformen, d.h. von polnischer und jüdischer Bevölkerung und deren ökonomischem Einfluß zu entblößen. Damit erhielt das ökonomische Geschehen in dem neuen Reichsteil eine gegenüber Österreich und dem Sudetengau bzw. dem Protektorat veränderte Qualität, und zwar durch die Einführung einer neuen politischen Dimension, der rassenbiologischen.

Die Integration des Polentums als ethnische Minderheit stand sowohl im politischen und kulturellen wie im ökonomischen Bereich niemals zur Diskussion: »Auf ökonomischer Ebene hat im deutsch-polnischen Grenzgürtel der wirtschaftliche Nationalitätenkampf das Zusammenleben beider Völker ebenso vergiftet, wie auch in den anderen Bezirken völkischen Daseins[32].« Hitlers Reichtagsrede vom 6. Oktober 1939 zur Frage der volkstumspolitischen Gestaltung der dem Reich einverleibten Ostgebiete bildete den Auftakt zu einer radikalen Umgestaltung der wirtschaftlichen Verhältnisse. Der Weg schien frei für eine wirtschaftliche Grundordnung, »die ihrer inneren Struktur nach der volksgebundenen Grundgestalt des Wirtschaftslebens entsprechen mußte«[33].

So geriet die Wirtschaftspolitik gegenüber dem Reichsgau Wartheland sehr rasch in ein unaufhebbares Dilemma, als sich die Unmöglichkeit erwies, kriegswirtschaftliche Erfordernisse mit volkstumspolitischen Zielsetzungen in Einklang zu bringen, obwohl man dies im Endeffekt für eine optimale Konstellation hielt. Auf der einen Seite glaubte das nationalsozialistische Regime, sich nicht mehr mit einer reinen Verwaltungsfunktion im Warthegau begnügen zu können, weil diese einen dauerhaften Verbleib des eroberten Gebietes nicht zu gewährleisten schien. Aus der Geschichte meinte man gelernt zu haben,

> »daß jeder Versuch einer verwaltungsmäßigen, wirtschaftlichen oder kulturellen Eindeutschung gemischt bevölkerter Gebiete, der nicht allein für alle Bereiche maßgeblich durch *volkspolitische Gesichtspunkte* bestimmt ist, auf die Dauer zum Mißerfolg und schließlich wieder zum Verlust der deutschen Ostprovinzen führen muß«[34].

Andererseits hielten die NS-Machthaber jede Volkstums- und Siedlungspolitik für gefährdet, wenn sie nicht auf der Grundlage völlig veränderter ökonomischer Verhältnisse erfolgte. »Aus der gesamten geschichtlichen Entwicklung des Ostens heraus wissen wir, daß nur der Boden auf die Dauer für ein Volk ohne ständige kriegerische Verwicklungen zu erhalten ist, der eine volkseigene, wirtschaftlich

[32] H.J. Seraphim, Volkliche Wirtschaftsgestaltung und nationalstaatliche Wirtschaftspolitik im deutschen Osten, in: Jahrbücher für Nationalökonomie und Statistik, 152 (1940), S. 561-591, hier S. 651.

[33] Ebd., S. 652.

[34] U. Greifelt, Festigung deutschen Volkstums im deutschen Ostraum, in: Raumforschung und Raumordnung, 5 (1941), S. 2-6, hier S. 3.

gesunde Bevölkerung und darunter ein rassisch hochwertiges und zahlenmäßig ausreichendes Bauerntum trägt[35].«

Als Reichskommissar für die Festigung des deutschen Volkstums vermochte insbesondere der Reichsführer SS Heinrich Himmler auf die Wirtschaftsgestaltung im Osten Einfluß zu nehmen. In dem ihm unterstehenden Reichssicherheitshauptamt waren im Laufe des Monats September 1939 die Weichen für die Gleise gestellt worden, auf denen fortan die volkstumsbestimmte Wirtschaftspolitik laufen sollte: Nicht nur, daß es die polnische Intelligenz in den neuen deutschen Ostgebieten auch aus den wirtschaftlichen Schlüsselstellungen zu eliminieren und die Industrieunternehmer zu enteignen galt. Auch der sogenannte Mittelstand in Handwerk und Handel mußte seinen Besitz preisgeben und die territorial inkorporierten Gebiete weitgehend verlassen. Ein ähnliches Schicksal erwartete die ausgebildete Arbeiterschicht, mithin Facharbeiter und gelernte unselbständige Handwerker, in letzter ideologischer Konsequenz auch den normalen Industriearbeiter. »Die primitiven Polen sind als Wanderarbeiter in den Arbeitsprozeß einzugliedern und werden aus den deutschen Gauen allmählich [...] ausgesiedelt [...]. Der Pole bleibt der ewige Saison- und Wanderarbeiter, sein fester Wohnsitz muß in der Gegend von Krakau liegen[36].« Diese Aktion, deren Abschluß bereits für Oktober 1939 vorgesehen war, beeinträchtigte bereits in starkem Maße die rüstungswirtschaftlichen Aktivitäten der Besatzungsmacht. Nicht geflohene polnische Arbeiter, insbesondere Fachkräfte wurden von der SS in Lagern zusammengetrieben, von wo aus die Wehrmacht sie oftmals in Nacht- und Nebelaktionen in die Rüstungsbetriebe zurückführte. Häufig aber waren sie sogleich in das Gebiet des Generalgouvernements abgeschoben worden, so daß die industriellen Kapazitäten im Bereich des Militärbefehlshabers Posen nur in ganz geringem Maße ausgenutzt werden konnten[37].

Die Enteignung des polnischen und jüdischen Handwerks und Handels erfolgte in stetem Einvernehmen zwischen den jeweiligen ständischen Selbstverwaltungsorganisationen und den Himmler unterstehenden rassen- und sicherheitspolitischen Organen, zumal hier eine enge personelle Verflechtung bestand. Handel und Handwerk kamen neben der Landwirtschaft eine besondere Funktion bei der volkstumspolitischen Festigung des Reichsgaues zu. So meinte Otto Ohlendorf, Hauptgeschäftsführer der Wirtschaftsgruppe Handel und Amtschef des Reichssicherheitshauptamtes, im September 1939, Bauern, Handwerker und Händler müßten das Grundraster der veränderten Bevölkerung des Warthelandes bilden. Er hielt eine »unbändige Zahl von selbständigen Menschen und von selbständigen Existenzen« für notwendig und sah in den genannten Gruppen »die Reservoire, aus denen immer wieder die Menschen hervorkommen werden, die diesem deut-

---

35 H. Hamann, Agrarpolitische Probleme in den Reichsgauen »Danzig« und »Warthegau«, in: Der Wirtschafts-Ring, 12 (1939), S. 1336 f., hier S. 1336.

36 Heydrich auf der Amtschef- und Einsatzgruppenleiterbesprechung des Reichssicherheitshauptamtes, 21.9.1939, zit. nach L. Herbst, Die Mobilmachung der Wirtschaft 1938/39 als Problem des nationalsozialistischen Herrschaftssystems, in: Die Großmächte und der europäische Krieg, hrsg. von W. Benz und H. Graml, Stuttgart 1979, S. 62–106, hier S. 95.

37 Geschichte der Rüstungsinspektion 21, T. 1, Bundesarchiv-Militärarchiv (BA-MA), RW 20-21/11.

schen Volke und damit der weißen Rasse Aussehen und Gepräge geben«[38]. Und die Wirtschaftsgruppe Einzelhandel betonte in ihrem Jahresbericht 1939/40 die wechselseitige Bedingtheit von wirtschaftlicher und volkstumspolitischer Aufgabe: »Mittelständische Kaufleute, Handwerker und Bauern müssen einmal das Rückgrat der wiederbesiedelten Räume bilden[39].«

Wiederum war es der Reichskommissar für die Festigung des deutschen Volkstums, der für die Wirtschaftspolitik im Warthegau ein an der Landwirtschaft orientiertes ökonomisches Bezugssystem entwickelte, dem ein Raumordnungsprinzip zugrunde lag. Eine solche Politik fand die Zustimmung weitester Kreise nicht nur der sogenannten Volksdeutschen, sondern sie bestärkte auch die Disziplinen der Raumforschung und der Geopolitik in dem Willen, ein gegenüber früheren Zeiten grundlegend verändertes Prinzip deutscher Ostpolitik zu realisieren:

> »Gesundes, wirtschaftlich gedeihendes deutsches Bauerntum, das durch Erbfolge mit dem Boden auf ewig verbunden ist, ein Kleinbauerntum, das für die deutschen Güter, die der Bodenbeschaffenheit und des Ernährungsspielraumes des Gesamtvolkes wegen in bestimmten Grenzen nötig sind, Knechte und Mägde stellen kann, ein sozial gut geschichtetes Arbeiter- und Bürgertum, müssen durch Kinderreichtum verhindern, daß eine soziale Unterwanderung dieses Volkswalles durch die anspruchsloseren, geburtenreichen Sklaven jemals eintreten könnte[40].«

Vorgesehen war die Abstimmung aller Straßen- und Wegebaukonzepte, die Installation des Energiewesens sowie der Ausbau der Wasserwirtschaft auf siedlungspolitische Vorhaben, die sich z.B. auf die Gründung bzw. den Aufbau von ländlichen zentralen Ortschaften mit günstigen Einkaufs- und Absatzmöglichkeiten erstreckten. Die neuen landwirtschaftlichen Besitzungen der Deutschen erhielten eine gegenüber den polnischen erweiterte Größe, was bei der ohnehin dünnen Besiedlung und der Vertreibung von Juden und Polen Siedlung in großem Umfang notwendig werden ließ.

Die Sicherung des Lebensraumes hing letztlich von seiner ökonomischen Attraktivität ab, die wiederum nur durch eine gewisse Mindestvolksdichte und eine gewerbliche Durchsetzung der landwirtschaftlichen Grundstruktur gewährleistet schien. Der Reichsführer SS strebte daher nicht nur die Förderung bereits bestehender Betriebe und ihre möglichst baldige Übergabe aus der Treuhänderschaft in deutsche Privathand an, sondern auch die Neuerrichtung von gewerblichen Betrieben und darüber hinaus die Betriebsverlagerung aus dem Altreich in den Warthegau[41].

Die für den Warthegau in Parteistuben, wissenschaftlichen Institutionen und in Kreisen der politischen Führung entworfenen, einem hypertrophen rassischen Selbstwertgefühl entsprungenen Pläne zur Entwicklung eines urdeutschen Landes in allen Lebensbereichen stießen sich bald an der Wirklichkeit. Nicht nur, daß die

---

38 Rede, 16.12.1940, zit. nach Herbst, Die Mobilmachung (wie Anm. 36), S. 95.

39 Zit. nach ebd.

40 V. Kaider, Das Dritte Reich und der deutsche Osten, in: Deutsche Monatshefte, 6 (1940), S. 227-230, hier S. 227.

41 So der Ministerialdirektor in der Reichsstelle für Raumordnung, Jarmer, Künftige Aufgaben der deutschen Raumordnung, in: Der Südosten, 19 (1940/41), S. 431-433.

intensivere und ausgedehntere, kein zeitliches Ende signalisierende Kriegführung dem politischen wie ökonomischen Geschehen ihren Stempel aufdrückte und immer nachhaltiger ihre Forderungen artikulierte. Wie faszinierend aus nationalsozialistischer ideologischer Sicht für Rassenfanatiker wie Raumordner der Gedanke einer rein deutschen Besiedlung des Warthelandes auch sein mochte, so schwer war die Hypothek, durch die sich die Wirtschaftspolitik durch die bereits gleich nach der militärischen Besetzung begonnenen Ansiedlungsverfahren belastet sah. Es entsprach durchaus den Lebensraumvorstellungen, mit dem Balten- und Rußlanddeutschen eine mit östlichen Verhältnissen vertraute Basisbevölkerung im Warthegau anzusetzen. Doch kam diese Umsiedlungsaktion fast ausschließlich der Agrarwirtschaft zugute, da die aus dem sowjetrussischen Machtbereich in die deutschen Grenzen Zurückgeführten, mit Ausnahme der Balten, fast ausschließlich aus dörflicher Umgebung und landwirtschaftlicher Beschäftigung stammten.

Ihre Zahl reichte nicht annähernd aus, um nach den Berliner Raumordnungsvorstellungen den agrarisch nutzbaren Boden zu bearbeiten, geschweige denn, Handel und Handwerk aus polnischer und jüdischer Hand zu übernehmen bzw. zu substituieren. Dieser Tatsache Rechnung tragend, aber auch ideologischen Postulaten folgend, hatten die zuständigen Reichsstellen frühzeitig eine zweite Siedlergruppe ins Auge gefaßt, nämlich die Kriegsveteranen. Sie entsprachen dem überkommenden Bild des Wehrbauern, der das kriegseroberte Land auch mit dem nötigen Selbstbehauptungswillen zu verteidigen bereit sein sollte. Aber auch dies war bei der ungewissen Kriegsdauer ein Wechsel auf die Zukunft, und so schien es den nationalsozialistischen Machthabern »von vornherein eine Selbstverständlichkeit, daß die endgültige Eindeutschung der wieder- oder neugewonnenen Räume erst dann beginnen« konnte, »wenn die Kämpfer des Frontheeres für den Einsatz zur Friedensarbeit [...] bereit stehen« würden[42]. Diese aus der Not geborene Einsicht bedeutete natürlich eine Zurückstellung bzw. eine Verlängerung des Eindeutschungsprozesses.

Sehr bald griff die ernüchternde Erkenntnis Platz, daß sich die Kombination von Umsiedlung und ernährungswirtschaftlicher Leistungssteigerung unter dem Schlagwort der »Erzeugungsschlacht« im vorgesehenen Umfang und unter Berücksichtigung der angespannten Kriegsernährungslage nicht bewerkstelligen ließ. Der Umsiedlungsprozeß verschlang Energien und Zeit und letztlich das immer rarer werdende Material, weil »vielfach gerade die wichtigsten Aufbaurohstoffe, insbesondere Holz und Eisen, im Zeichen starker Verknappungserscheinungen« standen[43]. Zudem hemmten die Veränderungen in der Besitzstruktur die landwirtschaftliche Produktion, die vor allen Dingen im Osten des Warthegaues wegen der Zwergbetriebe vorgenommen werden mußten, weil sonst die vom Reich erwarteten Überschüsse nicht zu erwirtschaften waren. Das Ziel der Niveauangleichung

[42] U. Greifelt, Festigung deutschen Volkstums im deutschen Ostraum, in: Raumforschung und Raumordnung, 5 (1941), S. 2-6, hier S. 3.

[43] A.W. Schürmann, Der deutsche Osten ruft, Hamburg 1942, S. 72 f. Vgl. zur allgemeinen Landwirtschaftspolitik, und zur landwirtschaftlichen Produktion C. Łuczak, Polityka ludnościowa i ekonomiczna hitlerowskich Niemiec w okupowanej Polsce, Posen 1979, S. 258-275.

zwischen Warthegau und Altreich steckte man sehr bald, zumindest partiell und für die Dauer des Krieges, auf. So galt die Erzeugung von Mangelgütern des Reiches unter kriegswirtschaftlichen Aspekten als eindeutig vorrangig. Die Organisation des Reichsnährstandes führte die im Reich gültige Marktordnung ein und damit das Prinzip der Erzeugungsschlacht, das auf staatlicher Anbauvorschrift und Abgabepflicht beruhte.

Die nicht von den deutschen Privatbesitzern übernommenen landwirtschaftlichen Betriebe blieben in öffentlicher Verwaltung im Rahmen der »Ostland«, die darauf aus war, »durch ständige Fühlung mit den Behörden und insbesondere mit dem Reichsnährstand die Produktion in die Richtung zu lenken, die den für die Kriegserzeugungsschlacht gegebenen Richtlinien« entsprach[44]. Aus kriegsökonomischen Erwägungen heraus wußte die Gesellschaft die Aufteilung des polnischen Großgrundbesitzes – bis auf Ausnahmen – zu verhindern.

Natürlich durfte das Altreich als Bevölkerungsquelle für den Warthegau nicht außer Betracht bleiben. Verschiedenste Instanzen zeigten sich bemüht, die Attraktivität des neu gewonnenen Raumes darzustellen und spannten Propagandisten wie Wissenschaftler in den Dienst der Siedlungswerbung. Eine der verbreitetsten Schriftenreihe dürfte die des Posener Ordinarius für Geographie, Walter Geisler, gewesen sein, die unter dem Titel »Die wirtschaftlichen Entwicklungsmöglichkeiten in den eingegliederten Ostgebieten des Deutschen Reiches« stand. Von der Haupttreuhandstelle Ost und dem Reichskommissar für die Festigung deutschen Volkstums initiiert und finanziert, sollten Autoren in Einzelstudien »zu den Fragen des Ausbaues und namentlich der Ansetzung deutscher Menschen, seien es nun Bauern, Handwerker oder Kaufleute, Gefolgschaftsmitglieder oder Unternehmer, Stellung nehmen und diese so darstellen, daß sich der Volksgenosse eine möglichst klare und anschauliche Vorstellung von dem Lande im deutschen Osten machen kann«[45].

Was die Siedlungsmöglichkeiten für selbständige Bauern und Landarbeiter anbetraf, so waren diese vom vorhandenen Land her sicherlich gegeben. Der Warthegau sollte und konnte mit genügend Raum für die Bauernsöhne aufwarten, die im Altreich den väterlichen Hof nicht erbten, und Landarbeitern versprach man Aufstiegsmöglichkeiten und Besitz in Form von Landarbeitereigenheimen, Kleinstellen mit Acker und anderes mehr. Unter den Bedingungen des Krieges bestanden jedoch kaum Aussichten, den benötigten und gewünschten Bevölkerungszuwachs zu erhalten. Zum einen befand sich ein Großteil der in Frage kommenden Bauernsöhne im Feld. Zum anderen ergab die repräsentative Befragung bezüglich des Siedlungswillens in den Reihen der Okkupationsarmee im Wartheland ein Interessengefälle von Norddeutschland nach Süddeutschland, obwohl man sich gerade aus dem Süden des Reiches wegen der dortigen kleinlandwirtschaftlichen Struktur ein besonders wichtiges Siedlungspotential erhofft hatte. Zudem waren Bauernsöhne wie Landarbeiter des Altreiches in für die dortige Er-

[44] Schürmann, Der deutsche Osten ruft (wie Anm. 43), S. 74.
[45] W. Geisler, Deutscher! Der Osten ruft Dich, Berlin 1942, S. 9.

nährungssicherung bereits bedrohlichem Ausmaß in die Rüstungswirtschaft abgezogen, wo attraktive Löhne lockten.

Für die Übergabe polnischer und jüdischer Handwerksbetriebe und Geschäfte in deutsche Hand bzw. für deren Neuschaffung erschienen die Umstände auf den ersten Blick günstiger. Handel und Konsumwirtschaft wurden im Altreich personell systematisch ausgedünnt, um Arbeitskräfte für die Rüstungsindustrie zu gewinnen. Auch das Handwerk mußte sich eine personelle Durchforstung gefallen lassen, und es stand zudem in einer rüstungsorientierten Wirtschaft mit zunehmender Rationalisierung unter erheblichem Existenzdruck seitens der Industrie. Dem von höchsten Stellen auf Versorgung und Zulieferung der Landbevölkerung und der bäuerlichen Betriebe verpflichteten Handwerk und Handel des Ostens boten sich im Warthegau offenkundig verlockende Perspektiven. Aber nach Stalingrad wurde die Rüstungsschraube erheblich angezogen, Handwerksbetriebe und Geschäfte im Reich reihenweise geschlossen und ihre Eigentümer in die Industriewirtschaft integriert, überlebende handwerkliche Unternehmen mit Zubringeraufträgen für die Rüstungsproduktion betraut. Schon im Jahre 1942 klang die zunächst mit Verve gerührte Werbetrommel zur Siedlung im Warthegau recht gedämpft, um im Jahre 1943 unter dem Kriegsgetöse völlig zu verstummen. Es blieb in der Regel bei der Verwaltung von Geschäften und Handwerksbetrieben durch Auffangstellen, soweit nicht deutschstämmige Rückwanderer als neue Eigentümer eingesetzt waren. Diese Auffanggesellschaften garantierten auch die kriegsökonomische Ausrichtung der von ihnen treuhänderisch verwalteten Betriebe. Die Argumentation des Gauleiters und Reichsstatthalters über die Notwendigkeit der treuhänderischen Verwaltung klang nach allem propagandistischen Aufwand für die Besiedlung recht fadenscheinig und unglaubwürdig, wenn er behauptete, die Auffanggesellschaften seien »gegründet worden, um die Betriebe in ihrer Kapazität zu erhalten und sie innerlich zu festigen und auszubauen, damit sie einmal als Existenzgrundlage für eine Frontsoldatenfamilie zur Verfügung« stünden[46].

»Ohne Industrialisierung des Ostens müßte alle Ostpolitik Stückwerk bleiben«, referierte im Sommer 1942 der Staatssekretär im Reichsfinanzministerium Reinhardt vor der Arbeiterkammer Oberschlesien[47]. Es sollten zwar keine neuen Industriezentren entstehen, vielmehr dachte man an eine Auflockerung der Standorte und an die vorzugsweise Neugründung von kleineren und mittleren Betrieben in nicht allzu großen Orten. Knapp viereinhalbtausend Industriebetriebe hatten die Haupttreuhandstelle Ost registriert und in Verwaltung genommen, um sie dann sukzessive neuen Eigentümern zu übertragen. Die Reichswirtschaftshilfe Ost, bestehend aus steuerlichen und kreditären Hilfen, bot reichsdeutschen Unternehmern und solchen, die es werden wollten, den entsprechenden materiellen Anreiz, sich im Warthegau industriell zu betätigen und niederzulassen.

Dennoch dürften nur mehrere hundert von den deutschen Behörden übernommene polnische Unternehmen in deutsche Privathand gekommen sein. Im

[46] A. Greiser, Der Aufbau im Osten, Jena 1942, S. 13.
[47] Zit. nach Der Südosten, 21 (1942/43), S. 118. Zur industriellen Produktion vgl. Łuczak, Polityka (wie Anm. 43), S. 278–289.

Verlauf des Krieges, insbesondere mit Beginn des Rußlandfeldzuges, der erneute gewaltige wirtschaftliche Anstrengungen forderte, beschränkte man sich darauf, die treuhänderisch verwalteten Betriebe auf die Rüstungs- und entsprechende Zulieferproduktion umzustellen. Mit zunehmender Gefährdung der Industrie des Altreiches durch feindliche Luftangriffe läßt sich eine wachsende Verlagerung von Betrieben in den neuen Reichsgau registrieren. Aber auch sogenannte Engpaßunternehmen erhofften sich im Osten vor allen Dingen durch ein größeres Arbeitskräftereservoir eine Entlastung ihrer Produktionskapazitäten. Diese verlagerten Industriezweige stießen aber in der Regel auf die gleichen Schwierigkeiten, die mit Neugründungen verbunden waren. Wie ein roter Faden zieht sich durch die Berichte der militärischen Rüstungsinspektion die Klage über die »besonderen Schwierigkeiten der Raum- und Materialbeschaffung und der Bereitstellung von Arbeitskräften« bei solchen Neugründungen. Einmal errichtet, wurden nicht selten die zentral gesteuerten Aufträge auf andere Firmen umgelagert, geplante Produkte von der Produktionsliste gestrichen[48].

Generell kann gesagt werden, daß die hochfliegenden wirtschaftlichen Umgestaltungsvorhaben auch auf dem industriellen Sektor nur im Ansatz zur Durchführung kamen. So gelangte eine im Auftrag der Industrie- und Handelskammer Posen angefertigte Studie zu einer für Volkstumsideologen und Umsiedler recht desillusionierenden Feststellung:

> »Wenn im gegenwärtigen Kriege alle Kräfte der Wirtschaft des Warthegaues unter Hintanstellung volkstumspolitischer Fragen zur Erzielung des größtmöglichen Kriegspotentials auf das äußerste angespannt werden, so muß nach Beendigung des Krieges im Rahmen der Industrialisierung des Warthegaues aus volkstumspolitischen Gründen darauf hingezielt werden, der Industrie in großem Umfange deutsche Kräfte zuzuführen und durch sozialpolitische Maßnahmen, wie beispielsweise durch großzügige Anlegung von Siedlungen, deutsche Arbeiter seßhaft zu machen. In Zukunft wird auch in der Industrie des Warthegaues eine Stärkung des Deutschtums durch planmäßige Bauern- und Handwerkersiedlung eintreten[49].«

Das Funktionieren einer Wirtschaft hängt neben anderen Faktoren unabdingbar von den zur Verfügung stehenden Arbeitskräften ab, die in der Kriegswirtschaft des Dritten Reiches im Rahmen des sogenannten Arbeitseinsatzes nach rüstungswirtschaftlichen Kriterien gesteuert wurden. War der Arbeitskräftemangel im Altreich mit zunehmender Dauer und Intensivierung der Kriegführung schon problematisch genug, so erfuhr der Arbeitskräftemangel im Reichsgau Wartheland eine besondere Anspannung, weil sich hier ideologische Maximen und wirtschaftliche Forderungen eng im Raume stießen. Die Wehrmacht, die sich entgegen landläufiger öffentlicher und auch weit verbreiteter wissenschaftlicher Meinung in hohem Maße für nationalsozialistisches Gedankengut anfällig erwiesen hat, billigte grundsätzlich auch die Volkstumspolitik von Partei und Staat im Warthegau und geriet, da sie für die rüstungswichtige Produktion verantwortlich zeichnete, in Fragen des Arbeitseinsatzes in eine ernste Konfliktsituation. Noch im Wirtschaftsbe-

---

48 Vgl. Geschichte des Kriegseinsatzes der Rüstungsinspektion des Wehrkreises XXI, T. III, 1.1.1942-31.5.1942, BA-MA, RW 20-21/12.

49 F. Zimmel, Die Industrie im Reichsgau Wartheland mit Firmen-Verzeichnis, Posen 1942, S. 18.

richt der Rüstungsinspektion des Wehrkreises Posen Ende 1941 ließ sie an ihrer Loyalität gegenüber der im Warthegau praktizierten Volkstumspolitik keinen Zweifel.

> »Der Arbeitseinsatz kann [...] im Interesse einer Festigung des deutschen Volkstums in diesem völkischen Kampfraum nur im Zusammenhang mit den bestehenden Volkstumsfragen gesehen werden[50] [...] Anzustreben ist auch hier Konformität mit der obersten Staats- und Parteispitze, daß die Bevölkerung des Warthegaues in Zukunft ausschließlich oder mindestens vorherrschend aus Deutschen besteht, denen die Polen lediglich Arbeitsdienste in irgendeiner Form in Stadt und Land leisten«.

Aber auch bei der Wehrmacht hatte sich die Erkenntnis durchgesetzt, daß »dieses Ziel [...] indes erst geraume Jahre oder auch Jahrzehnte nach Kriegsende erreicht werden« konnte[51]. Eine Bestandsaufnahme der Bevölkerungsverhältnisse in dem neuen reichsdeutschen Territorium verdeutlicht, daß die nationalsozialistische Volkstumspolitik weit von ihrem konzeptionellen Ziel entfernt blieb. Ende 1941 machten Deutsche nur 14 Prozent, Polen hingegen 80 Prozent und Juden 6 Prozent der Bevölkerung des Gaues aus. Von den Deutschen entfielen etwa 52 von Hundert auf Bevölkerungsteile, die bereits unter polnischer Herrschaft dort gewohnt hatten. Nur 10 Prozent aller Deutschen stammten aus dem Reich, während die Umsiedler 38 von Hundert der deutschen Bevölkerung stellten. Der Anteil der Polen an der Gesamtarbeiterschaft hat sich von 1940 an zunehmend gesteigert und lag im Bereich der Rüstungswirtschaft 1942 bei 80-90 Prozent. Die reichsdeutschen Arbeitskräfte entsprachen in der Regel durchaus nicht dem, was man sich unter einem das Deutschtum in einem Grenzgau stärkenden volkstumspolitischen Element vorstellte. Nicht selten waren es in irgendeiner Form gescheiterte, politisch, beruflich oder moralisch unzuverlässige Personen. »Es kamen viele in den Osten, weil ihr Verbleiben im Altreichsgebiet aus den verschiedensten Gründen nicht mehr möglich war, weil sie der Meinung waren, im Osten erwarte sie ein Goldgräberleben, weil sie in dem an Deutschen doch armen Lande vor Einberufung sicher zu sein glaubten, oder aus sonst eigensüchtigen Gründen heraus[52].« Der Verzicht auf die polnische Arbeitskraft erwies sich als unmöglich, da alle Hoffnungen auf eine Entlastung der Arbeitsmarktsituation durch Zuzug aus dem Reich trogen. »Nicht einmal die aus wirtschafts- und volkspolitischen Gründen unbedingt erforderlichen deutschen Führungskräfte sind in genügendem Maße vorhanden[53].« Es bestand vor allem ein Fehl an Fachkräften in der Metallindustrie, an Technikern und Ingenieuren und nicht zuletzt an kaufmännischen Angestellten. Wenn man in Rechnung stellt, daß es zur polnischen Zeit nur 7000 Fachkräfte für die Metallindustrie gab, versteht man, daß in das Wartheland verlagerte oder dort neu angesiedelte Unternehmen der genannten Branche ihre Produktion wegen fehlender Arbeitskräfte oft nicht oder nur begrenzt aufnahmen.

Auf der einen Seite hatte die rüstungswirtschaftliche Zwangslage zur Aufhebung, zumindest aber zur weitgehenden Mißachtung des volkstumspolitischen

---

50 Geschichte der Rüstungsinspektion XXI, 1.10.1940-31.12.1941, BA-MA, RW 20-21/11.
51 Ebd.
52 Ebd.
53 Ebd., T. III.

Grundsatzes geführt, Polen nicht in verantwortlichen Aufgabenbereichen, an sicherheitsempfindlicher Stelle oder auch nur als Hilfskräfte zu beschäftigen. Ohne Polen wäre die Wirtschaft des Reichsgaues zweifelsfrei zusammengebrochen. Dennoch klagte die Wehrmacht über die Willkürherrschaft untergeordneter Dienststellen und ideologisch verbohrter Partei- und Staatsrepräsentanten, die auf eigene Faust die Aussiedlung von Polen betrieben. Ein zweites volkstumspolitisches Moment erwies sich als dem Prinzip optimaler rüstungsmäßiger Nutzung der Wirtschaft des Warthegaues abträglich: Das Verbot der Ausbildung polnischer Lehrlinge, des Besuchs von Berufs- und Fachschulen bzw. Weiterbildungskursen durch den polnischen Bevölkerungsteil. Auch die den polnischen Kindern zugestandene schulische Mindestausbildung machte sich bereits im immer komplizierter werdenden und höhere Anforderungen an den Arbeiter stellenden rüstungswirtschaftlichen Prozeß negativ bemerkbar.

Wesentlich gravierender jedoch erschien das ständige Abziehen polnischer Arbeitskräfte ins Reich. »Die Zentralstellen glauben«, so beklagte sich die Wehrmacht, »der Warthegau habe unerschöpfliche Reserven, und scheinen sich keine Gedanken darüber zu machen, daß man nicht gleichzeitig Arbeitskräfte wegnehmen und eine neue Industrie, für welche man zahlreiche Arbeitskräfte braucht, im Gau aufbauen kann«[54]. Nach amtlichen Angaben waren von Oktober 1939 bis Frühjahr 1942 rund 327 000 polnische Arbeitskräfte ins Altreich vermittelt worden, von denen über 100 000 der gewerblichen Wirtschaft verloren gingen. Rund 250 000 Polen hatte man ins Generalgouvernement abgeschoben. Und ein weiteres volkstumspolitisches Ziel erschwerte den Arbeitseinsatz: Die diskriminierende Behandlung der polnischen Arbeiter auf dem Gebiet der Versorgung, auf tariflichem Sektor und nicht zuletzt als Menschen zweiter Klasse durch die SS, Polizei und Vorgesetzte am Arbeitsplatz. Wenn auch im Lauf des Jahres 1942, nicht zuletzt auf Betreiben der Wehrmacht, aber auch durch die Initiative einzelner Parteifunktionäre, eine leichte Anhebung des Lebensstandards erfolgte, so blieb dieser doch bewußt unter dem Status von Deutschen in gleicher Stellung. Für die Einsetzung der polnischen Arbeitskraft ist der Ausdruck der Ausbeutung durchaus adäquat. Die rassen- und volkstumspolitisch beabsichtigte Herabstufung und Herabsetzung der polnischen Bevölkerung wurde bis zur Räumung des Warthegaues praktiziert. Wie hatte doch Gauleiter und Reichsstatthalter Greiser vor dem Führerkorps der NSDAP 1940 ausgeführt: »Wenn wir dem Polen diese Zweitrangigkeit geben, dann deshalb, weil auch in seinem geschichtlichen sowohl wie staatlichen Leben der Beweis erbracht worden ist, daß er unfähig gewesen ist zur schöpferischen Leistung[55].« Diese Maßgabe galt auch für die Lohnpolitik. Im Jahre 1943, nach dem Schock von Stalingrad, forderte Greiser die Schaffung wirtschaftlich und arbeitstechnisch sicherer Arbeitsplätze und die Verbesserung sozialer Einrichtungen in den Betrieben. »Diese Fortschritte kämen auch den polnischen Werksangehörigen zu einem erheblichen Teil zugute«. Hier zeigte man sich erstmals zu größeren volkstumspolitischen Konzessionen bereit, wenngleich lediglich

[54] Ebd.

[55] Zit. nach K. Knade, Lohn- und Preispolitik im Warthegau, Diss. masch., Göttingen 1942, S. 54.

der Not gehorchend. Obgleich der Gauleiter anläßlich der Überreichung einer Kriegsmusterbetriebsfahne an ein Industrieunternehmen betonte, »daß sich an der volkspolitischen Linie im Warthegau nichts geändert« habe, und daß der Grundsatz »hart aber gerecht« hinsichtlich der Polenbehandlung weiterhin gelte, zeigte er doch in Fragen des Arbeitseinsatzes der Polen ein gewisses Entgegenkommen. Natürlich verbot sich auch jetzt eine Gleichstellung von deutschen und polnischen Arbeitern. Aber, so meinte er, die inzwischen spürbare Anerkennung der deutschen Führung seitens der polnischen Bevölkerung und ihre daraus zumindest teilweise resultierende Arbeitswilligkeit verdiene Anerkennung. Erreicht werden müsse noch die Angleichung der polnischen an die deutsche Arbeitsleistung in gleicher Stellung[56]. Polnische Arbeiter, die sich gewillt zeigten, in diesem Sinne ihre Arbeitskraft in den rüstungswirtschaftlichen Prozeß einzubringen, konnten Aufnahme finden in dem neugegründeten »Verband der Leistungspolen«, dessen Mitglieder sich verschiedener Vergünstigungen und Vorteile erfreuten. Zumindest wurden ihnen deutscher Tariflohn und deutsche Lebensmittelrationen zugebilligt. Daß ein solches Entgegenkommen von der negativen kriegsökonomischen Situation diktiert war und sich nach einem deutschen Sieg wieder unter volkstumspolitischen Aspekten in sein Gegenteil verkehrt hätte, bedarf keines besonderen Hinweises. Festzuhalten ist aber immerhin, daß die zunächst von der nationalsozialistischen Lebensraumideologie bestimmte Politik in den sogenannten neuen deutschen Ostgebieten und somit im Warthegau sehr rasch unter pragmatischen Gesichtspunkten den Kriegsnotwendigkeiten Rechnung trug. Mit andern Worten, die volkstumspolitisch programmierte Politik wich letztlich kriegswirtschaftlichen Zwängen, wenngleich ein gewisses Spannungsverhältnis zwischen Ideologie und Pragmatismus bestehen blieb.

Und ein zweites bleibt festzuhalten: An der Warthegau-Problematik wird deutlich, in welch fataler Weise sich deutsche Eliten mit der nationalsozialistischen Expansionspolitik im Osten identifiziert haben oder umgekehrt. Die nationalsozialistische Politik entsprach zum einen dem Revisionsbedürfnis breiter Schichten der deutschen Bevölkerung: »Durch die Wiedervereinigung Danzigs mit dem Reich und durch die Schaffung der Gaue Danzig-Westpreußen und Wartheland sowie durch die Bildung des einheitlichen Industriebezirks Oberschlesien ist im deutschen Osten Versailles faktisch liquidiert[57].« Darüber hinaus aber entsprach die nationalsozialistische Politik dem im deutschen Denken der Zeit tief verwurzelten »Drang nach Osten«; so problematisch dieses Schlagwort auch sein mag, für die NS-Zeit besitzt es Gültigkeit. Sicher war es in gewisser Weise repräsentativ, wenn es in einer Schrift des Jahres 1942 heißt: »Die Sehnsucht vieler Generationen [...] ist durch die endgültige Wiedereroberung und Eingliederung des neuen deutschen Ostens in das Großdeutsche Reich verwirklicht worden[58].« Was für viele Reichsdeutsche galt, haben die deutschstämmigen Bewohner Polens nach dem

---

56 Die Steuerung der polnischen Arbeitskraft im Warthegau, in: Warthegau-Wirtschaft, 4 (1943), 1, S. 12.

57 Seraphim (wie Anm. 32), S. 651.

58 A.W. Schürmann, Der Osten ruft (wie Anm. 43), S. 7.

Einmarsch deutscher Truppen wohl erst recht empfunden: »Dem Grenzland des deutschen Ostens«, so Hermann Aubin 1940 in einem Vortrag,

> »ist durch die Ereignisse von 1939/40 ein voller Umsturz grundlegender Lebensbedingungen beschert worden. Aufatmend und beglückt fühlt es einen schweren Druck von sich genommen, der in den letzten 20 Jahren auf ihm lastete [...]. Außerordentliche Aufgaben und, nach deren Bewältigung, großartige Aussichten für die Zukunft liegen jetzt vor ihm. Es hat die Abwehrfront gegenüber dem weiteren Osten neu zu befestigen, und es hat vorzugsweise die Menschen zu stellen, welche in der großen Neuordnung, die sich vollzieht, das deutsche Wesen diesem fremdvölkischen Osten gegenüber vertreten [...]. Heute [...] winkt endlich die Zeitenwende. Wie einst K.d. [Karl der] Große unseren seit Jahrhunderten nach Süden und Westen schauenden Ahnen das Antlitz herumgekehrt und die Ziele gewiesen hat, die seiner auch im Osten harrten, so hat zum zweiten Mal Adolf Hitler den Deutschen die Sicherung dieser Front zu einer unabdingbaren Pflicht gemacht. Wir fühlen befreit, in dem Bewußtsein, daß das Reich niemals mehr davon ablassen wird[59].«

Zum ersten Mal in der Geschichte, so glaubten nicht nur ideologisch gefestigte Nationalsozialisten, sondern auch große Teile der deutschen Intelligenz und des Bürgertums, bot sich Deutschland die Chance, im Osten einen durch Volkstum und Wirtschaft befestigten deutschen Grenzwall gegen das Slawentum und wohl auch gegen den Bolschewismus zu errichten. Daß sich die Politik des Dritten Reiches in diesem Vorhaben nicht erschöpfte, sondern daß der weitere Ostraum bis zum Ural zumindest deutsches Kolonialgebiet werden sollte, steht schon in Hitlers »Mein Kampf« zu lesen und wurde spätestens mit dem Überfall auf die Sowjetunion im Jahre 1941 manifest.

59 H. Aubin, Die volkspolitische Bedeutung von Gewerbe und Industrie in Ostdeutschland, Breslau 1941, S. 5, 43 f.

Autarkie, Großraumwirtschaft und Aggression: Zur ökonomischen Motivation der Besetzung Luxemburgs, Belgiens und der Niederlande 1940

Wer sich über die Motive, die strategische Planung und letztlich über die Durchführung der deutschen Intervention in Luxemburg, Belgien und Holland im Jahre 1940 unterrichten will, wird in der historiographischen Literatur auf eine Fülle akribisch zusammengetragener Fakten stoßen, die, grob umrissen, folgenden Tatbestand sichern:

1. Ungeachtet der deutscherseits bei Kriegsausbruch garantierten Neutralität der besagten Staaten[1] beschloß Hitler Ende September/Anfang Oktober 1939 – wobei er sich, nach verbreiteter Meinung, in »seinen Überlegungen offenbar von strategisch-militärischen Gründen [hatte] leiten lassen«[2] – die Verletzung deren Hoheitsgebietes, um dieses als Aufmarschbasis gegen Frankreich und die Kanalküste zu benutzen. Das Ziel dieser Aktion war gemäß der entsprechenden Führerdenkschrift vom Oktober 1939: »Vernichtung der Kraft und Fähigkeit der Westmächte, noch einmal der staatlichen Konsolidierung und Weiterentwicklung des deutschen Volkes in Europa entgegentreten zu können[3].« Der hier skizzierte Ablauf der Ereignisse ist als die zweite Phase nationalsozialistischer Politik gegenüber den westlichen Neutralen bezeichnet worden. Während in der ersten »die Täuschung durch Unantastbarkeits-Erklärungen« stand, wurden die besagten Länder in der zweiten »als strategisch wertvolle Zielpunkte Hitlers begriffen«[4].
2. Aufgrund des unabänderlichen Beschlusses Hitlers wurden mehrfach modifizierte Aufmarschanweisungen zur militärischen Erledigung dieses sogenannten Falles Gelb herausgegeben.
3. Das Eintreten des Falles Gelb wurde von Hitler für den Spätherbst 1939 projektiert und nach mehrmaliger Verschiebung auf den 10. Mai 1940 festgelegt, nachdem vorher Dänemark und Norwegen in deutscher Hand sein sollten.

---

[1] Vgl. u.a. Der Generalquartiermeister. Briefe und Tagebuchaufzeichnungen des Generalquartiermeisters des Heeres General der Artillerie Eduard Wagner, hrsg. von E. Wagner, München 1963, S. 113.

[2] H.-A. Jacobsen, Fall Gelb. Der Kampf um den deutschen Operationsplan zur Westoffensive 1940, Wiesbaden 1957.

[3] Dokumente zur Vorgeschichte des Westfeldzuges 1939–1940, hrsg. von H.-A. Jacobsen, Göttingen 1956, S. 6.

[4] H. Lademacher, Die Niederlande und Belgien in der Außenpolitik des Dritten Reiches, 1933–1939. Ein Aufriß, in: Hitler, Deutschland und die Mächte. Materialien zur Außenpolitik des Dritten Reiches, hrsg. von M. Funke, Düsseldorf 1978, S. 654–674, hier S. 663.

4. Nach der geglückten Blitzkriegaktion, allenthalben als geniale Feldherrenleistung des Führers bewundert, wurden die besetzten Territorien unter militärische bzw. zivile deutsche Verwaltung gestellt.

Eine Reduzierung der Okkupation auf diese rein strategisch-operativen Vorgänge greift aber wohl zu kurz. Vielmehr dürfte eine Reihe von Faktoren das Geschehen präjudiziert und in seinem Ablauf entscheidend mitbestimmt haben, die in anderen Bereichen, z.B. in machtpolitisch-rassischen und – nicht an letzter Stelle – in ökonomischen zu suchen sind. Nicht nur bei Hitler, sondern innerhalb der nationalsozialistischen Bewegung überhaupt waren verschiedene Modelle eines deutschen Hegemonialraumes in Europa entworfen worden, die übereinstimmend auf dem Grundgedanken einer wie auch immer gearteten Einigung des germanisch-rassischen Siedlungsgebietes basierten[5]. Im Mai und Juni 1931 hatte Hitler bereits dem Chefredakteur der »Leipziger Neuesten Nachrichten«, Richard Breiting, in vertraulichen Gesprächen zu erkennen gegeben, daß er z.B. Belgien nur als ein künstliches »Staatsmonstrum« verstand, »wo die Monarchie und die Religion versuch[t]en, das Gleichgewicht zwischen Flamen und Wallonen herzustellen«. Die Flamen sprächen »aber dieselbe Sprache wie die Niederländer, und eine Spaltung dieser beiden germanischen Länder« werde »nur durch Monarchie und Religion aufrechterhalten«[6]. Gegenüber Hermann Rausching entwickelte der nationalsozialistische Reichskanzler, gerade ein Jahr im Amt, seine Lebensraum-Konzeption, die nicht nur von einer Herrschaft »im Osten [...] bis zum Kaukasus oder bis zum Iran« ausging, in die vielmehr auch »im Westen die französische Küste« und »Flandern und Holland« einbezogen waren[7].

In diesem Lebensraumprogramm besaßen ökonomische Fragen bekanntlich eine besondere Relevanz. Daß dieser Lebensraum im Verständnis des Nationalsozialismus zwar primär über eine östliche, daneben aber auch über eine westliche Dimension verfügte, beweist u.a. eine Schrift aus der Frühzeit nationalsozialistischer Herrschaft, in der es heißt:

> »Der deutsche Nationalsozialismus ist der bewußte und unbeschränkte Anspruch des deutschen Volkes auf staatliche, kulturelle und *wirtschaftliche*[8] Verwirklichung seines durch die Einheit von Glauben, Blut, Geschichte, Landschaft und Sprache bestimmten Seelentums innerhalb eines *unbegrenzten* Herrschaftsraumes, dessen Mitte das alle deutschen Stämme umfassende Reich bildet[9].«

Damit war Westeuropa als ein ökonomisch motiviertes Expansionsziel eingeschlossen. Bereits 1931 schrieb ein Agrarexperte der NSDAP, man solle bei der Projektierung des Lebensraumes »nicht einseitig den Blick nach Osten richten. Im Westen« wirke »jedenfalls der geringere [...] Gegendruck [...]. Schönes Ackerland«

---

5 Vgl. F. Zipfel, Hitlers Konzept einer »Neuordnung« Europas. Ein Beitrag zum politischen Denken des deutschen Diktators, in: Aus Theorie und Praxis der Geschichtswissenschaft, Festschrift für H. Herzfeld zum 80. Geburtstag, hrsg. von D. Kurze, Berlin 1972, S. 154–174.

6 E. Calic, Ohne Maske. Hitler-Breiting, Geheimgespräche 1931, Frankfurt a.M. 1968, S. 88.

7 H. Rauschning, Gespräche mit Hitler, Zürich 1940, S. 116.

8 Hervorhebung durch den Verfasser.

9 F.W. Heinz, Die Nation greift an. Geschichte und Kritik des Soldatischen Nationalismus, Berlin 1933, S. 9, zit. nach P. Kluke, Nationalsozialistische Europaideologie, in: Frankfurter Historische Abhandlungen, Bd 8, Wiesbaden 1974, S. 188–222, hier S. 193.

liege »auch dort im Westen; nach unseren Begriffen von Kultur und Arbeit nicht halbgenutzt«[10].

Für die Gewichtigkeit ökonomischer Überlegungen bei der Planung und Durchführung der Okkupation Luxemburgs und in verstärktem Maße Belgiens und der Niederlande sprechen insbesondere zwei Tatsachen: Einmal hatte Hitler in einer Lagebesprechung gegenüber dem Oberbefehlshaber der Kriegsmarine, Raeder, »die Bedeutung des Wirtschaftskrieges neben dem rein militärischen Krieg voll an[erkannt]«[11], zumal führende Militärs im Oktober 1939 noch davon ausgingen, England und Frankreich beschränkten sich – so Admiral Raeder – »auf die Führung eines auf lange Dauer durchzuhaltenden *Propaganda- und Wirtschaftskrieges*«, währenddem die Feindmächte einen erheblichen Druck auf Belgien und die Niederlande ausüben würden[12]. Praktisch geschah dies auch sehr wirkungsvoll durch die Kontrolle der für diese Länder bestimmten Seetransporte, die man in englischen Häfen um *die* Frachten bzw. um *die* Mengen erleichterte, die nach englischer Auffassung für Deutschland hätten bestimmt sein können.

Die Kriegsmarine hatte daher in einer Hitler übermittelten Denkschrift »Vorüberlegungen zu den Problemen der Wirtschaftskriegführung und zur Schaffung einer einheitlichen Führungsorganisation der Seekriegsleitung« angestellt, in der sie »die gleiche Methode brutaler Wirtschaftskriegführung« vorschlug[13]. Die Funktion des so benannten Wirtschaftskrieges wurde klar definiert:

1. »Schutz und Förderung der eigenen Kraftquellen des deutschen Volkes mit dem Ziel, ein unbegrenztes Durchhalten der deutschen Kriegführung zu gewährleisten.
2. Lahmlegung der gegnerischen Wirtschaft und Zerschneidung der wirtschaftlichen Beziehungen des Gegners zu anderen Staaten mit dem Ziel, seinen Kampfwillen in kürzester Zeit zu zerstören und seine Friedensbereitschaft zu erzwingen[14].«

Konkret hieß dies: Abschneiden Großbritanniens und Frankreichs von der Nahrungsmittel- und Rohstoffzufuhr aus den neutralen Staaten des europäischen Festlandes und Skandinaviens, die »*Aufrichtung einer Art Kontinentalsperre*«, verbunden mit einer auf lange Sicht zu betreibenden »völligen *Neuordnung* des europäischen Handels, die die deutschen und neutralen Interessen im gesamteuropäischen Raum in Einklang bringen muß[te]«[15].

Von der zu erwartenden Konstellation eines Krieges Deutschland-Italien einerseits, Großbritannien-Frankreich-Rußland andererseits ausgehend, waren frühzeitig kriegswirtschaftliche Überlegungen angestellt worden. Dabei stand die Frage der Intensität der Wirtschaftsbeziehungen der neutralen westlichen zu den einzelnen kriegführenden Staaten im Zentrum des Interesses. Verschiedene Institutionen kamen in ihren Expertisen übereinstimmend zu der Feststellung einer wesent-

---

[10] W. Willikens, Nationalsozialistische Agrarpolitik, München 1931, S. 46.

[11] Protokoll eines Vortrages von Raeder, 23.10.1939, in Anwesenheit von Keitel, bei Hitler, zit. nach Lagevorträge des Oberbefehlshabers der Kriegsmarine vor Hitler 1939–1945, hrsg. von G. Wagner, München 1972, S. 36 f., hier S. 37.

[12] Vorüberlegungen zu den Problemen der Wirtschaftskriegführung und zur Schaffung einer einheitlichen Führungsorganisation der Seekriegsleitung vom Herbst 1939, ebd., S. 38–42, hier S. 38.

[13] Ebd.

[14] Ebd., S. 39.

[15] Ebd., S. 40 f.

lich größeren ökonomischen Abhängigkeit Deutschlands von Belgien/Luxemburg und den Niederlanden als etwa Frankreichs und Großbritanniens. Die Wirtschaftskraft der drei westlichen Staaten mußte daher unbedingt der deutschen nutzbar gemacht werden. Und so galt es, Erwägungen anzustellen, »ob durch wirtschaftliche, militärische oder sonstige Maßnahmen Neutrale im Kriegsfalle dazu gezwungen werden können, eine bestimmte Politik zu verfolgen (Berücksichtigung der Nachbarschaft kriegführender Staaten und der Kontrollierbarkeit der Handelswege)«[16].

Zur erfolgreichen Durchsetzung einer derart konzipierten Wirtschaftskriegführung verblieb letztlich in der Wahl der Mittel einzig ein massiver Druck, ein Druck, mittels dessen der »Führer [...] seine Autorität voll einsetzen« wollte[17]. Art und Umfang dieser Pression richteten sich nach der geographischen wie wirtschaftspolitischen Lage des entsprechenden neutralen Staates und vor allem nach der Intensität seiner Wirtschaftsbeziehungen zu Deutschland und damit nach dem »Umfang der Abhängigkeit der eigenen Kriegswirtschaft« von diesem Land[18]. Während man in Berlin die Überzeugung hegte, auf die nordischen Staaten relativ leicht einen wirkungsvollen politisch-wirtschaftlichen Druck ausüben zu können, sah Hitler aber letztlich keine andere Möglichkeit, den lebhaften Handel Belgiens und der Niederlande mit Frankreich und Großbritannien zu unterbinden und statt dessen deren Wirtschaftsbeziehungen mit dem Deutschen Reich enger zu gestalten, »außer durch die Eroberung« dieser Territorien[19].

Obwohl Hitler der Überzeugung war, Belgien und die Niederlande seien »an der Aufrechterhaltung ihrer Neutralität interessiert«[20], mußte er doch befürchten, England und Frankreich könnten beide Staaten derart in der Ausübung ihres weltweiten Handelsverkehrs behindern, daß die Binnenwirtschaft gefährdet und die Regierungen in Brüssel und Den Haag notgedrungen ihren neutralen Standpunkt zugunsten einer Anlehnung an die beiden Feindmächte verlassen würden. Daher war »in Bezug auf die Aufrechterhaltung der belgisch-holländischen Neutralität die Zeit kein Faktor, der eine für Deutschland günstige Entwicklung« versprach[21]. Eine als wahrscheinlich angenommene politisch-ökonomische Umorientierung auf England/Frankreich wertete Hitler aber als ersten Schritt in Richtung auf eine britisch-französische Invasion, die es nicht allein unter strategischen Aspekten zu verhindern galt. Gleich schwer wogen auch ökonomische Überlegungen, wenn Hitler bereits im Frühjahr 1939 den Oberbefehlshabern der Wehrmacht im Zusammenhang mit der Erläuterung seiner Pläne zum Überfall auf Polen auch Motive und Richtschnur seiner zukünftigen Politik gegenüber den westlichen

[16] Studie der Wehrwirtschaftlichen Forschungsstelle, 4.5.1939, Der Wirtschaftsraum eines Krieges. Deutschland – Italien einerseits, England – Frankreich – Rußland andererseits, BA-MA, Wi I F 5/3150.
[17] Wagner, Lagevorträge (wie Anm. 11), S. 37.
[18] Ebd., S. 40.
[19] Ebd., S. 37.
[20] Denkschrift und Richtlinien über die Führung des Krieges im Westen, von Hitler verfaßt am 9.10.1939, zit. nach Jacobsen, Dokumente (wie Anm. 3), S. 5-21, hier S. 8.
[21] Ebd.

Neutralen offenlegte: »Für England ist es entscheidend, den Krieg möglichst nahe an das Ruhrgebiet heranzutragen. [...] Der Besitz des Ruhrgebietes entscheidet die Dauer unseres Widerstandes. Die holländischen und belgischen Luftstützpunkte müssen militärisch besetzt werden[22].« Eine Okkupation Belgiens und Hollands bot auch einen verstärkten Schutz gegen Flugzeugangriffe auf die für die deutsche Kriegführung wirtschaftlich bedeutendste Region, das Industriegebiet an Rhein und Ruhr.

Einer solchen Bedrohung wollte man sich in Berlin nicht aussetzen, denn »für jede erfolgreiche Führung des Krieges« mußte »die Intakthaltung der Produktion des Ruhgebietes« Voraussetzung sein[23].

Wenn Hitler in seiner bekannten Oktober-Denkschrift ein unter deutscher Besatzung stehendes Belgien und Holland vornehmlich in seiner strategischen Bedeutung für die Kriegführung gegen die britischen Inseln würdigte, so ließ er dennoch, im Blick auf eine schwerpunktmäßig von der Luftwaffe zu tragende Eroberung Großbritanniens, die mit einem wesentlich verkürzten Anflugweg verbundenen ökonomischen Vorteile nicht außer acht; Vorteile, die angesichts der angespannten Treibstofflage in Deutschland nicht unterschätzt werden durften. Denn, so argumentierte er, 1000 kg Brennstoff-Ersparnis kämen »nicht nur der nationalen Wirtschaft zugute, sondern sie bedeute[te]n für das Flugzeug als Nutzlast 1000 kg mehr Sprengstoff, das heißt also statt 1000 kg Transportleistung 1000 kg Wirkung«. Des weiteren mußte die verkürzte Anflugstrecke »zu einer Einsparung an Flugzeugen, zu einer Schonung der Maschinen und vor allem zu einer Erhaltung kostbaren Soldatenblutes« führen[24].

Was die geplante Besetzung des Großherzogtums Luxemburg betrifft, so konnten hier militärisch-strategische Momente kaum bestimmend wirken. Es galt vielmehr primär, die gegebenen natürlichen wirtschaftspolitischen Verflechtungen zwischen dem zu annektierenden Lothringen und dem angrenzenden Zwergstaat der deutschen Kriegswirtschaft nutzbar zu machen.

Die andere, ökonomisch begründete Erklärung der Besetzung Luxemburgs, Belgiens und der Niederlande fußte auf der Theorie zur Ökonomie und Strategie im NS-Staat, wonach die Blitzkriegkonzeption nicht mehr unangefochten als genialer strategischer Plan galt, nachdem der englische Historiker Tim Mason sie als einzige militärische Möglichkeit in einer kriegs*untüchtigen* Wirtschaftslage charakterisiert hat[25]. Geht man diesem Gedanken einmal nach, dann kann man auch die Besetzung Luxemburgs, Belgiens und der Niederlande unter ganz anderen als ausschließlich und vordergründig militärstrategischen Aspekten betrachten. Die Okkupation diente dann:

---

22 Protokoll der Rede Hitlers vom 23.5.1939, zit. nach M. Domarus, Hitler. Reden und Proklamationen 1932-1945. Kommentiert von einem deutschen Zeitgenossen, Bd II: Untergang (1939-1945), Wiesbaden 1973, S. 1198.

23 Jacobsen, Dokumente (wie Anm. 3), S. 10.

24 Ebd., S. 12.

25 Vgl. T. Mason, Innere Krise und Angriffskrieg 1938/1939, in: Wirtschaft und Rüstung am Vorabend des Zweiten Weltkrieges, hrsg. von F. Forstmeier u. H.-E. Volkmann, Düsseldorf 1975, S. 158-188.

1. der kurzfristigen Überwindung einer in ihren ungeheueren Ausmaßen von der Historiographie noch nicht voll erkannten ökonomischen und rüstungspotentialen Krise des Dritten Reiches,
2. langfristig der Schaffung eines wirtschaftlich autarken mitteleuropäischen Lebensraumes unter deutscher Hegemonie als Vorstufe eines gesamteuropäischen Großraumes unter Einschluß der UdSSR bis zum Ural.

Diesen Thesen liegt die Auffassung zugrunde, daß die Besetzung der erwähnten Staaten sowohl das Resultat der Entschlossenheit des NS-Regimes zur Durchsetzung eines machtpolitischen Zieles mit militärischen Mitteln als auch bestimmter ökonomischer Notwendigkeiten darstellt. Für solche ökonomischen Zwänge zum Überfall auf die zur Diskussion stehenden Staaten spricht eine Vielfalt von Indizien[26].

Der erwiesenermaßen massive Widerstand hoher Militärs gegenüber Hitlers Plänen einer Westoffensive durch die hier zu behandelnden Länder resultierte nicht allein aus der Furcht vor der moralischen Belastung durch die eklatante Mißachtung der Neutralität fremder Staaten, wie sie bereits im Ersten Weltkrieg spürbar geworden war. Er entsprang vielmehr auch dem Wissen um den völlig unzureichenden Rüstungsstand und der Kenntnis der ausgesprochen desolaten gesamtwirtschaftlichen Situation, die bereits vor dem Polenfeldzug bestand. Führende Offiziere, so der Generalquartiermeister des Heeres, Wagner, der Chef des Generalstabes des Heeres, Halder, sowie der Chef des Wehrwirtschaftsamtes (ab November 1939 Wehrwirtschafts- und Rüstungsamt), Thomas, bezeugten für den Herbst 1939 übereinstimmend die hohe Fehlrate z.B. an Munition, setzte man als Berechnungsmaßstab eine als notwendig erachtete Bevorratung von vier Monaten:

Pistolenpatronen etwa	70 Prozent
Infanteriepatronen etwa	60 Prozent
2 cm Flak etwa	70 Prozent
2 cm Kampfwagen-Kanonen etwa	95 Prozent
leichte Granatwerfer	88 Prozent[27].

Die Munitionsproduktion hätte auch dann nicht intensiviert werden können, »wenn Stahl vorhanden« gewesen wäre. Hier aber herrschte in Deutschland ein Defizit von monatlich 600 000 t[28]. Nicht anders sah es bei den Kraftfahrzeugen aus: »Die Ersatzteil- und Befreiungslage [war] katastrophal[29].« Die Lkw-Produktion für die Wehrmacht deckte im Februar 1940 »nicht den laufenden Verbrauch, geschweige den [etwaige] Operations- und Gefechtsverluste«, so daß Halder ernsthafte Vorkehrungen für eine Entmotorisierung der Armee traf, um den Westfeldzug mit Pferdegespannen als Transportmittel durchzuführen, ein Vorhaben, das nun wiederum an dem Mangel an Pferden, Futter, Leder und Wagen scheiterte[30].

---

[26] Vgl. W.A. Fischer, Gegenblockade. Wirtschaftliche Bemerkungen zum Vormarsch im Westen, in: Ruhr- und Rheinische Wirtschaftszeitung 1940, S. 282.

[27] Vgl. G. Thomas, Geschichte der deutschen Wehr- und Rüstungswirtschaft (1918-1943/45), hrsg. von W. Birkenfeld, Boppard a.Rh. 1966, S. 149.

[28] Generaloberst Halder, Kriegstagebuch, Bd 1: Vom Polenfeldzug bis zum Ende der Westoffensive (14.8.1939-30.6.1940), Stuttgart 1962, S. 93.

[29] Wagner, Der Generalquartiermeister (wie Anm. 1), S. 94.

[30] Halder, Kriegstagebuch (wie Anm. 28), Bd 1, S. 180.

Im Übergang von 1939 zu 1940 wurden der Rüstungswirtschaft im Blick auf den Westfeldzug und auf eine Invasion in Großbritannien drei Schwerpunkte gesetzt, nämlich die Steigerung des Munitions-, des Ju 88- und des U-Boot-Programms, deren Durchführung jedoch – wie die des gesamten Fertigungsprogramms der Wehrmacht – wegen der »Schwierigkeiten auf dem Gebiet des Arbeitseinsatzes, nicht voll ausreichender Rohstoffzuweisung, Einschränkung im Kohlen- und sonstigen Energieverbrauch sowie durch die Transportlage« erheblichen Einschränkungen unterlag[31]. Ende 1939/Anfang 1940 zeichnete sich insgesamt eine immer stärkere Rohstoffknappheit ab, als deren Folge die Aufrüstungsvorhaben der Wehrmacht wachsenden Terminverschiebungen begegneten. Von einer Bevorratung für den Fall eines *längeren* Krieges konnte überhaupt keine Rede sein. Bei der Kohleversorgung entstand Anfang 1940 »eine ganz ungeheure Not in den Großstädten, weit mehr« – so schrieb Wagner an seine Frau – »als man weiß; die Leute frieren, die Heranschaffung von Lebensmitteln ist schwierig [...], wie ja überhaupt die Wirtschaft augenblicklich ein recht schwieriges Problem ist«[32]. Diese Mangellage resultierte aus den Transportschwierigkeiten, die im Januar 1940 ihren Höhepunkt erreichten, als zu der hohen Fehlrate an Lokomotiven und Eisenbahnwagen infolge ungewöhnlichen Kälteeinbruches die weitgehende Unbefahrbarkeit der Wasserstraßen hinzutrat. Der Versuch des Beauftragten für den Vierjahresplan, Göring, durch Setzung von Prioritäten dem Versorgungschaos auf dem Kohlesektor entgegenzusteuern, indem der Hausbrand vor die Bedarfsdeckung der rüstungs- sowie der lebenswichtigen Betriebe rückte, vermochte den Versorgungsengpaß nicht zu beseitigen[33].

Am 1. Mai 1940 waren die Eisenerzvorräte auf etwa drei Fünftel ihres Vorkriegsstandes zusammengeschrumpft, obgleich man die Roheisenproduktion seit 1939, also ungeachtet des bevorstehenden Polenfeldzuges, um 20 Prozent gedrosselt hatte[34].

Die einschneidendsten Engpässe auf dem Rohstoffsektor herrschten bei Zinn, Kupfer und Kautschuk, ferner bei den Stahlveredelungsmetallen Chrom, Molybdän und Wolfram. Folglich galt es, ungeachtet dessen, »daß die von der früheren 10. Armee in Polen erbeuteten Rohstoffmengen eine wesentliche Entlastung unserer Rohstoffsorgen gebracht«[35] hatten, durch Beschränkung der Anforderungen der Wehrmacht und damit durch sparsamstes Haushalten die vorhandenen Vorräte soweit als möglich zu strecken.

Im Mineralölbereich vermochte man lediglich durch die Einschränkung des innerdeutschen Autoverkehrs den Wehrmachtsbedarf, wenn auch nur für die ersten Kriegshandlungen, in ausreichendem Umfange zu decken. Bei Dieselkraftstoff war

---

[31] Kriegswirtschaftlicher Lagebericht Nr. 4 des Wi Rü-Amtes (Wehrwirtschafts- und Rüstungsamt), 1.1.1940, Bundesarchiv-Militärarchiv (BA-MA), Wo 1-8/55.

[32] Wagner, Lagevorträge (wie Anm. 11), S. 156.

[33] Vgl. Kriegswirtschaftlicher Lagebericht Nr. 5 des Wi Rü-Amtes, 1.4.1940, BA-MA, Wo 1-8/55.

[34] Vgl. M. Riedel, Eisen und Kohle für das Dritte Reich. Paul Pleigers Stellung in der NS-Wirtschaft, Göttingen 1973, S. 266.

[35] Geheime Rede des Oberstleutnant Petri im Wi Rü-Amt, 15.2.1939, über »Unsere wehrwirtschaftliche Lage«, BA-MA, Wi I A 4/123.

im Dezember 1939 die Lücke bereits wieder so groß, daß es notwendig wurde, die von der Wirtschaft verwendeten Dieselmotoren nach Möglichkeit zu drosseln. Die vertraglich von Rumänien zugesicherte Einfuhrmenge von monatlich 100 000 t Rohöl würde – so kalkulierte man jedenfalls bei der Wehrmacht – »wahrscheinlich infolge der Transportschwierigkeiten nicht erreicht werden können«.

Bei Nahrungsmitteln herrschte eine Auslandsabhängigkeit von 20 Prozent, ein Zustand, der sich in absehbarer Zeit nicht ändern ließ, weil die abgewirtschafteten Devisenbestände entsprechende Importe verboten[36].

Besondere Schwierigkeiten ergaben sich in der Fettversorgung, die unter einem Mangel von rund 50 Prozent litt. Zwar hatte sich durch den Polenfeldzug mit der Rückgewinnung der ehemaligen deutschen Agrarüberschußgebiete die Versorgungslage auch auf dem Lebensmittelsektor wesentlich gebessert, doch mangelte es weiterhin an Futtergetreide, das man vor der Blockade aus dem Ausland bezogen hatte, so daß mit einem Rückgang der deutschen Viehwirtschaft, d.h. mit einer Reduzierung der Fleisch- und Milcherzeugnisse gerechnet werden mußte. Die englische Blockade führte darüber hinaus zu Mangelerscheinungen bei Düngemitteln, was einen allgemeinen Ertragsrückgang für die Landwirtschaft erwarten ließ.

Die deutsche Rüstungswirtschaft litt seit Jahren, besonders schwer aber seit Beginn des Krieges, unter einem permanenten Leistungsrückgang, verursacht durch die Reparaturanfälligkeit der voll ausgelasteten Maschinen und ganz allgemein durch die völlig unzureichenden Produktionsmittel, insbesondere bei den Werkzeugmaschinen. Die im Blick auf eine Invasion in Großbritannien forcierten U-Boot- und Minenprogramme verschärften die Situation. Auch in diesem Falle konnten ausschließlich Auslandskäufe zu einer Überwindung der Engpässe führen, wobei Belgien sich als bevorzugter Maschinen-Lieferant anbot.

Hinzu trat ein Produktionsabfall durch die seitens des NS-Regimes geduldete Überbeanspruchung der menschlichen Arbeitskräfte als Folge der seit 1938 üblichen Arbeitszeit von über 48 Stunden pro Woche. In Vorbereitung des Polenfeldzuges wurden der Wirtschaft erhebliche Arbeitskräfte entzogen, so daß Ende 1939 allein der Rüstungsindustrie rund 100 000 Facharbeiter zur Durchführung der militärischen Fertigungsprogramme fehlten[37]. Zu Beginn des Jahres 1940 häuften sich in den Betrieben Klagen über mangelnde Arbeitsdisziplin, über unentschuldigtes Fehlen oder Krankfeiern sowie über den Widerstand der Arbeiter gegen Sonntagstätigkeit. Die sich im November 1939 auf 350 bis 400 000 belaufenden Dienstverpflichteten fielen insgesamt durch ihre schlechte Arbeitsmoral auf. Innerhalb dieser Gruppe zeichneten sich die Ehefrauen von Einberufenen aufgrund des ihnen vom Staat gewährten relativ hohen Familienunterhalts durch besondere Arbeitsunlust aus[38]. Die Hoffnung auf eine Entspannung auf dem Arbeitskräftemarkt aufgrund eines Führerbefehls vom Januar 1940, wonach seitens der Truppe für die Rüstungsbetriebe dringend benötigte Fachkräfte freizustellen waren, trog, da auf der anderen Seite im Zuge der Vorbereitungen des Westfeldzuges wieder

---

36 Vgl. Thomas, Wehr- und Rüstungswirtschaft (wie Anm. 27), S. 146.

37 Vgl. Kriegswirtschaftlicher Lagebericht Nr. 3 des Wi Rü-Amtes, 1.12.1939, BA-MA, Wo 1-8/55.

38 Vgl. Kriegswirtschaftlicher Lagebericht Nr. 4 des Wi Rü-Amtes, 1.1.1940, ebd.

Arbeiter aus den Betrieben heraus zu den Waffen gerufen wurden. Die angespannte Lage auf dem Arbeitskräftemarkt wird erhellt durch die Tatsache, daß es mit der Mobilmachung zum Krieg nicht, wie vorgesehen, gelang, den Rüstungsbetrieben das in den Mob-Plänen vorgesehene Verstärkungspersonal an Facharbeitern zuzuweisen, das für die geplante Einrichtung einer zweiten oder gar dritten Arbeitsschicht notwendig gewesen wäre, weshalb »die mengenmäßige Ausbringung an Kriegsgerät und an Munition« nicht den militärischen Erfordernissen entsprach[39]. Anfang Mai 1940 blieb dem Regime keine andere Wahl, als die Arbeitszeit in den Rüstungsbetrieben offiziell auf 60 Wochenstunden zu erhöhen, nachdem man inoffiziell längst schon so lange arbeitete.

Was lag also näher, als den Blick auf die Nachbarländer zu richten, die eine hohe Arbeitslosenziffer aufwiesen, wie etwa Luxemburg, Belgien und die Niederlande? Doch warnten auch führende Militärs und maßgebende Politiker – in Anbetracht unterschiedlicher Kriegszielprojektionen – vor einer solchen Lösung der rüstungsökonomischen Probleme. Allein auf Versailles fixiert, lediglich die Restauration des Status quo ante mit militärischen Mitteln anstrebend, prophezeiten sie als Folge des Bruches der Neutralität Belgiens, Luxemburgs und Hollands eine Abkehr der verbleibenden neutralen europäischen Staaten vom Reich, so daß dieses »- auch wirtschaftlich – mehr und mehr isoliert werden« mußte, also ökonomisch eher verlor als gewann. In der aus bitteren Erfahrungen des Ersten Weltkrieges geborenen Furcht vor einem neuen Stellungskrieg mit seinen ungeheuren Materialschlachten rechnete man nämlich mit »erheblich höhere[n] Anforderungen auf allen Wirtschaftsgebieten«[40]. Daher erhoben sich militärischerseits Stimmen, die von einem Angriff auf Frankreich und England unter Verletzung der Grenzen der besagten neutralen Staaten abrieten, weil diese militärische Anstrengung wiederum wertvolles Material verschlingen mußte. Sie plädierten statt dessen für eine Verschiebung des Angriffs zum Zwecke einer intensiveren Aufrüstung und empfahlen eine Politik, die die andere Seite zum Angriff herausfordern sollte. Sie wiesen darauf hin,

> »daß wir bei abwartender Haltung nicht unerhebliche Teile der Wehrmacht entlassen und dem Wirtschaftsleben wieder zuführen könnten. [...] So dürften gerade die Vorbereitungen auf einen Wirtschaftskrieg, auf den England, wenn der Kriegszustand bestehen bleibt, *in keinem Falle* verzichten wird, fordern, daß keine militärischen Operationen eingeleitet werden, die unsere Lage außenpolitisch und damit auch *wirtschaftlich* verschlechtern müssen, daneben aber zugleich eine erhöhte Beanspruchung unserer Wirtschaft bedeuten[41].«

Hitler wies solche Gedankengänge weit von sich. Er war fest entschlossen, ungeachtet der beschriebenen kritischen gesamtökonomischen Konstellation den aus dem Überfall auf Polen erwachsenen Konflikt mit Frankreich und England militärisch auszutragen, und dies konnte nach seiner Auffassung nur mittels massiver

---

[39] Geheime Rede des Oberstleutnant Petri (wie Anm. 35).

[40] Denkschrift des Oberbefehlshabers der Heeresgruppe C, Leeb, 11.10.1939, über die Aussichten und Wirkungen eines Angriffs auf Frankreich und England und die Verletzung Hollands, Belgiens und Luxemburgs, zit. nach Jacobsen, Dokumente (wie Anm. 3), S. 80–85, hier S. 84.

[41] Ebd., S. 84 f.

aber zeitlich eng begrenzter kriegerischer Operationen in einem möglichst günstigen Augenblick erfolgen. Rüstungsökonomisch gesehen erschien der Herbst 1939 als optimaler Zeitpunkt, soweit man in der skizzierten Krisensituation von einem Optimum überhaupt sprechen konnte, denn das Jahr 1939 bildete einen Kulminationspunkt in der deutschen industriellen Produktion. In diesem Faktum hat man ein Motiv für die Intervention in den heute so benannten Benelux-Ländern zu erblicken, da ja lediglich unzureichender operativer Planung wegen nicht Ende 1939, sondern erst im Mai 1940 stattfand.

Auf diese ökonomischen Beweggründe zur Intervention ist Hitler eingegangen, ohne daß es von Zeitgenossen und Historikern hinreichend beachtet worden wäre[42], wenn er in seiner genannten Oktoberdenkschrift schrieb, »die militärische Auswertung« der deutschen Volkskraft sei »in einem Ausmaß vorhanden, das in *kurzer* Zeit jedenfalls durch keinerlei Anstrengungen wesentlich verbessert werden könne«[43]. Dieser Satz ist, schlicht formuliert, die Einsicht in die Unmöglichkeit, die Aufrüstung unter den gegebenen politischen und wirtschaftlichen Bedingungen noch steigern zu können, und demzufolge galt es, unter Ausnutzung des derzeit immer noch vorhandenen Rüstungsvorsprungs, in einer großen, zeitlich kalkulierbaren militärischen Anstrengung einen kriegsentscheidenden Schlag gegen Frankreich und Großbritannien zu führen. Um das Risiko eines Fehlschlages des Westfeldzuges aber möglichst gering zu halten, erwog man in der Reichskanzlei, ungeachtet der geschilderten ökonomischen Situation, Möglichkeiten einer kurzfristigen Steigerung des vorhandenen Rüstungs- und Kriegspotentials. Wenn dieses schon, wie der »Führer« richtig erkannt hatte, auf der Basis des derzeitigen nationalsozialistischen Herrschaftsbereichs jedenfalls in absehbarer Zeit nicht wesentlich aufzustocken war, dann bot sich zur Verbesserung der rüstungswirtschaftlichen Lage eigentlich nur die Alternative an, in Verfolg des Krieges gegen Frankreich und England territorial über das eigentliche militärische Kriegsziel hinauszugreifen und die Kampfhandlungen auf die neutralen Länder Luxemburg, Belgien und Holland auszudehnen, um deren Wirtschaftskräfte und ökonomische Reserven der deutschen Kriegführung nutzbar zu machen. In der festen Entschlossenheit, Luxemburg, »Belgien, Holland und Nordfrankreich in unseren Besitz zu bringen«, befahl Hitler daher Ende Januar 1940, »ohne Rücksicht auf spätere Zeiten unsere Rohstoff-Reserven voll einzusetzen, zu Lasten evtl. späterer Kriegsjahre«. Auf diese Weise waren *vor* Beginn des Westfeldzuges noch einmal Höchstleistungen zu erzielen, während man in seinem *Verlauf* mit erheblichen Nachschubreserven aus den besetzten neutralen Gebieten rechnen konnte. Aufgrund dieser neuen Weisung stellte das Wehrwirtschafts- und Rüstungsamt bislang geltend gemachte

[42] Dies trifft auch für die beiden Standardwerke zur deutschen Besatzungspolitik in den Niederlanden und in Belgien zu, vgl. W. Wagner, Belgien in der deutschen Politik während des Zweiten Weltkrieges, Boppard a.Rh. 1974; K. Kwiet, Reichskommissariat Niederlande. Versuch und Scheitern nationalsozialistischer Neuordnung, Stuttgart 1968.

[43] Jacobsen, Dokumente (wie Anm. 3), S. 6.

schwere Bedenken gegen den geplanten Blitzkrieg zurück und bezeugte gegenüber Göring, daß es »für die klare Linie dankbar sei«[44].

Der von Hitler und Manstein erarbeitete Plan einer Westoffensive durch Luxemburg, Belgien und die Niederlande verband lediglich das strategisch Günstigste mit dem aus nationalsozialistischer Sicht gesamt- und rassenpolitisch sowie ökonomisch Notwendigen. Die tiefere Ursache der Invasion lag wesentlich in der wirtschaftlichen Bedeutung der Staaten zum einen für das *kriegführende* und zum anderen für das *Nachkriegs-Deutschland* mitbegründet. In welch hohem Grade die späteren Benelux-Länder zur Stärkung des reichsdeutschen Wirtschaftspotentials beizutragen vermochten, das hatten z.B. das Oberkommando der Wehrmacht, die volkswirtschaftliche Abteilung der IG-Farben AG und das Reichsamt für wehrwirtschaftliche Planung – z.T. bereits lange vor der Ausarbeitung konkreter Interventionspläne – in zahlreichen wissenschaftlichen Studien zur Wirtschaftsstruktur der besagten Staaten und zu deren ökonomischer Verflechtung mit dem Dritten Reich eruieren lassen[45].

Luxemburg verfügte vor allem über reiche Erzvorkommen und stand 1938 in der Tabelle der Roheisen produzierenden Länder immerhin an 10. Stelle, und so kam – nach Auffassung des Reichsamts für wehrwirtschaftliche Planung – »die Einbeziehung Luxemburgs in eine der [...] miteinander im Kriege befindlichen Mächtegruppen [...] einer nennenswerten Ausweitung des Kriegswirtschaftspotentials gleich«[46]. In den Jahren 1936 bis 1938 exportierte das kleine Land jährlich über 1 000 000 t Eisenerz nach Deutschland, obwohl der luxemburgische Eigenverbrauch rund 20-30 Prozent über der eigenen Förderung lag[47].

Wenn Luxemburg dennoch fast die Hälfte seiner eigenen Erzproduktion ausführte, so war dies nur deshalb möglich, weil es seinerseits größere Mengen lothringischen Erzes importierte.

Die genannten Zahlen verdeutlichen, daß die seitens Frankreich in Reaktion auf den Kriegsausbruch gedrosselten Erz-Exporte nach Luxemburg zu einer spürbaren Reduzierung der luxemburgischen Erzlieferungen an das Dritte Reich führen mußten. Als weiterer Störfaktor erwies sich die ungünstige Lage der luxemburgischen Erzgruben hart an der französischen Grenze, da einzelne Gruben nur unter der Voraussetzung fördern konnten, daß der Abtransport des Erzes über französisches Territorium erfolgte. Seit Kriegsbeginn aber hatten die Franzosen diesen Weg blockiert und so einen monatlichen Ausfall von rund 40 000 t verursacht. Die

---

44 Aktennotiz über eine Besprechung zwischen Göring, dem Wi Rü-Amt und der Wirtschaftsgruppe Maschinenbau, 30.1.1940, BA-MA, Wo 1-8/42.

45 Vgl. Die Wirtschaft des Großherzogtums Luxemburg. Geheime Studie des Oberkommandos der Wehrmacht (OKW), 20.4.1940; Eisen und Kohle in Belgien-Luxemburg und Holland. Vertrauliche Studie der IG-Farbenindustrie, 25.5.1940, BA-MA, R 88/vorl. 862; Die wichtigsten Unternehmen der luxemburgischen Schwerindustrie. Geheime Studie der IG-Farbenindustrie, 21.5.1940, ebd. Wi I A 6/5; Luxemburgs Wirtschaftskräfte. Geheime Studie der IG-Farbenindustrie, 17.6.1940, ebd. Wi I A 6/6; Die Wirtschaftsstruktur des Großherzogtums Luxemburg. Studie, nur für den Dienstgebrauch, des Reichsamtes für wehrwirtschaftliche Planung, März 1940, ebd. Wi I A 6/9 (zit. Studie vom März 1940).

46 Vgl. Studie vom März 1940.

47 Aufzeichnung der luxemburgischen Regierung, etwa Ende 1939, Politisches Archiv des Auswärtigen Amtes (PA), Gesandtschaft Luxemburg 59/15.

Tabelle 1
Anteil Belgiens und der Niederlande an der deutschen Einfuhr 1937 (in %)

Hauptwarengruppen	Belgien	Niederlande
Alteisen	36,5	–
Eisenhalbzeug	55,8	–
Zink (einschl. Altmetalle und -legierungen)	27,0	–
Stab- und Formeisen	64,0	–
Eisenblech	31,0	–
Butter	–	18,6
Käse	–	51,0
Eier	–	23,4
Küchengewächse	–	32,9

Quelle: Geh. Gutachten des Instituts für Weltwirtschaft Kiel, Mai 1938: Die wehrwirtschaftliche Bedeutung West- und Nordeuropas für Deutschland, BA-MA, R 88/571

geologisch-geographisch bedingte Zusammengehörigkeit der lothringischen und luxemburgischen Erzgebiete ließ es den nationalsozialistischen Machthabern nur konsequent erscheinen, im Zuge der beabsichtigten »Rückgliederung« Lothringens an das Reich auch Luxemburg zu annektieren.

Belgien und die *Niederlande* figurierten in der Liste der Lieferanten von in Deutschland dringend benötigten Importgütern an beachtlich hoher Stelle, wie Tabelle 1 darlegt.

Belgien, seit 1922 in Zoll- und Wirtschaftsunion mit Luxemburg verbunden, wies in etwa die gleiche Wirtschaftsstruktur wie Deutschland auf: Es betrieb eine höchst intensive Landwirtschaft, die aber bei weitem nicht den heimischen Bedarf zu decken vermochte, und es besaß eine ausgeprägte Ausfuhrindustrie bei starker Rohstoffabhängigkeit vom Ausland, insbesondere von seinen Kolonien. Brüssel war durch dichte Fäden mit dem Welthandel verwoben und unterhielt enge Handelsbeziehungen zu seinem deutschen Nachbarn. 1938 nahm das Reich den 3. Platz in der Reihe der Absatzländer der belgisch-luxemburgischen Union ein, und Belgien setzte allein 12,3 Prozent seiner gesamten Ausfuhr auf dem deutschen Markt ab. Während es Deutschland überwiegend mit Rohstoffen aus seinen Kolonien, mit Halbwaren, aber auch mit landwirtschaftlichen Erzeugnissen versorgte, lieferte das Reich umgekehrt in der Hauptsache Kohle und Fertigprodukte. Nach Auffassung der IG-Farben-Industrie bot

> »gerade der Außenhandel zwischen zwei so hoch entwickelten Ländern wie Deutschland und Belgien [...] ein Beispiel, wie vielfältig die Ergänzungsmöglichkeiten zwischen zwei Volkswirtschaften [...] und wie gut diese Möglichkeiten in beiderseitigem Interesse [sein konnten], auch wenn die einzelne Volkswirtschaft bemüht [war], die nationalen Produktivkräfte besser zu entwickeln«[48].

[48] Die deutsch-belgischen Handelsbeziehungen. Geheime Studie der IG-Farbenindustrie, 1.7.1939, BA-MA, Wi I A 4/145. Auch im Falle Belgiens waren vor der deutschen Intervention wirtschaftliche Analysen erstellt worden, so über »Wichtige Unternehmen der chemischen Industrie in Belgien«. Vertrauliche Studie der IG-Farbenindustrie, BA-MA, Wi I A 4/124; die geheime Expertise des Reichsamtes für wehrwirtschaftliche Planung, Dezember 1939, über »Die Wehrwirtschaftsstruktur Belgiens«, BA-MA, Wi I A 4/6.

Tabelle 2
Die Einfuhr der Niederlande aus Deutschland vom 1.1. bis 31.12.1938 und 1939 (Gewichte in Mill. kg br.; Wert in Mill. Gulden)

	1938		1939	
Warengruppe	Gewicht	Wert	Gewicht	Wert
Kohlen, Koks und Briketts	4145	36,3	4507	37,5
Kalk, Trass, Zement und Kreide	264,3	2,7	317,7	3,1
Salpeter und Kunstdünger	561,8	17,2	328	12,4
Naturstein	525	2,6	480	2,6
Eisen, Stahl und Erzeugnisse	333,9	50,6	421,1	61,5
Verzinntes Blech- und Blechwaren	17,6	3,8	20,4	4,2
Kupfer; Kupfer- und Messingerzeugnisse	11,6	7,6	12,2	8,3
Verschiedene Metalle, Metallegierungen	2,3	3,2	2,6	3,4
Verschiedene Mineralien und Fabrikate	1524	4,7	1477	5,7
Chemische Erzeugnisse	78	10,9	97,6	14,9
Farbwaren, Farbstoffe, Lacke	9,8	6,7	14	11,3
Garne	1,2	2,5	1,7	2,8
Manufakturen, Stoffe und Gewebe	4,4	11,6	5,5	13,1
Kleider und fertige Pelzwaren	1,6	10,5	2	11
Modewaren	0,5	2,9	0,6	3,5
Glas- und Glaserzeugnisse	19,8	3,1	35,8	4,8
Papier- und Papierwaren	40,1	8,9	82,8	14,3
Druckarbeiten	1,2	2,3	1,3	2,4
Fahrzeuge	11,4	9,9	14,4	12,8
Wasserfahrzeuge und Flugzeuge	3,8	2,6	22,9	8,9
Werkzeuge, Apparate	57,5	53,3	58,8	60
Radioartikel	0,9	2,5	0,9	2,9
Geräte	2,7	2,3	3,8	3
Instrumente und Zubehörteile	1,9	6,9	2	8,3
Lampen	1	2	1,2	1,9
Gegenstände aus verschiedenen Rohstoffen	6,5	8,6	7,2	9,8
Andere	252,2	31,8	258,5	33,6
Insgesamt	7880,0	308,0	8177,0	358,0

Quelle Zusammengestellt an Hand der offiziellen niederländischen Außenhandelsstatistik Mitteilungen der Deutschen Handelskammer für die Niederlande 6 (1940) 2 S 26–28 Ein- und Ausfuhr aus bzw nach Deutschland einschließlich Ostmark und Sudetengau und ab 1.7 1939 auch einschließlich Böhmen Mähren und Memel.
Die Zahlen für die Tschechoslowakei haben nur Gültigkeit für das Jahr 1938 und für die Zeit vom 1 1 1939 bis 30 6 1939 von diesem Zeitpunkt ab erscheinen die Zahlen für das Protektorat Böhmen und Mähren, wie auch für Memel unter Deutschland

Die Handelsbeziehungen zwischen dem Dritten Reich und den *Niederlanden* müssen als besonders intensiv bezeichnet werden (Tabellen 2 und 3). Wertmäßig stammten die größten holländischen Importe aus Deutschland, während Großbritannien sich als der beste Abnehmer niederländischer Waren erwies.

Natürlich war man sich auf deutscher Seite über die große Einfuhrabhängigkeit der Niederlande auf dem Ernährungs- und Rohstoffgebiet im klaren. Spielte man dennoch mit dem Gedanken einer Besetzung, dann mußte man den gleichzeitigen Ausfall der holländischen Überseezufuhren für Holland selbst und damit auch für

Tabelle 3
Die Einfuhr der Niederlande aus Deutschland vom 1.1. bis 31.12.1938 und 1939 (Gewichte in Mill. kg br.; Wert in Mill. Gulden)

	1938		1939	
Warengruppe	Gewicht	Wert	Gewicht	Wert
Fische und Schalentiere	20,3	2,6	13,5	2,2
Frisches Fleisch, Schlachtabfälle	2,5	1,5	0,8	0,3
Butter	13,7	11,9	11,6	10,3
Käse	17,8	10,1	15,9	9,1
Eier und Eierprodukte	33,3	15,1	30,9	12,2
Frisches Obst (m. Ausnahme v. Südfrüchten)	13,5	3,1	18,8	2,7
Frisches Gemüse	106	11,2	115	11,8
Blumen und Blumenzwiebeln	8	4,5	5,8	3
Pflanzliche Erzeugnisse	85,4	4,1	10,1	4,9
Kohlen, Koks und Briketts	1247,9	13,8	1099	12
Eisen, Stahl und Erzeugnisse	152,7	5,1	124,3	4,2
Kupfer, Kupfer- und Messingerzeugnisse	6,2	1,8	5,8	1,7
Zinn und Zinnwaren	6,5	10,7	–	–
Getreide	11,7	1,7	11,4	1,5
Farbwaren, Farbstoffe, Lacke	2,1	1,7	1,5	1,6
Pflanzliche Öle	34,9	6,3	28,4	4,4
Harze, Teer, Kohleteerprodukte	14,5	2	8,8	1
Häute und Felle	4,8	2,9	3,5	2,1
Garne	2	3,5	2,6	6
Manufakturen, Stoffe, Gewebe	2,6	1,9	2,7	1,7
Werkzeuge, Apparate	3,4	3,1	2,4	2,6
Andere	531,2	40,4	388,2	40,7
Insgesamt	2321,0	159,0	1901,0	136,0

Quelle: Zusammengestellt an Hand der offiziellen niederländischen Außenhandelsstatistik Mitteilungen der Deutschen Handelskammer für die Niederlande, 6 (1940), 2 S 26–28. Ein- und Ausfuhr aus bzw. nach Deutschland einschließlich Ostmark und Sudetengau und ab 1 7 1939 auch einschließlich Böhmen Mähren und Memel.
Die Zahlen für die Tschechoslowakei haben nur Gültigkeit für das Jahr 1938 und für die Zeit vom 1 1 1939 bis 30 6.1939; von diesem Zeitpunkt ab erscheinen die Zahlen für das Protektorat Böhmen und Mähren wie auch für Memel unter Deutschland.

Deutschland einkalkulieren. Dies bedeutete insbesondere einen empfindlichen Rückgang der Ausfuhr viehwirtschaftlicher Produkte Hollands nach Deutschland, denn die holländische Viehwirtschaft war weitgehend von der Einfuhr überseeischer Futtermittel abhängig. Auf der anderen Seite rechnete man aber in Berlin mit einem »wertvollen Zuwachs an Steinkohlenförderung«. Darüber hinaus mußten »die modernen Schiffswerften sowie das Hinzutreten von Betrieben, bes. der Stickstoff- und der Kunstseidenindustrie [...] neben den großen Vorräten der verschiedensten Art eine wesentliche Stärkung unserer Kriegswirtschaft bedeuten«. Gleichzeitig fielen natürlich die Niederlande für Großbritannien und Frankreich als Lieferant von Lebensmitteln (vornehmlich Käse, Milch, Gemüse, Schweine, Butter, Eier) aus, und Frankreich würde außerdem einen zehnprozentigen Koksausfall zu verkraften haben. »Diese Auswirkungen würden für die Westmächte um so fühlbarer werden, je mehr gleichzeitig eine Versorgung aus anderen Ländern

(Ostseeraum, Dänemark, Norwegen und Schweden) unterbunden werden könnte[49].« Diese letzte Begründung läßt bereits eine langfristige kriegsökonomische Perspektive erkennen, unter der die Bedeutung Luxemburgs, Belgiens und der Niederlande, insonderheit nach der Eroberung Norwegens und Dänemarks seitens der deutschen Wehrmacht, zu beurteilen sein wird.

Nach welcher Maßgabe sich das Außenhandelsgeschäft mit den neutralen westlichen Nachbarländern abwickelte, hatte Reichswirtschaftsminister und Reichsbankpräsident Funk zu Beginn des Jahres 1940 vor dem Beirat der Deutschen Reichsbank deutlich gemacht, wenn er erklärte, »der Außenhandel müsse sich eine noch straffere Lenkung gefallen lassen als bisher. Die Kriegswirtschaft denke nicht in Gold und Devisen, sondern in Rohstoffen und vor allem in Waren des Rüstungsbedarfs[50].« Kurz- und mittelfristig, ja geradezu als Prämisse eines erfolgreichen Feldzuges gegen Frankreich und England – eines Feldzuges, der ungeachtet der Blitzkriegkonzeption von nicht absehbarer Dauer sein konnte – stellte sich der deutschen militärischen, politischen und wirtschaftlichen Führung in der von uns beschriebenen ökonomischen Krisensituation des Dritten Reiches die Aufgabe, das allgemeine Wirtschafts- und das spezielle Rüstungspotential durch die Weiterführung, besser noch durch die Intensivierung des Warenaustausches mit Luxemburg, Belgien und Holland über den September 1939 hinaus in erheblichem Umfange zu vermehren. Denn, »daß dieser Krieg ein Kampf um die Existenz des deutschen Volkes« sein würde – gemeint war die Existenz des nationalsozialistischen Staates und seines sozialökonomischen Gefüges –, ein Kampf, in dem Großbritannien darauf abzielte, »unseren Außenhandel zu zerschlagen und unsere Wirtschaft abzuwürgen«, darüber bestand auch in Kreisen der Exportindustrie kein Zweifel[51]. Die Aufrechterhaltung und die Aktivierung des deutschen Außenhandels mit den neutralen westlichen Anrainerstaaten wurde um so dringlicher, als die englischen Blockademaßnahmen den Außenhandel Deutschlands stark beeinträchtigten, so daß Berlin nur durch die Intensivierung seiner Handelsbeziehungen zu den Neutralen Europas mit einem gewissen Verlustausgleich rechnen durfte

Hatte das Dritte Reich wegen seines rüstungsbedingt starken Rohstoff- und Nahrungsmittelbedarfs einerseits und wegen seines gedrosselten Exports aufgrund des eigenen hohen Wehrmachtbedarfs andererseits bewußt eine passive Außenhandelsbilanz in Kauf genommen (Ende August 1939 betrugen die deutschen Clearing-Schulden 411,5 Mill. RM), um seine Schulden später mittels der Reparationsleistungen der von ihm besiegten Gegner zu tilgen, so sah es sich nach Kriegsausbruch zum Abbau dieser seiner Schulden bei *den* Neutralen veranlaßt, die von England unter Druck gesetzt bzw. deren wirtschaftliche Verbindungen zu den britischen Inseln deutscherseits nicht unterbrochen werden konnten (Clearing-

---

49 Die wehrwirtschaftliche Lage und Bedeutung der Niederlande, Geheime Studie des Wi Rü-Amtes, 26.11.1939, BA-MA, Wi I A 4/123.

50 Protokoll der Sitzung des Beirates der Deutschen Reichsbank, 2.2.1940, BA-MA, Wi I/107.

51 Äußerung des AEG-Vertreters im Außenhandelsausschuß des Beirates der Deutschen Reichsbank. Protokoll der 2. Sitzung, 19.12.1939, BA-MA, Wi I/107.

Schuld am 15. Januar 1940 304,9 Mill. RM). Denn sehr bald stellte sich heraus, daß die Neutralen nur durch die Abdeckung eines wesentlichen Schuldenteiles dazu bewegt werden konnten, Deutschland mit den von diesem dringend benötigten Rohstoffen und Nahrungsmitteln in ausreichender Menge zu beliefern. Von deutscher Seite zeigte man sich daher bemüht, die Zahlungsbilanz insbesondere gegenüber Dänemark, Norwegen, Schweden, den Niederlanden und der Türkei auszugleichen.

»Es ist also nicht Deutschland gewesen, das die Absicht hatte, Schulden abzudecken, sondern das betreffende neutrale Ausland hat[te] eine Abdeckung dieser Schulden verlangt, ehe es den normalen Warenverkehr mit Deutschland fortzusetzen gewillt war[52].« Deutschland war genötigt, neben einer schwerpunktmäßig auf die Bedürfnisse der Wehrmacht ausgerichteten Produktion auch Exportgüter herzustellen – wenn auch in möglichst bescheidenem Rahmen –, um innerhalb des praktizierten Verrechnungsverkehrs über die für die Einfuhr kriegswichtigen Güter unabdingbaren Zahlungswerte zu verfügen, weshalb es galt, »die Deckung der Exportbedürfnisse [...] so zu bemessen, daß für die Kriegführung der höchstmögliche Nutzen erzielt« wurde. Denn, so rechnete man in Berlin, falls es gelang, die derzeitigen »Zufuhren der neutralen Staaten zu erhalten«, mußte Deutschland eigentlich in der Lage sein, »den Krieg rohstoffmäßig eine erhebliche Zeit« durchzustehen[53].

Um so empfindlicher reagierte man in Berlin auf die Ankündigung des in einer Zoll- und Wirtschaftsunion mit Belgien verbundenen Luxemburg, für den Fall einer deutschen militärischen Auseinandersetzung mit einem Nachbarstaat des Großherzogtums »die gesamte Erz- und Eisenindustrie des Landes stillzulegen«[54]. Berlin, Hauptabnehmer dieser Industrie und daher Hauptbetroffener einer solchen Maßnahme, setzte den Kleinstaat unter erheblichen politisch-militärischen und nicht zuletzt ökonomischen Druck, z.B. durch eine fünfzigprozentige Kürzung seines für die luxemburgische Eisenindustrie unentbehrlichen Koksdeputats, so daß das Großherzogtum schließlich versicherte, das deutsch-luxemburgische Wirtschaftsverhältnis auf der Basis bestehender Vereinbarungen auch im Kriege aufrechtzuerhalten[55].

Im Dezember 1939 überschritten die luxemburgischen Eisenerzlieferungen mengenmäßig die monatlichen Lieferquoten der Vorkriegszeit. Dennoch litten die Wirtschaftsbeziehungen unter latenten Spannungen, zumal sie sich durch die luxemburgisch-belgische Union nur in begrenztem Rahmen *bilateral* gestalten ließen. Brüssels außenwirtschaftliche Bewegungsfreiheit war nämlich stark eingeengt durch die Abhängigkeit seines merkantilen Verkehrs mit den Kolonien vom Wohlwollen Londons, das ja den Kanal kontrollierte. Berlin sah sich deshalb zu

52 Aufzeichnung des Verbindungsoffiziers des Wi Rü-Amtes zur Reichsbank, 17.1.1940, über die »Außenhandelsbilanz Deutschlands (Entwicklung des Clearing-Verkehrs)«, BA-MA, Wi, I/107.

53 Geheime Rede des Oberstleutnant Petri (wie Anm. 35).

54 Geheime Telefonnotiz des Staatssekretärs im Auswärtigen Amt, Weizsäcker, 29.8.1939, an Gesandtschaft Luxemburg, PA, Büro Staatssekretär, Liechtenstein, Luxemburg.

55 Telefonnotiz von Staatssekretär Bülow, 12.9.1939, an Botschaft Brüssel, PA, Büro Staatssekretär, Belgien Bd 1.

Tabelle 4
Unter das belgische Ausfuhrverbot fallende Waren

Warenbezeichnung	Deutscher Anteil an der belg. Ausfuhr 1938 in %
Rohkautschuk	55
id. Abfälle	60
Leichtöle	30
Schweröle	50
Tierische Fette für Industriezwecke	90
Schweineschmalz	60
Knochenfette	70
Palmfette	60
Wolle	75
Ramie	80
ges. Schweinespeck	50
Reis, geschält	20
Zinnerz	90
Eisenerz (luxemburgisch!)	90
Mangan	20
Blei	70
Molybdän	95
Wolfram	95
Eisenmetallegierungen	25
Aluminium	25

Quelle: Schreiben des Reichswirtschaftsministers, 3.11.1939 an das Auswärtige Amt, PA Ha.-Pol. Wiehl, Belgien

© MGFA 04609-04

wesentlichen wirtschaftspolitischen Zugeständnissen gegenüber dem Königreich genötigt, ließ gleich zu Beginn des Krieges durch die Entsendung des Leiters der Wirtschaftsabteilung des Auswärtigen Amtes, Botschafter Ritter, nach Brüssel und Luxemburg sein Interesse an der Aufrechterhaltung des wirtschaftlichen Austausches bekunden und erklärte sich sogar zu Verhandlungen über Kriegsgerät, insbesondere über die Lieferung von Flugmotoren und Flugzeugen im Tausch gegen wertvolle Rohstoffe bereit. »Aus besonderen Gründen« – darunter hatte man die seitens Hitler für Ende 1939 geplante Intervention zu verstehen – sollten die »erwähnten Geschäfte« aber »dilatorisch« behandelt werden[56]. Zu einer akuten Krise kam es, als die luxemburgisch-belgische Union, französischem und britischem Drängen nachgebend, ein allgemeines Ausfuhrverbot solcher Waren erließ, die bisher im wesentlichen von Deutschland bezogen wurden (Tabelle 4).

Verhandlungen mit der Union und auch mit den Niederlanden, die sich gegenüber den westlichen Feindmächten in ähnlicher Weise verpflichtet hatten, über eine Aufhebung der Beschränkungen scheiterten, obgleich Hitler unmittelbar nach Kriegsbeginn – ungeachtet des geplanten Überfalls – persönlich umfangreichen Kriegsgerätelieferungen und dem Export von Maschinen für die Rüstungsindustrie nach Holland in der Erwartung von Gegenleistungen in Form kriegswichtiger

[56] Geheime Schreiben des Auswärtigen Amtes, 19.10.1939, an die Deutsche Botschaft Brüssel, PA, Deutsche Botschaft Brüssel – secreta.

Importe und Nahrungsmittel zugestimmt hatte[57]. Gegen Jahresende 1939 von den deutschen militärischen Instanzen als Reaktion auf die niederländischen Ausfuhrverbote gesperrte Waffen- und Munitionslieferungen mußten, nachdem die Intervention auf das Frühjahr des Jahres 1940 verschoben worden war, auf ausdrückliche Weisung des »Führers« freigegeben werden, wohl nicht allein in der Hoffnung auf ein wirtschaftspolitisches Einlenken, sondern wohl auch in der Absicht, der in den westlichen Nachbarländern ausgebrochenen Interventionspsychose entgegenzuwirken[58]. Hinzu kam, daß das OKW den holländischen »Zuwachs an Kampfkraft als militärisch unbedenklich angesehen« hatte[59].

Erst als die deutschen operativen Planungen endgültige Gestalt annahmen, also Ende Januar, Anfang Februar 1940, wurden die deutsch-niederländischen Verhandlungen über die Lieferung von Kriegsgerät an Den Haag seitens der deutschen Delegation dilatorisch geführt. Hitler selbst hatte entschieden, »daß weitere Flak-Lieferungen an Holland nicht getätigt werden soll[t]en, daß vielmehr versucht werden müß[t]e, die Holländer weiter hinzuhalten«. Entsprechend dieser Weisung hatte der Staatssekretär im Auswärtigen Amt, v. Weizsäcker, dem niederländischen Delegationsleiter in der zweiten Märzhälfte zu erklären, die Wehrmacht könne noch nicht übersehen, »welche Reserven sie im Falle größerer Kampfhandlungen benötige«[60]. Diese restriktive Handelspolitik war in dem Augenblick möglich geworden, als man sich in absehbarer Zeit ohnehin im Besitz der luxemburgischen, belgischen und niederländischen Rohstoffe und Produktionskapazitäten wußte, die sich Frankreich und Großbritannien in der Frist bis zur Intervention im Mai 1940 großenteils nutzbar machten.

Die erzwungene Begünstigung dieser beiden Mächte lieferte Hitler einen willkommenen Vorwand zur – wie er sich ausdrückte – Übernahme des Schutzes der Neutralität Belgiens und der Niederlande durch das deutsche Schwert. Der entsprechende Erlaß zur Übernahme dieses Schutzes sah als erste konkrete Anweisung an die Militärs vor, »die Bevölkerung zu schonen« und »das Wirtschaftsleben in Gang zu halten«[61]. Bereits Anfang Oktober 1939 hatte Hitler Weisungen erteilt, die sich in »besonderen Anordnungen für die Verwaltung der besetzten Gebiete Luxemburgs, Belgiens und Hollands« niederschlugen. Sie enthielten u.a. die Forderung, den »Warenverkehr der besetzten Gebiete in dem Reich [...], sobald es die Lage gestatte[te], wieder aufzunehmen«[62]. Demzufolge unterstrich das Oberkommando des Heeres in der ersten Besprechung über Maßnahmen der Militärverwaltung im Westen die Notwendigkeit, »durch die Operationen eintretende Stille-

[57] Aktennotiz des Auswärtigen Amtes, 8.9.1939, über einen entsprechenden Führerentscheid. Vgl. auch eine entsprechende Erklärung des OKW, 14.10.1939, ebd.

[58] »Der Führer sei der Ansicht«, so heißt es in einer Aufzeichnung des Auswärtigen Amtes, 14.12.1939, »daß man die Waffen den Holländern langsam und in kleinen Partien liefern solle«, ebd.

[59] Aufzeichnung des Auswärtigen Amtes, 26.2.1940, ebd.

[60] Vermerk des Leiters der Wirtschaftpolitischen Abteilung des Auswärtigen Amtes, Wiehl, 19.3.1940, in: Akten zur deutschen auswärtigen Politik 1918-1945, Serie D: 1937-1945, Bd 9, 2, Frankfurt a.M. 1962, S. 13 f., hier S. 14 (zit. ADAP, Ser. D. Bd 9,2).

[61] Weisung Hitlers, 9.5.1940, PA, Unterstaatssekretär, Belgien, Holland, Luxemburg I.

[62] Anordnung des OKW, 4.11.1939, BA-MA, RW 4/vorl. 581.

gungen [von Betrieben] sofort rückgängig zu machen. Insbesondere soll[t]en die Rüstungsbetriebe voll weiterlaufen, ebenso Gas- und Elektrizitätswerke[63].« Die von langer Hand vorbereitete Kontrolle und Lenkung der gesamten Wirtschaft behielt der Führer sich selbst letztinstanzlich vor. Dies fand beispielhaft seinen Ausdruck in der bereits am 18. Mai 1940 verfügten Einsetzung einer Zivilverwaltung in den Niederlanden unter Seyss-Inquart, der Hitler unmittelbar unterstand und dem, »da die deutsche Kriegswirtschaft eine einheitliche Planung für die von den deutschen Truppen besetzten Gebiete erforder[e], [...] auch Generalfeldmarschall Göring im Rahmen der ihm als Beauftragten für den Vierjahresplan obliegenden Aufgaben [...] Weisungen erteilen« durfte[64]. Für den hohen Stellenwert der zu erobernden Westgebiete einschließlich Frankreichs innerhalb der deutschen Kriegswirtschaft spricht die noch am Interventionstag erfolgte Einsetzung eines der profiliertesten Wirtschaftsexperten der Regierung, des Staatssekretärs Posse, zum Wirtschaftsbevollmächtigten für die Westgebiete. Posse, bereits Stellvertreter des Generalbevollmächtigten für die Kriegswirtschaft, war dann noch zwischen 1941 und 1945 als Generalbevollmächtigter für den Unilever-Konzern in Rotterdam tätig. Ihm fiel die Aufgabe zu, »das Wirtschaftsleben in den von den Truppen besetzten Gebieten an die Erfordernisse der deutschen Kriegswirtschaft anzupassen«[65]. Auf Vorschlag des OKW beriet man daher bereits am Tag vor der belgischen Kapitulation, also am 27. Mai 1940, innerhalb des IG-Farben-Konzerns, der über ein zentrales wirtschaftswissenschaftliches Institut verfügte, über »für das IG-Geschäft augenblicklich aktuelle Gegenstände«[66], und kurze Zeit später bemühte man sich auf Drängen des OKW, »etwa bestehende vordringliche Wünsche« gegenüber der belgischen Wirtschaft zu Papier zu bringen[67]. Sie zu befriedigen hieß, kurzfristig »militärische wichtige Rohstoffe wie Erdöl, Zinn, Kautschuk ohne Rücksicht auf Bezahlung [...] sicherzustellen« und langfristig »die Volkswirtschaft selbständig arbeiten zu lassen und auf diese Weise [...] für uns nutzbar [zu] machen«[68]. »Von den Vorräten sollte den Holländern [...] so viel belassen bleiben, daß der kriegsmäßig eingeschränkte Bedarf für den gleichen Zeitraum und in gleichem Maße wie in Deutschland gedeckt werden« würde[69]. Tabelle 5 veranschaulicht dieses Prinzip.

Die schnelle und möglichst genaue Erfassung der Produktionsmittel, der allgemeinen Vorräte und des Kriegspotentials erforderte eine straffe und weitver-

---

63 Aufzeichnung einer Besprechung über die Organisation der Militärverwaltung im Westen, 10.5.1940, PA, Büro Staatssekretär, Einmarsch in Belgien, Holland, Luxemburg, Bd 1.

64 Geheime Anordnung Hitlers, 19.5.1940, PA, Ha.-Pol. Handakten v. Maltzan, Niederlande, Krieg.

65 Anordnung des OKW, 10.5.1940, PA, Büro Unterstaatssekretär, Belgien, Holland, Luxemburg I.

66 Protokoll der 32. Sitzung des Kaufmännischen Ausschusses des IG-Farben-Konzerns, zit. nach D. Eichholtz, Geschichte der deutschen Kriegswirtschaft 1939-1945, Bd 1: 1939-1941, Berlin (Ost) 1971, S. 163.

67 Rundschreiben des Vorsitzenden des Kaufmännischen Ausschusses des IG-Farben-Konzerns, 6.6.1940, an die Ausschußmitglieder, ebd., S. 164.

68 Aufzeichnungen über eine Besprechung im Auswärtigen Amt, 24.5.1940, über die aus der Besetzung Hollands sich ergebenden Wirtschaftsfragen, PA, Unterstaatssekretär, Belgien, Holland, Luxemburg I.

69 Geschichte der Rüstungsinspektion Niederlande vom 10.5.-30.9.1940, BA-MA, Wi I A 5/18.

Tabelle 5
Sicherstellung von Rohstoffen in den Niederlanden

	erkundet	abtransportiert
Eisen und Stahlschrott	–	50000 t
Gußeisenschrott	–	8600 t
Zinn	3000 t	1750 t
Aluminium	600 t	150 t
Kohle und Koks	775000 t	600000 t
Schwefelkies	140000 t	9000 t
Wolle	9500 t	2600 t
Baumwolle	22500 t	4700 t
Sisal	6300 t	–
Manila	1700 t	–
Cocos	4000 t	–
Häute	13000 t	4000 t
Naturkautschuk	3000 t	1600 t
Kautschukmilch	600 t	375 t
Altgummi	3000 t	1200 t
Asbest	1300 t	–
Aceton	300 t	100 t
Öle und Fette	220000 t	69000 t
Autobenzin	190500 t	88000 t
Flugbenzin	56000 t	50000 t
Benzol	8300 t	–
Gasöl	85000 t	10000 t
Heizöl	77500 t	–
Petroleum	46200 t	–
Rohöl	79300 t	–
Rohtabak	55000 t	5400 t
Kaffee	28000 t	7000 t

(Diese Mengen waren bis zum 30.9.1940 ins Reich abtransportiert worden.)

Quelle: Geschichte der Rüstungsinspektion Niederlande vom 10.5.1940 bis 30.9.1940, BA-MA, Wi A5/18.

zweigte Organisation zu Diensten des Wirtschaftsbevollmächtigten, dem daher Sachbearbeiter für folgende Bereiche beigegeben wurden: Allgemeine Wirtschaftsfragen, Transportbedarf der Wirtschaft, Gewerbliche Wirtschaft, Sozial- und Arbeitsfragen, Rüstungswirtschaft, Währungs-, Geld- und Kreditwesen, Ernährungs- und Landwirtschaft, Finanzfragen, Forst- und Holzwirtschaft, Preisregelung[70], Auswärtiger Waren- und Zahlungsverkehr.

Hinzu traten die Rüstungsinspektionen unter den jeweiligen Militärbefehlshabern. Die vordringliche Aufgabe all dieser Einrichtungen bestand darin, »die Versorgung der kämpfenden Truppe durch weitgehende Ausnutzung geeigneter Betriebe für Reparaturzwecke« zu erleichtern[71]. Daneben galt es, unter einer langfri-

---

[70] Vgl. Anordnung des Oberbefehlshabers des Heeres, 10.5.1940, PA, Unterstaatssekretär, Belgien, Holland, Luxemburg I.

[71] Richtlinien des OKW, 13.6.1940, über die wirtschaftliche Ausstattung der besetzten Gebiete, BA-MA, Wo 1-8/25.

stigen Perspektive die okkupierten Territorien wirtschaftlich neu zu ordnen, und zwar mittels umfänglicher administrativer Eingriffe. Die entsprechenden Verordnungen und Erlasse, längst erarbeitet, bedurften nach der Okkupation lediglich der Inkraftsetzung, um ohne Zeitverlust angewendet zu werden. Noch am 10. Mai ergingen Bekanntmachungen über den Wechselkurs (1 niederländischer Gulden zu 1,50 Reichsmark, 1 luxemburgischer Franken zu 0,125 Reichsmark, 1 Belga zu 0,50 Reichsmark), ein Verbot über Preis- und Lohnerhöhungen, eine Verordnung über die vorläufige Regelung des Zahlungsverkehrs zwischen dem besetzten niederländischen und belgischen Gebiet und dem Reich. Eine Devisenverordnung für Belgien und Luxemburg folgte Mitte des Monats[72].

Umfang und Bedeutung des aus den drei Okkupationsgebieten gezogenen unmittelbaren allgemein- und rüstungswirtschaftlichen Nutzens können hier nur punktuell angedeutet werden. Unter anderem wurde die Zahlungsfähigkeit des Reiches durch die in den Niederlanden konfiszierten 400 bis 500 Mill. Reichsmark in Gold und Noten momentan erheblich verbessert[73], wenn man – um eine Kaufkraftvorstellung zu vermitteln – weiß, daß ein für militärische Zwecke ausgerüstetes Flugzeug damals rund 300 000 RM kostete. Die in den Niederlanden sichergestellten Stahlmengen ermöglichten eine Steigerung der Munitionsproduktion um 40 Prozent[74]. Nach einer ersten Inspektion der Vorräte in den holländischen Häfen gewann der Abteilungsleiter im Reichswirtschaftsministerium, Kehrl, die Überzeugung, »daß unsere Rohstofflage in vielen Punkten eine entscheidende Änderung erfahren würde«[75]. Darüber hinaus machte man sich frühzeitig Gedanken über die Neugestaltung des Handelsverkehrs zwischen dem Dritten Reich und den besetzten niederländischen Territorien. War, wie bereits erwähnt, das Clearing-Konto vor der Intervention ausgeglichen gewesen, um deutscherseits über den Kriegsausbruch hinaus eine Gewähr für einen ungestörten Warenzustrom aus Holland zu besitzen, so ließ man bereits Ende Mai das Kompensationsprinzip fallen. Deutschland wollte seine Einfuhr aus den Niederlanden erheblich steigern, seine Ausfuhr aber beträchtlich absinken lassen. Behielt man mit dieser Absicht das Clearing-System, also den wertmäßigen Ausgleich der wechselseitigen Lieferungen zweier Staaten, bei, und man war in Berlin hierzu entschlossen, dann mußte der holländische Staat die nun eintretende deutsche Verschuldung aus den Verrechnungsabkommen übernehmen. Mit anderen Worten, die niederländische Regierung mußte ihre Exporteure für einen Teil ihrer Lieferungen nach Deutschland bezahlen. Nach grober Schätzung rechnete man für 1940 mit einer holländi-

---

72 Vgl. PA, Rechtsabteilung, Völkerrecht, Kriegsrecht Nr. 35. Besetzung westlicher Gebiete (Luxemburg, Belgien, Niederlande) durch Deutschland, Bd 1. Vgl. zur weiteren Entwicklung H. v. Boeckh, Neuordnung der Handels- und devisenpolitischen Beziehungen der Niederlande, in: Die Niederlande im Umbruch der Zeiten, hrsg. i.A. des Reichskommissars für die besetzten niederländischen Gebiete, Reichsminister Dr. Seyss-Inquart, von M. Frhr. Du Prel, Würzburg 1941, S. 247-255.

73 Wehrwirtschaftlicher Lagebericht des Wi Rü-Amtes für 1940, BA-MA, Wi I F 5/662.

74 Halder, Kriegstagebuch (wie Anm. 28), Bd 1, S. 31.

75 H. Kehrl, Krisenmanager im Dritten Reich. 6 Jahre Frieden – 6 Jahre Krieg. Erinnerungen, Düsseldorf 1973, S. 190.

schen Mehrlieferung nach Deutschland in Höhe von 100 Mill. hfl., eine Summe, die somit der niederländische Staat zugunsten Deutschlands an die niederländischen Exporteure auszuzahlen hatte[76].

Aus belgischem Besitz wurden rund 70 t Gold sichergestellt, und der Kriegführung kam unmittelbar das Beutematerial zugute, das allein in Belgien zur Ausrüstung von 70 Divisionen ausreichte[77]. Nach Darstellung der Wirtschaftsgruppe »Eisen schaffende Industrie« waren »die Sorgen um die ausreichende Erzbeschaffung [...] überwunden, nachdem die lothringisch-luxemburgischen Erzbecken in unserer Hand gefallen sind«. Der Interessenverband sprach in diesem Zusammenhang von einer Großtat des deutschen Heeres, für die das deutsche Volk seinem Führer und Hermann Göring »unermeßlichen Dank« schulde[78]. Immerhin verfügte das Großherzogtum über 38 Hochöfen, vier Thomasstahlwerke, zwei Siemens-Martin- und Elektrostahlwerke sowie über vier Walzwerke, die »unverzüglich für die deutschen Bedürfnisse eingesetzt werden« konnten[79]. Der zusammenfassende Bericht des Wehrwirtschafts- und Rüstungsamtes für das erste Quartal des Jahres 1940 skizziert wohl am überzeugendsten die neue ökonomische Situation mit den folgenden zusammenfassenden Sätzen:

> »Die durch die militärischen Erfolge im April/Juni 1940 erreichte *Verbesserung der Rohstoff-Basis der deutschen Kriegsrüstung* – Vorräte, Bodenschätze, Verarbeitungsstätten – hat naturgemäß auf den meisten Gebieten eine entscheidende Entlastung herbeigeführt [...]. Die neubesetzten Gebiete im Westen brachten einen wesentlichen Zusatz an Erzeugungskapazitäten, so Eisenerzgewinnung in Lothringen und Luxemburg, Eisen- und Stahlerzeugung in Belgien und Luxemburg, so daß die erhöhten Stahlanforderungen für das 4. Quartal 1940, wenn auch nicht 100%ig, so doch zum größten Teil erfüllt werden konnten. Im Jahre 1941 werden weitere Erhöhungen möglich sein. Das Ausmaß der eingetretenen Erleichterung der Versorgung hängt von dem Tempo und dem Ausmaß der Wiederinbetriebsetzung der durch den Krieg in Mitleidenschaft gezogenen Produktionsanlagen im besetzten Gebiet ab[80].«

Die Eroberung Belgiens, Luxemburgs und der Niederlande trug des weiteren zur Behebung des Arbeitskräftemangels innerhalb der deutschen Kriegswirtschaft bei. Die gefangenen belgischen Soldaten wurden nach Flamen und Wallonen getrennt, und während die Flamen in den heimischen Produktionsprozeß entlassen wurden, kamen die Wallonen weitgehend in Deutschland selbst zum Arbeitseinsatz. Auf ausdrücklichen Befehl Hitlers waren die holländischen Kriegsgefangenen rasch wieder auf freiem Fuß, um im Dienste der deutschen Rüstungswirtschaft den Wiederaufbau ihrer Heimat zu betreiben und für die Ingangsetzung und Normalisie-

---

76 Aufzeichnung über eine Besprechung im Auswärtigen Amt am 24.5.1940, über die aus der Besetzung Hollands sich ergebenden Wirtschaftsfragen, in: ADAP, Ser. D., Bd 9, 2, S. 351 f.

77 Wagner, Der Generalquartiermeister (wie Anm. 1), S. 178.

78 Zit. nach Riedel, Eisen und Kohle (wie Anm. 34), S. 267.

79 Information für die deutschen Botschaften im Ausland, 15.5.1940, PA, Ha.-Pol. Handakten v. Maltzan, Belgien II, Wirtschafts- und Finanzfragen.

80 Wehrwirtschaftlicher Lagebericht für 1940. Vgl. Deutschland im Zweiten Weltkrieg, Bd 1: Vorbereitung, Entfesselung und Verlauf des Krieges bis zum 22. Juni 1941, Köln 1974, S. 333-337; F. Baudhuin, L'économie belge sous l'occupation 1940-1944, 2. Aufl., Bruxelles 1945. Vgl. M.G. Haupt, Der »Arbeitseinsatz« der belgischen Bevölkerung während des Zweiten Weltkrieges, Diss., Bonn 1970.

rung des Wirtschaftslebens zu sorgen. War dieses Nahziel einmal erreicht, dann bestand die Möglichkeit, die Produktionskapazitäten in den Niederlanden beträchtlich auszuweiten und kriegswirtschaftliche Aufträge gezielt nach Holland zu vergeben. Hatte es nach Presseangaben des Reichskommissars für die Niederlande im Juni 1940, also knapp vier Wochen nach dem deutschen Einmarsch, noch rund 321 800 Arbeitslose gegeben, so gelang es bis Ende des Jahres, diese Zahl auf ca. 145 000 zu reduzieren, wobei annähernd 100 000 Holländer im Deutschen Reich beschäftigt wurden[81].

Allerdings hat es nicht an Stimmen gefehlt, die über die augenblickliche Verbesserung der ökonomischen Situation Deutschlands hinaus die Okkupation der besagten Territorien à la longue als eine wirtschaftliche Fehlkalkulation bezeichneten, weil sie auf einer falschen Kosten-/Nutzen-Analyse basiere. Die Aufrechterhaltung der Neutralität der drei Staaten, so argumentierten namhafte Militärs und Wirtschaftspolitiker, hätte diese im Verlauf der englischen Blockade zwangsläufig in immer engere wirtschaftliche Beziehungen und Abhängigkeit zum Reich gebracht, dessen Hauptinteresse sich auf die durch die Blockade ohnehin nicht mehr zu beschaffenden Rohstoffe aus den Kolonien konzentriert habe.

Eine solche Sicht des Geschehens läßt zwei Kriterien zur Beurteilung der nationalsozialistischen Kriegspolitik unbeachtet: einmal das militärstrategische Konzept und zum anderen das ökonomische und machtpolitische Langzeitprogramm. Zum ersteren äußerten sich im Spätsommer 1940 die Monatshefte für auswärtige Politik, wenn sie in einem Rückblick auf »Ein Jahr Wirtschaftskrieg« die positive militärische Lage auf die frühzeitige Erkenntnis des Gewichtes zurückführten, welches »den wirtschaftlichen Dingen im Kriege zukommen« mußte[82]. »Die deutsche Auffassung, wonach der *kraftvolle* und *kombinierte* Einsatz der *wirtschaftlichen* und *militärischen* Mittel den Sieg verbürgt[en]«, habe »sich somit als richtig erwiesen«[83]. Bereits im Februar-Heft der Zeitschrift, also noch vor Beginn des Westfeldzuges, wurde in einem Leitartikel die Aufgabe der zukünftigen Kriegführung definiert, nämlich

> »Wirtschaftsräume [abzustecken], die dem Zugriff der Flottenhegemonie anderer entzogen sind, und genügend Rohstoffe und Nahrungsmittel in der nötigen Auswahl aufweisen, um einen totalen oder Sanktionskrieg gegen einen derartigen Raum als unmöglich oder mindestens äußerst zeitraubend erscheinen lassen. Die erfolgreiche Schaffung solcher standfester Lebensräume würden zwischen diesen und den maritimen Hegemo-

---

81 Die Neuorientierung der Handelsbeziehungen zwischen Deutschland und den Niederlanden. Wirtschaftsbericht der Deutschen Handelskammer für die Niederlande über das Jahr 1940, in: Niederlande. Deutsch-Niederländische Wirtschafts-Zeitschrift, 7 (1941), 3, S. 13-16. Vgl. den Schlußbericht über den Einsatz der Militärverwaltung in den Niederlanden vom 16.-29.5.1940, BA-MA, Wi I A 5/4; H. Pfahlmann, Fremdarbeiter und Kriegsgefangene in der deutschen Kriegswirtschaft 1939-1945, Darmstadt 1968, S. 31-32, mit leicht differierenden Zahlenangaben; E.L. Honize, Foreign Labour in Nazi Germany, Princeton (N.J.) 1967; B.A. Sijes, De arbeidsinzet. De gedwongen arbeid van Nederlanders in Duitsland, 1940-1945, s'Gravenhage 1966.

82 Monatshefte für auswärtige Politik, 1940, S. 748.

83 Ebd., S. 752.

nialmächten eine wirtschaftliche und diplomatische Ebenbürtigkeit herstellen, die wahrscheinlich für den Aufbau einer gesunden Welt eine unerläßliche Vorbedingung«[84] sei. In diesen Sätzen enthüllt sich die ökonomische Motivation des Überfalles auf die neutralen westlichen Staaten, nämlich Abschneiden Großbritanniens von einem wichtigen Ergänzungsmarkt bei gleichzeitiger Erweiterung des deutschen wirtschaftlichen Lebensraumes. Diese Erweiterung hatte Hitler vor 1933 ausschließlich im Osten, vornehmlich in Rußland projektiert, um der deutschen Wirtschaft »ein inneres Absatzgebiet [zu] erschließen, daß sie langsam [...] dem Geraufe um den sogenannten Platz an der Sonne in der übrigen Welt«[85] durch Schaffung eines autarken Großraumes entziehen sollte. Realisieren ließ sich eine solche Idee letztlich nur durch den von den Nationalsozialisten immer kalkulierten Krieg, auf den man sich seit 1933 mit allen wirtschaftlichen Kräften unter Hintansetzung aller sonstigen ökonomischen und sozialen Bedürfnisse konzentrierte. Aber schon 1934 war das NS-Regime zur Einsicht in die zu schmale ökonomische Basis des Reiches zur Finanzierung der Aufrüstung im geplanten Umfang und zur Sicherstellung der Bevorratung im Kriege genötigt. »Ein Staat« aber, so warnte ein bekannter Wirtschaftswissenschaftler, »der im Kriegsfall nicht die materiellen Mittel hat, seine Einwohner selbst mit den lebenswichtigen Gütern zu versorgen und die Kriegswerkzeuge zu beschaffen, wird notwendig in die Gefahr kommen, den Krieg zu verlieren[86].« Wollte man den wirtschaftlichen Zusammenbruch unter Beibehaltung des rüstungswirtschaftlichen Kurses abwenden, dann hatte man, ehe es zu einem Konflikt mit der UdSSR kam, unter rücksichtsloser Ausnutzung aller inländischen Ressourcen an Roh- und Werkstoffen in einer kurzwährenden übermäßigen wirtschaftlichen Anstrengung auf eine militärische Intervention zwecks partieller Ausdehnung der ökonomischen Grundlage hin zu rüsten, die wiederum ausreichend Substanz für erneute Rüstungsinitiativen im Blick auf das Endziel des autarken Großraumes bieten mußte.

Es nimmt daher nicht wunder, daß sich in der Reaktion auf unsere Krisenerscheinungen innerhalb des nationalsozialistischen Wehrwirtschaftssystems allenthalben Stimmen erhoben, die die Hitlersche, auf Osteuropa ausgerichtete Großraumvorstellung um eine westeuropäische Dimension erweitert wissen wollten. Der Leiter des Kieler Instituts für Weltwirtschaft, Predöhl, sprach bereits 1934 von der Nichtidentität des deutschen Staatsraumes mit dem deutschen Wirtschaftsraum[87], welcher durch ein Präferenzsystem mit Deutschlands neutralen Nachbarn erheblicher Erweiterung bedürfe[88]. Und das offizielle NS-Wirtschaftsorgan »Die deutsche Volkswirtschaft« beschwor bereits 1934 die militärische Entwicklung des

[84] Ebd., S. 83 f.

[85] Hitlers Zweites Buch. Ein Dokument aus dem Jahr 1928. Eingeleitet und kommentiert von Gerhard L. Weinberg, Stuttgart 1961, S. 219.

[86] B. Laum, Die geschlossene Wirtschaft. Soziologische Grundlegung des Autarkieproblems, Tübingen 1933, S. 255.

[87] A. Predöhl, Staatsraum und Wirtschaftsraum, in: Weltwirtschaftliches Archiv, 39 (1934), 1, S. 1-12.

[88] Ders., Die Beziehungen zwischen Währung und Handelspolitik, in: Zeitschrift für die gesamte Staatswissenschaft, 97 (1937), S. 71-84, hier S. 79.

Jahres 1940 herauf, wenn es forderte, »daß die notwendigen Nahrungsmittel und Rohstoffe, die in unserem Lande nicht vorhanden sind, [...] in erster Linie dort gekauft« werden sollten, »wo sie im Falle von Verwicklungen im Bereich der eigenen Waffen« lägen[89]. Amtlicher- und industriellerseits angestellte Erhebungen über die wirtschaftliche Potenz der einzelnen europäischen Staaten prognostizierten den Wert der im Kriegsfalle vermutlich neutral bleibenden oder mit Deutschland verbündeten Nachbarländer. In Auswertung dieser Studien kam das Arbeitswissenschaftliche Institut der Deutschen Arbeitsfront, also eine amtliche Institution, zu folgenden Ergebnissen: Zum einen, »daß die europäische Nahrungsmittelversorgung aus eigener Produktion gedeckt ist, wenn der Einfuhrbedarf England (und Frankreichs) außer Betracht bleibt«. Nicht ganz so ausgeglichen erschien zum anderen die Bilanz bei den Rohstoffen. Denn hier überstieg der europäische Bedarf ohne England und Frankreich immer noch die eigenen Vorkommen, doch nur um die Menge, die man in friedlichen Zeiten für die Exportproduktion nach Übersee benötigte, die aber im Falle einer englischen Seeblockade ohnehin stillstehen würde[90].

Als sich der Polenfeldzug zu einem großen Krieg von nicht absehbarer Dauer auszuweiten drohte, vermochten die gesamtwirtschaftlichen und speziell rüstungsökonomischen Verhältnisse des Dritten Reiches den veränderten wirtschaftlichen Anforderungen in keiner Weise Rechnung zu tragen, und die Verantwortlichen entschlossen sich zur territorialen Expansion zwecks Absicherung eines relativ geschlossenen europäischen Wirtschaftsraumes, solange der deutsche Rüstungsvorsprung dies noch gestattete. Die nötigen Vorbereitungen hierzu setzten gleich im September 1939 mit der Gründung der »Gesellschaft für europäische Wirtschaftsplanung und Großraumwirtschaft« ein, pro forma ein eingetragener Verein, in Wirklichkeit eine regierungs- und parteiamtliche Einrichtung, an deren Spitze der führende NSDAP-Wirtschaftsideologe Werner Daitz stand, und deren innerer Vorstand sich aus fünf Staatssekretären und hohen Repräsentanten von Wirtschaft, Wehrmacht und Behörden rekrutierte. Die Gesellschaft wußte sich zu nichts Geringerem verpflichtet, als die notwendigen Vorkehrungen zu treffen, um »zu einer innerkontinentalen Intensivierung, Planung und Abstimmung der nationalen Wirtschaften aufeinander« zu kommen. »Dieser Prozeß der großraumwirtschaftlichen Neuordnung Europas« sollte sich zunächst noch »unter voller Wahrung« der »politischen und wirtschaftlichen Eigenständigkeit« der beteiligten Völker und Staaten vollziehen. Doch es war unzweideutig »Deutschland«, das, »in der Mitte des europäischen Kontinents gelegen, [...] dem Gedanken und der Notwendigkeit einer kontinental-europäischen Großraumwirtschaft zum Durchbruch zu verhelfen« hatte[91]. Die Okkupation der späteren Benelux-Länder führte diesem

89 Die Deutsche Volkswirtschaft, 3 (1934), S. 482.

90 Studie des Arbeitswissenschaftlichen Instituts über »Die wirtschaftliche Abhängigkeit der europäischen Neutralen«, BA-MA, R 88/vorl. 1531. Vgl. Die ernährungswirtschaftliche Blockadefestigkeit Deutschlands und Kontinentaleuropas, in: Wochenbericht des Instituts für Konjunkturforschung, 13 (1940), S. 145-152.

91 Expertise der Gesellschaft für europäische Wirtschaftsplanung und Großraumwirtschaft e.V., September 1939, Bundesarchiv (BA), N 43 II/311.

Ziel entgegen. Jedenfalls zeichnete sich für das Auswärtige Amt bereits Ende Mai 1940 »die Möglichkeit eines Großwirtschaftsraumes unter deutscher Führung ab«, dem neben Großdeutschland mit Böhmen/Mähren und Polen als wirtschaftlichem und politischem Zentrum Holland, Belgien, Luxemburg, Dänemark und Norwegen angehören mußten. In der Wilhelmstraße riet man, »bald zur endgültigen und letzten Form des wirtschaftlichen Anschlusses, der Wirtschaftsunion«, zu schreiten[92]. Unter diesem Aspekt war denn auch die Aufgabe des Reichskommissars für die besetzten niederländischen Gebiete laut Führer-Anweisung unmißverständlich formuliert. Sein Auftrag verstand sich »in erster Linie [als] ein politischer mit dem Ziele, die niederländische Bevölkerung für den Gedanken einer Einordnung der Niederlande in den großdeutschen und europäischen Wirtschaftsraum zu gewinnen«[93]. In den verschiedenen Ministerien und Dienststellen gediehen konkrete Pläne einer neuen politischen und wirtschaftlichen Ordnung eines Nachkriegs-Europa unter deutscher Führung. Erste Schritte in die genannte Richtung unternahm Göring bereits Mitte Juni 1940, indem er den Reichswirtschaftsminister beauftragte, konkrete Vorschläge für eine Kontinental- und Großraumwirtschaft auszuarbeiten[94]. Funk ging in einem ersten Memorandum davon aus, »daß die Eingliederung der besetzten Gebiete in die großdeutsche Wirtschaft und der Neuaufbau einer europäischen Kontinentalwirtschaft unter deutscher Führung [...] durch eine Reihe von Einzelmaßnahmen, mit denen sofort begonnen werden soll[te] und zum Teil auch schon begonnen worden« war, erreicht werden müsse[95]. Vorbilder für den angestrebten Großraum gaben die Vereinigten Staaten von Amerika und Rußland ab, wobei der Zusammenschluß, je nach der Intensität der bereits bestehenden Wirtschaftsverbindungen und je nach der geographischen Lage der einzelnen Staaten, auf unterschiedliche Weise erfolgen sollte. »Staaten, die Deutschland wirtschaftlich ergänz[t]en oder ihrer wirtschaftlichen Struktur nach ihm« nahestanden, mußten mit dem Dritten Reich weitgehend vereinigt werden. Das galt »vor allem für die nordischen Staaten sowie für die Niederlande, Belgien und Luxemburg«[96].

Göring stimmte den von Funk unterbreiteten Vorschlägen zu, die darin bestanden, »daß während des Krieges die Erzeugung von Nahrungsmitteln und kriegswichtigen Gegenständen [...] zugunsten der deutschen Kriegswirtschaft nach den Zielsetzungen des Vierjahresplans auf das höchstmögliche Maß gesteigert« wurden. »Für die Nachkriegszeit« kam es darauf an, »den wirtschaftlichen Machtbereich Deutschlands in Europa und der übrigen Welt soweit als möglich zu

92 Aufzeichnung des Leiters der Wirtschaftsabteilung des Auswärtigen Amtes, Karl Ritter, 1.6.1940, in: Anatomie der Aggression. Neue Dokumente zu den Kriegszielen des faschistischen deutschen Imperialismus im zweiten Weltkrieg, hrsg. und eingeleitet von G. Hass und W. Schumann, Berlin (Ost) 1972, S. 49-54, hier S. 49.

93 Aufzeichnung der Reichskanzlei, ohne Datum, BA, R 43/677. Vgl. dazu H. Fischböck, Die niederländische Wirtschaft im europäischen Raum, in: Die Niederlande im Umbruch der Zeiten, S. 243-246.

94 Erlaß Görings, 22.6.1940, BA, R 43 II/311.

95 Schreiben Funks, 6.8.1940, an Göring, in: Anatomie der Aggression (wie Anm. 92), S. 79-81, hier S. 80.

96 Vermerk des Reichswirtschaftsministeriums, 9.7.1940, BA, R 43 II/311.

erstrecken«. Ihm lag daher besonders daran, »daß noch vor Ende des Krieges eine möglichst intensive Durchdringung der holländischen und belgischen Wirtschaft durch deutsches Kapital auf breitester Grundlage angestrebt und umgekehrt holländischen und dänischen Interessenten Gelegenheit zu wirtschaftlicher Betätigung und zur Anlage ihres Kapitals in Deutschland eröffnet« wurde »mit dem Ziel, in kürzester Zeit eine wechselseitige Wirtschaftsverflechtung und Interessenbindung zwischen Deutschland und diesen Ländern zu schaffen«[97]. Dem im Sommer 1940 beim Generalkommissar für Finanzen und Wirtschaft in den Niederlanden eingerichteten »Referat für besondere wirtschaftliche Angelegenheiten« oblag es daher z.B., die zuständigen Stellen der Besatzungsbehörden und des Reiches über die finanzielle Situation holländischer Firmen zu unterrichten und sie in Fragen der Kapitalverflechtung zu beraten[98].

In der deutsch-luxemburgischen Zollunion fanden diese Bestrebungen ihren ersten praktischen Niederschlag, ihren theoretischen in der kaum überschaubaren Flut wirtschaftswissenschaftlicher und politischer Literatur zur europäischen Neuordnung. Der Reichswirtschaftsminister unterbreitete seine Vorstellungen sogar einer internationalen Journalistengruppe[99], sah sich dann aber auf Druck der Reichskanzlei zu umfangreichen Dementis gezwungen[100]. Auch die mit zahlreichen Schriften bekannter Politiker und Wirtschaftsprofessoren an die Öffentlichkeit drängende »Gesellschaft für europäische Wirtschaftsplanung und Großraumwirtschaft« erhielt einen publizistischen Maulkorb mit der Begründung, ihre Aufgabe bestehe in der stillen Erarbeitung der Grundlagen einer europäischen Großraumwirtschaft, nicht aber in deren im Ausland unnötig Beachtung findender Proklamation.

Dieser auf Deutschland ausgerichtete europäische Wirtschaftsraum blieb nach nationalsozialistischer Auffassung solange ein Torso, wie er den von Hitler in seinen programmatischen Schriften anvisierten Lebensraum im Osten nicht mit umfaßte. Denn, so hieß es in einer Denkschrift der genannten Gesellschaft, datiert drei Tage nach der belgischen Kapitulation, »eine kontinental-europäische Großraumwirtschaft unter deutscher Führung muß in ihrem letzten Friedensziel sämtliche Völker des Festlandes von Gibraltar bis zum Ural und vom Nordkap bis zur Insel Zypern umfassen, mit ihren natürlichen kolonisatorischen Ausstrahlungen in den sibirischen Raum und über das Mittelmeer nach Afrika hinein«[101]. Der künftige deutsche Kolonialbesitz, aber auch die Kolonialwirtschaften Hollands und Bel-

---

97 Brief Görings, 17.8.1940, an Funk, zit nach J. Freymond, Le IIIe Reich et la réorganisation économique de l'Europe 1940-1942. Origines et Projets, Leiden 1974, S. 245 f.

98 O. Ulshöfer, Einflußnahme auf Wirtschaftsunternehmungen in den besetzten nord-, west- und süd-osteuropäischen Ländern während des Zweiten Weltkrieges, insbesondere der Erwerb von Beteiligungen (Verflechtung), Tübingen 1958, S. 66 f.

99 Inhaltliche Wiedergabe im Deutschen Nachrichtenbüro Nr. 206, 25.7.1940, BA, R 43 II/311.

100 Überarbeitete Fassung W. Funk, Wirtschaftliche Neuordnung Europas!, Sonderdruck aus dem »Südost-Echo«, F. 30, 26.7.1940.

101 K. Drechseler, H. Dress, G. Hass, Der Platz Zentraleuropas in der Konzeption der Großraumwirtschaft (Zum Problem der Kriegsziele des faschistischen deutschen Imperialismus in Europa 1939-1945), in: Bulletin des Arbeitskreises »Zweiter Weltkrieg«, 1/2 (1970), S. 2-29, hier S. 6; W. Schumann, Die »Neuordnungs«-Pläne des faschistischen deutschen Imperialismus in Europa, ebd., 3/4 (1971), S. 7-44.

giens sollten die Grundlagen der Autarkie bilden. Den mitteleuropäischen Großraum unter Einschluß Luxemburgs, Belgiens und der Niederlande werteten die Nationalsozialisten gleichsam als die ökonomische Plattform, von der aus man – ernährungs- und rüstungswirtschaftlich vermeintlich gesichert – die Expansion nach der UdSSR betreiben konnte. »Wenn seit dem Sommer 1940«, so liest man in einer neu gegründeten Zeitschrift mit dem bezeichnenden Titel »Das Neue Europa«, »sich die kontinentaleuropäische Wirtschaftsordnung immer deutlicher in ihren Umrissen abzeichnet, dann hat die militärische Auseinandersetzung zwischen Deutschland und Sowjetrußland nicht nur politisch, sondern auch wirtschaftlich diese Einheit [...] auch dem letzten Laien bewußt werden lassen«[102]. Fortan glaubte man, ohne besondere Hervorhebung des deutschen Hegemonialanspruches einfach von »Europa« sprechen zu können, denn nach nationalsozialistischer Auffassung ergab sich »die deutsche Führung [...] ganz von selbst aus dem politischen, wirtschaftlichen, kulturellen, technischen Schwergewicht Deutschlands und seiner geographischen Lage«[103].

Tatsächlich erlebte Belgien 1942 die »vollständige Einbeziehung seiner Wirtschafts- und Arbeitskraft in die« – so die nationalsozialistische Formulierung – »dem europäischen Kontinent durch den Krieg aufgezwungenen Aufgaben«. Die belgische Industrie arbeitete im Zuge einer vom Dritten Reich systematisch betriebenen Auftragsverteilung »weitgehend für deutsche Rechnung«[104]. Seit April des Jahres wickelte sich aufgrund eines von der Reichsbank mit der Nederlandschen Bank getroffenen Kursabkommens zwischen Holland und Deutschland ein freier Zahlungsverkehr ab, der die »grundlegende Voraussetzung für ein einheitliches Wirtschaftsgebiet« schuf[105]. So erweisen sich die Motive zur Okkupation Luxemburgs, Belgiens und der Niederlande nur vordergründig als von strategischer Natur im Blick auf den Krieg gegen Frankreich und Großbritannien, wenn auch die westlichen neutralen Staaten in deutscher Hand eine empfindliche Störung der britischen Nahrungsmittel- und Fertigwaren-Importe und eine erhebliche momentane Stärkung der deutschen Wehrwirtschaft bedeuteten. Die Invasion erfährt ihre umfassende Erklärung erst vor dem Hintergrund des deutschen wirtschaftlichen und speziell rüstungsökonomischen Desasters des Jahres 1939. In der Überzeugung, den mit Frankreich und der UdSSR gewollten Krieg aus einer belagerten, von der Rohstoff- und Nahrungsmittelzufuhr aus dem Ausland abhängigen Festung heraus führen zu müssen, hatten die Nationalsozialisten den Versuch unternommen, ihre Wirtschaft weitgehend unabhängig von ausländischen Importen autark zu gestalten. Im Zuge der forcierten Aufrüstung sollten sich aber sehr bald die Grenzen der Selbstversorgung trotz rentabilitätswidriger Rohstoffgewinnung und Ersatzstoffproduktion zeigen. Staatliche Wirtschaftslenkung seit Ende 1934 durch den »Neuen Plan« Schachts und die Anstrengungen mittels des seit 1937

[102] Das Neue Europa, 1 (1940), 16, S. 4.

[103] Drechsler, Dress, Hass, Der Platz Zentraleuropas (wie Anm. 101), S. 6.

[104] R. Höllfritsch, Die besetzten belgischen Gebiete, in: Jahrbuch der Weltpolitik 1943, S. 456–464, hier S. 456.

[105] F.W. Schoberth, Die Niederlande, ebd. 1942, S. 279–289, hier S. 286.

wirksamen Vierjahresplanes führten das Dritte Reich aber nicht auf die Höhe des Rüstungsstandes, der zur Erweiterung des Rohstoff- und Absatzmarktes nach Osten mit militärischen Mitteln notwendig war. Da Hitler den einmal gesteuerten Kriegskurs aber unter allen Umständen einzuhalten gewillt war, es sich aber als unmöglich herausstellte, »ein vernünftiges Gleichgewicht zu schaffen: einmal zwischen der Herbeischaffung der notwendigen Rohstoffe, um sowohl im vollen Umfang aufzurüsten als auch daneben die umfangreichen Anlagen für die Ersatzstoffindustrie zu erstellen – und andererseits dem Rückzug aus dem Außenhandel«, führte die rüstungswirtschaftlich bedingte Autarkie »zwangsläufig zu Großraumpolitik und Imperialismus«[106]. Die Rheinlandbesetzung, die Angliederung Österreichs und der territoriale Zuwachs aus dem ehemaligen tschechoslowakischen Staatsgebiet vermochten die prekäre Wirtschaftslage vorübergehend zu bessern. Der Entschluß, 1938/39 die letzten Devisen zu Rohstoff- und Nahrungsmitteleinkäufen und die vorhandenen Reserven im sogenannten Schnellplan zu einer letzten rüstungswirtschaftlichen Anstrengung zu verwenden, war zwangsläufig gekoppelt mit dem Entschluß zum Krieg, weil ansonsten die Wirtschaft des Dritten Reiches zusammengebrochen wäre. Die temporäre und lokale Ausweitung des Polenfeldzuges, der abermals eine Auffrischung der wirtschaftlichen Ressourcen bringen sollte, zwang die Machthaber des Dritten Reiches, vor dem Waffengang mit Frankreich und Großbritannien, unter Umständen auch im Zusammenhang mit diesem, ihre ökonomische Basis zu erweitern und zu stabilisieren, um diese Auseinandersetzung bestehen zu können. Luxemburg, Belgien und die Niederlande gaben neben Dänemark und Norwegen das geeignete Terrain ab.

Diese Staaten bildeten über diesen momentanen Effekt hinaus wichtige Steine im Mosaik einer europäischen Verbundwirtschaft, die die Befreiung aus der Festungssituation bringen sollte. Man darf daher die westlichen neutralen Staaten nicht allein in ihrer ökonomischen Einzelbedeutung werten, sondern muß sie im Zusammenhang mit der Besetzung Dänemarks und Norwegens sehen.

So bewertete die Wehrmacht diese besetzten Länder auch »als einheitliches Versorgungsgebiet«[107]. Eine erste Versorgungsbilanz nach Plus und Minus auf der Grundlage der Produktion der Jahre 1929/36/37 erbrachte auf den ersten Blick überwiegend negative Ergebnisse. Lediglich bei Butter und Papier hatte sich die Lage verbessert, bei allen Getreidearten, bei fetthaltigen Agrarprodukten, bei Steinkohle, Erdöl und Erdölprodukten, bei Wolle, bestimmten Holzarten, Eisenerzen z.B. allerdings, wenn zum Teil auch nur geringfügig, verschlechtert. Diese einfache Rechnung entsprach allerdings nicht der ökonomischen Wirklichkeit, weil sie einen wichtigen Versorgungsfaktor außer acht ließ, nämlich die neue wirtschaftstrategische Position Deutschlands. Zum einen zeigte sich Berlin nun weit-

[106] D. Doering, Deutsche Außenwirtschaftspolitik 1933–1935, Diss., Berlin 1969, S. 35 f. Zur Außenhandelspolitik vgl. auch H.-E. Volkmann, Außenhandel und Aufrüstung in Deutschland 1933 bis 1939, in: Wirtschaft und Rüstung am Vorabend des Zweiten Weltkrieges, hrsg. von F. Forstmeier und H.-E. Volkmann, Düsseldorf 1975, S. 81–131.

[107] Wehrwirtschaftliche Forschungsstelle. Änderungen der Versorgungslage Deutschlands und der Deutschland zugänglichen Neutralen infolge Besetzung Dänemarks, Norwegens, der Niederlande und Belgiens, BA-MA, RW 19 Anhang I/229.

gehend in der Lage, seinen Hegemonialbereich in der landwirtschaftlichen wie industriellen Produktion umzustrukturieren, um so Überschüsse zugunsten von Mangelwaren abzubauen. Zum anderen lief die neue Situation darauf hinaus, daß nun auch Skandinavien mit seinen wichtigen Rohstoffen, ebenso wie die früher handelspolitisch eng mit Großbritannien verbundenen baltischen Staaten, in seinen ökonomischen Beziehungen vornehmlich auf Deutschland ausgerichtet wurde. Rechnet man hinzu, daß die UdSSR vertraglich festgelegte Rohstoffe als Äquivalent für nicht verfügbare Güter aus den belgischen und niederländischen Kolonien lieferte, Südosteuropa mit seiner landwirtschaftlichen Überproduktion und mit seinem Erdöl aufgrund einer skrupellos-konsequenten deutschen Wirtschaftspolitik weitgehend in der Abhängigkeit von Berlin lebte, dann verfügte das Dritte Reich nach der Okkupation Luxemburgs, Belgiens und der Niederlande über einen nahezu geschlossenen *Cordon économique*, so daß Reichsaußenminister Ribbentrop resümierte: »Militärisch unangreifbar und wirtschaftlich gesichert, können wir unseren Erdteil politisch organisieren, als ob Frieden wäre. Tatsächlich aber könnte Europa heute, wenn es sein müßte, einen 30jährigen Krieg führen, ohne daß unser Kontinent dadurch jemals in ernste Gefahr geraten würde[108].«

In der Euphorie der ersten Blitzkriegerfolge begnügte man sich nicht nur mit der wirtschaftlichen Nutzbarmachung der besetzten Territorien für die weitere Kriegführung; man hatte bereits die Neugestaltung Europas nach einem – vermeintlich kurz bevorstehenden – Frieden im Auge. In einem Interview vom Sommer 1940 äußerte sich Reichswirtschaftsminister und Reichsbankpräsident Funk über die neue europäische Wirtschaftsordnung der Zukunft, die dergestalt zu verwirklichen war,

> »daß wir nach der siegreichen Beendigung des Krieges diejenigen Methoden in der Wirtschaftspolitik zur Anwendung bringen werden, die uns die großen wirtschaftlichen Erfolge vor dem Kriege und insbesondere auch im Kriege gewährleistet haben, und daß wir nicht daran denken, das ungeregelte Spiel der Kräfte wieder wirksam werden zu lassen, durch das die deutsche Wirtschaft in die größten Schwierigkeiten gekommen ist«.

Dabei setzt er voraus, daß von den nationalsozialistischen »Methoden nicht nur die großdeutsche Wirtschaft, sondern auch alle Wirtschaften Europas, die mit Deutschland auf Grund der natürlichen Grundlagen in engen Handelsbeziehungen stehen, Nutzen haben« würden[109].

Wenn die »Europäische Wirtschaftsgemeinschaft« – übrigens ein im Dritten Reich geprägter Terminus –, nach 1945 unter veränderten wirtschaftspolitischen Vorzeichen und Zielen geboren, nicht nur unter erheblichen Geburtswehen zu leiden hatte, sondern auch heute noch mit nationalen Vorurteilen ringt, und wenn die osteuropäischen Staaten ihrer Verwirklichung mit großer Kritik und Skepsis gegenüberstehen, dann resultieren diese Tatbestände sicher nicht *allein*, aber *auch* aus dem Wissen um den vom nationalsozialistischen Deutschland erhobenen hegemonialen Anspruch in Europa.

---

[108] Rede Ribbentrops in Berlin, 26.11.1941, in: Das Neue Europa, 1 (1941), 4, S. 2.

[109] Auszug aus dem von Funk gegebenen Interview, 26.7.1940, in: Europa. Handbuch der politischen, wirtschaftlichen und kulturellen Entwicklung des neuen Europa, hrsg. vom Deutschen Institut für Außenpolitische Forschung, Leipzig 1943, S. 245 f., hier S. 246.

Ökonomie und Machtpolitik: Lettland und Estland 1933-1940

Noch immer hat in der wissenschaftlichen Diskussion über Ziele und Methoden nationalsozialistischen Expansionsstrebens die Frage nach der Funktion und damit nach dem Stellenwert der Außenwirtschaftspolitik keine eindeutige und überzeugende Antwort erfahren[1]. Immerhin sind Fallstudien entstanden, die das außenwirtschaftliche Verhalten des NS-Regimes unter dem Aspekt der Aufrüstung und gegenüber einzelnen Staaten untersuchen. In diesen Studien wird die nationalsozialistische Außenwirtschaftspolitik als Ausdruck des Strebens des Dritten Reiches nach territorialer Expansion und nach ökonomischer Hegemonie in Europa gewertet, wie sie in Form der »Großraumwirtschaft« projektiert war[2].

Bekanntlich hatten die Nationalsozialisten für sich den Streit um den Vorrang von politischen oder ökonomischen Interessen eindeutig zugunsten der Politik entschieden. In einem von ihnen geführten Staat sollte der Wirtschaft und ihren Trägern in Industrie, Landwirtschaft und Handel eine lediglich funktionale Bedeutung bei der Verwirklichung der machtpolitisch und rassisch motivierten Expansionspolitik zukommen. In den 1931 entworfenen »Wirtschaftspolitische[n] Grundanschauungen und Ziele[n] der NSDAP« hieß es daher: »Die Volkswirtschaft ist also der Staatskunst untertan[3].« Folglich hatte der Staat »im Rahmen seiner Gesamtpolitik die *Richtlinien* und die Ziele für die Außenpolitik zu schaffen« und dafür Sorge zu tragen, daß innerhalb dieser Richtlinien die fixierten Ziele angegangen wurden[4]. An diesem Postulat orientierten sich seit 1933 die bilateralen Wirtschaftsbeziehungen zwischen dem Dritten Reich und anderen Staaten. Denn

---

1 Vgl. D. Doering, Deutsche Außenwirtschaftspolitik 1933-35. Die Gleichschaltung der Außenwirtschaft in der Frühphase des nationalsozialistischen Regimes, Diss., FU Berlin 1969; M. Meier, Deutsche Außenhandelsregulierung von 1933 bis 1939, Diss., Basel, Bergen-Enkheim 1956.

2 Vgl. H.-E. Volkmann, Außenhandel und Aufrüstung in Deutschland 1933 bis 1939, in: Wirtschaft und Rüstung am Vorabend des Zweiten Weltkrieges, hrsg. von F. Forstmeier und H.-E. Volkmann, Düsseldorf 1975, S. 81-131; W. Schumann, Neue Dokumente zur Politik des faschistischen deutschen Imperialismus zur »Neuordnung« Europas im Herbst 1940, in: Bulletin des Arbeitskreises »Zweiter Weltkrieg« Nr. 1/2 (1971), S. 1-56; ders., Die faschistische »Neuordnung« Europas nach den Plänen des deutschen Monopolkapitals. Programme der Metallindustrie, des Metallerz- und Kohlenbergbaus im Jahre 1940, in: Zeitschrift für Geschichtswissenschaft, 19 (1971), S. 225-241.

3 Zit. nach A. Barkai, Die Wirtschaftsauffassung der NSDAP, in: Aus Politik und Zeitgeschichte. Beilage zur Wochenzeitung »Das Parlament«, B 9/75, 1.3.1975, S. 3-16, hier S. 12.

4 A. Ringer, Grundlinien neuer Außenhandelspolitik, in: Der Deutsche Oekonomist, 51 (1933), S. 1060 f.

aus der Optik der politischen Repräsentanz des NS-Regimes konnten »alle außenwirtschaftlichen Zusammenhänge [...] nur von einem *völkischen Lebensziel* aus erkannt und bewertet werden, soweit es sich bei den Deutschen um ein Volk handelt[e], das in der Geschichte bestimmte Aufgaben zu erfüllen hat[te]«[5]. Von einer solchen Aufgabenstellung war Hitler bekanntlich zutiefst überzeugt, und er hatte sie bereits in »Mein Kampf« und später in seinem »Zweiten Buch« eindeutig dahingehend definiert: Einen Ausgleich zu erreichen zwischen dem von ihm so empfundenen Mißverhältnis von Volkszahl und Raum und damit Deutschland eine vermeintlich gesunde ökonomische Basis zum Aufbau einer neuen Großmachtposition zu verschaffen. »Die nationalsozialistische Bewegung« trat ihre Herrschaft mit dem festen Willen an, »stets ihre Außenpolitik von der Notwendigkeit bestimmen [zu] lassen, dem Leben unseres Volkes den nötigen Raum zu sichern«[6]. Die Nationalsozialisten stimmten damit in den seit Ende der zwanziger Jahre immer lauter werdenden Ruf ganzer politischer und volkswirtschaftlicher Schulen nach einer völkischen Selbstversorgung, nach Autarkie, ein, nach einer weitgehenden ökonomischen Unabhängigkeit von den Wechselfällen der weltwirtschaftlichen Entwicklung, denen die Weimarer Republik im Verlauf der Weltwirtschaftskrise u.a. letztlich erlegen war. »Die wirtschaftliche Selbständigkeit bildet[e] eine wesentliche Voraussetzung auch der politischen Unabhängigkeit«, welche »zur außenpolitischen Forderung« erhoben wurde[7]. Das Dritte Reich wandte sich daher von der »Kolonial- und Handelspolitik der Vorkriegszeit« ab, um »zur Bodenpolitik der Zukunft« überzugehen[8], was »Kampfentschlossenheit und Bluteinsatz« erforderte[9].

> »Wollte man in Europa Grund und Boden, dann konnte dies im großen und ganzen nur auf Kosten Rußlands geschehen, dann mußte sich das neue Reich wieder auf die Straße der einstigen Ordensritter in Marsch setzen, um mit dem deutschen Schwert dem deutschen Pflug die Scholle, der Nation aber das täglich Brot zu geben[10].«

Hatte Hitler in »Mein Kampf« das Baltikum dieserart unmißverständlich, doch zunächst wörtlich unausgesprochen, mit in den Rahmen des von ihm abgesteckten und von den Nationalsozialisten allgemein anerkannten Lebensraumes einbezogen, so konturierte der Stabschef der SA, Röhm, im Januar 1934 das begehrte Herrschaftsterritorium schärfer, wenn er ausführte: »Walther von der Vogelweide« habe »von einem Reich gesungen, das unter seinen mächtigen Fittichen das Deutsche Volk von der Save, Flandern und von den baltischen Ländern bis zu den Alpen einte«[11]. Dieser Großraum, der die Ostseestaaten Lettland und Estland also mit

---

5 H. Weidemann, Die Gestaltung der deutschen Außenwirtschaft unter dem Neuen Plan, Diss., Frankfurt, Emsdetten 1938, S. 109.

6 Hitlers Zweites Buch. Ein Dokument aus dem Jahre 1928. Eingeleitet und kommentiert von Gerald L. Weinberg, Stuttgart 1961, S. 78.

7 Wirtschaftspolitische Grundanschauungen und Ziele der NSDAP, zit. nach Barkai, Wirtschaftsauffassung (wie Anm. 3), S. 12.

8 A. Hitler, Mein Kampf, München 1939, S. 742.

9 Hitlers Zweites Buch (wie Anm. 6), S. 54.

10 Hitler, Mein Kampf (wie Anm. 8), S. 154.

11 Niederschrift über ein Telefonat des deutschen Gesandten Martius, 15.1.1934, mit dem Auswärtigen Amt, Politisches Archiv des Auswärtigen Amtes (= PA), Ha.-Pol Wiehl, Lettland, Bd 2.

umfaßte, wurde von den Nationalsozialisten »als Nährquelle sowohl wie auch als machtpolitischer Stützpunkt angesehen«[12].

Die Würfel über das Schicksal des baltischen Raumes waren demzufolge, lange bevor Hitler zum Rußlandfeldzug blies, gefallen. Dies war all denjenigen, die sich bemühten, den Nationalsozialismus in seinen Zielprojektionen zu erkennen, aufgrund einer Fülle an wissenschaftlicher und populärer Literatur auch bewußt, so der baltischen Arbeitsgemeinschaft im Reich, die den Baltischen Vertrauensrat, das Baltische Rote Kreuz, den Baltenverband, den Baltischen Frauenbund und den Hauptverband studierender Balten nach außen vertrat. Daher wähnte sie sich im Frühjahr 1933 in einer »Zeit der großen geschichtlichen Wende im Schicksal unseres Volkes« und versicherte dem neuen Reichskanzler, »für den Endsieg im Kampf um die deutsche Freiheit und die Größe des Reiches ein[zu]stehen«[13]. In den baltischen Staaten selber sahen führende Repräsentanten des dortigen Deutschtums mit der nationalsozialistischen Machtübernahme die im Ersten Weltkrieg vertane Chance einer Angliederung der Randstaaten an Deutschland wiedergewonnen, die sie nun aber besser zu nutzen gedachten, indem sie einer militärischen Eroberung eine propagandistische und diplomatische Intervention vorzuschalten rieten. Sie betrachteten daher »eine Art ›kleine Entente‹ aller die Ostsee anwohnenden Völker unter Führung von Deutschland [als] das Ideal« und forderten von der Reichsregierung die »Schaffung eines politisch-militärisch-wirtschaftlichen Generalstabs für diesen Nord-Osten Europas« der den sieben Gesandten »von Norwegen bis Finnland und von Estland bis Litauen« die nötigen Richtlinien ihres politischen Handelns zu geben hatte. War doch nach ihrer Überzeugung »ein wirksames Eingreifen im Osten [...] erst dann möglich, wenn Deutschland sich die Vormachtstellung gesichert hat[te]«[14].

In der lettischen und estnischen Presse, insbesondere in der Sozialdemokratie, aber auch in den Organen der Regierung, tauchte das Schlagwort von Deutschlands »Drang nach dem Osten« wieder auf. Man reagierte in Riga und Reval allenthalben auf die nationalsozialistische Machtübernahme nervös und mit starken Ausfällen gegenüber den neuen Herren in Berlin, die insbesondere das deutsch-lettische Verhältnis in der ersten Hälfte des Jahres 1933 erheblich belasteten. Diese Spannungen entstanden vor dem Hintergrund einer von den Nationalsozialisten so benannten Boykotthetze gegenüber deutscher Waren, wie sie aus Protest gegen die Errichtung der NS-Herrschaft in vielen Staaten der Welt, so auch von der lettischen Sozialdemokratie im Verbund mit den Gewerkschafts- und jüdischen Organisationen, betrieben wurde. Als Deutschland im Gegenzug die Einfuhr lettischer Butter fast gänzlich unterband, lenkte Riga in dem sich anbahnenden Konflikt

[12] Hitler, Mein Kampf (wie Anm. 8), S. 732.

[13] Eingabe an Hitler, 3.4.1933, unterzeichnet von Emil v. Stryk, Dr. Max Hildebert Boehm, Dr. Georg Baron Manteuffel, Bundesarchiv (= BA), R 43 I/51.

[14] Streng vertrauliche Eingabe von der deutschen Gesandtschaft Riga bekannten, aber namentlich nicht genannten Deutsch-Balten, März 1933, Deutschlands Aufgaben in den Randstaaten, PA, Ha.-Pol Wiehl, Lettland, Bd 2.

sofort ein, indem es sich von den Aktionen »privater« jüdischer Gruppen und der »Opposition« distanzierte[15].

Mit zunehmender politischer und wirtschaftlicher Konsolidierung des neuen Regimes in Berlin wurden die politischen Angriffe seltener. Sie wichen allmählich einer versteckten, letztlich mehr oder weniger unverhohlenen Hochachtung. Der nach Riga zurückbeorderte Gesandte Kreewinsch[16] berichtete im Spätsommer 1933 seiner Regierung, die Nationalsozialisten hätten sich fest etabliert und man müsse damit rechnen, daß auf Jahre hinaus keine Änderung eintrete, weil die Mehrheit des deutschen Volkes ihren ganzen Glauben, nicht zuletzt an eine wirtschaftliche Gesundung, in diese Regierung setze. »Wie unangenehm es auch ist«, so führte der Diplomat aus, »so ist man doch gezwungen, zu gestehen, daß, wenn Deutschland den Erfolg hat, die Arbeitslosigkeit zu liquidieren, [...] wo [...] schon viel in dieser Hinsicht erreicht ist, der Faschismus in Deutschland ein ganz enormes Plus gewinnen wird.« Befürchtungen hinsichtlich einer Aggressionspolitik Deutschlands gegenüber Lettland und den übrigen baltischen Staaten könne man, angesichts des ökonomischen Schwerpunktes im nationalsozialistischen Regierungsprogramm, »gemeinhin als übertrieben bezeichnen. Natürlich ist es wahr, daß die früheren Barone alles tun, um eine Aggression hervorzubringen, aber auch diese werden sehen, wie gefährlich solch ein Spiel ist[17].« Und letztlich gab ein Schreiben des estnischen Gesandten in Berlin, Menning, die Bereitschaft zur Normalisierung der Beziehungen seines Landes zum Dritten Reich zu erkennen, wenn er, unter dem Eindruck »der unvergleichlichen Kräfterevue« auf dem Nürnberger Parteitag 1933, Hitler »seine Bewunderung für das Gesehene und Erlebte« mit der Versicherung ausdrückte, daß »diese schöne Gastlichkeit [...] unvergeßlich bleiben« werden[18].

Der Versuch der lettischen Regierung, in Parallelität zu Polen von der Reichsregierung eine dahingehende Absichtserklärung zu erhalten, »die beide Länder berührende Fragen auf dem Wege unmittelbarer Verhandlungen in Angriff zu nehmen und ferner zur Festigung des Friedens in Europa in ihrem Verhältnis zueinander auf jede Anwendung von Gewalt zu verzichten«,[19] ist eher als Wunsch nach politischer Aufwertung zur interpretieren denn als Furcht vor einer möglichen deutschen Intervention[20]. Diese Deutung erscheint durch die Politik der sich im März und Mai 1934 in Estland und Lettland etablierenden autoritären Systeme gestützt, die schließlich ihre Bereitschaft zu einer verstärkten, vordringlich wirtschaftlich motivierten Kommunikation mit Deutschland bekundeten, was sich nicht zuletzt in der reservierten Haltung der Regierung in Riga und Reval gegen-

15 Aktenvermerk des Auswärtigen Amtes, 10.6.1933, PA, Ha.-Pol Clodius, Estland, August 1929-März 1939.

16 Lettische und estnische Namen sind in der deutschen Schreibweise wiedergegeben.

17 Brief des deutschen Gesandten Riga an Auswärtiges Amt, 16.9.1933, BA, R 43 I/51.

18 Vgl. Schreiben vom 4.9.1933, BA, R 43 I/51.

19 Eine solche Erklärung war von Berlin in einem amtlichen Kommuniqué vom November 1933 gegenüber Warschau abgegeben worden. Akten zur Deutschen Auswärtigen Politik 1918-1945 (= ADAP), Ser. C, Bd II, 1, Göttingen 1973, Dok. 69, S. 126, Anm. 2.

20 Schreiben des Auswärtigen Amtes an deutsche Gesandtschaft Riga, 14.12.1933, ebd., S. 281 f.

über dem Moskauer Vorschlag eines gegen das nationalsozialistische Deutschland gerichteten Ostpaktes »zur Garantierung der Unabhängigkeit der Randstaaten« manifestierte[21].

Die deutsch-estnischen politischen Beziehungen gestalteten sich in der Zukunft in einem nahezu gleichbleibend guten Klima, und noch Ende 1938 bekundete das Auswärtige Amt gegenüber dem estnischen Gesandten Tofer, der als »ein aufrichtiger Bewunderer des Führers und des Nationalsozialismus« galt, seine »Genugtuung und Freude darüber, wie gut sich die deutsch-estnischen Beziehungen in den letzten Jahren entwickelt[en]«[22]. Die zwischen Riga und Berlin aufkommenden Spannungen, ausgelöst durch eine im Vergleich zu Estland wesentlich minderheitenfeindlichere Gesetzgebung Lettlands, traten nur an der Oberfläche zutage, hauptsächlich in beiderseits gezielt initiierten Pressekampagnen oder in Form verbaler wie schriftlicher Routine-Proteste der Wilhelmstraße. Empfindlicher reagierte man in Berlin auf die Beschneidung wirtschaftlicher Entfaltungsmöglichkeiten deutscher Unternehmen und Firmenvertretungen in Lettland und auf die Eindämmung des ökonomischen Einflusses der dortigen Deutsch-Balten, weil man eine Störung des deutsch-lettischen merkantilen Austausches befürchtete. Dessen ungeachtet verzichtete man auf »wirtschaftliche Kampfmaßnahmen«, die man als »inopportun und wenig wirksam« empfand[23]. Folglich konnte der lettische Außenminister Munters anläßlich eines Besuches in Berlin im Herbst 1937 »die deutsch-lettischen Beziehungen [...] von sich aus als glücklicherweise zufriedenstellend und freundschaftlich« charakterisieren, eine Feststellung, der von deutscher Seite »nicht widersprochen« wurde[24].

Der Wille zu einem größeren Engagement mit Berlin wuchs aufgrund der sichtbaren Erscheinungsform der nationalsozialistischen Herrschaft, angesichts der oberflächlichen Realitäten des neuen Systems, welche die hinter den sichtbaren Vorgängen latent wirkende machtpolitisch-expansive Langzeitkonzeption des Nationalsozialismus aus dem politischen Bewußtsein verdrängten. Aber gerade diese programmatischen Zukunftsperspektiven sollten den Stellenwert Estlands und Lettlands im Kalkül der nationalsozialistischen Politik im allgemeinen und der Außenwirtschaft im besonderen bestimmen, welche die gesamte Wirtschaftspolitik des Dritten Reiches zwischen 1933 und 1940 unter den Primat der Kriegsvorbereitungen stellten. Das erhellt auch aus der offiziellen Typisierung der NS-Wirtschaft im genannten Zeitraum als »Wehrwirtschaft«. Primär darauf ausgerichtet, die materiellen Voraussetzungen zur Eroberung der von den Nationalsozialisten gesteckten territorialen Ziele zu schaffen, verstand man unter Wehrwirtschaft »all das Wirken und Tun, das im Gegensatz zum rein friedensmäßigen Handeln auf

---

21 Zur Frage der Garantie der Unabhängigkeit der baltischen Staaten durch die Sowjetunion vgl. ADAP, Ser. C, Bd II, 1, S. 306, 359 f.; Bd III, 1, S. 271 f., zit. nach ADAP, Ser. C, Bd II, 1, S. 306.

22 Aufzeichnung des Auswärtigen Amtes, 2.11.1938, ADAP, Ser. D, Bd V, S. 399 bis 401, hier S. 399.

23 Aufzeichnung des Auswärtigen Amtes, 13.5.1938, ebd., S. 378 f., hier S. 378.

24 Aufzeichnung des Staatssekretärs v. Mackensen, 8.10.1937, ebd., S. 350 f., hier S. 351.

den Krieg ausgerichtet« war[25]. Oder mit den Worten eines NS-Volkswirtschaftlers ausgedrückt: Der Krieg wurde »als Wirtschaftskrieg schon in den Zeiten des tiefsten Friedens geführt« und sollte nach den Vorstellungen des NS-Regimes »nur seine Formen verschärfen, wenn die Waffen zu sprechen begonnen« hatten. »Friedenswirtschaft« war im Dritten Reich »daher auch immer Wehrwirtschaft [...] oder [...] keine wahre Volkswirtschaft«[26]. Dieser Grundsatz war natürlich entscheidend für die inhaltliche Bestimmung des Außenhandels, die Hitler im März 1933 vor dem neu gewählten Reichstag mit der Bemerkung andeutete, »daß die geographische Lage des rohstoffarmen Deutschlands eine Autarkie für unser Reich nicht vollkommen« zulasse und daß es deshalb »die Verbindung mit der Welt nötig« habe[27]. Des Außenhandels wichtigster und eigentlicher Zweck erfüllte sich daher in der »Beschaffung von Gütern aus dem Ausland, die im Inland nicht oder nicht in ausreichendem Umfang vorhanden« waren[28]; Der Außenhandel hatte in der Phase des rüstungsindustriellen Aufbaus die notwendigen Rohstoffe und Nahrungsmittel sicherzustellen.

Die bisherigen Ausführungen kulminieren in zwei Thesen: Zum einen bildeten Estland und Lettland langfristig das partielle Ziel eines vom nationalsozialistischen Deutschland von Anbeginn an konsequent vorbereiteten Krieges zwecks Errichtung eines wirtschaftlich autarken und als territoriale Machtbasis dienenden Lebensraum im Osten, zum anderen waren sie kurz- und mittelfristig das Objekt einer hier noch näher zu erläuternden wirtschaftlichen Ausbeutung zur Stärkung des deutschen Rüstungspotentials im Frieden und zur blockadesicheren Rohstoff- und Nahrungsmittelversorgung in einem auch gegen Frankreich und seine möglichen Verbündeten als unausweichlich erachteten Krieg.

Um unabhängig von wirtschaftlichen Repressalien potentieller Feindmächte im Frieden aufrüsten und eingedenk bitterer Erfahrungen aus dem Ersten Weltkrieg in einem zukünftigen militärischen Konflikt die Wirtschaft optimal funktionsfähig erhalten zu können, ergriff die nationalsozialistische Regierung drei einschneidende außenwirtschaftliche Maßnahmen: Sie verfügte 1. die administrative Lenkung von Handel und Produktion, um die Priorität und Kontinuität der Aufrüstung zu gewährleisten[29]; sie verlagerte 2. den Außenhandel auf solche Länder, die mit ihrer agrarischen, forst- und rohstoffwirtschaftlichen Überproduktion empfindliche Lücken in der Versorgung der deutschen Wehrwirtschaft zu schließen in der Lage waren; und sie wies 3. der Außenwirtschaftspolitik die Aufgabe zu, Handelspartner dort zu suchen und Kapitalien dort zu investieren, »wo sie im Falle von Verwick-

---

25 G. Thomas, Geschichte der deutschen Wehr- und Rüstungswirtschaft (1918-1943/45), hrsg. von W. Birkenfeld, Boppard am Rhein 1966, S. 83.

26 H. Hunke, Grundzüge der deutschen Volks- und Wehrwirtschaft, Berlin 1938, S. 90 f. Vgl. zum Problem und zur Definition der Wehrwirtschaft Volkmann, Außenhandel und Aufrüstung (wie Anm. 2), S. 81-131. Hier finden sich auch grundsätzliche Ausführungen über Inhalt und Funktion der Außenwirtschaft im nationalsozialistischen Deutschland.

27 M. Domarus, Hitler. Reden und Proklamationen 1932-1945. Kommentiert von einem deutschen Zeitgenossen, 2. Aufl., Wiesbaden 1973, Bd I/1, S. 234.

28 Die Deutsche Volkswirtschaft, 8 (1939), S. 44.

29 Vgl. G. Kroll, Von der Weltwirtschaftskrise zur Staatskonjunktur, Berlin 1958.

Tabelle 1
Ein- und Ausfuhr landwirtschaftlicher Waren in Lettland
(in Mill. Lat)

Jahr	Einfuhr	Ausfuhr
1930	58,6	66,7
1931	28,4	51,2
1932	11,1	33,7
1933	7,4	25,1

Quelle: E. Munzer: Die Wirtschaft Lettlands. Streng vertraulich. BA-MA, R 88/vorl. 1281, S. 23

lungen im Bereich der eigenen Waffen« lagen[30]. Das hieß, einen »Cordon économique« aus solchen Staaten zu bilden, deren Zufuhr an Rohstoffen und Nahrungsmitteln nach Deutschland auch in einem Krieg mit einem nichtrussischen Gegner aufrechtzuerhalten war[31].

In eine auf kurz- und mittelfristige Effekte abhebende außenwirtschaftliche Konzeption zur Sicherstellung der für die Wehrwirtschaft unabdingbar notwendigen Zufuhren und zur blockadefesten Versorgung Deutschlands in einem Krieg mit dem Westen mußten Estland und Lettland als Handelspartner geradezu zwangsläufig miteinbezogen sein. Und in der Tat nahmen die beiden Staaten innerhalb der nationalsozialistischen Außenwirtschaft von Anbeginn einen hohen Stellenwert ein, während umgekehrt auch Estland und Lettland keiner langen Denkpause bedurften, um sich zu einem verstärkten wirtschaftlichen Austausch mit dem Dritten Reich zu entschließen. Wie den unbefangenen Beobachter der deutschen ökonomischen Szenerie einerseits der rasche wirtschaftliche Aufschwung, augenfällig in der reibungslosen Eingliederung der Arbeitslosen in den Produktionsprozeß, faszinierte, so verhalfen andererseits die ersten außenpolitischen Aktivitäten des NS-Regimes, insbesondere in Richtung auf eine Normalisierung der politisch-wirtschaftlichen Beziehung zu dem bislang als Erbfeind charakterisierten Polen, der Überzeugung zum Durchbruch, der neue Reichskanzler habe sich von der lediglich als Propagandawerk zu verstehenden NS-Ideologie zugunsten einer pragmatischen Politik abgewendet.

Für die Intensivierung des Außenhandels zwischen Deutschland und den baltischen Staaten wähnten sich beide Seiten in guten Ausgangspositionen. Den hauptsächlich agrarstrukturierten Ostseestaaten kam eine wesentliche Bedeutung als Lieferant deutscher Mangelwaren zu, da sie mit ihrer erheblichten landwirtschaftli-

[30] Die Deutsche Volkswirtschaft, 3 (1934), S. 482.

[31] Vgl. A. Sohn-Rethel [Wissenschaftlicher Mitarbeiter im »Mitteleuropäischen Wirtschaftstag E.V.«, einer vom Stahlhof gegründeten Interessenvertretung der Industrie, der eng mit der Wehrmacht und dem Auswärtigen Amt zusammenarbeitete], Ökonomie und Klassenstruktur des deutschen Faschismus. Aufzeichnungen und Analysen, Frankfurt 1973, S. 33: »Das Schwergewicht des deutschen Außenhandels vor allem der Einfuhr, sollte von Übersee nach Europa verlagert werden, [...] um Deutschland mit einer ständigen Bezugsreserve in industriellen und agrarischen Rohstoffen in seiner nähren Umgebung zu versehen.«

Tabelle 2
Ein- und Ausfuhr landwirtschaftlicher Waren in Estland (in Mill. EKr.)

Jahr	Einfuhr	Ausfuhr
1930	21,4	43,4
1931	7,7	36,7
1932	3,4	23,2
1933	4,1	20,6

Quelle E. Munzer, Die Wirtschaft Estlands. BA-MA R 88/vorl 247 S. 216

© MGFA 04612-03

chen Überproduktion, vor allem an Butter, die im Reich klaffende Nahrungsmittellücke zumindest teilweise zu schließen vermochten (Tabellen 1 und 2).

Darüber hinaus konnten sie den steigenden deutschen Bedarf an forstwirtschaftlichen Produkten weitgehend befriedigen (Tabelle 3).

Umgekehrt waren die beiden Ostseeländer bemüht, ihre Eigenwirtschaft zu intensivieren und insbesondere eine Textilindustrie aufzubauen. Sie benötigten hierzu vor allem Kohle, Koks, raffinierte Treibstoffe, veredelte Metalle, Werkzeuge, Maschinen und Anlagen, als deren Exporteur das Deutsche Reich in Frage kam. Denn schließlich war dieses »ihr frachtenmäßig am günstigsten gelegener industrieller Lieferant«[32]. Während sich also die Regierungen in Riga und Reval aus dem handelspolitischen Verkehr mit Deutschland eine Unterstützung ihrer langfristigen Industrialisierungsvorhaben versprachen, ergänzten sich nach Ansicht führender deutscher Industriekreise – insbesondere nach Auffassung der Textilindustrie, die an größeren Flachs-Importen interessiert war – »Deutschland und die Baltenstaaten [...] als Industriestaat und Agrarländer mit einem Überschuß an Vieh, Fleisch, Holz, Lebensmitteln, Getreide, Gemüse, Fett, Eier[n], Butter usw. vortrefflich«[33].

Deutschlands Interesse an Estland war besonders groß wegen dessen reicher Ölschiefervorkommen, die zur Deckung des im Zuge der forcierten militärischen und industriellen Motorisierung erforderlichen hohen Kraftstoffbedarfs dienen konnten, zumal die Herstellung synthetischen Triebstoffs noch nicht in einem Umfang gesichert war, der Deutschland von einer durch die Feindmächte leicht abzuschneidende Ölzufuhr aus Rumänien und Vorderasien unabhängig machte.

Das bereits im März 1934 zustande gekommene deutsch-estnische Warenverkehrsabkommen[34] besaß für das autarkistischer Bestrebungen bezichtigte nationalsozialistische Deutschland aber weit weniger materielle als vielmehr vordergründige psychologische Bedeutung, um »bei den Randstaaten und auch bei einzelnen

[32] G. Baron Wrangel, Die deutschen Wirtschaftsbeziehungen zum Baltikum, in: Der Deutsche Oekonomist, 51 (1933), S. 1099-1101, hier S. 1099.

[33] Deutschland und die Baltenstaaten an der Ostseeküste. Eine neue Entwicklung in den weltwirtschaftlichen Beziehungen zwischen Deutschland und den baltischen Staaten, in: Wochenschrift für Textil-Industrie, 54 (1939), S. 280 f.

[34] Deutsch-estnisches Abkommen über den gegenseitigen Warenverkehr, 29.3.1934, Reichsgesetzblatt(= RGBL) 1934, II, S. 163 f.

Tabelle 3
Lettlands holzverarbeitende Betriebe 1936

	Zahl der Unternehmen	Beschäftigte Personen	Bruttoproduktion in 1000 Lat
Sägewerke	449	6639	16804
Furnier- und Sperrholzfabriken	16	3954	14360
Möbelfabriken	359	2167	4178
Kistenfabriken	15	418	1376
Zündholzdrahtfabriken	2	276	1430
Schwellenimprägnierung	1	42	1278
Hobelwerke	30	135	638
Schuhleisten- und Holzsohlenwerke	9	52	128

Quelle Vgl E. Buchholz Die Forst- u. Holzwirtschaft Lettlands in: Die Ostwirtschaft, 28 (1939), S 14-16 © MGFA 04613-03

skandinavischen Ländern« den Eindruck zu verwischen, »daß mit dem deutschen Markt in Zukunft nicht mehr zu rechnen sei und eine Anlehnung an England daher der einzige Ausweg bleibe«[35].

Mit der deutsch-lettischen Handelsvereinbarung vom Oktober des gleichen Jahres wurde eine Serie von späteren offiziellen und geheimen Kontrakten[36] eingeleitet, von denen sich die beiden baltischen Staaten einen partnerschaftlichen Wirtschaftsverkehr mit dem Dritten Reich zum Nutzen ihrer heimischen Volkswirtschaften versprachen. Tatsächlich stiegen sowohl Ausfuhr wie Einfuhr zwischen Deutschland und Lettland von 1934 bis 1935 jeweils um 10 Mill. Reichsmark. Die Gesamtsumme des deutsch-estnischen Warenumschlages betrug nach der offiziellen Statistik zwar nur etwa die Hälfte des deutsch-lettischen, jedoch zeigte sich auch hier ein stetes, wenn auch prozentual geringeres Wachstum. Die Bilanz des Jahres 1935 wies für die beiden Ostseeländer einen zunächst ebenso freudig registrierten wie gleichzeitig ungewöhnlichen Exportüberschuß im Handel von Agrarstaaten mit einer hochentwickelten Industrienation auf[37]. Deutschland hatte sich in ihren Augen als ein vielversprechender Abnehmer auf dem Weltmarkt

35 Schreiben des Auswärtigen Amtes an deutsche Gesandtschaft Reval, 2.2.1934, PA, Ha.-Pol Clodius, Estland, August 1929-März 1939.

36 Wie einem vertraulichen Rundschreiben des Auswärtigen Amtes, 18.6.1934, Gesandtschaft Riga, Wirtschaftsabteilung, deutsch-lettländische Verhandlungen und Wirtschaftsbeziehungen an die deutschen diplomatischen Vertretungen, zu entnehmen ist, unterschieden sich die vom Dritten Reich abgeschlossenen Handelsverträge von früheren durch »die Tatsache, daß der wesentliche sachliche Inhalt der einzelnen Verträge in vertraulichen oder geheimen Abreden niedergelegt ist. Der zur Veröffentlichung bestimmte Teil fast aller neueren Abmachungen beschränkt sich auf allgemeine Erklärungen und Zusagen, die sich in Formulierungen wie ›wohlwollende Behandlung‹, ›angemessene Berücksichtigung der Interessen des anderen Teils‹ usw. erschöpfen. Die sachliche Ausgestaltung dieser vielfach absichtlich dehnbar gehaltenen Formulierungen findet sich in geheimen Abreden.« Aus diesem Grund ist die offizielle Statistik nur insoweit auswertbar, als sie gewisse handelspolitische Trends aufzeigt. Durch die Vielzahl geheimer Abmachungen und durch die mangelnde Kontrolle dessen, was an Lieferungen und Gegenlieferungen auch wirklich vertragsgerecht abgewickelt wurde, sind genaue Daten kaum zu eruieren.

37 Vgl. H. Meyer, Die baltischen Staaten Estland, Lettland, Litauen, in: Ostseejahrbuch 1936. Die Wirtschaft der Länder im Ostseeraum, Lübeck o.J., S. 77-102; H.A. Scheel, Deutschlands Handel mit den Ostsee-Ländern, in: ebd., S. 16-18.

schwer absetzbarer Waren qualifiziert. In Wahrheit unterlagen ökonomische Potenz und wirtschaftliche Intentionen des Dritten Reiches einer Fehleinschätzung, die letztlich den beiden Ostseeanrainern ihre staatliche Existenz kostete.

Die Bedeutung Lettlands und Estlands als Handelspartner Deutschlands war weniger vom Umfang des Warenaustausches als vielmehr vom Stellenwert der beiden Staaten in einem gesamteuropäischen Wirtschaftssystem bestimmt, welches das nationalsozialistische Deutschland seit 1933 nach Maßgabe seines wehr- und kriegswirtschaftlichen Sicherheitsbedürfnisses zu errichten sich bemühte. Die von Politikern und Militärs gleichermaßen erhobene Forderung nach einer blockadesicheren Versorgung zeitigte weittragende außenwirtschaftliche Konsequenzen, eine Abwendung vom Überseehandel – insbesondere von dem mit den USA – und eine Intensivierung des Warenaustausches mit den kontinentaleuropäischen Staaten (ohne Großbritannien). Aus wehrwirtschaftlichen Überlegungen heraus sah sich Deutschland veranlaßt, »denjenigen Anteil seiner Einfuhr zu erhöhen, der aus Europa stammte, und im gleichen Verhältnis die überseeischen Zufuhren einzuschränken«[38].

Sorgfältige wirtschaftswissenschaftliche Untersuchungen hatten ergeben, daß sich der Außenhandel der europäischen Länder bereits vor 1933 »im ganzen überwiegend auf europäische Gebiete« erstreckte. Mehr noch, eine Analyse der Handelsgüter ließ die ökonomische Abhängigkeit der europäischen Mächte voneinander größer als die von außereuropäischen Staaten erscheinen, und »die einzelnen Teile Europas [...] ergänz[t]en sich gegenseitig vorteilhaft«[39]. Der Anteil der außereuropäischen Länder am Import der kontinentaleuropäischen Mächte betrug zwischen 1925 und 1930 nur 26 Prozent, und die Ausfuhr Kontinentaleuropas in die übrige Welt machte nur 19,7 von Hundert des von den kontinentaleuropäischen Staaten abgewickelten Exportes aus[40].

Das nationalsozialistische Deutschland war nun bestrebt, einen möglichst hohen Prozentsatz des bisherigen Warenverkehrs kontinentaleuropäischer Staaten mit der übrigen Welt auf sich zu ziehen, insbesondere aber von Großbritannien abzulenken. In der Weimarer und frühen NS-Zeit wurden nahezu vier Fünftel der deutschen Ausfuhr von europäischen Handelspartnern aufgenommen, ein Fünftel von Übersee. Die deutsche Einfuhr setzte sich hingegen in etwa je zur Hälfte aus überseeischen und kontinentalen Bezügen zusammen. Seit 1934/35 verschob sich dieses Verhältnis merklich, indem »die deutsche Außenhandelswirtschaft mehr als bisher ihr Interesse dem Norden und Osten Europas zuwendet[e], eine Entwicklung, die in der wirtschaftlichen Erschließung des Südostraumes ihre natürliche Ergänzung« fand[41] (Tabelle 4).

---

38 A. Oesterheld, Wirtschaftsraum Europa, Oldenburg 1942, S. 115.

39 H. Gaedicke und G. v. Eynern, Die produktionswirtschaftliche Integration Europas. Eine Untersuchung über die Außenhandelsverflechtung der europäischen Länder, T. 1, Berlin 1933, S. 1.

40 Ebd., S. 9.

41 Scheel, Deutschlands Handel (wie Anm. 37), S. 18. Zur Außenwirtschaftspolitik des Dritten Reiches gegenüber Südosteuropa vgl. B.J. Wendt, England und der deutsche »Drang nach Südosten«. Kapitalbeziehungen und Warenverkehr in Südosteuropa zwischen den Weltkriegen, in: Deutschland in der Weltpolitik des 19. und 20. Jahrhunderts, Fritz Fischer zum 65. Geburtstag,

Tabelle 4
Anteil Südosteuropas am deutschen Außenhandel

	Anteil an der deutschen Einfuhr in %				Anteil an der deutschen Ausfuhr in %			
	1929	1934	1936	1937	1929	1934	1936	1937
Bulgarien	0,4	0,8	1,4	1,3	0,3	0,5	1,0	1,1
Griechenland	0,8	1,3	1,6	1,4	0,6	0,7	1,3	1,9
Rumänien	1,6	1,3	2,2	3,3	1,2	1,2	2,2	2,2
Südslawien	0,4	0,8	1,8	2,4	1,1	0,7	1,6	2,3
Türkei	0,6	1,5	2,8	1,8	0,5	1,2	1,7	1,9
Ungarn	0,7	1,4	2,2	2,1	1,1	0,9	1,8	1,9
Südosteuropäische Länder insgesamt	4,5	7,1	12,0	12,3	4,8	5,2	9,6	11,3

Quelle: A. Schmitt u. G. Schmölders, in: Außenwirtschaft u. Außenhandelspolitik, Leipzig 1939, S. 32

Die Ausgestaltung der Außenwirtschaftsbeziehungen erfolgte einmal gemäß den rüstungsökonomischen Anforderungen, mußte sich zum anderen aber auch an den außenwirtschaftlichen Möglichkeiten des Dritten Reiches orientieren, die äußerst begrenzt waren. Denn seit der zweiten Hälfte des Jahres 1934, gesteigert im Jahre 1935, hatte die nationalsozialistische Wehrwirtschaft – von der Öffentlichkeit unbemerkt – ihre erste schwere Krise durchzustehen, von der sie sich, wie wir heute wissen, bis 1945 nicht mehr erholte.

Die Ursachen liegen klar auf der Hand: Die von Wehrmacht und Regierung mit gesteigerter Energie betriebene Aufrüstung, unter der man ja nicht nur die Herstellung von Kriegsgerät, sondern wesentlich weiter gefaßt z.B. den Aufbau riesiger Industrieanlagen, eine breite Motorisierung mit der notwendigen Ausweitung des Verkehrswesens und anderes mehr zu verstehen hat, deckte fast alle Wirtschaftsgruppen voll mit staatlichen Aufträgen ein, was in den bislang außenwirtschaftlich orientierten Industriezweigen zu einer ausgesprochenen Exportmüdigkeit führte. Als deren Folge schmolzen die ohnehin geringen Devisenreserven des Reiches in einem Maße zusammen, daß die für die Rüstungswirtschaft unverzichtbare Einfuhr von Rohstoffen gefährdet war. Die monopolistische Bewirtschaftung der landwirtschaftlichen Erzeugnisse seit dem Frühjahr 1933 (Milcherzeugnisse, Eier, Getreide, Tiere und tierische Erzeugnisse, Ölsaaten) zwecks weitgehender »Beeinflussung des innerdeutschen Verbrauchs«[42] und Hjalmar Schachts »Neuer Plan«, die eine staatliche Devisenkontrolle auf Kosten der Bedürfnisse der deutschen

hrsg. von I. Geiss und B.J. Wendt, Düsseldorf 1973, S. 483-512; Griff nach Südosteuropa. Neue Dokumente über die Politik des deutschen Imperialismus und Militarismus gegenüber Südosteuropa im Zweiten Weltkrieg, hrsg. von W. Schumann, Berlin 1973; G. Schwabe, Der Deutsch-Rumänische Wirtschaftsvertrag vom 23. März 1939, Diss., Berlin 1968 (MS); W. Hoffmann, Lebensraum oder Imperialismus. Eine wirtschaftliche Studie Südosteuropas, Berlin 1940; M. Hegelmann, Das Diktat von Wien (1940) und seine Bedeutung für die Umwandlung Rumäniens in eine militärische Aggressionsbasis Hitler Deutschlands, Diss., Leipzig 1961 (MS).

42 Vertrauliches Rundschreiben des Auswärtigen Amtes an die deutschen diplomatischen Vertretungen, 18.6.1934, Auswärtiges Amt, Deutsche Gesandtschaft Riga, Wirtschaftsabteilung, deutsch-lettländische Verhandlungen und Wirtschaftbeziehungen.

Bevölkerung zugunsten der Aufrüstung beinhalteten, der hastig vorangetriebene Aufbau einer Ersatzgüterindustrie, beispielsweise zur Herstellung von synthetischem Kautschuk und Treibstoff, konnten vor 1936 keine spürbare Entlastung auf dem Rohstoffsektor erbringen, und der unter Androhung von Repressalien seitens des NS-Regimes verfügten Exportsteigerung war letzten Endes nur ein bescheidener Erfolg beschieden. Denn, und dies war die wesentliche außenwirtschaftliche Frage, welche Kapazitäten konnten in einer auf die Kriegsfähigkeit hinarbeitenden Wirtschaft überhaupt für die Exportproduktion freigemacht werden, ja mehr noch, auf welche Güter vermochte eine Binnenwirtschaft überhaupt zu verzichten, die in Anbetracht des kalkulierten totalen Krieges nicht nur den Bedarf der Wehrmacht, sondern darüber hinaus die ausreichende Versorgung der Zivilbevölkerung auch auf den im Ersten Weltkrieg unabgedeckten Sektoren garantieren wollte? Die Außenwirtschaftspolitik sah sich also dem Dilemma gegenüber, ein Maximum an Rohstoffen und Nahrungsmitteln aus dem Ausland bei einem Minimum an Devisen zu deren Bezahlung einführen zu müssen.

Die Lösung des Problems versprach man sich von einer neuen, nämlich devisenlosen Form des Außenhandels, dem »Verrechnungs«- oder »Clearingsystem«. Danach mußten alle Außenhandelsvereinbarungen zwischen zwei Staaten nach dem Prinzip des wertmäßigen Ausgleichs von Lieferung und Gegenlieferung getroffen werden, das heißt, das Dritte Reich kehrte wieder »zu dem uralten System des Tauschhandels, wenn auch entsprechend den größeren und vielseitigeren Umsätzen in veränderten Formen«, zurück[43].

Auch der Außenhandelsverkehr mit Estland und Lettland befolgte diesen Grundsatz, wobei ständige Regierungsausschüsse den Warenaustausch bis ins einzelne festlegten. Reval war in der ökonomischen Krisensituation des NS-Regimes ein besonders geschätzter Handelspartner, weil es aus der Weimarer Zeit überkommene erhebliche Schulden gegenüber Berlin abzutragen hatte, so daß der deutschen Wirtschaft zunächst einmal wertmäßig mehr Waren zufließen konnten, als sie selbst an Gegenleistungen zu erbringen hatte. Aber bereits 1935/36 zeigte sich Deutschlands Unfähigkeit, seinen Clearing-Verpflichtungen nicht nur gegenüber Estland und Lettland, sondern darüber hinaus auch gegenüber einer Vielzahl anderer Handelspartner nachzukommen, d.h. in der Höhe des Wertes zu exportieren, in der es Waren aus den einzelnen Ländern bezog. Die deutschen Produktions- und Arbeitskräftekapazitäten reichten zur Erfüllung der doppelten Aufgabenstellung, den rüstungswirtschaftlichen Anforderungen zu genügen und zur Sicherstellung der Rohstoffe und der Ernährung einen lebhaften Export aufrechtzuerhalten, nicht aus, und es wurde deutlich, daß Umfang und Tempo der Aufrüstung auf der begrenzten ökonomischen Basis des Deutschen Reiches nicht mehr mit herkömmlichen volkswirtschaftlichen Mitteln aufrechterhalten werden konnten. Eine Alternative zum einmal gesteuerten wehrwirtschaftlichen Kurs stand aber, zumindest für die politische Spitze und führende Militärs, außer Diskussion. Im Gegenteil, das NS-Regime entschloß sich Ende 1936 in Form des »Vierjahres-

[43] A. Dix, Neue Wege der Handelspolitik, in: Der Deutsche Oekonomist, 51 (1933), S. 1129-1131, hier S. 1131.

planes« zu einer noch konsequenteren Rüstungssteigerung mit dem von Hitler formulierten Ziel der »Erweiterung des Lebensraumes beziehungsweise der Rohstoff- und Ernährungsbasis«. Es galt demzufolge, mittels Aufrüstung »jene Maßnahmen zu treffen, die für die Zukunft eine endgültige Lösung« bringen mußten, in der derzeitigen ökonomischen Krise aber eine »vorübergehende Entlastung« zu suchen[44]. Wie sich die NS-Führung die »vorübergehende Entlastung« vorstellte, wurde schnell sichtbar. Einmal durch eine territoriale Erweiterung des deutschen Wirtschaftsgebietes mit dem Anschluß Österreichs[45] und der Sudetengebiete[46] und zum anderen mittels der Außenwirtschaftspolitik, deren Aufgabe darin bestand, den deutschen Nahrungsmittel- und Rohstoffbedarf »in Außenhandelsverträgen derart zu verankern, daß daraus ein Höchstmaß gegenseitiger Verpflichtungen« erwuchs[47]. Die nationalsozialistische Außenwirtschaftspolitik verfolgte das Ziel, agrarstrukturierte und industriell unterentwickelte Rohstoffländer derart an den deutschen Markt zu binden, daß es »ganz natürlich zu einem Zusammenschluß«, zu mehr oder minder »großen ›Wirtschaftsräumen‹«, den ökonomischen Groß- oder auch Ergänzungsräumen, kommen mußte[48].

In der Gestaltung der Wirtschaftsbeziehungen zu Estland und Lettland ließ sich die Forderung, »durch entsprechende handelspolitische Maßnahmen im Sinne der Großraumwirtschaft« zu wirken, paradigmatisch realisieren[49]. Gelang es doch, zu langfristigen Vereinbarungen zu kommen, die im Fall Estlands bis Ende 1940, bezüglich Lettlands, hier mit einer Steigerung des Handelsvolumens um 50 Prozent, bis Ende 1939 dem Dritten Reich feste Rohstoff-, Nahrungs- und Futtermittelkontingente garantierten. Berlin hatte diese Kontrakte unter dem ebenso einfachen wie skrupellosen Vorsatz abgeschlossen, so viel aus den beiden Ostseestaaten zu importieren, wie für seine Rüstungswirtschaft notwendig und so wenig an Gegenleistung zu erbringen, wie möglich war. In der Praxis verbesserte sich dann auch die Ausfuhr deutscher Waren »nach fast allen Ostseeländern«, doch

[44] W. Treue, Hitlers Denkschrift zum Vierjahresplan 1936, in: Vierteljahrshefte für Zeitgeschichte (VfZG), 3 (1955), S. 184-210, hier S. 206; D. Petzina, Autarkiepolitik im Dritten Reich. Der nationalsozialistische Vierjahresplan, Stuttgart 1968; ders., Vierjahresplan und Rüstungspolitik, in: Forstmeier und Volkmann, S. 65-80.

[45] N. Schausberger, Der wirtschaftliche Anschluß Österreichs 1938, in: Österreich in Geschichte und Literatur, 18 (1971), S. 249-73.

[46] A. Teichova, An Economic Background to Munich. International Business and Czechoslovakia 1918-1938, London 1974.

[47] W. Grövell, Nationalwirtschaft, Großraumwirtschaft, Weltwirtschaft, in: Archiv für Rechts- und Sozialphilosophie, 27 (1933/34), S. 99-113, hier S. 109.

[48] F. Fried, Autarkie, Jena 1932, S. 126; vgl. u.a. zum Problem des Groß- und Ergänzungsraumes L. Gruchmann, Nationalsozialistische Großraumordnung. Die Konstruktion einer »deutschen Monroe-Doktrin«, Stuttgart 1962 (hier werden die ökonomischen Momente nicht berücksichtigt); C. Schmitt, Völkerrechtliche Großraumordnung mit Interventionsverbot für raumfremde Mächte, Berlin 1939; C. v. Daitz, Der Weg zur Volkswirtschaft, Großraumwirtschaft und Großraumpolitik, Dresden 1943; Europäische Großraumwirtschaft. Vorträge gehalten auf der Tagung zu Weimar vom 9.-11. Oktober 1941, Leipzig 1942; F. Bülow, Großraumwirtschaft, Weltwirtschaft und Raumordnung, 2. Aufl., Leipzig 1943, Lebensraumfragen europäischer Völker, Bd I: Europa, hrsg. von K.H. Dietzel u.a., Leipzig 1941; L. Nyiri, Die europäische Großraumwirtschaft. Ein Versuch über das europäische Wirtschaftsproblem, Diss., Berlin, Quakenbrück 1936.

[49] A. Schmitt und G. Schmölders, in: Außenwirtschaft und Außenhandelspolitik, Leipzig 1939, S. 33.

hielt »die Steigerung bei weitem nicht mit den erhöhten Warenbezügen Deutschlands aus diesen Ländern Schritt«[50].

Bemühungen deutsch-baltischer Wirtschaftskreise vor allem um eine »stärkere Entwicklung des deutsch-estnischen Handels, und zwar insbesondere der Ausfuhr von Deutschland nach Estland«, waren nicht allein wegen der bekannten deutschen Lieferschwierigkeiten Grenzen gesetzt, sondern mehr noch wegen der hinter diesen Bestrebungen stehenden Intention, das »wirtschaftliche Herabsinken des Deutschtums aufzuhalten«[51], wie es durch die Agrarreform und gesetzgeberische Maßnahmen Rigas und Revals tatsächlich heraufbeschworen worden war. Denn eine solche Festigung der ökonomischen Position der Deutsch-Balten lief, wie an anderer Stelle zu zeigen, der später praktizierten Diktion nationalsozialistischer Volkstums- und Siedlungspolitik geradezu entgegen. Zwar traten die im Reich zuständigen politischen und wirtschaftlichen Ressorts in ernsthafte Verhandlungen mit der Revaler Kaufmannschaft, doch verschwanden entsprechende Beschlüsse in den Schubladen der Ministerialbürokratie, nachdem sie bei den entscheidenden politischen und wirtschaftlichen Instanzen (Hitler, Göring) keine Beachtung gefunden hatten.

Das Mißverständnis von hoher deutscher Einfuhr aus den baltischen Staaten einerseits und möglichst niedriger deutscher Ausfuhr nach diesen andererseits lag natürlich auch in der begrenzten Aufnahmefähigkeit wirtschaftlich unterentwikkelter und darüber hinaus unterbevölkerter Länder für industrieller Güter begründet. Doch bedeutete es letztlich, daß das Dritte Reich sich durch Verschuldung in Reval und Riga die spätere militärische Eroberung Estlands und Lettlands vorfinanzieren ließ. Ungeachtet der zugegebenermaßen nur sporadisch vor einer Ausweitung des merkantilen Verkehrs mit dem nationalsozialistischen Deutschland warnenden lettischen und estnischen Pressestimmen[52], hatten die beiden Ostseestaaten ihre Wirtschaft in so fataler Weise an die des Dritten Reiches gekettet, daß es bereits Ende der dreißiger Jahre keine außenhandelspolitische Alternative mehr gab. Von dem Bestreben geleitet, sich auf dem für forstwirtschaftliche und agrarische Produkte als zunehmend aufnahmefähig erweisenden deutsche Markt in Konkurrenz zu Skandinavien und Holland einen festen Anteil zu sichern, hatten sich Estland und Lettland zu stark nach den deutschen Bedürfnissen ausgerichtet. Um das zu illustrieren, mag das Beispiel von Sperrholzwirtschaft genügen, die sich überwiegend als Zulieferer für die deutsche Flugzeugindustrie verstand. Als diese von der Holz- zur Metallkonstruktion überging, geriet die Sperrholzindustrie in eine schwere Absatzkrise, zumal sie die hohen Investitionen für eine Umstellung ihrer Produktion auf andere von Deutschland gewünschte Erzeugnisse kurzfristig

50 Ostseejahrbuch 1936, S. 17.

51 Bericht der deutschen Gesandtschaft Reval, 17.8.1936, PA, W, Handelsbeziehungen zur Deutschland (Estland), Handel Bd 1.

52 So berichtete beispielsweise die estnische Zeitung »Waba Maa« am 26.10.1937 über »Klagen, daß für uns so wichtige Metalle in Deutschland schwer erhältlich sind, da Deutschland sie wegen der hohen Konjunktur selbst vermehrt braucht [...]. Über die Steigerung der Ausfuhr können wir uns freuen. Aber die direkte Verknüpfung mit der Kaufverpflichtung und die Schwierigkeiten in der Auswahl der Käufe mahnen gleichzeitig zur Vorsicht.«

nicht aufzubringen wußte[53]. Darüber hinaus verhinderten die Verrechnungsabkommen den aus dem Handel mit Deutschland erhofften Devisenzufluß, mit dem Estland und Lettland ihre ökonomischen Bedürfnisse auf dem Weltmarkt zu befriedigen gedachten. Statt dessen mußten die Erlöse aus den Exporten nach Deutschland nahezu ausschließlich zum Kauf deutscher Waren verwendet werden. Das Dritte Reich aber bot in seiner rüstungswirtschaftlichen Überkonjunktur nur wenige Güter zur Auswahl an und lieferte seinem estnischen und lettischen Handelspartner überwiegend solche Maschinen und industriellen Anlagen, die zur Mechanisierung und Ausweitung der land- und forstwirtschaftlichen sowie industriellen Produktionszweige dienten, die ohnehin auf den deutschen rüstungsökonomischen Bedarf hin orientiert waren, beispielsweise für die Brennschiefer- und Verschwefelungsindustrie Estlands.

Estland war es dann auch, das in der Absicht, einen Teil der Beträge seines deutschen Schuldners wieder einzutreiben, in völliger Verkennung der nationalsozialistischen politisch-ökonomischen Ziele, dem permanenten Bemühen Berlins, über die Handelsbeziehungen hinaus direkten Einfluß auf die Wirtschaft seiner Haupthandelspartner zu nehmen, unerwartet entgegenkam. Bereits im Jahre 1935 erkundigte sich die Revaler Regierung in Berlin nach möglichen deutschen Kapitaleinfuhren anstelle von Sachlieferungen nach Estland, und zwar in Form einer deutschen Beteiligung an der estnischen Steinölproduktion[54]. Eine solche Offerte schlug man in Berlin selbstverständlich nicht aus, zumal immer offenkundiger wurde, »daß auf absehbare Zeit die [...] vorhandenen Kapazitäten nicht ausreichend sein würden, um allen Anforderungen für zivile und militärische Zwecke gerecht zu werden.« Daher schloß die deutsche Kriegsmarine bereits 1935 einen langfristigen Öl-Liefervertrag mit Estland ab, der »die ständige Belieferung der Marine mit beachtlichen Mengen an Schieferteeröl sicher[stellte], das im übrigen bei guter Qualität erheblich billiger war als die deutschen Erzeugnisse«[55]. Später wurde dieses Abkommen gekoppelt mit einer fünfzigprozentigen Beteiligung des Berliner Bankhauses Mendelssohn an der estnischen Steinöl AG[56], eine wirtschaftliche Transaktion, in der man deutscherseits einen »entscheidenden Schritt zur wirtschaftlichen Orientierung Estlands nach Deutschland« erblickte, »deren politische Rückwirkungen nicht zu unterschätzen« waren[57], weshalb »das Reichswirtschafts-

53 Im Juli 1937 beklagte zum Beispiel der Leiter der Wirtschaftsabteilung im estnischen Außenministerium, »daß die estnische Ausfuhr von Flugzeugsperrholz nach Deutschland [...] wegfallen soll. Zur Lieferung größerer Mengen gewöhnlichen Sperrholzes [...] sei die estnische Industrie technisch nicht in der Lage, da sie sich nicht so schnell umstellen könne.« Bericht der deutschen Gesandtschaft Reval, 24.7.1937 (Konzept), PA, Deutsche Gesandtschaft Reval, Estlands Beziehungen zu Deutschland, Bd 6.

54 Bericht des deutschen Gesandten Reinebeck in Reval über eine Unterredung mit dem estnischen Staatspräsidenten, 3.9.1935, PA, Ha.-Pol Clodius, Estland, Aug. 1929-März 1939.

55 E. Raeder, Mein Leben von 1935 bis Spandau 1955, Tübingen 1957, S. 61. Vgl. W. Meier-Dörnberg, Ölversorgung der Kriegsmarine 1935 bis 1945, Freiburg 1973, S. 33 f.

56 Die andere Hälfte befand sich im Besitz des Revaler Bankhauses G. Scheel und Co. Vgl. E. Munzer, Die Wirtschaft Estlands, BA-MA, R 88/vorl. 247, S. 16.

57 Bericht der deutschen Gesandtschaft Reval an Auswärtiges Amt über ein Gespräch beim estnischen Staatspräsidenten, 3.9.1935, PA, Ha.-Pol Clodius, Estland.

ministerium zusammen mit der deutschen Industrie die deutschen Ölinteressen in Estland auf das stärkste gefördert« hat[58]. Im Frühjahr 1937 erfolgte die Lieferung der ersten Partie Schieferteer-Heizöls an die Deutschen Werke Kiel AG zur Dekkung des Bedarfs der deutschen Kriegsmarine[59].

1938 fand die deutsche Großraumpolitik ihren sichtbaren Niederschlag in der Ausdehnung der zwischen den baltischen Staaten und dem »Altreich« bestehenden Handelsvertragsvereinbarungen auf Österreich und das Sudetengebiet (4.11.1938). Die Regierungen in Riga und Reval hatten einer solchen Regelung nicht nur relativ bedenkenlos zugestimmt, sondern im Fall Lettlands sogar darum gebeten, »daß ein Vertreter des Auswärtigen Amts nach Riga kommen solle, um einen Notenwechsel übe die Einbeziehung Österreichs in das deutsch-lettische Zahlungsabkommen zur regeln«[60]. Bedeutsam war in diesem Zusammenhang die Rolle der baltischen Staaten als Lieferanten von Flachs. Denn nachdem Deutschland die Textilbetriebe des Sudetengebietes voll in die Produktion des Reiches integriert hatte, konnte es den Bedarf an diesem Grundstoff nur schwerlich decken. Nachdem »von allen einschlägigen deutschen Betrieben dringend ein weiterer Ausbau der betreffenden Rohstoffbasis verlangt worden« war, mußten die neuen Versorgungsmöglichkeiten aus dem Baltikum für die Textil- und Leinenindustrie »besonders wertvoll« sein[61]. In Lettland gab man sich überzeugt, Deutschland werde nach der erfolgreichen Überwindung der »Septemberkrise« keine territorialen Ansprüche mehr geltend machen, so daß man »die Ende 1938 in Europa geschaffene Lage als statische Erscheinung« betrachtete, woraus man den Schluß zog, Lettland müsse sich nun »in das neue Europa hineinfinden« ohne »eine neue wirtschaftliche Orientierung« zu suchen[62].

Doch Anfang 1939 beschlich die beiden Randstaaten immer mehr die Befürchtung, ihre Territorien könnten angesichts der sich abzeichnenden Koalition zwischen England/Frankreich und der UdSSR das nächste Opfer deutscher expansiver Volkstumspolitik werden. Ließ beispielsweise der estnische Generalstabschef Reek noch im Sommer 1938

> »keinen Zweifel darüber [aufkommen], daß er eine [...] Bedrohung nur von der Sowjetunion, nicht aber von Deutschland her befürchte, da der deutsche Expansionsdrang sich wohl immer mehr nach den fruchtbaren [...] Gebieten im Süd-Osten, nicht aber nach den abgelegenen, kargen Gebieten am Finnischen Meerbusen richten würde«[63],

so bewerteten Estland und Lettland nun die von ihnen angestrebten und abgeschlossenen Nichtangriffspakte mit Berlin als eine Garantie ihrer zumindest politischen Eigenständigkeit und territorialen Integrität. In dieser Erwartung sahen sich

---

58 Stellungnahme des Reichswirtschaftsministeriums, 6.5.1940, BA-MA, Wi F 5/1082.

59 Brief des Revaler Bankhauses Scheel an Reichskriegsminister v. Blomberg, 31.3.1937, PA, Deutsche Gesandtschaft Reval, Estlands Beziehungen zu Deutschland (C 1 I), Bd 4.

60 Aufzeichnung des Auswärtigen Amtes, 29.9.1938, ADAP, Ser. D, Bd V, S. 390 bis 392, hier S. 391.

61 Wochenschrift für die Textilindustrie, 54 (1939), S. 281.

62 Bericht der deutschen Gesandtschaft Riga über einen Artikel des Außenministers Munter in der Zeitung »Sejejs«, 4.11.1938, PA, Länderakten, Lettland, Bd 1.

63 Bericht des deutschen Gesandten in Reval, 5.7.1938, an Auswärtiges Amt, ADAP, Ser. D, Bd V., S. 383 f., hier S. 384.

Tabelle 5
Ein- und Ausfuhr aus Estland und Lettland

	Einfuhr aus Estland in Mill. RM					Ausfuhr nach Estland in Mill. RM				
Nahrungs- und Genußmittel	1934	1935	1936	1937	1938[1]	1934	1935	1936	1937	1938[1]
Leb. Tiere	4,17	7,30	9,05	9,72	12,83	0,22	0,19	0,19	0,26	0,24
Rohstoffe	1,84	3,04	1,88	5,14	3,35	1,06	1,25	0,60	0,60	0,78
Halbwaren	–	–	1,90	7,55	6 58	–	–	2,02	1,81	1,58
Fertigwaren	2,22	2,80	0,96	1,06	0,96	6,04	9,91	14,75	17,27	19,40
Insgesamt	8,23	13,14	13,79	23,65	23,96	7,34	11,36	17,56	19,94	22,00
	Einfuhr aus Lettland in Mill. RM					**Ausfuhr nach Lettland in Mill. RM**				
Nahrungs- und Genußmittel	1934	1935	1936	1937	1938[1]	1934	1935	1936	1937	1938[1]
Leb. Tiere	6,68	10,24	13,28	15,49	17,53	0,19	0,28	0,35	0,25	0,28
Rohstoffe	11,19	16,23	10,85	16,68	13,51	6,08	6,91	3,10	2,90	2,86
Halbwaren	–	–	6,20	9,57	8,28	–	–	6,45	4,24	5,56
Fertigwaren	3,20	4,64	2,84	3,77	3,92	12,56	20,75	21,34	20,97	32,14
Insgesamt	21,07	31,11	33,17	45,73	43,49	18,85	28,08	31,24	28,36	40,84

[1] Ab Oktober 1938 einschließlich des Sudetengebietes

Quelle Studie des Instituts für Weltwirtschaft an der Universität Kiel »Der kriegswirtschaftliche Beitrag Osteuropas für das Deutsche Reich 1936–1944« BA-MA R 88/vorl 567 Die in der Tabelle genannten Prozentzahlen sind dem Wochenbericht des Instituts für Konjunkturforschung (5 7 1939, S 162) entnommen

der lettische und estnische Außenminister bestärkt, als Hitler auf zwei ihnen anläßlich der Vertragsunterzeichnung gewährten Empfängen versicherte, die Pakte seinen nicht ausschließlich militärischer Natur, sondern »auch im Interesse der Beruhigung der Völker und im Interesse der wirtschaftlichen Beziehungen« abgeschlossen worden[64]. Wenn der Führer in seinen folgenden Ausführungen die primär ökonomische Bedeutung Estlands und Lettlands für das Dritte Reich hervorhob, dann sicherlich in einem anderen als von den beiden Politikern verstandenen Sinn. Seine inhaltlich gleichlautenden Reden muß der Historiker im Kontext des nationalsozialistischen expansiv-territorialen Langzeitprogramms und der im Vierjahresplan definierten Übergangspläne interpretieren. Sie stellen sich dann als Bestätigung der hier bereits vorgetragenen Thesen dar, wenn Hitler zum Ausdruck brachte, »die gesunden Wirtschaftsbeziehungen zwischen zwei Ländern seien basiert auf der Fähigkeit, Bedürfnisse gegenseitig zu befriedigen [...]. Wenn Völker glaubten, Deutschland den Vorwurf machen zu müssen, daß es kleinere Völker von sich abhängig machen wolle, so könne er dies nur als eine sinnlose Gehässigkeit zurückweisen.« Zugestandenermaßen hätten »Wirtschaften [...] nicht immer das Passende für einander«. So »könne z.B. Lettland gewisse Bedürfnisse an Maschinen haben, wozu es aber eine Umstellung von deutschen Industriezwiegen bedürfe, welche große Investitionen und lange Zeit brauch[t]en«. Dieserart gab Hitler

[64] Protokolle der anläßlich der Empfänge des estnischen und lettischen Außenministers am 7.6.1939 gehaltenen Führer-Reden, Auswärtigen Amt, Büro Reichsminister, Estland sowie Lettland.

Tabelle 6
Prozentualer Anteil der baltischen Staaten, Polens und der UdSSR am deutschen Import 1934 bis 1938 (in %)

1934	1935	1936	1937	1938
11,3	7,8	4,9	3,9	4,3

unumwunden zu, daß Deutschland ganz bestimmten Lieferwünschen nicht nachzukommen gedachte oder vermochte. Der »Führer« ging auch auf das Problem der wechselseitigen Abhängigkeit ein, wertete aber das Abhängigkeitsverhältnis unter umgekehrten Vorzeichen, indem er äußerte, »an sich wäre Deutschland von einem Land, das ihm Lebensmittel liefere, immer noch mehr abhängig als dieses Land von Deutschland, das von ihm etwa Maschinen oder dergleichen bezöge. Ein Land könne eher auf Wellblech und Maschinen verzichten, als Deutschland auf Lebensmittel«, eine Bemerkung, die abermals deutlich macht, daß für Deutschland der Import Priorität vor dem Export genoß.

Die Statistik über den deutschen Außenhandel mit Lettland und Estland bringt das ebenso unmißverständlich zum Ausdruck, wie sie unsere Interpretation des Handelsverkehrs und der diesem von deutscher Seite zugrundgelegten Motivation stützt (Tabelle 5):

1. Das stete Wachstum der deutschen Einfuhr aus den beiden baltischen Staaten;
2. daß der Schwerpunkt der deutschen Einfuhr auf dem Agrar- und Rohstoffsektor beruhte;
3. der Trend zur deutschen Verschuldung, also die sich öffnende Schere zwischen Ein- und Ausfuhr.

Der prozentuale Anteil Lettlands und Estlands an der deutschen Versorgung war im Vergleich zu anderen Lieferstaaten gering, was übrigens auch für Litauen, Polen und die UdSSR galt. Der Gesamtanteil dieser Staaten am deutschen Import in den Jahren 1934 bis 1938 läßt sich aus Tabelle 6 ablesen.

Die Importe aus den besagten Ländern besaßen aber einmal eine wichtige Ergänzungsfunktion innerhalb des von Deutschland beherrschten Großwirtschaftsraums. Zum anderen ergab sich der Stellenwert der Einfuhren aus Lettland und Estland aus ihrer spezifischen Zusammensetzung. So nahmen die beiden Ostseeanrainer den ersten Platz in der Liste der Lieferanten von Kalbfellen (einer besonderen Mangelware in Deutschland) ein, den zweiten Rang als Belieferer Deutschlands mit Flachs, und das estnische Phosphoritvorkommen, »das einzige für Deutschland unmittelbar zugängliche«, war ab 1939 für fünf Jahre an das Dritte Reich verkauft[65].

[65] Wirtschaftsnachrichten der Volkswirtschaftlichen Abteilung der I.G. Farbenindustrie, 6.10.1939, Die Versorgung mit Faserstoffen, Häuten und Fellen, BA-MA, Wi I F 5/3148. Zum Phosphoritgeschäft vgl. die Aufzeichnung des Auswärtigen Amtes, 6.7.1940, über »Unsere wirtschaftlichen Interessen in den baltischen Staaten«, PA, Handakten Ritter, betr. Azoren, Baltikum, Belgien, Brasilien 1939-1944.

Tabelle 7
Deutschlands Einfuhr an wichtigen Nahrungsmitteln am Gesamtimport (in %)

aus Estland	Schweine	Butter
1936		5,2
1937		5,3
aus Lettland	Schweine	Butter
1936	12,6	6,9
1937	7,3	7,4

Quelle: Geheime Studie des Instituts für Weltwirtschaft, Mai 1938, »Die wehrwirtschaftliche Bedeutung West- u. Nordeuropas für Deutschland«, BA-MA, R 88/vorl. 571

© MGFA 04617-03

Hatte sich das Dritte Reich zwischen 1933 und 1938 in der Ausgestaltung seiner Außenwirtschaftsbeziehungen im allgemeinen und speziell zu den beiden baltischen Staaten vorwiegend an den kurzfristigen Bedürfnissen der Wehrwirtschaft, also an den Erfordernissen einer zielstrebigen Aufrüstung orientiert – dabei das langfristige Großraumkonzept allerdings nicht aus den Augen gelassen-, so wurden in der Phase der unmittelbaren Kriegsvorbereitungen (seit dem Schnell-Plan 1938) bereits die ökonomischen Weichen für den kalkulierten totalen Krieg gestellt. Die Reichsregierung verschaffte sich vor allem noch einmal Klarheit über die wirtschaftliche Leistungsfähigkeit des von ihr seit 1933 im Wechselspiel von Diplomatie und militärischer Aktion konsequent aufgebauten Großwirtschaftsraums und über die ihr zur Verfügung stehenden Ressourcen. Sie ging bei ihrer Bestandsaufnahme von der Prämisse eines Kriegseintritts Großbritanniens im Zuge des geplanten Überfalls auf Polen aus. Für diesen Fall galt es alles zu tun, »um die Blokkadesicherheit für eine unter deutscher Führung stehende europäische Mächtegruppe (Großdeutschland, Italien, Slowakei, Spanien, die Balkanstaaten) herzustellen«. Konkret mußte analysiert werden, inwieweit diese Blockadesicherheit »ganz oder zu einem großen Teil erreichbar [war], wenn die Wehrwirtschaft des oben skizzierten Raums ebenfalls bis zur Höchstleistung ausgebaut und die Wirtschaft weiterer im Machtbereich dieses Raumes liegenden Staaten wie der Nordraum (Schweden, Norwegen, Finnland, baltische Staaten) in dem wehrwirtschaftlichen notwendigen und erreichbaren Umfang zum Einsatz gebracht« wurden[66]. Entsprechende Untersuchungen ließen noch einmal die Bedeutung der »Randstaaten« innerhalb des Großwirtschaftsraums hervortreten und eruierten deren der deutschen Wirtschaft im Kriegsfall fehlenden Agrar- und Rohstoffe. Besonders auffällig war die Fleisch- und Fettlücke in Deutschland. Hier mußte der benötigte Zuschuß »in erster Linie aus den militärisch zu sichernden Nachbarräumen gedeckt werden«, die auf diesem Sektor über einen Überschuß aus eigener Produkti-

[66] Studie des Reichsamtes für Wirtschaftsaufbau über die »Möglichkeiten einer Großraumwehrwirtschaft unter deutscher Führung«, T. 1, Juli 1939, BA-MA, R 25/53.

Tabelle 8
Produktion und Ausfuhr Lettlands an wichtigen Nahrungsmitteln 1938 (in t)

Waren	Produktion	Gesamtausfuhr	Ausfuhr nach Großdeutschl.	Ausfuhr nach Großbritann.
Weizen	191 900	919	–	892
Schweinefleisch	–	12 355	9 764	73
Butter	21 700[1]	23 457	6 030	17 136
Käse	1 200[1]	140	120	–
Talg	–	1 920	–	1 920
Eier	–	1 262	179	981
Obst	–	2 243	1 768	385
Gemüse	–	535	210	131

[1] 1937

Quelle: Geheime Studie der I.G. Farbenindustrie, BA-MA, Wi I/376

on, nicht etwa aus Überseeimporten (Kolonien) verfügten. Zu diesen Ländern zählten »Finnland und die Ostsee-Randstaaten, die vorwiegend über die von Deutschland kontrollierte Ostsee ausführen« mußten, deren Exporte somit jederzeit der deutschen Kriegswirtschaft zugeleitet werden konnten[67]. Bereits in Friedenszeiten bezog das Dritte Reich erhebliche Mengen an Butter und Fleisch aus Estland und Lettland (Tabelle 7).

Hinter Dänemark lieferten die beiden baltischen Staaten zusammen die zweitgrößte Buttermenge ins Reich[68]. Aus den beiden Staaten führte Deutschland im Jahre 1938 bereits beachtliche Nahrungs- und Futtermittelkontingente ein, die im Kriegsfall mittels einer von deutscher Seite verhängten Blockade der Ostsee zumindest um die in Friedenszeiten nach Großbritannien verschifften Mengen erhöht werden konnten (Tabellen 8 und 9).

Unter der Voraussetzung, daß »die Produktion und Ausfuhrfähigkeit der nordost- und südosteuropäischen (Staaten)-Gruppe aufrechterhalten« blieb, ergab sich »ein günstiges Bild der deutschen Ernährungslage«, die, nach deutscher Überzeugung, »durch eine See-Blockade auch von längerer Dauer nicht erschüttert werden« konnte[69].

Zu wesentlich anderen Schlüssen zwangen Erhebungen, die das Reichsamt für Wirtschaftsaufbau zur Rohstoffversorgung Deutschlands anstellte. Sie führten zu folgenden Ergebnissen: 1. Großdeutschland/Italien, mit Spanien und den Balkanstaaten als potentiellen Verbündeten, können ihre rüstungsökonomischen Bedürfnisse im Mobilisierungsfall mangels einer Reihe von kriegswirtschaftlichen wichtigen Rohstoffen »nur unvollkommen« befriedigen. »Der Anschluß des Nordraumes (unter Einschluß der baltischen Staaten) ist für den Großwirtschaftsraum unent-

[67] Geheime Studie der Volkswirtschaftlichen Abteilung der I.G. Farbenindustrie über »Die Lage der Nahrungs- u. Futtermittelversorgung in Deutschland«, 1939, BA-MA, Wi I/376.

[68] Geheime Studie der Wehrwirtschaftlichen Forschungsstelle über »Die Fettversorgung der Großraumwirtschaft«, BA-MA, WI I F 5/3146.

[69] Ebd.

Tabelle 9
Produktion und Ausfuhr Lettlands an wichtigen Nahrungsmitteln 1938 (in t)

Waren	Produktion	Gesamtausfuhr	Ausfuhr nach Großdeutschl.	Ausfuhr nach Großbritann.
Schweinefleisch	31 200	8 151	5 564	–
Butter	15 900[1]	14 732	5 433	9 235
Käse	800[1]	231	201	1
Speck	–	2 202	–	2 201
Eier	8 140	2 255	1 265	935
Obst	26 300	1 503	1 136	97
Gemüse	–	940	–	652

[1] 1937

behrlich«, insbesondere im Blick auf die Erze und Energiereserven Skandinaviens und die Rohphosphate Estlands. 2. die »restlose Sicherung des Großraums ist »nur mit den Rohstoffen Rußlands [...] möglich«. 3. Fazit und Empfehlung: »Eine Bündnispolitik, die Südosteuropa und den Nordraum der Koalition dienstbar macht, sowie ein tragbares Verhältnis zu Rußland ermöglicht«[70].

Wertet man den Hitler-Stalin-Pakt einmal im Kontext derartiger ökonomisch bestimmter Überlegungen, dann dürfte seine bislang primär auf machtpolitischen Kriterien beruhende Beurteilung eine gewisse Akzentverschiebung erfahren. Die im geheimen Zusatzabkommen zugestandene Eingliederung Estlands und Lettlands in den sowjetrussischen Machtbereich lag zweifellos nicht außerhalb der bis dahin verfolgten außenwirtschaftlichen Linie des NS-Regimes; sie war ihre konsequente Fortsetzung und läßt sich auch ohne Schwierigkeiten in die nationalsozialistische Volkstumspolitik einordnen, die gleichermaßen unter machtpolitischen wie unter rassischen und ökonomischen Aspekten betrachtet werden muß. Als in der zweiten Hälfte der dreißiger Jahre offenkundig wurde, daß sich die von politischer und militärischer Führung immer höher geschraubten rüstungsökonomischen Anforderungen mit dem begrenzten Arbeitskräftepotential des Deutschen Reiches in seinen derzeitigen Grenzen nicht mehr befriedigen ließen, sorgte der Anschluß Österreichs und des Sudetengebietes vorübergehend für eine gewisse Entlastung. Doch zu Beginn des Jahres 1939 war der Fehlbestand an Arbeitskräften bereits wieder auf rund 550 000 angestiegen. Als Adolf Hitler in seiner Neujahrsbotschaft 1939 versprach, das Arbeitskräfteproblem einer Klärung zuzuführen, gedachte er dies u.a. auf Kosten der rund 30 Millionen Volksdeutschen zu tun, die nach nationalsozialistischer Auffassung völlig unnützerweise »ihr Können und ihr Wissen, ihr Blut und ihre Nachkommen fremden Staaten zur Verfügung« stellten. Da die verstärkte Anwerbung ausländischer Arbeitskräfte die Gefahr einer »fremdländischen Unterwanderung volksdeutschen Lebensraumes« in sich barg, entschloß man sich schließlich, in Zusammenarbeit von Vierjahresplan-Organisation und SS, »eine

[70] Vgl. Studie des Reichsamtes für Wirtschaftsaufbau (wie Anm. 66).

systematische Rückwanderung Reichs- und Volksdeutscher Arbeitskräfte aus dem Ausland in das Reich in die Wege zu leiten«[71]. Als *eine* Maßnahme in dieser Richtung muß die Aussiedlung der Deutsch-Balten in den Warthegau gewertet werden, in ein Gebiet also, das in den nationalsozialistischen Plänen zur territorialen Neugliederung Europas zum völkischen Kernland des »Tausendjährigen« Reiches deklariert war.

Unabhängig von dieser bevölkerungspolitischen Aktion behielten Estland und Lettland, zumindest bis zu ihrer späteren vollständigen Einordnung in die Reihe der russischen Sowjetrepubliken, nicht nur ihre bisherige Funktion als Lieferanten von Nahrungs- und Futtermitteln sowie von Rohstoffen bei, sondern sie hatten für die nunmehrige nationalsozialistische Kriegswirtschaft eine wachsende Bedeutung erlangt. Denn in dem Maße, wie Großbritannien die deutsche Versorgung auf dem Seeweg unterband, war die Wirtschaft des Dritten Reiches auf Ersatzlieferungen angewiesen, die sie auch aufgrund entsprechender Vereinbarungen aus der Sowjetunion[72] und aus den beiden baltischen Staaten zu erhalten suchte. Außerdem gab es für Estland und Lettland nach dem Ausbruch des Zweiten Weltkrieges keinen alternativen Handelspartner zu Deutschland, denn Berlin schnitt nun die Ostsee für Zufuhren nach und aus England ab, wodurch London, bislang zweitgrößter Handelspartner Rigas und Revals, als Importeur wie Exporteur ausfiel. In der Erkenntnis ihrer nunmehr verstärkten Abhängigkeit vom nationalsozialistischen Deutschland boten die estnische und die lettische Regierung Berlin von sich aus bereits Ende September 1939 Verhandlungen über einen erweiterten Warenaustausch an, wobei sie gleichzeitig ihren merkantilen Verkehr mit Moskau erweiterten[73]. Die bereits Anfang Oktober 1939 abgeschlossene erste Verhandlungsrunde, bei der, auf verständlichen Berliner Wunsch hin, alle politischen Fragen ausgespart blieben[74], sicherte der deutschen Kriegswirtschaft eine jährliche Steigerung der Öllieferungen aus Estland um mindestens 100 000 Tonnen zu, die deutscherseits durch entsprechende Steinkohle- und Kokslieferungen kompensiert werden

---

71 Vortrag des Amtschefs der Dienststelle »Vierjahresplan« im Persönlichen Stab des Reichsführers SS, Januar 1939, in: Diktierte Option. Die Umsiedlung der Deutsch-Balten aus Estland und Lettland 1939-1941, hrsg. von D.A. Loeber, Neumünster 1972, S. 4-7.

72 19.8.1939 deutsch-sowjetrussisches Kreditabkommen; 31.12.1939 Verlängerung der deutsch-sowjetrussischen Wirtschaftsvereinbarung (vom 1.3.1938) bis Ende 1940; 11.2.1940 deutsch-sowjetrussisches Wirtschaftsabkommen, das »den Beginn einer engen wirtschaftlichen Zusammenarbeit zwischen Deutschland und der UdSSR« darstellen sollte. Vgl. W. Ter-Nedden, Das deutsch-sowjetische Wirtschaftsabkommen vom 11. Februar 1940, in: Die Ostwirtschaft, 39 (1940), S. 17 f.

73 28.9.1939 Abschluß eines Warenabkommens zwischen Estland und der UdSSR, das für die folgenden 15 Monate einen Warenaustausch im Werte von 39 Mill. EKr vorsah und Estland den Transithandel zum Schwarzen und Weißen Meer (Murmanskbahn und Ostsee-Weißmeer-Kanal) erlaubte; am 18.10.1939 Unterzeichnung einer Vereinbarung zwischen der UdSSR und Lettland über einen Warenaustausch in Höhe von 60 Mill. Lat, was einen 15%igen Anteil der Sowjetunion am lettischen Handel bedeutete. Gleichlautendes Transitabkommen wie mit Estland. Vgl. F. Klau, Der Rußlandhandel der baltischen Staaten. Die neuen Wirtschaftsverträge und die bisherigen Wirtschaftsbeziehungen, in: Ostwirtschaft, 28 (1939), S. 138 f.

74 Vgl. Aufzeichnung Wiehl, 23.9.1939, über die Richtlinien der am selben Tag beginnenden deutsch-estnischen Wirtschaftsverhandlungen, PA, Ha.-Pol Wiehl, Estland 1924-1940, Bd 1.

sollten[75]. Die Reichskanzlei hatte daher allen Grund, das Abkommen, das ferner eine gesteigerte Ausfuhr von Butter, Eiern, Schweinen und vor allem Flachs und Schrott nach Deutschland vorsah, als »im ganzen gesehen nicht ungünstig« zu klassifizieren[76].

Die Verhandlungen mit Lettland, das die deutschen Blockadelücken geschickt nutzte und über Skandinavien einen zumindest begrenzten Warenverkehr mit Großbritannien aufrechtzuerhalten suchte, gestalteten sich wesentlich schwieriger. Der Leiter einer nach Berlin entsandten lettischen Wirtschaftsdelegation nutzte die prekäre deutsche Wirtschaftslage, indem er erstmals nachdrücklich auf die deutschen Schulden hinwies, die erhöhte Lieferkontingente aus Lettland nach Deutschland ebenso ausschlössen, wie die erwiesene deutsche Unfähigkeit, vor Kriegsausbruch aus anderen Staaten nach Lettland importierte Güter ersatzweise anzubieten[77]. Im Gegenzug hierzu brachte die deutsche Seite ihre Entschlossenheit zum Ausdruck, »in Zukunft jede Ausfuhr der Baltenstaaten aus der Ostsee heraus abzuschneiden und zwar ohne Unterschied, ob die Waren [...] an Feindstaaten oder an Neutrale adressiert« seien[78], eine Drohung, an deren Ernsthaftigkeit nicht zu zweifeln war und die Riga letztlich den deutschen Wünschen gefügig machte. Der Vertrag vom 21. Dezember 1939, ergänzt durch mehrere geheime Zusatzprotokolle, sah eine Steigerung der wechselseitigen Warenlieferungen gegenüber dem Grundvertrag vom Dezember 1935 um weit über 100 Prozent vor[79]. Doch obwohl dieses Übereinkommen auf dem Prinzip der Reziprozität beruhte, hatte Berlin sich deutliche Vorteile ausgehandelt und zwar dadurch, daß ein Großteil der aus Lettland einzuführenden Waren aus dem bei der lettischen Staatsbank eingerichteten Umsiedler-Sonderkonto beglichen werden konnte, während ein anderer Teil durch Gegenlieferungen abgedeckt werden sollte, die im einzelnen aber nicht festgelegt, sondern lediglich »in Aussicht genommen« waren. Den Letten war denn auch in aller Deutlichkeit gesagt worden, daß es »in gewissem Umfang in Kauf genommen werden« müsse, wenn die auf dem Clearing-Weg zu verrechnenden »Bezüge aus Lettland durch die deutschen Gegenlieferungen nicht völlig kompensiert werden könn[t]en«[80]. Das deutsche Entgegenkommen manifestierte sich in der Bereitschaft, genau beschriebene und fest kontingentierte lettische Waren ins nichtfeindliche Ausland passieren zu lassen[81].

---

75 Note der estnischen Delegation an die deutsche, 7.9.1939, PA, Ha.-Pol Wiehl, Estland 1924-1940, Bd 1.

76 Vermerk der Reichskanzlei, 7.11.1939, BA, R 43 II/303 a.

77 Aufzeichnung, 20.11.1939, über die deutsch-lettischen Wirtschaftsverhandlungen, PA, Ha.-Pol Wiehl, Lettland, Januar 1933 – August 1940, Bd 2.

78 Telegramm des Auswärtigen Amtes, 4.12.1939, an deutsche Gesandtschaft Reval, PA, Ha.-Pol Clodius, Estland, Mai 1939 – März 1941.

79 Das Vertragswerk besteht aus einer Reihe geheimer Ergänzungsbestimmungen zum deutsch-lettischen Abkommen über den gegenseitigen Warenverkehr vom 4.12.1935, PA, Ha.-Pol Wiehl, Lettland, Januar 1933 – August 1940, Bd 2.

80 Geheime Richtlinien des Handelspolitischen Ausschusses der Reichsregierung, 8.11.1939, für die Verhandlungsführung mit Lettland, ebd.

81 Geheimes Schreiben des Auswärtigen Amtes, 15.12.1939, an die lettische Verhandlungsdelegation, ebd.

Die seit 1940 in den baltischen Staaten wachsende Furcht vor einer russischen Invasion nutzend, gelang es im Mai, den deutschen Kapitaleinfluß in Estland in erheblichem Maße zu intensivieren, und zwar durch eine fünfzigprozentige Beteiligung an dem Brennschiefer-Unternehmen Sillamäi, die sich die I.G. Farben und Reemstma je zur Hälfte teilten[82]. Anfang Juni 1940 übereignete der Revaler Bankier Scheel dem Oberkommando der Kriegsmarine ein Aktienpaket über 596 500 EKr der estnischen Steinöl AG, die somit mehrheitlich in den Besitz des Deutschen Reiches geriet[83].

In kluger Voraussicht der zukünftigen politisch-ökonomischen Entwicklung hatte Deutschland ferner Vorsorge dafür getroffen, daß auch nach der Umsiedlung der Deutsch-Balten so viele Vermögenswerte und Produktionsstätten in deutscher Hand verblieben, wie es zur Aufrechterhaltung der Wirtschaftsbeziehungen zwischen dem Dritten Reich einerseits und Estland und Lettland andererseits notwendig erschien. Es gelang immerhin, Ende des Jahres 1939 in Verhandlungen mit der lettischen Regierung 46 deutsche Unternehmungen, »die als wichtig für die deutsch-lettischen Handelsbeziehungen anerkannt« wurden, vor der Nationalisierung beziehungsweise Liquidierung zu bewahren. Deutsch-baltische Besitzer konnten sich, soweit sie im Aussiedlungsverfahren deutsche Pässe erhalten hatten, bei den lettischen Behörden um die nötigen Aufenthaltsbewilligungen und Arbeitserlaubnisse bemühen, während das Verbleiben der reichsdeutschen Angestellten dieser Unternehmungen aus deutscher wie lettischer Sicht als notwendig anerkannt wurde. So wichtig die einzelnen Vereinbarungen auch waren, der Umfang des Handelsverkehrs der baltischen Staaten (einschließlich Litauen) war seit Ende 1939 »tatsächlich größer, als er in den Wirtschaftsverträgen vereinbart wurde, weil für diese Staaten die generelle Verpflichtung besteht, alles, was nicht aufgrund bestehender Verträge nach der Sowjetunion und im Rahmen der Sonderabmachungen nach neutralen Ländern ausgeführt wird, zu uns auszuführen«[84].

Hatte Berlin sich dieserart die benötigten Zufuhren aus Estland und Lettland gesichert, so galt es nun, die Garantie zu erhalten, daß Moskau bei der zu erwartenden Umwandlung der souveränen baltischen Staaten in autonome Sowjetrepubliken in die mit Riga und Reval ausgehandelten wirtschaftlichen Vereinbarungen eintrat. Das NS-Regime ließ daher im Juli 1940 seinen russischen Verbündeten wissen, es erhebe »keine Einwendungen gegen die politische Entwicklung in [den] Baltenstaaten, wie sie seit September 1939 stattgefunden« habe. Es erwarte aber, daß die »Sowjetregierung, wie immer sich die weitere politische Entwicklung« in Estland und Lettland gestalte, »auf unsere Wirtschaftsinteressen in vollem Umfang

82 Aufzeichnung des Auswärtigen Amtes, 24.5.1940, PA, Ha.-Pol Clodius, Estland, Mai 1939 – März 1941. Hier wird festgestellt, »daß die estnische Brennschifferindustrie, insbesondere in den letzten 4 Jahren, außerordentlich stark ausgebaut wurde und daß dieses in der Hauptsache durch deutsche finanzielle Beteiligung und durch Abschluß der Verträge über große Lieferungen nach Deutschland ermöglicht wurde. Dieser Ausbau wird [...] gegenwärtig in verstärktem Tempo fortgesetzt.«

83 Telegramm der Gesandtschaft Reval, 20.6.1940, an Auswärtiges Amt, ebd.

84 Bericht des Auswärtigen Amtes, 26.7.1940, an deutsche Botschaft Moskau, PA, Ha.-Pol V, Handel, Bd 1. Ein-, Aus- und Durchfuhr, Allgemeines und Grundsätzliches (Osteuropa).

Rücksicht« nehme[85]. Als die Mitte Juli 1940 neugewählten gesetzgebenden Körperschaften in den baltischen Staaten weitgehende Nationalisierungsmaßnahmen beschlossen, versicherte Molotov, die »Sowjetregierung übernehme selbst die Verantwortung dafür, daß alle deutschen Eigentumsinteressen (sowohl der Reichs- als auch der Volksdeutschen) in den Baltenstaaten gewahrt blieben«[86]. Diese Verpflichtung »beziehe sich auch auf die handelspolitischen Beziehungen zwischen Deutschland und diesen Staaten«. Moskau werde »alle darauf bezüglichen Fragen im Sinne der von uns gewünschten Regelung wohlwollend prüfen und über den weiteren modus procedendi demnächst Bescheid geben«[87]. In den ersten Augusttagen des Jahres 1940 teilten die Regierungen in Riga und Reval den dortigen deutschen diplomatischen Vertretungen mit, daß sie deren Tätigkeit durch die Eingliederung Estlands und Lettlands in die Sowjetunion als beendet betrachteten. Verordnungen vom 24. August 1940 für Estland und Lettland (sowie Litauen) entzogen alle außenhandelspolitischen Entscheidungen den bisher dafür zuständigen Behörden und übertrugen sie den für die baltischen Staaten vom Volkskommissariat für Außenhandel der UdSSR eingesetzten Bevollmächtigten. Ungeachtet dieser Neuregelung rechnete man in Berlin damit, »daß bereits abgeschlossene Lieferverträge ohne Rücksicht auf die Art der Ware ordnungsgemäß durchgeführt werden« würden[88]. Die lange gehegte Erwartung schien sich zu erfüllen, daß sich »der fast völlige Fortfall des Handelsverkehrs mit den Westmächten und der engere wirtschaftspolitische Anschluß [der baltischen Staaten] an die Sowjetunion [...] nur günstig aus[wirkte]«[89].

Folgende Erkenntnisse lassen sich resümierend festhalten. Als Lieferanten von agrarischen und forstwirtschaftlichen Produkten sowie industrieller Rohstoffe nahmen Estland und Lettland im politisch-ökonomischen Kalkül des Dritten Reiches zwischen 1933 und 1940 einen besonderen Stellenwert ein. Dieser ergab sich weniger aus dem effektiven bilateralen Warenverkehr zwischen dem Deutschen Reich und diesen beiden Ländern als vielmehr aus deren Funktion innerhalb eines vom nationalsozialistischen Deutschland angestrebten europäischen Ergänzungs- und Großwirtschaftsraums. Denn für die »Wirtschaftsbeziehungen Deutschlands zu den Baltischen Staaten« war »der gegenseitige Charakter von Industrie- und Agrarstaaten, die sich in der Struktur ihres Außenhandels weitgehendst ergänz[t]en«[90], bestimmend. Das wird deutlich aus der Motivation der Unterzeichnung der Nichtangriffpakte mit Lettland und Estland im Jahre 1939, die den einmal geknüpften politisch-ökonomischen Knoten nur noch festigen sollten, denn

85 Telegramm des Auswärtigen Amtes, 11.7.1940, an deutsche Botschaft Moskau, PA, Ha.-Pol Wiehl, Lettland, Bd 2.

86 Telegramm des Auswärtigen Amtes, 30.7.1940, an deutsche Gesandtschaften in den drei baltischen Staaten, ebd.

87 Telegramm des Auswärtigen Amtes, 1.8.1940, an deutsche Gesandtschaften in den drei baltischen Staaten, ebd.

88 Die Ostwirtschaft, 29 (1940), S. 110.

89 Der deutsche Außenhandel im Kriegsfall, T. 2, Geheime Studie des Reichsamtes für wehrwirtschaftliche Planung, Oktober 1939, Bibliothek des Statistischen Bundesamtes.

90 H. Schmucker-Boustedt, Deutschlands Wirtschaftsbeziehungen zu den Baltischen Staaten, in: Weltwirtschaft, 26 (1938), S. 122-25, hier S. 122.

nach eigener Aussage bestand für die Nationalsozialisten kein Zweifel daran, daß die besagten Verträge »für die Zukunft auch den heute schon sehr regen Güteraustausch fördern muß[ten], der einmal aus der Gunst« der Lage der baltischen Staaten, »vor allem aber aus den natürlichen Ergänzungsmöglichkeiten« erwuchs, »die durch den Unterschied im Wirtschaftsaufbau des Industriestaates Deutschland und der baltischen Agrarstaaten gegeben« waren[91]. Eine enge »wirtschaftliche Zusammenarbeit mit den Rand- und Nachbarstaaten« erschien dem NS-Regime als »die beste Sicherung des Friedens und auch des Krieges, weil sie die Versorgung Deutschlands mit den notwendigen Lebensmitteln und Rohstoffen sichert[e]«[92]. Der Großwirtschafts- und Ergänzungsraum zeichnete sich in ersten Konturen durch Handelsverträge ab, die das Dritte Reich im Wechselspiel von Diplomatie und militärischer Aktion seit der zweiten Hälfte der dreißiger Jahre abschloß. Der Anschluß Österreichs und der Sudetengebiete schufen die machtpolitische Plattform, um die südosteuropäischen Staaten auf die deutschen wehrwirtschaftlichen Bedürfnisse auszurichten. Der Polenfeldzug ist als ein weiterer Schritt zur partiellen Ausdehnung des deutschen Wirtschaftsraums zu betrachten, und die mit Estland und Lettland geknüpften Handels- und Kapitalverflechtungen machten deren Volkswirtschaften weitgehend von den deutschen Interessen abhängig. Die Eroberung Dänemarks und Norwegens im Frühjahr 1940, schließlich die Besetzung der neutralen Staaten Holland, Belgien und Luxemburg sowie großer Teile Frankreichs schnitten die baltischen Staaten wirtschaftlich von einem ihrer Handelspartner, Großbritannien und damit von Übersee, ab, so daß sie im Jahr 1940 im Verbund mit diesen genannten Ländern in gewissem Umfang den von den Nationalsozialisten angestrebten europäischen Großraum bildeten. Ende Mai/Anfang Juni 1940 konnte die Wirtschaftsabteilung des Auswärtigen Amts frohlocken:

> »Jetzt zeichnet sich für die Zukunft die Möglichkeit eines Großwirtschaftsraumes unter deutscher Führung ab. Diesem Raum gehören an: 1. Großdeutschland (mit Böhmen und Mähren und Polen) als wirtschaftliches und politisches Zentrum. 2. Ihm sind einzugliedern Holland, Belgien, Luxemburg, Dänemark, Norwegen in einer wirtschaftspolitischen Form, die noch zu entscheiden ist [...]. 3. Dem Großwirtschaftsraum sind bereits angegliedert, wenn auch nicht in einer besonderen wirtschaftspolitischen Form, so doch tatsächlich, die Länder im Donauraum [...]. 4. Die übrigen Staaten im nordischen Raum: Schweden, Finnland, Litauen, Lettland, Estland sind in einer ähnlichen tatsächlichen Weise wie der Donauraum stärker anzugliedern. Mit den drei Baltischen Staaten ist dies durch die kürzlichen Verträge bereits geschehen. Diese Verträge sichern Großdeutschland bereits eine ausschlaggebende wirtschaftliche Vormachtstellung[93].«

---

91 Großdeutschland und das Baltikum, in: SA-Führer, 4 (1939), S. 23-30, hier S. 29.

92 Deutschland und die Baltenstaaten an der Ostseeküste. Eine neue Entwicklung in den wirtschaftlichen Beziehungen zwischen Deutschland und den baltischen Staaten, in: Wochenschrift für Textil-Industrie, 54 (1939), S. 280 f.

93 Aufzeichnung des Leiters der Wirtschaftsabteilung des Auswärtigen Amtes, Karl Ritter, 1.6.1940, in: Anatomie der Aggression. Neue Dokumente zu den Kriegszielen des faschistischen deutschen Imperialismus im Zweiten Weltkrieg, hrsg. von G. Hass und W. Schumann, Berlin 1972, S. 49-54, hier S. 49 f.

»Die drei kleinen Baltischen Staaten sind geographisch und wirtschaftlich so von uns abhängig, daß wir auf wirtschaftlichem Gebiet automatisch alles das bekommen werden, war wir nicht aus politischen Gründen Rußland lassen müssen[94].« Doch der so abgesteckte Ergänzungsraum besaß nur eine provisorische Begrenzung. Denn, so hieß es in einer vom Mai 1940 datierten Denkschrift der Gesellschaft für europäische Wirtschaftsplanung und Großraumwirtschaft,

> »eine kontinental-europäische Großraumwirtschaft unter deutscher Führung muß in ihrem letzten Friedensziel sämtliche Völker des Festlandes von Gibraltar bis zum Ural und vom Nordkap bis zur Insel Cypern umfassen, mit ihren natürlichen kolonisatorischen Ausstrahlungen in den sibirischen Raum und über das Mittelmeer nach Afrika hinein«[95].

Nach dem deutschen Einmarsch im Baltikum hieß daher das Ziel der vom Ministerium Rosenberg gesteuerten Politik: »Die Zusammenfassung der einzelnen Volkswirtschaften der Baltenländer und Weißrutheniens zu einem großen Wirtschaftsgebiet, das unter planmäßiger deutscher Lenkung nach einheitlichen Grundsätzen des wirtschaftlichen Aufbaues steht[96].« Der Ostseeraum mußte sich einfügen »in das neue Ordnungssystem des Festlandes«. Aber die Rolle der baltischen Staaten sollte sich nicht in der bloßen Zugehörigkeit zum europäischen Großraum unter deutscher Hegemonie erschöpfen. Das Baltikum hatte wieder »Bollwerk im Osten und Brücke des Warenverkehr [zu] werden«[97]. Mehr noch, Hitler wollte den Spuren Wilhelms II. folgen, wenn er vor hohen Repräsentanten seines Regimes versicherte, »daß wir aus diesen Gebieten nie wieder herauskommen [...], das gesamte Balten-Land müsse Reichsgebiet werden«[98]. Aus der Divergenz von Wahn und Wirklichkeit sollte sich das Schicksal der Ostseeanrainer in anderer Weise vollziehen.

---

94 Aufzeichnung des Auswärtigen Amtes, 30.5.1940, ebd., S. 42-49, hier S. 45.

95 Zit. nach: K. Drechsler u.a., Der Platz Zentraleuropas in der Konzeption der Großraumwirtschaft. Zum Problem der Kriegsziele des faschistischen deutschen Imperialismus in Europa (1939-1940), in: Bulletin des Arbeitskreises »Zweiter Weltkrieg«, 1/2 (1970), S. 2-29, hier S. 6.

96 W. Doellen, Die Bedeutung des Ostlandes für die europäische Großraumwirtschaft, in: Nationale Wirtschaftsordnung und Großraumwirtschaft, Dresden 1942, S. 134-139, hier S. 139.

97 Der baltische Raum, in: Die Deutsche Volkswirtschaft, 10 (1941), S. 1294.

98 Aktenvermerk Bormanns, 16.7.1941, über eine Besprechung Hitlers mit Rosenberg, Lammers, Keitel, Göring und Bormann, ADAP, Ser. D, Bd XIII, S. 127 ff.

Die Sowjetunion im ökonomischen Kalkül des Dritten Reiches 1933-1941

Im Blick auf die ökonomischen Verhältnisse im NS-Staat schrieb Klaus Hildebrand einmal: »Niemals bestimmten krisenhafte Eigengesetzlichkeiten im Dritten Reich den politischen Kurs des Regimes[1].« Dieser Satz steht zwar im Zusammenhang mit einer auf das Jahr 1939 bezogenen Analyse der Kriegsursachen, beansprucht aber die Qualität einer darüber hinausreichenden generellen und verbindlichen wirtschaftshistorischen Aussage, und zwar im Sinne des nebensächlichen Stellenwertes des Ökonomischen in der NS-Politik. Man kann diese These in ihrer absoluten Diktion nicht akzeptieren und muß sie bezüglich des deutsch-sowjetischen Verhältnisses zwischen 1933 und 1941 einmal kritisch hinterfragen.

Hitlers Lebensraumprogramm besaß – neben seiner rassenideologischen und machtpolitischen Dimension – in Form des Siedlungsgedankens zweifelsfrei ein starkes agrar- und ernährungs- sowie, eingedenk der für schier unermeßlich gehaltenen Rohstoffe der UdSSR, auch industriewirtschaftliches Moment[2]. Die Sowjetunion bildete also zum einen unter ökonomischer Langzeitperspektive ein zentrales Objekt nationalsozialistischer territorialer Begierde. Zum zweiten war sie zwischen 1933 und 1941 fester Bestandteil des kurz- und mittelfristigen rüstungswirtschaftlichen Kalküls, innerhalb dessen ihr die einzelnen Herrschaftsträger allerdings unterschiedliche Bedeutung beimaßen. Sollte es aufgehen, mußte man den in Partei und Bevölkerung geschürten und außenpolitisch programmierten Antibolschewismus zugunsten eines von den ökonomischen Bedürfnissen diktierten zeitlich begrenzten Pragmatismus gegenüber Moskau ersetzen und als Antikommunismus nach innen projizieren. Dies gestaltete sich nicht reibungslos und um so schwieriger, als das dahinterstehende Aufrüstungsbestreben weder bei den »Volksgenossen« noch im Kreml vorzeitig ruchbar werden durfte. Der Kanzler selbst wußte zudem seine tiefsitzenden antisowjetischen Ressentiments nur schlecht zu verbergen. Das führte zu Pressekampagnen und zu Willkürakten von Organen der NSDAP und der Polizei gegenüber Bürgern und Einrichtungen der UdSSR, so beispielsweise zum Boykott der in Deutschland rund zweitausend Tankstellen betreibenden sowjetischen Erdölverwertungsgesellschaft Derop[3], den der Regie-

---

1 Klaus Hildebrand, Das Dritte Reich, 3. Aufl., München 1987, S. 176.

2 Vgl. Rainer Zitelmann, Hitler. Selbstverständnis eines Revolutionärs, Stuttgart 1991, S. 334-342. Hier auch Verweise auf Hitlers Schriften.

3 Vgl. Dean Scott McMurry, Deutschland und die Sowjetunion 1933-1936, Köln 1979, S. 59 f.

rungschef persönlich unterbinden mußte. Insgesamt hat er jedoch vor 1939 weder die politische noch die wirtschaftliche Annäherung an die Sowjetunion aktiv betrieben, allerdings die dazu berufenen Instanzen und Persönlichkeiten gewähren lassen. Mehr noch: Immer dann, wenn die deutsch-sowjetischen Beziehungen aufgrund des frostigen Klimas einzufrieren drohten, war es Hitler, der das Eis so weit auftaute, daß es wieder Bewegungsspielraum für die Ausgestaltung des bilateralen Wirtschaftsverhältnisses gab.

Verschiedene Kräfte gestalteten die deutsch-sowjetischen Wirtschaftsbeziehungen zunächst mit: In vorderster Linie der deutschnationale Landwirtschafts- und Ernährungs- sowie Wirtschaftsminister Hugenberg, der keineswegs russophil war und als Repräsentant der Großagrarier vorerst einmal die Einfuhr land- und forstwirtschaftlicher Produkte aus der UdSSR durch empfindliche Zollerhöhungen (17. Februar 1933) erschwerte[4]. Maßgebender war das Auswärtige Amt. Hier gaben nach wie vor die Vertreter der Rapallo-Politik und die geistigen Ahnherren des schließlich verlängerten Berliner Vertrages von 1926 den Ton an, repräsentiert nicht zuletzt durch die deutsche diplomatische Vertretung in Moskau. Sie suchten wie zu Weimarer Zeiten weiterhin ein Arrangement mit dem Kreml auf der Basis einer unideologischen Außenpolitik, die stark revisionistisch ausgerichtet war und »der Rückendeckung gegen Polen« dienen sollte. »Dazu kommen«, so hieß es in einer für den Regierungschef verfaßten grundlegenden Denkschrift Staatssekretär Bülows zur Gestaltung der Außenpolitik, »wichtige wirtschaftliche Momente«. Denn Rußland war »allmählich zum größten Abnehmer deutscher Industriewaren geworden [...]. Ebenso wäre eine [...] Steigerung der Abnahme russischer Erzeugnisse erwünscht« – Passagen, welche die intentionale Nähe des großindustriell orientierten Rußlandausschusses der deutschen Wirtschaft zur Rapallo-Fraktion im Auswärtigen Amt verrieten[5].

Hitler schwenkte grundsätzlich, wenn auch aus rein taktischen Erwägungen, auf diesen wirtschaftspolitischen Kurs ein: Ende März 1933 erklärte er vor dem Reichstag, »die geographische Lage des rohstoffarmen Deutschlands« lasse »eine Autarkie [...] nicht vollkommen« zu. Seiner Regierung liege »nichts ferner [...] als Exportfeindlichkeit«[6]. Was die Sowjetunion beträfe, so sei »die Reichsregierung gewillt, freundschaftliche, für beide Teile nutzbringende« – nicht etwa normale – »Beziehungen zu pflegen«[7]. Mit der etwa zeitgleich unter Einschaltung Hitlers erfolgten Prolongierung fälliger sowjetischer Wechsel in Millionenhöhe[8] und einer vorausgegangenen Bürgschaft der Reichsregierung für sowjetischerseits in

[4] Vgl. Jürgen Kuczynski, Grete Wittkowski, Die deutsch-russischen Handelsbeziehungen in den letzten 150 Jahren, Berlin (Ost) 1947, S. 103 f.

[5] Günter Wollstein, Eine Denkschrift des Staatssekretärs Bernhard von Bülow vom März 1933, in: Militärgeschichtliche Mittelungen (MGM), 1 (1973), S. 77–94, hier S. 91.

[6] Max Domarus, Hitler. Reden und Proklamationen 1932–1945. Kommentiert von einem deutschen Zeitgenossen, Bd 1: Triumph, Wiesbaden 1973, S. 229–247, hier S. 234.

[7] Ebd., S. 236.

[8] Vgl. Herbert v. Dirksen, Moskau, Tokio, London. Erinnerungen und Betrachtungen zu 20 Jahren deutscher Außenpolitik 1919–1939, Stuttgart 1949, S. 122.

Deutschland aufgenommene Übergangskredite[9] demonstrierte er guten Willen. Ende Mai 1933 entstand in der Reichskanzlei eine Expertise über Stand und Aussichten der deutschen Warenausfuhr, die Hitler vorgelegt und von ihm gebilligt wurden. Das Papier dokumentierte die unabdingbare Notwendigkeit, die durch Weltwirtschaftskrise, Zollkriege und erste Boykottmaßnahmen gegenüber dem NS-Regime zerrütteten Außenwirtschaftsbeziehungen rasch neu zu ordnen und zu intensivieren, wollte man Rüstung und rüstungswirtschaftlich bedingten Aufschwung sichtbar in Gang setzen. »Deutschland muß sich«, so stand zu lesen, »nach jeder Lücke in der politischen und handelspolitischen Umzingelung umsehen, in der es sich befindet[10].« Hitler hat dieses Postulat auch gegenüber der Sowjetunion generell für verpflichtend erachtet. Der deutschnationale Wirtschaftsminister Hugenberg konterkarierte es allerdings auf der Weltwirtschaftskonferenz in London, wo er das, was Hitler wenige Tage nach Regierungsantritt in streng vertraulicher Runde als Fernziel formuliert hatte[11], nämlich Lebensraum im Osten erobern zu wollen, öffentlich machte. Daß er diesen Expansionismus zum unrechten Zeitpunkt proklamierte, kostete ihn Mitte 1933 seine Ministerposten und lieferte den gewünschten Vorwand zur Aufkündigung der Koalition.

Nach der Auflösung der Gewerkschaften im Frühjahr 1933 hing das Überleben der NS-Regierung nicht zuletzt von der Fähigkeit ab, das Millionenheer der Arbeitslosen rasch in Lohn und Brot zu bringen und somit politisch zufriedenzustellen. Dies ließ sich wegen des Primats rüstungsorientierter Binnenmarktkonjunktur nur über den Außenhandel bewerkstelligen, der für die Kriegsvorbereitungen die notwendigen Zufuhren von Rohstoffen und Nahrungsmitteln sicherzustellen hatte. Aber, so Hitlers Erkenntnis, »auf wirtschaftlichem Gebiet haben wir eine Mauer vor uns. Die Staaten rund um uns haben sich wirtschaftlich gegen uns abgeschlossen.« Ein verschärfter Wirtschaftskrieg müsse fürs erste vermieden werden, auch mit der Sowjetunion. Später werde man den Bolschewismus zwar beerben, es sei aber derzeit falsch, so Hitler vor den Reichsstatthaltern, »in den Zeitungen hinzuweisen auf die Seuche des Bolschewismus in Rußland«. Es gälte vielmehr, »zu einer Verständigung zu kommen mit jedermann, mit dem man sich verständigen kann, weil wir noch keine andere Möglichkeit haben [...]. Ich treibe Verständigungspolitik, um dadurch zu einer Politik der Stärke später einmal zu kommen[12].«

Ungeachtet dieser Direktive verringerte sich das Außenhandelsvolumen im deutsch-sowjetischen Warenverkehr merklich. Doch läßt sich dies in der Frühphase der NS-Zeit primär *nicht* auf ideologische Ursachen zurückführen, wenngleich sich atmosphärische Störungen immer wieder bemerkbar machten.

9 Vgl. McMurry, Deutschland und die Sowjetunion (wie Anm. 3), S. 45.

10 Vermerk Ministerialrat Franz Willuhn, 24.5.1933, in: Karl-Heinz Minuth (Bearb.), Die Regierung Hitler, Teil I: 1933/34, Boppard a.Rh. 1983, S. 480–486, hier S. 485.

11 Aufzeichnung einer Rede Hitlers vom 3.2.1933, in: Neue Dokumente zur Geschichte der Reichswehr 1930–1933, hrsg. von Thilo Vogelsang, in: Vierteljahreshefte für Zeitgeschichte (VfZ), 2 (1954), S. 397–436.

12 Aufzeichnung über eine Reichsstatthalterkonferenz, 6.7.1933, in: Minuth, Die Regierung Hitler (wie Anm. 10), S. 629–636, hier S. 631–633.

Als ausschlaggebender Grund erwiesen sich nachfolgende drei Gesichtpunkte:

1. Der deutsch-sowjetische Warenverkehr wußte sich nicht aus dem Sog des sich in der ausklingenden Weltwirtschaftskrise generell noch bis 1934/35 vollziehenden Niedergangs des deutschen Außenhandels zu befreien[13].
2. Deutschland übte sich unterhalb der Ebene der Reichsregierung und industrieseitig gegenüber dem offensichtlich in Zahlungsschwierigkeiten geratenen Schuldnerland UdSSR hinsichtlich weiterer Exporte in Zurückhaltung. Moskau wiederum zeigte sich durch Verlagerung seines Außenhandels und sein – letztlich erfolgreiches – Bemühen, seine Schulden gegenüber Berlin abzutragen, bestrebt, das Abhängigkeitsverhältnis zu seinem größten Handelspartner durch verminderte Einfuhr und Goldzahlungen zu lockern, um sich für die Zukunft vertrauens- und kreditwürdig zu erweisen.
3. Von Herbst 1933 an, vermehrt 1934, trat ein rüstungsökonomisches Phänomene auf, das die NS-Wirtschaft fortan kennzeichnete: eine bis dato atypische Exportmüdigkeit, die Hitler vor den Reichsstatthaltern treffend beschrieb: »Die durch Aufträge reichlich beschäftigten Binnenindustrien gaben sich keine Mühe mehr, ihren Export zu steigern. Es kommt jetzt auf die Verhinderung einer Katastrophe an[14].«

Eine weitere Katastrophe zeichnete sich durch eine verheerende Devisenknappheit ab, verursacht durch gesteigerte Rohstoffimporte für eine mit der Arbeitsbeschaffung verknüpfte Aufrüstung. Devisenzehrende Rohstoffkäufe bei gleichzeitig rückläufiger devisenbringender Ausfuhr beschworen den nahen Zusammenbruch der Volkswirtschaft herauf, es sei denn, der Staat ließ in seinen rüstungsökonomischen Anstrengungen nach. Beides schied für Hitler aus. Der im Sommer 1934 neu ernannte Chef des Wirtschaftsministeriums, Reichsbankpräsident Schacht, glaubte, mit seinem sogenannten »Neuen Plan« den Weg aus der Krise weisen zu können.

Der »Neue Plan« sah u.a. im Sinne blockadesicherer Rüstung die weitgehende Verlagerung des Außenhandels von Übersee auf Kontinentaleuropa, dort auf rohstoffreiche und agrarische Überschußgebiete vor. Diese gedachte man über den möglichst devisenfreien Handel, sprich über Kompensationsgeschäfte und Clearingverrechnung, in wirtschaftliche und damit auch politische Abhängigkeit zu bringen[15].

Schon im Frühjahr 1934 hatte Schacht in seiner Eigenschaft als Reichsbankpräsident, unterstützt von den Traditionalisten des Auswärtigen Amtes, angesichts der Devisenmisere den Austausch von Fertigwaren gegen Rohstoffe aus der Sowjet-

---

[13] Vgl. Hans-Erich Volkmann, Außenhandel und Aufrüstung in Deutschland 1933 bis 1939, in: Wirtschaft und Rüstung am Vorabend des Zweiten Weltkrieges, hrsg. von Friedrich Forstmeier und Hans-Erich Volkmann, Düsseldorf 1975, S. 81 - 131, hier S. 85.

[14] Protokoll über eine Reichsstatthalterkonferenz, 22.3.1934, in: Minuth, Die Regierung Hitler (wie Anm. 10), S. 1197 - 1200, hier S. 1197.

[15] Vgl. zum »Neuen Plan« Hans-Erich Volkmann, Die NS-Wirtschaft in Vorbereitung des Krieges, in: Wilhelm Deist u.a., Ursachen und Voraussetzungen des Zweiten Weltkrieges, Frankfurt a.M. 1989 (= Das Deutsche Reich und der Zweite Weltkrieg, Bd 1, Taschenbuchausgabe), S. 211 - 435, hier S. 302 - 328; ders., Außenhandel, in: Wirtschaft und Rüstung (wie Anm. 13), S. 98 ff.

union für »unbedingt erforderlich« bezeichnet und darauf verwiesen, »daß es im Interesse unserer wirtschaftlichen Bewegungsfreiheit sogar sehr erwünscht wäre, mit ihr – selbst gegen Gewährung einer namhaften und langfristigen Kredithilfe – einen Minimalkontingentierungsvertrag auf mindestens fünf Jahre abzuschließen«[16]. Gedeihlicher Zusammenarbeit aus den Zeiten der Schwarzen Reichswehr eingedenk und hauptsächlich in einem auf Frankreich und Polen fixierten Revisionismus befangen, plädierten auch einflußreiche Militärs – in Übereinstimmung im übrigen mit sowjetischen – für eine Wiederbelebung der Wirtschaftsbeziehungen zwischen Berlin und Moskau:

> »Wer den Hunger nach deutschen Maschinen in der russischen Rüstungsindustrie gesehen hat und die noch schwebenden großen Industrie-Projekte des sowjetrussischen Staates kennt, und wer andererseits über die Rohstoffvorkommen Rußlands orientiert ist und sich dazu die gleichen Schwierigkeiten beider Länder in der Devisenfrage vor Augen hält, muß eigentlich trotz aller politischen Gegensätze zu dem Entschluß kommen, den Neuaufbau des Exports nach Rußland durch Austauschverkehr schnellstens in Gang zu bringen. Warum sollen wir Erze, Betriebsstoffe, Baumwolle und anderes mit Devisen bezahlen, wenn sie gegen deutsche Fertigfabrikate in Rußland zu haben sind[17]?«

Rohstoffe und Agrarprodukte der UdSSR der Kriegsvorbereitung nutzbar zu machen, befürwortete im Prinzip auch Hitler, der aber zunächst mehr auf polnische Lieferungen setzte. Deutsches Know-how sollte im Gegenzug dem Aufbau des vor allem rüstungsorientierten, gegen Moskau gerichteten zentralen polnischen Industriereviers zugute kommen[18]. Hitler riet daher, »daß die Waren in erster Linie in Polen und in zweiter Linie in Rußland gekauft werden sollten«[19].

Solche Direktiven ließ Schacht in seinem Bemühen, den Außenhandel mit Moskau neu zu beleben, in den entsprechenden Verhandlungen unbeachtet. Im Kreml hatte man allerdings längst die deutschen wirtschaftlichen Engpässe und die rüstungsökonomische Bedeutung sowjetischer Exporte erkannt und taktierte demzufolge aus einer Position relativer Stärke heraus. Das im Frühjahr 1935 nach zähem Ringen, in dem der eine dem anderen seine Konditionen zu diktieren suchte, endlich abgeschlossene Wirtschaftsabkommen fiel letztlich zugunsten Moskaus aus, das sich nicht auf von Berlin gewünschte Kompensationsgeschäfte großen Stils einließ, die es in Abhängigkeit von Willen und Möglichkeiten deutscher Lieferungen gebracht und ökonomisch erpreßbar gemacht hätten[20]. Die UdSSR nutzte

---

16 Vorschläge des deutschen Botschafters in Moskau, Nadolny, zur Gestaltung des Verhältnisses zur Sowjetunion, 30.5.1934, in: Akten zur deutschen auswärtigen Politik (ADAP), C II, S. 844–848, hier S. 845.

17 Aufzeichnungen Wehrmachtamt, 16.4.1934, Bundesarchiv-Militärarchiv (BA-MA), Wi I F 5/3260.

18 Vgl. McMurry, Deutschland und die Sowjetunion (wie Anm. 3), S. 429; Berthold Puchert, Zu den Handelsbeziehungen zwischen Hitlerdeutschland und der Sowjetunion 1933–1939, in: Die Große Sozialistische Oktoberrevolution und Deutschland, Bd 2, Berlin (Ost) 1967, S. 205–230, hier S. 209; Hans-Erich Volkmann, Polen im politisch-wirtschaftlichen Kalkül des Dritten Reiches 1933–1939, in: Der Zweite Weltkrieg. Analysen, Grundzüge, Forschungsbilanz. Im Auftrag des Militärgeschichtlichen Forschungsamtes hrsg. von Wolfgang Michalka, München 1989, S. 74–92.

19 Aufzeichnungen Tippelskirch, 2.5.1934, über eine Besprechung im Reichswirtschaftsministerium, in: ADAP, C II, S. 773 f., hier S. 774.

20 Vgl. dazu McMurry, Deutschland und die Sowjetunion (wie Anm. 3), S. 436 f.

weiterhin ihren Export zur Tilgung ihrer Restschuld gegenüber dem Reich, ohne an einer Ausweitung des Handelsvolumens Interesse zu zeigen. Alle Versuche des Auswärtigen Amtes und Schachts, sie durch kreditäre Lockangebote doch noch zu größeren Bestellungen zu bewegen, um so die für die Rüstung unverzichtbaren russischen Lieferungen in Form von Naphtha, Holz, Mangan und Erdöl, angesichts der schlechten Ernte 1935 auch von Agrarprodukten, zu sichern, scheiterten. Die UdSSR orientierte sich allmählich außenpolitisch und außenwirtschaftlich um und zeigte sich optimistisch, bei der sich verstärkenden europäischen Rüstungskonjunktur ihre Rohstoffe auch außerhalb Deutschlands absetzen zu können.

In der sich allmählich festigenden Überzeugung, auf kurz oder lang Ziel einer nationalsozialistischen Aggression zu sein, verlangten die Sowjets von den Deutschen sogar Rüstungsgüter. Als Wehrmacht, Wirtschaftsministerium und Industrie mit Zustimmung Hitlers tatsächlich übereinkamen, über Waffenexporte Devisen zu beschafften, sparten sie die UdSSR zunächst aus. Doch wurde dieses Embargo bereits 1936 durchbrochen. Das Dritte Reich bot der UdSSR vor allem durch die vermehrte Lieferung begehrter Werkzeugmaschinen einen neuen Anreiz zur Steigerung der sich inzwischen gegen Null bewegenden sowjetischen Lieferungen ins Reich. Doch genau zu diesem Zeitpunkt wurde offenkundig, in welch existentielle Krise sich die NS-Wirtschaft hineinmanövriert hatte: Unter dem Primat der Aufrüstung und dem politischen Muß, der mit der schwindenden Arbeitslosigkeit wachsenden Kaufkraft auch ein entsprechendes Warenangebot gegenüberzustellen, war es zu einer binnenkonjunkturellen Entwicklung gekommen, die kaum noch Spielraum für Exporte bot, so daß selbst Kompensations- und Clearinggeschäfte mangels deutscher Gegenleistungen und damit wachsender Verschuldung den allgemeinen Rückgang benötigter Importe befürchten ließen. Die seit dem Inkrafttreten des »Neuen Plans« intensivierte Ersatzstoffproduktion in der breiten Palette von Kunsthonig bis zum synthetischen Treibstoff vermochte nur einen Teil der benötigten Rohstoffe zu substituieren und lief noch lange nicht auf vollen Touren.

Dennoch stand für Hitler die Drosselung des Rüstungstempos nicht zur Debatte. Statt dessen proklamierte er den sogenannten Vierjahresplan. In der festen Überzeugung, daß nur der Krieg die wirtschaftlichen Probleme lösen würde, bedeutete der Vierjahresplan nichts anderes als den Versuch, in einer kurzwährenden übermäßigen wirtschaftlichen Anstrengung auf eine militärische Intervention zwecks partieller Ausdehnung der ökonomischen Grundlagen hin zu rüsten. In diesem Kontext sind unter *temporärem* Vorzeichen die Angliederung Österreichs, des Sudetengebietes, Böhmen-Mährens und die Schaffung des Satellitenstaates Slowakei zu sehen. Letztlich galt es, Vorbereitungen zur »Erweiterung des Lebensraumes bzw. der Rohstoff- und Ernährungsbasis unseres Volkes« zu treffen. Was Hitler dabei im Auge hatte, ließ er im Herbst 1936 auf einer Jahrestagung der Deutschen Arbeitsfront durchblicken, wo er sich überzeugt zeigte, die Sowjetunion werde »unter nationalsozialistischer Führung im Überfluß schwimmen«[21]. Hier-

[21] Rede Hitlers, 12.9.1936, zit. nach Domarus, Hitler (wie Anm. 6), Bd 2, S. 642.

für die materiellen und militärischen Voraussetzungen zu schaffen, war Aufgabe des Vierjahresplanes, der »für den Übergang eine vorübergehende Entlastung« suchten sollte[22]. Die unmittelbar eingeleiteten Maßnahmen ließen in den Führungsgremien von Politik, Wehrmacht und Wirtschaft keine Zweifel mehr an der Entschlossenheit des »Führers« zu, seine Expansionspläne in die Tat umzusetzen. Bei einer Normalisierung der Beziehungen zu Moskau – wenn sie denn überhaupt noch an der politischen Spitze gewünscht sein sollte – konnte es sich fortan lediglich noch um ein taktisches Manöver zum Zwecke der besagten »vorübergehenden Entlastung« handeln. Hitlers Intimus Hermann Göring, als Chef der Vierjahresplanorganisation allmählich in die Rolle des obersten Wirtschaftsführers wachsend, zeigte sich skrupellos genug, dieses Manöver zu wagen und vorübergehend zumindest auf ökonomischem Sektor mit dem bolschewistischen Teufel zu paktieren. Ziel: Die wirtschaftliche Vorbereitung des zeitlich noch nicht festgelegten Frankreich- und des für 1943–1945 anvisierten Rußlandfeldzuges. Hauptsächlich wegen der Manganerze und des Erdöls galt es für ihn, »unter allen Umständen mit den Russen ins Geschäft zu kommen«[23]. Doch stieß die Initiative wegen der negativen politischen Rahmenbedingungen (Antikominternpakt, deutsches Engagement im Spanischen Bürgerkrieg) bei den Russen, wegen der bekannten Exportschwierigkeiten auch bei der deutschen Industrie, weitgehend ins Leere. Die in verzweifelter wirtschaftlicher Lage schließlich in Gang gekommenen Verhandlungen über umfängliche deutsche Rüstungslieferungen in die Sowjetunion brachen beim Einmarsch in Österreich zusammen.

Wer den Niedergang der deutsch-sowjetischen Wirtschaftsbeziehungen zwischen 1933 und 1939 vornehmlich oder allein als folgerichtige Reaktion Moskaus auf das feindselige Verhalten der Berliner Machthaber und auf ideologische Vorbehalte des Kreml zurückführt, wird den Tatsachen nicht gerecht[24]. Folgende ökonomische Sachverhalte dürfen nicht außer acht bleiben:

1. Der erste sowjetische Fünfjahresplan zwischen 1928 und 1932 hatte einen merklichen Ausbau der Produktionsgüterindustrie und dadurch eine größere Unabhängigkeit von Importen zur Folge. Die Kollektivierung der Landwirtschaft zog einen vorübergehenden Rückgang der Agrarerzeugung und damit der Agrarausfuhren nach sich. Moskaus Bedarf an Produktionsmitteln stieg erst wieder mit wachsender Bedrohungsvorstellung im Fünfjahresplan von 1938.
2. Die Statistik läßt erkennen, daß der sowjetische Außenhandel seit 1932 *generell* rückläufig war und vor allem auf der Einfuhrseite einen gewaltigen Einbruch erlebte. Auch die Ausfuhr sank erheblich, übertraf allerdings wertmäßig die Importe, was dem Wunsch nach Abbau der Verschuldung entsprach. Die sowjetische Ein- und Ausfuhr belief sich 1938 gegenüber 1930/31 ihrem Wert

22 Wilhelm Treue, Hitlers Denkschrift zum Vierjahresplan 1936, in: VfZ, 3 (1955), S. 184–210, hier S. 206. Zum Vierjahresplan vgl. auch Volkmann, NS-Wirtschaft (wie Anm. 15), S. 329–374.

23 Weisung Görings, 3.10.1936, in: ADAP, C V, S. 994.

24 Dies trifft zu für Wolfgang Birkenfeld, Stalin als Wirtschaftspartner Hitlers (1939–1941), in: Vierteljahrschrift für Sozial- und Wirtschaftsgeschichte, 53 (1966), S. 477–510, hier S. 480: »In den ersten Monaten 1939 wurden die beiderseitigen Lieferungen praktisch bedeutungslos. Die Feindschaft der Ideologien hatte die Wirtschaftsbeziehungen vorerst liquidiert.«

nach auf lediglich ein Drittel[25]. Der sowjetische Außenhandel hat sich bis 1940/41 nicht mehr erholt und verharrte auf einem niedrigen Niveau. Diese Entwicklung schlug auch auf den sowjetisch-deutschen Außenhandel durch. Der drastische Rückgang 1938 und 1939 geht vor allem auch auf die mangelnde außenwirtschaftliche Leistungsfähigkeit des Dritten Reiches zurück. Die sowjetischen Statistiken differieren bei den einzelnen Zahlenangaben, stimmen aber tendenziell überein[26].

3. Die Intensivierung der politischen Beziehungen zu den Westmächten fand mit Ausnahme der USA keine überzeugende wirtschaftliche Entsprechung. Der Warenumschlag mit Großbritannien erfuhr ab 1934 zwar eine wertmäßige Steigerung, die sich allerdings in engen Grenzen hielt, wobei 1938 Ein- und Ausfuhr nur knapp über die Hälfte des Jahres 1932 lagen. Auffällig ist die Belebung des Außenhandels gegenüber den USA ab 1935[27]. Wie wenig die Sowjetunion ihre Außen*wirtschafts*beziehungen an ihre Außen*politik* band, erhellt aus dem beachtlichen Warenaustausch mit der Schweiz, mit der überhaupt keine diplomatischen Beziehungen unterhalten wurden[28].

Wenn man nach dem – zeitlich von den ökonomischen Bedürfnissen diktierten – Anschluß Österreichs und des Sudetengebietes eine nüchterne Bestandsaufnahme nach Soll und Haben anstellte, dann wich die Euphorie der militärisch-politischen Erfolge einer lähmenden Ratlosigkeit[29]. Denn diese territoriale Inkorporation besaß eher einen Strohfeuereffekt denn eine ökonomische Entlastungsfunktion, sah man von den nun gegebenen Zugriffsmöglichkeiten auf die Donaustaaten einmal ab. Doch durfte man die Produktionskraft dieser Länder nicht überschätzen, deren Ausfuhr ohnehin schon überwiegend nach Deutschland ging und damals lediglich rund 13 Prozent des Einfuhrbedarfs deckte.

Als Göring in der ersten Sitzung des Reichsverteidigungsrates Mitte November 1938 zur »Verstärkung der totalitären Rüstung« aufrief, die von Wirtschaft und Bevölkerung mitgetragen werden müsse[30], konnte man zwar auf beachtliche Leistungen zurückblicken, doch ließen sich diese unter den gegebenen Umständen kaum steigern. Die Industrie war mit mittelbaren und unmittelbaren Rüstungsaufträgen weitgehend überlastet. Zur Ausweitung der Produktionskapazitäten fehlten

[25] Vgl. K. Helmer, Der Handelsverkehr zwischen Deutschland und der UdSSR in den Jahren 1933-1941, Berlin 1954, Tab. 2 (= Berichte des Osteuropa-Instituts an der Freien Universität Berlin, 13).

[26] Vgl. Gerhard Eichler, Die deutsch-sowjetischen Wirtschaftsbeziehungen von August 1939 bis zum faschistischen Überfall im Juni 1941, Diss. masch., Halle-Wittenberg 1965, Anl. 7.

[27] Vgl. dazu Helmer, Handelsverkehr (wie Anm. 25), Tab. 3.

[28] Vgl. Rolf-Dieter Müller, Das Tor zur Weltmacht. Die Bedeutung der Sowjetunion für die deutsche Wirtschafts- und Rüstungspolitik zwischen den Weltkriegen, Boppard a.Rh. 1984, S. 301.

[29] Vgl. zur Eingliederung Österreichs Volkmann, NS-Wirtschaft (wie Anm. 15), S. 381-386; Norbert Schausberger, Wirtschaftliche Aspekte des Anschlusses Österreichs an das Deutsche Reich, in: MGM, 2 (1970), S. 133-165; Felix Butschek, Die österreichische Wirtschaft 1938 bis 1945, Wien 1978. Vgl. zum Anschluß der Sudetengebiete, Volkmann, NS-Wirtschaft (wie Anm. 15), S. 386-391; ders., Zur rüstungsökonomischen Bedeutung und großraumwirtschaftlichen Motivation der Eingliederung der Sudetengebiete und Böhmen-Mährens in das Deutsche Reich, in: Studia Historiae Oeconomicae, 14 (1979), S. 161-186.

[30] Aufzeichnung der Sitzung des Reichsverteidigungsrates, 18.11.1938, BA-MA, Wi IF 5/560.

Material und Arbeitskräfte, wie der wachsende Mangel an Facharbeitern ohnehin zu einem entscheidenden rüstungsökonomischen Faktor werden sollte. Die Konsumgüterproduktion ließ sich zugunsten von Rüstung in Friedenszeiten nicht merklich drosseln, weil die Schere zwischen wachsender Kaufkraft durch Vollbeschäftigung und relativ gute Löhne und dem Mangel an Angebot die Gefahr der Inflation und politischer Unruhe heraufbeschwor. Politisch-psychologische Erwägungen wogen um so schwerer, als die teilweise eingeführte 60-Stunden-Woche, die allgemein erschwerten Lebensbedingungen, insbesondere aber die Wohnungsnot bereits zu einer wachsenden Unzufriedenheit geführt hatten. Davon einmal abgesehen stellte sich heraus, daß mit der Erhöhung der Arbeitszeit die Arbeitsleistung nicht wuchs; diese nahm sogar ab. Statt dessen war ein höherer Krankenstand zu registrieren[31]. Der chronische Rohstoffmangel hatte sich verschärft. Erste Engpässe wies die Nahrungsmittelversorgung auf, und zwar hauptsächlich bedingt durch die nicht aufzuhaltende Landflucht.

Zahlreiche Fachleute aus Politik, Wirtschaft und Wehrmacht hielten die gegebene ökonomische Basis für zu schmal, um einen wie auch immer dimensionierten militärischen Konflikt erfolgreich austragen zu können. Sie drängten auf eine Atempause in den Rüstungsanstrengungen zur Konsolidierung der öffentlichen Finanzen, zugunsten einer gesteigerten Exportproduktion zwecks Verbesserung der Devisen- und Rohstofflage, letztlich im Hinblick auf eine Bevorratung an Nahungsmitteln, vor allem aber an Treibstoff.

Wenn auch Göring zum wiederholten Male zu einer Exportschlacht aufrief, um vor allem schwerwiegende Mangelerscheinungen auszugleichen, fehlte es nicht nur nahezu an allen binnen-, sondern darüber hinaus auch an außenwirtschaftlichen Voraussetzungen. Zum Fehlen der Produktionskapazitäten trat der Umstand, daß für 1939 so gut wie keine Devisen zur Verfügung standen[32]. Abhilfe versprach einzig der Export militärischer Güter, für den es einen wachsenden Bedarf auf dem Weltmarkt gab. Dieser verschloß sich ansonsten aber deutschen Waren aus mehreren Gründen zunehmend: Weniger wegen der sich verschärfenden Konkurrenzsituation als durch immer einschneidendere Boykottmaßnahmen als Reaktion auf die seit 1938 systematisch betriebene sogenannte Entjudung der Wirtschaft. Hinzu kam, daß deutsche Exportkunden Aufträge im großen Stil insbesondere in neutrale Staaten verlagerten, weil sie Deutschland als potentiellen Kriegsherd ansahen und deshalb für einen unzuverlässigen Lieferanten hielten.

Unter diesen ökonomischen Vorzeichen beschloß Hitler, unter Verzicht auf eine langfristig kaum Erfolg versprechende Steigerung der Rüstung, diese kurzfristig in einem Gewaltakt zu einem gewissen Höchststand zu bringen, auf ein kriegerisches Teilziel auszurichten, um unter Nutzung des noch überlegenen Rüstungspotentials die territoriale und damit wirtschaftliche Basis Deutschlands militärisch zu erweitern.

---

31 Zusammenfassender Überblick über die Wirtschaftsberichte der Wehrwirtschafts-Inspektionen, Stand 10.12.1938 und 20.1.1939, BA-MA, W 01-8/47.

32 Aktennotiz über eine Besprechung im Arbeitsausschuß des Generalrats der Wirtschaft, 25.11.1938, BA-MA, Wi I F 5/560.

Gegen wen man sich wenden sollte, stand Ende 1938/Anfang 1939 noch nicht fest. In Wehrmachtkreisen dachte man wohl an eine »verbesserte« Neuauflage des Ersten Weltkrieges. Wie sonst hätte der Wehrwirtschaftsstab des OKW dafür plädiert, gleich zu Beginn eines Krieges die südrussischen, kaukasischen und auch ostgalizischen Ölfelder zu besetzen[33]?

Der Publizist Arnold Rechberg schlug Hitler vor, die militärische Auseinandersetzung mit dem Bolschewismus sogleich zu führen und mit der Lebensraumerweiterung zu verbinden. Es sei dies »eine Expansion, die ausreichend wäre, um Deutschland zum Wirtschafts-Imperium mit ausreichender Agrar- und Rohstoff-Basis zu machen«[34]. Die Verwirklichung dieses Planes hing allerdings von der Antwort auf die von Rechberg gestellte Kardinalfrage ab:

> »Ist die militärische Macht und ist gegenwärtig die Agrar- und Rohstoff-Basis Deutschlands ausreichend, um gleichzeitig den Expansionskrieg gegen Osten und den Defensiv-Krieg gegen die Westmächte England, Frankreich und die Vereinigten Staaten von Amerika mit Erfolg durchhalten zu können[35]?«

Rechbergs Überlegung, die Westmächte in die antibolschewistische Front einzureihen, zumindest für den Fall eines Krieges gegen die Sowjetunion zum Stillhalten zu bewegen[36], war illusionär. Der Mitte November 1938 abgeschlossene englisch-amerikanische Handelsvertrag bestätigte die vorausgegangene Entwicklung, in deren Verlauf sich Großbritannien vom erwünschten Verbündeten zum Gegner entwickelt hatte. Man konnte davon ausgehen, daß der Wirtschaftskontrakt die anglo-amerikanische Freundschaft mit der in London gehegten Absicht festigte, »sich damit für den Ernstfall der ungeheuren amerikanischen Wirtschaftsreserven als Rüstkammer für die Kriegsführung zu sichern«[37]. Der Vertrag mag mit dazu beigetragen haben, Hitler in seiner Absicht zu bestärken, zunächst den Westen anzugreifen, ehe er den rüstungswirtschaftlichen Wettlauf verlor.

Die Weisung Hitlers zur »Erledigung der Rest-Tschechei« (21. Oktober 1938) ließ im Zusammenhang mit dem Ribbentropschen Ersuchen gegenüber Polen, dem Anti-Kominternpakt beizutreten (24. Oktober 1938), und der aufgrund des Ersten Wiener Schiedsspruchs (2. November 1938) erfolgten Abtrennung der als deutschen Marionettenstaat gedachten Karpatho-Ukraine von der Tschechoslowakei bei der alten antipolnischen Garde des Auswärtigen Amts, an der Spitze Botschafter v.d. Schulenburg in Moskau, einen bestimmten Verdacht aufkommen: nämlich, Hitler schaffe sich eine Plattform zum Aufmarsch in der sowjetischen Ukraine. Unter dem Eindruck der schweren deutschen Wirtschaftskrise unternahm

---

33 Studie des Wehrwirtschaftsstabes, Die Mineralölversorgung Deutschlands im Kriege, April 1939 abgeschlossen, aufgrund von Vorarbeiten des IG-Farben-Konzerns aber wohl bereits Ende Januar/Anfang Februar 1939 in Angriff genommen, BA-MA, Wi I/37.

34 Auszug aus dem Schreiben Rechbergs, 22.11.1938, an Heinrich Lammers, in: Weltherrschaft im Visier, hrsg. von Wolfgang Schumann und Ludwig Nestler, Berlin (Ost) 1975, S. 249 f., hier S. 250.

35 Ebd., S. 9.

36 Vgl. dazu Gerhart Haase, Arnold Rechbergs Vorschläge von 1938 für einen Expansionskrieg großen Maßstabes, in: Jahrbuch für Geschichte, 14 (1976), S. 397–443.

37 Oberkommando der Wehrmacht (OKW)/Wehrwirtschaftsstab, Stand der wirtschaftlichen Lage, 1.12.1938, BA-MA, Wi I F 5/543.

v.d. Schulenburg einen letzten Versuch, die politische Führung des Reiches zur Wiederbelegung der Wirtschaftsbeziehungen mit Moskau zu bewegen, um auf diese Weise womöglich den Grundstock zur politischen Normalisierung zu legen. Mit der Initiative verband sich die Hoffnung, dem momentan besonders rohstoff- und nahrungsmittelbegierigen Dritten Reich auf handelspolitische Weise so das Maul zu stopfen, daß ihm die Lust, seinen Hunger durch einen Raubkrieg zu stillen, unter Umständen verging. Die Bereitschaft des Kreml, sich mit den Machthabern in Berlin zu arrangieren, sah man in Anbetracht der Tatsache, daß die Sowjetunion bei der Gestaltung der Ereignisse um das Münchener Abkommen von den Westmächten ferngehalten und insgesamt politisch isoliert worden war, als besonders günstig an, und man meinte, daß Moskau in der gegebenen Situation sich den möglichen Aggressor Hitler aus eigener Kraft vom Leibe halten, also rüsten mußte.

Göring, der neue Reichswirtschaftsminister Funk und der Noch-Reichsbankpräsident Schacht bissen auf den ausgelegten Köder an. Nach mehreren Ressortbesprechungen konnte am 19. Dezember 1939 die Verlängerung des deutsch-sowjetischen Wirtschaftsvertrages, die im Frühjahr noch völlig aussichtslos gewesen war, erfolgen[38].

Wenn auch hinsichtlich der langfristigen Gestaltung des deutsch-sowjetischen Verhältnisses unterschiedlich ambitioniert, herrschte Ende 1938/Anfang 1939 plötzlich eine wirtschaftspolitische Interessenkongruenz zwischen einzelnen politischen Lagern innerhalb des NS-Regimes – zwischen den alten rußlandfreundlichen Eliten der Wilhelmstraße, den auf Außenhandel fixierten, zwar antibolschewistischen, aber nicht rußlandfeindlichen, dafür europäisch-hegemonial denkenden Wirtschaftspragmatikern um Schacht, den aus Einsicht in die rüstungsbedingten Handicaps vorsichtigen Kriegsstrategen wie Göring einerseits und dem auf Krieg drängenden, aber in der Zielprojektion noch schwankenden Hitler andererseits. Der Diktator setzte zwischenzeitlich noch einmal, zusammen mit Ribbentrop, auf die polnische Karte, um den Lebensraumpoker eventuell mit dem militärischen Spiel um die Ukraine zu eröffnen, handelte sich aber in Warschau, das weder wirtschaftlich noch politisch unter Berliner Botmäßigkeit geraten wollte, eine Absage ein. Die Polen hatten zudem die Kooperationsunfähigkeit und Leistungsschwäche der NS-Wirtschaft erkannt, für welche die wachsende deutsche Verschuldung ein signifikantes Zeichen war. Das Reich befand sich aus Mangel an Devisen mit seinen Transitgebühren für den Korridor gewaltig im Rückstand. Aus demselben Grund konnte es seinen vereinbarten Zahlungsverpflichtungen gegenüber den im Zuge der Nationalisierung der polnischen Industrie erwerbslos gewordenen und werdenden deutschen Arbeitern in Polen auf der Grundlage der deutschen Arbeitslosenunterstützung nicht mehr nachkommen. Berlin mußte zudem gewünschte Kredite für den Ausbau des polnischen zentralen Industriereviers ebenso ablehnen, wie es sich in der Rüstungshochkonjunktur außerstande sah, ein Automobilwerk zu installieren. In beiden Fällen sprangen Westmächte in die Bresche.

---

[38] Vgl. Ingeborg Fleischhauer, Der Pakt. Hitler, Stalin und die Initiative der deutschen Diplomatie 1938–1939, Berlin 1990, S. 54 ff.

Und letztlich war das im Zuge der Liquidierung der Tschechoslowakei an Polen gefallene hochindustrialisierte Eusa-Gebiet überwiegend von russischen Aufträgen abhängig gewesen, und es bahnte sich eine wirtschaftliche Achse Warschau-Moskau an, so daß zu befürchten stand, man werde in Polen bald gegen Berlin rüsten[39].

Was lag also in der beschriebenen politischen und wirtschaftlichen Konstellation für Berlin näher, als den Versuch zu starten, durch einen Schwenk in der Polenpolitik mit dem Kreml im wörtlichen Sinne ins Geschäft zu kommen? Die Sowjetunion konnte aus dem Schatz ihrer Kornkammern und Rohstoffressourcen ein Vielfaches dessen anbieten, was Polen zu liefern vermochte. Mit ihr als Verbündetem ließen sich nicht nur die bisherigen polnischen Lieferungen ersetzen. Für eine Teilhabe an der Beute konnte man den gesamten Polen-Komplex militärisch lösen und sich in den Besitz all der Wirtschaftskräfte bringen, deren Nutzung über reguläre Außenwirtschaftsbeziehungen nur zu einem geringen Teil möglich gewesen war. Am 8. März 1939 verkündete Hitler vor führenden Vertretern der Wirtschaft, der NSDAP und der Generalität seinen eindeutig von wirtschaftlichen Notwendigkeiten diktierten militärischen Fahrplan: Das zentrale Problem des deutschen Volkes sei es, »sich der Quellen zu versichern, von denen die Rohmaterialien, so notwendig für seine Wohlfahrt, erlangt werden könnten«. Die Herrschaft über Polen sei unabdingbar, denn nur so lasse sich die Lieferung polnischer Agrarprodukte und Kohle für Deutschland sicherstellen. Vorauszugehen habe die Besetzung der Resttschechoslowakei, um von der so erzielten strategischen Position aus die uneingeschränkte Kontrolle über Ungarn und Rumänien und über »ihre unermeßlichen landwirtschaftlichen Quellen und ihre Petroleum-Schätze« zu erlangen, was auch für Jugoslawien gelte. Anschließend müsse man mit dem Erbfeind Frankreich und dann mit Großbritannien als Voraussetzung einer Machtprobe mit den Vereinigten Staaten abrechnen[40].

Kaum waren die Weichen in der Schaltzentrale der Macht entsprechend gestellt, als die in Gang gekommenen deutsch-sowjetischen Wirtschaftsverhandlungen auch schon auf das Abstellgleis zu geraten drohten. Eine Leistungsanalyse des Reichswirtschaftsministeriums hatte zu dem Ergebnis geführt, daß die deutsche Industrie »wegen ihrer Beanspruchung mit bestimmten inneren Aufgaben« wohl in den nächsten ein bis zwei Jahren nicht in der Lage sein werde, für in Rede stehende 300 Millionen RM Lieferungen an die UdSSR vorzunehmen. Die laufenden Konsultationen sollten zwar nicht völlig zum Erliegen kommen, wohl aber im Blick auf »eine Besserung der deutschen Ausfuhrmöglichkeiten« dilatorisch geführt werden[41].

---

39 Vgl. dazu Volkmann, Polen (wie Anm. 18).

40 Aus Berichten des Staatssekretärs im Auswärtigen Amt, Wilhelm Kepler, und Generaldirektor Vogels über eine Rede Hitlers vom 8.3.1939, in: Anatomie des Krieges. Neue Dokumente über die Rolle des deutschen Monopolkapitals bei der Vorbereitung und Durchführung des zweiten Weltkrieges, hrsg. von Dietrich Eichholtz und Wolfgang Schumann, Berlin (Ost) 1969, S. 204 f., hier S. 204.

41 Auszug aus einer Aufzeichnung der Sitzung des handelspolitischen Ausschusses, 11.2.1939, in: ADAP, D IV, S. 553.

Spekulationen über politische Ursachen dieser Stagnation in den deutsch-sowjetischen Wirtschaftsverhandlungen entbehren jeder Grundlage: Die nationalsozialistische Führung war unter allen Umständen an einer raschen Aufstockung ihres Wirtschafts- und Rüstungspotentials interessiert. Bislang hatte die Initiative zu kombiniertem politisch-militärischem Handeln stets bei Berlin gelegen. In Anbetracht der seit der Zerschlagung der Tschechoslowakei bestehenden Möglichkeit, ja Wahrscheinlichkeit, daß ein Überfall auf Polen durch das Eingreifen der Westmächte zeitlich und räumlich eskalierte, hatte sich die Situation verändert. Wie es eine der inzwischen wirtschaftspolitisch einflußreichsten Persönlichkeiten, der IG-Farben-Direktor Carl Krauch, ausdrückte, lag es nicht mehr in deutscher Hand,

> »Möglichkeit, Zeitmaß und Umfang der politischen Umwälzung in Europa – unter Vermeidung einer Auseinandersetzung mit einer von England geführten Mächtegruppe – allein zu bestimmen [...]. Der insgeheim schon lange angelaufene Wirtschaftskrieg gegen die Antikominternmächte unter Führung von England, Frankreich und USA ist jetzt endgültig eröffnet[42].«

Angesichts der immer wirksameren Blockademaßnahmen der westlichen Anti-Hitler-Koalition verbot es sich von selbst, auf das Wirtschaftspotential der Sowjetunion bis zu deren Eingliederung in den deutschen Lebensraum zu warten.

> »Die hohe Bedeutung der Erweiterung der Handelsbeziehungen mit Rußland wird durch die allmähliche Verlagerung des deutschen Wirtschafts- und Ausfuhrschwerpunktes nach dem Osten und durch die zwingende Notwendigkeit, im Kriegsfall die Ukraine wehrwirtschaftlich auszunutzen (Eisen), unterstrichen [...]. Deutschland muß das eigene Kriegspotential und das seiner Verbündeten so stärken, daß die Koalition den Anstrengungen fast der ganzen übrigen Welt gewachsen ist[43].«

Für Hitler bedeutete der Überfall auf Polen einen ersten Schritt in Richtung auf die Erweiterung des Lebensraumes.

> »Der Lebensraum, der staatl. Größe angemessen, ist die Grundlage für jede Macht [...]. Danzig ist nicht das Objekt, um das es geht. Es handelt sich für uns um die Erweiterung des Lebensraumes im Osten und Sicherstellung der Ernährung[44].«

Hitler erachtete die Sowjetunion für den Fall eines Konfliktes mit Polen und Frankreich/Großbritannien nicht als militärische Gefahr, wohl aber als unentbehrlichen Handelspartner. Doch hatten die seitens Moskau zögerlich geführten Verhandlungen ihm eines verdeutlicht: »Zu Rußland sind wirtschaftliche Beziehungen nur möglich, wenn politische Beziehungen sich gebessert haben[45].« Im Kreml, wo man über Hitlers territoriale Planspiele vom Frühjahr 1938 ziemlich gut unterrichtet gewesen sein muß[46], gab man sich über die latente Bedrohung durch das Dritte Reich keinerlei Illusionen hin. Schon der Selbsterhaltungstrieb gebot eine enge wirtschaftliche Kooperation, um den bedrohlichen Nachbarn durch die

---

42 Auszug aus dem Arbeitsbericht Krauchs vor dem Generalrat des Vierjahresplans, 18./19.4.1939, in: Anatomie des Krieges (wie Anm. 40), S. 210-214, hier S. 211.

43 Ebd., S. 211, 213.

44 Bericht über eine Besprechung Hitlers mit führenden Militärs, 23.5.1939, in: Domarus, Hitler (wie Anm. 6), Bd 2, S. 1196-1201, hier S. 1197.

45 Ebd., S. 1198.

46 Vgl. Fleischhauer, Der Pakt (wie Anm. 38), S. 106 ff.

Befriedigung seiner rüstungswirtschaftlichen Bedürfnisse auf handelspolitischem Wege so lange wie möglich militärisch ruhigzustellen. Unter Umständen ließ sich damit sogar eine politische Absicherung verbinden, so wie man sich das auch in der Wilhelmstraße in Berlin und in der deutschen Botschaft in Moskau zum Teil noch erhoffte. Und zuletzt erwuchs der Moskauer Wunsch nach einem intensiven Warenaustausch mit Deutschland aus der zwingenden Notwendigkeit, die eigene Aufrüstung mit Hilfe deutscher Investitionsgüter, Technologie, wenn irgend möglich auch deutschem kriegswichtigem Gerät, in der Zeit, in der die Wehrmacht im Westen gebunden sein würde, massiv voranzutreiben.

Wenn Hitler in der Frage der Intensivierung der Wirtschaftsbeziehungen zur Sowjetunion noch schwankend gewesen sein sollte, und wenn die zahlreichen Gutachten so gut wie aller renommierten volkswirtschaftlichen Forschungseinrichtungen über die zukünftige Gestaltung eines autarken europäischen Wirtschaftsraumes den Ereignissen auch vorgreifen mochten, so mußte ihn eine Studie des Wehrwirtschaftsstabes im OKW über die »Möglichkeiten einer Großraumwirtschaft unter deutscher Führung« von der Notwendigkeit der wirtschaftlichen Kooperation mit Moskau unter aktuellen Gesichtspunkten wie perspektivischen Überlegungen überzeugt haben. Die zuständigen Militärs waren der Frage nachgegangen, ob für den Konfliktfall mit Großbritannien/USA ein von den Achsenmächten beherrschtes Europa blockadesicher und damit kriegsfähig sei. Für den Nahrungsmittelsektor ließ sich dies bejahend beantworten. Anders sah es bei den Rohstoffen aus. Hier ließ sich eine »wehrwirtschaftliche Blockadesicherheit auch bei den größten Anstrengungen und unter den günstigsten Voraussetzungen [...] – ohne wirtschaftlichen Anschluß an Rußland – nur in begrenztem Umfang erreichen«[47].

Das Jahr 1939 sollte die taktische Wende in den deutsch-sowjetischen Beziehungen bringen. Die damit zusammenhängende Fixierung von Reihenfolge, Richtung und Zeitpunkt geplanter deutscher militärischer Aggressionen beruhte zweifelsfrei primär auf rüstungs- und gesamtökonomischen Determinanten. Selbst die Blitzkriegstheorie entsprang nicht genialem strategischen Feldherrendenken, sondern wurde aus der Not der Begrenztheit der ökonomischen und damit der militärischen Ressourcen geboren.

Der Hitler-Stalin-Pakt (23. August 1939) und der deutsch-sowjetische Grenz- und Freundschaftsvertrag (28. September 1939)[48] entsprachen in Verbindung mit Vereinbarungen über einen großvolumigen Warenaustausch den Intentionen beider Partner.

---

[47] Auszug aus der Denkschrift der Amtsgruppe Wehrwirtschaftsstab im OKW, August 1939, in: Schumann, Nestler, Weltherrschaft im Visier (wie Anm. 34), S. 255. Ausführlicher zu dieser Problematik Hans-Erich Volkmann, NS-Außenhandel im »geschlossenen« Kriegswirtschaftsraum (1939-1941), in: Kriegswirtschaft und Rüstung 1939-1945, hrsg. von Friedrich Forstmeier und Hans-Erich Volkmann, Düsseldorf 1977, S. 92-133, hier S. 94-98.

[48] Vgl. zur deutsch-sowjetischen wirtschaftlichen Zusammenarbeit zwischen 1939 und 1941 Rolf-Dieter Müller, Von der Wirtschaftsallianz zum kolonialen Ausbeutungskrieg, in: Horst Boog [u.a.], Der Angriff auf die Sowjetunion, Stuttgart 1983 (= Das Deutsche Reich und der Zweite Weltkrieg, Bd 4), S. 98-189.

Die nach der Besetzung Polens angesetzten Verhandlungen um die endgültige Grenzziehung zwischen der sowjetischen und der deutschen Einflußsphäre waren deutscherseits von einem krämerhaften Feilschen um kleine ökonomische Vorteile gekennzeichnet und offenbarten der Moskauer Führung, auf welch wirtschaftlich tönernen Füßen der politisch-militärische Koloß Deutschland stand. »Die Sowjetunion sei ein riesiges Land«, explizierte Ribbentrop, »das über ungeheure Möglichkeiten verfüge, Deutschland dagegen sei ein verhältnismäßig kleines Land, dem es vor allem an Wald und Öl fehle. Daher bäten wir, uns gerade in diesen Fragen entgegenzukommen[49].«

Daß das politisch-militärischer Stillhaltetaktik bei gleichzeitig erwarteter ökonomischer Vorteilnahme entsprungene Bündnis weniger dauerhaft sein würde, als womöglich angenommen, zeichnete sich rasch ab. Jedenfalls ging das mit ihm verbundene wirtschaftliche Kalkül der NS-Machthaber nur bedingt auf. Denn zum einen kamen Handelsvertragsverhandlungen wegen der die deutschen Produktionsmöglichkeiten übersteigenden und Rüstungsinteressen tangierenden russischen Bezugswünsche an Investitions- und Rüstungsgütern nur schleppend voran. Zum anderen mußte man in Berlin befürchten, daß sich die Sowjetunion im Winterkrieg gegen Finnland dortiger wertvoller, bislang deutschem Zugriff offenliegender Rohstoffvorkommen versichern würde. Es betraf dies Kupfer, Nickel und Molybdän, mit dem Moskau unter Umständen erpresserisch wuchern konnte; ganz davon abgesehen, daß die Sowjetunion insbesondere durch die Besetzung der Åland-Inseln im Konfliktfall die schwedischen Eisenerztransporte nach Deutschland zu gefährden vermochte[50]. Obwohl der Kreml im Frieden von Moskau (März 1940) bezüglich seiner wirtschaftlichen Ambitionen zugunsten Deutschlands zurücksteckte, bildete später die Besetzung Bessarabiens und der Nordbukowina durch die Rote Armee einen weiteren Grund zur Beunruhigung. Denn wer konnte ausschließen, daß Stalin für den Fall eines Zerwürfnisses mit Hitler den Griff nach den rumänischen Ölfeldern wagen würde? Die UdSSR blieb damit eine politisch und militärisch unwägbare Größe.

Um so nachhaltigere Anstrengungen mußten nach dem Sieg über Frankreich unternommen werden, mit Hilfe des sowjetischen Wirtschaftspotentials Großbritannien noch 1940, spätestens Anfang 1941, militärisch in die Knie zu zwingen. Dies auch noch, als am 11. Februar 1940 ein Handelsabkommen getroffen wurde, das, weil die Deutschen ihren östlichen Partner über den Tisch gezogen hatten, ein erhebliches Risiko in sich barg. Es war nämlich, soweit es die sowjetische Seite betraf, auf lediglich ein Jahr abgeschlossen. In dieser Zeit hatte Moskau Liefervorleistungen zu erbringen, während sich das Dritte Reich für Kompensationen einen Zeitraum von 27 Monaten hatte einräumen lassen. Die Sowjetunion besaß einen Wechsel auf die Zukunft, und niemand wußte, ob sie nach Ablauf der Kontrakte

49 Aufzeichnung Hilger, 28.9.1939, über Besprechungen Rippbentrops in Moskau, in: Ingeborg Fleischhauer, Der deutsch-sowjetische Grenz- und Freundschaftsvertrag vom 28. September 1939. Die deutschen Aufzeichnungen über die Verhandlungen zwischen Stalin, Molotov und Ribbentrop in Moskau, in: VfZ, 39 (1991), S. 447–470, hier S. 453–460, Zit. S. 455.

50 Vortragsnotiz des Wehrwirtschafts- und Rüstungsamts, 8.2.1940, für Göring, BA-MA, RW 19/173.

noch einmal zu gleichen oder ähnlichen Konditionen abschließen würde. Der Vertrag kam der Kriegführung in Skandinavien und dem Westfeldzug nicht mehr nennenswert zugute. Man war allerdings in Berlin von »der kriegsentscheidenden Bedeutung der russischen Lieferungen« in der Auseinandersetzung mit Großbritannien überzeugt[51]. Es galt daher, das Vertrauen der Russen in das ernsthafte Bemühen Deutschlands um eine politische und wirtschaftliche Kooperation auf lange Sicht herzustellen. Wo sowjetische Lieferungen gefährdet erschienen, mußten laut Führer-Entscheid (30. März 1940) auch die Wehrmachtansprüche nachgeordnet bleiben, nur um die Importwünsche Moskaus zu befriedigen[52].

Doch schlugen sich die in der Regel pünktlich eintreffenden Rohstoffzufuhren aus der Sowjetunion nicht proportional ihrem Volumen in der deutschen Produktion nieder. Als Hitler Mitte Juli 1940 verbindliche Normen für die Aufrüstung gegen Großbritannien festsetzte, ohne aus innerpolitischen Erwägungen heraus die Konsumgüterproduktion einschneidend drosseln zu lassen, erwies sich eine Steigerung der Rüstungsfertigung wegen der sehr angespannten Arbeitsmarktlage und schon überlasteter Produktionskapazitäten nur in geringem Umfang und aufgrund der Überbeanspruchung von Arbeitskraft und Maschinen lediglich für einen befristeten Zeitraum erreichbar. Man hatte die Leistungsfähigkeit einer Kriegswirtschaft unter Friedensbedingungen überschätzt. Da Hitler das Unternehmen »Seelöwe« deshalb immer wieder hinausschieben mußte und, im Zweifel über dessen generelle Durchführbarkeit verunsichert und entscheidungsschwach, noch zusätzlich ein Rüstungsprogramm für den Überfall auf die UdSSR auflegte, ließ sich absehen, wann der deutschen Industrie der Atem ausgehen mußte.

Hitlers Befürchtung verdichtete sich zur Gewißheit, daß Großbritannien auch mit noch so großen handelspolitisch gesicherten Zufuhren aus der Sowjetunion in absehbarer Zeit nicht zu besiegen sei. Vor allem bekam man über Handelsverträge das Arbeitskräfteproblem nicht in den Griff. Auch der Anwerbung von Fremdarbeitern waren enge Grenzen gezogen. So entschloß Hitler sich zur Flucht nach vorne. Weil man die maritime Rüstung wegen des als unausweichlich apostrophierten Kräftemessens mit den Anglo-Amerikanern nicht zurückfahren konnte, nach seiner Überzeugung ein moderner Krieg ohnehin niemals aus eigener Wirtschaftskraft, sondern nur unter Zuhilfenahme der wirtschaftlichen Ressourcen eroberter Gebiete gewonnen werden konnte, festigte sich der Wille, die Sowjetunion bei nächster Gelegenheit anzugreifen.

Zudem gebot die politische Klugheit, auf die zunehmende Verstimmung in der Bevölkerung Rücksicht zu nehmen, der man übermäßige rüstungsbedingte Anstrengungen und Entbehrungen nur einen begrenzten Zeitraum glaubte zumuten zu können. Die agrarischen Zufuhren aus der Sowjetunion hatten die Rationierung der Lebensmittel nicht überflüssig gemacht. Sie wurden zum Teil bevorratet, um

51 Bericht über die Sitzung des Generalrats des Vierjahresplans, 28.2.1940, BA-MA, RW 19(989).

52 Aufzeichnung über eine Sitzung, 30.5.1940, unter Leitung Görings »über die weitere Behandlung des Russengeschäfts«, BA-MA, RW 18/173. Vgl. Georg Thomas, Geschichte der deutschen Wehr- und Rüstungswirtschaft (1918–1943/45), hrsg. von Wolfgang Birkenfeld, Boppard a.Rh. 1966, S. 229.

während eines länger dauernden Krieges die sogenannte innere Front nicht zusammenbrechen zu lasen, wie dies im sogenannten Steckrübenwinter während des Ersten Weltkrieges geschehen war. Ende 1940 kam es zu Engpässen in der Fleisch- und Fettversorgung, zu Kürzungen der Brotzuteilungen bei gleichzeitiger Qualitätsminderung, zu unzulänglicher Belieferung der Geschäfte und Märkte mit Obst und Gemüse. Auf Wild, Geflügel und Fisch mußte ganz verzichtet werden. Die Verknappung ging einher mit einer wachsenden Teuerungsrate, und dies alles rief »besonders bei der Arbeiterschaft Verstimmung hervor«[53]. Die Stimmungslage in der Gesamtbevölkerung verschlechterte sich im Winter 1940/41 durch den akuten Hausbrandmangel, hervorgerufen u.a. durch Fehlen von Transportraum und durch die bevorzugte Verwendung der Kohle zu Rüstungszwecken[54]. Gegen Ende des Winters verbesserten dann sowjetische Nahrungsmittellieferungen aufgrund des im Januar abgeschlossenen neuen Handelsabkommens zeitweilig die Versorgungslage. Der SS-Sicherheitsdienst vermerkte,

> »daß zwar allgemein Verständnis dafür herrschte, daß gewisse nicht besonders lebensnotwendige Lebens- und Genußmittel kaum oder nur nach sehr langem Anstehen zu haben seien, daß jedoch die zeitweilige Verknappung auch nur einer einzigen wichtigen Ware in den betroffenen Gebieten das Vertrauen in die Versorgungslage in Mitleidenschaft ziehe«[55].

Die rüstungswirtschaftlichen Prognosen für das Jahr 1941 sahen düster aus: Stahl glaubte man genügend zur Verfügung zu haben. Bei Kupfer brauchte man bereits die erbeuteten Vorräte aus den besetzten Gebieten und aus der eigenen Lagerhaltung auf. Damit wurden »die letzten in Europa greifbaren Kupferreserven stark angegriffen, deren Ersatz [...] nicht mehr stattfinden« konnte[56]. Bei der Versorgung mit Kautschuk sagte man für 1941 den größten Engpaß von allen Rohstoffgebieten voraus. Wegen Reifenmangels hatte man bereits in größerem Umfang die Firmen-Pkw stillgelegt, und auch bei der Wehrmacht blieb ein Teil der Fahrzeuge unbewegt. Der stärkste Mangel mußte bei Aluminium auftreten, zumal größere Mengen für die Produktion sogenannter Russenaufträge verwendet werden sollten, die man ab April 1941 laufend zu erfüllen hatte.

An der zunehmenden deutschen Auslandsverschuldung[57] ließ sich ablesen, daß vor allem die südosteuropäischen Nachbarn ihre Exporte nach Deutschland empfindlich kürzen würden. Es war nur eine Frage der Zeit, wann die Sowjetunion sich ähnlich verhalten würde, weshalb Hitler angeordnet hatte, die deutschen Ausfuhren dorthin ab April 1941 einzustellen. Spätestens im Sommer mußte der Einmarsch in die UdSSR erfolgen. Noch erschien unter ökonomischen Kriterien das Risiko kalkulierbar. Niemand vermochte abzuschätzen, in welchem Tempo die

[53] Meldungen aus dem Reich. Die geheimen Lageberichte des Sicherheitsdienstes der SS 1938-1945, hrsg. von Heinz Boberach, Bd 6, Herrsching 1984, Nr. 143, 21.11.1940, S. 1786-1799, hier S. 1797.

[54] Ebd., Nr. 176, 3.4.1941, S. 2176-2185, hier S. 2183 ff.

[55] Ebd., S. 2184.

[56] Expertise des Wehrwirtschafts- und Rüstungsamts, 14.12.1940, über die voraussichtliche Entwicklung der Wehrwirtschaftslage bis 1.5.1941, BA-MA, RW 19/694.

[57] Vgl. Albrecht Ritschel, Die deutsche Zahlungsbilanz 1936-1941 und das Problem des Devisenmangels vor Kriegsbeginn, in: VfZ, 39 (1991), S. 103-123, hier Tab. 2, 3, 4.

Sowjetunion rüsten und ob sie sich wirtschaftlich und politisch von Deutschland abwenden würde. Eines war jedenfalls deutlich: »Der Krieg ist nur weiterzuführen«, so das Ergebnis einer Staatssekretärskonferenz Anfang Mai 1941, »wenn die gesamte Wehrmacht im 3. Kriegsjahr aus Rußland ernährt werden kann[58].«

Obwohl große Teile Europas militärisch besetzt und ökonomisch beherrscht wurden, kam Hitler im Frühjahr 1941 nicht an der Beantwortung der Frage vorbei, wie es denn trotz all des Zuwachses an wirtschaftlichen Ressourcen dazu hatte kommen können, daß die Rüstung sich nicht mehr in gewünschter Weise optimieren ließ und daß statt dessen alle entsprechenden Diskussionen in der Sackgasse kleinlicher Umverteilungsprozesse von Konsum auf Rüstung und zwischen den drei Wehrmachtteilen endeten? Auch der Bevölkerung fehlte die Einsicht in den Widerspruch von glorreichen Siegen und zunehmend abverlangter Verzichthaltung. Die in den eroberten Gebieten vorgefundenen Vorräte reichten in der Regel nur dazu aus, vorhandene Versorgungslücken zu schließen. Dafür taten sich dort neue Lücken auf, wo die friedensmäßigen Übersee-Einfuhren der jetzt okkupierten Länder wegen der Blockade ausfielen. Der Handel Europas mit der Welt konzentrierte sich nun auf die europäischen Staaten selbst, und die NS-Machthaber mußten den Beweis antreten, daß sie dieses von ihnen beherrschte Europa jetzt und in Zukunft wirtschaftlich zufriedenzustellen vermochten. Wollte man diesen Problemknoten lösen, dann ging dies nicht ohne programmatische Selbstaufgabe des Nationalsozialismus. Es blieb nur das Schwert, um den Knoten zu durchschlagen. Dann, im Kampf gegen den Bolschewismus, ließ sich auch der Bevölkerung propagandistisch die Notwendigkeit verdeutlichen, nicht nur die Konsumansprüche drastisch zu reduzieren, sondern darüber hinaus auch Opfer fordern zu müssen, so etwa in Form der Arbeitsverpflichtung von Frauen und vieles andere mehr. Das Buch der verborgenen Schätze der Sowjetunion, das nahezu einhellig alle volkswirtschaftlichen Institute aufgeschlagen hatten, verhieß Hitler das Schlaraffenland. Warnungen von militärischer Seite, kriegsbedingte Realitäten in Form verbrannter Erde und zerstörter bzw. demontierter und abtransportierter Industrieanlagen in Rechnung zu stellen, schlug er in der Hochstimmung seiner Erwartungen in den Wind. Durch die ersten Erfolge des Rußlandfeldzuges fühlte er sich gegenüber allen Kritikern bestätigt: »Das Land, das wir uns erschließen«, erklärte der »Führer« drei Monate nach dem Überfall, »ist für uns nur Rohstoff-Quelle und Absatzgebiet, nicht ein Feld für industrielle Produktion [...]. Im Schwarzen Meer kriegen wir ein Binnenmeer mit unendlichem Fischreichtum. Durch die Soja-Bohnen in der Krim heben wir die Viehzucht. Wir ernten ein Mehrfaches von dem, was der ukrainische Bauer heute aus dem Boden herausholt[59].« Der europäische Osten, ein wirtschaftlicher Ergänzungsraum für das Deutsche Reich – und, wie wir wissen, weit mehr. Denn für Hitler war es ein unerträglicher Gedanke, aufgrund außenwirtschaftlicher Zwänge in seinem politischen Handlungsspielraum eingeengt,

58 Auszug aus der Aktennotiz des Wirtschaftsstabes z.b.V. »Oldenburg« über die Ergebnisse einer Sitzung der Staatssekretäre vom 2.5.1941, in: Anatomie des Krieges (wie Anm. 40), S. 329.

59 Adolf Hitler – Monologe im Führerhauptquartier 1941–1944. Die Aufzeichnungen Heinrich Heims, hrsg. von Werner Jochmann, Hamburg 1980, Sonderausgabe Bindlach 1988, S. 70.

schlicht erpreßbar zu sein. Und so suchte und fand er eine Antwort auf die für ihn entscheidende Frage, wie ein kleines ernährungswirtschaftlich und rohstoffabhängiges Land international und vor allem gegenüber den USA industriell und wettbewerbs- und damit zahlungsfähig bleiben wollte: »Mit Lebensmitteln geht es nicht«, monologisierte er im Führerhauptquartier, »noch weniger mit Industrieprodukten [...]. Die weiße Welt hat sich den Handel über die Erde selber zerstört. In den übrigen Kontinenten hat die europäische Wirtschaft keine Absatzgebiete mehr. Bei unseren Produktionskosten können wir hier nicht konkurrieren[60].« Aufgrund einer solchen Lagebeurteilung gab es nur eine Lösung: Für ihn war »eine europäische Politik dann richtig, wenn sie sich fernhält von dem Wunsche, in alle Welt ausführen zu wollen«[61]. Nur im europäischen Rahmen schien das aufgezeigte Dilemma deutscher ökonomischer Abhängigkeit vom Weltmarkt lösbar. Und so wies Hitler den Weg der europäischen Autarkie.

Die Idee eines geschlossenen kontinentalen, unter deutscher Hegemonie stehenden Großwirtschaftsraumes, geboren aus der Kombination tradierter Europa-Ideen mit Lehren aus dem in der Weltwirtschaftskrise vermeintlich manifest gewordenen Kollaps des liberal-arbeitsteiligen Freihandelssystems, hatte sich in den Köpfen vieler Zeitgenossen, auch in denen zahlreicher Wirtschaftstheoretiker wie -praktiker, festgesetzt. Sie faszinierte auch Hitler. Unter dem Eindruck erster Erfolge des Rußlandfeldzuges geriet er diesbezüglich ins Schwärmen:

> »Ich stelle mir vor, es ist etwas wunderbar Schönes, eine gesamtdeutsche und europäische Wirtschaftsordnung aufzubauen [...]. Nimmt man zusammen, was im europäischen Raum – Deutschland, England, Nordische Länder, Frankreich, Italien – an Kräften zu schöpferischer Gestaltung schlummert, was sind daneben die amerikanischen Möglichkeiten[62]?«

Hitlers nach Osten ausgerichtetes Lebensraumprogramm fügte sich problemlos in seine gesamteuropäische Ordnungsvorstellung ein. Mehr noch, ohne den europäischen Osten erschien dieses Europa nicht autark. Seine Vision von einem durch das nationalsozialistische Deutschland zu schaffenden europäischen Wirtschaftsblock hat Hitler unter anderem gegenüber Reichswirtschaftsminister Funk entworfen:

> »Die Völker, welche wir in unsere Wirtschaftsordnung herein nehmen, sollten teilhaben an den Naturschätzen, der erschlossenen Ostgebiete und sollen da den Absatzmarkt finden für ihre industrielle Produktion. Wir brauchen ihnen diese Perspektive nur zu eröffnen, und sie werden sich unserer Ordnung eingliedern. Dieses Gebiet, für Europa organisiert, bedeutet die Beseitigung der Arbeitslosigkeit[63].«

Dem osteuropäischen Territorium einschließlich dem der UdSSR westlich des Ural war ein quasi kolonialer Status zugedacht. In der Einsamkeit der Nächte im Führerhauptquartier präzisierte Hitler das, was er in »Mein Kampf« und in seinem »Zweiten Buch« im Grundsatz formuliert hatte:

60 Ebd., S. 69 f.
61 Ebd., S. 70.
62 Ebd., S. 57.
63 Ebd., S. 78.

»Die Ukraine und dann das Wolga-Becken werden einmal die Kornkammern Europas sein. Wir werden ein Vielfaches dessen ernten, was jetzt auf diesem Boden wächst. [...] Und auch mit Eisen versorgen wir Europa [...]. Die belgische Industrie kann ihre Erzeugnisse – billige Gebrauchsgegenstände – gegen Getreide aus diesen Gebieten tauschen; aus Thüringen, dem Erzgebirge zum Beispiel können wir unsere armen Arbeiterfamilien herausnehmen, um ihnen große Räume zu geben[64].«

Der westlichen Sowjetunion maß man nicht nur eine wichtige Funktion beim wirtschaftlichen Aufbau einer europäischen Hegemonialordnung deutschen Zuschnitts bei. Sie bildete auch eine tragende ökonomische Säule in Gedankenspielen Hitlers und anderer NS-Größen über eine wie auch immer geartete Weltherrschaft, die nur auf dem Fundament eines wirtschaftlich autarken und unangreifbaren Europa zu errichten war.

»Der Kampf um die Hegemonie in der Welt wird für Europa durch den Besitz des russischen Raumes entschieden; er macht Europa zum blockadefestesten Ort der Welt. Es sind das wirtschaftliche Perspektiven, die die liberalsten westlichen Demokratien der neuen Ordnung geneigt machen werden[65].«

Der Schnee der Wirklichkeit der russischen Winter hat diese sinistren Blütenträume unter seiner Last begraben.

[64] Ebd., S. 58 f.

[65] Ebd., S. 62.

Deutsche Agrareliten auf Revisions- und Expansionskurs

Vorbemerkung

Es ist eine Vielzahl von Studien erschienen, in denen die Ideenwelt der Wilhelminischen und der Weimarer Zeit in ihrem Einfluß auf das nationalsozialistische Denken untersucht wurde. Die Ergebnisse führen »zwar nicht zu einer Klärung der nationalsozialistischen Ideologie, wohl aber zu einer Aufhellung des geistigen Vorfeldes«, in dem sie begründet lag, »und zwar durch die Wirksamkeit bestimmter Personen und Kreise«[1]. In diesem Kontext dürfen die Agrareliten nicht außer Betracht bleiben. Dabei wird eines deutlich: Daß nämlich die nationalsozialistische Ideologie als Ideenkonglomerat keine in sich geschlossene politische Programmatik darstellte, die man mittels geschickter Propaganda in die Köpfe der deutschen Bevölkerung pflanzte, sondern daß das vage Gedankenkonstrukt aus den elitären Reihen der deutschen Gesellschaft heraus allmählich konkretisiert und fachkundig abgestützt wurde. Nur so war die (zumindest Teil-)Identifikation unterschiedlicher Schichten mit dem politischen Phänomen Nationalsozialismus überhaupt möglich. Nur so konnten einflußreiche tradierte Interessengruppen in Gestalt von sogenannten Selbstverwaltungskörperschaften (siehe die Industriewirtschaft) den Übergang von Weimar zum Dritten Reich nahezu unbeschadet vollziehen, konnte (siehe die Agrarwirtschaft) eine gewisse personell-administrative und bewußtseinsmäßige Kontinuität vom Kaiserreich über die Republik zum NS-Staat gewahrt bleiben.

Unsere Betrachtung steht nicht unter der problematischen Fragestellung, ob sich der Zweite Weltkrieg stringent aus der Kontinuität deutscher Geschichte erklärt. Die Kontinuität muß aber mit ins historische Kalkül einbezogen werden, um darzutun, daß überkommenes und übernommenes politisches Denken einer spezifischen sozialen Gruppe den Krieg als Mittel zur Konfliktlösung nicht ausschloß, daß der Nationalsozialismus von der politischen Ideengeschichte her Erbanlagen besaß, die den Krieg, in welcher Form und Dimension auch immer, möglich, ja wahrscheinlich machten. Diese Feststellung muß nicht heißen, »die Chancen einer anderen Entwicklung unterzubewerten«[2]. Dem politischen Verhalten deutscher Agrareliten gegenüber der Weimarer Republik und dem Nationalsozialismus lagen

---

1 Kurt Sontheimer, Antidemokratisches Denken in der Weimarer Republik, in: Der Weg ins Dritte Reich, München 1983, S. 42–62, hier S. 45.

2 Wie Thomas Nipperdey, 1933 und die Kontinuität der deutschen Geschichte, in: Die Weimarer Republik, hrsg. von Michael Stürmer, Königstein/Ts. 1980, S. 374–392, hier S. 389, unterstellt.

hauptsächlich *drei* bewußtseinsphänomenologische Momente zugrunde. Zum einen das Eingeständnis, eine Krisensituation, entstanden aus mangelnder Anpassungsfähigkeit an die Bedingungen einer modernen Industriegesellschaft – noch dazu bei weltweiter Überproduktion mit Preisverfall, seit 1929 verschärft durch die Symptome des globalen wirtschaftlichen Kollaps' –, nicht aus eigener Kraft und auch nicht mit Hilfe eines dem politisch-parlamentarischen Pluralismus entsprechenden liberalen Wettbewerbssystems überwinden zu können. Zum anderen die nicht unbedingt mit Einsicht in das Unabdingbare verknüpfte Feststellung, ihrer angestammten Funktion als einer staats- und gesellschaftstragenden Schicht zumindest teilweise verlustig gegangen zu sein. Schließlich die Nichtakzeptanz des Ausgangs des Ersten Weltkrieges mit den systemverändernden innen- und den durch Versailles bestimmten außenpolitischen Folgen und damit verbunden des Zerstiebens ihrer politischen Blütenträume. Ihr politisches Psychogramm wies also die Erschütterung ihres politisch-sozialen Rollen- und ihres ökonomischen Selbstverständnisses aus.

Die deutschen Agrareliten – und als solche betrachten wir die landwirtschaftlichen Spitzenfunktionäre, die politischen Willensträger in Parteien, Parlamenten und Regierungen, die Großgrundbesitzer, die Akademiker oder gleichwertig vorgebildeten Fachkräfte – tendierten, das verdeutlichen die standespolitischen Führungsgremien, mehrheitlich zum Rechtskonservativismus, gebärdeten sich antidemokratisch und im Blick auf Versailles revisionistisch (Dolchstoßlegende, Novemberverbrecher). Zwar gab es in der Weimarer Republik konfessionell gebundene, zumeist vernunftrepublikanische klein- und mittelständische Agrarverbände und waren etliche Repräsentanten der Landwirte dem demokratischen Parteienspektrum zuzurechnen; doch den agrarpolitischen Ton gab der antiparlamentarisch-großbäuerliche Reichs-Landbund (RLB) an, der sich zumeist der DNVP und deren späterer Absplitterung (Konservative Volkspartei) als politisches Sprachrohr bzw. als verlängerten politischen Arm bediente.

Auf all dies, auf die Affinitäten zwischen den agrarischen Eliten und dem Nationalsozialismus, auf die Frage, ob und in welchem Maße Exponenten des deutschen Bauerntums der Herrschaft Hitlers und seiner Partei Vorschub leisteten und ihre Unterstützung angedeihen ließen, kann im folgenden nur insoweit eingegangen werden, als sich Verbindungs- und Verständigungslinien zu Revisions- und Aggressionsabsichten deutscher Agrarrepräsentanten seit der Mitte der zwanziger Jahre ziehen lassen. Dabei beschränken wir uns auf zwei beispielhafte Komplexe.

Von der Osthilfe zur Ostexpansion

Als eine der Voraussetzungen nationalsozialistischer Herrschaft und damit des 1939 vom Zaun gebrochenen Konfliktes mit Polen muß gelten, daß sich die agrarischen Eliten – wie andere auch – mit bedeutsamen politischen Anliegen, derer sich die Weimarer Republik nur halbherzig angenommen hatte, bei Hitler und seinen Gesinnungsgenossen gut aufgehoben wußten. In diesem Zusammenhang ist unter anderem auf die Problematik der sogenannten Ostsiedlung und Osthilfe zu verweisen, deren Lösung sich insbesondere die DNVP und die sie nachhaltig stützenden ostdeutschen Agrarier angelegen sein ließen. Anknüpfungspunkt entsprechender Überlegungen war einmal die mit der Industrialisierung einhergehende Landflucht und der dadurch in Ostpreußen extrem zutage tretende rapide Bevölkerungsschwund; zum zweiten die die Agrarkrise verstärkend flankierende Überschuldung und letztlich die durch Versailles geschaffene Insellage Ostpreußens.

Frühzeitig hatten Repräsentanten des ostdeutschen Bauerntums auf eine intensive Besiedlung insbesondere Ostpreußens gedrängt, ein Ansinnen, mit dem allerdings antidemokratische und national-völkische Ambitionen und antipolnische Ressentiments verbunden waren. Genau dies aber hatten die demokratischen gouvernementalen Kräfte Preußens und des Reiches erkannt, weshalb sie bis Mitte der zwanziger Jahre alle entsprechenden Initiativen unterliefen.

Mit der Wahl des großagrarischen Interessenvertreters Paul v. Hindenburg zum Staatsoberhaupt im Frühjahr 1925 witterten die Protagonisten einer Ostsiedlung – noch innerhalb der Reichsgrenzen – Morgenluft. Man setzte nun auf eine »verständnisvolle Hilfe aus dem Reiche«[3].

Ein erstes Vorpreschen der DNVP in Richtung auf ein siedlungspolitisches Engagement des Reiches wurde zwar auf parlamentarischer Ebene gestoppt, führte aber zu entsprechenden planerischen Vorarbeiten in der Regierungsadministration, zu deren inhaltlicher und formaler Ausgestaltung die 1912 gegründete »Gesellschaft zur Förderung der inneren Kolonisation« (GFK) durch führende Persönlichkeiten, den Vorsitzenden, Wilhelm Frhr. v. Gayl, seinen Stellvertreter, Erich Keup, und einen ihrer Geschäftsführer, Karl Maßmann, mit Rat und Tat beitrug. Frhr. v. Gayl besaß selbst keinen Grundbesitz. Dies konnte »freilich nicht darüber hinwegtäuschen, daß er den reaktionärsten Kurs des ostelbischen Junkertums vertritt«[4].

Der 1928 zum Vorsitzenden der DNVP gewählte Alfred Hugenberg hatte in dieser Gesellschaft ein gewichtiges Wort mitzureden, ein Mann, der als Mitglied der 1894 ins Leben gerufenen Ansiedlungskommission Posen über siedlungspolitische Erfahrungen verfügte. Ein Glückwunschschreiben v. Gayls zum 60. Geburtstag Hugenbergs verdeutlicht, wessen politischen Geistes Kinder die Mitglieder der GFK waren. In ihrer Vorstellungswelt flossen der Ostsiedlungsgedanke mit antislawischen Ressentiments, Revisions- und Expansionsdrang zusammen: Mit Wehmut wird in dem Schriftstück daran erinnert, daß die sich während des Krieges gebotenen Möglichkeiten »der Inangriffnahme einer gewaltigen Siedlungsaufgabe«, und zwar im Osten wie im Westen, durch den mit der Dolchstoßlegende erklärten Zusammenbruch nicht hätten nutzen lassen und daß »alle diese weitausschauenden Pläne, deren Verwirklichung das deutsche Volk für Jahrhunderte zu

3 Adolf v. Batocki, Ostpreußische Probleme, in: Deutsche Allgemeine Zeitung, 205, 2.5.1925, S. 1 f., zit. nach Gerhard Schulz, Deutschland am Vorabend der Großen Krise, Berlin 1987, S. 175 f.

4 Berliner Tageblatt, 31.5.1932.

einem festgefügten und unüberwindbaren Machtkörper gestempelt hätte«, Makulatur geworden seien. Der Gratulant hatte aber die Hoffnung noch nicht aufgegeben, daß es zur »Stärkung und Verteidigung des deutschen Volkstums« gelingen werde, »gegenüber dem andrängenden geburtenreichen Slawentum« zumindest einen Wall zu errichten. »Wir harren der Zeit, da jene Saat ihre Früchte bringen wird und die jetzt hart um ihr wirtschaftliches und volkstumspolitisches Dasein kämpfenden zurückgebliebenen deutschen Außenposten mit dem großen Volksganzen wieder vereint sein werden[5].« Revision war eingefordert, militärische Mittel zu ihrer Durchsetzung blieben nicht ausdrücklich ausgeschlossen.

RLB und GFK stilisierten die Siedlung zu einer politisch brisanten Thematik, indem sie der ökonomischen Argumentation nun eine völkische, um nicht zu sagen rassische, hinzufügten, wenn sie Siedlung zum Schutz des »nationalgefährdeten Deutschtums im Osten« forderten und von der Notwendigkeit »nationalpolitischen Abwehrkampfes« sprachen[6]. Wenn der Präsident des RLB, Karl Hepp, bei der Reichsregierung in dem Sinne vorstellig wurde, »das ins Stocken geratene Siedlungswerk durch Zuführung von Reichsmitteln wieder flott zu machen«, um »die bevölkerungspolitisch und national bedenkliche Entvölkerung der deutschen Grenzmarken abzuwenden« und in diesem Kontext von »Siedlungsnot« sprach, dann stand das wirtschaftspolitische Element bereits im Hintergrund der Überlegungen. In erster Linie ging es jetzt darum, einer polnischen Infiltration mit möglicherweise nachfolgender Dominanz in den deutschen Ostgebieten vorzubeugen[7].

Der Gedanke des »Ostgrenzschutzes« nahm im Kabinett Luther und in dessen Administration Gestalt an. Man sprach nun von der Errichtung eines Grenzwalles im Osten, von einer »national- und kulturpolitische[n] Aufgabe größten Stils«, um einer Polonisierung vorzubeugen, von der »Abwehr des slawischen Vorstoßes auf die deutsche Ostgrenze«. Natürlich sollte diese »Abwehr« zunächst ausschließlich mit »friedlichen Mitteln geführt werden«, wozu es einer zentralen Verteidigungsorganisation, nach Möglichkeit unter dem Reichsarbeitsminister, als »eine Art Chef der Heeresleitung für diesen Krieg«, bedurfte[8]. Hier klingt das Bedauern darüber an, daß einem militärisch die Hände gebunden waren. Allein schon der militärische Sprachduktus läßt darauf schließen, wie nahe in der Siedlungsfrage militärische und nichtmilitärische Reflexionen beieinander lagen. Diese Äußerungen sind in der Historiographie denn auch als »in enger greifbarer Beziehung zu militärischen Überlegungen« begriffen worden[9].

Mit dem Wechsel in der Reichskanzlerschaft von Hans Luther zu Wilhelm Marx sollte sich das Blatt allmählich zugunsten der ostelbischen Agrarlobby wenden. Hindenburg hatte seine Position als Reichspräsident inzwischen so weit gefe-

---

5 Schreiben v. Gayls, 17.6.1925, an Hugenberg, in: Archiv für Innere Kolonisation, 17.6.1925, S. 58 f., hier S. 59.

6 Brief des Mitglieds der Geschäftsführung der GFK, K. Maßmann, 10.4.1926, an Hans Ponfick, zit. nach Schulz, Deutschland (wie Anm. 3), S. 177.

7 Zit. nach ebd., S. 178.

8 Vortrag des Ministerialrates Kurt Wachsmann auf Grundlage eigener Aufzeichnungen, 8.2.1926, bei einer Ressortbesprechung, zit. nach ebd., S. 180 f.

9 Schulz, Deutschland (wie Anm. 3), S. 181.

stigt, daß er sich immer unverhohlener in die eigentlichen Regierungsgeschäfte einzuschalten vermochte. So ließ er den Zentrumsführer Marx durch Vermittlung des Vorsitzenden der GFK, gleichzeitig Vertreter Ostpreußens im Reichsrat, v. Gayl, sein besonderes Interesse an der Frage der Ostsiedlung wissen. Und als sich neben der DNVP auch die DDP, nicht zuletzt auf Betreiben des braunschweigischen Bauernbündlers Heinrich Rönneburg, für die Sache einer zentralgelenkten Ostsiedlung mobilisieren ließ, war an einer diesbezüglichen Mehrheit im Reichstag nicht mehr zu zweifeln. 1926 stellte dieser entsprechende Mittel für die nächsten fünf Jahre zur Verfügung.

Da eine gezielte Ostsiedlung, wenn überhaupt, nur auf lange Sicht erfolgreich sein konnte, verbesserte sich die politische Stimmungslage, vor allem in Ostpreußen, nicht. Defätismus machte sich breit, aber auch reaktionäre politische Agitation, die diesen Fatalismus über den möglichen Verlust Ostpreußens als Drohgespenst heraufbeschworen und am Berliner politischen Horizont aufziehen ließ, um Finanzspritzen für viele der tatsächlich überschuldeten Güter, aber auch außenpolitische Initiativen und Grenzschutzmaßnahmen zur inneren und äußeren Stabilität der Provinz anzumahnen. Die Furcht vor einer Überfremdung durch polnische Wanderarbeiter und Einwanderer, ja vor einer polnischen Aggression wuchs und wurde in durchsichtiger politischer Absicht durch führende Agrarkreise geschürt. Letztlich ging es nicht nur um die materielle Ostpreußenhilfe und um militärischen Schutz, vielmehr um den Sturz der Demokratie, die man entschlossener Taten für unfähig hielt. Es war an der Tagesordnung, »daß die rechts gerichteten [vom Großagrariertum beherrschten] Blätter dauernd Mißtrauen gegen die Regierung, sogar gegen die Person des Reichspräsidenten predig[t]en«. Von Umsturz war die Rede, weil man in den Kommunisten die bevorstehenden Sieger aus der Ende der zwanziger Jahre beginnenden Konfrontation zwischen den linken und der extremen Rechten, aber auch zwischen den kommunistischen Kräften und denen der Republik vermutete. »Man redete, der Zusammenbruch sei unvermeidbar, er müsse zum Bolschewismus führen. Da sei es schon besser, diesen [gemeint ist der Zusammenbruch] nicht abzuwarten, sondern zwangsweise herbeizuführen, da man alsdann die Ereignisse in der Hand habe[10].«

Hindenburg, 1927 auf Initiative des erzkonservativen ehemaligen königlichen Kammerherrn, mehrfachen Gutsbesitzers und Ehrenvorsitzenden des Landwirtschaftsverbandes Ostpreußen, Elard v. Oldenburg-Januschau, von der deutschen Wirtschaft mit dem ostpreußischen Gut Neudeck beschenkt, geriet immer mehr unter den Einfluß ostdeutscher Agrareliten, wurde ihr vornehmster Repräsentant und wirkungsvollster Sprecher. »Die Junker hatten [...] durch ihr Geschenk [...] versucht, das Reichspräsidialamt nach Ostspreußen zu verlegen[11].« In der Gewäh-

[10] Brief Walter Graf v. Brockdorff-Ahlefelds, 6.12.1925, an Kurt v. Schleicher, Bundesarchiv-Militärarchiv (BA-MA), NL v. Schleicher, N 42/54.

[11] So der ehemalige Staatssekretär im Preußischen Ministerium für Handel und Gewerbe, Hans Staudinger, Wirtschaftspolitik im Weimarer Staat, Bonn 1982, S. 108. Zur Kontroverse um den Einfluß der ostelbischen Junker auf Hindenburg vgl. Wolfgang Weßling, Hindenburg, Neudeck und die deutsche Wirtschaft, in: Vierteljahrschrift für Sozial- und Wirtschaftsgeschichte, 64 (1977), S. 41-73.

rung und Sicherung der Ostpreußenhilfe sah Hindenburg schließlich eine seiner vornehmsten Aufgaben. Ende des Jahres intervenierter er in diesem Sinne erstmals unmittelbar bei Reichskanzler Marx. Ostpreußen werde ohne massive Unterstützung aus dem Reich »eines Tages eine Beute des immer auf der Lauer liegenden polnischen Nachbarn«, argwöhnte er. Für diesen Fall, und hier brach die Sorge des ehemaligen Feldherrn durch, sei »auch die Schlacht von Tannenberg umsonst geschlagen«[12].

Als das Staatsoberhaupt ohne entsprechende Rechtsgrundlage Ende 1927 von der Reichsregierung die sogenannte Ostpreußenhilfe erzwang, war diese zu einem der Prüfsteine der Demokratie geworden, an denen sie u.a. scheitern sollte. Auch wenn Hindenburg dies nicht expressis verbis aussprach, so kann doch kein Zweifel daran bestehen, daß er darauf hinzielte, die ostpreußische Insellage zu beseitigen. Jeder Hilfe mußte die Einsicht zugrunde liegen,

> »daß Ostpreußen in einer wirtschaftlich und politisch ganz *besonders* gefährdeten Lage sich befindet [...]. Ostpreußen ist gefährdetes Grenzgebiet und gegenwärtig der schwächste Punkt im Deutschen Reiche. Wenn dieser Grundsatz nicht anerkannt und festgehalten wird und wenn der Fall Ostpreußen nicht besonders, nur im Rahmen anderer wirtschaftlicher Nöte behandelt wird, ist jede Hilfsaktion zur Wirkungslosigkeit verurteilt[13].«

Der Reichspräsident hatte die zureichende Ausgestaltung der Ostpreußenhilfe zur Maxime seiner Politik erhoben, an der er die Arbeit der letzten demokratisch gebildeten Reichsregierung und erst recht die der aufgrund seiner aktiven Intervention zustande gekommenen Präsidialkabinette maß. In Wiederholung des Vorganges von Ende 1927 forderte Hindenburg im Frühjahr 1930 den Regierungschef auf, die Ostpreußenhilfe zur Osthilfe auszuweiten. »Die Wiederaufrichtung des zusammenbrechenden Ostens« sei ein Gebot der Stunde. Er müsse daher »von der Reichsregierung nachdrücklich verlangen«, daß »rasch und kräftig gehandelt« werde[14]. Als das Kabinett Hermann Müller sich dieser, Widerspruch ausschließenden, Aufforderung entzog, mußte es demissionieren, nicht zuletzt auch auf Druck der DNVP und der Deutschen Bauernpartei, die beide im Sinne des Staatsoberhauptes interpellierten.

Für Heinrich Brüning waren die geäußerten ostagrarischen Wunschvorstellungen des Reichspräsidenten bindende politische Weisungen. In »Übereinstimmung mit dem Herrn Reichspräsidenten« kündigte er »eine durchgreifende und umfassende Osthilfe, Zug um Zug mit dem allgemeinen Agrarprogramm«, an: »Gesundung der östlichen Landwirtschaft ist die Grundlage nationaler und volkspolitischer Rettung des deutschen Ostens[15].«

---

[12] Brief Hindenburgs, 3.12.1927, an Marx, in: Henning v. Borcke-Stargordt, Der ostdeutsche Landbau zwischen Fortschritt, Krise und Politik, Würzburg 1957, S. 36–38, hier S. 37.

[13] Ebd.

[14] Brief Hindenburgs, 18.3.1930, an Müller, zit. nach Dieter Hertz-Eichenrode, Politik und Landwirtschaft in Ostpreußen 1919–1930, Köln 1969, S. 334.

[15] Brüning am 1.4.1930 vor dem Reichstag, in: Verhandlungen des Reichstags, IV. Wahlperiode 1928, Sten.Ber., Bd 427, S. 4730.

Daß ein schnell wirksames Agrarprogramm in der gebotenen Eile und unter Einhaltung demokratischer Spielregeln erfolgen und im Einklang mit der Preußischen Regierung realisiert werden könnte, daran zweifelte ein erheblicher Teil der Agrarlobby, selbst Brünings Parteifreund Andreas Hermes als einer der Spitzenfunktionäre der »Grünen Front« (lose Arbeitsgemeinschaft zwischen RLB, Vereinigung der deutschen christlichen Bauernvereine, Deutscher Bauernschaft und Deutschem Landwirtschaftsrat). Schon zu Zeiten des Kabinetts Müller glaubte

> »die Landwirtschaft [...] nicht mehr, daß die notwendigen Maßnahmen zu erreichen sind über den schwerfälligen Apparat des Parlaments. Es wird darauf ankommen, den Reichstag auszuschalten, dem Reichsernährungsminister bzw. der Reichsregierung eine *Generalermächtigung* zu geben, die sie in die Lage setzt, sämtliche erforderlichen Maßnahmen mit sofortiger Wirkung ohne Rücksicht auf das Parlament zu treffen[16].«

Mit der Berufung des DNVP-Abgeordneten und Präsidenten des RLB Martin Schiele zum Reichsminister für Ernährung und Landwirtschaft versuchte Brüning, dessen Partei auf seine Seite zu ziehen, erreichte aber lediglich deren personelle Spaltung. Die DNVP, an der Spitze der Parteivorsitzende und Gutsherr Alfred Hugenberg – »wenn für mich überhaupt noch wirtschaftliche Interessen in Frage kommen, so sind es landwirtschaftliche« – wollte den Zusammenbruch des demokratischen Staatswesens und damit verbunden die Gleichschaltung Preußens, um auf diese Weise alle möglichen Widerstände, die der Durchführung einer konsequenten Osthilfe im Wege standen, auszuräumen[17]. Die Osthilfeproblematik sollte für ihn den Ansatzpunkt bilden, um die Regierung Brüning zum Zwecke der eigenen Machtausübung auszuhebeln. »Das gegenwärtige Kabinett bedeutet die Gefahr des Ruins des gesamten nationalen Willens[18].« Für Hugenberg war »der nationale Wiederaufbau [...] ohne eine gesunde Landwirtschaft nicht denkbar. Das Deutschtum ganzer großer Provinzen des Ostens steht und fällt mit ihr[19].« Die nationale Erneuerung, wie die DNVP sie verstand, ließ sich mit einem parlamentarisch-demokratischen System, das u.a. für Versailles die Verantwortung trug, nicht bewerkstelligen, sondern nur auf dem Weg über die nationale Sammlung, d.h. durch ein Zusammengehen mit den Nationalsozialisten. Hugenberg gab sich überzeugt, »daß es bei dem Anwachsen der Nationalsozialisten unbedingt richtig ist, sie so bald wie möglich vor die Verantwortung zu stellen. Sie können das zeigen, was sie können oder was sie nicht können[20].«

Unter den Regierungen Brüning glommen Osthilfe und Ostsiedlung als schwelende Probleme zunächst mehr unter der sichtbaren Oberfläche des politischen Geschehens. Erst im Frühjahr 1932 loderte die Diskussion im Zusammen-

16 Niederschrift über eine Besprechung von Vertretern des Reichsverbandes der Deutschen Industrie mit Repräsentanten der Landwirtschaft, 1.3.1930, in: Politik und Wirtschaft in der Krise 1930–1932, Düsseldorf 1980, S. 67–71, hier S. 67.

17 Aufzeichnung über die Parteivorstandssitzung der DNVP, 25.4.1930, ebd., S. 138–149, hier S. 138.

18 Ebd., S. 139.

19 Brief Hugenbergs, 3.4.1930, an Hitler, ebd., S. 114–116, hier S. 115.

20 Niederschrift über eine Vorstandssitzung der DNVP, 24.7.1930, ebd., S. 314–324, hier S. 318.

hang mit der wachsenden Furcht vor einem militärischen Zugriff Polens auf Danzig und andere deutsche ehemalige Ostgebiete wieder hell auf.

Der Direktor der Ostpreußischen Landgesellschaften, v. Gayl, wußte Hindenburg von der seelischen Zermürbung im Osten zu berichten, der – das stand zwischen den Zeilen eines Briefes – durch kredit-, schulden- und siedlungspolitische Anstrengungen allein nicht beizukommen sei. Erneut brachte er die militärische Komponente der Angelegenheit ins politische Gedankenspiel ein, wenn er feststellte, es lasse »die Widerstandskraft der Kreise, welche bisher Träger des nationalen Wehrwillens gegenüber den Polen« gewesen seien, beängstigend nach. »Diese Beobachtung ist auch den militärischen Stellen nicht entgangen. In dieser kritischen Zeit müßte alles vermieden werden, was geeignet sein kann, den Widerstandswillen zu schwächen[21].« Es gab in Sachen Revision und Vergeltung den Schulterschluß zwischen ostelbischen Großagrariern und den Militärs.

Diese Intervention, zu der sich eine Resolution der deutsch-nationalen Reichstagsfraktion gesellte, in der es hieß, es müsse alles unterlassen werden, was »die heute besonders wichtige seelische Widerstandskraft der Deutschen im bedrohten Osten« schwächen könnte[22], bezog sich auf einen konkreten Vorgang: auf den Entwurf einer Siedlungsverordnung. Er bot dem ostdeutschen Großgrundbesitz und seinen Wortführern den eigentlichen aktuellen Anlaß zum Kesseltreiben gegen Brüning, weil er einmal die Möglichkeit der Enteignung irreversibel verschuldeten und unverkäuflichen Grundbesitzes und zum anderen die Verknüpfung von Siedlungs- und Arbeitsbeschaffungsprogrammen vorsah. Großvolumig, noch dazu auf ihre Kosten, so hatte man sich in großagrarischen Kreisen die Siedlung nicht vorgestellt. Hier lief man gegen die entsprechenden Pläne Sturm, an der Spitze der Reichspräsident selbst. Auf seinem Gut Neudeck ließ er sich vor Ort die wirtschaftlichen aber auch politischen Sorgen der Großagrarier, rechtsnationaler Persönlichkeiten und Gewährsmänner seiner Nachbarschaft vortragen und machte sie zu seinen eigenen. Als Wortführer der deutschnationalen Opposition gegenüber Brüning fungierte v. Oldenburg-Januschau, hinter dem Hugenberg als eigentlicher Drahtzieher agierte[23]. Der erstere, die ostpreußischen Großagrarier Adolf v. Batocki, Hans-Joachim v. Rohr-Demmin u.a. bezeichneten die Brüningschen Siedlungspläne als kalte Bolschewisierung[24]. Der gefährdete Landadel verstand es, den Reichspräsidenten an seinen Sorgen partizipieren zu lassen, indem er an die »verwandten Gefühle« rührte[25]. Hindenburg, fest »in den Händen der Reaktion«,[26] provozierte, indem er dem Verordnungsentwurf seine Zustimmung versagte, den

---

21 Brief v. Gayls, 24.5.1932, an Hindenburg, ebd., S. 1486–1487, hier S. 1487.

22 Entschließung vom 24.5.1932, BA, R 43/I 1289.

23 Vgl. Heinrich Muth, Agrarpolitik und Parteipolitik im Frühjahr 1932, in: Staat, Wirtschaft und Politik in der Weimarer Republik, Festschrift Brüning, Berlin 1967, S. 360.

24 Vgl. dazu Otto Meissner, Staatssekretär unter Ebert – Hindenburg – Hitler, Hamburg 1950, S. 222–225.

25 Gustav Stolper, Deutsche Wirtschaft seit 1870, fortgeführt von Karl Häuser und Knut Borchardt, 3. Aufl., Tübingen 1966, S. 131.

26 Tagebuchaufzeichnung Karl Passarges, Regierungsrat beim Reichskommissar für Osthilfe, 30.5.1932, in: Politik und Wirtschaft (wie Anm. 16), S. 1506–1508, hier S. 1506.

Rücktritt der Regierung. »Den unmittelbaren Anstoß zu dem Sturz des Kabinetts Brüning hat die Siedlungsfrage gegeben [...]. Die tieferen Gründe der Beseitigung [...] liegen darin, daß eine Schicht, die vorher im Staate keinen entscheidenden Einfluß mehr hatte, nämlich das Alt-Preußentum, die Herrschaft wieder an sich zu nehmen gewillt« war[27].

Sie favorisierte den Repräsentanten norddeutschen Großbauerntums, v. Papen, als neuen Reichskanzler. U.a. hatte Franz Wolfgang v. Hauenschild als Vertreter der von der DNVP abgespaltenen Christlich-Nationalen Bauern- und Landvolkpartei ein Kabinett »der besten Männer«[28] – natürlich aus der Sicht des Großgrundbesitzes – gefordert. Und in der Tat verfügte Hindenburg nicht nur die Ernennung v. Papens zum Reichskanzler, sondern auch dreier einflußreicher Deutschnationaler zu Ministern, darunter die des GFK-Vorsitzenden Wilhelm Frhr. v. Gayl zum Innenminister und Magnus Frhr. v. Brauns zum Minister für Ernährung und Landwirtschaft, zugleich Ostsiedlungskommissar. Die agrarischen Reaktionäre konnten zufrieden sein. Entschieden antidemokratisch, bedeutete die Regierung v. Papen den ersten Schritt in Richtung auf die offene Diktatur, und sie beseitigte in den Augen des ostelbischen Junkertums mit der Preußischen Regierung den Stolperstein auf dem Weg zu einer revisionistischen und an ihren Vorstellungen orientierten Osthilfe und -siedlung. Im Dualismus zwischen dem von der Industrie geforderten Primat der Außenwirtschaft und den von der Landwirtschaftslobby erwarteten Agrarschutzmaßnahmen schlug sich die Regierung v. Papen wo möglich auf die Seite der – insbesondere ostdeutschen – Großagrarier, »als läge die Erhaltung des pleitesten Großgrundbesitzes weit mehr im Staatsinteresse als die Sicherung des deutschen Exportes«[29].

Osthilfe- und -siedlungspolitik erfuhren nun einen qualitativen Sprung. Der Großgrundbesitz sollte vor Pfändung und Zwangsverkauf nach Möglichkeit verschont, auf Massenansiedlung zugunsten der elitären Individualsiedlung Nationalgesinnter verzichtet werden. Der ökonomische Aspekt trat hinter den ostpolitisch-militärischen zurück, wenn Schleicher, nun Reichswehrminister, auf die Funktion der Siedlung als Grenzsicherung abhob: »Daß ich als Wehrmin[ister] den *Siedlungsgedanken* auf das wärmste begrüße, liegt auf der Hand. Für die Landesverteidigung ist es eine Lebensfrage, daß an der Ostgrenze eine mit ihrem Boden verwurzelte Bevölkerung steht[30].« Das Vorhaben kam allerdings nicht rasch genug zum Tragen, so daß auch die Regierung v. Papen nicht zuletzt deswegen das Vertrauen von RLB und Reichspräsident einbüßte.

Auf den ersten Blick mag man versucht sein, v. Papens Nachfolger v. Schleicher als einen Mann der ostelbischen Agrarlobby zu erachten. Hatte er doch im intriganten Zusammenspiel mit den dortigen Junkern bei Hindenburg

---

[27] Rede des Vorsitzenden der Deutschen Staatspartei und Reichsfinanzministers Hermann Dietrich, 12.6.1932, vor dem Gesamtvorstand seiner Partei, ebd., S. 1533-1637, hier S. 1535.

[28] Walter Görlitz, Hindenburg. Ein Lebensbild, Bonn 1953, S. 374.

[29] Hellmuth v. Gerlach, Papens agrarischer Ständestaat, in: Die Weltbühne, 28 (1932), 2, S. 492-495, hier S. 493.

[30] Rundfunkrede Schleichers, 26.7.1932, in: Schulthess' Europäischer Geschichtskalender, 73 (1932), S. 127-131, hier S. 131.

erfolgreich den Sturz Brünings betrieben und als graue Eminenz im Reichswehrministerium und -präsidialamt eine zentrale Anlaufstelle für zahlreiche Eingaben im Sinne einer Intensivierung von Osthilfe und -siedlung gebildet, insbesondere dann, wenn sie im Zusammenhang mit dem Wehrgedanken standen. In Kreisen des ostdeutschen Militärs, das sich in enger gesellschaftlicher und gesinnungsmäßiger Verbindung zum Großagrariertum befand, hatte man v. Schleicher immer für eine gute Adresse gehalten, wenn es darum ging, in Berlin deutlich zu machen, »daß es darauf ankommt, an der Grenze eine zuverlässig deutschgesonnene Bevölkerung zu schaffen«, wobei man »ausgeschiedene Angehörige der Reichswehr zur Ansiedlung in den vom Polentum bedrängten Kreisen für besonders geeignet« erachtete[31]. Doch bei näherer Betrachtung fällt auf, daß sich v. Schleicher nicht unbedingt mit den Vorstellungen des Ostagrariertums identifizierte. Nur Beschwerden, deren Ursache eine politische Chance besaß, behoben zu werden, hatte er an den Reichspräsidenten oder -kanzler – zumeist kommentarlos – weitergereicht, da er »von der Sorte täglich einige Dutzend bekomme. Ich bin an sich immun gegen derartige Klagen[32].« Schon vor seinem Amtsantritt als Reichskanzler hatte er gegen eine Osthilfe, die lediglich an den Symptomen der Krise kurierte und gegen finanzielle Hilfe mit Strohfeuereffekt gewandt: »Ein Mittel, die Landwirtschaft von heute auf morgen wieder wohlhabend und dadurch politisch gemäßigt konservativ zu machen, gab und gibt es nun einmal nicht«. Da orientierte er sich schon eher an Brünings langfristigem Bemühen um eine strukturelle Verbesserung der Landwirtschaft in den Ostgebieten. »Ich glaube [...], daß man dieses Ziel [...] bei ruhiger und konsequenter Fortsetzung Ihrer Politik in Jahr und Tag doch erreichen wird[33].«

Anders als sein Vorgänger v. Papen hegte er nicht die Absicht, seine Regierung auf das Wohlwollen der vom Reichspräsidenten repräsentierten Großagrarier zu gründen. Eine ostdeutsche landwirtschaftliche Gesundung hatte eine politische Konsolidierung zur Grundvoraussetzung. Vor allem mußte jeglicher politischer Radikalisierung des Ostelbiertums zu Gunsten des Nationalsozialismus die Spitze gebrochen werden. Selbst die Oberschicht hatte in den Provinzialwahlen von Ende 1929 vielfach bereits

> »den Nazi' gewählt [...]. Mag auch das Programm der Nazis noch so wirr sein, so werden sie doch hoffentlich dem jetzigen jammerhaften Staatswesen den Garaus machen. [...] Vielleicht kommen wir so wieder hoch. [...] Man muß zugeben, daß die Nazis an *vaterländischer Opferwilligkeit* [...] die anderen stark in den Schatten stellen[34].«

Schleicher verband daher die Absicht, den gemäßigten Flügel der NSDAP um Gregor Strasser in die Regierungsverantwortung zu nehmen und damit politisch zu disziplinieren mit dem Ziel, die NS-Bewegung zu spalten und dergestalt auch ihren ostdeutschen großagrarischen Anhang zu schwächen.

---

31 Brief des Chefs des Stabes der 2. Division, Wehrkreiskommando II, Stettin, über Eindrücke der Besichtigung des Grenzgebiete, 24.5.1928, an v. Schleicher, BA-MA, NL v. Schleicher N 42/54.

32 Brief Schleichers, 18.3,1930, an Staatssekretär Otto Meissner im Büro des Reichspräsidenten, ebd.

33 Brief v. Schleichers, 24.2.1931, an Brüning, ebd.

34 Brief Generalmajors a.D. Albrecht v. Thaer, 13.3.1930, an v. Schleicher, in: Politik und Wirtschaft (wie Anm. 16), S. 92–94, hier S. 93.

Hauptsächlich durch zwei Programmpunkte glaubte der neue Reichskanzler zumindest einen Teil der NSDAP zu sich herüberzuziehen, indem er nämlich der auch im nationalsozialistischen Aufgabenkatalog obenan stehenden Arbeitsbeschaffung höchste Priorität zuwies. In Verbindung damit brachte er eine forcierte Ostsiedlung, auf die er persönlich in seiner Eigenschaft als Reichswehrminister im Sinne eines wirkungsvollen Grenzschutzes ebenso Wert legte wie die Hitler-Partei. »Denn letzten Endes sind es noch immer die Menschen auf eigener Scholle gewesen, die den besten Grenzwall gegen das Vordringen fremden Volkstums abgeben[35].« Aber Strasser versagte sich bekanntlich auf Druck Hitlers der Zusammenarbeit. V. Schleicher nahm zudem den Brüningschen Grundgedanken, den v. Papen fallengelassen hatte, wieder auf, in Ostpreußen, der Grenzmark, in Pommern und in beiden Mecklenburg die Siedlung schwerpunktmäßig auf dem im Osthilfeverfahren als nicht entschuldbar deklarierten, zu enteignenden Boden durchzuführen. Die Nachricht, Siedlung größeren Umfangs auf Kosten des Großgrundbesitzes betreiben zu wollen, schlug im gesamten »Osthilfegebiet wie eine Bombe« ein[36]. Es waren letztlich die »Landschaften« – auf Preußen beschränkte Hypothekenbanken –, die unter dem Einfluß der Großagrarier in den Leitungsgremien ihre Zins- und Tilgungsansprüche gegenüber ihren großbäuerlichen Gläubigern nun einfach nicht geltend machten und somit den Enteignungsverfahren schlechterdings die Grundlage entzogen[37]. Die ostdeutschen Großagrarier gingen sehr bald aus dieser zunächst einmal defensiven Position heraus zur politischen Offensive über. Der RLB beschuldigte die Regierung eines falschen Ansatzes ihrer Osthilfe- und Siedlungspolitik.

Aber auch wegen der Aufdeckung eines Skandals machte der RLB gegenüber der Regierung Schleicher Front: Es stand zu befürchten, daß der Reichskanzler Unterschlagungen und Korruption im Zusammenhang mit der Osthilfe nachgehen und versuchen würde, den Sumpf der Unregelmäßigkeiten auszutrocknen.

Für die DNVP – auch im Kabinett Schleicher für die Agrarpolitik verantwortlich – ging es um ihr politisches Überleben. Wollte sie ihr Schicksal an das des Reichskanzlers binden, mußte sie damit rechnen, ihrer großagrarischen Klientel verlustig zu gehen. Sie vollzog nun unter der Führung Hugenbergs eine konsequente Absetzbewegung vom Reichskanzler und suchte ihr Heil zielstrebig in der Koalition mit der NSDAP. Mit dem Gunstentzug der DNVP gab es für den Reichskanzler keine politische Zukunft mehr. »Wie Brüning, der ›Agrarbolschewist‹, so stürzte auch Schleicher, weil er es gewagt hatte, an Ostelbien zu rühren[38].« Otto Meissner berichtet, der dem Reichspräsidenten persönlich verbundene konservative Kammerherr und Landwirtschaftsexperte Oldenburg-Januschau sei es gewesen, der dem zögernden Hindenburg verdeutlichte, es gäbe weder vom konservativen, noch agrarischen politischen Standpunkt aus stichhaltige Einwände

35 Rundfunkrede v. Schleichers, 15.12.1932, in: Das Kabinett von Schleicher, Boppard a.Rh. 1986, S. 101–117, hier S. 104.

36 Zeitungsdienst des Reichsland-Bundes, zit. nach Ostland, 14 (1933), S. 7.

37 Vgl. Aufzeichnung der Sitzung des Ausschusses der Reichsregierung für ländliche Siedlung, 31.12.1932, in: Das Kabinett von Schleicher (wie Anm. 35), S. 170–175.

38 Erwin Topf, Die grüne Front. Der Kampf um den deutschen Acker, Berlin 1933, S. 291.

gegen den NSDAP-Führer als Regierungschef. Im Gegenteil: »Die darniederliegende Landwirtschaft erwarte mit Zuversicht von ihm die Rettung vor dem Ruin[39].«

Aus der Tatsache heraus, daß es die Exponenten der – insbesondere ostdeutschen – Agrarlobby aus dem Umfeld Hindenburgs, an der Spitze v. Papen, aber auch Hugenberg, waren, denen der Führer der NSDAP seine Bestallung zum Regierungschef verdankte, erwuchs ein unverhohlenes politisches Anspruchsdenken. Hitler hat jedenfalls zunächst die in ihn gesetzten Erwartungen erfüllt. Dies galt bezüglich des Osthilfeskandals, den er formal unter der Verantwortlichkeit Hugenbergs untersuchen, tatsächlich allerdings durch das »amtliche Ergebnis«, »von Riesenskandalen der Osthilfe, Panama und Korruption« sei keine Rede, vertuschen ließ[40].

Hitler hatte bereits früher Zusagen hinsichtlich der Wahrung des ländlichen großbetrieblichen Besitzstandes gemacht. So Anfang 1931 während eines Gespräches mit dem zur NSDAP übergetretenen Eigner des Herrensitzes Liebenberg/Mark, Friedrich Svend Fürst Eulenburg Hertefeld, den der Führer der NSDAP als Köder benutzen wollte, um junkerliche DNVP-Anhänger in die Reihen seiner Partei zu locken: »nie und nimmer« werde er »auf eine Zerschlagung oder Enteignung größerer Güter« hinwirken[41]. Als der Regierungschef im Frühjahr 1933 Repräsentanten landwirtschaftlicher Großbetriebe empfing, insistierten diese noch einmal in dieser Frage, der sie in erster Linie nun eine sicherheitspolitische Bedeutung beimaßen. Auf Großgrundbesitz könne »um der Führer willen« nicht verzichtet werden, »die er in der Vergangenheit vielfach dem Volk gegeben hat und weiter geben muß, besonders im Osten, weil die dort unserem Volk gestellten schicksalsschweren Aufgaben nur gelöst werden können, wenn die führende Schicht aus erdgebundenen, mit ihrer ganzen Existenz in der Heimaterde verwurzelten Persönlichkeiten besteht«[42]. Hier wurde sowohl an die historische Rolle des ostdeutschen Großgrundbesitzes als stete Quelle preußisch-deutschen Soldatentums erinnert, als auch dem wehrfreudigen Reichskanzler eine diesbezügliche neue Offerte unterbreitet. Dies brachte der politische Weggefährte Hugenbergs, der deutschnationale Staatssekretär im Reichsministerium für Ernährung und Landwirtschaft (Februar-September 1933) und Exponent des Pommerschen Landbundes, v. Rohr-Demmin, noch als Hoffnung zu Papier, als er bereits Ämter und Einfluß verloren hatte. Für ihn verkörperte der »neue Staat« in politischer Struktur

---

39 Meissner, Staatssekretär (wie Anm. 24), S. 265, »Allgemein kann ich [...] sagen, daß mein Versuch der Einflußnahme auf Hindenburg getreu meiner alten Linie auf eine Beseitigung des Parlamentarismus und Herstellung einer Diktatur [sic!] abzielte.« Elard v. Oldenburg-Januschau, Erinnerungen, Leipzig 1936, S. 218. Vgl. auch Albert Schreiner, Die Eingabe deutscher Finanzmagnaten, Monopolisten und Junker an Hindenburg für die Berufung Hitlers zum Reichskanzler (November 1932), in: Zeitschrift für Geschichtswissenschaft (ZfG), 4 (1956), S. 366–369, die auch der Präsident des RLB, Graf Kalckreuth, unterschrieben hatte.

40 Verhandlungen des Reichstags, VIII. Wahlperiode 1933, Bd 457, Anl. Nr. 20.

41 Niederschrift Eulenburg-Hertefelds über das Gespräch vom 24.1.1931, zit. nach Kurt Pätzold und Manfred Weißbecker, Geschichte der NSDAP 1920–1945, Köln 1981, S. 144.

42 Auszug aus den vorher schriftlich niedergelegten, vor Hitler mündlich gemachten Ausführungen, 27.4.1933, in: Die Regierung Hitler I, Boppard a.Rh. 1983, S. 398 f., hier S. 399, Anm. 3.

und politischem Wollen all das, was den Großgrundbesitz charakterisierte: »Preußentum, Armee, verwurzeltes Führertum und Gefolgschaftstreue[43].«

Vertreter Ostdeutschlands, die Hälfte Großgrundbesitzer, machten Hitler gegenüber ähnliche Ausführungen. Sie wollten das Ostproblem ebenfalls vorwiegend unter wehrpolitischen Gesichtspunkten betrachten, mit ihm den »Schutz unserer Ostgrenzen« verbunden wissen. Politik gegenüber Ostdeutschland hieß für sie, »den nationalen Wehrwillen« aktivieren und steigern. »Die alte bodengewachsene Führerschicht [...] wird auch in Zukunft der zäheste Verteidiger der gemeinsamen Scholle im Grenzkampf sein.« Osthilfe und -siedlung mußten militärischen Notwendigkeiten Rechnung tragen, nicht zuletzt durch Truppenverlegung ins Land und durch die Einrichtung von Räumungs- und Hauptkampfzonen für den Fall eines militärischen Konfliktes mit Polen. Das Propagandaministerium wurde aufgefordert, der deutschen Bevölkerung nicht nur die Bedeutung seiner *derzeitigen* Ostprovinzen, sondern auch »der verlorenen Landesteile« eindringlich vor Augen zu führen[44]. Um eine Revisionspolitik effizient vorzubereiten und schließlich durch Erfolg zu krönen, hob die Delegation die Zweckmäßigkeit einer regierungsseitig »einheitlichen Behandlung der Ostfragen« und »einer einheitlichen Heranziehung der Wehrverbände zu gemeinsamer Arbeit« hervor, ein Begehren, mit dem sie bei Hitler offene Ohren fand. Er wies grundsätzlich »auf die Notwendigkeit einer Entwicklung nach dem Osten hin« und begründete dies damit, daß »die Weltabsatzmärkte Deutschlands [...] immer mehr einschrumpfen« würden. Der Reichskanzler vermied es allerdings, seine Ausführungen zu konkretisieren, betonte aber mit Nachdruck, »es käme vor allen Dingen auf die Wiederherstellung der deutschen Wehrmacht an«[45].

Mit der Wahrung des in Versailles fixierten territorialen Besitzstandes durfte es allerdings nicht seine Bewendung haben. Hitler, das mußte die Revision sein: »Versailles wird ausgelöscht werden, und die Grenzen, die dort einem willen- und wehrlosen Volke [...] diktiert worden sind, werden von demselben [...] so neu festgesetzt werden, wie es die Leistungen der Vergangenheit und die Lebenserfordernisse der Zukunft verlangen«, so ließ sich der Deutsche Ostbund – mitgetragen von führenden Köpfen des Ostagrariertums, Ehrenvorsitzender Hindenburg, – unmittelbar nach Regierungsantritt vernehmen[46].

Die Deutschnationalen waren als politische Vertretung ihrer großagrarischen Anhängerschaft eine programmatische Symbiose mit den Nationalsozialisten eingegangen, die sachlich über die Revision, zeitlich über ihre institutionelle politisch Entmachtung hinaus anhielt.

---

43 V. Rohr-Demmin, Beitrag zur Deutschen Agrarpolitik, unveröffentl. Denkschrift 1934, BA, Kleine Erwerbungen, Nr. 404, S. 69 (79).

44 Auszug aus dem Vortragsmanuskript des Vorstandsvorsitzenden der Deutschen Reichskreditgesellschaft, O. Chr. Fischer, am 27.4.1933, Hitler übermittelt, in: Die Regierung Hitler I (wie Anm. 42), S. 389, Anm. 6.

45 Vermerk über den Empfang von Vertretern Ostdeutschlands durch den Herrn Reichskanzler am 26.4.1933, BA, R 43 II/125.

46 Die Angst der Polen. Hitler bedeutet die Revision, in: Ostland, 14 (1933) 8, S. 71.

Politische Seelenverwandtschaft zwischen Rechtskonservativen und Nationalsozialisten existierte auch bezüglich der Erweiterung des Lebensraumes. Lebensraum, Inbegriff rassisch- und ernährungswirtschaftlich motivierten Expansionsdranges, war beileibe kein spezifischer NS-Terminus. Geprägt hatten ihn bereits in der Wilhelminischen Zeit die Alldeutschen – deren Ideologie z.B. von Hugenberg und Gayl mit in die DNVP eingebracht worden war –, die in diesem Zusammenhang auch den Stellenwert der Streitkräfte markiert hatten: »Wir wollen zum Ausdruck bringen, daß die Deutsche Wehrmacht auch ihre Verwendung finde, falls mißgünstige Nebenbuhler und Nachbarn unseren völkischen Bedürfnissen sich entgegenstellen. Unser rasch wachsendes Volk muß sein Daseinsrecht geltend machen, es muß für Neuland sorgen[47].« Seit dem Ersten Weltkrieg, vor allem nach der Okkupation der russischen Ostseeprovinzen, verband sich beim ostelbischen Grundbesitz der Gedanke der Aufsiedlung der deutschen Ostgebiete mit Plänen zur Ostexpansion[48]. Bei der Festlegung der Aufgaben der Baltikumfreikorps war diese Ideenkombination in der Variante von Antibolschewismus und siedlungspolitisch begründetem Hegemonialstreben wieder aufgetaucht. In solchem Wunschdenken blieb der (ost)deutsche Großgrundbesitz befangen. Schon in den entsprechenden Debatten 1930 hatte der Deutschnationale Fritz Kleiner im Reichstag keinen Zweifel daran gelassen, daß unter Osthilfe mehr zu verstehen sei als revisionsorientierte ökonomische und territoriale Saturierung: Gesetzt den Fall, daß die nach dem Weltkrieg zwischen Baltischem und Schwarzen Meer geschaffenen labilen Verhältnisse einmal ins Rutschen kamen, mußte »Deutschland sich die entscheidende Stellung bei der Neuordnung der Dinge gesichert« haben. »Darum rufen wir nach jener elementaren, von der ganzen Nation getragenen Ostbewegung, die die Voraussetzung erfolgreicher deutscher Ostpolitik ist[49].« Der spätere deutschnationale Minister für Ernährung und Landwirtschaft im Papen-Kabinett, der Grundbesitzer Magnus Frhr. v. Braun, hatte in den parlamentarischen Osthilfedebatten zu erkennen gegeben, welch expansive Dynamik sich hinter den ostpolitischen Vorstellungen wortführender Großagrarier von jenseits der Elbe verbarg, wenn er feststellte, im Kern gehe es »um die Vorherrschaft Polens und unserer Entwicklungsmöglichkeiten im Osten«[50].

Verbal nur notdürftig kaschiert, hatte Kuno Graf v. Westarp, ehemaliger Vorsitzender der Deutschnationalen und derzeitiges Mitglied der aus der DNVP hervorgegangenen Konservativen Volkspartei, schon zwei Jahre zuvor eine expansive Ostpolitik verlangt, indem er den alten deutschen Kolonialgeist beschwor, dem der Wille zugrunde gelegen habe, »dem deutschen Volkstum neuen Lebensraum zu schaffen, deutsches Wesen nach Osten voranzutragen [...]. Heute ist an Stelle des

[47] So der Vorsitzende des Alldeutschen Verbandes, Heinrich Claß, 1913, zit. nach Karl Moersch, Kräfte, Tendenzen, Strömungen in Großindustrie und Großgrundbesitz, in: Auf dem Weg ins Dritte Reich, hrsg. von Oswald Hirschfeld, Bonn 1981, S. 85–107, hier S. 87.

[48] Vgl. dazu Gerhard Schulz, Staatliche Stützungsmaßnahmen in den deutschen Ostgebieten, in: Staat, Wirtschaft und Politik in der Weimarer Republik, Berlin 1967, S. 141–204, hier S. 158 f.

[49] Verhandlungen des Reichstages, IV. Wahlperiode 1928, Sten. Ber., Bd 428, S. 6343 f.

[50] Berliner Börsenzeitung, 139, 23.3.1930, zit. nach Bruno Buchta, Die Junker und die Weimarer Republik, Berlin (Ost) 1959, S. 87.

vordringenden deutschen Wesens polnische Hochflut getreten [...]. Da gilt es, dieser [...] einen Damm entgegenzusetzen[51].« Die Deutschnationalen verfügten indirekt sogar über ein militärisches Instrument, mit dessen Hilfe sich zu gegebener Zeit ihre politischen Forderungen durchsetzen ließen: Über eine Armee im Wartestand, den »Stahlhelm«, Bund der Frontsoldaten, der Mitglied der Harzburger Front und durch seinen Vorsitzenden Franz Seldte Mitglied der ersten Hitler-Regierung wurde. Er demonstrierte augenfällig die militante Komponente der Agrarpartei, denn 1928 gehörten von 60 Stahlhelm-Mitgliedern im Reichstag 51 der DNVP an. Feindbilder und politisch-militärische Stoßrichtung der Deutschnationalen und des »Stahlhelm« erwiesen sich denn auch bereits 1928 als identisch, wenn es in dem Aufruf eines Landesverbandes hieß:

> »Wir hassen mit ganzer Seele den augenblicklichen Staatsaufbau [...], weil er uns die Aussicht versperrt, unser geknechtetes Vaterland zu befreien und das deutsche Volk von der verlogenen Kriegsschuld zu reinigen, den notwendigen Lebensraum im Osten zu gewinnen, das deutsche Volk wieder wehrhaft zu machen[52].«

Zu Hitler bestanden offenkundig entsprechende gedankliche Affinitäten. Auf dem 10. Reichsparteitag der DNVP (19. September 1931) hatte deren Vorsitzender Hugenberg für die kommende Generation »Freiheit und Raum« reklamiert, und, ohne dies kenntlich zu machen, in Hitlers Worten gefordert, »daß dem ›Volk ohne Raum‹ Gebiete eröffnet würden, in denen es seiner tatkräftigen Rasse Siedlungsraum schaffen [...] könnte.« Avisiert war nicht nur eine territoriale Expansion Deutschlands, sondern unausgesprochen auch die nach deutschen Ordnungskriterien vorzunehmende Umgestaltung der Slawen- und Bolschewistenherrschaft zugeschriebenen politischen und ökonomischen Mißstände: »Der Wiederaufbau des Ostens ist weit über die alten deutschen Grenzen hinaus nur durch Deutschland möglich[53].« Im Jahr darauf drückte sich der DNVP-Reichstagsabgeordnete und Staatsrechtler Axel Frhr. v. Freytagh-Loringhoven vor den Spitzen seiner Partei ähnlich unmißverständlich aus, wenn er mit der geforderten Wiedererlangung der Wehrhoheit den Willen nach Revision der Grenzen, insbesondere im Osten, und die Vorstellung von der »Errichtung eines Großdeutschen Reiches« verband. War Deutschland einmal militärisch stark genug, konnte man versuchen, »neuen Boden, neuen Raum für unser Volk zu gewinnen«, um »es loszulösen aus dem Qualm der Großstädte, es wieder seßhaft, wieder zu einem geistig und leiblich gesunden Bauernvolke zu machen«[54]. Die Grenzen zwischen der bauernideologischen und ostimperialen Vorstellungswelt von DNVP und NSDAP erwiesen sich am Ende der Weimarer Republik bereits als fließend.

---

51 Verhandlungen des Reichstags, V. Wahlperiode 1930, Sten. Ber., Bd 445, 25.3.1931, S. 1968.

52 Aufruf des Stahlhelm-Landesverbandes Brandenburg, 2.9.1928, zit. nach Wette, Ideologien, Propaganda und Innenpolitik als Voraussetzungen der Kriegspolitik des Dritten Reiches, in: Ursachen und Voraussetzungen der deutschen Kriegspolitik. Das Deutsche Reich und der Zweite Weltkrieg, Bd I, Stuttgart 1979, S. 25-173, hier S. 41.

53 Hugenbergs weltwirtschaftliches Programm. Deutschnationale Flugschrift Nr. 352, BA, NL Hugenberg Nr. 87.

54 Rede v. Freytagh-Loringhoven, 25.6.1932, vor der Reichsführertagung der DNVP, zit. nach Wette, Ideologien (wie Anm. 52), S. 46.

Wie Hugenberg, so ging es auch Hitler letztlich nicht um Revision, sondern um kolonisatorische Expansion: Die »Wiederherstellung der Grenzen des Jahres 1914« war für ihn aus völkischen wie militärgeographischen Erwägungen heraus »ein politischer Unsinn«[55]. Nicht Rückgewinnung verlorengegangener Territorien und deren Besiedlung konnten das ostpolitische Ziel sein, sondern es ging ausschließlich um den »Gewinn eines Siedlungsgebietes, das die Grundfläche des Mutterlandes selbst erhöht und dadurch nicht nur die neuen Siedler in innigster Gemeinschaft mit dem Stammland erhält, sondern der gesamten Raummenge jene Vorteile sichert, die in ihrer vereinten Größe liegen«[56]. Großgrundbesitzer Fürst Eulenburg-Hertefeld verbreitete frühzeitig unter seinen Standesgenossen den Kernsatz Hitlers, er trage sich für den Fall der Machtübernahme nicht mit dem Gedanken, »in breitem Umfange auf deutschem Boden zu siedeln.« Siedlung war erst dann möglich, »wenn uns der entsprechende Raum zur Verfügung steht«[57].

Was Wunder also, daß die Regierung Hitler rasch unter den Erwartungsdruck der Repräsentanten deutschen »Dranges nach Osten« geriet. So erinnerte beispielsweise der Deutsche Ostbund den neuen Reichskanzler öffentlich an seine in »Mein Kampf« niedergelegte Lebensraumtheorie, der zufolge die Nationalsozialisten die Kolonial- und Handelspolitik der Vorkriegszeit beenden und zur östlich orientierten Bodenpolitik übergehen wollten. Das Schwert sollte dem Pflug den Weg bahnen: »›Staatsgrenzen‹, so schrieb Adolf Hitler in seinem Bekenntnisbuche, [...] ›werden durch Menschen geschaffen und durch Menschen geändert‹[58].« Welche Hoffnungen führender Agrarier mit dem Kabinett der Nationalen Front verbanden, daß sie nicht auf Revision, sondern auf Expansion setzten, das machte die agrarpolitische Wochenschrift des RLB deutlich, wenn sie enthusiastisch konstatierte, mit der Einigung der Führer der Nationalen Bewegung sei »der Geist vom August 1914 [...] erwacht«[59].

Nach den Märzwahlen 1933 forderten ostelbische Eigner landwirtschaftlicher Großbetriebe bei Hitler eine dynamische, die Grenzen sprengende Regelung der sogenannten Ostangelegenheiten ein; als Lohn dafür, daß die Bevölkerung der östlichen Landesteile des Reiches »mit erdrückender Mehrheit Ihnen ihre Stimmen gegeben hat«[60]. Junkerliche Kreise signalisierten Hitler, zum Gelingen dieses Werkes tatkräftig beitragen zu wollen; ja, sie zweifelten nicht am geschlossenen völkischen Einsatz der gesamten Ostprovinzen zu Gunsten hegemonialer Expansion, wenn es staatlicherseits nur gelang, den entschlossenen Willen zu bekunden, diese Aufgabe auch wirklich anzupacken:

> »Hat die Bevölkerung in den Ostprovinzen wieder das Bewußtsein, daß der Lebenswille des ganzen deutschen Volkes geschlossen hinter einem von starker Hand einheitlich ge-

---

55 Adolf Hitler, Mein Kampf, München 1939, S. 736.

56 Ebd., S. 741.

57 Aufzeichnung Eulenberg-Hertefelds über ein Gespräch mit Hitler, 24.1.1931, zit. nach Pätzold und Weißbecker, NSDAP (wie Anm. 41), S. 144.

58 Ostland, 14 (1933), S. 91.

59 Reichs-Landbund (RLB), 13, 4.2.1933, S. 41.

60 Auszug aus dem Manuskript Fischer, Hitler vorgetragen bei einem Empfang von Vertretern Ostdeutschlands, 26.4.1933, in: Die Regierung Hitler I (wie Anm. 42), S. 389, Anm. 6.

führten, heimat- und schicksalsverbundenen Ostblock steht und daß sich die Dynamik und Lebensenergie des deutschen Volkes wieder auf den europäischen Ostraum richten müssen, so ist ihr kein Opfer zu schwer, ihr Schicksal für die Zukunft der deutschen Nation zu erfüllen[61].«

Der Reichskanzler stand bei den ostdeutschen Großagrariern und seiner dortigen bäuerlichen Wahlklientel im Wort, taktierte aber höchst vorsichtig. Er benötigte Ruhe an der außenpolitischen Front, spielte frühzeitig mit dem Gedanken eines zumindest zeitweiligen Arrangements mit Polen, um sich ungestört von äußerer Pression ökonomisch und technisch-militärisch in die Lage zu versetzen, zum geeigneten Zeitpunkt seine imperialen und ideologisch fixierten Kriegsziele anzusteuern. Schon im Blick auf die zukünftige Wehrwirtschaftsgestaltung sagte Hitler den Erhalt des Großgrundbesitzes zu. Bei der kriegsvorbereitenden Lenkung von Anbau und Verteilung der agrarischen Produkte und im Krieg selbst boten großagrarische Einrichtungen bessere und übersichtlichere Erfassungseinheiten. Doch vermied der Regierungschef jeden öffentlichen Hinweis auf schnelle und durch Gewaltanwendung zu erreichende Lösungen des östlichen Grenz- und Territorialproblems. Er sprach vielmehr die Hoffnung aus, »daß nach 30 bis 40 Jahren eine innere Befriedigung des deutschen Volkes erreicht sei« und betonte, »die gesteckten Ziele müßten auf friedlichem Wege erreicht werden«[62]. Stabilisierung der Verhältnisse und Aufrüstung zwecks Revision waren in Wahrheit beabsichtigt, was eigentlich von den konservativ regressiven Großagrariern hätte verstanden werden müssen. Hatte doch ein deutschnationaler Politiker bereits 1924 eine »Diktatur« gefordert, »von der man möglichst nur wenig sprechen soll, die man aber wollen muß«. Deren primäre Aufgabe habe in der »Schaffung einer außenpolitischen Ruhezeit« zu bestehen, »um den inneren Aufbau der Staatsmacht und der Wehrhaftigkeit zu ermöglichen« mit der Perspektive, »Deutschland aufzubauen und die verlorenen Gebiete eines Tages wieder zu erobern«[63].

Diese Absicht spiegelte sich auch in der Frühphase der nationalsozialistischen Ostpolitik, in Sonderheit der Ostpreußenpolitik wider: »Ostpreußen erfordere aus staats-, wehr- und außenpolitischen Gründen eine besondere Unterstützung und damit eine Hebung des Vertrauens der in der abgeschnittenen Provinz lebenden Bevölkerung«. Das Land sei in einer Weise von Polen »politisch bedroht«, daß man ihm auch nur politisch beistehen könne[64]. Aus Kreisen der konservativen Agrareliten ist der Versuch unternommen worden, eine derart vorsichtige und von Taktik bestimmte Politik in der Ostpreußen- und damit Polenfrage zu konterkarieren, den nationalsozialistischen Reichskanzler öffentlich auf einen stringenten Revisions- und Expansionskurs festzulegen. Wie anders ist die Äußerung Hugen-

61 Ebd.

62 Vermerk über den Empfang einer Abordnung des Reichsgrundbesitzer-Verbandes, 27.4.1933, bei Hitler, ebd., S. 398–400, hier S. 399.

63 Streng vertrauliche Denkschrift des stellvertretenden DNVP-Vorsitzenden und Rittergutsbesitzers Schlange-Schöningen, 19.5.1924, an Hugenberg, zit. nach Wette, Ideologien (wie Anm. 52), S. 44.

64 Aufzeichnung über eine Chefbesprechung, 5.7.1933, in: Die Regierung Hitler I (wie Anm. 42), S. 618–626, hier S. 619, 621, 622.

bergs auf der Weltwirtschaftskonferenz im Juni 1933 in London zu verstehen, letztlich müßten »dem ›Volk ohne Raum‹ Gebiete eröffnet« werden, »in denen es seiner tatkräftigen Rasse Siedlungsraum« erschließen könne[65]. Im Zusammenhang mit angemeldeten Kolonialansprüchen gefallen, sollte die Forderung nach räumlicher Expansion, zur unangemessenen Zeit und am falschen Ort geäußert, den Reichsminister für Ernährung und Landwirtschaft den politischen Kopf, seiner Partei die Existenz und die Koalitionspartnerschaft kosten. Und so galten zu Hugenbergs und seiner Gesinnungsfreunde Unbehagen zunächst einmal »Versöhnung« und »Freundschaft« als die das Verhältnis zu Polen gestaltende Devise. An der Revisionsforderung selbst hielten prominente Großagrarier jedoch weiterhin öffentlich fest: »Dem polnischen Willen nach Erwerb Ostpreußens, der unverändert weiterlebt, muß nach wie vor der deutsche Wille zur Zurückgewinnung der entrissenen Gebiete entgegengesetzt werden«. Doch galt es unter dem Druck der Verhältnisse, in den von Hitler intonierten Versöhnungsgesang mit einzustimmen. »Es liegt im Interesse des europäischen Friedens und beider Völker, daß der Streitpunkt des Korridors, ebenso wie die oberschlesische Frage auf friedlichem Wege gelöst [...] werden[66].« Das war zwar enttäuschend, weil bei der polnischen politischen Mentalität ein relativ aussichtsloses Vorhaben. Aber immerhin hatte sich das politische Klima im Reich positiv verändert. Zwar bestand »militärisch [...] äußerlich dieselbe Lage wie bisher«. Aber: »Am Wehrwillen im Falle fremder Übergriffe brauchen wir nicht mehr zu zweifeln[67].«

Als Hitler dann 1938/39 die Danzig- und Korridorfrage aktualisierte und zusehends auf Konfrontationskurs zu Warschau ging, stieß dies bei Vertretern der alten konservativen Agrareliten auf positive Resonanz. Ja, man heizte die gespannte politische Atmosphäre bewußt auf. Selbst der seit 1933 politisch kaltgestellte Frhr. v. Gayl griff zur Feder, um sich an der allmählich einsetzenden Polenhetze zu beteiligen: Das Bewußtsein, seine nationalstaatliche Existenz deutschen Siegen, einen Teil seines territorialen Besitzstandes aber der deutschen Niederlage zu verdanken, die Furcht vor einer Revision des Versailler »Schandfriedens« lasse in Polen Haß aufkommen. Die Gaylsche Schlußfolgerung, der östliche Nachbar sei und bleibe daher »eine Bedrohung des Friedens«, suggerierte natürlich die Forderung, dieser Bedrohung rechtzeitig und wirksam zu begegnen[68]. Wie, das machte er am Tag des Überfalls auf Polen, wenngleich noch vor dem Einmarsch deutlich, als er sich bemüßigt fühlte, zur moralischen Aufrüstung der Wehrmacht beizutragen, indem er an »das Wunder von Prostken« erinnerte: Im Verlauf des polnisch-russischen Krieges 1920 hätten 2000 polnische Soldaten an der ostpreußischen Grenze vor 50 deutschen Polizisten – die sie für ein Jägerbataillon hielten – ihre Waffen gestreckt. »Es zeigte sich damals in seltener Deutlichkeit die unbegrenzte Furcht polnischer Soldaten vor deutschen Stahlhelmträgern [...]. Sollten [...] die

[65] Hugenberg-Memorandum, Juni 1933, in: Akten zur Deutschen Auswärtigen Politik, C, Bd I, 2, S. 557-562, hier S. 561.

[66] Frhr. v. Gayl, Der politische und wirtschaftliche Kampf um Ostpreußen seit dem Ende des 19. Jahrhunderts, Leipzig 1934, S. 26.

[67] Ebd., S. 25.

[68] Berliner Lokal-Anzeiger, 13.8.1939, BA, Nachlaß v. Gayl, Nr. 14.

vergangenen neunzehn Jahre ausreichen, um diese Furcht [...] in den Herzen polnischer Männer völlig auszurotten[69]?«

Aber nicht nur hinsichtlich Polens verbanden agrarische Eliten mit Hitlers Herrschaft expansionistische Hoffnungen. Frhr. v. Gayl drückte als einer ihrer vornehmsten Repräsentanten paradigmatisch sein Bedauern darüber aus, daß es während des Weltkrieges nicht gelungen sei, Deutschland auf Kosten Rußlands nach Osten auszudehnen und abzusichern:

»Eine ziellose, ewig zögernde, zu spät oder zu früh handelnde, sich zumeist mit Halbheiten begnügende Reichsleitung wußte nicht, was sie mit den Großtaten des siegreichen Heeres anfangen sollte [...]. Die Niederlage Rußlands bot erstmalig Möglichkeiten, im osteuropäischen Raum an der Reichsgrenze nachhaltig geordnete Zustände zu schaffen, den deutschen Lebens- und Wirtschaftsraum zu weiten und schließlich ein neues Europa vorzubereiten [...]. Statt dessen wurde [...] ein neues Polen, Deutschlands geschworener Todfeind, verkündet.«

Nichts anderes verbarg sich hinter diesen Aussagen als die stille Sehnsucht, dem NS-Regime möge nachträglich der Erfolg beschieden sein, der dem kaiserlichen Deutschland versagt blieb. Wie denn anders sollten die im Dezember 1940 formulierten Schlußsätze seiner Weltkriegsretrospektive verstanden werden:

»Der Leser wird die Bitterkeit mitempfinden, mit der mich einst das Versagen der politischen Reichsführung [...] erfüllte. Vielleicht ist es gerade in unseren Tagen weltbewegenden Geschehens nützlich, selbsterlebten Gegensatz zwischen militärischer und politischer Führung und seine Folgen deutlich herauszustellen[70].«

Der kaiserlichen Armee zumeist als Reserveoffiziere und im politischen Denken verbunden, genügte vielen Exponenten des Agrariertums allein schon der Ausbau der Wehrmacht, um sich, wenn nicht unbedingt mit der NSDAP, so doch mit der Reichsführung zu arrangieren. Beispielhaft kann dafür wieder Frhr. v. Gayl angeführt werden, der, politisch abgehalftert wie die meisten seiner traditionell konservativen Gesinnungsgenossen, dennoch im Wehrwirtschaftsstab mitarbeitete, mit naiver Freude im alten Waffenrock als Gast an Manövern teilnahm, weil er zu Recht die politisch-militärischen Ziele von Wehr- und Staatsmacht für weitgehend identisch – auch mit den eigenen Überzeugungen – hielt[71].

Das kann auch von einem weiteren prominenten Vertreter des RLB, von Hans Nagel, gesagt werden. Bis Ende 1928 war er persönlicher Referent des geschäftsführenden Präsidenten und Organisationsleiter dieser Standeseinrichtung gewesen, um dann die Präsidialabteilung der DNVP zu übernehmen, und letztlich zu deren geschäftsführendem Vorstandsmitglied und Leiter der Parteizentrale aufzusteigen. Er ließ sich, getrieben von seinem ausgeprägten Antibolschewismus (Beteiligter am Kapp-Putsch) als Major in der Wehrmacht reaktivieren, wo er es in verschiedenen verantwortlichen rüstungs- und kriegswirtschaftlichen Verwendungen bis zum Generalmajor brachte, nicht zuletzt in der maßgeblichen Funktion als Generalinspekteur der Wirtschaftsinspektion Ost. Nagel hat als ehemaliger deutschnationaler Agrarrepräsentant die von Herbert Backe entworfenen Leitlinien für die künfti-

69 Ebd., 1.9.1939.
70 Mit Schwert und Feder!, BA, Nachlaß v. Gayl, Nr. 2.
71 Vorentwürfe und einzelne Aufzeichnungen über Politiker usw., BA, Nachlaß v. Gayl, Nr. 4.

ge Wirtschaftsorganisation des Ostens vorbehaltlos akzeptiert und angewendet, obwohl sie brutale Ausbeutungsmaßnahmen mit rassenideologisch begründeten Vernichtungsabsichten verbanden. Am deutlichsten kam dies in den im Mai 1941 verfaßten wirtschaftspolitischen Richtlinien für die besetzten Ostgebiete zum Ausdruck, die Nagel mit konzipiert hat. Dort hieß es unter anderem:

> »Viele 10 Millionen von Menschen werden in diesem Gebiet überflüssig und werden sterben oder nach Sibirien auswandern müssen. Versuche, die Bevölkerung dort vor dem Hungertode dadurch zu retten, daß man aus der Schwarzerdezone Überschüsse heranzielt, können nur auf Kosten der Versorgung Europas gehen. Sie unterbinden die Durchhaltemöglichkeit Deutschlands im Kriege, sie unterbinden die Blockadefestigkeit Deutschlands und Europas[72].«

Autarkie im Großwirtschaftsraum

Daß der Parteivorsitzende der Deutschnationalen, wie in London geäußert, nicht nur an territoriale Expansion zwecks Siedlung dachte, sondern an Autarkie in einem Großwirtschaftsraum, hatte er Hitler im Vorfeld der Konferenz wissen lassen: Dort müsse man deutlich machen, daß Deutschland sich aus dem weltwirtschaftlichen Orchester zurückziehen werde. »Auf handelspolitischem Gebiete ist z.Zt. ein Weiterspielen auf der alten Leier in höchstem Maße gefährlich. Es würde immer wieder auf den alten, durch schmerzliche Erfahrungen widerlegten Gedanken hinauslaufen, die Möglichkeit des Exportes mit dem Ruin unserer Bauern zu erkaufen.« Den Rückzug auf einen begrenzten Binnenmarkt lehnte er ab. »Deutschland würde dabei namentlich den Vorteil des Umstandes verlieren, daß es den Kern Mitteleuropas bildet. Es würde sich von den Möglichkeiten ausschalten, die sein östliches Hinterland bietet[73].« Eingeweihte wußten, daß Hugenberg »gerade in Agrarfragen [...] den absoluten Autarkiegedanken vertritt«. Von diesem Kern aus mußte Deutschland vielmehr seine konzentrischen handels- und machtpolitischen Kreise ziehen, um die so umschlossenen Länder seinen wirtschaftspolitischen Notwendigkeiten dienstbar zu machen. Hugenberg befand sich also durchaus im Einklang mit der nationalsozialistischen Autarkietheorie. Autarkie, so wie sie während des Dritten Reiches letztlich verstanden wurde, bedeutete ein Zweifaches: »Mit dem Übergang zu einer Wirtschaft, die sich möglichst weitgehend selbst versorgt«, vollzog sich »gleichzeitig [...] der Übergang zu einer [...] raumgebunde-

[72] Der Prozeß gegen die Hauptkriegsverbrecher vor dem Internationalen Militärgerichtshof, Bd 36, Dokument 126-EC, S. 135-157, hier S. 145.

[73] Brief Hugenbergs, 16.4.1933, an Hitler, BA, R 43 II/368a. An dem in Genf tagenden, die Weltwirtschaftskonferenz vorbereitenden Sachverständigenausschuß hatte der RLB bereits gerügt, daß er weiterhin von der Vorstellung der Restitution des Weltmarktes ausging: »Eines jedenfalls ist klar: wer die veröffentlichten weltwirtschaftlichen Gedankenreihen ausgiebig auf sich wirken läßt, wird in seinem nationalwirtschaftlichen Denken nur noch gefestigt. Der Traum einer von außen kommenden Rettung zerrinnt auch hier. Als kategorischer Imperativ bleibt die nationale Selbsthilfe«. Weltwirtschaft und Nationalwirtschaft, in: RLB, 13, 4.3.1933, S. 119-120, hier S. 120.

nen Volkswirtschaft!«[74] Einer der vehementesten Verfechter des Großraumgedankens innerhalb der NSDAP fand noch eine vorsichtige Formulierung, wenn er es als »eine Frage außenpolitischer Zweckmäßigkeit« bezeichnete,

> »wieweit ein Volk seine politischen Grenzen denen seines effektiven Herrschaftsbereichs – d.h. seines Raumes, den es sicher mit seinen See- und Landstreitkräften decken kann – annähert. Notwendig aber ist, daß sein Eigenwirtschaftsraum (Autarkie) d.h. alles, was es zur Aufrechterhaltung seiner wirtschafts- und staatspolitischen Existenz bedarf, innerhalb dieses seines Herrschaftsraumes liegt[75].«

Unmißverständlich gab sich da schon einer der später führenden Wehrwirtschaftsexperten, wenn er feststellte:

> »Wir haben es [...] von jeher für unabweisbar [...] gehalten, daß [...] der Schwerpunkt der Wirtschaft unseres Volkes stets in unserem eigenen Raume liegt, daß die Ernährung unseres Volkes innerhalb seiner Grenzen gesichert ist, und daß die notwendigen Nahungsmittel und Rohstoffe [...] in erster Linie dort gekauft werden, wo sie im Falle von Verwicklungen im Bereich der eigenen Waffen liegen[76].«

Die Nationalsozialisten redeten also keiner ökonomischen »Insularität« das Wort. Autarkie bedeutete planvolle, unter Sicherheitskriterien betriebene Außenwirtschaftspolitik. Einen derart ökonomisch motivierten Expansionsdrang als »imperiale Machtentfaltung« oder gar als »Streben nach Weltherrschaft« zu apostrophieren, wies die NSDAP entschieden zurück. Sie erblickte in der Autarkiepolitik lediglich das Ergebnis der, wie sie meinte, »richtigen Erkenntnis [...], daß die Schöpfung den Menschen den Selbsterhaltungstrieb in die Seele gelegt« habe. Die Ausrichtung der Außen- und Wirtschaftspolitik nach Osten provoziere nicht, wie es ein Mitglied des Reichswirtschaftsrates der Partei artikulierte, »Krieg um jeden Preis«. Sie konnte »auch auf durchaus friedlichem, diplomatischem Wege«[77] erfolgen.

Der Annahme, diese Autarkietheorie sei eine originär nationalsozialistische Schöpfung, liegt allerdings ein Trugschuß zugrunde. In Anbetracht zerrütteter außenökonomischer Verhältnisse, hauptsächlich zurückzuführen einmal auf global zunehmenden Protektionismus bei gleichzeitiger Schaffung geschlossener, in großem Umfang sich selbst genügender Wirtschaftsräume unter der Ägide dominanter Mächte (USA mit Mittel- und Südamerika, Großbritannien mit Kolonien, Japan mit der großasiatischen Wohlfahrtszone), zum anderen auf die Weltwirtschaftskrise, war auch in Deutschland eine langsame Abwendung vom liberalen, freihändlerischen Weltwirtschaftsprinzip erfolgt. Es wurde allenthalben ersetzt durch großraumwirtschaftliches hegemoniales Denken, das auf eine wirtschaftlich begründete politische Vormachtstellung Deutschlands primär in Mittel-, Ost- und Südosteuropa hinauslief[78].

---

74 Herbert von Obwurzer, Selbstversorgung (Autarkie) im Dritten Reich, Berlin 1933, S. 87.

75 W. Daitz, Außenhandel und Ostraumpolitik, in: Nationalsozialistischer Wirtschaftsdienst, 13, 27.5.1932, S. 2 f., zit. nach Teichert, Autarkie, S. 222.

76 Hunke, Die Lage, in: Die deutsche Volkswirtschaft, 3 (1934), S. 481-482, hier S. 482.

77 Alfred Pfaff, Der Wirtschaftsaufbau im Dritten Reich, München 1932, S. 10.

78 Vgl. Hans-Erich Volkmann, Das außenwirtschaftliche Programm der NSDAP 1930-1933, in: Archiv für Sozialgeschichte, 17 (1977), S. 251-274.

Diese wirtschaftspolitische Konzeption der Autarkie im Großwirtschaftsraum ist in Varianten (z.B. Mitteleuropa-, Paneuropaplan) seit Friedrich List und Friedrich Naumann immer wieder Gegenstand von Gedankenspielen agrarwirtschaftlicher Eliten gewesen. Im Zuge der weltweit sichtbar werdenden Folgen des New Yorker Börsenkraches gewann sie zunehmend Anhänger, die ihr zu immer schärferen Konturen verhalfen. So hatten nach dem Weltkrieg in den Reihen der Agrarverbände, insbesondere im RLB und in der DNVP engagierte Alldeutsche – beispielhaft Hugenberg –, bereits vor 1914 Interessen- und Einflußsphären nicht nur im Osten, sondern auch im Südosten Europas gefordert, »um der germanischen Rasse diejenigen Lebensbedingungen zu sichern, deren sie zur vollen Entwicklung ihrer Kräfte bedarf, selbst wenn darüber so minderwertige Völker wie die Tschechen, Slowenen und Slowaken ihr für die Zivilisation nutzloses Dasein einbüßen sollten«[79].

Der RLB plädierte schon Mitte der zwanziger Jahre für eine Autarkiepolitik als »planmäßige Ausnutzung des uns noch verbliebenen Bodens«. Autarkie konnte aber nicht Selbstgenügsamkeit sein: »Wirtschaftsautarkie ist eben die Verwirklichung der größtmöglichen Unabhängigkeit von ausländischen Wirtschaftsgebieten[80].« Die anzustrebende ernährungswirtschaftliche Unabhängigkeit, zumindest in wichtigen Bereichen, hatte eine unabdingbare Voraussetzung: Vorbereitung und Durchführung einer erfolgreichen Aufrüstung: »Die Wirtschaftsautarkie bedeutet: [...] Militärpolitisch: Die Sicherstellung der Ernährungsbasis im Kriege, bei Blockaden und bei Inmitleidenschaftziehung durch Differenzen anderer Länder. Weltwirtschaftspolitisch: Die Schaffung eine geeigneten Rüstung als Basis für Handelsvertragsverhandlungen[81].«

Dafür war wiederum conditio sine qua non, daß man durch innenpolitische Veränderungen in Richtung auf den autoritären, militärisch starken Staat veränderte außenpolitische und -wirtschaftliche Bedingungsfaktoren schuf. Derartige Absichten hatte der RLB zu erkennen gegeben, wenn er den »Grundsatz der autoritären von den Parteien nicht abhängigen Staatsführung« bejahte, um auf diese Weise eine »grundsätzliche Umstellung der deutschen Wirtschaftspolitik von der [...] Welthandelseinstellung zur Nationalwirtschaft«[82] zu erzielen. Vor allem der RLB votierte für eine planwirtschaftlich organisierte, grenzübergreifende Lebensmittelproduktion und -versorgung nach Maßgabe der in der Diskussion befindlichen Mitteleuropamodelle[83]. Er ließ nichts unversucht, der Regierung Papen eine binnenwirtschaftliche Orientierung im Sinne der Autarkie zu weisen, was in Anbetracht der Tatsache, daß Agrarminister v. Braun und Innenminister v. Gayl (beide DNVP) einer solchen Politik aufgeschlossen gegenüberstanden, nicht aussichtslos erschien. Denn nach

---

79 So der 1. Vorsitzende des Alldeutschen Verbandes, Claß, zit. nach Moersch, Kräfte (wie Anm. 47), S. 87.

80 RLB, 5 (1925), S. 965.

81 Neumann, »Autarkie«, in: Der Deutschen-Spiegel, 3 (1926), S. 413–415, hier S. 415.

82 Entschluß des Bundesvorstandes des RLB, 12.10.1932, in: RLB, 12 (1932), S. 465 f.

83 Boetticher, Das Problem der handelspolitischen Neuordnung Mitteleuropas, in: RLB, 10 (1930), S. 387 f.

einem internen Papier des Auswärtigen Amtes mußte es »gelingen, gleichzeitig agrarisch in der Richtung der Autarkie, industriell in der Richtung des Welthandels zu arbeiten«[84].

Auch in den agrarlobbyistischen Parteien gewann die Idee eines sogenannten deutschen wirtschaftlichen Ergänzungsraumes zunehmend Anhänger. Nachdem bereits Reichswirtschaftsminister Hermann Dietrich (Deutsche Staatspartei) eine Durchsetzung des Prinzips der Bilateralität und des devisenlosen komplementären Tauschverkehrs ab Mitte der dreißiger Jahre angekündigt hatte[85], schrieb sein Kabinettskollege Gottfried Reinhold Treviranus, Mitglied der Konservativen Volkspartei, in einer von der Studiengesellschaft für Mittel- und Südosteuropa herausgegebenen Schrift im Klartext das, was gemeint war: Deutsche Aufgabe sei es, Gestaltungsfaktor der europäischen Wirtschaft zu werden, und zwar nach Maßgabe der »Idee Mitteleuropa, die von unserem großen Friedrich List erstmals geäußert, später von Friedrich Naumann ausgearbeitet wurde«. Dieser Gedanke sei nun »zu Ende zu denken« und einer praktischen Lösung entgegenzuführen[86].

1932 fand eine Liaison zwischen agrarischen Organisationen und dem Mitteleuropäischen Wirtschaftstag (MWT) statt, der sich die Vertretung gemeinsamer deutsch-österreichischer industrieller Interessen in Südosteuropa zum Ziel gesetzt hatte. Mehr noch: Es ging letztendlich um die »Neuordnung der wirtschaftspolitischen Verhältnisse in Mitteleuropa unter Wahrung der deutschen Interessen« insgesamt[87]. In agrarischen Führungskreisen immer noch vorhandenes Mißtrauen gegenüber einer möglicherweise rohstoff- und exportorientierten sowie Mittel- und Südosteuropa einbeziehenden wirtschaftlichen Raumpolitik auszuräumen, erschien der spätere Präsident des MWT, Tilo v. Wilmowsky, die geeignete Persönlichkeit. Als Großgrundbesitzer und industrieller Spitzenfunktionär sollte es ihm gelingen, einen Ausgleich zwischen land- und industriewirtschaftlichen Interessen herbeizuführen. In den Jahren 1929/30 stieß er vor allen Dingen noch beim RLB auf Skepsis, der damals mit Autarkie noch keine einheitliche, zuweilen noch national-binnenwirtschaftliche, wenngleich territoriale Revision einschließende Vorstellung verband. Dies änderte sich erst nach der Nazifizierung des Präsidiums. Hingegen haben sich die Führung des Landwirtschaftsrates, der ritterliche Präsident der Deutschen Landwirtschaftsgesellschaft, Victor v. Websky, und der Hauptgeschäftsführer der Preußischen Hauptlandwirtschaftskammer, Theodor Graf Baudissin, gegenüber dem Gedanken der Errichtung eines mittel- und südosteuropäischen ökonomischen Hegemonialraumes als durchaus aufgeschlossen

---

84 Referentenentwurf, 10.6.1932, zit. nach Das Kabinett Papen, Boppard a.Rh. 1988, S. 72 f., Anm. 2. Das Manuskript wurde mir freundlicherweise vom Bearbeiter vor der Veröffentlichung zur Verfügung gestellt.

85 Vgl. dazu Teichert, Autarkie, S. 105.

86 Großraumwirtschaft, hrsg. von Wilhelm Gürge und Wilhelm Grotkopp, Berlin 1931, Geleitwort, S. 8.

87 Rundschreiben der deutschen Gruppe d. MWT, 31.3.1931, zit. nach Roswitha Berndt, Wirtschaftliche Mitteleuropapläne des deutschen Imperialismus (1926-1931), in: Wissenschaftliche Zeitschrift der Martin-Luther-Universität Halle-Wittenberg (= Gesellschafts- und Sprachwissenschaftliche Reihe, 14, 1965), S. 227-236, hier S. 233.

erwiesen[88]. Später wußte Wilmowskys enger Vertrauter, der Geschäftsführer des MWT, Max Hahn, den Agrariern zu versichern, daß »in einem Wirtschaftsraum, der außer Deutschland die gesamten mitteleuropäischen Länder von der Ostsee bis zum Schwarzen Meere umfassen würde«, nicht nur »eine landwirtschaftliche Selbstversorgung durchaus in den Bereich der Möglichkeit rückte«, wenn man eine entsprechende Arbeitsteilung und auf Ergänzung ausgerichtete Außenwirtschaftspolitik betrieb. Ein so umrissener Großwirtschaftsraum besaß auch noch einen anderen Vorteil, den die landwirtschaftlichen Standesrepräsentanten wohl zu schätzen wußten:

> »Nicht die 100 % Autarkie kann als Ziel einer wirtschaftlichen Raumbildung angestrebt werden, sondern die Vergrößerung des handelspolitischen Schwergewichtes bis zu dem Punkte, der es auch großen Weltwirtschaftsmächten als ein Wagnis erscheinen läßt, mit solchem Raum in einen Handelskrieg verwickelt zu werden.«

Dies konnte insbesondere für die Phase einer Aufrüstung von unverkennbarem Nutzen sein. Und darum ging es schließlich, wenn MWT und landwirtschaftliche Spitzenverbände politisch zusammenfanden: Es ging darum, »daß der nationale Drang des deutschen Volkes nach Freiheit und Unabhängigkeit in dem Streben nach wirtschaftlicher Selbstversorgung einen gewichtigen Helfer erlangen kann«[89].

Doch da sich die Präsidialkabinette von Brüning bis Schleicher als innenpolitisch zu labil, militärisch zu schwach erwiesen und ihre Mitglieder sich im nationalpolitischen Denken und Wollen auch nicht radikal genug gebärdeten, haben landwirtschaftliche Protagonisten eines großeuropäisch dimensionierten deutschen ökonomischen Hegemonialraums – vor allem der RLB – ihre Hoffnungen auch nicht auf sie, sondern auf eine Regierung Hitler – evtl. in Koalition mit der DNVP – gesetzt. Wenn gegen Ende der ersten Republik der im Präsidium stimmberechtigte Direktor des RLB, Heinrich v. Sybel, und einer der beiden Präsidenten der Organisation, Werner Willikens, das Parteibuch der NSDAP besaßen, dann nicht ausschließlich deshalb, weil man an der Spitze der RLB einer bereits weitgehend nazifizierten bäuerlichen Basis Rechnung tragen mußte. Diese personelle Konstellation war vielmehr auch der Ausdruck dafür, daß die standespolitisch maßgebende Institution das als Autarkie im Großwirtschaftsraum formulierte Heil für die deutsche Landwirtschaft letztlich von der Hitler-Partei erwartete, sich an ihr ausrichtete und ihre Machtübernahme mit lancierte. Einer nationalsozialistischen Regierung traute man die notwendige außenpolitische Energie zu, sowohl eine weitgehend weltmarktunabhängige europäische Binnenkonjunktur anzukurbeln, als vor allem auch die damit für die Landwirtschaft verbundenen Risiken auszuschalten. Denn die Erschließung und Beherrschung festländischer industrieller Rohstoff- und Absatzmärkte konnte dann nicht im Interesse der deutschen agrarischen Erzeuger liegen, wenn ihnen dergestalt in den landwirtschaftlichen Billig- und Überschußländern Ost- und Südosteuropas ernsthafte Konkurrenten erwuchsen. Ein großer, wie auch immer dimensionierter Binnenmarkt konnte nur für den Fall den ihm

[88] Tilo Frhr. v. Wilmowsky, Rückblickend möchte ich sagen ..., Oldenburg, Hamburg 1961, S. 189 f.

[89] Max Hahn, Autarkie oder Raumwirtschaft?, in: Volk und Reich, 8 (1932), S. 129–134, hier S. 133 f.

seitens der Landwirtschaftsverbände zugedachten Zweck erfüllen, daß es gelang, einen an deutschen Bedürfnissen bemessenen, von Deutschland programmierten und kontrollierten arbeitsteiligen Produktionsprozeß in Gang zu setzen, für ein geordnetes Preisgefüge zu sorgen und bilaterale Verrechnung bzw. Kompensation einzuführen[90]. In einem so funktionierenden mitteleuropäischen Wirtschaftsraum sah nicht nur der RLB, sondern beispielsweise auch der Deutsche Landwirtschaftsrat – Verband der agrarischen Veredelungswirtschaft – »die einzige Möglichkeit« deutscher landwirtschaftlicher Zukunftsgestaltung[91]. Postuliert wurde ein wirtschaftlicher Verbund von der Nord- und Ostsee bis zum Schwarzen Meer.

Auch unter dem nationalsozialistischen ideologischen Dach der Lebensraumtheorie und mit deren geopolitischer Ausweitung schienen solche Vorstellungen machbare Politik werden zu können. Als sich ein unverkennbarer Trend zum Nationalsozialismus abzeichnete, den konservative Machteliten ab 1930 bewußt beschleunigten, haben antiliberale publizistische, wirtschaftswissenschaftliche und industriewirtschaftliche Kreise den erfolgreichen Versuch gestartet, den vagen nationalsozialistischen Wirtschaftsaussagen im Sinne von Autarkie und Großraumwirtschaft ein konkretes Programm zu unterlegen. Es wurde von der NSDAP adaptiert, weil es auf ökonomischem Wege ihren rassen- und machtpolitischen Ambitionen entgegenkam. Die besagte wirtschaftspolitische Konzeption ist von Repräsentanten der Agrareliten, die in die Partei eintraten und in ihr dann gestaltend mitarbeiteten, mit entworfen worden, um als nationalsozialistische wirtschaftspolitische Alternative zu Freihandels- und liberaler Weltwirtschaftslehre dann ab 1933/34 verbindliche Richtlinienfunktion zu erlangen. Diese Agrarexponenten waren es, die Elemente bäuerlicher politischer Vorstellungswelt mit nationalsozialistischer Ideologie verschmolzen, dann wieder solches Gedankengut dem Bauerntum vermittelten[92]. In den etablierten Weimarer Parteien ungenügend repräsentiert, aus Abneigung gegenüber der Republik politisch weitgehend abstinent, sollte das in einem autoritären Staat nationalsozialistischer Prägung für viele Exponenten der Landwirtschaft anders werden. Innerhalb »der größten aller deutschen Bauernbewegungen, die getragen wird von Adolf Hitlers Nationalsozialistischer Deutscher Arbeiter-Partei«, mußte der Bauer »an dem politischen Werden und Gestalten der ganzen Nation« teilnehmen[93].

Daß die bekannten nationalsozialistischen agrarpolitischen Vordenker und Programmatiker fast ausnahmslos den landwirtschaftlichen Eliten entstammten, läßt sich beispielhaft an der Person des Diplomlandwirts Heinrich Himmler zeigen, der sich weniger als Theoretiker, sondern während des Krieges im Osten als

[90] Boetticher, Problem handelspolitischer Neuordnung, in: RLB, 10 (1930), S. 387 f.

[91] Jahresbericht von 1930, in: Archiv des Deutschen Landwirtschaftsrates, 49 (1931), S. 262.

[92] Vgl. z.B. Hermann Schneider [M.d.R., Rittergutspächter], Unser täglich Brot. Lebensfragen der deutschen Landwirtschaft (= NS-Bibliothek, 19), 2. Aufl., München 1931; Johann Dorner [Landwirt], Bauernstand und Nationalsozialismus (= NS-Bibliothek, 15), 3. Aufl., München 1931.

[93] Karl Poppe [landwirtschaftlicher Gaufachberater Weser-Ems der NSDAP, stellvertretender Präsident der Landwirtschaftskammer Oldenburg], in seinem Geleitwort zu Walther v. Schwichow [promovierter Dipl.-Landwirt, Landwirtschaftlicher Berater der NSDAP], Der Bauer von Morgen. Gedenken über die deutsche Landwirtschaft im dritten Reich, Bremen 1932.

Pragmatiker einer rassisch orientierten Siedlungs- und Agrarpolitik verstand. Dabei ist hervorzuheben, daß seine entsprechende Überzeugung tief im überkommenen großbäuerlich-konservativen, rassisch-expansiven Denken wurzelte, die im Dritten Reich dann nur noch ihre extreme Zuspitzung erfuhr. Himmler zählte nämlich zu der der bündischen Jugend zuzurechnenden, dem völkischen Großgrundbesitz und dem ländlichen Unternehmertum nahestehenden Artamanen-Bewegung, deren Mitglieder 1927 bereits zu 80 Prozent der NSDAP angehört haben sollen. Einer der tonangebenden Persönlichkeiten dieser Organisation hatte bereits 1923 das formuliert, was sich im Grundsatz wenige Jahre später in Hitlers »Mein Kampf« wiederfinden ließ:

> »Haben wir [...] durch Hochzucht und Aufbau wieder Kern und Achse gewonnen, dann wollen wir wieder ein Erobervolk sein [...]. Land wollen wir haben! Unser Vaterland muß größer sein! Auf daß die deutsche Jugend wieder das alte Lied deutscher Auswanderer singe: ›Nach Ostland wollen wir reiten‹[94].«

Als Reichskommissar für die Festigung deutschen Volkstums war Himmler einer der Hauptverantwortlichen für die Durchführung dessen, was im Grundsatz bereits in den »Schriften zur Förderung der inneren Kolonisation« der Deutschen Landbuchhandlung während des Weltkrieges gefordert worden war, nämlich die Schaffung eines deutschen Bevölkerungsgürtels gegenüber den Polen, und zwar jenseits der alten deutschen Grenzen: die unmittelbar nach dem Einmarsch in Polen erfolgte Ansiedlung – hauptsächlich von Deutsch-Balten – im sogenannten Reichsgau Wartheland. Im Rückgriff auf alte und bekannte Vorstellungen sollte dieser Gau einen nicht zu durchbrechenden volkstumspolitischen Damm gegenüber dem Polentum darstellen, gleichzeitig aber auch die neue Kornkammer des Reiches bilden[95]. Wie hatte man von agrarischer Seite doch eines der Ziele des Ersten Weltkrieges beschrieben? »Ein breiterer Streifen Landes an unserer Ostgrenze, der eine dichte deutsche Bevölkerung erhielte, müßte politisch die Folge haben, die Polen des ›preußischen Anteils‹ von der großen Masse des Polentums [...] dauernd zu trennen«. Auf diese Weise hoffte man, Deutschlands Handel und Gewerbe sowie landwirtschaftliche Erzeugung in einer Weise zu steigern, die ausreichte, um »die neugewonnene Weltmachtstellung Deutschlands *dauernd* zu sichern. [...] Der unerträgliche Druck, der auf dem ganzen Lande infolge Fehlens von Grund und Boden für das wachsende deutsche Volk herrscht, [...] wird aufgehoben oder stark gemildert.« Eine solche Lösung des Raumproblems bot den Vorteil, daß auf traditionellem Reichsboden keine sozialen und wirtschaftlichen Eingriffe nötig wurden. »Die herrschende Grundbesitzverteilung innerhalb der jetzigen Grenzen des Reiches und besonders Preußens braucht in dem Falle des Vorhandenseins anderweitigen Siedlungslandes keiner grundsätzlichen Veränderung unterzogen zu werden[96].« In Kreisen der konservativen Agrareliten quittierte

---

94 Bruno Tanzmann, Die Sendung der deutschen Jugend, in: Deutsche Bauernhochschule, 3 (1923), zit. nach Friedrich Grundmann, Agrarpolitik im Dritten Reich, Hamburg 1979, S. 22.

95 Vgl. dazu Hans-Erich Volkmann, Zur Ansiedlung der Deutsch-Balten im »Warthegau«, in: Zeitschrift für Ostforschung, 38 (1981), S. 527–558.

96 Keup [Vorstandsmitglied d. GFK], Die Notwendigkeit der Gewinnung neuen Siedlungslandes, in: Bauernland im Osten, Berlin 1915, S. 10–19, hier S. 14 f.

man das kombinierte revisionistisch-expansive Vorgehen gegenüber Polen mit Genugtuung.

> »Erst 20 Jahre [...] nach der Wiedererstarkung des Reiches war die Grundlage zu einer Wiedergewinnung des Verlorenen und einer Neuregelung der Grenzverhältnisse im Osten geschaffen [...]. Die Südgrenze Ostpreußens ist [...] bis zur Narwa/Weichsellinie vorgeschoben. Die Ostgrenze deutschen Reichsgebietes [...] schiebt sich [...] über die Warthe vor [...]. In einem engen Zusammengehen von Kriegsführung und Politik, wie es nur selten erfolgen kann, sind die neuen Grenzen in Osten geschaffen [...]. Das Gebiet des Generalgouvernements [...] kann als Vorfeld vor den Grenzen des deutschen Reichsgebietes angesehen werden.«

Mit dem territorialen Zuwachs und der sogleich in Angriff genommenen volkstumspolitischen Umgestaltung durfte es aber nicht sein Bewenden haben. Bedeutsamer war, daß »diese Neuregelung Vorbedingung und Gewähr für eine allgemeine politische Neuordnung und Stabilisierung im europäischen Osten ist«[97]. Wie anders, als durch militärische Mittel sollte dies erreicht werden?

Erste expansionistisch-autarkistische Denkansätze lassen sich bei Werner Willikens finden, von Profession Landwirt, Angehöriger des RLB, NSDAP-Mitglied seit 1925, zunächst Ortsgruppen- und Bezirksleiter, ab 1928 Mitglied des Reichstages, dann Copräsident des RLB, 1930 im Braunen Haus in München, schließlich 1933 Staatssekretär im Preußischen, später im Reichsministerium für Ernährung und Landwirtschaft. Der RLB hatte ihn Hitler als preußischen Landwirtschaftsminister mit der Begründung vorgeschlagen, daß er die Persönlichkeit sei, welche die »für die Lösung der schwerwiegenden landwirtschaftlichen Fragen gebotene Zusammenarbeit mit den entsprechenden Reichsressorts in der für den Erfolg unserer gemeinsamen Bemühungen nötigen Weise gewährleistet«[98]. Wie es dem Selbstverständnis vieler – vor allem ostdeutscher – landwirtschaftlicher Großeigner entsprach, definierte Willikens deren Aufgabe als eine zweifache: 1. »In Hinsicht auf die Gestellung der Wehrkraft« und 2. dahingehend, »die Ernährung des Volkes aus eigener Scholle« sicherzustellen. Pflicht des Staates sei es hingegen, »den Grund und Boden, der nötig ist, um genügend Bauernfamilien ansiedeln und genug Lebensmittel produzieren zu können«, aufzubringen[99]. Das im Frühjahr 1930 erschienene erste Agrarprogramm der NSDAP, das deutlich Willikens' Handschrift trug, wies bereits autarkistische Züge auf, ohne allerdings die Frage der Großraumwirtschaft, damals noch nicht parteiintern ausdiskutiert, anzuschneiden. Nach einer nationalsozialistischen Regierungsübernahme mußte es vordringliche außenpolitische Aufgabe sein, »Ernährungs- und Siedlungsraum im großen für das wachsende deutsche Volk zu schaffen«[100]. Der Begriff der Autarkie besaß in der nationalsozialistischen wirtschaftspolitischen Diskussion schon immer eine mili-

---

97 Bericht Nr. 3 der Landesstelle Ostpreußen für Nachkriegsgeschichte über »Die Frage der Grenzsicherung des preußischen Staates im Osten« (1940), Verfaßt von v. Gayl, BA, Nachlaß v. Gayl, Nr. 15.

98 Schreiben Graf Kalckreuths, 24.4.1933, an Hitler, BA, NL-Hugenberg, Nr. 37.

99 Werner Willikens, Nationalsozialismus und Landvolk, in: Nationalsozialistisches Jahrbuch 1929, S. 192-199, hier S. 193.

100 Parteiamtliche Kundgebung über die Stellung der NSDAP zum Landvolk, München, März 1930, in: Schneider, Unser täglich Brot (wie Anm. 92), S. 26-32, hier S. 30.

tant-aggressive Dimension, wurde aber agrarpolitisch zunächst mehr in den unmittelbaren Zusammenhang zur Ostpolitik gebracht. So stellte 1931 der Landwirt Dorner in einer Flugschrift der NSDAP fest, »Welthandel, Weltwirtschaft [...] führen zur Schwächung der Nationalwirtschaft«, weshalb die ökonomische Zukunft Deutschlands nicht in Übersee liegen könne. Vielmehr sei »die Stärkung der Binnenwirtschaft, neben neuer Raumerfassung«, die Vorbedingung »zur Erneuerung der Volkskraft«[101].

Richard Walther Darré, der sich Hitler Mitte 1930 andiente und den »Agrarpolitischen Apparat« im Braunen Haus aufbaute, dachte in den gleichen Kategorien. Für ihn, den diplomierten Kolonial- und Landwirt mit Berufserfahrung im deutschen Osten und im Baltikum, hatte sich die überseeische Kolonialfrage historisch überlebt. Bauern- und Agrarpolitik mußten stets sowohl unter ökonomischen als auch rassischen Kriterien betrachtet werden: »Nur von einem wirtschaftlichen Standpunkt aus, dem der Gedanke von Blut und Boden gleichgültig ist und der sich nur für Rohstofferzeugung interessiert, können Kolonien zur Hauptsache werden«. Für ihn war

> »das Ostproblem in seinem ganzen Umfange [...] die Schicksalsfrage der Zukunft für unser Volk [...]; im Osten schicken sich zwei ganz große Völker an, einen Kampf auf Leben und Tod um den geopolitischen Ostraum auszufechten: Slawen und Germanen [...]. Auf diesen Kampf hin muß unser Volk geschult werden [...]. Der Gedanke von Blut und Boden bedingt den Gedanken von Pflug und Schwert[102].«

Die zeitweilige Verengung des Terminus Autarkie, »für uns: Sicherung der Ernährungsgrundlage des deutschen Volkes aus dem eigenen *geschlossenen* Siedlungsgebiete«, war nur aus propagandistischen Erwägungen heraus erfolgt, »damit das Verständnis für die Bedeutung des agrarischen Ostens sich in der Öffentlichkeit möglichst schnell durchsetzt«[103]. Es kam in erster Linie darauf an, das maßgebende, ostraum- und siedlungspolitisch fixierte Ständeorgan, den RLB, für den Nationalsozialismus zu gewinnen, ohne die bäuerliche Gefolgschaft durch die komplizierte und facettenreiche Großraumproblematik zu verunsichern. Dem Interessierten stand ab 1931/32 ohnehin eine Vielzahl von Publikationen zu dieser Thematik zur Verfügung, wobei die Spitzenfunktionäre der NSDAP eindeutige Stellungnahmen noch vermieden. Immerhin hieß es bei Darré: »Die Ernährung aus seiner Scholle ist Voraussetzung für jeden selbständig sein wollenden Staat[104].« Territoriale Grenzen waren hier nicht abgesteckt. Es ergaben »sich sozusagen von selbst gewisse Gesetze für den Aufbau« des »inneren Marktes«. Ein dieser Art gefestigtes Staatswesen erlag in der Folge nämlich einem gleichsam, wie es hieß, natürlichen Expansionsdrang, denn »auch sein Verhältnis zum Raume [...] folgt

[101] Dorner, Bauernstand (wie Anm. 92), S. 30.

[102] Entwurf, 15.8.1930, zu einem Plan für das Arbeitsgebiet einer agrarpolitischen Abteilung bei der NSDAP, zit. nach Gies, Darré, S. 41.

[103] Weisung an die Redner der Abteilung Ostland im Agrarpolitischen Apparat, zit. nach Edgar v. Schmidt-Pauli, Die Männer um Hitler, Berlin 1932, S. 151.

[104] Entwurf, 15.8.1930, BA, NL Darré II/46.

dann gewissen Gesetzen, woraus sich wiederum seine Außenpolitik folgerichtig ableiten« ließ[105].

Daß auch für ihn der Weg aus der Wirtschaftskrise in die Autarkie im Großraum führen mußte, und daß eine solche Richtung erfolgreich nur eingeschlagen werden konnte, wenn man über ein imponierendes militärisches Instrument verfügte, hatte *Darré* Anfang 1933 Reichskanzler v. Schleicher in wenig verklausulierten Sätzen wissen lassen: Deutschlands wirtschaftliches Desaster beruhe auf zweierlei: zum einen auf der Vernichtung seiner Streitmacht, zum anderen darauf, daß »die nach dem Weltkriege in allen Ländern einsetzenden Bestrebungen, in sich selbst ruhende Wirtschaftsräume herzustellen, [...] der deutschen Ware den Absatzmarkt genommen« hätten[106].

Zudem pflegte Darré, wie auch Himmler, intensive Kontakte zu dem führenden Mitglied des »Tat«-Kreises Friedrich Zimmermann – Pseudonym Ferdinand Fried –, dessen zahlreiche Veröffentlichungen über Autarkie im mitteleuropäischen Großwirtschaftsraum unter führenden Nationalsozialisten von Hand zu Hand gingen. Sein entsprechend ausgerichtetes Buch »Das Ende des Kapitalismus« soll nach Aussage von Otto Strasser »die Wirtschaftsauffassung der NSDAP mehr als irgendein anderes Buch beeinflußt« haben. Es »sei von allen Gauleitern und auch von Hitler selbst gelesen und erörtert worden«[107]. Bei Zimmermann verband sich die Idee des mitteleuropäischen Wirtschaftsraumes nicht nur mit ökonomischen Überlegungen, sondern auch mit hegemonialen europäischen Neuordnungsvorstellungen, wie sie die Nationalsozialisten dann später zu realisieren suchten. Vorsichtig umschrieben liest sich das bei Darré 1934 dann so: »Autarkie [...] bedeutet [...], daß sich ein Staat zunächst einmal auf seine natürlichen Lebensgrundlagen stellt und darüber hinaus den Versuch macht, auf dieser Grundlage mit den übrigen Staaten in ein neues, festes und natürliches Austauschverhältnis zu treten[108].« Die nationalsozialistische Großraumpolitik zielte in einem ersten Schritt auf einen möglichst hohen Grad der Selbstversorgung hin, die ein genügend großes Maß an außen- und wehrpolitischem Handlungsspielraum zur endgültigen Etablierung des hegemonialen Autarkieraumes garantieren sollte. Diese Bedeutung der Aufrüstung machte Darré schon kurz nach seiner Amtseinsetzung als Reichsminister für Ernährung und Landwirtschaft deutlich: Selbstversorgung sei nicht gleichbedeutend mit Selbstgenügsamkeit. Vielmehr bedürfe es der Erweiterung der Ernährungsbasis über die nationalen Grenzen hinaus, und zwar durch die Errichtung eines mehrnationalen Systems des Austausches von Agrarprodukten gegen Industriegüter: »Verläßt ein Volk diese natürliche Ernährungsgrundlage, so kann es seine Freiheit nur noch wahren durch Sicherung der außerhalb seiner Staatsgrenzen verlagerten Ernährungsgrundlage mit allen ihm zur Verfügung stehenden

105 Zur Wiedergeburt des Bauerntums, 1.7.1931, in: Richard Walther Darré, Um Blut und Boden. Reden und Aufsätze, München 1940, S. 66.

106 Brief Darrés, Januar 1933, an v. Schleicher, BA, R 43 II/192.

107 Zit. nach A. Barkai, Das Wirtschaftssystem des Nationalsozialismus 1933–1936, Köln 1977, S. 57.

108 Völkischer Beobachter, 7.12.1934, zit. nach Bernhard Braun, Die Autarkiebestrebungen Deutschlands, Diss., Nürnberg 1939, S. 10.

machtpolitischen Mitteln«, insbesondere aber durch »die machtpolitische Sicherung der Verkehrswege, um seine Waren auch sicher an die Absatzmärkte heranführen [...] und die benötigten Lebensmittel ebenso sicher einführen zu« können[109].

Eine derartige machtpolitische Umgestaltung konnte dann nicht auf Ost- und Südosteuropa beschränkt bleiben; man durfte »dazu nicht einseitig den Blick nach Osten richten. Im Westen wirkt jedenfalls der geringere ›natürliche‹ Gegendruck. Welch schönes Ackerland liegt auch dort im Westen; nach unseren Begriffen von Kultur und Arbeit nicht halb genutzt«, schrieb 1931 Darrés Stellvertreter im »Agrarpolitischen Apparat«, im gleichen Jahr noch einer der Präsidenten des RLB[110].

Der Landwirt Willikens hatte hier originäres agrarelitäres Gedankengut der Weltkriegszeit politisch weiterentwickelt. In der bereits erwähnten Schrift der Deutschen Landbuchhandlung aus dem Jahre 1915 hatte man sich schon mit der Inbesitznahme und Kolonisation europäischer Westgebiete befaßt: Überall schalle aus den Schützengräben Frankreichs und Belgiens eine Forderung der Besatzungstruppen: »Das Land, das von uns mit so viel Blut gedüngt ist, muß unser werden, auch in dem Sinne, daß Tausende von Kriegern auf ihm eine neue Heimat finden.« Der deutsche Sieg, so hieß es in der Broschüre, erlaube »den Ausblick auf eine weitere Hinausschiebung unserer Grenze in bisher außerdeutsche industriereiche Gebiete des Westens und an die Handelsstraßen des Weltmeeres«[111].

Wie ungebrochen die konzeptionelle Kontinuität von Friedrich List über Friedrich Naumann hin zur nationalsozialistischen Großraumidee im Grundtenor erhalten blieb, verdeutlicht ein weiterer Rückblick auf das Jahr 1915. In dem genannten Traktat wird die natürlich deutsch dominierte Bundesgenossenschaft mit Österreich gefordert und als selbstverständliche Frucht eines Sieges bezeichnet,

> »die notwendig zu einem engeren wirtschaftlichen Zusammenschluß führt, der neu erschlossene Orient, eine sich verjüngende Türkei bieten weite wirtschaftliche Aussichten für uns. Alles dies, die neuen westlichen Gebiete, der wirtschaftliche Zusammenschluß mit Oesterreich-Ungarn, die Aussichten im Orient, bedeuten also für Deutschland eine starke Steigerung der Möglichkeit industrieller und Handelsentwicklung[112].«

Nach dem Anschluß der Alpenrepublik im Jahre 1938 fiel die Bewertung dieses Ereignisses ähnlich aus.

Zur Riege der frühen Agrarexperten der NSDAP zählte eine Persönlichkeit, die im Verlauf des Zweiten Weltkrieges von Darré die Amtsgeschäfte als Reichsminister für Ernährung und Landwirtschaft und als Reichsbauernführer übernahm, Herbert Backe. Er stieß etwa gleichzeitig mit Darré zum Nationalsozialismus und schuf mit diesem zusammen den Agrarpolitischen Apparat der Partei. Backe hatte ein landwirtschaftliches Studium absolviert, war als Hochschulassistent wissen-

---

109 R. Walther Darré, Das Ziel, in: Deutsche Agrarpolitik, hrsg. von Hermann Reischle, Berlin 1934, S. 7-12, hier S. 11 f.

110 Werner Willikens, Nationalsozialistische Agrarpolitik, München 1931, S. 46.

111 Keup, Die Notwendigkeit der Gewinnung neuen Siedlungslandes, in: Bauernland im Osten, Berlin 1915, S. 10-19, hier S. 11 f.

112 Ebd., S. 12 f.

schaftlich, als Domänenpächter praktisch landwirtschaftlich tätig gewesen. Er hatte sich darüber hinaus als Vorsitzender des Kreises Alfeld/Leine innerhalb des RLB standespolitisch engagiert. Das nationalsozialistische Agrarprogramm ist von ihm entscheidend mitgestaltet worden. Sein fundamentales Buch »Um die Nahrungsfreiheit Europas. Weltwirtschaft oder Großraum« erschien zwar erst 1942, basierte allerdings auf wissenschaftlichen Studien, die er als Mitarbeiter des Wirtschaftsgeographen Erich Obst in Hannover bereits zwischen 1924 und 1927 konzipiert hatte. Wenngleich das Manuskript bis zum Erscheinen überarbeitet und kriegsbedingten Konstellationen Rechnung tragend, erweitert und aktualisiert wurde, so dürfte doch der Versuch, die Idee eines europäischen Großnahrungsraumes wissenschaftlich zu begründen, auf die Weimarer Zeit zurückgehen. Wie sein Lehrer Obst[113], hatte sich auch Backe recht früh an Hand älterer raumwirtschaftlicher Konzeptionen mit dem Gedanken einer ernährungswirtschaftlichen Arbeitsteilung in Europa beschäftigt. Zweifelsfrei griff er dabei auf Agrartheoretiker zurück, die aus dem 19. Jahrhundert heraus ihren Einfluß bis in die Weimarer Republik hinein geltend zu machen wußten. Zu verweisen ist u.a. auf Gustav Ruhland (Volks- u. Landwirt 1860-1914) und Heinrich v. Thünen (Volkswirt u. Gutbesitzer 1783-1805). Wenn beide auch noch keine raumwirtschaftlichen Vorstellungen im Sinne der späteren nationalsozialistischen Autarkietheorie entwickelten, so galten sie doch als entsprechende Vordenker. Das NS-Regime feierte den ersteren als Gegner der freien Marktwirtschaft: »Sein ernährungswirtschaftl[iches] Ziel war, die Brotversorgung des deutschen Volkes unabhängig vom Weltmarkt durch inländ[ische] Erzeugung zu sichern[114].« Auf letzteren hat Backe sich ausdrücklich als geistigen Ziehvater berufen, wenn er 1942 feststellte, während des Krieges sei

> »eine Verlagerung in der Versorgung mit Nahrungsmitteln und Rohstoffen erfolgt [...] zugunsten der kontinentalen Großräume. Die Zunahme der Weltbevölkerung, die weitgehende Industrialisierung bisheriger Agrarausfuhrländer, ließen in den letzten Jahrzehnten neue Riesenmärkte entstehen, neue ›Thünensche Städte‹, um die sich ein entsprechendes Ringsystem legte. Wurden bisher alle Kontinente mit dem Mittelpunkt Westeuropas umfaßt, so zeigt sich nunmehr eine ›Verwerfung‹ in der Richtung großraumwirtschaftlicher Neubildung[115].«

Backe macht einmal mehr deutlich, in welch hohem Maße die NSDAP agrarprogrammatisches Gedankengut bei konservativen Agrareliten entlehnte. Einige ihrer Exponenten haben dieses der Partei nachgerade angetragen.

---

113 Vgl. dessen Schrift über Die Großraumidee in der Vergangenheit und als tragender politischer Gedanke unserer Zeit, Breslau 1941.

114 Der Neue Brockhaus, Bd 3, Leipzig 1941, S. 775.

115 Zit. nach Heinz Haushofer, Ideengeschichte der Agrarwirtschaft und Agrarpolitik im deutschen Sprachgebiet, Bd 2, München 1958, S. 317.

Agrareliten und Kriegsvorbereitungen

Eine solche vom nationalsozialistischen Regime später im Rahmen seiner europäischen Autarkiebestrebungen verfolgte Politik ist also aus den Reihen der Agrareliten vor- und mitformuliert und schließlich mitgetragen worden. In diesem Zusammenhang ist u.a. daran zu erinnern, daß Direktor Heinrich Sybel dem RLB nicht oktroyiert wurde, sondern als dessen langjähriges Mitglied schließlich politisch zur NSDAP konvertierte; daß der geschäftsführende Präsident Eberhard Graf Kalckreuth bei der Reichspräsidentenwahl namens seiner Institution für den Kandidaten Hitler votierte; daß der deutschnationale Führer des »Pommerschen Landbundes«, der spätere Staatssekretär der Koalitionsregierung Hitler-Papen-Hugenberg im Ernährungsministerium, Hans-Joachim Rohr-Demmin, die Wahl des Nationalsozialisten Willikens in das Präsidium des RLB als die »geplante engere Verbindung zur NSDAP« ausdrücklich gut hieß[116].

Agrarische Eliten, hier verkörpert durch den RLB, haben die Selbstgleichschaltung betrieben. Dies noch zu Zeiten der Koalitionsregierung, und damit noch nicht aus einer politischen Not, die aus nachhaltiger Pression erwachsen war, wenngleich nach der Märzwahl 1933, die zugunsten der NSDAP herrschaftsstabilisierend wirkte. Hitler erhielt von zahlreichen Agrarrepräsentanten Huldigungsadressen; so sprach das Plenum des Landwirtschaftsrats dem Reichskanzler und seiner Regierung einstimmig das Vertrauen aus. Immerhin ist diese Wahl vom RLB als »Durchbruch des Nationalsozialismus zur Nation schlechthin« bezeichnet worden[117]. Sein erweiterter Vorstand war der Auffassung, es komme nicht darauf an, wie die Bauernschaft künftig organisiert werde. Wichtiger sei »die Aufrechterhaltung der im Kampfe um das neue Deutschland zwischen den aktivistischen Kämpfergruppen in Führung und Gefolgschaft entstandenen und bewährten Sinnesgemeinschaft«[118]. Das Prinzip Führung und Gefolgschaft wurde akzeptiert. Als im Frühjahr 1933 der Vorsitzende der christlichen Bauernvereine unter fadenscheinigen Gründen verhaftet wurde, betrieb der RLB erfolgreich die Fusion mit dessen Vereinigung.

Dafür und für die rasche sogenannte Gleichschaltung bzw. Auflösung hatten diese Organisationen selbst bereits bestimmte Prädispositionen getroffen: »Der politische Sieg des Nationalsozialismus bedeutet zugleich die große Stunde der Bauernvereinsbewegung«, stand Mitte 1933 im Organ des Dachverbandes zu lesen[119]. Politische Naivität in Verkennung des Wesens der neuen Machthaber oder Ausdruck gleichgerichteter Zielprojektion? Zumindest haben kritische Zeitgenossen das Letztere befürchtet:

---

[116] Pommersche Landpost, 16.1.1932, zit. nach Klaus-Dieter Hoeft, Die Agrarpolitik des deutschen Faschismus als Mittel zur Vorbereitung des Zweiten Weltkrieges, in: ZfG, 7 (1959), S. 1205-1230, hier S. 1216.

[117] Grüne Wochenschau des RLB, 29.4.1933, BA, NL Wegener, Nr. 35.

[118] Ebd., 22.4.1933.

[119] Obermeyer, Bauernvereinsbewegung und Nationalsozialismus, in: Der Bauernstand 1933, S. 201-205, hier S. 203, zit. nach Klaus Müller, Agrarische Interessenverbände in der Weimarer Republik, in: Rheinische Vierteljahrsblätter, 38 (1974), S. 386-405, hier S. 404.

»Die derzeitigen Erscheinungen in der Vereinigung der christlichen Bauernvereine, die ihr Christentum schon schnell an den Reichslandbund, der von der christlichen Ideenwelt absieht und einen reinen Kampfbund darstellt, verraten hat, lassen im Zusammenhang mit den Erfahrungen, die uns die letzten Wochen gegeben haben, befürchten, daß weiteste Kreise der noch kirchentreuen Bevölkerung auf die Dauer sich nicht nur äußerlich der nationalsozialistischen Bewegung anschließen, sondern in ihrem weltanschaulichen Denken von ihr infiziert werden[120].«

Graf Kalckreuth war es auch, der wenig später die Initiative ergriff, um den Zusammenschluß der Bauernverbände unter die nationalsozialistische »Reichsführergemeinschaft des Deutschen Bauernstandes« (Schirmherr Hitler) zu erreichen. In der die Neuordnung des bäuerlichen Berufsstandes vorbereitenden, unter Vorsitz von Darré stehenden »Reichsführergemeinschaft« waren denn auch ausschließlich Exponenten der Agrareliten, auch Nichtnationalsozialisten, vertreten, u.a. der spätere bayerische CSU-Landwirtschaftsminister Alois Hundhammer. Der dann gegründete »Reichsnährstand« inkorporierte die RLB-Organisation mit fünf anderen Agrarverbänden und den Landhandelsorganisationen als sein tragendes administratives Gerüst. Damit »honorierte Darré die pronationalsozialistische Haltung, die die Funktionäre des Reichs-Landbundes seit 1930 unter Beweis gestellt hatten«, auch wenn Kalckreuth seinen Präsidentenstuhl vorher hatte verlassen müssen[121]. In ihrer korporativen Substanz nahezu unangetastet und in ihrer Rechtsnatur bestehen blieb die Mehrzahl der Verbände mit technischer und züchterischer Aufgabe – Beweis für die zwischen ihnen und den Nationalsozialisten bestehende Vertrauensbasis. Gleichwohl verfiel eine große Zahl agrarischer Interessenvertretungen der Auflösung. Übrigens hatte der deutschnationale Staatssekretär Rohr-Demmin bereits ein Modell des späteren rüstungs- und kriegswirtschaftlich orientierten »Reichsnährstandes« entwickelt, das Darré dann plagiativ aufgriff. Schon Ende der Weimarer Republik war eine Landwirtschaftspolitik »unter Einwirkung des Staates« in Form eine »möglichst unmittelbare[n] Verbindung der Erzeugerorganisationen mit geeigneten Organisationen des Verbrauches«, eine »Zusammenarbeit zwischen Staat und landwirtschaftlicher Selbstverwaltung« gefordert worden, wie sie im »Reichsnährstand« realisierbar schien[122]. Die Institution wurde als Selbstverwaltungskörperschaft öffentlichen Rechts installiert, innerhalb derer es einen großen Spielraum zur Wahrnehmung bäuerlicher Interessen gab. Vom Reichsbauernführer über den Reichsobermann zu den Landes- bis hin zur den Ortsbauernführer handelte es sich um ehrenamtliche Standesvertreter, wenngleich sie der Partei angehörten. Zwar wurde der Reichsbauernführer vom Reichskanzler ernannt, doch die übrigen Funktionäre setzte der Bauernrepräsentant Darré in seiner Doppelfunktion auch als Ressortminister ein. Der »Reichsnährstand« rekru-

---

[120] Brief des katholischen Theologen und Publizisten Konrad Algermissen, 31.3.1933, an Adolf Kardinal Bertram, zit. nach Hans Müller, Katholische Kirche und Nationalsozialismus, München 1963, S. 84 f.

[121] Hans Bürger, Die landwirtschaftliche Interessenvertretung in der Zeit von 1933 bis zur Gegenwart, Diss., Erlangen 1966, S. 38 ff., hier S. 50.

[122] Hans Schlange-Schöningen, Acker und Arbeit, Oldenburg i.O. 1932, S. 59 f.

tierte seine Beamten selbst, erließ Gesetze und konnte als Standes- und Schiedsgericht fungieren, dessen Urteile nur das Reichsgericht abzuheben vermochte.

Die einzig verbindliche Vorgabe für den »Reichsnährstand« war seine funktionale Ausrichtung auf die Land- und ernährungswirtschaftliche Kriegsvorbereitung, eine Aufgabenstellung, die er bis 1939 in weitgehender Selbstverantwortung wahrnahm. »Da wir von Anfang an unsere ganze Ernährungswirtschaft darauf abgestellt haben, in einer kriegerischen Auseinandersetzung das deutsche Volk im wesentlichen aus der deutschen Scholle zu ernähren, sind alle Maßnahmen seit 1934 praktisch als Maßnahmen für den totalen Krieg anzusehen[123].« Vertreter deutscher Agrareliten haben bewußt in diesem Sinne gewirkt und Verantwortung übernommen.

Ende 1935 wurden auch die Agrarwissenschaftler durch Zusammenschluß im »Forschungsdienst« in den kriegsökonomischen Vorbereitungsprozeß integriert, um sie auf natur-, wirtschafts-, organisationswissenschaftlicher wie propagandistischer Ebene in die »Erzeugungsschlacht« zu führen. Das Gros hat sich diesem Einsatz nicht entzogen, durch die staatlicherseits verordnete Aufgabenstellung auch nicht entziehen könne, obwohl es sich bei der Einrichtung nur um eine lose Arbeitsgemeinschaft mit Koordinationsfunktion unter der wissenschaftlichen Leitung von Konrad Meyer, seit 1934 ordentlicher Professor für Agrarwissenschaften zunächst in Jena, dann in Berlin, als Obmann handelte. Beim Staatssekretär im Reichsministerium für Ernährung und Landwirtschaft hoch aufgehangen und gewissermaßen mit einem publizistischen Monopol versehen, kam am »Forschungsdienst« niemand vorbei, der sich berufliche Chancen ausrechnen wollte. Ständevertreter und Agrarwissenschaftler waren durch die »Gleichschaltung« der Selbstverwaltungsorgane und wissenschaftlichen Gremien wie Institute vielfältig an den Kriegspräparationen beteiligt, mußten oder wollten durch übertragene und übernommene Forschungsarbeiten an ihnen partizipieren. Wo die Grenzen zwischen Auftrag und Freiwilligkeit verlief, ist bei den an Institutionen gebundenen Publikationen kaum noch rekonstruierbar. Doch muß ein Unterschied gemacht werden zwischen denen, die still ihrer Forschung unter dem Aspekt der Verbesserung der deutschen Ernährungsgrundlage nachgingen und nachgehen mußten und jenen, die sich durch entsprechende Veröffentlichungen ohne Zwang in den Dienst nationalsozialistischer Kriegsvorbereitungen und -propaganda stellten bzw. sich ideologisch prostituierten. Gelegenheit hierzu bot sich u.a. in der bis dato allein agrarischen Sachfragen gewidmeten »Deutschen Landwirtschaftlichen Rundschau«, nun in »Der Forschungsdienst« umbenannt. Zwar bildeten nach wie vor agrar- bzw. naturwissenschaftliche Themen den Hauptinhalt, doch bot die Zeitschrift nun auch für politische Beiträge Raum. Es waren vor allem junge Agrarwissenschaftler, die hier gegenüber dem NS-Regime ihren weltanschaulichen Obolus entrichteten, ob aus Überzeugung oder in karrieristischer Absicht, mag dahingestellt bleiben. Vor allem antisemitische Äußerungen waren es, zu denen im Dritten

---

[123] Erklärung von Staatsekretär Backe, 6.2.1943, zit. nach Wilhelm Herferth, Der faschistische »Reichsnährstand« und die Stellung seiner Funktionäre im Bonner Staat, in: ZfG, 10 (1962), S. 1046–1076, hier S. 1054.

Reich niemand verpflichtet wurde, durch die sich hoffnungsfrohe Agrarwissenschaftler aber zu profilieren suchten. So hob denn ein Berliner Universitätsdozent beim Bauerntag 1936 als besonders bedeutungsvoll hervor, daß man sich in Goslar zur »Abwehr des jüdischen Bolschewismus [...] verschworen« hätte, eine Aufgabe, die »für die deutsche Wissenschaft *verpflichtendes* Gebot« sei. »Der Forschungsdienst gehört zum Bauernstoßtrupp *Adolf Hitlers*. Die deutschen Professoren der Landwirtschaft sind heute froh und dankbar, daß sie ihren Dienst in Reih und Glied mit den Bauern und Landwirten tun als Schützen und – wenn sie gut schießen – als Scharfschützen der Bewegung[124].« Agrarhistoriker, wie der spätere Ordinarius und Rektor der Landwirtschaftlichen Hochschule/Universität Hohenheim, Günther Franz, machten da keine Ausnahme. Franz zählt zu jenen Kollegen, die historische Begebenheiten im Sinne nationalsozialistischer Erziehungsfragen gegenwartsbezogen doktrinär interpretierten; so, wie er über den Bauernkrieg schrieb: »Die Zinsknechtschaft der Juden und der großen Handelsgesellschaften sollte gebrochen werden[125].« Auf diese Weise half er wie andere mit, unter den agrarischen Eliten einen antisemitischen Gewöhnungseffekt zu erzielen, der den späteren Rassenkrieg gegen die Sowjetunion zu führen erleichterte, der ja durch die Gleichsetzung von Weltjudentum und weltrevolutionärem, abendländische Kultur und Ordnung bedrohendem Bolschewismus seine ideologische und moralische Legitimation erfahren sollte.

Agrarwissenschaftler stellten sich in großer Zahl noch in zweifach anderer Hinsicht in den Dienst nationalsozialistischer Kriegsvorbereitungen: zum einen durch sogenannte wehrwirtschaftliche Forschungen und Studien, zum anderen durch publizistische Aktivitäten. War doch die agrarökonomische Ausrichtung auf den Krieg mit Einschnitten in das versorgungswirtschaftliche Netz, d.h. mit Opfer- und Verzichtsbereitschaft verbunden, auf die man Produzenten und Verbraucher einstimmen mußte. Dies um so mehr, als sich die Hungerkatastrophe als das am tiefsten ins allgemeine Bewußtsein gedrungene nichtmilitärische Ereignis des Ersten Weltkriegs erwiesen hatte.

Nach Gründung des »Reichsnährstandes« formulierte ein Wehrmachtoffizier, worum es ging: »Mußte auch vielfach das wehrwirtschaftliche Handeln vorausgehen, so bedarf es doch in zunehmendem Maße der Unterstützung seitens der Wissenschaft. Begriffe wollen geformt, eine neue Lehre will gestaltet sein. Ihre Gründe und Grenzen müssen dem deutschen Volk insgesamt erläutert werden[126].«

Mit nicht hinterfragter Selbstverständlichkeit bezogen deutsche Agrarwissenschaftler einen militärischen Konflikt als unausweichlich in ihrer Arbeitsthemen mit ein, und dies bereits vor der öffentlich proklamierten Wehrwirtschaft und vor der Gründung des »Reichsnährstandes«. Beispielhaft sei auf die Anfang 1933 abgehaltene agrarpolitische und -wissenschaftliche Tagung der Friedrich List-

124 Max Schönberg, Reichsbauerntag, Vierjahresplan und Wissenschaft, in: Der Forschungsdienst, Bd 3 (1937), S. 61-69, hier S. 62.

125 G. Franz, Der deutsche Bauernkrieg, Teil 1, in: Der Forschungsdienst, 1 (1936), S. 22-25, hier S. 24.

126 Warlimont, Volk und Wehrwirtschaft, in: Volk und Wehrkraft. Jahrbuch der Deutschen Gesellschaft für Wehrpolitik und Wehrwissenschaften 1936, S. 26-40, hier S. 35 f.

Gesellschaft abgehoben, die, schon seit 1931 vorbereitet, noch nicht unter nationalsozialistischem Einfluß stand. Hier, im Kreise der Creme der deutschen Agrarwissenschaft, hielt ein pensionierter General ein erläuterndes Referat zu seinem bereits vorher eingereichten Gutachten über »Wirtschaftstruktur und Landesverteidigung«. Der militär-politische Programmpunkt fügte sich wie selbstverständlich in das Gesamtkonzept der Veranstaltung ein und wurde augenscheinlich von niemandem als deplaciert empfunden. Unwidersprochen wurde im Sinne der Landesverteidigung ein geschlossener Agrarmarkt planwirtschaftlicher Grundstruktur gefordert:

> »Zum mindesten ist eine Erweiterung des nationalen Wirtschaftsraums durch wirtschaftlichen Zusammenschluß mit Ländern notwendig, die den Export aufnehmen und den Importbedarf befriedigen können. Wirkliche Sicherheit wäre aber nur dann gegeben, wenn diese Einfuhr auch für den Kriegsfall aufrechterhalten werden kann[127].«

Auf dem Kongreß wurde eine Außenhandelspolitik befürwortet, die u.a. »die nationale Wehrfähigkeit stärken«, ferner »schwache Grenzen [...] (Besiedelung des Ostens zur Bildung eines völkischen Schutzwalles gegen das vordringende Slawentum)« befestigen und die auf eine »Unterstützung der großen Politik auf die Richtung der Warenbewegung hinzuwirken suchen (Südosteuropapolitik Deutschlands, Empirepolitik Englands)« sollte[128].

Fixpunkt aller wehrwirtschaftlich bestimmten, einen militärischen Konflikt einschließenden agrarökonomischen Versorgungskonzeptionen war das ernährungswirtschaftliche Desaster während des Ersten Weltkrieges. Die Verarbeitung der Weltkriegserfahrung geschah in Ansätzen schon in der Weimarer Republik, wobei der liberaldemokratische Agrarwissenschaftler Aereboe eine Außenseiterposition einnahm. Er gewann in Anbetracht der unzureichenden landwirtschaftlichen Basis des Reiches die Überzeugung, Deutschland müsse sich zukünftig ähnlichen militärischen Verwicklungen entziehen[129]. Sein Kollege Skalweit gelangte hingegen zu einer modifizierten Schlußfolgerung: Um ein ähnliches ernährungswirtschaftliches Defizit auszuschalten, war ein Krieg so zu führen, daß er »rasch eine militärische Entscheidung erzwang. Diesem Kriegsziel mußte alles übrige untergeordnet werden[130].«

Die nationalsozialistische Führung hat sich seine These zu eigen gemacht, indem sie den Primat der Rüstung im wirtschaftlichen Geschehen postulierte und die Blitzkriegskonzeption favorisierte und umsetzte, der zufolge in zeitlich, territorial und materiell begrenzten Feldzügen die ökonomische Basis zwecks vermehrter

---

127 Wolfgang Muff, Wirtschaftstruktur und Landesverteidigung, in: Deutsche Agrarpolitik im Rahmen der inneren und äußeren Wirtschaftspolitik, T. 4, Gutachten, Oeynhausen 1933, Nr. II, S. 9.

128 Hermann Bente, Zur Problematik eines Systems der deutschen Außenhandelspolitik, ebd., Nr. XVII, S. 2.

129 Friedrich Aereboe, Der Einfluß des Krieges auf die landwirtschaftliche Produktion in Deutschland, Stuttgart 1927, hier vor allem S. 205.

130 August Skalweit, Deutsche Kriegsernährungswirtschaft, Stuttgart 1922, S. 5, zit. nach Martin Kutz, Kriegserfahrung und Kriegsvorbereitung. Die agrarwirtschaftliche Vorbereitung des Zweiten Weltkrieges in Deutschland vor dem Hintergrund der Weltkrieg I-Erfahrung, in: Zeitschrift für Agrargeschichte und Agrarsoziologie, 32 (1984), S. 59–82, hier S. 73.

Rüstungsanstrengungen und der politische Machtbereich partiell erweitert werden sollten.

Die Flut der Literatur über die Ernährungswirtschaft 1914-1918 erklärt sich aus der in konservativen Köpfen festsitzenden – irrigen – Überzeugung, der Weltkrieg sei an der Heimat-, insbesondere an der Ernährungsfront verloren worden und könne in einem besser vorbereiteten Waffengang nachträglich noch einmal gewonnen werden: »Der Ernährungskrieg hat 1914-1918 das operative Handeln zunehmend beeinflußt und schließlich die Entscheidung gebracht[131].« Rückblick auf den Weltkrieg hieß u.a. auch, Perspektiven und Einsichten gewinnen für diesen gewünschten und offenkundig bevorstehenden nächsten militärischen Konflikt, und dieser Aufgabe verschrieben sich in staatlichen auftragsgebundenen Forschungsinstitutionen tätige Agrarwissenschaftler ebenso wie an den Hochschulen in eigener Verantwortlichkeit Forschende und Lehrende[132]. Ernährungswirtschaft wurde nun als »Wehrproblem« begriffen[133]. An den Universitäten wurden zahlreiche Dissertationen in Auftrag gegeben, die sich Spezialproblemen, so z.B. der Arbeitskräftefrage, im Weltkrieg zuwandten und zukunftsorientierte Rückschlüsse zulassen sollten. Fazit: »Der ›zivile und militärische Dualismus‹ scheint [...] das Grundübel der ländlichen Arbeiterfrage gewesen zu sein[134].« Von besonderem Interesse erwiesen sich Studien über Möglichkeiten und Grad der Selbstversorgung (Nationalwirtschaft) vor dem Hintergrund rüstungs- und kriegswirtschaftlich benötigter Blockadefreiheit[135]. Der 1933 zum ordentlichen Professor in Halle berufene Emil Woermann (landwirtschaftliche Betriebslehre) machte sich in diesem Sinne öffentlich Gedanken über die »Nationale Bedarfsdeckung in der Ernährungswirtschaft«[136] ganz allgemein, und der Berliner Hochschullehrer August Müller (Genossenschaftswesen) ließ unter dem Korreferat des Agrarökonomen Constantin v. Dietze – seit 1930 NSDAP-Mitglied, SA-Führer, leitender Funktionär der Deutschen Arbeitsfront – eine Fallstudie über »Deutschlands Brotgetreideversorgung im Blockadefall« anfertigen, die konkrete gesetzgeberische und ordnungspolitisch-organisatorische Anleitungen zum vorsorglichen Handeln parat hielt[137]. Die Beispiele lassen sich vielfach ergänzen!

---

131 Walter Hahn, Gemeinschaftsarbeit der Ernährungswirtschaftlichen Forschungsstelle Berlin, Der Ernährungskrieg. Grundsätzliches und Geschichtliches, Hamburg 1939, S. 67.

132 Vgl. dazu u.a. Dr. F[lorian] Lorz [Stabsleiter im Stabsamt des Reichsbauernführers], Kriegsernährungswirtschaft und Nahrungsmittelversorgung vom Weltkrieg bis heute, Hannover 1938.

133 Walther v. Schwichow (vgl. Anm. 93), Die Ernährungswirtschaft als Wehrproblem, in: Deutsche Wehr, 39 (1935), S. 257-260.

134 Hans Fuhrmann, Die Versorgung der deutschen Landwirtschaft mit Arbeitskräften im Weltkriege, Diss., Würzburg 1937, S. 85.

135 Beispielhaft Diplomlandwirt Dr. Hans von der Decken [Institut für Konjunkturforschung, Berlin], Deutschlands Versorgung mit landwirtschaftlichen Erzeugnissen unter besonderer Berücksichtigung der Auslandsabhängigkeit, Berlin 1935; derselbe, Entwicklung der Selbstversorgung Deutschlands mit landwirtschaftlichen Erzeugnissen, Berlin 1938.

136 Goslar 1937.

137 Peter von Wriechen, Deutschlands Brotgetreideversorgung im Blockadefall, Diss., Berlin 1937. C. v. Dietze, wie eigentlich alle Agrarwissenschaftler kein überzeugter Marktwirtschaftler, brachte der nationalorientierten Agrarpolitik des NS-Regimes durchaus Sympathien entgegen. Gleichwohl zählte er als einer der wenigen seiner Zunft politisch nicht zu den NSDAP-Anhängern. Zwar

Erich Ludendorffs 1935 erschienener Schrift »Der totale Krieg« eingedenk, kreisten alle kriegsernährungswirtschaftlichen Gedanken um den voraussehbaren Tatbestand, daß »ein Zukunftskrieg [...] sich nicht mehr allein an den Fronten abspielen » werde. Dies war eine konkrete Lehre aus dem Weltkrieg und aus der technologischen Entwicklung. »Der totale Krieg erfordert auch eine totale Mobilisation aller Kräfte des ganzen Landes[138].« Da war es nur einsichtig, den Primat des Militärischen bereits für die Friedenswirtschaft zu fordern. Und so begrüßte der Obmann des »Forschungsdienstes«, Konrad Meyer, ausdrücklich die 1938 erfolgte Gründung des fachübergreifenden »Reichsforschungsrates« unter Leitung des ordentlichen Professors an der Technischen Hochschule in Berlin und aktiven Generals der Artillerie, Dr. Karl Becker, 1938-1940 Chef des Heereswaffenamtes[139].

Den Vierjahresplan, der rüstungswirtschaftliche Konzentration und Tempobeschleunigung bedeutete und selbst den letzten politisch halbwegs sensiblen deutschen Intellektuellen die Realität konkreter Kriegsvorbereitungen deutlich werden ließ, haben auch die Agrarkundler in seiner wahren Intention erkannt. Einflußreiche Standesgenossen akzeptierten und propagierten das durch ihn avisierte, auf Krieg ausgerichtete ernährungswirtschaftliche und -politische Ziel: intensivierte Produktion, Vorratsbildung[140].

Im Jahre 1938 ging man in der volks- und agrarwirtschaftlichen Literatur bereits vom Begriff Wehr- zum Terminus Kriegswirtschaft über. Der Frage der Versorgung im Konfliktfall galt die zukunftsorientierte Aufmerksamkeit. Die Ergebnisse von fünf Jahren NS-Agrarpolitik resümierte Landesbauernführer Dr. Richard Wagner befriedigt: »So wenig vorbereitet wie das Jahr 1914 wird uns ein neuer Ernstfall nicht mehr finden[141].« Wie wenig man unter diesem Ernstfall einen Angriff von außen verstand, beweist die allgemeine Begeisterung der Agrarwissenschaftler über die Angliederung Österreichs und die Eingliederung der Sudetengebiete. Erfreut war man nicht nur aus ökonomischer Sicht über die Schaffung eines nationalen agrarischen Großraumes[142], sondern auch über die veränderte politische Konstellation: »Ein Volk – ein Reich – ein Führer! ist die große Gewißheit dieser für alle Zeiten denkwürdigen Tage politischer Wende«, schrieb Konrad Meyer im Frühjahr 1938.

stammt eine der ersten Darstellungen nationalsozialistischer agrarpolitischer Maßnahmen und Leistungen aus seiner Feder, doch ließ sie jegliches ideologisches Beiwerk vermissen. Gemeint ist sein Aufsatz Agrarpolitik im Deutschen Reich Anfang 1933 bis Mitte 1934, in: Jahrbücher für Nationalökonomie und Statistik, Bd 140 (1934), S. 427-459.

138 Kommentar, in: Der Forschungsdienst, Bd 3 (1937), 6, Schrifttums-Nachweis B 2, S. 129.

139 Konrad Meyer, Drei Jahre Forschungsdienst, in: Forschung für Volk und Nahrungsfreiheit, Berlin 1938, S. 1-8, hier S. 8.

140 Vgl. Schönberg, Reichsbauerntag (wie Anm. 124), S. 64.

141 Richard Wagner, Die Ernährungssicherung im Kriege, in: Wissen und Wehr, 19 (1938), S. 708-719, hier S. 719.

142 Hans von der Decken, Der Nahrungsraum Großdeutschlands. Die neue Ernährungslage nach Eingliederung der deutschen Gebiete in der Tschechoslowakei, in: Die Ernährung, Bd 3, 1938, S. 309-316.

»Freudig bewegt grüßen wir unsere Freunde in Deutsch-Österreich [...]. Dankerfüllten Herzens und geleitet von dem stolzen Bewußtsein, an dem einzigartigen Werk unseres Führers mitarbeiten zu dürfen, wollen wir einmütig zusammenstehen in der uns alle verpflichtenden Aufgabe: Es geht um unser deutsches Bauerntum, um unser Volk, um unser großes Deutsches Reich[143]!«

Daß die Annexion der sogenannten »Resttschechei« wie die Besetzung des Memellandes in agrarelitären Kreisen applaudierend zu Kenntnis genommen wurde, erscheint nach dem bisher Gesagten als selbstverständlich, wobei bemerkt werden muß, daß sich die Agrareliten diesbezüglich wie auch bei Österreich in gesinnungsmäßiger Harmonie mit dem größte Teil der deutschen Bevölkerung befanden. Unter wirtschaftlichen Gesichtspunkten wurde befriedigt festgestellt, daß das Protektorat nun das sudetendeutsche Zuschußgebiet ernährungsmäßig mitversorgen und daß das Memelgebiet Deutschlands angespannte landwirtschaftliche Mangellage entscheidend verbessern könne[144].

Die vielseits gehegten Wunschvorstellungen von einer Einbeziehung Südosteuropas in einen deutschen ökonomischen Hegemonialraum schienen aufgrund der politisch-militärischen Konstellation des Jahres 1938 der Realisierung näher gerückt zu sein. Der uns bereits bekannte Repräsentant des Mitteleuropäischen Wirtschaftstages, Frhr. v. Wilmowsky, gab sich besonders zuversichtlich. Seit der Erweiterung des reichsdeutschen Territoriums um die »Ostmark« und insbesondere nach dem Münchner Abkommen war »eine politische Entwicklung vor sich gegangen, die die besten Grundlagen für die Weiterentwicklung der Wirtschaftsbeziehungen zum Südosten geschaffen« hatte. Die alte nationalsozialistische Forderung, »über die Handelsverträge bis zum Wirtschaftsbündnis zu schreiten«, erwies sich aufgrund des militärischen Druckes, den man auszuüben vermochte, als umsetzbar[145]. In diesem Kontext müssen auch die Bemühungen verstanden werden, möglichst wissenschaftlich abgesicherte Erkenntnisse darüber zu gewinnen, was man von den einzelnen Staaten Südosteuropas agrarwirtschaftlich zu erwarten hatte. Fast alle renommierten Wirtschaftsforschungsinstitutionen beschäftigten sich mit dieser Problematik, und auch an den Universitäten wurden entsprechende Dissertationen vergeben, so von Konrad Meyer z.B. über »Die Landwirtschaft Ungarns und ihre Bedeutung für die Deckung des zusätzlichen Bedarfs Deutschlands an landwirtschaftlichen Erzeugnissen[146].«

»Mit der Nahrungsfreiheit soll nicht eine rein autarke Wirtschaft angestrebt werden, sondern es soll einmal der deutschen Landwirtschaft die volle Abnahme ihrer Erzeugnisse gesichert werden, soweit sie diese im Rahmen des für die deutsche Wirtschaft Wünschenswerten hervorbringt, zum anderen wird erstrebt, die schwachen Stellen un-

---

143 Vorspann zu: Der Forschungsdienst, Bd 5 (1938), 7.

144 Vgl. Hans von der Decken, Hans-Jürgen Metzdorf, Die ernährungswirtschaftliche Bedeutung des Protektorats Böhmen und Mähren und des Memellandes, Leipzig 1939.

145 Vortrag von Frhr. v. Wilmowsky über: Entstehung, Entwicklung und Arbeit des Mitteleuropäischen Wirtschaftstages, November 1938, zit. nach Griff nach Südosteuropa. Neue Dokumente über die Politik des deutschen Imperialismus und Militarismus gegenüber Südosteuropa im zweiten Weltkrieg, Berlin (Ost) 1973, S. 26.

146 Diss. von Otto-Hermann Gaebel, Berlin 1936.

serer landwirtschaftlichen Erzeugung zu stärken und zur Mitversorgung Länder heranzuziehen, die in jedem Falle eine Versorgung gewährleisten können[147].«

Als Ungarn dies nicht mehr tat, wurde es 1944 okkupiert[148].

Nach dem Einmarsch in die Tschechoslowakei erschien vielen Agrarexponenten der Überfall auf Polen nur als konsequenter Schritt, und dies nicht nur wegen langgehegter Revisionswünsche. Bei der Zerschlagung Polens mußte es sich erwartungsgemäß um mehr handeln, als um die Annullierung des Versailler Friedensvertrages und eine nach Osten vorzuverlegende Grenze. Die Kriegserklärungen Großbritanniens und Frankreichs boten geradezu die Chance, die Verhältnisse auf dem Kontinent grundlegend zugunsten Deutschlands zu verändern. Es mußte in dem als aufgezwungen deklarierten »Kampf um die Aufrichtung einer neuen Ordnung in Europa« gehen und »um eine politische, wirtschaftliche und soziale Umwälzung von einzigartigem, historischem Ausmaß«[149]. In bekannten Forschungseinrichtungen wurden entsprechende Vorarbeiten geleistet. So hatte man im Institut für Konjunkturforschung bereits vor dem Krieg statistisches Material über die ernährungswirtschaftliche Versorgung in den einzelnen europäischen Staaten mit eindeutiger Zwecksetzung zusammengetragen: »Jede Großraumbildung und vor allem der Übergang von der freien zur staatlich gelenkten Wirtschaft hat eine gründliche zahlenmäßige Kenntnis alle Wirtschaftszweige zur Voraussetzung.« Im Frühjahr 1943 von ausgewiesenen Agrarwissenschaftlern publiziert, sollte das Zahlenmaterial dazu dienen, die von Berlin aus betriebene sogenannte »europäische Neuordnung voranzutreiben«[150].

Daß sie gelingen werde, daran kam aufgrund der geleisteten Kriegsvorbereitungen, an denen ja die Landwirtschaft nicht unbeteiligt war, kein Zweifel auf, zumal auch Technik und Wissenschaft, nicht zuletzt die agrarische, das ihre dazu beigetragen zu haben vermeinten: »Ist es Aufgabe der Geisteswissenschaft, die moralische und willensmäßige Seite unseres Existenzkampfes abzuschirmen und zu stärken, so ist es die Aufgabe aller naturwissenschaftlich-technischen Wissenschaftssparten, die vielseitigen Waffen, die der totale Krieg im militärischen wie im innerwirtschaftlichen Bereich erfordert, schmieden zu helfen.« Dies schien gelungen zu sein. »Die deutsche Wehrmacht ist nicht zuletzt deswegen die beste der Welt und unbesiegbar, weil sie neben ihrer sonstigen, vor allem charakterlichen Qualität mit den Waffen der besten Wissenschaft und Technik der Welt ausgestattet ist[151]!«

Daß die Wehrmacht auch zur territorialen Ausdehnung und Sicherung einer bereits handelspolitisch erweiterten ökonomischen Basis zum Einsatz gelangen werde, daran bestand seit 1933 kein Zweifel mehr:

---

147 Ebd., S. 2.

148 Vgl. Michael Riemenschneider, Die deutsche Wirtschaftspolitik gegenüber Ungarn 1933-1944. Ein Beitrag zur Interdependenz von Wirtschaft und Politik unter dem Nationalsozialismus, Diss., Mainz 1984, Frankfurt a.M. 1987.

149 Konrad Meyer, Unsere Aufgabe, in: Der Forschungsdienst, Bd 8 (1939), S. 463-467, hier S. 463.

150 So Prof. Ernst Wagemann (Direktor des Deutschen Instituts für Wirtschaftsforschung) in seinem Vorwort zu Hans von der Decken; Hans-Jürgen Metzdorf, Europas Ernährungswirtschaft, Hamburg 1943.

151 Meyer, Unsere Aufgabe (wie Anm. 149), S. 464.

»Sind [...] die Voraussetzungen für ausreichende Wirtschaftsfunktion geschaffen, so tritt an die Wehrmacht die Aufgabe heran, diese Wirtschaft ein möglichst ungestörtes Arbeiten zu ermöglichen. Für die zu diesem Zweck zu ergreifenden Maßnahmen ist [...] der verfügbare Raum maßgebende Grundlage und unabänderliche Voraussetzung. Aufgabe der Wehrmacht ist es, die Wirtschaft zu schützen, indem der Raum geschützt wird. Dies ist die *defensive* Mindestforderung. Weitergehende *offensive* Absichten sind Sache der militärischen Kraftreserve.«

Waren diese geschaffen und vorhanden, erschien es notwendig, »gestützt auf unsere militärische und wirtschaftliche Machtposition, die einen Angriff immerhin zu einer Sache mit verschiedenen Möglichkeiten stempelt, unsere *volle Freiheit* zu erlangen, auf *gut* oder *bös*. Denn es gibt keinen Weg, ein Volk zu knechten, das sich über seine Kraft klar geworden ist[152].«

Fritz Fischer schreibt am Ende seines anregend-eleganten Essays zur Kontinuität der Machtstrukturen 1871 bis 1945, »das ›Dritte Reich‹ und somit der Zweite Weltkrieg wären nicht möglich gewesen ohne das Bündnis zwischen dem [...] ›Führer‹ [...] und den traditionellen agrarischen und industriellen Machteliten, die zugleich in der Wehrmacht und in der Diplomatie dominierten«[153]. Was die agrarische Führungsschicht anbetrifft, so läßt sich diese These weitgehend stützen. Nicht nur, daß sie und bäuerliches Fußvolk letztlich massenweise der Faszination des Nationalsozialismus erlagen und Hitler halfen, an die Macht zu kommen; mittels des NS-Regimes ließen sich macht- und wirtschaftspolitische Ziele verfolgen, die man bereits vor 1914 fixiert, im Weltkrieg vergeblich angesteuert hatte, von denen man aber gerade wegen des vermeintlich innerer Schwäche zuzuschreibenden militärischen Zusammenbruchs nicht lassen wollte. Ein starkes Deutschland, wie es von der NSDAP gefordert und versprochen wurde, sollte einen neuen Anlauf nehmen in Richtung auf das erträumte Ostimperium und die europäische Hegemonie. Die Idee der Autarkie im Großwirtschaftsraum gab diesem Bestreben eine neue, spezifisch nationalsozialistische Qualität, die aber letztlich dem Gedankengut der Agrar- und anderer Wirtschaftseliten entstammte, an die NSDAP herangetragen und von dieser adaptiert worden war. Im nationalsozialistischen Sinne waren die Agrareliten zu einem Gutteil motiviert nicht zuletzt durch die verinnerlichte, den Keim des Expansionismus in sich tragende Blut- und Boden-Ideologie, die ihnen zumindest propagandistisch die ihr Selbstwertgefühl stärkende Rolle des Blutsträgers der Nation zuwies.

»Blut und Boden sind [...] eine staatsbildende und staatserhaltende Kraft erster Ordnung. Dies stets erkannt zu haben, ist das besondere Verdienst der nationalsozialistischen Bewegung, diese Erkenntnis war zugleich das geistige Band, das Reichs-Landbund und Nationalsozialismus innerlich stets verbunden hat[154].«

Aus der Tatsache, daß Darré letztlich als Reichsbauernführer, als Reichsminister und Preußischer Minister für Ernährung und Landwirtschaft fungierte, kann gefolgert werden, daß die Landwirtschaft der einzige Sektor im Dritten Reich gewe-

152 Hans Steinberger, Wirtschaft, Raum und Wehrmacht, in: Deutsche Wehr, 6 (1933), S. 484 f., hier S. 485.

153 Fritz Fischer, Bündnis der Eliten, Düsseldorf 1979, S. 93.

154 Grüne Wochenschau des RLB, 22.4.1933, BA, NL Wegener Nr. 35.

sen ist, in dem standespolitisches Interesse, parteiideologischer und staatspolitischer Wille durch eine Person zum Ausdruck gebracht wurden, ohne daß es bis zum Jahre 1941, soweit es den außenpolitischen Bereich betrifft, zu Zielkonflikten zwischen der Bauernschaft und ihrem Standes-, Partei- und Staatsrepräsentanten an der agrarpolitischen Spitze gekommen wäre.

Landwirtschaft und Ernährung in Hitlers Europa 1939-1945[1]

Lehren aus dem Ersten Weltkrieg

Zwei Leistungen des NS-Regimes haben sich tief in das zeitgenössische Gedächtnis eingegraben: Zum einen die – vermeintlich – rasche Beseitigung der Arbeitslosigkeit und damit im Zusammenhang der Bau der Autobahnen sowie zum anderen die im großen und ganzen gelungene Ernährungssicherung während des Zweiten Weltkrieges. Diesem Komplex widmeten führende Nationalsozialisten neben der militärischen Kriegführung und Rüstung ihre besondere Aufmerksamkeit. Traumatisch auf die schlechte agrarwirtschaftliche Versorgung während des Ersten Weltkrieges fixiert, hegten die nationalsozialistischen Machthaber, an ihrer Spitze Hitler selbst, eine nie überwundene Furcht vor einer Heimatfront aus unzufriedener Bevölkerung, die nicht nur die Kriegsmoral schwächen, sondern insgesamt systemgefährdend wirken könnte. Nach Auffassung des Staatssekretärs im Reichsministerium für Ernährung und Landwirtschaft, Backe, wurde »der Weltkrieg 1914/18 [...] nicht an der Front verloren, sondern in der Heimat, weil die Ernährungswirtschaft [...] versagte«[2].

Von Anbeginn seiner Herrschaft an auf Krieg programmiert, versuchte das NS-Regime, Lehren aus den negativen Erfahrungen des ersten großen Krieges zu ziehen. Wenn es auch unbestritten ist, daß die zum Teil katastrophale Ernährungslage in Deutschland ab 1915 mit zum moralischen und auch politischen Zusammenbruch des Kaiserreiches beigetragen hat, so ist die deutsche Niederlage im Jahre 1918 doch eine militärische gewesen, nicht zuletzt aus soldatischer und ökonomischer Selbstüberschätzung resultierend, was allerdings die deutsche Rechte der Weimarer Zeit, inklusive Nationalsozialisten, nicht wahrhaben wollte. Sie suchte diese Tatsache mit dem Slogan »im Felde unbesiegt« zu verschleiern, und die nationalsozialistische Propaganda suggerierte dies dann auch dem deutschen Volk: »Im Weltkrieg waren unsere Waffen unbesiegt, aber der Hunger ließ das

---

1 Erweiterte Fassung einer auf dem 8. Internationalen Kongreß für Wirtschaftsgeschichte 1982 in Budapest vorgelegten und diskutierten Studie. Die Anmerkungen berücksichtigen – mit wenigen Ausnahmen – nur die Literatur, die zitiert wurde. Ansonsten sei verwiesen auf H.-E. Volkmann, Wirtschaft im Dritten Reich. Eine Bibliographie, T. 1: 1933-1939, München 1980; ders., ebd., T. 2: 1939-1945, Koblenz 1984.

2 H. Backe, Um die Nahrungsfreiheit Europas. Weltwirtschaft oder Großraum, Leipzig 1942, S. 10.

Volk schwach werden[3].« Aus dieser Fehlbeurteilung heraus erschien den Nationalsozialisten der Ausgang des Krieges in einem erneuten Waffengang unter veränderten, besseren Prämissen revidierbar: »Unsere Aufgabe ist es«, so äußerte sich Hitler, »den 1918 abgebrochenen Krieg unter günstigeren Bedingungen zum siegreichen Ende zu führen[4].« Er hat seit 1933 das ihm notwendig und möglich Erscheinende getan, um den als Mittel der Politik – in welche Form auch immer – kalkulierten Krieg nicht nur im rein militärischen, sondern auch im psychologischen und wirtschaftlichen Sinne, insbesondere im Bereich der agrarischen Versorgung, vorzubereiten. Wirtschaftliche Faktoren durften unter keinen Umständen die politische und militärische Handlungsfähigkeit einschränken. Es zählte zu den Leitsätzen nationalsozialistischer Expansionspolitik, »daß die außenpolitische Entschlußfreiheit nicht durch Sorgen um die Sicherung der primitivsten Lebensbedürfnisse des Volkes, hier also der Volksernährung, gehemmt werden durfte«[5]. Doch nicht nur den Durchhaltewillen der Heimat galt es für den Kriegsfall zu stärken, sondern auch den Kampfeswillen der Soldaten. So schrieb ein führender Agrarpolitiker des Dritten Reiches: »Es ist tausendfach erbrachte Erfahrungstatsache, daß die Ausstattung einer Wehrmacht mit Nahrungsmitteln an Wichtigkeit in nichts der Ausstattung mit Munition nachsteht und der Hunger der Truppe eines der wirksamsten Hemmnisse ist, die sich die Erringung des Sieges in den Weg zu stellen vermögen[6].« Aus nationalsozialistischer Sicht war der Erste Weltkrieg »für das deutsche Volk ein harter Lehrmeister«, und man verwies stolz darauf, daß »die nationalsozialistische Agrarpolitik einen seiner gelehrigsten Schüler abgab«[7]. Diese Lehren schlugen sich in einem »Kriegsprogramm für die Landwirtschaft« nieder, das auf folgenden Grundsätzen beruhte:

1. »Die Erzeugung muß bereits vor dem Kriege auf höchste Leistung gebracht werden.
2. Im Kriege muß alles darangesetzt werden, daß die Erzeugung nicht zurückgeht [...].
3. Es müssen, soweit möglich, Vorräte angesammelt werden, um gewisse Produktionsrückgänge auszugleichen[8].«

---

3 Zit. nach R. Melzer, Studien zur Agrarpolitik der faschistischen deutschen Imperialisten in Deutschland im System der Kriegsplanung und Kriegsführung 1933 bis 1941, Diss. masch., Rostock 1966, S. 6.

4 Zit. nach W. Freund, Deutsche Geschichte, Gütersloh, Berlin, München, Wien 1974, Sp. 1240.

5 So der Reichsobmann des Reichsnährstandes G. Behrens, Der Bauer im Kriege, in: Deutsche Wirtschaftszeitung, 36 (1939), S. 1394-1396, hier 1394.

6 W. Meinhold, Die landwirtschaftlichen Erzeugungsbedingungen im Kriege, Jena 1941, S. 2.

7 H. Dommaschk, Kriegsernährungswirtschaft, Berlin 1943, S. 1.

8 Zit. nach Melzer, Studien zur Agrarpolitik (wie Anm. 3), S. 7.

Agrarwirtschaftliche Kriegsvorbereitungen

»Aus den schweren Erfahrungen des Weltkrieges [...] stellte die nationalsozialistische Agrarpolitik ihr Programm auf, und seit 1933 befindet sich der deutsche Bauer und Landwirt in einem ständigen Kampf um die Nahrungsfreiheit«, schrieb 1942 Staatssekretär Backe und fügte selbstbewußt hinzu: »In unermüdlichem Einsatz werden auch die Schwierigkeiten dieses Krieges überwunden[9].« Mit den entsprechenden vorbereitenden Maßnahmen begannen die nationalsozialistischen Machthaber – wie auf den übrigen wirtschaftlichen Gebieten auch – bereits im ersten Jahr ihrer Herrschaft. Diese waren sowohl politisch-psychologischer als auch materieller Natur: Die Aufwertung des Bauerntums zum Blutsquell der nordischen Rasse, die durch das Reichserbhofgesetz erfolgte Erhebung des Erbhofbauern in den Stand eines Pseudo-Landadels und die großzügige Entschuldung wirkten leistungssteigernd. Das entscheidende Schlagwort aber hieß »Marktordnung«. Zu ihrer Durchsetzung bedurfte es der Zusammenfassung aller landwirtschaftlichen Betriebe, der Arbeiter samt ihren Familien, der landwirtschaftlichen Genossenschaften, Gärtnereien, des Fischerei- und Holzwesens sowie der Nahrungsmittelindustrie, des Nahrungsmittelgroß- und -einzelhandels in einer Zwangsorganisation: dem »Reichsnährstand«. Den militärökonomischen Hintergrund, vor dem diese Organisation gesehen werden muß, zeigt u.a. eine Vorkriegsstudie aus der Wehrwirtschaftsorganisation des OKW auf, in der es heißt:

> »Die Ernährungswirtschaft ist sozusagen eine der Voraussetzungen der Kriegswirtschaft. Bei all dem Für und Wider, das man betreffs der landwirtschaftlichen Versorgung im vergangenen Krieg vorbringen kann, muß man einen Leitsatz voranstellen: Die Sicherstellung der Ernährung eines Volkes im Kriege ist das Ergebnis der Ernährungswirtschaft der vorangegangenen Friedensjahre. Was hier versäumt wurde, kann im Kriege nicht wiedergutgemacht werden [...]. Die vom Reichsnährstand eingeleiteten Maßnahmen auf dem Ernährungsgebiet zielen auf eine planmäßige Wirtschaft. Ihre wehrwirtschaftliche Bedeutung liegt auf der Hand[10].«

Ein ernährungswirtschaftliches Ermächtigungsgesetz schuf die Voraussetzungen für gezielte Eingriffe seitens des Staates und der Partei in den agrar- und ernährungswirtschaftlichen Prozeß[11]. Diese ließen sich um so leichter vornehmen, als Richard W. Darré das Amt des Reichsministers für Ernährung und Landwirtschaft in Personalunion mit dem des Reichsbauernführers und Chefs des »Reichsnährstandes« verband. Mit Hilfe der »Marktordnung« sollten landwirtschaftliche Erzeugung, Be- und Verarbeitung agrarischer Produkte, Verteilung sowie die Preisentwicklung gelenkt und damit die agrarische Versorgung auf den Konfliktfall vorbereitet und im Krieg geregelt werden. Der »Reichsnährstand«, vertikal in Lan-

---

9 Backe, Um die Nahrungsfreiheit Europas (wie Anm. 2), S. 10.

10 Abriß der wehrwirtschaftlichen Lage Deutschlands unter Berücksichtigung der verschiedenen möglichen Kriegsfälle, Studie o. Verf., o.D., Bundesarchiv-Militärarchiv (BA-MA), Wi I/341, S. 9.

11 Gesetz vom 13.9.1933 über den vorläufigen Aufbau des Reichsnährstandes und Maßnahmen zur Markt- und Preisregelung für landwirtschaftliche Erzeugnisse, Reichsgesetzblatt (RGBl.) I, 18.9.1933, S. 626 f.

des-, Kreis- und Ortsbauernschaften gegliedert, bildete die organisatorische Voraussetzung für Erfassung und Ablieferung der Erzeugung.

Die landwirtschaftliche »Marktordnung« kam einer Zwangsbewirtschaftung gleich, die angesichts der Mangellage des Deutschen Reiches bei agrarischen Eigenprodukten zum einen auf die allgemeine Erzeugungssteigerung, zum anderen auf strukturelle Veränderungen im Anbau durch das Setzen bestimmter Schwerpunkte ausgerichtet war, um die Einfuhrabhängigkeit bei einzelnen landwirtschaftlichen Produkten zu mindern oder aber Importe durch agrarische Ersatzgüter zu substituieren. Die proklamierte »Nahrungsfreiheit« sollte das Reich während der Aufrüstungsphase gegenüber eventuellen Blockademaßnahmen, insbesondere Großbritanniens, immun machen und im militärischen Konfliktfall weniger störanfällig werden lassen als im Ersten Weltkrieg. Besondere Aufmerksamkeit mußte demzufolge den landwirtschaftlichen Zweigen gewidmet werden, die deutsche Mangelgüter aus Gründen der Rentabilität, d.h. zugunsten weltwirtschaftlicher Arbeitsteilung, in für eine blockadesichere Ernährung völlig unzureichendem Maße anbauten. Eine besorgniserregende Versorgungslücke bestand schon immer bei Fetten und Faserstoffen, so daß vor allem der Ölfrüchteanbau intensiviert werden mußte. Ferner galt es, zur Sicherstellung der benötigten Grundnahrungsmittel die Getreideerzeugung wenn nicht zu steigern, so doch auf alter Höhe zu halten. Vor allem Roggen gewann an Bedeutung, weil er sich auf einem Großteil der deutschen Böden als besonders ertragreich erwiesen hatte. Die Aussaat von Futtergetreide wollte man reduzieren, was natürlich Rückwirkungen auf die Viehhaltung und damit verbunden auf die Milch-, Käse- und Butterversorgung haben mußte. Gemessen am Nährwert ließ sich mit dem Hackfruchtanbau pro Flächeneinheit ein ungleich höherer Ertrag erzielen. So gewannen die Zuckerrüben- und Kartoffelkulturen besondere Bedeutung, und zwar nicht nur für die menschliche, sondern auch für die tierische Ernährung. Da Wiesen und Weiden die relativ geringsten Erträge erbrachten, legte man auf eine Ausweitung der entsprechenden Nutzflächen keinen Wert, was wiederum nicht ohne Rückwirkung auf den Viehbestand und die aus ihm resultierende Eiweißversorgung bleiben konnte. Hier wird bereits ein unlösbares Dilemma der Autarkiepolitik deutlich. Insbesondere die Veredelungswirtschaft mußte ins Hintertreffen geraten, ein Umstand, dem man durch Steigerung der Bodenproduktion und Rationalisierung der Viehhaltung bei gleichzeitiger Verminderung der Schweine- und Geflügelbestände Rechnung zu tragen gedachte. Die Hoffnung auf eine allgemeine Ertragssteigerung beruhte auf dem Vorsatz, den Düngemittel- und Maschineneinsatz beträchtlich zu intensivieren. Folglich wurde alles daran gesetzt, ausreichende Düngemittel bereitzustellen und deren Anwendung durch Preisanreize für die Bauern attraktiv zu machen. Die Erfolge dieser Politik erwiesen sich als unterschiedlich. Ungeachtet umfänglicher Moorkultivierung und Rodungen, insbesondere durch den Reichsarbeitsdienst, entwickelte sich die landwirtschaftliche Nutzfläche zwischen 1933 und 1939 rückläufig.

Die Ursache hierfür lag in der zunehmenden Beanspruchung agrarisch nutzbaren Geländes zur mittel- und unmittelbaren Kriegsvorbereitung, so für die Anlage von Truppenübungs- und Flugplätzen, für militärische Einrichtungen aller Art, beispielsweise auch zur Trassenführung der Reichsautobahnen. Tatsächlich wies die landwirtschaftliche Produktion Steigerungen auf. In der Regel lagen die realen Erträge zwischen 1933 und 1939 über denen der Vergleichsjahre 1928 bis 1932. Begünstigt durch außerordentliche Witterungsverhältnisse fuhr man in den Jahren 1938 und 1939 Rekordernten ein, die bei Nährfrüchten etwa 20 Prozent, bei der gesamten Feldwirtschaft etwa 15 Prozent über den genannten Vergleichsjahren lagen[12]. Stellt man den letztgenannten Umstand, der ja Zufallscharakter trägt, in Rechnung, dann nimmt sich das Ergebnis gezielter nationalsozialistischer Anbaupolitik bescheidener aus. Ein Plus konnte man allerdings verzeichnen: Die früher üblichen Ernteverluste hatten sich durch verbesserte Methoden der Einbringung und der Verderb durch neue Verfahren der Konservierung sowie durch den umfänglichen Bau von Siloanlagen in engen Grenzen halten lassen. Auch waren die Bemühungen um eine Ausweitung des Ölfrüchte- und Textilfaseranbaues voll durchgeschlagen[13]. Darüber hinaus schienen die rückläufigen Futtermittelimporte durch eine Umstellung in der Fütterung sowie durch verbesserte Zucht- und Futtermethoden kompensierbar, denn der Viehbestand ließ, ungeachtet gewisser Minimierungsbestrebungen, seit 1934 eine steigende Tendenz erkennen, und er lag 1939 weit über dem der Jahre vor der nationalsozialistischen Machtübernahme[14]. Mißt man die Ergebnisse nationalsozialistischer Agrar- und Ernährungspolitik in der Vorkriegszeit an dem hohen Erfolgsanspruch, mit dem ihre Protagonisten angetreten sind, stellt man den Propagandawirbel und den administrativen Aufwand, mit dem die ernährungswirtschaftliche Vorsorge für den Kriegsfall betrieben wurde, in Relation zum Ergebnis, dann fällt das Gesamturteil doch recht unbefriedigend aus. Bei Fetten bestand nach wie vor eine hohe Einfuhrabhängigkeit. Die im Blockadefall zu schließende Lücke betrug etwa 75 Prozent des deutschen Verbrauchs. Zwar hatte sich der Grad der ernährungswirtschaftlichen Autarkie seit der Einführung der »Marktordnung« permanent erhöht: Betrug der Anteil der eigenen landwirtschaftlichen Produktion an der Versorgung der deutschen Bevölkerung im Erntejahr 1932/33 nur rund 75 Prozent, so schätzten Fachleute den Grad der Selbstversorgung am Vorabend des Zweiten Weltkrieges auf etwa 83 Prozent. Bezogen auf das Vergleichsjahr 1913 allerdings, als er immerhin 80 Prozent ausgemacht hatte, mußte die geringe Zuwachsrate in Erinnerung an die Hungerjahre des Ersten Weltkrieges bei den Verantwortlichen des Dritten Reiches erhebliche Sorgen auslösen. Es darf in diesem Zusammenhang nicht unerwähnt bleiben, daß die Selbstversorgungsbestrebungen auf Kosten der Vielfalt des Nahrungsmittelangebotes erfolgten, indem man insbesondere die Einfuhren von Südfrüchten und Frühgemüse drosselte und der deutschen Hausfrau einen weitgehend auf deutsche Produkte orientierten und jahreszeitlich diktierten Küchenzettel verordnete. Im Blockadefall war mit einer weiteren Schrumpfung der Lebensmittelimporte zu rechnen.

---

12 Vgl. Melzer, Studien zur Agrarpolitik (wie Anm. 3), S. 31.
13 Ebd.
14 Ebd., S. 32.

Um so verständlicher erscheint das Bestreben der NS-Machthaber, rechtzeitig und umfänglich Vorräte anzulegen. Die Vorratsbewirtschaftung begann im Zusammenhang mit den Vorbereitungen zur Okkupation der Tschechoslowakei 1938. Sie war auf die Versorgung der zivilen Bevölkerung im Krieg ebenso ausgerichtet wie auf die der Wehrmacht. Ein Speicherplan sah vor, Lebensmittelvorräte anzuhäufen »wie es der Preußenkönig im Siebenjährigen Krieg getan hat«[15]. Die Wehrmacht ließ im Frühjahr 1939 den Reichsminister für Ernährung und Landwirtschaft wissen, »die Bevorratung von Getreide« sei »eine wesentliche Voraussetzung für die Kriegsführung. An zweckmäßiger Lagerung hat die Wehrmacht ein besonderes Interesse[16].« Seit 1934 betrieb man den Bau von Getreidespeichern und Lagerhäusern. Seit Ende 1938 wurden Turnhallen der Schulen und Betriebsschulen von der mit der Bevorratung beauftragten Reichsgetreidestelle mit Beschlag belegt und zum Teil durch Umbauten für die neue Zweckbestimmung hergerichtet. Im Februar 1939 gab es 4700 Hilfsgetreidespeicher mit einem Gesamtvolumen von 25 Mill. Tonnen und für die Lagerung requirierten Raum für rund 500 000 Tonnen. Tatsächlich gelang es, bis 1939 erhebliche Mengen an Nahrungsmitteln zu horten, die allerdings für eine längere Kriegsdauer die Blockadeausfälle nicht wettzumachen vermochten. Nach Aussage eines hohen Beamten im Reichsministerium für Ernährung und Landwirtschaft waren bereits 1941/42 die Reserven für Grundnahrungsmittel aufgezehrt[17].

Zu Beginn des Krieges mußte die »Marktordnung« gestrafft werden. Bislang hatte sich die Administration vor allem auf die Lenkung der Verwertung agrarischer Produkte konzentriert und sich ansonsten auf schwerpunktmäßige Eingriffe beschränkt. So bestand u.a. eine Anbaukontingentierung für Zuckerrüben, das Verbot der Verfütterung von Brotgetreide, Ablieferungspflicht der vollen Weizen- und Roggenernten. Das gleiche galt für Milch, Eier und Gemüse, soweit diese Produkte nicht vom landwirtschaftlichen Betrieb selbst verwendet wurden. Ansonsten durfte der Landwirt seine Produkte frei veräußern, und die »Marktordnung« fand, insbesondere wegen steigender Nachfrage aufgrund wachsender Kaufkraft, lediglich auf die Erfassung und möglichst gleichmäßige Verteilung der landwirtschaftlichen Produkte und Veredelungserzeugnisse auf die einzelnen Bedarfsträger Anwendung. Dafür diente eine straffe Preispolitik als Anbauregulativ.

Immerhin konnte man im Spätsommer 1939 auf eine sechsjährige Erfahrung zurückblicken. In einer Reihe von Wirtschaftszweigen, vor allem in der Industrie, wurde dem Unternehmer in der Regel bis Kriegsende ein relativ weiter Handlungsspielraum belassen, insbesondere im Bereich der Preisgestaltung. Auf dem Sektor von Landwirtschaft und Ernährung fand jetzt eine durchdachte und überwachte Zwangsbewirtschaftung statt, der es das politische System und die Bevöl-

---

15 Speicherplan für Wiederaufrüstungsprogramm, zit. nach Melzer, Studien zur Agrarpolitik (wie Anm. 3), S. 35.

16 OKW, 1.3.1939, an Reichsminister Darré, ebd.

17 H.-J. Riecke, Ernährung und Landwirtschaft im Kriege, in: Bilanz des zweiten Weltkrieges, Oldenburg, Hamburg 1953, S. 329-346, hier S. 337.

kerung u.a. verdankten, daß das vielgefürchtete Versorgungschaos bis kurz vor Kriegsende ausblieb.

Mit Kriegsbeginn traten wirksame Anordnungen zur Lenkung von Anbau, Erfassung der Erzeugung und deren Verarbeitung in Kraft. Jedoch wurde auf eine grundlegende Änderung der Produktionsverhältnisse, z.B. durch eine nennenswerte Flurbereinigung, Neubemessung der Hofgrößen zwecks Rationalisierung usw. – sieht man von den im Reichserbhofgesetz verankerten Maßnahmen einmal ab – aus ideologischen Rücksichten ebenso verzichtet wie aus volkswirtschaftlicher Einsicht, insbesondere aufgrund der geographischen und geologischen Gegebenheiten. Es blieb bei einer nicht einmal konsequenten Anpassung des Anbaues an die kriegsökonomischen Bedürfnisse.

Keiner der Verantwortlichen gab sich der Illusion hin, das deutsche Volk in einem längeren Krieg, auf den man im übrigen nicht vorbereitet war und der völlig unerwartete ernährungswirtschaftliche Schwierigkeiten mit sich bringen sollte, aus eigener Scholle ausreichend ernähren zu können.

Wenn dies dennoch in wesentlich zufriedenstellenderem Maße als im Ersten Weltkrieg gelang, dann nicht zuletzt durch die Verwaltung des Mangels mittels der zunächst partiell eingeführten, dann perfektionierten Rationierung der Lebensmittel mit Hilfe vierwöchig gültiger und in ihren Zuteilungsraten variierbarer Lebensmittelkarten, bei deren Vergabe nach Selbstversorgern und Normalverbrauchern, innerhalb dieser Gruppen wieder nach Alter und Leistungserwartung, auch nach rassischen Gesichtspunkten – bei den Kriegsgefangenen und Fremdarbeitern – differenziert wurde.

Diese Kontingentierung war von langer Hand und gründlichst vorbereitet worden, und zwar auf verschiedenen Ebenen. Zum einen suchte man sich die modernen Erkenntnisse der Ernährungswissenschaften und -medizin zunutze zu machen. Mußte man sich doch darüber klar werden, welche Nahrungsmengen der Mensch unter physiologischen Gesichtpunkten unbedingt benötigte, welche Nahrungsstoffe zur Erhaltung von Leistungsfähigkeit und Gesundheit unverzichtbar waren und welche Nährstoffe sich in Mangellagen, wie sie nicht nur durch die Kriegsereignisse selbst – womit man am wenigsten rechnete –, sondern auch durch das absehbare Ausbleiben von überseeischen Importen durch Blockade entstehen würden, durch andere substituieren ließen. Unter diesen Aspekten hatte das Institut für Wehrwirtschaftliche Forschung vor Kriegsausbruch vorhandene wissenschaftliche Ergebnisse zusammengefaßt und einen Forderungskatalog aufgestellt, der die Minderung des Fleisch- und Fettverbrauches und dafür die Steigerung des Brot- und Zuckerverzehrs sowie Aushilfsmittel der Eiweißwirtschaft wie Trockenhefe und Sojamehl vorsah[18]. Am 31. Dezember 1938 beauftragte der Reichsminister für Ernährung und Landwirtschaft die Ernährungswirtschaftliche Forschungsstelle, eine Reihe von Fragen im Zusammenhang mit der kriegswirtschaftlichen Versorgung der Zivilbevölkerung mittels eines Gutachtens zu beant-

[18] H. Weiss, Der deutsche Ernährungshaushalt und seine wehrwirtschaftliche Unabhängigkeit, hrsg. vom Institut für Wehrwirtschaftliche Forschung, Beiträge zur Wehrwirtschaft V, o.D., Bundesarchiv, Koblenz (BA), R 16/1299.

worten. Interessant ist in diesem Zusammenhang, daß zu dem genannten Zeitpunkt den Verantwortlichen in Berlin der genaue Zeitpunkt des Kriegsbeginns bereits bekannt war. Wollte man doch wissen, welche Zuteilungsraten nach Dekkung des Heeresbedarfs pro Kopf der Zivilbevölkerung für April 1939, für die Zeit vom 1. Mai bis 1. August 1939 »und für das erste Kriegswirtschaftsjahr 1939/40« möglich schienen. Unterrichtet werden wollte man über die landschaftlich unterschiedlichen friedensmäßigen Verbrauchsgewohnheiten, um entsprechende Staffelungen der Portionssätze für Brot, Kartoffeln, Zucker und Fette vornehmen zu können. Aufschluß erhoffte man sich ferner über das Eigenaufkommen an Nahrungsmitteln im ersten Kriegsjahr und über den Zuschußbedarf in den rüstungswirtschaftlichen Zentren des Reiches, nämlich im Ruhrgebiet, in Sachsen und in Berlin. Letztlich stelle der kriegswirtschaftlich zu erwartende Ertragsrückgang eine wichtige Planungsgröße dar[19].

Die Prognose der ernährungswirtschaftlichen Versorgung fiel bereits für das erste Kriegsjahr, im Unterschied zu an späterer Stelle heranzuziehenden Studien, recht pessimistisch aus. Gemessen an dem Versorgungsdefizit hielten sich die erwarteten Einfuhren an Mais und Weizen aus Südosteuropa in bescheidenem Rahmen: Importe an Fett, Fleisch und Eiweißfuttermitteln konnten aus dieser Region keine nennenswerte Größenordnung erreichen. Zu rechnen war mit einer gewissen Zufuhr an Molkereiprodukten, Fleisch, Eiern, Obst und Gemüse aus den Ostseeländern und den Niederlanden, von Fischen und Walöl aus Norwegen. Die Hauptstütze der deutschen Ernährung mußte daher deutsches Getreide sein, wobei allerdings schon im ersten Kriegsjahr mit einem Ertragsrückgang zu rechnen war.

Unmittelbar mit Kriegsbeginn setzte die Rationierung von Brot, Fleisch, Fett, Käse, Milch, Zucker, Marmelade, Eiern und Nährmitteln ein. Erst ab 1942 wurden Kartoffeln kontingentiert, während für Gemüse, Obst, Geflügel und Fisch eine gelockerte Verbrauchsregelung galt. Festgelegt wurden die Rationen vom Reichsministerium für Ernährung und Landwirtschaft, und ihre Zuteilung erfolgte über Lebensmittelkarten, welche die Ernährungsämter über die Gemeinden an die Bewohner ausgaben. Wenn die Kontingentierung auch eine ausreichende Versorgung der Bevölkerung mit Lebensmitteln zumindest bis zur Phase des Zusammenbruchs garantierte, so mußten doch allmählich sich verringernde Quantitäten und vor allem eine schlechtere Qualität vom Verbraucher in Kauf genommen werden. So sahen sich z.B. die Mühlen zu einem größeren Grad der Ausmahlung gezwungen, und es mußten Beimischungen zu Mehl und Brot vorgenommen werden. Die Trinkmilch wurde wegen des Mangels an Fett nahezu vollständig entrahmt. Lediglich Kinder, Kranke sowie werdende und stillende Mütter erhielten Vollmilch, die ab 1942 auch auf einen Fettgehalt von zweieinhalb Prozent entrahmt wurde.

---

[19] Kriegsernährungsplan, 1.4.1939, I: Text. Geheime Reichssache, BA, R 16/1295.

Die kontinentaleuropäische ernährungswirtschaftliche Bilanz 1939 bis 1941

Politisch-psychologische Aufwertung des Bauerntums, »Marktordnung« und die vielpropagierte »Erzeugungsschlacht«, so erfolgreich diese Maßnahmen im einzelnen auch durchgeführt wurden, vermochten allein die Sicherung der deutschen Ernährung weder im Frieden noch im Krieg zu gewährleisten. Die Autarkie in den bestehenden Grenzen ließ sich ebensowenig erreichen wie in revidierten, welche die durch den Friedensvertrag von Versailles abgetrennten, zum Teil agrarwirtschaftlich sehr wertvollen Territorien wieder mit einschlossen. Dies sah niemand illusionsloser als Adolf Hitler selbst. Aus dieser Erkenntnis heraus formulierte er bereits in den zwanziger Jahren sein agrar- und ernährungswirtschaftliches Konzept, dessen Realisierung kein ausschließlich binnenwirtschaftliches, vielmehr ein außenpolitisches Problem darstellte. Wenn es das Parteiprogramm der NSDAP als »Aufgabe der deutschen Außenpolitik« bezeichnete, »Ernährungs- und Siedlungsraum im großen für das wachsende deutsche Volk zu schaffen«[20], dann war damit die nationalsozialistische Außenpolitik in ihrem expansionistischen Charakter bereits festgelegt, und zwar aufgrund von Überlegungen, die Hitler frühzeitig zur Sicherstellung der agrarwirtschaftlichen Versorgung angestellt hatte. Vier Möglichkeiten schienen zur Lösung dieses Problems, das übrigens zu einem der Zentralpunkte nationalsozialistischer Politik zählte, vorgezeichnet:

1. Die innere Kolonisation, der allerdings – ungeachtet möglicher Mechanisierung innerhalb der Landwirtschaft und der geplanten Intensivierung der Ertragsfähigkeit des Bodens durch vermehrte Düngung – deutliche Grenzen gesetzt sein mußten.
2. Man konnte »neuen Boden erwerben, um die überschüssigen Millionen [...] abzuschieben und so die Nation auch weiter auf der Grundlage einer Selbsternährung erhalten«.
3. Es bot sich an, »durch Industrie und Handel für fremden Bedarf zu schaffen, um vom Erlös das Leben zu bestreiten«, also durch Welthandel[21]. Selbst von der Kombination dieser Varianten versprach sich Hitler kein befriedigendes Ergebnis, so daß er schließlich
4. eine Lösung der vermeintlich wichtigsten Aufgabe deutscher Politik in der territorialen Expansion erblickte. So lag für ihn wie für seine Partei »die einzige Möglichkeit zur Durchführung einer gesunden Bodenpolitik nur in der Erwerbung von neuem Lande in Europa selber«[22].

Beschaffung neuen Lebensraumes hieß das Motto einer solchen Politik, wobei man zunächst und primär »den Blick nach dem Land im Osten« zu richten hatte[23]. »Wollte man in Europa Grund und Boden, dann konnte dies« nach Ansicht Hit-

---

20 G. Feder, Das Programm der NSDAP und seine weltanschaulichen Grundlagen, 71. bis 79. Aufl., München 1932, S. 10.

21 A. Hitler, Mein Kampf, 390. bis 394. Aufl., München 1939, S. 151.

22 Ebd., S. 153.

23 Ebd., S. 742.

lers »im großen und ganzen nur auf Kosten Rußlands geschehen, [...] um mit dem deutschen Schwert dem deutschen Pflug die Scholle, der Nation aber das tägliche Brot zu geben«[24]. Dieses, noch sehr im Unverbindlichen bleibende, nach Osten, speziell in Richtung Sowjetunion weisende Lebensraumprogramm erhielt sehr bald eine westliche Komponente. Ein Agrarexperte der NSDAP schrieb bereits 1931, man solle »nicht einseitig den Blick nach Osten richten. Im Westen« wirke »jedenfalls der geringere [...] Gegendruck [...]. Schönes Ackerland liegt auch dort im Westen; nach unseren Begriffen von Kultur und Arbeit nicht halb genutzt[25].« Kurz vor der durch die Weltwirtschaftskrise nicht unwesentlich begünstigten Machtübernahme durch die Nationalsozialisten geriet dann auch Südosteuropa ins außenwirtschaftliche Blickfeld der NSDAP, nicht zuletzt durch das wechselseitige Bemühen von Partei und ökonomischen Interessengruppen um eine möglichst substantielle wirtschaftspolitische Programmatik am Vorabend einer erhofften und erwarteten politischen Wende. Nach dem 30. Januar 1933 wurde die Schaffung eines wirtschaftlich autarken europäischen Großraumes zum Leitmotiv nationalsozialistischer Wirtschaftspolitik. Man strebte die Selbstversorgung im Rahmen einer europäischen Austausch- und Ergänzungswirtschaft an, die, stets auf deutsche Bedürfnisse ausgerichtet, dem Reich als dem führenden europäischen Industriestaat eine ausreichende Basis zum Absatz seiner Fertigwaren und gleichzeitig zum Bezug seiner Rohstoffe und agrarischen Mangelgüter bieten sollte. Als Grundlage dieser Bestrebungen muß der sogenannte »Neue Plan« (1934) des Reichsbankpräsidenten und Reichswirtschaftsministers Hjalmar Schacht gelten. Er intendierte die Verlagerung von Übersee in solche Länder des Kontinents, die in der Phase der Kriegsvorbereitungen wie im Konfliktfalle eine blockadesichere Zufuhr durch entsprechende vertragliche Bindungen garantierten, wobei eine dauerhafte Verbindung mit der deutschen Wirtschaft auf längere Sicht angestrebt wurde. In Verfolg dieser Politik blieben strategische Überlegungen nicht außer acht: Zuverlässige Handelspartner konnten nur solche sein, die im Ernstfalle im Bereich eines deutschen militärischen Zugriffs lagen.

Kurz vor der Auslösung des Zweiten Weltkrieges gab es Stimmen in Deutschland, die sich überhaupt nicht mehr auf einen fixierten Lebensraum festlegen wollten. Man sah im Lebensraum kein statisches Gebilde mehr, sondern eine dem Ausdehnungsdrang eines Volkes gemäße variable Größe: »Die völkische Lebensäußerung wird am sichtbarsten in der Bewegtheit der *Lebensraumgrenze*, die [...] ihrer Natur nach eine echte Bewegungsgrenze ist[26].«

Die Agrar- und Ernährungspolitik des NS-Regimes war also niemals nur eine nationale, sondern stets eine europäisch ausgerichtete, die sich zunächst an dem Nahziel orientierte, die Ernährung der deutschen Bevölkerung in der Phase der Aufrüstung für den Krieg sicherzustellen.

---

24 Ebd., S. 154.

25 W. Willikens, Nationalsozialistische Agrarpolitik, München 1931, S. 46.

26 M. Durach, Zum Begriff Lebensraum, in: Biographischer Anzeiger 40 (1939), S. 288-290, hier S. 288.

Auch während des Krieges hat das Dritte Reich dieses Ziel nicht aus den Augen verloren, wenngleich die militärische Lage oft realen Schritten, mit denen es hätte erreicht werden können, entgegenstand. Mitten im Krieg hielt der Leiter der Handelspolitischen Abteilung im Reichsministerium für Ernährung und Landwirtschaft einen Vortrag über »Landwirtschaftliche Zusammenarbeit im europäischen Großraum«, in dem er u.a. ausführte:

> »Wir gehen von der felsenfesten Überzeugung aus, daß nach dem siegreichen Ausgang dieses Krieges die gemeinsamen Anstrengungen aller kontinentaleuropäischen Völker dahin gehen müssen und werden, auch auf dem Gebiete der Ernährung sich endgültig frei von den anderen Erdteilen zu machen, um niemals in die Gefahr der politischen Abhängigkeit von den anderen Kontinenten zu geraten[27].«

Dabei war man sich bewußt, welche Skepsis die in Frage kommenden Staaten und Territorien diesen Intentionen entgegenbrachten. Die Propaganda der Feindmächte griff das Thema »Großwirtschaftsraum« erfolgreich auf, so daß man es deutscherseits allmählich aus der öffentlichen Diskussion nahm, statt dessen immer mehr »von einer wirtschaftlichen Zusammenarbeit Europas« sprach, um deutlich zu machen, »daß es sich nicht um eine wirtschaftliche Diktatur eines oder einzelner Länder gegenüber anderen handeln« sollte. Doch besaßen solche Beteuerungen lediglich deklamatorischen Charakter. Den Blick fest auf das Ziel der Schaffung eines europäischen Hegemonialraumes gerichtet, steuerte die nationalsozialistische Außen- und Außenwirtschaftspolitik einen konsequenten Kurs im Wechselspiel von Diplomatie und Aggression. Mit der Annexion Österreichs grenzte Deutschland unmittelbar an den südosteuropäischen Raum an, »der als Nahrungsmittel- und Rohstofflieferant und als Absatzgebiet für industrielle Fertigerzeugnisse sein natürliches Hinterland« darstellte[28]. Die »deutsche Herrschaft über Polen« erschien »notwendig, um polnische Lieferungen landwirtschaftlicher Produkte und Kohle für Deutschland zu sichern«. Gelang dies, mußte nach Hitlers Überzeugung »Deutschland unbesiegbar sein«, und es konnte »ein für allemal mit seinem Erzfeind Frankreich abrechnen«[29]. Polen und Westpreußen vor allem mußten »wieder zur Kornkammer Deutschlands werden, die erhebliche Überschüsse an das Reich abgeben« sollten[30]. Generell ging es Hitler nach seinen eigenen Worten am 1. September 1939 »um die Erweiterung des Lebensraums im Osten und Sicherstellung der Ernährung sowie die Lösung des Baltikum-Problems. Lebensmittelversorgung ist nur von dort möglich, wo geringe Besiedlung herrscht[31].« Polen in

---

27 Vortrag von Ministerialdirektor D. Walter, Reichsministerium für Ernährung und Landwirtschaft, über »Landwirtschaftliche Zusammenarbeit im europäischen Großraum«, o.D., BA, R 63/28.

28 Bericht des Wehrwirtschaftstabes über den Stand der wirtschaftlichen Lage, 1.4.1938, BA-MA, RW 19/93.

29 Rede Hitlers, 8.3.1939, zit. nach Anatomie des Krieges. Neue Dokumente über die Rolle des deutschen Monopolkapitals bei der Vorbereitung und Durchführung des zweiten Weltkrieges, hrsg. von Dietrich Eichholtz und Wolfgang Schumann, Berlin (Ost) 1969, S. 404.

30 Protokoll einer Sitzung beim Beauftragten für den Vierjahresplan, zit. nach Melzer, Studien zur Agrarpolitik (wie Anm. 3), S. 113.

31 Bericht über eine Besprechung mit Hitler in der Reichskanzlei, 23.5.1939, zit. nach H.-A. Jacobsen, 1939-1945. Der Zweite Weltkrieg in Chronik und Dokumenten, 5. Aufl., Darmstadt 1961, S. 110.

deutscher Hand, das bedeute aber auch die Möglichkeit, den Südosten Europas wirtschaftlicher fester in den Griff zu bekommen:

> »Was Ungarn und Rumänien anbetrifft, so gehören sie ohne Frage in das lebenswichtige Gebiet Deutschlands. Der Fall Polen sowie auch angemessener Druck wird sie unzweifelhaft dazu bringen, klein beizugeben. Dann werden wir uneingeschränkte Kontrolle über die unermeßlichen landwirtschaftlichen Quellen [...] haben. Dasselbe kann von Jugoslawien gesagt werden[32].«

Überzeugender läßt sich der Zusammenhang von Expansion und ökonomischem Interesse in der Politik des Dritten Reiches wohl kaum dokumentieren.

Die Kriegserklärungen Frankreichs und Großbritanniens drängte die Berliner Machthaber weiter auf den Weg der Errichtung der europäischen Hegemonie. Zwar verbreitete das Auswärtige Amt zu Beginn des Jahres 1940 in einem Runderlaß an sämtliche Missionen und Berufskonsulate die »in geeigneter Weise« zu verwertende Nachricht, die Hoffnung der Feindmächte, das Reich durch eine Wirtschaftsblockade niederzubringen, sei töricht. Der klugen Voraussicht der Reichsregierung verdanke man nicht nur, daß die inländische Erzeugung zur Versorgung Deutschlands mit Hauptnahrungsmitteln sichergestellt und rechtzeitig die Umlagerung der deutschen Nahrungsmittelzufuhr von Übersee auf die europäischen Agrarländer erfolgt sei, sondern auch den überraschenden Zugriff auf die polnischen Gebiete, um deren agrarische Überschüsse dem Reich zufließen zu lassen. Schließlich seien die Auswirkungen der deutsch-russischen Verständigung ebensowenig zu unterschätzen wie die staatliche Lenkung des Verbrauchs. »Alle diese Faktoren sind eine Gewähr dafür«, so hieß es wörtlich, »daß ernsthafte Nahrungsschwierigkeiten nicht eintreten werden[33].« Man verbreitete Zweckoptimismus angesichts der Blockademaßnahmen, die nicht nur die verbliebenen überseeischen Einfuhren betrafen. Die neuen Feindmächte vermochten vielmehr über Sanktionen ein Handelsembargo der neutralen westlichen und nordeuropäischen Staaten gegenüber dem Reich zu erzwingen. Was lag also näher, als einen strategischen Vorteil mit dem langfristigen Ziel der »Schaffung und Erhaltung eines europäischen Großwirtschaftsraumes« zu verbinden, »der in Frieden und Krieg die Existenz seiner Partner sicherstellt«[34]?

Wenn die militärpolitische Entwicklung auch auf einem gut Teil kriegerischer Eigendynamik beruhte, die sich sowohl in regionaler wie in zeitlicher Hinsicht in gewissem Umfang von Berlin aus nicht mehr beeinflussen und steuern ließ, so bewegte sie sich doch in Richtung der nationalsozialistischen Kriegsziele; mehr noch, sie brachte das NS-Regime dem Ziel einer europäischen Neuordnung wesentlich schneller als erhofft und geplant näher. Ungeachtet dessen, daß die Großraumtheorie auch niemals zu einem politischen Modell ausreifte, das als bindende Vorlage für eine planvolle Gestaltung Europas im Sinne eines wirtschaftspoliti-

---

32 Rede Hitlers, 8.3.1939, zit. nach Anatomie des Krieges (wie Anm. 29), S. 204.

33 Runderlaß des Auswärtigen Amtes 18.1.1940, Politisches Archiv des Auswärtigen Amtes (PA), Vertreter des Auswärtigen Amtes beim Reichskommissar Ukraine. Runderlasse: Wirtschaft 1918-1944.

34 Denkschrift der Amtsgruppe Wehrwirtschaftsstab, August 1939, zit. nach Weltherrschaft im Visier, hrsg. von Wolfgang Schumann und Ludwig Nastler, Berlin (Ost) 1975, S. 257.

schen Ganzen hätte dienen können, so hat man doch seit Ende der dreißiger Jahre mit wissenschaftlicher Akribie versucht, sich Gewißheit darüber zu verschaffen, was die einzelnen Länder Europas für sich genommen und in einem arbeitsteiligen, von Deutschland gesteuerten wirtschaftlichen Zusammenwirken zu leisten vermochten. Entsprechende Expertisen erstellten renommierte wissenschaftliche Institutionen, die großen Forschungsabteilungen der Wirtschaft sowie die staatliche bzw. militärische Wirtschaftsadministration: Ihr gravierender Unsicherheitsfaktor bestand allerdings darin, daß ihnen zumeist der Normalfall, also der Friedenszustand vor 1939, zugrunde lag, daß sie mit raschen militärischen Erfolgen rechneten und ihre Aussagen demzufolge perspektivisch auf eine baldige neue Nachkriegsordnung ausgerichtet waren.

Dabei übertrafen die hegemonialen Vorstellungen des Dritten Reiches die imperialen des kaiserlichen Deutschland während des Ersten Weltkrieges insofern, als in diese Ordnung neben den westeuropäischen Neutralen auch Skandinavien einbezogen wurde. Nach der Besetzung Polens, Dänemarks, Norwegens und der heute so genannten Benelux-Staaten wagte das angesehene Institut für Konjunkturforschung in Berlin eine erste Prognose der agrarwirtschaftlichen Zukunftsmöglichkeiten des von Deutschland inzwischen beherrschten ökonomischen Raumes, die – wegen der geographischen Lage – auch das restliche Skandinavien sowie auch die Sowjetunion – aufgrund des Hitler-Stalin-Paktes mit den geheimen politischen und wirtschaftlichen Zusatzabmachungen – in ihrem agrarwirtschaftlichen Nutzen für das Reich einbezog. Die Länder Südosteuropas hatten sich bereits in bilateralen Verträgen unlösbar mit dem wirtschaftlichen Schicksal Deutschlands verbunden und ließen sich durch politisch-militärischen Druck jederzeit bei der Stange halten. Die Möglichkeiten des hier skizzierten mitteleuropäischen Wirtschaftsblock genannten Raumes, »sich in Zukunft mit Lebensmitteln selbst zu versorgen, [...] vor allem wenn man Rußland als Partner miteinbezieht«, beurteilte das Institut als »durchaus günstig«. Zwar hegte man die Überzeugung, daß Skandinavien und Holland-Belgien in etwa das landwirtschaftlich-technische Produktionsoptimum erreicht hätten, im Baltikum in Anbetracht der zerstückelten agrarischen Flächen nur eine relativ unbedeutende Produktions- und Ausfuhrsteigerung zu erwarten sei. Doch war man fest davon überzeugt, in Südosteuropa durch Intensivierung der Landwirtschaft, durch Düngung und Technisierung sowie durch strukturelle Veränderungen »noch große Reserven in den nächsten Jahrzehnten erschließen« zu können. Dies galt nach Auffassung der Experten »in wesentlich verstärktem Maße für Rußland«. Eine Steigerung der Agrarproduktion der Sowjetunion auf die Höhe der Jahre 1909 bis 1913 mußte es möglich machen, »den Zuschußbedarf des mitteleuropäischen Blocks an Getreide und dgl. mit Leichtigkeit restlos zu decken«. Das gleiche erwartete man »auch uneingeschränkt für den Bedarf an Fleisch und Eiern«. Eine gewisse Skepsis schien im Blick auf eine autarke Fettversorgung angebracht, doch »vom landwirtschaftlich-technischen Standpunkt aus« war man geneigt, »auch diese Frage ohne weiteres zu bejahen«[35].

---

[35] Denkschrift des Instituts für Konjunkturforschung über Großraumwirtschaft (Mitte 1940), BA-MA, RW 19, Anhang I/1147, S. 6 f.

Tabelle 1
Die Lebensmittelversorgung im großdeutschen Wirtschaftsraum (um 1938/39)

	Bevölkerung (Mill.)	Grad der Selbstversorgung (in %)	Mit Hilfe inländischer Lebensmittel ernährte Bevölkerung (Mill.)	Mit Hilfe ausländischer Lebensmittel ernährte Bevölkerung (Mill.)
Deutschland (Altreich)	67,50	83	56,00	11,50
Saarland	0,84	40	0,34	0,50
Ostmark	6,76	75	5,07	1,69
Sudetengebiete	3,70	80	2,96	0,74
Memelland	0,15	ca. 150[1]	0,23	- 0,08[2]
Danzig	0,41	ca. 70	0,28	0,13
Neue deutsche Ostgaue	7,37	ca. 109	8,03	- 0,66
I Großdeutschland	86,73	84	72,91	13,82
Generalgouvernement	14,50	ca. 100	14,50	–
Protektorat	7,10	ca. 95	6,75	0,35
Slowakei	3,75[3]	95	3,55	0,20
II Großdeutscher Wirtschaftsbereich	112,08	87	97,71	14,37

[1] 150 % bedeutet, daß nicht nur die Bevölkerung dieses Gebietes vollständig, d.h. zu 100% aus der eigenen Scholle ernährt werden kann, sondern daß darüber hinaus noch Überschüsse an Lebensmitteln produziert werden. Das Gebiet könnte also z.Zt. nicht 0,15 Mill., sondern 0,23 Mill. Menschen ernähren.

[2] - 0,08 bedeutet in diesem Falle also einen Ausfuhrüberschuß an Lebensmitteln, der rechnerisch zur Ernährung von 0,08 Mill. Menschen reichen würde.

[3] Vorl. Zahl

Quelle: Denkschrift des Instituts für Konjunkturforschung über Großraumwirtschaft, BA-MA, RW 19, Anhang I/1147

Ausgangspunkt aller Überlegungen mußte die agrarwirtschaftliche Leistungsfähigkeit Deutschlands selbst sein. Nach dem Ende des Polenfeldzuges hatte sich das sogenannte Großdeutsche Reich in seinen zunächst einmal als endgültig betrachteten Grenzen konstituiert, so daß sich Ende 1939/Anfang 1940 erste Bilanzen auf- und Prognosen anstellen ließen. Eine auf regionaler Basis durchgeführte Bestandsaufnahme innerhalb des großdeutschen Wirtschaftsraumes (bestehend aus dem sog. Altreich einschließlich Saarland, Ostmark, Sudetengebiet, Memelland, Danzig und der neuen Ostgaue des ehemaligen Polens sowie des Generalgouvernements, des Protektorats Böhmen-Mähren und der Slowakei) ließ folgende Annahme zu: Legte man friedensmäßige Rationen zugrunde, vermochte sich das Altreich etwa zu 90 Prozent mit Lebensmitteln selbst zu versorgen. Der Versorgungsgrad erwies sich allerdings bei den einzelnen Nahrungsmitteln als recht unterschiedlich. Getreide, Kartoffeln und Zucker konnten zwischen 90 bis 100 Prozent, Fleisch und andere eiweißhaltige Nährmittel zwischen 70 und 80 Prozent im Inland erzeugt werden, während sich der Fettbedarf nur zur Hälfte decken ließ. Es sollte sich auch herausstellen, daß die nach 1933 dem Deutschen Reich einverleibten Territorien insgesamt gesehen eine agrarökonomische Hypothek bedeuteten. Während das Saarland lediglich etwa 40 Prozent seiner Lebensmittel selbst aufbrachte, lag der Prozentsatz bei der Ostmark bei 75 und bei den Sudetengebieten mit 80 von Hundert nicht wesentlich höher. Lediglich das Me-

Tabelle 2
Die Lebensmittelversorgung im skandinavischen Wirtschaftsraum um 1937 (Ernährungspotential)

	Bevölke-rung (Mill.)	Grad der Selbst-Versorgung (in %)	Mit Hilfe inländischer Lebensmittel ernährte Bevölkerung (Mill.)	Mit Hilfe ausländischer Lebensmittel ernährte Bevölkerung (Mill.)
Dänemark	3,7	103	3,8	- 0,1
Norwegen	2,9	43	1,2	1,7
Schweden	6,3	91	5,7	0,6
Finnland	3,8	70[1]	2,7	1,1
Insgesamt	16,7	76,7	13,4	3,3

[1] Schatzung unter Berücksichtigung der neuen Grenzen. Das alte Finnland (mit den vor dem Moskauer Frieden von 1940 gultigen Grenzen) vermochte sich etwa zu 78% mit Lebensmitteln selbst zu versorgen

Quelle Denkschrift des Instituts fur Konjunkturforschung uber Großraumwirtschaft BA-MA RW 19 Anhang I/1147

melgebiet und die deutschen Ostgaue wiesen eine Überschußproduktion und eine einhundertprozentige Selbstversorgung mit Lebensmitteln, soweit diese zu den lebensnotwendigen zählten, auf. Keinerlei Illusionen gab man sich aber über die Leistungsfähigkeit des Protektorats Böhmen und Mähren und des Generalgouvernements sowie der bezeichnenderweise in der Wirtschaftspolitik als zum Reich gehörig behandelten Slowakei hin. Zwar vermochten sich die beiden erstgenannten Gebiete leidlich aus eigener Kraft zu ernähren; nennenswerte Lebensmittellieferungen, welche die deutsche Versorgungslage hätten erleichtern können, standen nicht zu erwarten, und über den Zuschußbedarf der Slowakei wagte man keine Schätzungen anzustellen. Insgesamt gesehen mußte Deutschland rund 14 Millionen Menschen – dies bedeutete größenordnungsmäßig die Bevölkerung Berlins, des Ruhrgebietes und des Sächsischen Industriereviers – mittels agrarischer Einfuhren ernähren (Tabelle 1).

Dies waren natürlich lediglich theoretische Planungsgrößen, die sich im Falle veränderter politischer, militärischer und ökonomischer Konstellationen sofort verändern mußten.

Über die schlechten Voraussetzungen einer halbwegs ausreichenden Versorgung der skandinavischen Bevölkerung mit Lebensmitteln herrschten in Deutschland keine Zweifel. Das Nahrungsmittelaufkommen Dänemarks, Norwegens, Schwedens und Finnlands reichte im Notfalle aus, um rund 13 Millionen der insgesamt 16,7 Millionen Landeseinwohner halbwegs ausreichend zu versorgen (Tabelle 2).

»Die Einfügung dieser vier skandinavischen Länder in den großdeutschen Wirtschaftsrum bedeutet[e] – ernährungswirtschaftlich gesehen – mithin eine zusätzliche Belastung und keine Entlastung[36].« Eine der Ursachen lag darin, daß Finnland im Moskauer Frieden des Jahres 1940 große landwirtschaftliche Gebiete verloren hatte, was eine Reduzierung seines Selbstversorgungsgrades um fünf Pro-

[36] Ebd., S. 12.

Tabelle 3
Die Ernährungsbilanz Belgiens und Hollands (vor der deutschen Besetzung)

	Bevölkerung (Mill.)	Grad der Selbst-Versorgung (in %)	Mit Hilfe inländischer Lebensmittel ernährte Bevölkerung (Mill.)	Mit Hilfe ausländischer Lebensmittel ernährte Bevölkerung (Mill.)
Holland	8,6	67	5,8	2,8
Belgien	8,4	51	4,3	4,1
Insgesamt	17,0	59	10,1	6,9

Quelle: Institut für Konjunkturforschung über Großraumwirtschaft BA-MA RW 19 Anhang I/1147 ©MGFA 04622-03

zent auf 70 von Hundert mit sich gebracht hatte. Auffällig waren die skandinavischen Futtermittelzufuhren. Mengenmäßig betrugen sie sowohl bei Dänemark wie bei Norwegen etwa soviel wie die gesamte deutsche Ernte. So erklären sich Dänemarks große Butter-, Käse-, Fleisch- und Eierexporte und der damit zusammenhängende hohe Lebensstandard auch bei Kleinbauern. Im Falle starker Drosselung der Futterzufuhren befürchtete man in Berlin dessen allgemeines Absinken, in Norwegen Arbeitslosigkeit in Stadt und Land und vor allem eine feindselige Stimmung gegenüber Deutschland, in Schweden eine Bedrohung der kriegswichtigen Eisenerz- und Kugellagerlieferungen. Entsprechende agrarische Einfuhren aus der UdSSR sollten die bisherigen überseeischen substituieren. Die Vorteile der Beherrschung des Nordraumes lagen auf der Hand: nämlich die Sicherstellung der bisherigen Butter-, Fleisch-, Eier- und Fischlieferungen für Großbritannien durch Umlenkung nach Deutschland, aber auch nach Schweden und Finnland.

Die agrarwirtschaftliche Mitgift, die Belgien und die Niederlande – Luxemburg fiel nicht ins Gewicht – durch eine kriegswirtschaftliche Verbindung mit dem deutschen Hegemonialbereich einzubringen versprachen, nahm sich höchst bescheiden aus. Handelte es sich doch um die am dichtesten besiedelten europäischen Landstriche (in Holland und Belgien rund 270 Einwohner pro Quadratkilometer, in Großdeutschland 140). Holland betrieb zwar einen intensiven Land- und Gartenbau, allerdings mit Zufuhrabhängigkeit. Zudem bedurfte es einer Umstrukturierung im Anbau, insbesondere von Blumenkulturen auf andere, nämlich ernährungswirtschaftlich nutzbringende Kulturen. Das hochentwickelte Industrieland Belgien wies einen noch niedrigeren Grad der Selbstversorgung auf (Tabelle 3).

Bereits im Mai 1938 hatte das Kieler Institut für Weltwirtschaft eine ausführliche Studie über »Die wehrwirtschaftliche Bedeutung West- und Nordeuropas« im Blick auf mögliche Sanktionen erstellt[37], die Zuwachs und Belastung der deutschen Volkswirtschaft durch ihre rechtzeitige Inbesitznahme gegeneinander abwog. Diese Territorien erwiesen sich auf dem Agrarsektor in hohem Maße abhängig von überseeischen Zufuhren. Das betraf insbesondere Futtermittel und Ölfrüchte zur Aufrechterhaltung der intensiven Vieh- und Veredelungswirtschaft. Und so sah die

[37] BA-MA, RW 19, Anhang I/571.

Tabelle 4
Die Lebensmittelversorgung im baltischen Wirtschaftsraum um 1937 (Ernährungspotential)

	Bevölkerung (Mill.)	Grad der Selbst-Versorgung (in %)	Mit Hilfe inländischer Lebensmittel ernährte Bevölkerung (Mill.)	Mit Hilfe ausländischer Lebensmittel ernährte Bevölkerung (Mill.)
Estland	1,1	102	1,1	–
Lettland	2,0	106	2,1	- 0,10
Litauen	2,5	110	2,8	- 0,30
Insgesamt	5,6	106	6,0	- 0,40

Quelle Denkschrift des Instituts fur Konjunkturforschung uber Großraumwirtschaft BA-MA RW 19 Anhang I/1147 © MGFA 04623-04

Wehrmacht sehr deutlich, welche schwierigen Aufgaben auf die Reichsregierung nach der Besetzung zukamen:

»Für die deutsche Wirtschaftspolitik wird sich sehr bald die Frage ergeben, wie die Einwohner in diesen Gebieten ernährt und ihre Wirtschaft in Gang gehalten werden können. Norwegen, Dänemark, Holland, Belgien und Luxemburg beherbergen zusammen 24 Mill. Menschen. Dazu kommt Schweden, das gegenwärtig ebenfalls weitgehend vom Ausland abgeschnitten ist, mit 6 Mill. In den besetzten Gebieten lagern zwar Vorräte, die zunächst über die größten Schwierigkeiten hinweghelfen und darüber hinaus der deutschen Wirtschaft nutzbar gemacht werden können. Bei einer längeren Dauer des Krieges werden jedoch Knappheitserscheinungen eintreten[38].«

Das Institut für Konjunkturforschung kam dennoch Mitte 1940 zu der Überzeugung, daß sich nach dem Stand der Produktion vorausgegangener Jahre der skizzierte Großdeutsche Wirtschaftsraum (mit dem Generalgouvernement und der Slowakei), der skandinavische, der holländische-luxemburgisch-belgische, der südosteuropäische und vor allem der baltische zu 90 Prozent selbst mit Nahrungsmitteln würden versorgen können. Die baltischen Staaten Litauen, Lettland und Estland hatte Berlin zwar im geheimen Zusatzabkommen zum Hitler-Stalin-Pakt an Moskau verschachert, doch diente gerade dieses Vertragswerk der Sicherstellung umfänglicher Zufuhren ins Reich. Überhaupt sollte der Kontrakt die Wirtschaftskraft der Sowjetunion in den Dienst der deutschen Kriegswirtschaft stellen, eine Erwartung, die sich bis zu seinem Bruch durch das NS-Regime auch tatsächlich erfüllte. Die drei baltischen Staaten konnte man als ernährungswirtschaftliche Überschußgebiete auf der Habenseite der mitteleuropäischen Wirtschaftsbilanz verbuchen. Zwar handelte es sich um territorial kleine und klimatisch nicht sehr begünstigte Gebiete, deren landwirtschaftliche Produktion sich aber mit Hilfe technischer Neuerungen und verbesserter betriebswirtschaftlicher Organisation beachtlich steigern lassen mußte. »Insgesamt würde ihre Einbeziehung in den mitteleuropäischen Wirtschaftsblock gerade auch ernährungswirtschaftlich (von den anderen Vorteilen gar nicht zu reden) recht nutzbringend sein[39].« (Tabelle 4)

---

38 Kriegswirtschaftlicher Lagebericht des OKW/Wi Rü Amt, 1.6.1940, BA-MA, RW 19/98.
39 Denkschrift des Instituts für Konjunkturforschung (wie Anm. 35), S. 16.

Tabelle 5
Die Lebensmittelversorgung im russischen Wirtschaftsraum um 1937 (Ernährungspotential)

	Bevölkerung (Mill.)	Grad der Selbst-Versorgung (in %)	Mit Hilfe inländischer Lebensmittel ernährte Bevölkerung (Mill.)	Mit Hilfe ausländischer Lebensmittel ernährte Bevölkerung (Mill.)
Russisch Polen	12,7	106,0	13,5	- 0,8
Russland	173,0	101,0	174,7	- 1,7
Insgesamt	185,7	103,5	188,2	- 2,5

Quelle Institut fur Konjunkturforschung über Großraumwirtschaft BA-MA RW 19 Anhang I/1147

© MGFA 04624-03

Große Erwartungen setzte man in die Reichtümer russischer Erde. Zwar verschloß man sich nicht der Erkenntnis, daß die derzeitige agrarische Produktionsleistung der Sowjetunion, gemessen an ihren tatsächlichen Möglichkeiten, die man für ungeheuer hielt, in keiner Weise dazu ausreichte, den Zuschußbedarf Mitteleuropas zu decken. Doch mußten sich bereits beträchtliche Überschüsse erzielen lassen, wenn es gelang, die landwirtschaftlichen Erzeugungsergebnisse der Blütezeit zwischen 1909 und 1913 zu erreichen, als das damalige Rußland rund 10 Mill. Tonnen Getreide exportierte (Tabelle 5). Dies hätte bereits einen Ausgleich der mitteleuropäischen Getreidebilanz zur Folge gehabt.

Das Nahrungsmittelaufkommen der südosteuropäischen Staaten lag wesentlich höher als der Verbrauch der Bevölkerung. Gemessen an dem für die Kriegszeit als notwendig erachteten Kalorienbedarf reichte die Überschußproduktion dieser Länder vor Kriegsbeginn zur Ernährung von rund vier Millionen Menschen aus. Man war jedoch in deutschen Fachkreisen fest davon überzeugt, daß die landwirtschaftlichen Erzeugungsmöglichkeiten des Südostens bei weitem nicht ausgeschöpft seien. Bei einer Bewirtschaftung nach modernen Gesichtspunkten ging man davon aus, die agrarischen Erträge vervielfachen zu können. Zur Durchführung entsprechender Maßnahmen bedurfte es nach sachkundigem Urteil allerdings jahrzehntelanger Bemühungen (Tabelle 6).

Tabelle 6
Die Lebensmittelversorgung in Südosteuropa um 1937 (Ernährungspotential)

	Bevölkerung (Mill.)	Grad der Selbst-Versorgung (in %)	Mit Hilfe inländischer Lebensmittel ernährte Bevölkerung (Mill.)	Mit Hilfe ausländischer Lebensmittel ernährte Bevölkerung (Mill.)
Rumänien	19,5	110,0	21,5	- 2,0
Bulgarien	6,2	109,0	6,8	- 0,6
Jugoslawien	15,2	106,0	16,1	- 0,9
Ungarn	9,0	121,0	10,9	- 1,9
Griechenland	7,0	80,0	5,6	1,4
Insgesamt	56,9	105,2	60,9	- 4,0

Quelle Institut fur Konjunkturforschung uber Großraumwirtschaft BA-MA RW 19 Anhang I/1147

© MGFA 04625-03

Tabelle 7
Die Ernährungsbilanz des mitteleuropäischen Wirtschaftsblocks

	Bevölkerung (Mill.)	Grad der Selbst-Versorgung (in %)	Mit Hilfe inländischer Lebensmittel ernährte Bevölkerung (Mill.)	Mit Hilfe inländischer Lebensmittel ernährte Bevölkerung (Mill.)
Großdeutscher Wirtschaftsraum	112,1	87,0	97,7	14,4
Skandinavischer Wirtschaftsraum	16,7	80,0	13,4	3,3
Holländisch-Belgischer Wirtschaftsraum	17,0	59,0	10,1	6,9
Baltischer Wirtschaftsraum	5,6	107,0	6,0	- 0,4
Südosteuropäischer Wirtschaftsraum	56,9	107,0	60,9	- 4,0
I Mitteleuropäischer Block zusammen	208,3	88,0	188,1	20,2
II Russischer Wirtschaftsraum	185,7	101,0	188,2	- 2,5
Insgesamt I und II	394,0	94,5	376,3	17,7

Quelle: Denkschrift des Instituts für Konjunkturforschung über Großraumwirtschaft, BA-MA, RW 19, Anhang I/1147, vgl. auch K. Th. Weinbrenner, Voraussetzungen, Möglichkeiten und Grenzen der landwirtschaftlichen Selbstversorgung Deutschlands, Diss., Gießen 1938

Unter friedensmäßigen Bedingungen ergab sich nach den angestellten Berechnungen und Kalkulationen in Mitteleuropa unter Einbeziehung des sowjetischen Wirtschaftsraumes ein Selbstversorgungsgrad von rund 95,5 Prozent (Tabelle 7).

Der Zuschußbedarf des mitteleuropäischen Wirtschaftsblocks setzte sich aufgrund der Vorkriegsgegebenheiten aus Getreide, Obst, Südfrüchten, Ölfrüchten und pflanzlichen Ölen zusammen. Ausfuhrüberschüsse wurden bei Speck, Butter und Eiern erzielt. Sollten diese Exporte kriegsbedingt oder aufgrund einer kontinentalen Agrarordnung wegfallen, mußte dies den Zuschußbedarf an Ölfrüchten und -kuchen sowie an Getreide reduzieren.

Stellt man in Rechnung, daß alliierte Blockademaßnahmen Frankreichs und Großbritanniens den Fortfall der Importe an Getreide und Ölfrüchten in den mitteleuropäischen Wirtschaftsblock nach sich zogen, mußte bei längerer Kriegsdauer eine Verknappung bei Brotgetreide, pflanzlichen und tierischen Fetten sowie bei Fleisch und Eiern einkalkuliert werden (Tabelle 8).

Frankreich hat merkwürdigerweise in den Vorkriegsüberlegungen zur Sicherung der Ernährung im Kriege keine Rolle gespielt. Besiegt, militärisch zunächst nur zum Teil besetzt, aber wirtschaftlich beherrscht, erkannte man 1940 sehr rasch seine agrarpolitische Bedeutung für die Weiterführung des Krieges und im Rahmen der jetzt auch als »europäische Neuordnung« apostrophierten Großraumwirtschaft. Es sei zwar noch zu früh, so meinte Reichswirtschaftsminister Funk, »wenn man bereits jetzt von einem einheitlichen Großwirtschaftsraum Europa« spreche, aber Deutschland besitze »in Europa jetzt politisch die Macht, eine Neuordnung

Tabelle 8
Zuschußbedarf (-) bzw. Ausfuhrüberschuß (+) an Agrarprodukten im mitteleuropäischen Wirtschaftsblock[1] (Vorkriegszustand) (in t pro Jahr)

1. Getreide (einschl. Reis)	-7424
2. Zucker	-190
3. Obst, Gemüse, Südfrüchte	-1482
4. Ölkuchen und dgl.[2]	-4019
5. Öle und Fette[3]	-1472
6. Fleisch[4]	+6
7. Speck und Schmalz	+58
8. Butter	+175
9. Käse	+19
10. Eier in Mrd. Stück	+1967
11. desgl. in 1000 t	+124

[1] Wichtige Posten in abgerundeten Zahlen (vgl hierzu auch Tab 9)
[2] Einschl Ölfruchte umgerechnet auf Ölkuchen
[3] Einschl Ölfrüchte umgerechnet auf Ole sowie einschl Tran und dgl
[4] Ausfuhruberschusse ergeben sich hier insgesamt nur bei der obigen Einfuhr an Getreide und Ölfrüchten bzw. Ölkuchen (Zeile 1 u 4) Bei Fortfall dieser Zufuhren wurde sich sofort ein erheblicher Zuschußbedarf bei Fleisch Butter Käse und Eiern ergeben

Quelle Institut für Konjunkturforschung BA-MA RW 19 Anhang I/1147

der Wirtschaft entsprechend seinen Bedürfnissen durchzusetzen [...]. Daraus ergibt sich, daß die Länder sich nach uns richten müssen. Die Wirtschaft der übrigen europäischen Länder muß sich unseren Bedürfnissen anpassen[40].«

Das Dritte Reich zeigte sich entschlossen, seine europäische Ordnungsvorstellung, wie immer sie auch letztlich aussehen mochte, zu verwirklichen.

> »Die Schlußphase des Krieges wird nichts mehr an der Tatsache ändern, daß in Kontinental-Europa (ohne Großbritannien, Irland, Sowjetunion, Türkei) unter Deutschlands Führung ein Großwirtschaftsraum entsteht. Zum ersten Male in der Geschichte des Erdteils wird seine gewaltige wirtschaftliche Kraft nicht durch politische Hemmungen gelähmt, sondern unter zielbewußter politischer Führung voll entfaltet und weiterentwickelt werden[41].«

Vorerst klammerte man die Sowjetunion und die Türkei mit Rücksicht auf den Hitler-Stalin-Pakt und auf die politische Weltmeinung noch aus der öffentlichen Diskussion um die Gestaltung des deutschen Herrschaftsbereiches aus. Daß es aber mit der Einbeziehung Frankreichs in die europäische Hegemonialwirtschaft nicht sein Bewenden haben sollte, deutete der Großraumexperte der NSDAP und Präsident des Führer-Ringes der Gesellschaft für europäische Wirtschaftsplanung und Großraumwirtschaft an, wenn er in einer Denkschrift formulierte:

---

40) Aktenvermerk über eine Chefbesprechung im Reichswirtschaftsministerium, 22.7.1940, zit. nach Anatomie der Aggression. Neue Dokumente zu den Kriegszielen des faschistischen deutschen Imperialismus im Zweiten Weltkrieg, hrsg. von G. Hass und W. Schumann, Berlin (Ost) 1972, S. 68 f.

41 Die bisherige und zukünftige Abhängigkeit Europas von der Nahrungs- und Futtermitteleinfuhr, Studie, Berlin, ohne Institutionsangabe, September 1940, BA-MA, RW 19, Anhang I/1211, S. 5.

> »Eine kontinentaleuropäische Großraumwirtschaft unter deutscher Führung muß in ihrem letzten Friedensziel sämtliche Völker des Festlandes von Gibraltar bis zum Ural und vom Nordkap bis zur Insel Zypern umfassen, mit ihren natürlichen kolonisatorischen Ausstrahlungen in den sibirischen Raum und über das Mittelmeer nach Afrika hinein[42].«

Die geplante militärische Auseinandersetzung mit Großbritannien, deren siegreiches Ende sich nicht absehen ließ, machte nach Auffassung der politischen Führung die rasche Liquidierung des bolschewistischen Systems und die Einbeziehung des Territoriums westlich des Urals zu einem Zeitpunkt notwendig, der es ermöglichte, sich kurzfristig der Ressourcen dieses Gebietes für die unmittelbare Kriegführung zu bedienen. Gleichzeitig verfolgte man mit dem Überfall auf die Sowjetunion ein militärisches und politisches Primärziel des NS-Regimes, nämlich die Erweiterung des deutschen Lebensraumes nach Osten. Ribbentrop umriß die ökonomischen Motive des Feldzuges gegen die UdSSR prägnant:

> »Wenn Deutschland im Besitz der russischen Ölquellen und Getreidefelder ist, ist damit für das gesamte Europa die ausreichende Versorgung sichergestellt, so daß auch die englische Blockade überhaupt völlig gegenstandslos wird [...]. Auf diese Weise sind dann alle Voraussetzungen gegeben, die die von den Achsenmächten beabsichtigte Neuordnung des europäischen Raumes ermöglichen[43].«

Eine kriegsorientierte ernährungswirtschaftliche Bilanz erlaubt für 1939 folgende Feststellung: Zu Beginn des Zweiten Weltkrieges stand Deutschland in der agrarischen Versorgung wesentlich besser da als zu Beginn des Ersten Weltkrieges. Dies war weitgehend auf die durch Schachts »Neuen Plan« initiierte Umlagerung der landwirtschaftlichen Einfuhren von den überseeischen auf angrenzende europäische Staaten, zu denen man im Blockadefall Zugang behielt, zurückzuführen. Die Ergebnisse dieser Umorientierung, die nicht ohne ein gewisses Maß an politischer Pression zustande gekommen waren, konnten sich durchaus sehen lassen. Im Vergleich zum Jahre 1913 erwiesen sich die außenwirtschaftlichen Bedingungen der deutschen Lebensmittelversorgung am Vorabend des Zweiten Weltkrieges als wesentlich günstiger. Dies traf insbesondere für die Brotgetreideeinfuhren zu. Aber auch für die Importe von Schweinefleisch und dessen Produkte, für Milcherzeugnisse, Obst, Gemüse und Südfrüchte (Tabelle 9).

Als völlig unbefriedigend erwies sich der blockadesichere Bezug von Rohstoffen für die Margarinewirtschaft und bei Futtermitteln. Darüber hinaus mußte für den Kriegsfall mit einem völligen Zusammenbruch der überseeischen Importe an Kaffee, Kakao, Tee und bei einigen Südfrüchten gerechnet werden, doch glaubte man, der deutschen Bevölkerung den Verzicht auf diese Genußmittel zumuten zu können.

Insgesamt mußte im Kriege der Zuschußbedarf an Lebens- und Futtermitteln verstärkt »aus den militärisch zu sichernden Nachbarräumen gedeckt werden«[44].

---

[42] W. Daitz, 31.5.1940, zit. nach Weltherrschaft im Visier (wie Anm. 34), S. 258.

[43] Ribbentrop, 28.6.1941, an die Deutsche Botschaft in Tokio, zit. nach Anatomie der Aggression (wie Anm. 40), S. 21.

[44] Expertise der Volkswirtschaftlichen Abteilung der I.G.-Farbenindustrie (1. Hälfte 1939), BA-MA, Wi I/376.

Tabelle 9
Einfuhr Deutschlands von wichtigsten Nahrungsmitteln insgesamt und über gesicherte Grenzen[1]
(in % der deutschen Einfuhr)

	Deutsches Reich 1913	Großdeutschland u. Tschechoslowakei zusammen 1938
Brotgetreide		
Weizen	4,1	48,3
Roggen	4,2	97,1
Fleisch		
Rind- und Kalbfleisch	89,7	19,0
Schweinefleisch	42,6	92,4
Nahrungsfette und Käse		
Butter	44,6	95,0
Käse	89,7	95,4
Schweineschmalz	4,7	77,9
Speck	25,0	89,2
Talg	4,9	19,3
Waltran	63,3	85,1
Pflanzliche Öle und Fette	28,2	22,2
Sonstige Nahrungsmittel		
Fische	57,5	50,7
Zucker	0,0	33,1
Hülsenfrüchte	16,2	41,2
Reis	6,5	24,7
Eier	47,5	56,4
Obst	25,6	72,2
Gemüse	61,8	73,0
Südfrüchte	7,6	55,9
Futtermittel		
Futtergetreide: Hafer, Gerste, Menggetreide, Mais	4,1	16,5
Öl- und Eiweißfuttermittel	8.0	32,3

[1]Als gesicherte Grenze wurde angenommen fur 1913: Danemark, Norwegen, Schweden, Niederlande Schweiz Bulgarien, Turkei, Rumanien (bedingt)
Als gesicherte Grenze wurde angenommen fur 1938. Danemark Norwegen Schweden Finnland, Estland Lettland Litauen, Polen, Rußland Niederlande Belgien Schweiz Italien, Ungarn, Jugoslawien Bulgarien, Rumanien, Griechenland Turkei

Quelle Expertise der Volkswirtschaftlichen Abteilung der I G-Farbenindustrie AG (1 Jahreshalfte 1939), BA-MA Wi I/376

Dies erschien besonders im Falle Finnlands und der Baltischen Staaten möglich, die ihren außenwirtschaftlichen Verkehr größtenteils über die von Deutschland zu kontrollierende Ostsee abwickelten. In Betracht kamen ferner die mittel- und südosteuropäischen Länder, deren bedeutsamste Verkehrsverbindungen ohnehin nach

Mitteleuropa ausgerichtet waren und deren über See führende Exporte, nicht zuletzt mit Hilfe des verbündeten Italien, behindert bzw. auf den deutschen Hegemonialbereich umgeleitet werden konnten. Zur Versorgung Deutschlands im Kriege kamen erst in zweiter Linie die skandinavischen Länder und die westeuropäischen Neutralen Holland, Belgien und die Schweiz in Betracht, die aber zum Teil selbst keine blockadefeste Nahrungs- und Futtermittelversorgung besaßen. Italien ließ sich als Lieferant von Reis, Käse, Eiern, Obst und Gemüse im gewissen Umfange einkalkulieren, die Türkei für Hülsenfrüchte, Obst und Südfrüchte, während Spanien und Portugal, ungeachtet ihrer mit den Nationalsozialisten sympathisierenden Regime, nur als Exporteure weniger Nahrungsstoffe in das ernährungswirtschaftliche Kalkül einbezogen werden konnten. Solange man sich mit der Sowjetunion im Friedenszustand befand, ließ sich ihr Stellenwert als Ausfuhrland für agrarische Produkte nur schwerlich taxieren, da ihre Lieferfähigkeit nicht nur vom politischen Willen, sondern auch von den Verkehrs- und Transportmöglichkeiten abhing.

Unter den genannten Voraussetzungen stellten zahlreiche Forschungsinstitutionen Berechnungen über die im Kriege zu erwartende agrarischen Importe an, die auf den Verbrauchs- und Produktionsziffern des Jahres 1938 beruhten. Die Überschüsse der finnisch-baltischen und der südosteuropäischen Staaten erschienen ausreichend, um den deutschen Bedarf an Weizen, Schweinefleisch, Butter, Schmalz, Speck, Hülsenfrüchten, Eiern und Futtergetreide im Umfang der Friedensimporte zu sichern. Eine gewisse Überschußproduktion bei Roggen konnte den Fehlbetrag an Futtergetreide ausgleichen. Eine beachtliche Lücke mußte bei Fettrohstoffen bleiben, ebenfalls bei Rindfleisch, die man durch Abschlachtungen in Dänemark und Holland zumindest teilweise schließen zu können hoffte. Ganz allgemein war mit einem Mangel an Futtermitteln zu rechnen.

Es mußte in dem sich weder in seiner zeitlichen noch räumlichen Dimension abzeichnenden Krieg darauf ankommen, diese Bedingungen soweit als irgend möglich aufrechtzuerhalten. Der erste Unsicherheitsfaktor der genannten Planspiele ergab sich bereits daraus, daß die Jahre 1937/38 und 1938/39 überdurchschnittliche Erntejahre gewesen waren. Zum anderen sank, dies wußte man aus der Zeit 1914-18 nur zu gut, die landwirtschaftliche Erzeugungskraft im Kriege permanent ab, auch wenn auf eigenem Territorium keine Kriegshandlungen stattfanden. Dies hatte seine Ursache insbesondere im Abzug landwirtschaftlicher Arbeitskräfte zum Militärdienst und in die Rüstungsindustrie. Doch zeigte man sich in verantwortlichen Kreisen des Dritten Reiches zuversichtlich, gegenüber dem Ersten Weltkrieg durch höhere Mechanisierung und gesichertere Düngemittelzuteilung einen gewissen Ausgleich schaffen zu können. Eine umfangreichere Vorratshaltung als zu Beginn des Ersten Weltkrieges bei dem neben Kartoffeln wichtigsten Grundnahrungsmittel, nämlich Brotgetreide, verhalf dem nationalsozialistischen Deutschland 1939 zu einer gegenüber 1914 verbesserten Ausgangslage. Eine nüchterne Berechnung ergab jedoch, daß bei Beibehaltung eines normalen Friedensverbrauches und bei Aufrechterhaltung des normalen Ernteniveaus der Jahre 1934-38 die Vorräte auf diesem Gebiet bereits im dritten Blockadejahr aufgebraucht sein würden. Bei Futtergetreide trat 1939 sofort ein nicht zu behebender Mangel auf.

Vergleicht man die deutsche Eigenproduktion 1939 unter Einschluß der bis dahin eroberten bzw. einverleibten Territorien mit den bisherigen Einfuhrmengen aus den blockadesicheren europäischen Ländern, ergab sich aber zweifelsfrei die ausschlaggebende Bedeutung der innerdeutschen Erzeugung für die Nahrungsmittelsicherung.

Die agrarische »Neuordnung« und Ausbeutung Kontinentaleuropas

Grundsatzüberlegungen

Nach dem zunächst raschen Vormarsch während des Rußlandfeldzuges frohlockte Reichswirtschaftsminister Funk: »Wir bewirtschaften heute ein Gebiet vom nördlichen Eismeer bis zum Schwarzen Meer, vom Finnischen Meerbusen bis zum Atlantik. Eine solche Wirtschaftsverwaltung« habe »es bisher in der Welt noch nie gegeben«[45]. Nun galt es, das kurzfristige Ziel der Deckung des kriegswirtschaftlichen Bedarfs mit dem längerfristigen der Schaffung einer europäischen Verbundwirtschaft zu koppeln. Noch im Frühjahr 1944 forderte er, »einesteils den *Notwendigkeiten des Krieges,* andererseits aber auch der *europäischen Wirtschaftsgemeinschaft* Rechnung zu tragen«[46]. Man sprach an kompetenter Stelle stets von einer wirtschaftlichen Zusammenarbeit zwischen den einzelnen europäischen Ländern, betonte öffentlich, »daß es sich nicht um eine wirtschaftliche Diktatur eines oder einzelner Länder gegenüber anderen handeln« könne, sondern um das wohlverstandene Interesse eines jeden Partners. In Europa beabsichtigte man eine allgemeine Erzeugnissteigerung, wobei es allerdings aus deutscher Sicht zu beachten galt, daß »nicht [...] jedes Land sozusagen auf eigene Faust und unter Ausnutzung etwaiger vorübergehender Konjunkturerscheinungen versucht, seine Erzeugung zu steigern, ohne dabei Rücksicht auf die landwirtschaftliche Erzeugung der Abnahmeländer und auch auf die Verpflichtung dieser Länder zur Abnahme von landwirtschaftlichen Erzeugnissen dritter Länder zu nehmen«. Notwendig erschien vielmehr ein Produktionsplan auf längere Sicht, der sich an den Bedürfnissen des künftigen Großwirtschaftsraumes zu orientieren hatte. Diese Produktionsabstimmung sollte zwar nach dem Grundsatz »freier Verständigung – allerdings nicht mit Genfer Methoden –«, gemeint war die Entschlußfindung des Völkerbundes, erfolgen[47]. Berlin behielt sich also eine gewisse Richtlinienkompetenz vor.

Wie stellte sich nun die agrarwirtschaftliche Ausnutzung des deutschen Hegemonialbereiches dar, wie wirkte sie sich auf die Versorgung der betroffenen Territorien und des Deutschen Reiches aus, und auf welche Weise vollzog sich der

[45] Die Sächsische Wirtschaft, 3.10.1941.

[46] F. Funk, Die Länder des Südostens und die Europäische Wirtschaftsgemeinschaft. Rede, gehalten vor der Südosteuropa-Gesellschaft in Wien am 10. März 1944, Wien 1944, S. 9.

[47] Vortrag Walter, o.D. (wie Anm. 27).

von Berlin gesteuerte innereuropäische Warenausgleich? Art und Umfang der agrarpolitischen Eingriffe und das Maß der Ausbeutung richteten sich nach der unterschiedlichen politischen Stellung des einzelnen Landes im Hegemonialgefüge des Dritten Reiches. Je größer der politische Handlungsspielraum des besetzten oder »befreundeten« Landes war, den man aus rassischen, weltpolitischen, aber auch politisch-psychologischen und wirtschaftlichen Erwägungen heraus hatte zugestehen wollen oder müssen, um so »normaler« entwickelte sich der wechselseitige Güteraustausch, um so eher zeigte man sich in Berlin bereit, Mangelgüter bis zu einem gewissen Grade zu substituieren. Darüber hinaus richtete sich die deutsche Bereitschaft, die Bevölkerung eines in ihrem Machtbereich liegenden Staates halbwegs ausreichend mit Nahrungsmitteln zu versehen bzw. ihr vorhandene Lebensmittel in relativ großzügiger Weise zu belassen, nach dem jeweiligen kriegsökonomischen Stellenwert auf anderem – denn dem agrarischen – Sektor. Für die okkupierten Gebiete galt generell:

> »Es ist klare und eindeutige Weisung des Herrn Reichsmarschall, daß unter allen Umständen, bevor im deutschen Volk gespart wird, zuerst bei allen übrigen Völkern, die von uns besiegt wurden, rücksichtslose Sparmaßnahmen zur Anwendung kommen müssen [...]. Der Herr Reichsmarschall befiehlt, daß unter gar keinen Umständen in der Heimat die Rationen irgendwie gekürzt werden [...], da die Stimmung der Heimat im Kriege ein ganz wesentlicher Faktor in der Reichsverteidigung ist[48].«

Die deutsche agrarwirtschaftliche Versorgung im Krieg hing weitgehend von der Möglichkeit, dem Willen und dem Erfolg ab, die befreundeten, beherrschten und okkupierten Gebiete zwar auszunutzen, sie aber gleichzeitig in jeder Weise lieferfähig und -bereit zu halten. Im Widerstreit dieser beiden agrarpolitischen Notwendigkeiten obsiegte mit sich verschlechternder Kriegslage eindeutig das Prinzip radikaler Ausbeutung.

Skandinavien

Die Okkupation Dänemarks und Norwegens war keineswegs auf die ausschließlich kriegsbedingte ökonomische Ausnutzung der Wirtschaft dieser Länder für deutsche Bedürfnisse gerichtet. Bereits während der Kriegshandlungen im Frühjahr 1940 dachte man darüber nach,

> »inwieweit es möglich ist, Skandinavien vollkommen in den deutschen Wirtschaftsraum einzugliedern, ob die skandinavische Wirtschaft im Großdeutschen Reich die nötige wirtschaftliche Ergänzung finden kann, ob sie sich vollkommen von den Wirtschaftsbeziehungen zu Deutschland nicht genehmen Ländern lösen kann, kurz und gut, ob Skandinavien ohne wesentliche wirtschaftliche Störungen in den Machtbereich der deutschen Wirtschaft eingefügt werden kann«[49].

Dem dänischen Außenminister Scavenius erklärte Hitler im November 1941, »wir müßten uns langsam an einen europäischen Begriff gewöhnen, denn schließlich

48 Aufzeichnung, 18.9.1941, über eine Besprechung bei Göring, BA, R 26 IV/vorl. 51, 16.9.1941.
49 Studie o. Verf., BA-MA, RW 19, Anhang I/61, 10.4.1940.

lebten wir alle in einer europäischen Familie [...]. Er, der Führer, sehe vor sich das Ziel, dieses autarke Europa zu schaffen, und dies sei möglich[50].«

Es ist müßig, darüber zu streiten, ob die *dänische*, überwiegend agrarische Wirtschaft durch die Besatzungsmacht ausgebeutet wurde. Fest steht, daß man in Berlin Wirtschaftsstruktur und -recht in der Hoffnung unangetastet ließ, Bevölkerung und weitgehend souverän gebliebene Regierung würden dieses Zugeständnis durch den deutschen Ansprüchen entgegenkommende Lieferfreudigkeit danken. Wenn man gegenüber Dänemark zunächst von einer radikalen Ausbeutung absah, dann nach dem Motto: »Länder, deren Wirtschaft und öffentliches Leben intakt sind, sind für uns ergiebiger als unruhige Länder[51].« Unter solchen Bedingungen konnte sogar die landwirtschaftliche Erzeugung in manchen Bereichen während der Okkupation gesteigert werden, so daß im Sommer 1944 der Chef des Rüstungsstabes Dänemark befriedigt feststellte:

> »Wenn auch durch andere Methoden der Lenkung und der Arbeit aus einzelnen Betrieben höhere Leistungen hätten herausgeholt werden können, so ist – wenn man alle Leistungen für deutsche Interessen (landwirtschaftliche Erzeugung, gewerbliche Erzeugung, Wehrmachtarbeiten und Arbeitseinsatz im Reich) zusammennimmt – durch das angewendete System zweifellos das Optimum dessen erzielt worden, was die dänische Wirtschaft unter den gegebenen Verhältnissen zu leisten vermag[52].«

Bei einem Vergleich zwischen der ernährungswirtschaftlichen Versorgung der Bevölkerung des Reiches und der der okkupierten Gebiete gilt es zu berücksichtigen, daß in Deutschland Festrationen zugewiesen wurden, während für die besetzten Gebiete Höchstrationen festgelegt waren, die bei der Verteilung nicht überschritten werden durften, umgekehrt aber auch nicht erreicht werden mußten (Tabelle 33). Selbst unter Beachtung dieses Unterschiedes muß die Versorgung Dänemarks mit Lebensmitteln während des Krieges – gemessen an der Deutschlands – als gut bezeichnet werden und unter objektiven physiologischen Gesichtspunkten als vollauf ausreichend. Der Butterverbrauch pro Kopf der dänischen Bevölkerung war 1941 fast doppelt so hoch wie im Normaljahr 1935; das aber, weil Margarine wegen fehlender Ölfruchtzufuhren durch Butter ersetzt werden mußte. Der Margarinekonsum ging von 21,2 kg pro Kopf im Jahre 1935 auf 3 kg 1941 zurück. Während der Speisefettkonsum 1935 30,7 kg ausmachte, betrug er 1941 lediglich noch 21,6 kg[53]. Während sich die Ausfuhr landwirtschaftlicher Produkte im Jahre 1943 gegenüber 1938 mehr als verdreifacht hatte, fehlte es an den notwendigen Importen, vor allen Dingen an Erzeugnissen der eisenschaffenden Industrie. 1943 war die Einfuhr von Walz-, Roheisen, Röhren usw. gegenüber 1937 um 78 Prozent zurückgegangen. So konnten landwirtschaftliche Geräte und

---

50 Aufzeichnung Hewel, 27.11.1941, über eine Besprechung zwischen Hitler und Scavenius, Akten zur deutschen auswärtigen Politik (ASAP), Ser. D.: 1937-1941, Bd 13, 2. Aufl., Göttingen 1970, S. 704.

51 Die Entwicklung des Außenhandels, 1944, BA, R 7/2025.

52 Aufzeichnung des Chefs des Rüstungsstabes Dänemark, 15.8.1944, für den Chef des Rüstungsamtes, BA-MA, RW 27/16.

53 Vgl. H. Winkel, Die wirtschaftlichen Beziehungen Deutschlands zu Dänemark in den Jahren der Besetzung 1940-1945, in: Probleme der nationalsozialistischen Wirtschaftspolitik, Berlin 1976, S. 119-174, hier Tabelle 10.

Maschinen nicht mehr repariert, Molkereien, Käsereien, Schlächtereien nicht im notwendigen Umfang instand gehalten werden. 1944 bestand »noch immer ein gewisser ungedeckter Bedarf an landwirtschaftlichen Maschinen«, insbesondere an Bindemähern, Drillmaschinen und Heubindern. Das dänische Ministerium des Äußeren beklagte den Mangel an Rohstoffen zur Herstellung von Pflügen, Zentrifugen und Melkmaschinen sowie zu deren Reparatur. »Es ist schon vorgekommen, daß Landwirte sich gezwungen gesehen haben, ihre Milchkühe zu veräußern, weil es nicht möglich war, Melkmaschinen oder Melker zu bekommen[54].« Ertragsmindernd wirkte sich die mangelnde Zulieferung aus Deutschland an Dünger und Futtermitteln aus, so daß die zum Teil höheren Ernten auf die Vergrößerung der entsprechenden Anbaufläche (insbesondere für Ölfrüchte) zurückzuführen ist. Die reduzierten Futtermittelzufuhren schlugen sich auf die Viehhaltung nieder. Bei Schweinen erfolgte bis zum Jahre 1943 gegenüber 1940 ein Einbruch bis etwa 40 Prozent, bei Geflügel von über 50 Prozent, bei Rindern war er geringer; nur bei Pferden ließ sich ein Anstieg der Zahlen registrieren, weil man die Tiere mangels Traktoren und Treibstoff als Zugkraft benötigte. Die Butter- und Käseproduktion fiel ab, so daß die deutschen Einfuhren dänischer Agrarprodukte zwischen 1939/40 und 1943/44 fast durchgängig eine rückläufige Tendenz aufwiesen. Die sich verschlechternde militärische Lage des Deutschen Reiches blieb nicht ohne Rückwirkung auf den Kooperationswillen und die Lieferbereitschaft Dänemarks. Sabotageakte und Teilstreiks wiederholten sich in immer kürzerer zeitlicher Folge. »Trotzdem wurden die Anforderungen der Besatzungstruppen befriedigt, teilweise mußten allerdings Zwangsmaßnahmen (Beschlagnahmen) durchgeführt werden[55].«

In den Jahren der Besatzung erfolgten – und dies war besonders wichtig für das politische Verhältnis Deutschlands zu den nordeuropäischen Staaten – wesentliche Nahrungsmittellieferungen insonderheit nach Norwegen, Schweden und vor allem *Finnland*, das davon besonders abhängig war. Als Gegenleistung für Holz und holzabhängige Fertigprodukte versorgte die Kopenhagener Regierung Finnland hauptsächlich mit Lebensmitteln wie Butter, Zucker, Trockenmilch, Eierprodukten und Kunsthonig. Der Stellenwert dieser Lieferungen erhellt aus einem Artikel der finnischen Zeitung »Ilta Sanomat«:

> »Besonders im Hinblick auf Lebensmittel ist Dänemark während des Krieges ein wichtiges Importland für uns geworden. Finnland hat jetzt viel von Dänemark erhalten, was Finnland bisher vermissen mußte und was nicht von anderen Staaten hätte eingeführt werden können. Dänemark hat in seinen Vertragsverhandlungen mit uns ein außerordentlich großes Verständnis und den Willen zur Hilfe gezeigt und sein Äußerstes getan, Finnland die unbedingt notwendigen Lebensmittel zu liefern[56].«

Hier hat die deutsche Regierung nicht ohne Eigeninteresse entscheidend nachgeholfen, insbesondere im Blick auf die finnischen Kriegsfreiwilligen auf seiner Seite.

[54] Memorandum des Ministeriums des Äußern betreffend die wirtschaftlichen Verhältnisse Dänemarks während des Krieges, Juni 1944, BA-MA, RW 19, Anhang 1768, Anl. 8, S. 5.

[55] Lagebericht des Feldwirtschaftsoffiziers beim Wehrmachtbefehlshaber Dänemark, 15.10.1944, BA-MA, RW 27/18.

[56] Zit. nach Lagebericht der Abteilung Wehrwirtschaft beim Rüstungsstab Dänemark, 15.8.1944, BA-MA, RW 27/16.

Schweden war durch seine geographische Lage vom Welthandel vollkommen abgeschnitten. Wegen seiner geringen Ackerbaufläche konnte es seine landwirtschaftlichen Anstrengungen nur in geringem Maße intensivieren. Es hatte aber eine vorausschauende Ernährungspolitik betrieben, im Blick auf die aggressive Politik des nationalsozialistischen Deutschland Vorräte angelegt, die es in die Lage versetzten, auch bei völliger Blockade mindestens sechs Monate durchzuhalten. Ohne Lenkung und Kontingentierung ließ sich die Versorgung mit Lebensmitteln allerdings nicht bewerkstelligen. Schlechte Ernten in den Jahren 1941 und 1942 führten zu Verknappungen, doch blieb die Brotgetreideversorgung ausreichend. Die Produktion animalischer Erzeugnisse stieg im Verlauf des Krieges, insbesondere bei Butter. Gute Fischfangergebnisse verhinderten eine Gefährdung der Versorgung der Bevölkerung, wenngleich sie auf eine gewisse Vielfalt der Nahrung verzichten mußten.

In Schweden war man sich des Spannungsbogens zwischen Neutralität und Abhängigkeit von Deutschland durchaus bewußt, weshalb man auch die nationalsozialistischen Großraumambitionen durchaus in das politische Kalkül einbezog. Die Presse nahm sich dieses Themas intensiv, wenngleich mit Rücksicht auf die Berliner Machthaber mit besonderer Behutsamkeit an. »Hin und wieder kommen von Deutschland Aussagen über die ›Großraum-Ökonomie‹, welche von den Achsenmächten nach dem Kriege aufgebaut werden soll. In der schwedischen Presse«, so wiegelte man ab, »hat man diesen deutschen Plänen äußerst geringe Aufmerksamkeit geschenkt.« Die deutschen Pläne aber nicht ernst zu nehmen, bezeichnete der »Stockholm-Tidningen« im März 1943 »jedoch als Unartigkeit unseren südlichen Nachbarn gegenüber«. Das Blatt warnte davor, davon auszugehen, »daß die deutschen offiziellen und halboffiziellen Aussagen nicht ernst gemeint wären«. Man erkannte ganz richtig die deutsche Absicht, in einer Nachkriegsordnung die ökonomischen Aufgaben in einem europäischen Großwirtschaftsraum so zu verteilen, daß man in Berlin die Fäden des ökonomischen Geschehens in der Hand behielt. Der Verfasser des Artikels machte aber deutlich, daß man sich in Schweden mit einer derartigen Lösung nicht anfreunden werde, weil sie neben der Intensivierung des Handels mit Europa doch den Verzicht auf einen Teil des bislang betriebenen internationalen Warenaustausches bedeute, und man gab zu bedenken, welche »großen Opfer eine Begrenzung dieses Handels mit sich bringen« mußte. In dem Artikel wurde bezweifelt, daß Deutschland in der Lage sein würde, die Bedürfnisse aller Mitgliedsstaaten eines europäischen Großwirtschaftsraumes gemäß ihren unterschiedlichen Lebensformen und Wirtschaftsstrukturen zu befriedigen. Gleichzeitig warnte er vor der Illusion »zu glauben, daß die kleineren Länder einen wesentlichen Einfluß auf diese Politik haben könnten«, wenn einmal die Lenkung des europäischen ökonomischen Lebens von Berlin aus erfolge. Auch das vielverwandte Argument, ein vereinigtes Europa zeige sich gegenüber weltwirtschaftlichen Krisenerscheinungen weniger anfällig, wurde als wenig überzeugend zurückgewiesen. Die schwedische Haltung, die die Regierung nicht so offen aussprechen durfte wie die Presse, blieb eindeutig ablehnend: »Vom schwedischen Gesichtspunkt aus muß man den Wiederaufbau und die Entwicklung eines welt-

Tabelle 10
Kalorienwert der Normalverbraucherrationen im Januar der Jahre 1941 bis 1944

Länder	1941	1942	1943	1944	1944/1945[1]
Deutschland	1990	1750	1980	1930	1671
Italien	1010	950	990	1065	
Belgien	1360	1365	1320	1555	
»Protektorat«	1690	1785	1920	1740	
Finnland	1940	1491	1630	1780	
Frankreich	1365	1115	1080	1115	
Baltische Länder	–	1305	1305	1420	
Niederlande	2050	1825	1765	1580	
Norwegen	1620	1385	1430	1480	
Polen	845	1070	855	1200	

[1]Erntejahr Angabe nach Sperling Die Ernahrung in Physiologie und Volkswirtschaft (wie Anm 118) S 345

Quelle Riecke. Ernährung und Landwirtschaft im Kriege (wie Anm 17) S 340 Auch bei den Kalorienangaben schwanken die Zahlen leicht was sich aus unterschiedlichen Qualitätsangaben erklärt

ökonomischen Systems mit lebhaften ökonomischen Verbindungen nach allen Seiten unbedingt der Erschaffung einer Anzahl Großräume vorziehen[57].«

Was die Behandlung *Norwegens* anbetrifft, so ließ man der neugebildeten deutschfreundlichen Regierung Quisling einen gewissen agrarpolitischen und versorgungswirtschaftlichen Freiraum und betrieb Sympathiewerbung durch Ausbildung von Jungbauern und -bäuerinnen in Deutschland, nicht zuletzt auch zum Zwecke des Transfers von Fachwissen. Gleichzeitig suchte man durch eine Veränderung der agrarischen Anbaustruktur, durch eine Umstellung z.B. der Fütterung, durch Entwässerung und Landgewinnung die Mangellage in gewissen Bereich zu beheben. Die Besatzungsmacht drängte auf einen zunehmenden Wirtschaftsdirigismus durch Maßnahmen wie die Einführung der von Deutschland entlehnten Preis- und Marktordnung, letztlich durch die Rationierung der Lebensmittel. Dies führte zu erheblichen administrativen Reibungsverlusten in Form von Versorgungsschwierigkeiten durch Verteilungsprobleme. Die Verkehrswege in Norwegen erwiesen sich als denkbar schlecht, der Transport erfolgte überwiegend durch Küstenschiffe, weshalb es durch kriegsbedingt mangelnde Tonnage auch dann zu Engpässen kam, wenn Vorräte vorhanden waren. Ungeachtet des privilegierten Status als »germanisches Brudervolk« wurde die Versorgung der Bevölkerung Norwegens bewußt unterhalb des deutschen Niveaus angesetzt und gehalten, und zwar kalorien- wie mengenmäßig (Tabelle 10).

Zwar wurde »die bisherige Versorgungslage als nicht ausreichend« angesehen, zumal deutsche wie norwegische Experten für den Normalverbraucher einen notwendigen Kaloriensatz von 2200 bis 2500 als notwendig ansahen. Doch wollte man »auch in Zukunft nur von dem Grundsatz ausgehen, daß möglichst viel aus Norwegen für das Reich und die Wehrmacht herauszuholen und daß so wenig wie möglich aus Deutschland zu beanspruchen« sei. Dabei sollte als Richtschnur gel-

57 Stockholms Tidningen, 29.3.1943.

Tabelle 11
Norwegen, Berichtszeit: bei Wehrmacht 1.8.1942–31.7.1943 = 12 Monate und bei Fischeinfuhren Reich 1.9.1942–31.8.1943 = 12 Monate (in t)

	Forderung Reichsmarschall	Forderungen Wehrmacht	geliefert an: Reich	geliefert an: Wehrmacht
Fisch	500000	3000	326261	6938,00
Fleisch	–	8133	–	8133,00
Käse	–	1426	–	1426,00
Obstkonserven	–	100	–	0,30
Gemüse	–	15000	–	12724,00
Obst	–	1500	–	21,85,00
Fruchtsaft	–	100	–	6,50
Marmelade	–	1500	–	31,70
Kondensmilch	–	200	–	33,80
Kartoffeln	–	150000	–	135000,00
Heu	–	40000	–	37284,00
Stroh	–	32520	–	40358,00
Weine, Spirituosen (Ltr.)	–	–	–	822839,00
Kartoffelmehl	–	360	–	144,00
Eier	–	3000000	–	32623,00
Glykose	–	540	–	1,25
Zellulose	–	10000	–	10000,00

Quelle: Abschlußbericht des Beauftragten für den Vierjahrsplan über die Abwicklung der Forderungen für die Besetzten Gebiete 1942/43. BA, R 26 IV/12.

ten, die norwegische Bevölkerung, insbesondere die Arbeiter, nur soweit bei Kräften zu halten, wie notwendig erschien, »um die erforderlichen gewerblichen Leistungen für Deutschland und seine Rüstung zu erbringen«[58].

Ungeachtet der Lage im Land stellten die Reichsbehörden ihre Lieferforderungen für Wehrmacht und Reich auf, die in allen Wirtschaftsjahren nahezu gleichblieben (Tabelle 11).

Oftmals sah sich die Wehrmacht jedoch genötigt, aus ihren Beständen Getreide und Fett »leihweise« zur Verfügung zu stellen. Fett mußte ohnehin aus dem Reich importiert werden. Ungeachtet der 1943 gegenüber dem Jahr 1940 etwa um siebeneinhalb Prozent vergrößerten Bewirtschaftungsfläche für Getreide waren die Ernten abgesunken. Nur bei Kartoffeln wuchsen sie in etwa proportional zur Erweiterung der Anbaufläche, die Erträge von Feld- und Gartengemüse sogar überproportional. Mit der reduzierten Feldfutteranbaufläche und den damit fallenden Erträgen, schließlich auch wegen mangelnder Einfuhren, verringerten sich die Viehbestände; lediglich bei Pferden war wie in Dänemark ein Zuwachs zu verzeichnen. Ab dem Kriegswirtschaftsjahr 1942/43 kamen die agrarischen Lieferforderungen des Reiches, soweit sie erfüllt wurden, nahezu ausschließlich der Wehrmacht zugute[59].

---

58 Expertise aus dem Büro des Reichskommissars, 31.10.1942, BA, R 83 Norwegen/6.
59 Vgl. Tabelle 11.

Westeuropa

Die *Niederlande* figurierten im Außenhandel insbesondere als Exporteure landwirtschaftlicher, zumeist tierischer Veredelungsprodukte. Sie machten vor dem Krieg über die Hälfte aller deutschen Importe aus dem Nachbarland aus. »Dieser Einfuhrposten ist insofern wehrwirtschaftlich von Bedeutung, als Deutschlands *Fettversorgung* davon betroffen wird und im Sanktionsfalle der notwendige Ausgleich durch Einfuhrumlagerung erreicht werden muß.« Generell durfte die »hohe Bedeutung der Niederlande bei dem vorliegenden Warenbedarf Deutschlands nicht unterschätzt werden, vor allem mit seinen potentiellen Ernährungsreserven«[60]. Mit der Besetzung ließ sich eine deutsche Monopolstellung als Warenabnehmer errichten.

Doch früher als die Politiker und Wirtschaftsexperten erkannten die Militärs, daß der mit der Besetzung der Niederlande verbundene agrarwirtschaftliche Nutzen für das Reich gering sein würde, sich die Okkupation möglicherweise rasch in eine Belastung umwandeln konnte. Zwar stellte das OKW fest, Deutschland verfüge »nunmehr über sämtliche Ausfuhrüberschüsse des Landes an Butter, Käse, Milch, Bacon, Eiern und Gemüse, was eine wesentliche Verbesserung der deutschen Ernährungssicherung« bedeute. Doch spätestens im Herbst des Jahres 1940 müsse »mit einer erheblichen laufend fortschreitenden Schrumpfung der Erzeugung und Ausfuhr in landwirtschaftlichen Veredelungsprodukten gerechnet werden«, da die Besatzungsmacht kaum in der Lage sei, Ersatz für die hauptsächlich überseegedeckten Einfuhrbedürfnisse an Futtermitteln und Brotgetreide des Landes zu beschaffen[61]. Daher war die Gestaltung der wirtschaftlichen Verhältnisse in den besetzten Niederlanden zunächst primär von den europäischen Neuordnungsplänen des Dritten Reiches diktiert, zumindest so lange, wie die ernährungswirtschaftliche Versorgung Deutschlands dies gestattete. Man wollte alles vermeiden, was die unbestritten feindselige Haltung weiter Kreise der Bevölkerung gegen den Aggressor und die Skepsis gegenüber der holländischen nationalsozialistischen Bewegung vertiefen konnte. Bei der Nutzbarmachung holländischer Wirtschaftskräfte für die deutsche Kriegführung und Versorgung Europas galt es, Rücksicht auf die Eigenbedürfnisse des Landes zu nehmen. Andererseits durfte daraus keine allzu große Belastung der Wirtschaft des Reiches erwachsen. Demzufolge zielte die nationalsozialistische Agrarpolitik darauf ab, in den Niederlanden einen hohen Grad an Autarkie zu erreichen. Hitler wies 1941 die Wehrmacht an, »daß aus den besetzten niederländischen Gebieten nichts mehr exportiert werden soll, so daß die in den Niederlanden produzierten landwirtschaftlichen Produkte zur Ernährung der Bevölkerung [...] zur Verfügung stehen werden«[62], ein Befehl, der mit zunehmenden Kriegsversorgungsschwierigkeiten Deutschlands nicht aufrechtzu-

---

60 Studie des Instituts für Weltwirtschaft, Mai 1938, über »Die wehrwirtschaftliche Bedeutung West- und Nordeuropas für Deutschland«, BA-MA, RW 19, Anhang I/571, S. 37.

61 Kriegswirtschaftlicher Lagebericht, Nr. a, des Wehrwirtschafts- und Rüstungsamtes im OKW, 1.6.1940, BA-MA, RW 19/98.

62 Aufzeichnung über eine Besprechung zwischen Seyss-Inquart und Hitler, 26.9.1941, zit. nach ADAP, D, Bd 13, S. 489.

Tabelle 12
Vergleich der Anbauverhältnisse in den Niederlanden 1939 und 1943
(Flächen in 1000 ha)

Fruchtarten	1935/38	1943	in % von 1935/38
1. Getreide	550,0	635,5	116
davon Brotgetreide	366,1	468,2	128
2. Hülsenfrüchte	59,4	43,7	74
3. Hackfrüchte	230,9	315,3	137
davon Kartoffeln	132,1	211,9	160
davon Zuckerrüben	43,4	44,3	105
4. Ölfrüchte	3,8	56,8	1495
5. Faserpflanzen	15,2	15,2	100
6. Handelsgewächse	17,5	7,6	43
7. Feldfutter	56,2	34,1	61

Quelle: Bericht des Instituts für Europäische Landbauforschung und Ernährungswirtschaft 24.11.1943, PA Ha.-Pol Gen. Versorgungsbilanz Niederlande 1943-44

erhalten war. Ein hohes Maß an Selbstversorgung ließ sich nach nationalsozialistischer Auffassung nur durch die Übertragung der bewährten deutschen Agrarordnung bewerkstelligen. So wurde in den Niederlanden in leicht abgewandelter Form die im Reich geltende Marktordnung als agrarpolitisches Regulativ eingeführt[63]. Während man die in Landwirtschaft und Gartenbau Beschäftigten in den dem Reichsnährstand vergleichbaren »Niederländischen Landstand« als einem korporativen Selbstverwaltungsorgan zusammenfaßte, wurden jedoch Handel sowie Be- und Verarbeitungsbetriebe, anders als in Deutschland, in diese Institution nicht integriert. Die vorwiegend auf Grünlandbewirtschaftung abgestellte Agrarproduktion der Niederlande mit ihrer hohen Futterabhängigkeit bedurfte unter dem Gesichtspunkt der Selbstversorgung und der Ergänzungsfunktion für Deutschland und die von ihm beherrschten Staaten, die sie sehr rasch erhielt, einer grundlegenden Veränderung. In deutschen Fachkreisen glaubte man hervorheben zu müssen, »daß kein anderes europäisches Land die Anpassung derart folgerichtig vollzogen« habe[64]. Dieser Umstellungsprozeß gelang durch die Hinzugewinnung von Ackerflächen durch Grünlandumbruch vor allem zugunsten des Brotgetreide-, Knollen- und Wurzelfrüchte-, insbesondere aber des Ölfrüchteanbaues (Tabelle 12).

Der deutscherseits erwünschte Erfolg blieb jedoch aus. Die Ernteerträge fielen zwischen 1940 und 1943 bei Getreide hinter die des letzten niederländischen Friedensjahres zurück, und verglichen mit den enormen Vergrößerungen der Anbaufläche wuchs die reale Ernte bei Ölfrüchten nur unproportional gering mit (Tabelle 13). Wobei sich die unbefriedigenden Ernteerträge auch aus der mangelnden Düngemittelzuteilung durch Deutschland erklären (Tabelle 14). Der Futtermit-

63 Vgl. Der Wirtschaftsaufbau im neuen Europa, hrsg. von E. Hickmann, Bad Oeyenhausen [u.a.] 1942, S. 1-22, hier S. 2 f.

64 Bericht des Instituts für Europäische Landbauforschung und Ernährungswirtschaft, 24.11.1943, über die Ernährungslage und die Liefermöglichkeiten der Niederlande aufgrund der Ernte 1943, PA, Ha.-Pol Generalia. Versorgungsbilanz Niederlande 1943/44.

Tabelle 13
Entwicklung der Hektar-Ertäge der wichtigsten Fruchtarten in den Niederlanden (Durchschnitt 1943/44)

	1935/38	1942/1943	1942/43	in % von 1935/38
Roggen	21,9	20,7	19,8	90,4
Weizen	29,5	19,5	23,1	78,3
Gerste	29,2	27,5	24,8	84,9
Hafer	25,5	21,5	22,5	88,2
Hülsenfrüchte	24,7	16,3	18,4	74,5
Raps	22,2	21,9	18,3	82,4
Kartoffeln	201,8	215,1	198,6	98,4
Zuckerrüben	370,0	324,1	330,0	89,2

Quelle Vgl Tab 12

© MGFA 04632-02

telknappheit begegnete man durch die Reduzierung des Rinder- und Schweinebestandes. Die Zahl der Hühner ging auf zwölf Prozent des Vorkriegsniveaus zurück, nur die Anzahl der Pferde wurde aus den bereits bekannten Gründen vermehrt (Tabelle 15).

Die Besatzungstruppen sogen einen erklecklichen Teil des agrarwirtschaftlichen Kriegsbeitrages Holland auf. Ab dem vierten Kriegsjahr stellte der Vierjahresplan im Benehmen mit anderen Dienststellen für alle besetzten Gebiete einen Gesamtlieferplan auf, der sowohl die Versorgung der Okkupationstruppen wie des Reiches betraf. Nur selten berücksichtigte er in den folgenden Jahren die Lieferfähigkeit, die zumeist an das Plansoll nicht heranreichte (Tabelle 16).

Bereits für das Kriegsjahr 1942/43 mußten erhebliche Abstriche bei den Brot- und Futtergetreideforderungen gemacht werden, um die holländische Versorgung nicht unzumutbar zu belasten. Der Reichskommissar für die besetzten niederländischen Gebiete bat in Berlin sogar um Rückerstattung von Getreidelieferungen, wurde aber abschlägig beschieden. Zukünftig verzichtete man jedoch auf Getreideputate aus den Niederlanden. Von nennenswerter Bedeutung für die deutsche Versorgung erwiesen sich jedoch die Gemüseimporte, wenngleich sie nur etwa 6 Prozent der deutschen Ernte ausmachten. Die Fleisch- und Fettlieferungen hatten »auf die deutsche Versorgung keinen Einfluß«, während das Gemüsesaatgut den Hauptposten der deutschen Importe aus Holland ausmachte und »einen er-

Tabelle 14
Düngemittelverbrauch der Niederlande (in 1000 t Reinnährstoffen)

	1939/40	1940/41	1941/42	1942/43	1943/44	in % von 1935/38
Stickstoff	102,0	95,0	70,6	62,0	48,5	48
Phosphor	90,3	54,5	11,0	6,5	6,0	7
Kali	104,3	154,0	140,0	146,0	140,0	135

Quelle Vgl Tab 12

© MGFA 04633-02

Tabelle 15
Tierbestand der Niederlande

Tiergattung	Bestand 1935/38 in 1000 Stück	Bestand 1943 in 1000 Stück	in % von 1935/38
1. Pferde	322,2	357,2	111
2. Rindvieh	2817,3	1838,2	65
davon Kühe	1665,4	1120,4	67
3. Schweine	1553,4	371,9	24
davon Zuchtsauen	164,5	89,9	55
4. Schafe	689,5	277,2	40
5. Hühner	32804,5	3868,3	12

Quelle: Vgl. Tab 12.

heblichen Anteil am deutschen Gesamt-Gemüse-Saatgut-Bedarf« deckte[65]. Ab 1944 sah sich die Besatzungsmacht zum Zwecke der Abwehr der alliierten Invasion zur Überflutung und Verminung großer landwirtschaftlich genutzter Gebiete veranlaßt, was sich merklich auf die Erzeugung auswirkte.

Die ernährungswirtschaftliche Lage in den Niederlanden hatte sich seit der Besetzung von Jahr zu Jahr verschlechtert. Der Fortfall der Futtermittelimporte und der damit verbundene Rückgang in der Viehhaltung zwang die Bevölkerung zu Einsparungen bei Fleisch und Fett. Zur Eigenversorgung gezwungen, kam es aber generell zu Engpässen in der Lebensmittelversorgung, wobei die Nahrungsmittelrationen zum Teil unter den deutschen lagen, was bei der Bevölkerung um so schmerzlicher empfunden wurde, als der allgemeine Lebensstandard vor dem Krieg höher als in Deutschland gewesen war. Als Folge reagierten die Holländer auf die deutsche Besatzungsmacht zunehmend feindlicher. Die für die Ernährung zuständigen einheimischen Institutionen zeigten sich nach außen hin den Okkupanten gegenüber zwar loyal, betrieben indes insgeheim eine Obstruktion, die das ganze Wirtschaftssystem in Unordnung brachte. Ab Mitte 1944 fiel Holland als Lieferant für den deutschen Markt immer mehr aus. Zu Beginn des Jahres 1945 registrierte die Wehrmacht nüchtern, »die Niederlande leisten zur Zeit keinen positiven Beitrag für die deutsche Kriegswirtschaft« mehr[66].

---

65 Bericht des Wehrwirtschaftsamtes, 1944, BA-MA, RW 26/18.

66 Bericht OKW W 1/III, 8.1.1945, Niederlande, BA-MA, Wi I/236.

Tabelle 16
Niederlande, Wirtschaftsjahr: läuft vom 1.8.1943 bis 31.7.1944
Berichtszeit nach Vierwochenperioden 8.8.1943 bis 10.6.1944 = rd. 10 Monate
(in t)

	Lieferforderung letzter Stand	bisher geliefert an Reich	bisher geliefert an Wehrmacht	zusammen
Brotgetreide	–	–	9990[1]	9990
Futtergetreide	20000	–	10678	10678
Fleisch	18402	5856	10089	15945
Fett	5000	2979	3095	6074
Speisekartoffeln	150000	29787	121650	151437
Saatkartoffeln	–	31738	4638	36376
Hülsenfrüchte	6000[2]	4398	1396	5794
Zucker	15000	7863	4766	12629
Käse	2000	–	1419	1419
Gemüse- u. Feldsämereien	10000	12363	–	12363
Gemüse	500000	165318	40202	205520
Obst	75000	16724	9563	26287
Heu	55000	–	49111	49111
Stroh	230000	272435	47995	320430
Obstsaft, Pülpe, Marmelade	–	2773	1873	4646

[1] geliefertes Brotgetreide wurde auf das Liefersoll von Futtergetreide mit angerechnet
[2] 4000 t nachgelassen in Vereinbarung mit Militärbefehlshaber Belgien für Lieferung von 16000 t Pflanzkartoffeln (15.2.1944).

Quelle: Aufstellung des Vierjahrsplans, 26.7.1944 über Lieferungen im V. Kriegswirtschaftsjahr. BA, R 26 IV/15

Agrarökonomisch stellte *Belgien* eine Belastung des Reiches wegen seiner hohen Einfuhrabhängigkeit dar. Das Königreich stand von allen Ländern, die in den Rahmen der europäischen Ordnung des Nationalsozialismus eingespannt werden sollten, in puncto Eigenversorgung mit Nahrungsmitteln an letzter Stelle. Pro Kopf der Bevölkerung gerechnet, besaß es die geringste landwirtschaftliche Nutzfläche in Europa. In der zweiten Hälfte der dreißiger Jahre hatte es zwischen 40 und 50,5 Prozent seines Brotgetreides importiert. Eine Abschnürung vom Weltmarkt bedeutete den Wegfall von Kraftfuttereinfuhren und damit die Reduzierung der Viehbestände. Dies hieß: Vergrößerung der bereits bestehenden Auslandsabhängigkeit in der Fleischversorgung, und in Berlin rechnete man für diesen Fall mit einem Eigenaufkommen von ca. 20 Prozent des friedensmäßigen Verbrauchs. Zwangsläufig mußte auch die Butterproduktion erheblich schrumpfen. Notwendigerweise war mit dem Problem der Futtermittelzufuhren auch das der Geflügelhaltung und damit der Eierversorgung verbunden[67].

Positiv schlug sich in der deutschen Bestandsaufnahme lediglich die Eigenversorgung mit Düngemitteln nieder, soweit es sich um Stickstoff und Phosphate handelte, die aus der Thomas-Schlacke zumeist luxemburgischer Erze gewonnen wurden. Die fehlenden Kalisalze sah sich das Reich zu liefern in der Lage.

[67] Untersuchung der wissenschaftlichen Abteilung des Stickstoff-Syndikates, Ende Mai 1940, über Landwirtschaft und Ernährungslage in Belgien, BA-MA, RW 19, Anhang I/1215.

Die Besatzungsmacht – repräsentiert durch den Befehlshaber in Belgien und Nordfrankreich – nahm die wirtschaftlichen Zügel rasch und fest in die Hand. Da die Versorgung mit landeseigenen pflanzlichen Nahrungsmitteln lediglich bis zum August 1940 gesichert war, führte die militärische Wehrwirtschaftsorganisation zunächst die Rationierung von Brot, später von anderen Nahrungsmitteln ein. Nachdem Darré Getreidelieferungen aus deutschen Beständen nach Belgien vorerst ablehnte[68], erschien das Abschlachten von Geflügel, Schweinen und Rindern in großem Umfange geboten. Nach kriegsbedingten Improvisationen bedurfte es jedoch einer Agrarpolitik nach bewährtem nationalsozialistischem Muster:

»Im Rahmen der gesamtpolitischen und -wirtschaftlichen Neuorientierung des Landes ist zwangsläufig auch die belgische Agrarpolitik in eine *neue Entwicklungsrichtung* gedrängt worden, die durch die agrarwirtschaftliche Lage und Aufgabe Belgiens innerhalb Europas sowie zunächst vor allem durch die Notwendigkeit der *Ernährungssicherung* des eigenen Landes gewiesen wird. Unerläßliche Voraussetzung für die Nahrungsmittelversorgung [...] ist die innere Ordnung und Steuerung der Land- und Ernährungswirtschaft[69].«

Rascher als in jedem anderen Okkupationsland schufen die Besatzungsbehörden eine dem Reichsnährstand ähnliche Organisation, die die Land- und Ernährungswirtschaft umfaßte und eine am deutschen Vorbild orientierte Marktordnung einführte, was besonders schwierig war, weil Belgien über keinerlei entsprechende organisatorische Kristallisationspunkte verfügte. Die politische Zuständigkeit für die Lebensmittelproduktion einerseits und -versorgung andererseits lag bei unterschiedlichen Behörden, so daß die Militärverwaltung eine beide Funktionen übernehmende Zentraleinrichtung, die »Corporation Nationale de l'Alimentation et de l'Agriculture« (NAA), installierte, die sich allerdings als wenig wirksam erwies.

Wie in den Niederlanden, so faßte man die Aufgabenbereiche für Landwirtschaft und Ernährung im belgischen Ministerium für Landwirtschaft und Lebensmittelversorgung zusammen (Verordnung vom 12. August 1940), übernahmen landwirtschaftliche Spezialisten in Parallele zu den deutschen Bauernführern auf verschiedenen regionalen Ebenen agrarpolitische und ernährungswirtschaftliche Funktionen, und es entstand eine Standesorganisation als Verband der Ernährungs- und Landwirtschaft, der die agrarökonomischen Forderungen entgegennahm und für die Durchführung der Marktordnung Sorge trug. Bis Ende 1940 war dieses Ausbeutungs- und Verteilungsinstrumentarium im wesentlichen installiert. Es folgte noch die Koordination der genossenschaftlichen Arbeit durch das »Office nationale des Sociétés agricoles«, das unter anderem die Verantwortung für die Mitarbeit der Genossenschaften an Erzeugung und Marktordnung übernahm. Grundlegende strukturelle Veränderungen unterblieben in Belgien, was für den Anbau ebenso galt wie für die Eigentumsverhältnisse. Man versuchte allerdings, die Ackerlandflächen und den Anbau bestimmter Produkte auszuweiten, was auch bis 1943 gelang (Tabelle 17).

---

68 Bericht des Amtes für Ernährungssicherung im Vierjahresplan, 1.7.1940, über die Futtermittelversorgung in Belgien, BA, R 17 VI/173.

69 Der Wirtschaftsaufbau im neuen Europa (wie Anm. 63), S. 2.

Tabelle 17
Die Steigerung der Anbauflächen der einzelnen landwirtschaftlichen Erzeugnisse im besetzten Belgien (in ha)

	1940	1941	1942	1943
bei Brotgetreide	von 270000	313514	343975	auf 374112
bei Gerste	von –	30117	51035	auf 76987
bei Kartoffeln	von 77000	104984	121173	auf 115317
bei Zuckerrüben	von –	48354	59378	auf 54047
bei Raps	von –	31	455	auf 25757

Quelle Deutscher Handelsdienst 30 3 1944, Bl 1

Insgesamt setzte man auf das Eigeninteresse sowohl der zahlreichen in die Versorgungsadministration einbezogenen Belgier als auch der Landwirte selbst, eine möglichst optimale Nahrungsmittelversorgung für die Bevölkerung zu gewährleisten, und sei es durch das besondere Funktionieren des Schwarzmarktes.

Nach einem komplizierten Berechnungsverfahren mußte auch Belgien, ungeachtet seiner eigenen gefährdeten Versorgung, bestimmte Lieferforderungen erfüllen, die im wesentlichen dem Unterhalt der Wehrmacht dienten. Grünlandumbruch und eine weitgehende Ausrichtung der Agrarwirtschaft auf den Anbau von Getreide, Ölfrüchten, Kartoffeln und Zuckerrüben sollten die Ernährungslage verbessern. In der Regel wurden Nordfrankreich und Belgien, derselben Okkupationsverwaltung unterstehend, als einheitliches Wirtschaftsgebiet betrachtet, so daß zwischen beiden Territorien ein Ausgleich von Mangelwaren erfolgen konnte, d.h. Nordfrankreich versah Belgien mit Getreide..Die Brotversorgung war unter diesen Umständen bis 1943 im Rahmen der Rationssätze gewährleistet, während es in der Zuweisung von Kartoffeln zu erheblichen Engpässen kam, zumal Deutschland ab 1942 seine Saatkartoffelabgabe einstellte. So konnten nicht einmal mehr die bevorzugt bedachten Rüstungsbetriebe für ihre Arbeitskräfte ausreichende Mengen an Kartoffeln erhalten. Die Rüstungsinspektion Belgiens war sich bewußt, daß »die Annäherung von Erzeugung und Verbrauch nur durch die Einführung einer Rationierung erreicht« werden konnte, »deren Sätze als unter dem physiologischen Minimum liegend bezeichnet werden« mußten[70]. Dennoch ist kennzeichnend für die Methode und Skrupellosigkeit der Ausbeutung, wenn Göring vor den Reichskommissaren für die besetzten Gebiete Anfang August 1942 unter anderem ausführte:

> »Belgien ist ein armes Land. Aber so arm ist es doch nicht, wie Ihr sagt. Brotgetreide brauchen sie nicht zu liefern, dafür kriegen sie doch auch nichts. Aber vergessen Sie dabei nicht, mir 50 000 t Futtergetreide abzuliefern. Fleisch kriegen wir nicht, will ich auch nicht. Fett kriegen wir nicht, will ich auch nicht. Zucker will ich 20 000 t haben, Kartoffeln 50 000 t, Obst 15 000 t[71].«

---

[70] Bericht der Abteilung Ernährung und Landwirtschaft beim Militärbefehlshaber Brüssel, 2.9.1943, BA, R 14/231.

[71] Zit. nach J. Kuczynski, Geschichte des Alltags des deutschen Volkes, Studie 5, 1918-1945, Köln 1982, S. 68 f.

Tabelle 18
Belgien, Wirtschaftsjahr: läuft vom 1.9.1943 bis 31.8.1944
Berichtszeit: 1.9.1943 bis 31.5.1944 = 9 Monate
(in t)

	Lieferforderung letzter Stand	bisher geliefert an Reich	bisher geliefert an Wehrmacht
Brotgetreide	–	–	–
Futtergetreide	40000	–	27443
Zucker	40000	–	9333
Kartoffeln	40000	–	37096
Hülsenfrüchte	6000	–	5500
Gemüse	30000	–	14586
Obst	20000	–	8794
Obst-, Gemüsekonserven	–	–	1310
Heu	35000	–	11751
Stroh insgesamt	150000	–	141587
davon Haferstroh	(50000)	–	(35987)
		–	
Sonstige Lieferungen			
Fische	–	–	9355

Quelle: Aufstellung des Vierjahrsplans, 26.7.1944 über Lieferungen im V. Kriegswirtschaftsjahr. BA, R 26 IV/15.
Es handelt sich wahrscheinlich um die Quoten für den gesamten Bereich des Militärbefehlshabers Brüssel.

Mitte 1944 verschärfte sich die Versorgungslage in Belgien, wo rund 30 000 ha Agrarfläche durch militärische Maßnahmen der Bearbeitung entzogen wurden. Die Ernährung der Bevölkerung war »besorgniserregend; belgische Ernährungswirtschaft versagt bei Brot- und Kartoffel-Versorgung. Dazu kommen Verteilungsschwierigkeiten infolge der Transportlage, so daß an einzelnen Orten bereits Notstände eintraten[72].« Deutschland mußte wieder mit Getreide aushelfen. »Mit Ausnahme von Zuckerlieferungen und der Versorgung der Besatzungstruppen in der Hauptsache mit Zuckermitteln besteht kein wesentlicher Beitrag Belgiens zur Versorgung des Reiches«, stellte das Feldwirtschaftsamt im Frühsommer 1944 fest (Tabelle 18)[73].

Frankreich spielte in den agrarökonomischen Überlegungen des Dritten Reiches vor dem Zweiten Weltkrieg kaum eine Rolle. Da die Nahrungsmitteleinfuhren vor dem Zweiten Weltkrieg aus diesem westlichen Nachbarland vor 1939 beispielsweise nur 7,2 Prozent der deutschen Gesamtimporte an Lebensmitteln ausmachten[74], hat es ein Konzept für die agrarwirtschaftliche Behandlung des besiegten Frankreich nicht gegeben. Während Deutschland die Departements Haut-Rhin, Bas-Rhin und Moselle praktisch annektierte, wurden die Departements Nord und Pas-de-Calais dem Militärbefehlshaber Belgien und Nordfrankreich unterstellt. Die

[72] Bericht des Feldwirtschaftsamtes, 15.6.1944, über die wirtschaftliche Lage, BA-MA, RW 19/103.
[73] Wehrwirtschaftliche Lage Frankreichs und Belgiens unter Berücksichtigung des Anteils an der deutschen Kriegswirtschaft, Stand 1.6.1944, BA-MA, RW 19/102.
[74] Studie des Instituts für Weltwirtschaft, Mai 1938, BA-MA, RW 19, Anhang I/571.

Tabelle 19
Anteil Frankreichs an der Versorgung des Deutschen Reiches und der Besatzungstruppen im Wirtschaftsjahr 1943/44 (in %)

Brotgetreide	etwa 4,4
Futtergetreide	etwa 6,0
Fleisch	etwa 12,0
Fett	etwa 2,0

Quelle: Wehrwirtschaftlicher Lagebericht des Feldwirtschaftsamtes Nr. 56, April 1944. BA-MA, RW 19/102

Atlantikküste und die größten Teile Ost- und Mittelfrankreichs mit Paris, das besetzte Frankreich, erhielten eine eigene Okkupationsadministration, und Südfrankreich blieb als nominell souveräner Reststaat bis November 1942 erhalten. Erst in der Hochphase der Großraumprojektionen zwischen 1940 und 1942 verschaffte man sich sehr rasch einen Überblick über die agrarischen Verhältnisse Frankreichs und über die Möglichkeiten, sie im Sinne kriegswirtschaftlicher Notwendigkeiten und europäischer Umverteilung zu gestalten. Kennzeichen der französischen Landwirtschaft war eine extensive, auf möglichst geringem Arbeitseinsatz beruhende Bewirtschaftung mit niedrigen Hektarerträgen bei oft guten Bodenverhältnissen. Zum Selbstverständnis französischer Agrarpolitik gehörte es, Mangelgüter aus den Kolonien zu beziehen. Bei deutschen Eingriffen in den wirtschaftlichen Prozeß der besetzten Gebiete wie bei entsprechender Einflußnahme auf die Regierung Pétain blieb unwägbar, »ob sich der Franzose wesentlich von seiner bisherigen Wirtschaftgesinnung« lösen, »ob sich eine einheitliche landwirtschaftliche Organisation so festigen« konnte, »daß das Agrarland Frankreich wirklich nennenswerte Versorgungsaufgaben für den Kontinent mit (zu) übernehmen« vermochte[75]. Aber in Erwartung des Zuflusses vermeintlich nicht versiegender Nahrungsmittelströme aus dem europäischen Osten dachte bis 1940 kaum jemand daran, sie auszuschöpfen. Zwar erkannte man, daß Frankreich offenbar nicht nur über Produktionsreserven mangels intensiver Bewirtschaftung des Bodens verfügte, sondern auch in Form von Brachland, das sich 1940 auf rund fünfeinhalb Mill. ha belief.

Um Selbstversorgung und Überschüsse zu erwirtschaften, hielt Deutschland auch in Frankreich eine Agrarordnung nach seinem Muster sowie die Installation eines Genossenschaftswesens für notwendig. Beides erwies sich zur Lenkung der Produktion zwecks Zuweisung der – unter den deutschen liegenden – Lebensmittelrationen an die französische Bevölkerung und Festlegung der Abschöpfungsquoten als unabdingbar notwendig. Die Verflochtenheit der unter verschiedenen Administrationen stehenden französischen Gebiete miteinander bewirkte, daß die von den Militärverwaltungen erlassenen agrarpolitischen Maßnahmen »praktisch [...] für ganz Frankreich« galten. Als Basis der allgemein- wie agrarwirtschaftlichen

[75] A. Osterheld, Wirtschaftsraum Europa, Oldenburg, Berlin 1942, S. 225 f.

Nutzung Frankreichs diente der für die Jahre 1940 bis 1943/44 seitens der Wehrmacht immer wieder hervorgehobene französische Wille zur Kollaboration[76].

Bereits 1940 wurde mit der französischen Regierung die Festsetzung des Abgabensolls für das jeweilige Agrarprodukt vereinbart, und zwar unter Einschluß des Wehrmachtbedarfs, damit die Truppe wilde Requisitionen und Käufe unterließ, was aber, wie in allen anderen Okkupationsgebieten, nicht erreicht wurde, so daß, nach Aussage der Wehrmachtführung, große Lebensmittel- und Futtermengen nicht erfaßt werden konnten, angelegte Vorräte angegriffen bzw. für das Reich oder zum innerfranzösischen Austausch bestimmte Waren nicht transferiert wurden. Bis zum November 1942 sind fast alle Statistiken über Frankreich ungenau, weil sie selten die drei Verwaltungsgebiete trennen, zum Teil auch die quasiannektierten Territorien in ihren agrarwirtschaftlichen Leistungen bzw. Abhängigkeiten mit umfassen.

Tabelle 19 zeigt die Anforderungen für ganz Frankreich und soll vor allem die offizielle proportionale Zuteilung an Wehrmacht und Reich demonstrieren. Die für 1943/44 geforderten Tribute entsprachen in etwa denen der vorausgegangenen Wirtschaftsjahre und des Jahres 1944/45. Insgesamt kann festgestellt werden, daß Frankreich neben Osteuropa der Hauptlieferant von Nahrungs- und Genußmitteln war[77].

Die französischen Lieferungen gingen nicht nur an Wehrmacht und Reich (Tabelle 20), sie trugen auch zu einem beträchtlichen Teil zur Versorgung des übrigen europäischen Hegemonialraumes des Dritten Reiches und nicht zuletzt Italiens bei (wichtig waren die Lieferungen an Futtergetreide, Fleisch, Butter, Gemüse, Obst und Wein, Tabelle 34)[78].

Die im Erntejahr 1942/43 dem Reich zur Verfügung gestellten Brotgetreidemengen machten immerhin 46 Prozent der deutschen Einfuhr aus, bildeten jedoch nur einen Bruchteil im Vergleich zur deutschen Eigenerzeugung.

Im Zuge der alliierten Invasion verschlechterte sich die agrarwirtschaftliche Situation in Frankreich bedeutend. Evakuierung, Überschwemmung und Verminung im Küstenbereich minimierten die landwirtschaftlichen Nutzflächen gerade im Gebiet mit hohem Ertragswert, vor allem in der Normandie. Die Düngemittelversorgung brach im Laufe des Sommers 1944 nahezu zusammen und bewirkte ein Absinken der Erträge der zum Teil anspruchsvollen Kulturen. Damit verschlechterte sich die Versorgung der Großstädte mit lebensnotwendigen Lebensmitteln, und die Bevorratung sank auf etwa fünf bis zehn Tage ab. Es gab lediglich noch 90 g Fleisch wöchentlich; die Fettzuteilung war völlig ungenügend. Mitte 1944 betrug der Gesamtanteil Frankreichs an der Versorgung des Dritten Reiches und der Besatzungstruppen bei Brot- und Futtergetreide jeweils etwa sechs Prozent, bei Fleisch rund zwölf Prozent und bei Fett in etwa zwei Prozent der deutschen

---

76 Vgl. Bericht aus dem Bereich des Militärbefehlshabers in Frankreich über die Formen des Eingriffs in die französische Wirtschaft, 1944, BA-MA, RW 35/714.

77 Vgl. Tab. 34.

78 Mappe des Chefs der Zivilverwaltung mit graphischen Darstellungen über die wirtschaftlichen Leistungen Frankreichs, April 1944, BA-MA, Wi 1 3 A/28, S. 15.

Tabelle 20
Frankreich, Wirtschaftsjahr: bei Fleisch 1.9.1943–31.8.1944, übrige Erzeugnisse 1.9.1943–31.8.1944, Berichtszeit: bei Fleisch 1.9.1943–31.5.1944 = 9 Monate (in t)

	Forderung Reichsmarschall	geliefert an: Reich	geliefert an: Wehrmacht	zusammen
Brotgetreide	800000	373742[6]	292492	666234
Futtergetreide	600000	–	540014	540014
Fleisch	220000[1]	90290	73022	163312
Fett	24000[2]	923[4]	17703	18626
Kartoffeln	400000	–	369913	369913
Hülsenfrüchte	10000[2]	–	3179	3179
Käse	12000	1220	8685	9905
Gemüse	124000	9136	109106	118242
Obst	300000[3]	24142[5]	28924[7]	53066
Wein (in hl)	mindestens 4 Mill.	2578168	1187043	3765211
Heu	450000	–	335912	335912
Stroh insges.	400000	–	264172	264172
davon Haferstroh	(100000)	–	(43632)	(43632)
Samen und Saaten	–	11874	–	11874

[1] einschließlich rund 20000 t Restlieferung aus 1942/43
[2] laut Entscheidung des Vierjahresplans vom 29 9 1943
[3] einschließlich Obst fur Alkoholgewinnung.
[4] im Rahmen der Aufbringung für die Truppe entnommen und in das Heimatkriegsgebiet zurückgefuhrt;
[5] einschließlich 1085 t Apfeltrester und 48 t Nusse
[6] einschließlich 3315 t Zusatzverpflegung fur französische Eisenbahner
[7] davon an das Syndikat Deutscher Tiefkühlgesellschaften vom 1.8.1943–31 3.1944 geliefert 3700 t Obst und 12000 t Frischgemuse

Quelle Aufstellung des Vierjahresplans, 26 7 1944, uber Lieferungen im V Kriegswirtschaftsjahr BA, R 26 IV/15
Ohne direkte Entnahme der Wehrmacht

Erzeugung. Frankreich erbrachte darüber hinaus aber immer noch erhebliche Leistungen an Obst, Konserven, Wein und Rauhfutter[79]. Im Verlauf des Sommers 1944 erhielt die Wehrmacht Befehl, auf dem Rückzug eine totale Räumung von Vieh, Getreide und Ölfrüchten auf den Gütern vorzunehmen. Fehlender Transportraum ließ die Aktion relativ unwirksam werden. Dagegen verpflegte sich die Truppe »voll aus dem Lande und aus den reichlich vorhandenen Vorräten in den Heeresverpflegungslagern«, deren Bestände sich nicht abtransportieren ließen[80]. Während die Wehrmacht mehr oder minder wie die Made im Speck lebte, brach in der französischen Hauptstadt die Lebensmittelversorgung praktisch zusammen. In einem von der Militärverwaltung Ende August 1944 verfaßten Bericht über die Ernährungslage wird festgestellt: »Paris ist zur Zeit ohne nennenswerte Zufuhren an Lebensmitteln«. Die vorhandenen Bestände an Getreide und Mehl, Fleisch, Butter, Öl, Teigwaren und Hülsenfrüchten bewegten sich gegen Null. Gemüse und Kartoffeln fehlten restlos. Brot stand für ein bis zwei Tage zur Verfügung.

[79] Wehrmachtsinterner Bericht, 1.6.1944, über die »Wehrwirtschaftliche Lage Frankreichs im ersten Vierteljahr und April 1944«, BA-MA, RW 19/103.

[80] Bericht Küper, Reichsministerium für Landwirtschaft und Ernährung, 28.8.1944, über eine Reise nach Frankreich, BA, R 26 IV/21.

Die Lebensmittelindustrie lag bereits zum Teil still, da es an Betriebsmitteln, insbesondere an Kohle und Elektrizität mangelte. Ein Teil der Arbeiter war zum Widerstand übergelaufen. Zusammenfassende Lagebeurteilung:

»Bei den augenblicklichen Verhältnissen ist eine ordnungsgemäße Lebensmittelverteilung unter Überwachung durch die Militärverwaltung in keiner Weise gesichert. Es kann nicht verhindert werden, daß Lebensmittel, die gegebenenfalls mit Unterstützung der Wehrmacht nach Paris kommen, der Widerstandsbewegung zufließen, während andere Volksschichten hungern müssen und dadurch den Terroristen zugetrieben werden[81].«

Osteuropa

Das *Generalgouvernement* blieb 1940 und 1941 ein Agrarzuschußgebiet. Das ist auf mehrere Umstände zurückzuführen. Zum einen war die Ernte des Jahres 1939 durch den Feldzug überhaupt nicht eingebracht oder vernichtet worden. Um eine Hungerkatastrophe in Warschau zu vermeiden, mußten im Jahre 1940 beachtliche Getreidelieferungen aus dem Reich erfolgen. Zum anderen mußte der durch Kriegseinwirkung daniederliegenden Landwirtschaft, z.B. durch Auffüllung der Viehbestände und des Saatgutes, wieder auf die Beine geholfen werden. Erst das dem Generalgouvernement im August 1941 zugeschlagene Ostgalizien machte das Territorium nach Anlaufschwierigkeiten zu einem Agrarüberschußgebiet.

Futtergetreide und Kartoffeln konnten immerhin in beträchtlichen Mengen ins Reich abtransportiert werden[82], die insbesondere zur Verpflegung der Truppe während des Westfeldzuges benötigt wurden. Alle Agrarerzeugnisse mußten fortan planmäßig erfaßt und verteilt werden, wobei darauf zu achten war, »daß die in lebens- und rüstungswichtigen Betrieben arbeitenden Menschen ihre Leistungsfähigkeit behalten, während die übrige Bevölkerung während der Dauer der Lebensmittelknappheit auf ein Minimum an Lebensmitteln angewiesen bleiben muß«[83].

Bereits während der Vorbereitung und im Verlauf des Rußlandfeldzuges wurden ab Herbst 1940 dem Okkupationsgebiet hohe Abgabenauflagen gemacht, insbesondere zur Unterhaltung der Wehrmacht und auch der SS, doch konnten diese nicht alle erfüllt werden, so daß es der Lebensmittelzuteilungen für die polnischen Rüstungsarbeiter aus Wehrmachtsbeständen bedurfte. Mitte des Jahres 1941 hatte sich die ernährungswirtschaftliche Situation im Generalgouvernement »bis zu einem geradezu bedenklichen Ausmaß verschlechtert. Infolge von Ankäufen der bisher noch unbewirtschafteten Lebensmittel durch die zahlreichen Truppen sind diese fast völlig vom Markt verschwunden. Aber auch die bewirtschafteten Lebensmittel verschwinden mehr und mehr.« Die in geringen Mengen in den Städten angebotenen Nahrungsmittel wurden fast ausschließlich auf dem Schwarzmarkt

---

[81] Bericht der Militärverwaltung, 23.8.1944, über die Ernährungslage von Paris, an den OB West persönlich, BA-MA, RW 35/1137.

[82] Vgl. G. Eisenblätter, Grundlinien der Politik des Reichs gegenüber dem Generalgouvernement, 1939-1945, Diss., Frankfurt a.M. 1969, S. 341.

[83] Richtlinien Franks, 25.1.1940, zit. nach ebd., S. 126.

Tabelle 21
Deutschlands Einfuhr aus dem Generalgouvernement 1940-1943
(in % der Gesamteinfuhr)

	1940	1941	1942	1943
Ernährungswirtschaft	0,5	0,7	3,6	3,9
Pferde	5,8	1,7	-	0,2
Rindvieh	0,1	-	9,6	6,3
Weizen	0,1	5,0	5,8	7,6
Roggen	2,0	-	50,9	95,8
Gerste	-	-	28,0	54,8
Hafer	-	-	65,6	51,1
Sonstiges Getreide	-	3,8	6,2	29,7
Kartoffeln	-	0,4	51,8	40,9
Eier, Eiweiß, Eigelb	2,0	2,4	11,2	13,1
Fleisch und Fleischwaren	0,0	0,4	2,2	2,2
Fische und Fischzubereitungen	0,1	0,2	0,4	0,3
Ölfrüchte zur Ernährung	1,6	1,4	0,6	0,1
Rohtabak	0,1	0,5	1,7	1,6
Tabakerzeugnisse	64,3	34,9	21,4	10,8
Butter	-	-	-	7,3
Honig	-	-	38,9	81,8
Mais, Hirse	-	-	-	10,3
Nichtölhalt. Sämereien	0,5	0,9	0,9	2,3
Zucker	-	-	3,3	5,8

Quelle: Studie des Instituts für Weltwirtschaft (wie Anm. 85)

© MGFA 04639-03

vertrieben. Ihre Preise kletterten auf astronomische Höhen. Der Bruttowochenlohn eines Rüstungsfacharbeiters reichte gerade zum Kauf von drei kg Rindfleisch oder anderthalb kg Zucker. Eine Intervention der Wehrmacht bei Generalgouverneur Frank zum Zwecke der Aufbesserung der Rationen der Rüstungsarbeiter beschied dieser Ende 1941 abschlägig, obwohl zu diesem Zeitpunkt bereits 20 bis 25 Prozent der Arbeiterschaft durch Krankheit, insbesondere durch Tuberkulose ausfielen[84]. Die Lebensmittelrationen für Normalverbraucher hatten sich inzwischen bei 400-600 Kalorien pro Tag eingependelt. Nochmals mußten größere Einfuhren aus dem Reich erfolgen, um vor allem Vieh- und Saatgutbestände aufzufüllen. Ab 1942 überwog dann die deutsche agrarische Ausfuhr wertmäßig in der Außenhandelsbilanz. Die Importe ins Reich, die in der Außenhandelsstatistik auftauchten, welche aber wiederum die von SS, Zivilverwaltung und Wehrmacht requirierten Agrargüter nicht berücksichtigt, weist auf, daß das Generalgouvernement seit 1942 »in der zusätzlichen Versorgung des Reiches eine relativ große Rolle bei vielen Agrarerzeugnissen spielte«[85]. Das galt insbesondere für Getreide – außer Weizen –, Kartoffeln, Honig, aber auch für Rindvieh, Eier, Butter, Mais und

[84] Brief Franks, 19.11.1941, an den Chef des Wehrwirtschafts- und Rüstungsamtes, BA-MA, Wi I/259.

[85] Studie des Instituts für Weltwirtschaft, Der kriegswirtschaftliche Beitrag Osteuropas für das Deutsche Reich 1936-1944, BA-MA, RW 19, Anhang I/567, S. 32.

Tabelle 21a
Deutschlands Ausfuhr aus dem Generalgouvernement 1940–1943
(in % der Gesamtausfuhr)

	1940	1941	1942	1943
Ernährungswirtschaft	33,8	8,7	6,5	4,2
Pferde	–	16,7	34,0	54,5
Schweine	90,9	100,0	50,7	50,0
Roggen	78,1	4,7	1,0	0,4
Gerste	66,7	12,7	2,8	4,7
Hafer	58,3	57,7	16,0	5,3
Sonst. leb. Tiere	25,0	41,7	30,8	23,1
Müllereierzeugnisse	98,5	–	–	–
Kartoffeln	26,1	10,6	4,3	5,1
Zucker	17,5	0,1	–	–
Rindvieh	66,7	82,4	35,5	41,5
Fleisch und Fleischwaren	22,2	75,0	18,2	47,6
Fische und Fischzubereitungen	100,0	93,3	94,4	90,0
Margarine und ähnl. Speisefette	18,2	50,0	36,5	7,9
Küchengewächse	–	32,6	11,1	–
Tabakerzeugnisse	71,4	18,2	25,0	33,3
Bier	45,0	21,3	23,5	20,4
Wein	33,3	16,7	22,4	8,3
Weizen	100,0	21,2	0,6	9,2
Nichtölhaltige Sämereien	15,8	6,5	5,3	5,7

Quelle: Institut für Weltwirtschaft, Der Kriegswirtschaftliche Beitrag Osteuropas für das Deutsche Reich 1936–1944, BA-MA, RW 19 Anhang I/567.

Tabakwaren. Gleichwohl wich die anfängliche deutsche Euphorie allmählich nüchterner Betrachtung, ja Enttäuschung. Sie rührte nicht nur von der mangelnden Erzeugungskraft des Generalgouvernements her, sondern die Liefer- und Leistungsfähigkeit des Okkupationsgebietes litt ab 1943 unter der zunehmenden polnischen wie sowjetischen Partisanentätigkeit, der bei Überfällen riesige Mengen an Nahrungsmitteln, Vieh als Beute und ernährungswirtschaftliche Betriebe durch Zerstörung zum Opfer fielen. So stellte zwar die Roggeneinfuhr von einer fünftel Mill. Tonnen 1943 einen wichtigen Posten in der Brotversorgung Deutschlands dar, doch nahm sie sich im Vergleich zu der jährlichen Durchschnittsernte im Altreich von acht Mill. Tonnen minimal aus. Das Kieler Institut für Weltwirtschaft kam denn auch zu dem nicht vorhergesehenen Ergebnis, daß die Agrarimporte aus dem Generalgouvernement »im Vergleich zur Eigenversorgung des Reiches eine prozentual geringe Rolle« spielten (Tabellen 21 und 21a).

Nicht unterschätzen sollte man hingegen die Nahrungsmittelentnahmen im Generalgouvernement durch SS, Zivilverwaltung und Militär, und das nicht nur durch die Eintreibung der dem Land auferlegten Abgaben zum Unterhalt dieser Institutionen, sondern auch in der Form von irregulären Käufen und Requirierungen (Tabelle 22).

Mit der Einbeziehung des Generalgouvernements im Februar 1944 in die Kampfzone, wobei zunächst der landwirtschaftlich wertvollste Teil in sowjetische

Tabelle 22
Generalgouvernement, Wirtschaftsjahr: 1.9.1943–31.8.1944
Berichtszeit: 1.9.1943–31.5.1944 = 9 Monate
(in t)

	Forderung Reichsmarschall	davon lt. Vereinbarung an: Reich	Wehrmacht	SS/Polizei	zusammen
Brotgetreide	–	203562[1]	110882	34951	349395
Futtergetreide	–	58760	40500	9500	108760
Getreide zusammen	454395[1]	262322	151382	44451	458155[1]
Fleisch	40000	20000	17000[2]	3000	40000
Kartoffeln	500000[3]	275000[4]	228330	21670	525000
Zucker	20000	14146[5]	5150	754	20050
Gemüse	65000	–	65208	5792	71000
Heu	50000	–	–	–	50000
Stroh	60000	–	–	–	60000
Sonstige Lieferungen:					
Geflügel	–	500	700	24	1224
Magergänse (Stück)	–	120000	–	–	120000
Eier (1000 Stück)	–	–	50000	7925	57925

	geliefert an: Reich	geliefert an: Wehrmacht einschl. H.G. Nordukraine	geliefert an: SS/Polizei	zusammen
Brotgetreide	199167	94867	20576	314610
Futtergetreide	60878	52788	8916	122582
Getreide zusammen	260045	147655	29492	437192
Fleisch	10682[6]	21929	2229	34840[9]
Kartoffeln	90255[7]	217619	31614	339488
Zucker	4589[8]	22632	754	23844
Gemüse	–	–	–	–
Heu	–	24207	857	25064
Stroh	–	31675	1818	33493
Sonstige Lieferungen:				
Geflügel	500	444	9	953
Magergänse (Stück)	113758	–	–	113758
Eier (1000 Stück)	5000	33483	5464	43947

[1] Einschl. 4395 t Restmenge aus 1942/43
[2] Davon 600 t für Arbeiter im Wehrmachtsgefolge
[3] Einschl. 15000 t für Spritherstellung
[4] Davon 25000 t an das Reich, 10000 t an Oberschlesien, 100000 t an das Reich über OKH, 50000 t für Spritherstellung Pionki, 90000 t Spritherstellung Reich.
[5] Davon 1000 t für Herstellung von Süßwaren für Wehrmacht, SS, Polizei
[6] 91847 Rinder mit 115 kg und 1988 Schweine mit 60 kg Schlachtgewicht angenommen
[7] Davon 62755 t an das Reich über OKH
[8] Zuckerwert für Rübenlieferungen an Zuckerfabrik Chybi (Oberschlesien)
[9] Ab 1. Mai 1944 für Lieferung an Wehrkreis (1174 t) und SS und Polizei (251 t). Rückerstattung vom Reich erwartet

Quelle: Der Beauftragte für den Vierjahresplan 26.7.1944, üb. Lieferungen im V. Kriegswirtschaftsjahr, BA. R 26 IV/15

Hände viel, begann man deutscherseits mit dem Abtransport aller Agrargüter und Viehbestände, soweit die Transportmittel und veterinärmedizinische Gesichtspunkte dies gestatteten. Pferde und Schweine wurden hauptsächlich in die Slowakei verbracht, wo zeitweise sogar eine Fleischschwemme herrschte.

Trotz unterschiedlicher Verwaltung und politischer Behandlung lassen die Reichskommissariate *Ostland* (ehemalige baltische Staaten, Weißruthenien) und *Ukraine* sowie die unter *Militärverwaltung* gehaltenen *sowjetischen Gebiete* (im folgenden zusammenfassend als besetzte Ostgebiete bezeichnet) hinsichtlich ihrer ernährungswirtschaftlichen Bedeutung für Deutschland und den von ihm beherrschten europäischen Raum eine gemeinsame Betrachtung zu. Bekanntlich räumte ihnen die NS-Ideologie unterschiedliche Plätze in einem nationalsozialistisch beherrschten Nachkriegseuropa ein, was bereits eine differenzierte Behandlung während der Okkupationszeit zur Folge hatte. Doch traten bei allen Versuchen, gewisse Neuordnungsvorstellungen bereits während des Krieges zu verwirklichen, aufgrund des fehlgeschlagenen Blitzkrieges gegen die UdSSR die als kriegsnotwendig erachteten agrar- und ernährungspolitischen Maßnahmen rasch in den Vordergrund, zumal Hitler sich freie Hand für die Gestaltung eines östlichen Nachkriegseuropas bewahren wollte. Auf die oft stark voneinander abweichenden Konzeptionen der an der Verwaltung der besetzten Ostgebiete beteiligten Institutionen und Organisationen muß hier nicht eingegangen werden, da sie letztlich der Verwirklichung der gemeinsamen kriegsökonomischen Absicht, nämlich einer optimalen Ausbeutung des Okkupationsgebietes, dienten. Wegweisend für das Vorgehen waren u.a. Vorarbeiten der militärischen Wehrwirtschaftsadministration unter General Thomas, der im Zusammenwirken mit Göring bereits vor dem Überfall auf die Sowjetunion den »Wirtschaftsstab Ost« gebildet hatte, dem wiederum der »Wirtschaftsführungsstab Ost« vorstand, in dem unter Leitung des Beauftragten für den Vierjahresplan die Staatssekretäre der mit ökonomischen Fragen betrauten Ressorts ihre wirtschaftspolitischen Pläne im Hinblick auf den bevorstehenden Angriff auf die UdSSR entwickelten und aufeinander abzustimmen suchten. Diese beiden Gremien erstellten in Zusammenarbeit mit dem »Beauftragten für die zentrale Bearbeitung der Fragen des osteuropäischen Raumes«, Alfred Rosenberg (später Reichsminister für die besetzten Ostgebiete), die »Richtlinien für die Führung in den neubesetzten Ostgebieten« (Grüne Mappe). Ausgangspunkt aller Überlegungen war die ernüchternde Erkenntnis dieses Gremiums vom Mai 1941: »Der Krieg ist nur weiterzuführen, wenn die gesamte Wehrmacht im 3. Kriegsjahr aus Rußland ernährt wird.« Die Schlußfolgerung aus diesem Tatbestand bedarf keiner Interpretation:

> »Hierbei werden zweifellos -zig Millionen Menschen verhungern, wenn von uns das für uns Notwendige aus dem Lande herausgeholt wird [...] Am wichtigsten ist die Bergung und der Abtransport von Ölsaaten, Ölkuchen, dann erst Getreide. Das vorhandene Fett und Fleisch wird voraussichtlich die Truppe verbrauchen[86].«

---

[86] Aktennotiz, Wirtschaftsstab Ost, über das Ergebnis einer Besprechung mit den Staatssekretären über Barbarossa, zit. nach R. Czollek, Zur wirtschaftpolitischen Konzeption des deutschen Imperialismus beim Überfall auf die Sowjetunion. Aufbau und Zielsetzung des staatsmonopolistischen Apparats für den Beute- und Vernichtungskrieg, in: Jahrbuch für Wirtschaftsgeschichte, Berlin, T. 1 (1968), S. 141-181, hier S. 155.

Tabelle 23
Wöchentliche Rationen der einheimischen Zivilbevölkerung in den besetzten Ostgebieten der UdSSR
(in g)

Gruppe I (i. dt. Interesse arbeitende Bevölkerung)	
Fleisch	150
Fett	75
Brot	2000
Kartoffeln	3500
Buchweizen oder Hirse	250

Gruppe II (Schwerarbeiter)	
Fleisch	250
Fett	125
Brot	3500
Kartoffeln	4500
Buchweizen oder Hirse	400

Gruppe III (Schwerstarbeiter, Lok-, Zugbegleit-, Binnenschiffahrtspersonal)	
Fleisch	350
Fett	250
Brot	4000
Kartoffeln	4500
Buchweizen oder Hirse	500
Zucker	150

Gruppe IV (Kasernierte Arbeiter, Normalarbeitende, Kriegsgefangene)	
Fleisch	250
Fett	130
Brot	2600
Kartoffeln	7000

Gruppe V (Familienangehörige, schuldlos Nichtarbeitende)	
Fleisch	100
Fett	50
Brot	1500
Kartoffeln	2500

Quelle Anordnung des Reichsministers für die besetzten Ostgebiete, 16.3.1943, BA-MA, RW 31/311

Die die Landwirtschaft betreffenden Passagen der Grünen Mappe, hauptsächlich ausgearbeitet von den führenden Vertretern des Reichsministeriums für Ernährung und Landwirtschaft, Staatssekretär Backe (später Reichsminister), und Ministerialdirektor Riecke (später Staatssekretär), präzisierten diese Leitlinie lediglich. Als Minimalziel war »die Versorgung der Wehrmacht aus Feindesland im dritten und eventuell weiteren Kriegsjahr« abgesteckt. Mit dem Vorsatz, in dem sowjetischen Okkupationsgebiet ökonomisch die »Struktur von 1909/13 oder sogar diejenige von 1900/1902 wiederherzustellen«, verband sich das kurz- und mittelfristige Bestreben, die deutschen Lebensmittelrationen und Nahrungsmittelreserven anzuheben bzw. aufzustocken. Längerfristig wurde der »Ersatz der Übersee-Einfuhren durch Einfuhren aus dem Osten«, d.h. die Herstellung der Autarkie im europäischen Großwirtschaftsraum anvisiert[87]. Für die Okkupationszeit galt, in

[87] Bericht des Wirtschaftsstabes Ost, Gruppe Landwirtschaft, 23.5.1941, Richtlinien für die Wirtschaftspolitik zur Ausnutzung russischer Quellen für die Ernährung der deutschen Wehrmacht und zum Teil für die deutsche Zivilbevölkerung, in: Der Prozeß gegen die Hauptkriegsverbrecher vor dem Internationalen Militärgerichtshof, Bd 39, Nürnberg 1949, S. 135-157, hier S. 148, 140, 157.

kürzester Zeit möglichst viel aus dem Land herauszuholen und möglichst wenig und nur dort zu investieren, wo man mit Überschüssen rechnen durfte. Ein innerterritorialer Ernährungsausgleich wurde nicht geplant und auch nicht vorgenommen. Indessen erwies sich sehr rasch, daß ohne hinreichende Ernährung auch keine Leistung der sowjetischen Bevölkerung zu erwarten war, die man auch im industriellen Bereich forderte, so daß zunächst sehr knappe Richtwerte für die notwendigen Kalorieneinheiten erteilt wurden, wobei es den deutschen Versorgungsstellen zunächst überlassen blieb, welche Nahrungsmittel sie im Rahmen dieser Vorgaben zur Verteilung brachten (Tabelle 23).

Die später festgesetzten Rationsmengen dürfen allerdings nicht mehr darüber hinwegtäuschen, daß gegenüber der slawischen Bevölkerung der Sowjetunion eine bewußte Politik der Aushungerung verfolgt wurde, von der Kriegsgefangene wie Zivilbevölkerung betroffen waren. In den alt-sowjetischen Gebieten, den Wirtschaftsinspektionen Nord, Mitte und Süd, dem Reichskommissariat Ukraine und dem Generalkommissariat Weißruthenien, stützte man sich bei der Ausbeutung der Territorien auf die vorgefundenen gut ausgebauten und organisierten staatlichen Erfassungs- und Verarbeitungsinstitutionen. Sammelpunkte, Sammelstellen und Kontore sowie die Be- und Verarbeitungsbetriebe landwirtschaftlicher Produkte wurden mit einheimischen Kräften wieder in Gang gesetzt und betrieben, wobei man, wenn möglich, die leitenden Positionen mit deutschem Fachpersonal besetzte. In der Ukraine wandelte man allerdings schon 1942 die entsprechenden Institutionen in Gesellschaften mit beschränkter Haftung unter deutscher Leitung um.

In den drei ehemaligen baltischen Staaten existierten funktionsfähige genossenschaftliche, staatliche oder gemischtwirtschaftliche Einrichtungen, die man den deutschen ökonomischen Interessen sofort nutzbar machte. Versuche, die einheimische Selbstverwaltung bestehen zu lassen, erwiesen sich als wenig tauglich, weil sie den Erfordernissen einer straff geführten Kriegsernährungswirtschaft nicht entsprachen. Leistungsfähige deutsche Firmen wurden zunächst im Bereich der Fleischwirtschaft, später auf allen anderen wichtigen ernährungswirtschaftlichen Gebieten, mit der treuhänderischen Führung der Großbetriebe dieser Branche beauftragt. Über allem stand die Zentral-Handelsgesellschaft Ost für landwirtschaftlichen Absatz und Bedarf m.b.H. (ZO), die treuhänderisch alle Erfassungs- und Verarbeitungs- sowie die wichtigsten ernährungswirtschaftlichen Betriebe verwaltete. Sie arbeitete auf Weisung des Beauftragten für den Vierjahresplan, Göring.

Obwohl man die Bevölkerung in den ehemaligen baltischen Staaten Estland, Lettland und Litauen, die zum sogenannten Ostland zählten, aus politischen und rassischen Gründen gegenüber jener der übrigen okkupierten Sowjetgebiete besserstellen wollte, nahm auch hier die Ernährungslage im Verlauf des Krieges katastrophale Formen an. Besonders schwierig gestaltete sich die Lebensmittelversorgung in Estland, obwohl man beabsichtigt hatte, gerade den dortigen finnougrischen Bewohnern eine Vorzugsbehandlung einzuräumen. »Die Lebensmittelsätze liegen [...] beträchtlich unter dem notwendigen Existenzminimum«, berichtete das

Oberkommando der Heeresgruppe Nord zu Beginn des Jahres 1943, wobei es darauf hinwies, daß selbst die festgelegten Rationen nicht mehr in voller Höhe ausgegeben werden könnten. In dem Bericht heißt es weiter, die kriegsgefangenen Russen bzw. bolschewistischen Esten erhielten höhere Zuteilungen als die estnischen Arbeiter, deren Leistungsfähigkeit ständig absinke.

»In einzelnen kriegswichtigen Betrieben wurde festgestellt, daß bis zu 40 % der Belegschaft zeitweise von der Arbeit fernbleiben, um sich im Lande die notwendigen zusätzlichen Lebensmittel zu besorgen. Das Fernbleiben der Eisenbahnarbeiter zwecks Lebensmittelbeschaffung und sich mehrende Unfälle, die auf Müdigkeit und Unterernährung zurückzuführen sind, gefährden in bedrohlicher Form den kriegswichtigen Eisenbahnbetrieb. Die Esten werden zum Schleichhandel gezwungen, der auf bedenklichste Weise die Lebensmittelerfassung beeinträchtigt und damit die Lieferung an die Wehrmacht gefährdet. Der derzeitige Zustand ist nicht länger tragbar. Er schafft einen Unruheherd im Rücken der Heeresgruppe[88].«

Da Esten und Letten als SS-Freiwillige auf deutscher Seite kämpften, nach einem Bericht des Reichsführers-SS »die estnischen Offiziere, die wir auf der Junkerschule in Tölz haben [...] absolut zu den besten gesamtgermanischen Offizieren, die bei uns durchgelaufen sind« gehörten, darüber hinaus auch festzustellen war, »daß die lettischen Truppenteile [...] sich sehr gut benehmen«, konnte die schlechte Ernährung, insbesondere der städtischen Bevölkerung Estlands und Lettlands, eine demoralisierende Wirkung auf diese Einheiten ausüben. Daher wandte sich Himmler im Sommer 1943 in einem persönlichen Schreiben an Backe, in dem er bat,

»doch einmal zu überlegen, ob es nach der neuen Ernte nicht möglich ist, der zahlenmäßig geringen estnischen und lettischen städtischen Bevölkerung die Rationen grundsätzlich zu verbessern. Ich verspreche mir davon [...] eine weitere Festigung der Stimmung in Estland und Lettland. Ich glaube außerdem, daß wir nach wenigen Monaten in der Lage sein werden, den dort noch reichlich betriebenen Schwarzhandel einzudämmen und mit Hilfe der estnischen und lettischen Polizei die Ablieferung zu verbessern[89].«

Backe notierte lapidar an den Rand des Schriftstückes: »Unmöglich«. An diesem Beispiel wird der enge Zusammenhang von Agrar- und Ernährungspolitik in den okkupierten Gebieten einerseits und Kriegführung andererseits deutlich.

Vorgehen und Verhalten von Wehrmacht, SS und Zivilverwaltung richteten sich nicht allein am ideologischen Stellenwert der UdSSR für das NS-Regime aus, sie spiegelten vielmehr die ökonomischen Schwierigkeiten im Reich, die mangelhafte politische wie strategische Vorbereitung des Ostfeldzuges und nicht zuletzt die militärischen Ereignisse im besetzten Gebiet selbst wider. Je nach Zuständigkeit für die hier genannten Felder setzten die zuständigen Instanzen ihre Prioritäten und gerieten untereinander in Widerstreit über Nutzen und Sinnlosigkeit der veranlaßten Maßnahmen, und so erklären sich gerade im agrar- und ernährungswirtschaftlichen und -politischen Bereich Kompetenzwirrwarr und Reibungsverlu-

88 Oberkommando der Heeresgruppe Nord an OKH, Generalquartiermeister, 7.2.1943, BA-MA, RW 31/311.

89 Schreiben Himmlers, 16.8.1943, an Backe, BA-MA, RW 31/311.

ste von der obersten bis zur untersten Ebene. Sie können hier nur exemplarisch für einzelne Okkupationsgebiete aufgezeigt werden, um deutlich zu machen, warum die agrarversorgungswirtschaftliche Rechnung Berlins im Blick auf die besetzten Ostgebiete nicht aufgehen konnte: Das Reichskommissariat Ukraine sollte z.B. nach Vorstellung Alfred Rosenbergs als Kornkammer des Reiches nach Kriegsende mittels Besiedelung sukzessive näher an Deutschland herangeführt werden. »Die Aufgaben eines deutschen Reichskommissars in der Ukraine können von weltgeschichtlicher Tragweite sein«, so heißt es in einer Anweisung des Ministers.

> »Zum ersten Mal grenzt das ukrainische Volk an deutsches Reichsgebiet, zum ersten Mal sind weitgehende technische Möglichkeiten für Verkehrswege vom Baltischen zum Schwarzen Meer wirklich gegeben, und zum ersten Mal besteht die Aussicht, in den kommenden Jahrzehnten Europa durch diese Kornkammer des Ostens unabhängig von jeder Blockade zu machen[90].«

Hitler teilte diese Auffassung. Für ihn stand die Ukraine im Zentrum seiner ökonomischen Vorstellungswelt vom sogenannten Osten, sie bildete gleichsam den Nukleus seiner östlich orientierten Lebensraumvorstellung. »Wenn die Ukraine mit europäischen Methoden verwaltet wird«, so äußerte er Ende November 1941 gegenüber dem dänischen Außenminister, »würde das Dreifache aus ihr herausgeholt werden. Wir könnten Europa unbegrenzt mit dem, was dort produziert werden kann, versorgen.« Über die Ukraine hinaus habe der Osten »alles in unbegrenzten Massen: Eisen, Kohle, Öl und feine Erde, auf der man alles pflanzen kann, was Europa benötigt: Getreide, Ölsamen, Gummi, Baumwolle und dgl. mehr«. Aus diesen Sätzen wird deutlich, daß das Modell vom europäischen Lebens- und Großwirtschaftraum für Hitler nicht nur eine theoretisch-ideologische, sondern eine ganz konkrete politische Größe darstellte. »Wenn erst einmal die reichen Gebiete Osteuropas im Gegensatz zur bisherigen Entwicklung, in der sie stets gegen Europa mobilisiert wurden, für Europa organisiert würden, so sei es möglich, Europa autark zu machen«, versuchte er seinem skandinavischen Gesprächspartner klarzumachen[91]. Diesem Vorhaben lief aber das Bestreben entgegen, das überaus fruchtbare Gebiet während des Krieges für die Versorgung von Truppe und Heimat optimal auszunutzen. Möglich wäre dies nur dann gewesen, wenn man der Privatisierung der Landwirtschaft nähergetreten und den nationalen Erwartungen und religiösen Bedürfnissen der Bevölkerung weitgehend entgegengekommen wäre, um sie für die von ihr erwartete Arbeitsleistung, Lieferbereitschaft und Verzichthaltung zu motivieren. Da man aber große Teile der Bevölkerung später auszusiedeln gedachte, unterblieben alle Maßnahmen, die dieses Vorhaben hätten erleichtern können.

Die Voraussetzungen für größere landwirtschaftliche Überschüsse erwiesen sich bei der Besetzung der Ukraine auch aus anderer Sicht als äußerst ungünstig. Auf den großen Staatsgütern in dem wertvollen Schwarzerdegebiet befanden sich kaum noch Arbeitskräfte. Das technische Inventar hatten die Sowjetmachthaber weitgehend zerstört und unbrauchbar gemacht, was übrigens für das gesamte ok-

---

90 Anweisung Rosenbergs an den Reichskommissar der Ukraine, 18.11.1941, BA, R 6/69.
91 Vgl. ADAP, D, RW 31/78.

kupierte Sowjetterritorium galt. Die notwendigen Arbeiter (Freiwillige, Zwangsarbeiter, Kriegsgefangene) wurden von Landwirtschaft und Industrie im Reich in Konkurrenz beansprucht: Die benötigten Investitionen hätten nicht nur die deutschen Rohstoffreserven über Gebühr beansprucht, sondern auch die rüstungsorientierte Maschinenbauindustrie überfordert. Hinzu kam, daß die Wehrmacht, entgegen ausdrücklicher Weisung durch den Wirtschaftsstab-Ost, Aushebungen von Pferd und Wagen in einem Umfang vornahm, der sowohl kurz- wie längerfristig die notwendige und ordnungsgemäße Bewirtschaftung des Landes ebenso unmöglich machte wie den zeitlich und mengenmäßig befriedigenden Abtransport der erfaßten Vorräte und laufenden Ernten. Das Reich sah sich auch nicht in der Lage, in Anbetracht der allenthalben während des gesamten Kriegsverlaufes angespannten Transportlage die benötigten Traktoren oder LKW zur Verfügung zu stellen. Auch diese Umstände sind für das ganze besetzte Sowjetgebiet kennzeichnend gewesen.

Die mangelnde Lieferfähigkeit und -bereitschaft der besetzten Ostgebiete ist nicht zuletzt auf die von der deutschen Besatzungsmacht praktizierte Behandlung der einheimischen Bevölkerung zurückzuführen. Da die Privatisierung der Landwirtschaft ausblieb, u.a. deshalb, weil die ehemaligen Kolchosen und Sowchosen die Organisation von Anbau, Bewirtschaftung, Erfassung und Transport gegenüber kleinparzelliertem privaten Grundbesitz wesentlich leichter machten, die Kontributionen hoch waren und die dem eigenen Verbrauch zur Verfügung bleibenden Agrarprodukte nicht ausreichten, um eine halbwegs zufriedenstellende Ernährung zu gewährleisten, fehlte es an der notwendigen Motivation, um für die Deutschen zu arbeiten. Hatten diese zunächst feste Abgabenkontingente gefordert, so wurde später das Prinzip der Umlage, also der prozentualen Abgabe von den wirklich erzeugten landwirtschaftlichen Produkten, eingeführt, damit die dem Eigenbedarf verbleibenden Agrargüter mit der steigenden Gesamterzeugung wuchsen. Dennoch blieb die Unzufriedenheit der sowjetischen Bevölkerung groß, obwohl ab Frühjahr 1942 mit Ausnahme der ehemals baltischen Staaten die »Gemeinwirtschaft« eingeführt wurde, d.h. die Übergabe des Landes an private Genossenschaften erfolgte, die gemeinsam von ihren Mitgliedern bewirtschaftet wurden. Im Baltikum wurden später Kolchosen und Sowchosen an die ehemaligen Grundbesitzer aufgeteilt, Kulaken erhielten eigenes Land, wie man überhaupt gegen Ende der Okkupation Reprivatisierungen vornahm. Der Widerstand gegen die Besetzer wuchs im Verlauf des Krieges und fand seinen Ausdruck u.a. in der zunehmenden Partisanentätigkeit. Bereits im Herbst 1941 traten in Weißruthenien die ersten Banden auf, so daß von den festgesetzten Umlagen beispielsweise bei Getreide nur 60 Prozent, bei Fleisch 64 Prozent, bei Streichfetten 55 Prozent und bei übrigen Fetten einschließlich Ölsaaten lediglich 30 Prozent eingetrieben werden konnten. Ähnlich lagen die Zahlen für das Wirtschaftsjahr 1942/43 in allen besetzten Ostgebieten[92].

Verhalten und Vorgehen der Wehrmacht bildeten denn auch den größten Unsicherheitsfaktor in der ernährungswirtschaftlichen Rechnung des Reiches gegen-

[92] Vgl. Tab. BA-MA, RW 31/78.

über den besetzten Ostgebieten. Es war kaum zu ermitteln, was die Truppe eigenmächtig konfiszierte. Wo es neben ihr noch Zivilverwaltungen gab, blieb die Kooperation und Koordination des Vorgehens auf ein Mindestmaß beschränkt, wenn sie überhaupt funktionierte. Kein geringerer als Hitler selbst stellte bereits zu Beginn des Jahres 1942 die Situation richtig dar:

> »Die harte Notwendigkeit des Krieges hätte es mit sich gebracht, daß am Anfang die einrückenden Truppen das Notwendige requiriert hätten. Bei Stabilisierung bestimmter Frontabschnitte hätten die Fronttruppen dann Kommandos nach hinten geschickt, um Beschlagnahmungen durchzuführen. Hinzugekommen seien die Sonderkommandos der Standorte, der Flieger, der SS, des Heeres usw. [Schließlich] sei dann die politische Führung und Zivilverwaltung gekommen, und da könne man nicht erwarten, daß die Bevölkerung in laute Freudenrufe ausbreche, und man könne ebensowenig erwarten, daß dann durch Verordnungen der politischen Führung sofort ein geregeltes Leben beginne[93].«

Erst im Frühjahr 1943 ordnete ein Führerbefehl die Auskunftspflicht der für die Truppenversorgung verantwortlichen Kommandobehörden über die Selbstentnahme aus dem besetzten Osten, über die vorhandenen Wehrmachtbestände an Verpflegung und Futtermittel sowie über die tatsächliche Verpflegungsstärke an. Gleichzeitig wurde die unmittelbare Konfiskation durch die Wehrmacht ohne Beteiligung der ernährungswirtschaftlichen Dienststellen untersagt und nur ausnahmsweise zur geregelten Versorgung im Zusammenhang mit militärischen Operationen gestattet. Dieser Befehl trat im Sommer 1944 auch für die übrigen okkupierten Gebiete in Kraft[94]. Die Truppe hat ihn entweder weitgehend ignoriert oder in ihrem Sinne interpretiert und befolgt. Der Kampf gegen den slawischen »Untermenschen« war den Soldaten derart motivierend durch die Propaganda nahegebracht worden, daß sich ihr ganzes Verhalten im Osten davon geprägt zeigte[95]. Menschen und Güter wurden entsprechend behandelt, große Mengen an Nahrungsmitteln durch bewußten oder unbewußten Vandalismus vernichtet. Deshalb sah sich beispielsweise im August 1942 der Oberbefehlshaber der Heeresgruppe B zu einem geharnischten Appell an die Truppe genötigt. Er stellte fest,

> »daß die Truppe vielfach in geradezu unverantwortlicher Weise mit Vorräten umgeht [...]. Wertvolle Lebensmittel gingen verloren, weil die Truppe alle Türen der betreffenden Magazine erbrochen hatte und die hereinströmende warme Luft den Verderb der Ware herbeiführte, bevor sie geborgen werden konnte [...]. Auch das Abschlachten von Vieh über den wirklichen Bedarf hinaus gehört hierher [...]. Es muß aber endlich Gemeingut aller Offiziere werden, daß die Ernährungslage des Reiches und seiner Verbündeten sinnlose Verschwendung verbietet. Erfaßte und planmäßig zum Einsatz ge-

93 Vermerk Rosenbergs, 19.2.1942, über eine Unterredung zwischen ihm, Lammers, Keitel, Himmler, Riecke und Hitler am 15.2.1942, BA, R 6/213.

94 Runderlaß des Beauftragten für den Vierjahresplan, Geschäftsgruppe Ernährung, 12.7.1944, BA, R 26 IV/19.

95 Zu nennen sind so u.a. die »Richtlinien für die weltanschauliche Erziehung« des Heeres, die Brauchitsch im Oktober 1940 mit besonderem Schwerpunkt auf die Themen »Rasse« und »Lebensraum« herausgab. Vgl. zu dieser Problematik u.a. H. Krausnick, H.-H. Wilhelm, Die Truppe des Weltanschauungskrieges, Stuttgart 1981, S. 111 ff.; später fand die Broschüre »Der Untermensch« des SS-Hauptamtes (Berlin 1942) große Verbreitung.

Tabelle 24
Anteil des Ostens (General-Gouvernement und besetzte sowjetische Gebiete) an der deutschen Einfuhr einiger Waren 1940–1943 (in % des deutschen Einfuhrwertes)

	1940	1941	1942	1943
Butter	8,7	2,9	31,3	0,5
Weizen	0,7	40,2	29,7	8,5
Roggen	71,5	66,4	92,6	97,3
Gerste	95,8	82,4	98,4	73,1
Hafer	99,3	76,2	74,3	63,3
Hülsenfrüchte zur Ernährung	34,9	21,2	7,4	5,1
Ölfrüchte zur Ernährung	–	4,6	58,6	52,3
Ölfrüchte zu technischen Zwecken	–	14,3	43,3	39,1
Wolle	–	1,7	36,9	8,8
Baumwolle	57,3	58,7	33,4	22,0

Quelle: Institut für Weltwirtschaft an der Universität Kiel BA-MA RW 19, Anhang I/567

brachte Vorräte bedeuten im Rahmen der Gesamtkriegführung in gleicher Weise einen Sieg wie eine gewonnene Schlacht[96].«

Der Abschlußbericht des Gebietskommissars in Brest-Litowsk vom Oktober 1944 schildert in selbstkritischer Reflexion das deutsche Besatzungsregime in den okkupierten Ostgebieten, Umstände, die dazu beitrugen, daß das kriegsökonomische Ziel in diesen Territorien nicht erreicht werden konnte. Da werden zunächst einmal die gegensätzlichen Weisungen angeführt, »von oben her« erlassen und zumeist mit der Wirkung, »daß wir uns nur Feinde, aber keine Freunde schufen.« Der Umgang mit der Bevölkerung aufgrund des Untermenschen-Prinzips wird besonders kritisch hervorgehoben: »Viele Feinde hat uns die leider mitunter recht brutale Behandlung der Einheimischen geschaffen.« Das traf auch und gerade für den wirtschaftlichen Sektor zu. »Ganz unverständlich war die Lohnpolitik. Auf der einen Seite erhielt die werktätige Bevölkerung einen geradezu lächerlichen Lohn, den sie oftmals gar nicht abholte, weil sie praktisch nichts damit anfangen konnte, auf der anderen Seite aber gab man ihnen nicht das zum Leben Notwendigste.« Gegenüber den Polizeikräften, insbesondere den in deutschem Dienst stehenden einheimischen, deren Tätigkeit laut Bericht »zum Schluß jedem Rechtsempfinden Hohn sprach«, wird der Vorwurf gemacht, den Bauern nicht selten unter niedrigem Vorwand ihre Vorräte zu Hause entwendet oder auf dem Weg zum Markt ihre freiverkäuflichen Produkte beschlagnahmt zu haben[97].

Die Ausfuhren aus den besetzten Ostgebieten ins Reich erstreckten sich vor allem auf Getreide, hier insbesondere auf Gerste. Doch haben diese auch bei dieser Getreideart im besten Jahr, nämlich 1942 mit 120 468 t, nur einen Bruchteil des im Rahmen des Hitler-Stalin-Paktes abgewickelten Importes des Jahres 1940

96 Befehl Frhr. von Weichs, 13.8.1942, BA-MA, Wi I/259.

97 Bericht, 18.10.1944, an den Generalkommissar von Weißruthenien, BA, R 6/87.

mit 696 912 t betragen, was vergleichsweise für alle Ausfuhrgüter aus der besetzten Sowjetunion nach Deutschland zutraf. Aus der Ukraine kamen vor allem Rindvieh, Butter, Getreide, Hülsen- und Ölfrüchte sowie Zucker ins Reich. Das Ostland fiel demgegenüber in seinen Mengen weit zurück und diente, wie die übrigen besetzten sowjetischen Territorien, hauptsächlich als Lieferant von Butter und geringen Mengen an Wolle und Flachs. Für diese Erzeugnisse wurden »die besetzten Sowjetgebiete damit zu einem entscheidenden Lieferanten für das deutsche Reich«[98]. Die rückblickende Bestandaufnahme des Instituts für Weltwirtschaft über die Einfuhren aus dem besetzten Polen und der okkupierten Sowjetunion während des Zweiten Weltkrieges ins Reich fiel enttäuschend aus. 1944 wurde es zur Gewißheit, »daß die Bedeutung Osteuropas für die Versorgung der im Reich lebenden Bevölkerung und der Wirtschaft [...] nicht so groß war, wie sie bei der Entwicklungsfähigkeit dieser Gebiete auch in der kurzen verfügbaren Zeit hätte sein können«[99]. Sicherlich kam der Einfuhr insbesondere von Getreide und Ölfrüchten für die deutsche Versorgung eine besondere Bedeutung zu, jedoch lediglich eine *zusätzliche* (Tabelle 24).

Setzt man die eingeführten Mengen mit der Eigenproduktion des Reiches in Relation, blieben jene weit hinter dieser zurück. So lag denn der eigentliche agrarökonomische Wert der besetzten Ostgebiete in der Lieferung von Nahrungs- und Genußmitteln an die Wehrmacht, SS und Polizei. Den Verteilerschlüssel für Reich und Truppe errechnete der Vierjahresplan. Die darüber hinausgehenden selbstständigen Entnahmen der Truppe, die sich kaum erfassen lassen, wurden von der Wehrmacht selbst als beträchtlich eingeschätzt. Mit zunehmender Partisanentätigkeit und seit der Phase des Rückzuges ließ sich nicht einmal mehr das in den Richtlinien für die Führung der Wirtschaft in den besetzten Ostgebieten für die Kriegszeit anvisierte »Minimalziel« erreichen, »Deutschland im 3. Kriegsjahr völlig von der Versorgung der eigenen Wehrmacht zu befreien, um der deutschen Ernährungswirtschaft die Möglichkeit zu geben, einerseits die bisherigen Rationen beizubehalten, andererseits gewisse Reserven für die Zukunft anzulegen.« An die längerfristigen Vorgaben hatte man gar nicht erst herantreten können, nämlich »auf den drei entscheidenden Lebensmittelgebieten – Ölsaaten, Getreide und Fleisch – Zufuhren in einem größtmöglichen Umfang für Deutschland freizumachen, um die Ernährung nicht nur Großdeutschlands, sondern auch der besetzten Gebiete im Norden und Westen zu gewährleisten«[100]. Im Gegenteil! Ab 1943 sah sich das Reich genötigt, die Versorgung der Wehrmacht mit Nahrungs- und Futtermitteln durch Nachschub großen Stils aus der Heimat sicherzustellen.

[98] Studie des Instituts für Weltwirtschaft, Der kriegswirtschaftliche Beitrag Osteuropas für das Deutsche Reich 1936-1944, S. 40, BA-MA, RW 19, Anhang I/567.

[99] Ebd., S. 43.

[100] Richtlinien für die Wirtschaftspolitik zur Ausnutzung russischer Quellen für die Ernährung ..., in: Der Prozeß gegen die Hauptkriegsverbrecher (wie Anm. 87), Bd 36, S. 154.

Südosteuropa

Als nach Abschluß des Frankreichfeldzuges die großraumwirtschaftlichen Pläne in ein akutes Stadium traten, stand es außer Frage, daß sie ebenfalls Südosteuropa umfaßten. Befriedigt stellte man im Auswärtigen Amt fest:

> »Dem Großwirtschaftraum sind bereits angegliedert, wenn auch nicht in einer besonderen wirtschaftspolitischen Form, so doch tatsächlich, die Länder im Donauraum. Schon Großdeutschland hatte eine wirtschaftliche Vormachtstellung in der Einfuhr und Ausfuhr dieser Länder von durchschnittlich 50 % [...]. Sie wird sich darüber hinaus im Laufe einiger Jahre noch weiter steigern, wenn die bisher vernachlässigten Austauschmöglichkeiten zwischen dem nordischen Raum und dem Donauraum planmäßig entwickelt werden. Bei den Ländern im Donauraum sind daher neue wirtschaftspolitische Formen nicht notwendig. Es genügt die Pflege und der weitere Ausbau der bestehenden tatsächlichen Beziehungen[101].«

Der Kriegseintritt Italiens und die damit verbundene Beherrschung des Mittelmeerraumes durch die Achsenmächte ließ das Oberkommando der Wehrmacht frohlocken: »Automatisch sind die Länder im Südosten, die ausgesprochene Exportländer geworden sind, nun noch mehr als bisher auf Deutschland angewiesen, was in einer lebhaften Lieferbereitschaft zutage tritt[102].«

Diese Länder zusammen erreichten einen agrarwirtschaftlichen Selbstversorgungsgrad von rund 107 Prozent; lediglich *Griechenland* war auf größere Nahrungsmittelzufuhren angewiesen. Die Ernährung der rund fünf Millionen Einwohner dieses Landes hing schon vor dem Krieg zu über einem Drittel von Zufuhren ab. Die zunächst italienische, dann deutsche Besetzung bewirkte erhebliche Erzeugungsverluste. Hinzu kamen die Nahrungsmittelentnahmen seitens der Truppe. Griechenland hatte keinerlei Vorratswirtschaft betrieben und besaß auch keine Administration, die eine Erzeugung hätte planen, erfassen und verteilen können. Daher wurde seitens der Okkupationsmächte auf den Aufbau einer Versorgungswirtschaft für die Gesamtbevölkerung nach deutschem oder in anderen besetzten Gebieten durchgeführtem Muster verzichtet. Lediglich die Bedarfsdeckung von Piräus, Athen und Saloniki versuchte man organisatorisch in den Griff zu bekommen. Durch die Abtretung der mazedonischen und thrazischen Überschußgebiete an Bulgarien im Verlauf des Zweiten Weltkrieges verschärfte sich die ernährungswirtschaftliche Situation des Landes. Deutschland mußte mit der Lieferung von Weizen, Hülsenfrüchten, Kartoffeln und Zucker einspringen. Ende 1942 begann das Internationale Rote Kreuz mit umfangreichen Hilfsaktionen, nachdem die Besatzungsmächte sich verpflichtet hatten, dem Land keine Mangelwaren zum Unterhalt der Truppe oder für die Ausfuhr zu entnehmen und für den Export in Frage kommende Überschußprodukte (Oliven, Traubenprodukte) durch Substitutionslieferungen für fehlende Naturalien zu kompensieren. Berlin und Rom war es zudem untersagt, sich in die Hilfsaktion einzumischen, die unter schwedischer und Schweizer Kontrolle anlief. Zwar hatte sich 1943 die Ernährungslage ein wenig

101 Expertise von Karl Ritter, Auswärtiges Amt, 1.6.1940, zit. nach Anatomie der Aggression (wie Anm. 40), S. 50.

102 Kriegswirtschaftlicher Lagebericht, Nr. 10, 1.7.1940, BA-MA, RW 17/98.

gebessert, doch waren die Preise für Lebensmittel auf das 600- bis 800fache des Vorkriegsstandes geklettert. Nach den Abzug der Italiener im Herbst 1943 installierte man beim deutschen Befehlshaber Griechenland eine Abteilung Militärverwaltung und gab dieser eine Anzahl von Fachkräften für die Land- und Ernährungswirtschaft mit dem Ziel bei, die Intensivierung der agrarischen Erzeugung und Erfassung zu betreiben. Das Bemühen, aus dem Reich landwirtschaftliche Maschinen, Traktoren, hochwertiges Saatgut, Dünge- und Schädlingsbekämpfungsmittel zu beschaffen, ließ sich wegen der immer schlechter werdenden Transportlage und der sich ausweitenden Partisanentätigkeit kaum realisieren[103]. Im Frühjahr 1944 konnte die wirtschaftliche Lage Griechenlands

> »wohl nicht anders als äußerst kritisch bezeichnet werden. Für eine Verbesserung derselben fehl[t]en alle Voraussetzungen [...]. Die Hauptsorge der leitenden Stellen ist und bleibt die Ernährungs- und Preisfrage. Die Lebenshaltungskosten sind für den Großteil der städtischen Bevölkerung bereits unerschwinglich geworden. Die Arbeitslosigkeit bringt es mit sich, daß viele Leute nicht einmal über die nötigen Geldmittel verfügen, um die kärglichen Lebensmittel, die auf Karten ausgefolgt werden, bezahlen zu können[104].«

Dies konnte natürlich nicht ohne politische Rückwirkung bleiben. Und so kann man wenige Wochen später einer Aufzeichnung aus derselben Feder entnehmen: »Das wirtschaftliche Elend weiter Bevölkerungsschichten fördert den Kommunismus, es ist nicht möglich, seiner Herr zu werden[105].«

Trotz vielseitiger Nutzungsmöglichkeiten stand in den *Donau-Balkan-Staaten* der Anbau von Weizen und Mais mit etwa 75 Prozent der landwirtschaftlichen Produktion im Vordergrund. Genügsame Lebenshaltung sowie die Möglichkeit der Intensivierung der Erzeugung weckten in Berlin keine geringen Hoffnungen auf größere Mengen agrarischer Importe. Die Voraussetzungen, diese während des Krieges zu steigern, schienen besonders günstig, weil sich die einzelnen Regierungen in hoher, wenngleich abgestufter Abhängigkeit vom Dritten Reich befanden und weil durch spezielle deutsche Interessenverbände und Institute gute Kenntnisse über die Agrarverhältnisse bestanden. Darüber hinaus existierten enge wissenschaftliche Verbindungen und lebte in einer Reihe von Staaten eine fleißige und damit starke agrarökonomische und nicht zuletzt für nationalsozialistisches Gedankengut anfällige deutsche Bevölkerung. Bilaterale Regierungsausschüsse legten den wechselseitigen Handelsaustausch fest, wobei der deutsche Partner durch die kriegsbedingte verkehrsmäßige Isolierung der Südoststaaten bzw. durch Okkupation hinreichend Pressionsmöglichkeiten besaß und diese auch nutzte. Hauptanliegen Deutschlands war es, neben der Intensivierung der agrarischen Erzeugung auch eine Umstrukturierung zugunsten des Anbaues insbesondere von Ölfrüchten zu erzielen. Die entsprechende Einflußnahme erfolgte durch den Aufbau einer am

[103] Beitrag zum Tätigkeitsbericht der Wirtschaftsabteilung der Dienststelle des Sonderbevollmächtigten des Auswärtigen Amtes für den Südosten, Athen, Die Versorgung Griechenlands während der deutschen Besatzungszeit 1941-1944, BA, R 2/30680.

[104] Bericht des Generalmajors a.D. Karl von Hervay, 19.3.1944, an die Südosteuropa-Gesellschaft, BA, R 63/106.

[105] Bericht Hervay, 14.5.1944, an die Südosteuropa-Gesellschaft, ebd.

nationalsozialistischen Vorbild orientierten Organisation der Landwirtschaft der deutschen Volksgruppen mit der Einführung von Bauernführern und deren Schulung bzw. Beauftragung durch Berlin. An der Hochschule für Bodenkultur in Wien war das Südost-Agrar-Institut eingerichtet, das zum einen kriegsorientierte Forschung betrieb, deren Ergebnisse »unmittelbar der Praxis des heutigen Alltags im Südosten zugrundegelegt werden« sollten[106]. Zum anderen befaßte es sich aber auch mit der längerfristigen Ausrichtung der Donau-Balkan-Staaten auf die Bedingungen eines europäischen Großwirtschaftsraumes. Als wichtigste Aufgabe oblag ihm die Ausbildung von Agrarstudenten, denen man nicht nur deutsches Fachwissen, sondern damit verbunden auch eine allgemein positive Einstellung gegenüber dem Reich zu vermitteln trachtete. Diese Bemühungen erwiesen sich insofern als ein Schlag ins Wasser, als nach den Erfahrungen der Südosteuropa-Gesellschaft die Südostländer ihren Studenten eine wesentlich bessere Ausbildung boten, weshalb man deutsche Examina dort auch nicht anerkannte.

Die in ihrem Spitzengremium mit führenden NS-Politikern besetzte Südosteuropa-Gesellschaft in Wien hielt engen Kontakt zu den nationalen Agrargenossenschaften Südosteuropas, insbesondere durch gemeinsame Arbeitstagungen und gegenseitigen Erfahrungsaustausch. Die Zielrichtung geht aus einem Geschäftsbericht der Gruppe »Ernährung und Landwirtschaft« der Gesellschaft von Ende 1942 hervor, in dem es heißt: »Die engste Zusammenarbeit und möglichst weitgehende Einflußnahme auf ihre Entwicklung ist von größtem wirtschaftspolitischen Interesse für das Reich[107].« Zusammen mit der zur Betreuung des Deutschtums im Ausland begründeten volksdeutschen Mittelstelle organisierte die Südosteuropa-Gesellschaft das »volksdeutsche Genossenschaftswesen« in der Slowakei, in Ungarn, Rumänien, Kroatien und Serbien neu.

> »Die künftige Gestaltung der volksdeutschen Genossenschaften in den Südoststaaten wird sich unter der weitgehenden Einflußnahme des Reiches von Wien aus vollziehen. Diese Arbeit ist vor allem vom völkischen Gesichtspunkt aus bedeutsam, muß jedoch auch vom Standpunkt künftiger Marktleistungen für das Reich betrachtet werden[108].«

Diese volksdeutschen Genossenschaften bildeten einen wirkungsvollen Hebel, mittels dessen sich der Anbau lenken, die Produktion erfassen und umgekehrt die Zulieferung von technischem Know-how und Düngemitteln steuern ließ. Besondere Aufmerksamkeit verdient in diesem Zusammenhang die »Sonnenblumenaktion«, die mit großem propagandistischen Aufwand durch volksdeutsche Gesinnungsgenossen der NSDAP in den Donau-Balkan-Staaten zum Zwecke der Verbesserung der Fettversorgung Deutschlands durchgeführt wurde. Mit dem Frühjahr 1943 nahm in Wien das Südost-Genossenschaftsinstitut seine Tätigkeit auf. Es diente dem Bestreben, auf wissenschaftlich-empirischer Ebene mit den Genossenschaften des Südostraumes zusammenzuarbeiten und zu einer aus deutscher Sicht fruchtbaren Kooperation zu gelangen.

---

106 Geschäftsbericht zur zweiten Tagung des Beirats zur Gruppe »Ernährung und Landwirtschaft« der Südosteuropa-Gesellschaft, 30.11./1.12.1942, BA, R 63/262, S. 8.

107 Ebd., S. 23.

108 Ebd., S. 22.

Tabelle 25
Deutschlands Nahrungsmitteleinfuhren aus den südosteuropäischen Ländern[1]
(in 100 t / Wert in Mill. RM)

1937	Menge	19400	**1941**	Menge	12246
	Wert	465		Wert	689
1938	Menge	15692	**1942**	Menge	10973
	Wert	472		Wert	929
1939	Menge	21217	**1. Halbj.**	Menge	4697
	Wert	623	**1943**	Wert	572
1940	Menge	22241			
	Wert	782			

[1] Slowakei, Ungarn, Kroatien, Serbien, Rumanien, Bulgarien Griechenland und Turkei

Quelle Geschaftsbericht zur zweiten Tagung des Beirates zur Gruppe »Ernahrung und Landwirtschaft« (wie Anm 106) BA R 63/251

© MGFA 04644-04

Dennoch ließ sich das gesteckte Ziel nicht im entferntesten erreichen. Einer der Hauptgründe lag in der mangelnden Zahlungs- und Lieferbereitschaft und auch -fähigkeit des Deutschen Reiches. Die Auswirkungen zeigten sich bereits im Jahre 1941 durch sinkenden Ausfuhrwillen Südosteuropas, aber auch durch zum Teil schlechte Ernten (Tabelle 25).

Die *Ungarn* hatten sich seit dem Sommer 1940 nicht nur auf deutsches Drängen hin, sondern auch in Anbetracht des Versuchs, als in ihrem Selbstverständnis wertvollste Rasse Südosteuropas gleichsam unterhalb der deutschen Hegemonialmacht dort eine Subherrschaft zu errichten, gegenüber den großraumwirtschaftlichen Bestrebungen Berlins höchst willfährig erwiesen. Dies kam am deutlichsten im Agrarabkommen zwischen Budapest und Berlin vom Oktober 1940 zum Ausdruck, das eine langfristige Arbeitsplanung und -teilung zwischen beiden Staaten vorsah, nachdem sich die ungarische Regierung bereits im Sommer 1937 verpflichtet hatte, der NS-Regierung in jedem Jahr bis spätestens zum 30. November die Getreide-Überschuß-Kontingente mitzuteilen, damit der mächtige Nachbar seine Getreideforderungen entsprechend festzusetzen vermochte.

Bei dem Kontrakt vom Oktober 1940 handelte es sich nicht um einen »kurzfristigen Handelsvertrag im üblichen Sinne, sondern das Abkommen bildet vielmehr die feste Grundlage für eine gemeinsame Planung der landwirtschaftlichen Erzeugung beider Länder«[109], wobei Ungarn sich nach der deutschen Mangellage zu richten hatte. In der Praxis entzogen sich die Ungarn immer wieder den eingegangenen Verpflichtungen, was durch die zu einem guten Teil kleinstrukturierte Agrarwirtschaft erleichtert wurde. Wenn der bilaterale Wirtschaftsausschuß die Abgabe aller Getreidemengen, die über einem gewissen Ernteergebnis lagen, vereinbart hatte,

[109] T. H. Surányi-Unger, Ungarische Wehrwirtschaft, in: Weltwirtschaftliches Archiv, 53 (1941), I, S. 75-111, hier S. 93.

wies man in Budapest nach, daß die Mindesternte eben nicht eingebracht worden war. Waren die Lieferungen von Weizen, Weizenmehl und Roggen schon 1940/41 gegenüber 1939/40 erheblich gesunken – nur bei Mais wiesen sie eine erhebliche Steigerung auf –, so blieben sie, mit Ausnahme von Roggen, für das Wirtschaftsjahr 1941/42 vollständig aus. Im Mai 1941 hatte sich Ungarn verpflichtet, »den gesamten Überschuß an landwirtschaftlichen Erzeugnissen aus der Batschka an Deutschland und Italien zu liefern.« Aufgrund dieses Vertrages ist eine gewisse Getreidemenge 1941/42 ins Reich geflossen. »Es war dies der einzige Vertrag, der Deutschland im letzten Erntejahr größere Getreidelieferungen gesichert hat[110].« Im Erntejahr 1942/43 verwiesen die Ungarn auf den laut Statistik höheren Konsum im Lande und die damit verbundene Unmöglichkeit, Weizenüberschüsse zu erwirtschaften und ins Reich zu transferieren. In Wirklichkeiten gelang es ihnen, größere Reserven anzulegen. Mit dem Verlust agrarwirtschaftlich bedeutsamer Territorien durch den Vormarsch der Sowjetarmee und dem damit einhergehenden Unwillen Budapests, den deutschen Wünschen fernerhin zu entsprechen, reifte in Berlin der Plan, Ungarn zu besetzen und damit die Hand auf seine wirtschaftlichen Ressourcen zu legen. Nachdem deutsche Truppen Mitte März 1944 einmarschiert waren, wurden die Regierungsausschüsse, die bisher noch den Schein von wirtschaftspolitischen Verhandlungen gewahrt hatte, aufgelöst, statt dessen ein Beauftragter des Reichsernährungsministeriums beim Stab des nunmehrigen Reichsbevollmächtigten in Budapest eingesetzt, der die agrarwirtschaftlichen Vorstellungen realisieren und den Lieferforderungen Nachdruck verleihen sollte. In einem Abkommen vom Juni 1944 mußte sich die ungarische Regierung u.a. verpflichten, in Zusammenarbeit mit den Deutschen im Rahmen einer gesamteuropäischen Koordination für jedes Produktionsgebiet einen Produktionsplan aufzustellen. Alle handelsvertraglichen Abmachungen Ungarns mit Drittländern bedurften der deutschen Genehmigung[111]. Nennenswerte Ergebnisse ließen sich aufgrund dieser Vereinbarung nicht mehr erzielen.

Rumänien beschränkte sich 1941/42 auf sieben bzw. fünf Prozent der vertraglichen Verpflichtungen[112] von Getreidelieferungen. Auch dieser Staat als treuer Verbündeter enttäuschte die deutschen Erwartungen hinsichtlich seiner agrarischen Lieferfähig- und -willigkeit. Das Land litt 1942 an den Auswirkungen einer schwachen Ernte, insbesondere bei Korngetreide, so daß bereits die Versorgung der Zivilbevölkerung Schwierigkeiten bereitete. Die Regierung sah sich genötigt, das Korn zu 92 Prozent ausmahlen zu lassen, die Herstellung von Feinmehl zu untersagen und Brotmehl durch Beimischungen zu strecken. Brot gab es nur an vier, später sogar nur an drei Tagen in der Woche, während an den übrigen lediglich Maismehl oder Kartoffeln ausgeteilt wurde. Der Staat requirierte, soweit erfaßbar, die gesamte Ernte und ließ der Landbevölkerung einen nur geringen Teil übrig. Die ihr zur Verfügung bleibenden Futtermittel erwiesen sich als völlig un-

110 Bericht des Leiters der Handelspolitischen Abteilung des Auswärtigen Amtes, 6.8.1942, an den Gesandten v. Rintelen, PA, Ha-Pol Wiehl: Ernährung Dez. 1936 – Aug. 1942.

111 Bericht des Handelsattachés Engler, 26.10.1944, an das Auswärtige Amt, Anlage, BA, R 2/30562.

112 Vgl. Anm. 110.

Tabelle 26
Erreichte Anbaufläche von Ackerland (in ha)

	vor dem Krieg		während des Krieges					
	1919	1934	1940	1941	1942	1943	1944	1945
Ackerland[1]	209242	183479	217222	270541	309010	352226	365855	367504
Brotgetreide	104233	101412	104089	121431	132844	147655	144160	133934
Hafer, Gerste, Mais	33390	15122	34009	52573	60577	69683	75534	82603
Kartoffeln	54888	45819	51369	62757	75746	88052	89497	88680
Gemüse	8137	8171	11823	15910	20328	22561	22695	23440
Ölpflanzen	741	8	181	695	1230	2473	8277	10159
Zuckerrüben	344	1501	3126	3436	3868	4773	5693	5566
Tabak	220	726	650	667	681	940	1088	1283

[1] inklusive Kleinpflanzer

Quelle Fleisch Ernährungsprobleme in Mangelzeiten (wie Anm. 116) S. 58

zureichend, so daß sich die Landwirte im Frühjahr 1943 zum Abbau ihres wertvollen Schweinebestandes und zum Verzicht auf die Nachzucht genötigt sahen, mit einer ernsthaften Fleisch- und Fettverknappung als Folge. Die günstige Wetterlage 1943 bescherte, unterstützt durch Lieferungen landwirtschaftlicher Maschinen und Düngemittel aus dem Reich, eine reichhaltige Ernte. Nun stellte sich das umgekehrte Problem: mangelnde Transportmöglichkeiten wie fehlender Lagerraum programmierten den Verderb in großem Umfang vor.

Diese Maßnahme zeigt, daß die Zufuhren aus Südosteuropa in gleichem Maße schwanden, wie der deutsche Verbündete an politischem und militärischem Ansehen und Einfluß einbüßte, und auch die arbeitsame und ertragreich wirtschaftende deutsche Volksgruppe verzeichnete durch das zwangsweise Einrücken der 17- bis 35jährigen zur Waffen-SS einen erheblichen Leistungsschwund[113].

Der *kroatische Satelliten-Staat* erwies sich als auf dem Getreidesektor zuschußbedürftig. Wegen der bewaffneten Aufstände und der damit verbundenen politischen Unsicherheit gingen die Anbauflächen bis 1944 um fast 50 Prozent, der Viehbestand um schätzungsweise 70 bis 80 Prozent gegenüber dem letzten Vorkriegsstand zurück[114].

Bulgarien litt in den Jahren 1940 bis 1942 an den Folgen dreier Mißernten und versäumter Bevorratung. Die Ernte 1943 war hinsichtlich Getreide und Hülsenfrüchten gut, Mais blieb als eines der Hauptnahrungsmittel unter dem üblichen Durchschnitt. Dies führte zu verminderten und schlechtversorgten Viehbeständen, und durch zu geringen Ölfrüchteanbau herrschte ein starker Fettmangel. Das

[113] Bericht von Erwin Lexen, 26.6.1943, an das Auswärtige Amt, PA, Inland II D 67-15/5. Allgemeine Wirtschaftslage in Rumänien 1937–1944.

[114] Vgl. H. Sundhaussen, Wirtschaftsgeschichte Kroatiens im nationalsozialistischen Großraum 1941–1945, Das Scheitern der Ausbeutungsstrategie, Stuttgart 1983. Serbien und das Banat bleiben in unserer Betrachtung im einzelnen unberücksichtigt, sind aber in die Gesamtbilanz »Südosteuropa« einbezogen.

Reich mußte schließlich mit Speiseöl, über das es selbst nur unzureichend verfügte, und Getreide aushelfen.

Diese nur punktuellen, exemplarischen Hinweise auf die agrarökonomischen Verhältnisse in den verschiedenen südosteuropäischen Staaten ergänzen sich doch zu einem halbwegs anschaulichen Bild. Zu all diesen internen Schwierigkeiten trat vielfach die organisatorische Unfähigkeit der landeseigenen Administrationen, natürlich auch das Bestreben von Landwirtschaft und staatlichen Institutionen, für sich selbst unbemerkt möglichst viel zur Seite zu schaffen und vor dem deutschen Zugriff zu bewahren, um für den Fall der Fälle Vorräte anzulegen.

Der Versuch der Südosteuropa-Gesellschaft, den Getreidehandel des Balkans durch Privatisierung zu beleben, scheiterte ebenfalls. In ihrem Exportvolumen lagen die südosteuropäischen Staaten zusammen hinter den Lieferungen Frankreichs zurück. Partisanentätigkeit, zunehmend fehlender Transportraum, die systematische Bombardierung des Donauschiffahrtsweges und das Vorrücken der sowjetischen Truppen ließen den agrarwirtschaftlichen Wert Südosteuropas rasch sinken. Ab 1944 können genauere Angaben nicht mehr gemacht werden. Zu Beginn des Jahres zog man auf einer Tagung des Wehrwirtschaftsstabes des OKW Bilanz: »Im Ganzen genommen besitzt [...] der Südostraum südlich der Donau und Drau – wohlverstanden unter heutigen Verhältnissen – ernährungswirtschaftlich nur mäßige Bedeutung für die deutsche Kriegswirtschaft[115].« Im Sommer bzw. Ende des Jahres 1944 schieden Rumänien und Bulgarien als Kriegs- und damit als Wirtschaftspartner des Dritten Reiches aus. Der wehrwirtschaftliche Nutzen Serbiens, Albaniens, Kroatiens und Griechenlands fiel fort.

Schweiz

Die enttäuschend niedrigen agrarischen Einfuhrquoten aus dem südosteuropäischen Raum finden ihre Erklärung nicht nur in den ökonomischen Voraussetzungen und Bedingungen der betroffenen Länder, sondern auch in den auf bilateraler Ebene zustande gekommenen Lieferungen an die Staaten des nationalsozialistischen Großwirtschaftsraumes, die schon immer und erst recht unter den Bedingungen des Krieges landwirtschaftliche Zuschußgebiete waren. Gleichwohl blieb z.B. die Ausfuhr nach Skandinavien gering. Es darf auch nicht übersehen werden, daß das Deutsche Reich mit Italien in Südosteuropa in einer Konkurrenzsituation stand, was die Abnahme von Agrarprodukten anbetraf. Schließlich mußte auch die Schweiz, nach der Besetzung eines Teiles, dann ganz Frankreichs, den Achsenmächten mehr oder weniger wirtschaftlich ausgeliefert, aus den Donaustaaten teilweise mit Lebensmitteln und landwirtschaftlichen Produkten versorgt werden.

Wie bei den anderen Ländern, so hatte man sich in Berlin vor Kriegsbeginn auch genaue Vorstellungen über die Selbstversorgungsmöglichkeiten und eventu-

---

115 Vortrag OTL Dr. v. d. Heyde, OKW Wstb/Aus. 2. Akt., 18.2.1944, über »Die wehrwirtschaftliche Bedeutung des Südostraumes südlich der Donau und Drau für die Achsenmächte«, BA-MA, Wi I/341, S. 10.

ellen agrarischen Überschüsse der Schweiz Gedanken gemacht. Der südliche Nachbar des Reiches spielte im kriegswirtschaftlichen Kalkül wegen seiner bedeutsamen Rüstungsindustrie eine wichtige Rolle. Vor allem optische und feinmechanische Geräte, aber auch direktes Kriegsgerät hat die Schweiz während des ganzen Krieges für die Wehrmacht produziert. Da war es notwendig zu wissen, inwieweit die Schweiz auf agrarische Zufuhren angewiesen sein würde, die man als Kompensationsgüter hätte besorgen müssen. Die in zahlreichen Institutionen angefertigten Expertisen ergaben ein positives Bild über die Gesamtversorgung der Schweiz mit Lebensmitteln im Krieg. Zunächst bestanden keine großen Unterschiede in den Verbrauchsgewohnheiten zwischen Eidgenossen und Deutschen; lediglich der hohe Bedarf an importierten Genußmitteln fiel auf. Es bestand eine große Auslandsabhängigkeit bei Getreide, Zucker und Fleisch, dagegen eine geringere bei Kartoffeln, Milch und Molkereierzeugnissen. Insgesamt hatte sich die Schweizer Ernährung gut an die natürlichen Produktionsbedingungen angepaßt. Dies gelang um so eher, als die Eidgenossen aufgrund ihrer Erfahrungen während des Ersten Weltkrieges zielstrebig auf eine optimale agrarwirtschaftliche Versorgung für den Fall eines erneuten europäischen Konfliktes hingearbeitet hatten. Bereits eineinhalb Jahre vor Beginn des Zweiten Weltkrieges schuf die Regierung in Bern die gesetzlichen Grundlagen für eine kriegswirtschaftliche Organisation, und sie begann mit der vermehrten Anlage von Vorräten. Es entstanden neun Kriegswirtschaftsämter, darunter das Kriegsernährungsamt (KEA), das seine organisatorische Fortsetzung über die Kantone bis hin zu den Gemeinden fand. Am 4. September 1939 nahm es seine Arbeit auf und bereits zehn Monate später trat ihm die Eidgenössische Kommission für Kriegsernährung, in der Physiologen und Ärzte vereinigt waren, als beratendes Gremium zur Seite[116].

Vor dem Krieg hatte die Schweizer landwirtschaftliche Produktion lediglich rund 52 Prozent des Kalorienverbrauchs der Bevölkerung zu decken vermocht. Ein im November 1940 erstellter Ernährungsplan strebte an, diesen Prozentsatz durch die Umstrukturierung im landwirtschaftlichen Anbau zu erhöhen, d.h. die Importabhängigkeit durch Erweiterung der Intensivwirtschaft zu vermindern. Dies bedeutete konkret eine gewisse Umstellung von der Weide- und Viehwirtschaft auf den Ackerbau. Der freie Markt sollte vor allem Kartoffeln und Gemüse in ausreichender Menge anbieten. Die Schweizer Milchwirtschaft mußte zur Eiweißproduktion weitgehend im alten Umfang erhalten bleiben, während bei der Schweine-, Großvieh- und Kälbermast Einschränkungen vorzunehmen waren. Die dadurch entstehende Fettlücke galt es durch eine Erweiterung des Ölsaatenanbaus zu schließen.

Um die für den Ackerbau vermehrt notwendigen Arbeitskräfte aufzubringen, trat am zweiten September 1939 eine allgemeine Arbeitsdienstpflicht ohne Unterschied des Geschlechts und des Berufes in Kraft. Güter wurden zur gemeinsamen

[116] A. Fleisch, Ernährungsprobleme in Mangelzeiten. Die Schweizerische Kriegsernährung 1939-1946, Basel 1947, S. 21-30. Siehe auch E. Feisst, Wie hat die Schweiz ihr Ernährungsproblem gelöst?, Bern o.J. (= Schriftenreihe des Aufklärungsdienstes der Eidgenössischen Zentrale für Kriegswirtschaft, 11).

Tabelle 27
Importierte Lebensmittel in 1000 Wagen zu 10 Tonnen 1934/38–1944

	Einfuhr insgesamt	Brot-getreide	Futtergetreide und Kraftfutter	Ölfrüchte Ölsamen	Fettstoffe	Zucker
1934/38	768	46,0	47,0	5,0	1,25	14,5
1939	877	45,0	50,0	7,5	1,69	20,2
1940	622	37,0	42,0	4,5	1,18	14,9
1941	490	23,0	27,0	3,9	1,40	5,7
1942	442	39,0	21,0	2,5	1,60	7,9
1943	407	25,0	12,0	0,6	1,15	5,8
1944	267	7,6	6,7	2,4	0,45	2,2

Quelle: Fleisch, Ernährungsprobleme in Mangelzeiten (wie Anm. 116), S. 63

Bewirtschaftung zusammengelegt und Meliorationen vorgenommen. Die landwirtschaftliche Umstellung zugunsten des Ackerbaus ist weitgehend gelungen (Tabelle 26).

Da die heimische Industrie die benötigten Düngemittel bereitzustellen vermochte, konnten die Hektarerträge im Gegensatz zu fast allen anderen europäischen Staaten generell erheblich gesteigert werden.

Die rückläufigen Importe sind natürlich auch auf die kriegsbedingten Handelsschwierigkeiten zurückzuführen. Sie resultieren aber auch aus der geschilderten Umstellung im landwirtschaftlichen Anbau und in der Ernährung der Bevölkerung. Von den Mittelmächten und dem besetzten bzw. unter deutschem Einfluß stehenden Frankreich umgeben, sah sich die Schweiz handelspolitisch vom Berliner guten Willen abhängig, den Auslandswarenverkehr zu dulden. Das Deutsche Reich zeigte sich jedoch im eigenen Interesse bereit, einen gewissen Umfang an Außenhandel, selbst mit den Feindmächten, zuzulassen, der sich allerdings deutscher Kontrolle und Restriktionen unterwerfen mußte (Tabelle 27).

Der Lebensmittelverbrauch sank während des Krieges gegenüber der Vorkriegszeit bei bestimmten Nahrungsmitteln erheblich ab, doch sorgte eine Rationierung durch Kartenzuteilung für eine ausreichende Ernährung der Bevölkerung und damit für eine Situation, die beispielsweise »im Jahre 1943 in keiner Weise der Gesundheit abträglich war«[117] (Tabelle 28).

Die deutschen Einfuhren landwirtschaftlicher Güter hielten sich in bescheidenem Rahmen und beschränkten sich neben Schokolade vor allem auf Zuchtvieh, Käse, Obst und Obstprodukte und wenige andere Naturalien.

[117] Fleisch, Ernährungsprobleme in Mangelzeiten (wie Anm. 116), S. 263.

Tabelle 28
Verbrauch einiger Lebensmittel, ausgedrückt in Prozenten des Vorkriegskonsums, pro Kopf der Bevölkerung 1940–1944 (nach Angaben der Warensektion des KEA)

	1940	1941	1942	1943	1944
Milch	101	104	104	96	92
Brotgetreide	88	80	81	81	77
Fleisch	103	92	71	67	61
Zucker	93	62	44	46	49
Butter/Fett/Öl	77	63	70	61	56
Teigwaren	86	51	50	61	65
Hafer/Gerste	–	–	62	35	39
Käse (Basis vollfett)	109	95	102	98	86
Reis	165	79	44	36	29
Hülsenfrüchte	–	158	200	180	153
Kaffee	–	–	57	77	68
Schaleneier	–	–	34	37	31

Quelle: Fleisch, Ernährungsprobleme in Mangelzeiten (wie Anm. 116), S. 263

Ergebnisse und Zusammenfassung

Auf der Basis des bisher Gesagten und der vorgelegten statistischen Daten lassen sich generalisierende und tendenzielle Aussagen über Landwirtschaft und Versorgung im nationalsozialistischen Herrschaftsbereich während des Zweiten Weltkrieges – zunächst bezüglich des Deutschen Reiches – treffen. Als erstes wird man unbestritten sagen dürfen, daß es dem NS-Regime gelang, durch das frühzeitige und gezielte Einbringen des administrativ-organisatorischen Elements in den agrarwirtschaftlichen Produktions- und ernährungswirtschaftlichen Verteilungsprozeß die Versorgung der deutschen Bevölkerung 1939-1944 – wenn auch mit gehörigen Abstrichen gegenüber der Vorkriegszeit – zu sichern. Die »Ernährungsfront« und mit ihr im Gefolge die politisch-psychologische Front brachen – im Gegensatz zum Ersten Weltkrieg – nicht zusammen. Aufgrund der Rationierungen entsprach die Ernährungslage im genannten Zeitraum, ungeachtet verminderter Zuteilungsmengen und verschlechterter Qualität, kalorienmäßig noch gerade den physiologischen Bedürfnissen. Wie im gesamten deutschen Hegemonialbereich, insbesondere in den stark agrarisch strukturierten Gebieten, gelang der Bevölkerung auch in Deutschland die Beschaffung zusätzlicher Lebensmittel über den Schwarzen Markt, während sich die Bewohner mittlerer und kleinerer Städte sowie die Normalverbraucher der Dörfer aufgrund ihres landwirtschaftlichen Umfeldes durch Mithilfe auf den Bauernhöfen oder durch Nachlesen der Ernte relativ ausreichend zu versorgen wußten. Dennoch ist festzuhalten, daß bereits die ersten Rationierungen zu einem Gewichtsverlust bei Arbeitern führten, der im Laufe des Krieges zunahm. Erhebungen ergaben zudem als Folge der Umstrukturierung der

Tabelle 29
Nährwerte für Normalverbraucher in Deutschland aufgrund der Lebensmittelkarten (in Gramm)

	Eiweiß[1] (zus.)	Eiweiß[1] (davon tierischer Anteil)	Fett[1] (zus.)	Fett[1] (davon tierischer Anteil)	Kohlen-hydrate[1]
im 2. Kriegsjahr	70	20	57	38	397
im 3. Kriegsjahr	49	16	47	31	315
im 4. Kriegsjahr	54	17	42	28	256
ernährungsmedizinisch ermittelter Sollverbrauch	75	30	65	–	448

[1] Nährwertaufkommen des Normalverbrauchers aus kartenpflichtigen, ausweisgebundenen und freien Lebensmitteln je Kopf und Tag

Quelle: Vermerk des Reichsministeriums für Ernährung und Landwirtschaft (wie Anm. 121)

© MGFA 04648-03

Ernährung und der geringen Zuteilungsmengen eine Zunahme von Krankheitsfällen und Mangelerscheinungen, so z.B. Eiweißmangelschäden, schwere Allgemeinschädigungen infolge Unterernährung, Störungen des vegetativen Systems und des Kreislaufes[118].

Bis in das letzte Kriegsjahr hinein sah sich die deutsche Bevölkerung mit den lebensnotwendigen Nahrungsmitteln versorgt, auch wenn insgesamt quantitativ, qualitativ und in der Vielfalt eine Verschlechterung eintrat. Ein Blick auf die Statistik verdeutlicht dies: Der menschliche Verbrauch an *Getreide* lag in den Jahren 1939/40 bis 1943/44 mengenmäßig weit über dem des letzten Friedensjahres 1938/39 (Tabelle 34). Auch der Verzehr an *Speisekartoffeln* stieg zwischen 1938/40 bis 1943/44 permanent an und übertraf die Durchschnittsmengen der Friedensjahre. Der *Zuckerverbrauch* der Kriegszeit überstieg den der Jahre 1913/14. Zwar ging der Genuß an *Frischmilch* zwischen 1939 und 1944 stetig zurück zugunsten einer im Vergleich zu den Jahren 1933 bis 1938 pro anno vermehrten Verarbeitung von Milch zu Butter, Käse und Dauerwaren. Diese war erst ab 1942 leicht rückläufig[119]. Selbst die Butterproduktion wies von 1933 bis 1943 eine steigende Tendenz auf[120]. Insgesamt aber standen den Haushaltungen seit 1939 wesentlich geringere Mengen an *Nahrungsfetten* als im letzten Friedensjahr zur Verfügung. Besondere Knappheit herrschte bei *Fleisch*. Der Pro-Kopf-Verbrauch hatte sich bis 1943/44 um annähernd 50 Prozent gegenüber dem des Jahres 1938/39 reduziert. Ausschlaggebendes Kriterium für die Beurteilung der agrarwirtschaftlichen Versorgung indes muß der Anspruch der Berliner Machthaber sein, mit dem sie angetre-

118 Vgl. H. Sperling, Die Ernährung in Physiologie und Volkswirtschaft, Berlin 1955, S. 353 ff.

119 A. Hanau, R. Plate, Die deutsche landwirtschaftliche Preis- und Marktpolitik im Zweiten Weltkrieg, Stuttgart 1975, S. 76.

120 Ebd., S. 79.

ten sind. Unter diesem Aspekt betrachtet blieb die ernährungswirtschaftliche Versorgung Deutschlands weit hinter den Erwartungen zurück.

Erst in der Phase des staatlichen und militärischen Zusammenbruchs traten im Reich katastrophale Versorgungszustände ein. Sie resultierten aus dem Verlust der okkupierten und reichseigenen Ostgebiete, dem Wegfall der Überschüsse Frankreichs und Oberitaliens, hier insbesondere wegen Lahmlegung des Massengüterverkehrs durch Partisanen. Mit dem militärischen Desaster ging das ernährungswirtschaftliche einher. Davon besonders betroffen waren die sogenannten Normalverbraucher, die keinerlei Zulagen für eine kriegswichtige Tätigkeit beanspruchen konnten. Hatte sich für die schon das Nährwertaufkommen seit dem zweiten Kriegsjahr ständig verschlechtert, so entsprach es im vierten Kriegsjahr »nicht mehr den ernährungsphysiologischen Normen«[121]. (Tabelle 29)

Der negative Kriegsverlauf belastete zudem die einheimische Ernährungswirtschaft durch steigende Anforderungen an das Leistungsvermögen der Landwirtschaft. Bislang der Ernährung zur Verfügung stehenden Fette – während des Krieges größte Mangelware im Reich – wurden für technische Zwecke benötigt. Die im sechsten Kriegsjahr 1944 der Versorgung der Bevölkerung entzogenen Fettmenge aus Erzeugnissen des Reiches und der besetzten Gebiete entsprach fast dem gesamten Fettverbrauch der Wehrmacht in den ersten vier Kriegsjahren. Der fast völlige Zusammenbruch der Rohölimporte zwang zur Treibstoffgewinnung aus Kartoffeln, Zucker, Melasse und Wein: Während in den Erntejahren 1941/42 rund 1,56 Mill. hl Spiritus aus diesen Agrarprodukten gewonnen wurden, waren es im Erntejahr 1942/43 schon 1,7, im Erntejahr 1944/45 sollten es 3,5 Mill. hl sein. Allein die der Schweinemast damit vorenthaltene Kartoffelmenge minderte die Fleischerzeugung in einer Größenordnung, die dem Vierteljahresbedarf der zivilen Normalverbraucher und der Wehrmacht entsprach. Hinzu kam, daß die in die Reichsgrenzen zurückströmenden Truppen eine zunehmende Belastung der deutschen Ernährungsbilanz bedeuten. Der Anteil der Wehrmacht am Lebensmittelverbrauch der Gesamtbevölkerung stieg von 1939/40 auf 1943/44 wie folgt:

bei Brotgetreide	von	9,1 Prozent	auf	23,4 Prozent,
bei Fleisch	von	17,7 Prozent	auf	30,0 Prozent,
bei Fett	von	6,5 Prozent	auf	15,8 Prozent,
bei Kartoffeln	von	4,7 Prozent	auf	17,1 Prozent,
bei Zucker	von	14,9 Prozent	auf	17,3 Prozent.

Der vermehrte Rohstoffbedarf der Wehrmacht traf naturgemäß die Landwirtschaft besonders. Stellt man in Rechnung, daß der Maschinenpark während des Krieges schon erhebliche Überalterungserscheinungen aufwies, während des Krieges immer ein bedeutsames Fehl an Traktoren bestanden hatte, dann kann man ermessen, was es für die landwirtschaftliche Erzeugung bedeute, wenn im Herbst 1944 der Fertigung von Landmaschinen gegenüber der des Jahres 1939 um

[121] Vermerk des Reichsministeriums für Ernährung und Landwirtschaft, 25.10.1944, BA-MA, RW 31/313.

Tabelle 30
Ernteerträge der wichtigsten Getreidearten[1], Jahresdurchschnitte (in 1000 Tonnen)

	1930–1934	1935–1939	1940–1944
Belgien	1771	1455	1212[3]
Bulgarien	2970	3240	2458[4]
Dänemark[5]	3305[6]	3531[8]	3456
Deutschland[2]	23607	23989[7]	19241
Finnland	1255	1453	973[8]
Frankreich	15402	11906[9]	–
Griechenland	1051	1420	–
Italien[10]	10986	12177	10811[11]
Jugoslawien	7128	8038	–
Niederlande[12]	1139	1529	1276[13]
Norwegen[2]	317	382	337
Österreich	1750	1827	1258
Polen[2]	12385	12843	11638[14]
Rumänien	10729	11251	–
UdSSR[15]	80400	97900[9]	52000
Tschechoslowakei	5948	5796	4618
Ungarn	5548	6364	5364

[1] Weizen, Roggen, Gerste, Hafer und Mais, sofern nichts anderes angegeben
[2] Ohne Mais
[3] 1941–44. In den Ziffern sind Regionen, die Deutschland einverleibt wurden, nicht berücksichtigt. Die Ziffern sind unterschätzt
[4] Die von Rumänien erworbene südliche Dobrudscha ist ab 1941 enthalten.
[5] Ohne Mais, jedoch einschließlich Mischgetreide
[6] Ab 1930–38 beziehen sich die Ziffern nur auf ländliche Gemeinden. 1933 erzeugten städtische Gemeinden 52000 Tonnen
[7] 1935–44 ist das Saarland enthalten
[8] An Rußland abgetretene Gebiete ab 1940 nicht enthalten.
[9] 1935–38
[10] Einschließlich Reis
[11] Ab 1944 beziehen sich die Angaben auf das Gebiet mit den nach dem Zweiten Weltkrieg festgelegten Grenzen, nur ist Triest nicht enthalten
[12] Bis 1937 erfolgten die Angaben in Hektolitern; sie sind hier entsprechend umgerechnet
[13] 1940–43
[14] In den Ziffern für 1940–44 ist ein kleiner Teil Polens, der Deutschland einverleibt wurde, nicht enthalten
[15] Die Angaben beziehen sich auf alles Getreide

Quelle: Tabellen 30–30b nach B. R. Mitchell, Statistischer Anhang 1920–1970, in: Die europäischen Volkswirtschaften im zwanzigsten Jahrhundert, Stuttgart, New York 1980, S. 413–492, hier S. 441–447; Statistisches Handbuch von Deutschland 1928–1944, München 1949, S. 124–126

90 Prozent gefallen war[122]. Die militärische Lage zwang in der zweiten Jahreshälfte 1944 dazu, auf Veranlassung von Generaloberst Guderian rund 1000 Schlepper für den Fronteinsatz zu requirieren. Ohne Wissen des Reichsministers für Ernährung und Landwirtschaft legte Speer als verantwortlicher Rüstungsminister im Herbst des Jahres seine Hand auf die gesamte zukünftige Zugmaschinenproduktion, mit Ausnahme ganz leicht motorisierter Typen. Aus Beständen der Landwirtschaft wurden im laufenden Jahr 1944 über 150 000 Pferde der Wehrmacht zur Verfü-

122 Die letztgenannten Zahlen, auch der Tab., sind dem Bericht des mit der Führung der Geschäfte des Reichsministers für Ernährung und Landwirtschaft beauftragten Staatsministers Backe, 11.11.1944, an den Leiter der Partei-Zentrale, Reichsleiter Bormann, entnommen, BA, NS 19 neu. Vgl. auch J. Lehmann, Zum Zusammenbruch der Kriegsernährungswirtschaft im faschistischen Deutschland 1944/45, in: Probleme der Agrargeschichte des Feudalismus und des Kapitalismus, T. 11, Rostock 1978, S. 103-123, hier S. 104.

Tabelle 30a
Kartoffeln - Jährliche Durchschnittserträge (in 1000 Tonnen)

	1930–1934	1935–1939	1940–1944
Belgien	3386	3181	2180
Bulgarien	74	113	177[1]
Dänemark	1173[2]	1523[2]	1537
Deutschland	46326	52953[3]	46678[4]
Finnland	1062	1304	934[5]
Frankreich	15634	15690[6]	–
Griechenland	85	154	–
Italien	2892	2771	2794[7]
Jugoslawien	1457	1539	–
Niederlande	3024	2707	3756[8]
Norwegen	870	894	1175
Österreich	2628	2879	2197
Polen	30733	35390	37076[9]
Rumänien	1853	2007	–
UdSSR	47500	57200[6]	43300
Tschechoslowakei	8796	9377	7035
Ungarn	1764	2114	2165

[1] Die von Rumänien erworbene südliche Dobrudscha ist ab 1941 enthalten
[2] Ab 1930-38 beziehen sich die Angaben nur auf ländliche Gemeinden. Städtische Gemeinden erzeugten 1933 22000 Tonnen
[3] Die Angaben beziehen sich auf das Gebiet von 1914
[4] Das Saarland ist von 1935 bis 1944 enthalten
[5] An Rußland abgetretenes Gebiet ist ab 1940 nicht enthalten
[6] 1935-38.
[7] Die Angaben beziehen sich ab 1944 auf das nach dem Zweiten Weltkrieg festgelegte Gebiet, nur ist Triest nicht enthalten
[8] 1940-43.
[9] In den Angaben für 1940-44 ist ein kleiner, Deutschland einverleibter Teil Polens nicht enthalten

Quelle: Vgl. Tabelle 30

© MGFA 04650-04

gung gestellt. Die den Bauern verbliebenen Zugtiere und -maschinen konnten dann nicht einmal mehr voll zur Landarbeit eingesetzt werden, weil tierische und motorisierte Gespanne für den Ausbau von Flughäfen, für den Holztransport und für allgemeine Transportaufgaben in Einsatz kamen[123].

Die Erträge bei den Hauptgetreidearten, Kartoffeln und Zuckerrüben, auch die Viehbestände im Fünfjahresdurchschnitt 1940-45 (sowohl nach dem Gebietsstand vom 1. September 1939 als auch von 1937) lagen unter denen der Jahre 1933-38 (Tabellen 30-30b).

Die Rückgänge in der pflanzlichen Erzeugung lassen sich zu einem Großteil auf fehlenden Dünger, hier insbesondere auf Stickstoff, zurückführen. Im Wirtschaftsjahr 1943/44 gelangten nur 32 Prozent der Stickstoff- und 46 Prozent der Phosphorsäuremengen des Jahres 1938/39 zur Verteilung. Der erhöhte Bedarf an Stickstoff für Rüstungszwecke und ansonsten für die Landwirtschaft zur Verfügung stehender Chemikalien ließ für das Wirtschaftsjahr 1944/45 eine Reduzierung der den Bauern verbleibenden Stickstoffe vom Basisjahr 1938/39 mit

123 Brief des Reichsministers für Ernährung und Landwirtschaft, 25.11.1944, an den Reichsverkehrsminister, BA, NS 19 neu.

Tabelle 30b
Zuckerrüben, Ernteerträge - Jahresdurchschnitte (in 1000 Tonnen)

	1930–1934	1935–1939	1940–1944
Belgien	1655	1455	1562[1]
Bulgarien	221	160	302[2]
Dänemark	1132[3]	1629[3]	1532
Deutschland	10561	14136[4]	15454[4]
Finnland	–	–	43[5]
Frankreich	9184	8402[6]	–
Italien	2660	3105	3886[7]
Jugoslawien	635	597	–
Niederlande	1711	1596	1611[8]
Österreich	1089	1158	739
Polen	2854	2866[6]	7472[9]
Rumänien	558	628	–
UdSSR	10600	18500	5500
Tschechoslowakei	4554	1668	4491
Ungarn	1028	959	885[10]

[1] 1941–44 Die Ziffern enthalten keine Deutschland einverleibten Gebiete, sie sind unterschätzt.
[2] Die von Rumänien erworbene südliche Dobrudscha ist ab 1941 enthalten
[3] Von 1930 bis 9138 beziehen sich die Angaben nur auf ländliche Gemeinden. Die städtischen Gemeinden erzeugten 1933 55000 Tonnen
[4] Von 1935 bis 1944 ist das Saarland enthalten
[5] 1942–44 Die Erzeugung begann 1942
[6] 1935–38
[7] Die Angaben beziehen sich ab 1944 auf das nach dem Zweiten Weltkrieg festgelegte Gebiet, nur ist Triest nicht enthalten
[8] 1941–43
[9] Die Angaben berücksichtigen nicht einen kleinen Deutschland einverleibten Teil von Polen
[10] 1940–43

Quelle: Vgl. Tabelle 30

100 Prozent auf 27,5 Prozent erwarten, einen Rückgang in derselben Vergleichszeit bei Phosphorsäure auf 38,6 Prozent, den kriegsbedingten Produktionsausfall durch Mangel an Transportmitteln nicht einmal einkalkuliert. Bei dieser Rechnung blieb noch die Erweiterung der Ackerfläche des Altreiches vom Basisjahr 1939 mit 100 Prozent um 13 Prozent in den Grenzen des Großdeutschen Reiches (Altreich, Alpen- und Donaugaue, Sudeten- und Memelland) im Jahre 1943 und der Anstieg des im besonderen Maße auf Düngemittel und Landmaschinen angewiesenen Intensivfrüchteanbaues in den letztgenannten Grenzen um 24 Prozent als kalkulatorische Größe unberücksichtigt. Rückblickend auf die gesamte Kriegszeit kann festgestellt werden: Durch Anbauumlagerungen vermochte man eine Steigerung der Ölfrüchtemengen zu erzielen. Während sich in der Gruppe der Nährfrüchte (z.B. Getreide, Kartoffeln, Zuckerrüben) im Ersten Weltkrieg ein Ertragsrückgang auf 64 Prozent der Friedensernte einstellte, blieb er im Zweiten dank der zwar rückläufigen, aber offenbar ausreichenden Rinderbestände und des damit zusammenhängenden Stalldüngeranfalls wesentlich geringer. Eine radikale Verminderung der Schweine- und Geflügelbestände machte Getreide für den Verzehr der Bevölkerung frei, schonte den Rinderbestand und garantierte in etwa die Aufrechterhaltung von rund 60 Prozent der deutschen Friedensfetterzeugung. Der aus politi-

Tabelle 31
Anteil der Einfuhren und Zwangslieferungen am deutschen Gesamtaufkommen aller Agrarprodukte am 1. September 1939 (in %)

1938/39	1939/40	1940/41	1941/42	1942/43	1943/44
9,8	7,5	8,0	10,0	14,8	12,9

Quelle: Riecke, Ernährung und Landwirtschaft im Kriege (wie Anm. 17), S. 342

schem Selbsterhaltungstrieb heraus geborene Wille, die Rationssätze während des Krieges stabil zu halten, ja womöglich anzuheben, schlug nicht durch. Stellt man in Rechnung, daß die Reichsbevölkerung zwischen 1938/39 und 1943/44 von 78,9 Mill. durch den Zugang von 5,4 Mill. ausländischer Zivilarbeiter und 1,9 Mill. Kriegsgefangener auf 88,8 Mill. wuchs (in den Grenzen vom 1. September 1939), hatte die NS-Regierung dennoch ein Kriegsziel erreicht, nämlich die im Vergleich zum Ersten Weltkrieg bessere Lebensmittelversorgung, wobei insbesondere die Schwerstarbeiter relativ gut abschnitten. Als im Verlauf des Jahres 1944 nicht nur der Strom zurückfließender Militärangehöriger, sondern auch vier Mill. Flüchtlinge mitversorgt werden mußten, sah sich die Reichsregierung erstmals im Frühjahr 1945 zu einer empfindlichen Kürzung bzw. Streckung der Lebensmittelzuteilungen veranlaßt, eine Maßnahme, die in ihrer politisch-psychologischen Wirkung auf die Bevölkerung so schwer taxierbar war, daß Hitler die normalerweise acht Wochen umfassenden Zuteilungsperioden 72/73 auf neun Wochen bei wichtigen Grundnahrungsmitteln persönlich anordnete. Darüber hinaus wurde dieser Eingriff durch eine reichseinheitliche Presseverlautbarung angekündigt, die, von Staatsminister Backe selbst verfaßt, die ernährungswirtschaftliche Situation verklausuliert, aber nichtsdestoweniger in einer für das NS-Regime ungewohnten Deutlichkeit skizzierte:

> »Der zeitweise Verlust von landwirtschaftlichen Überschußgebieten im deutschen Osten und die starke Anspannung auf allen Gebieten des Transportwesens erfordern in der Ernährungswirtschaft die sofortige Anpassung an die Lage. Es werden Einsparungsmaßnahmen notwendig, deren entgültige Regelung sich naturgemäß im Augenblick noch nicht durchführen läßt[124].«

Die Nationalsozialisten begingen den gleichen Fehler wie die kaiserliche Regierung im Ersten Weltkrieg: Er beruhte auf der Überschätzung der zusätzlichen Versorgungsmöglichkeiten aus den okkupierten und verbündeten Territorien. So erreichten alle regulären Brotgetreide-Einfuhren ins Reich einschließlich der offiziellen Lieferungen der besetzten Gebiete an die Truppe der Kriegswirtschaftjahre 1939/40 bis 1943/44 in der Summe nicht einmal die jährliche Durchschnittsernte Deutschlands in den Grenzen von 1937 plus Memelgebiet und den Bayern bzw. Preußen einverleibten Sudetengebieten (vgl. Tabelle 34). Die Fleischeinfuhren aller

[124] Fernschreiben Backes, Januar 1945, an alle Landesbauernführer, BA, NS 19 neu. Vgl. auch J. Lehmann, Untersuchungen zur Agrarpolitik und Landwirtschaft im faschistischen Deutschland während des zweiten Weltkrieges (1942-1945), Diss., masch., Rostock, 1977, Tab I.

Kriegsjahre reichten in der Summe gleichfalls nicht aus, um einen Jahresverbrauch (Durchschnittsverbrauch der Kriegsjahre) zu decken (vgl. Tabelle 37). Der Anteil der Einfuhren und Zwangslieferungen am deutschen Gesamtaufkommen aller Agrarprodukte nach dem Gebietsstand vom 1. September 1939 läßt sich aus Tabelle 31 ablesen.

Es darf allerdings bei allen Berechnungen nicht außer acht bleiben, daß sich die Wehrmacht, soweit sie sich außerhalb der deutschen Grenze befand, dort durch Zwangsrequirierungen in nicht zu schätzendem, aber von allen Eingeweihten hoch angesetztem Umfang weit über das offizielle Abgabensoll der okkupierten Gebiete hinaus mit Nahrungsmitteln eindeckte. Von den agrarischen Kriegskontributionen, die man in den okkupierten Territorien eintrieb, verschlang die Unterhaltung der Truppe in der Regel den Löwenanteil, so daß nur ein Bruchteil der Lieferungen tatsächlich ins Reich gelangte, das sich, ungeachtet des grundsätzlichen Prinzips der Ausbeutung durch militärische Macht und politischen Druck, seiner kontinentaleuropäischen Versorgungsaufgabe nicht völlig entledigen konnte. Produktions- und Lieferwilligkeit der besetzten wie politisch beherrschten Länder hingen nicht zuletzt von deutschen Gegenleistungen ab, und auch die durch ihre geographische Lage in den deutschen Hegemonialbereich eingebundenen Staaten Schweden, Finnland und selbst die Schweiz erwarteten eine gewisse Substitution für die ausbleibenden Friedensimporte, erhielten diese auch in begrenztem Umfang, weil sie Lieferanten wichtiger kriegswirtschaftlicher Mangelgüter waren. Nicht zuletzt im Blick auf eine europäische Friedensregelung unter deutscher Führung erschien es aus politisch-psychologischen Erwägungen heraus unerläßlich, für die ernährungswirtschaftliche Versorgung im Hegemonialbereich zumindest das Notwendigste zu tun.

Durch die Zufuhren aus seinem Hegemonialbereich vermochte Deutschland allerdings seine ernährungswirtschaftliche Versorgung wesentlich besser zu gestalten als die übrigen Gebiete Kontinentaleuropas, sieht man von Dänemark einmal ab. Das Reich zog zunächst zur eigenen Bedarfsdeckung die landwirtschaftlichen Überschüsse der verbündeten und besetzten Länder auf sich und nahm erst dann einen Umverteilungsprozeß je nach gesamtwirtschaftlichem und militärischem Stellenwert der einzelnen Teilgebiete des kontinentalen Wirtschaftsraumes vor (vgl. Tabellen 31-38). Die ernährungswirtschaftliche Versorgung im Hegemonialraum war unterschiedlich. Ein gewisser Ausgleich zwischen Bedarf und Zuteilung fand auf dem Schwarzen Markt statt, den die Wehrmacht selbst zum Teil bewußt abschöpfte, zum Teil wiederum energisch zu unterbinden suchte. Während in agrarisch strukturierten Ländern eine gewisse versorgungswirtschaftliche Grauzone herrschte – sich nach Schätzungen der Wehrmacht rund 15 Prozent der landwirtschaftlichen Produktion Frankreichs z.B. nicht erfassen ließen –, dürfte die griechische Bevölkerung neben der polnischen unter der größten Lebensmittelknappheit gelitten haben. Dies vor allen Dingen deshalb, weil der innereuropäische Warenausgleich nicht funktionierte. So war stets großer Druck notwendig, um die Agrarüberschußgebiete des Donaubereiches zu Lieferungen an Griechenland zu bewegen. Der Handelsverkehr zwischen den südosteuropäischen und den nordi-

Tabelle 32
Einsatz von Kriegsgefangenen und ausländischen Arbeitskräften (Deportierte, Gastarbeiter) in der Landwirtschaft (in Mill.)

Mai 1939	Mai 1940	Mai 1941	Mai 1942	Mai 1943	Mai 1944
0,11	0,26	0,97	1,40	2,80	3,20

Quelle: Tab. nach Melzer, Studien zur Argrarpolitik (wie Anm. 3), S. 188

schen Staaten ließ ebenfalls zu wünschen übrig. Selbst innerhalb des unmittelbaren deutschen Machtbereiches stieß der Ausgleich von Mangel und Überproduktion auf erhebliche Schwierigkeiten; zum einen wegen im Laufe des Krieges zunehmender Transportprobleme, aber auch wegen unüberbrückbarer Kompetenzschwierigkeiten und mangelnder Koordination. Auf einer Sitzung der »Zentralen Planung« vom Mai 1944 stellte Staatsminister Backe fest, es könnten nicht einmal 22 000 t Getreide von Nordfrankreich nach Belgien verbracht werden, weil die Wehrmacht sich weigere, den Transport zu übernehmen. Auch aus dem übrigen Frankreich gelänge eine Versorgung Belgiens nicht, im Gegensatz zu Rußland, wo der Wirtschaftsstab Ost die Dinge besser regele. »Dagegen sieht der Militärbefehlshaber Belgien in dem Militärbefehlshaber Frankreich eine feindliche Macht, mit der nicht verhandelt wird[125].« Die Schwierigkeiten in den besetzten Ostgebieten wurden bereits aufgezeigt. Der Versorgung des Reiches und dem europäischen Verteilungsplan stand vor allem die Zahlungsunfähigkeit des Reiches gegenüber. Die Clearing-Schulden wuchsen permanent, weil Deutschland die von den Lieferländern benötigten Fertigwaren und landwirtschaftlichen Produktionsmittel im Wert der importierten Agrargüter nicht zu transferieren vermochte. Wenn gegen Ende des Krieges die Clearing-Spitzen gegenüber einigen Territorien abgebaut wurden, dann dort, wo man nur durch Gegenleistungen eine gewisse Lieferbereitschaft aufrechterhalten konnte. Darüber hinaus betrieb Berlin aber auch Schuldentilgung durch immense Preissteigerungen bei seinen industriellen Exporten.

Insgesamt diktierte im Spannungsfeld von Kriegsnotwendigkeit und europäischen Neuordnungsplänen die militärische Lage das Geschehen. Dabei kam es zunächst darauf an, die Wehrmacht aus den besetzten Ländern zu verpflegen und zu versorgen. Dies bedeutete eine erhebliche Entlastung der deutschen agrarökonomischen Bilanz.

Die innereuropäische landwirtschaftliche Umlagerung zwecks Substitution der ausbleibenden Zufuhren ist nur zu einem Teil gelungen. Der Ölfrüchteanbau wurde forciert, während die früheren Futtermittelimporte nicht ersetzt werden konnten. Statt dessen mußten im gesamten europäischen Raum die Viehbestände radikal dezimiert werden, was für eine gewisse Zeit zwar die Fleischversorgung garantierte, dann aber unweigerlich zu unüberbrückbaren Engpässen führen mußte. Immerhin war die Versorgungslage bei Fleisch, Fett und Eiern im kontinentaleu-

[125] Protokoll der 57. Sitzung, 18.5.1944, BA, R 3/1725.

ropäischen Rahmen so angespannt, daß eine Verbrauchsumstellung bei der Bevölkerung notwendig wurde im Sinne einer verstärkten Vegetabilisierung. Die kontinentaleuropäische Ernährungspolitik bewegte sich während des Krieges im Kreise. Da die notwendigen Futtermittel- und Ölfrüchteeinfuhren aus Übersee wegfielen, der Getreide- und Ölsaatenexport aus den Südostländern rückläufig war, mußten in der Ernährungswirtschaft Mittel- und Westeuropas 13-15 Mill. Tonnen Getreidewert eingespart werden. Dies war der Jahresbedarf Großdeutschlands an Brotgetreide. Der Fettverbrauch erfuhr daher gleich zu Beginn des Krieges eine Kürzung. Statt dessen wurden größere Brot- und Kartoffelzuteilungen veranlaßt. Der Viehhaltung entzog man damit zu den ausbleibenden Futtereinfuhren aus Übersee auch noch Kraftfutter. Durch fehlende Produktionsmittel, direkte Kriegseinwirkungen und Verteidigungsmaßnahmen gegen Ende des Krieges gingen in Gesamteuropa auch die Getreideerträge zurück. Insgesamt nahm nach 1942 die Bedeutung Kontinentaleuropas für die landwirtschaftliche Versorgung Deutschlands ab. Eine Bestandsaufnahme des Instituts für europäische Landbauforschung und Ernährungswirtschaft aus dem Jahre 1944/45 kam schließlich zu der Schlußfolgerung, daß »angesichts dieser Tatsache [...] die Ernährung unseres Volkes noch mehr, als dies bisher schon der Fall war, auf den Schultern der deutschen Landwirtschaft« ruhen müsse. »Die Erhaltung und Stärkung ihrer Produktionskraft ist daher für den weiteren Ablauf der Ernährung von entscheidender Bedeutung[126].«

Die produktionswirtschaftlichen Verhältnisse blieben im Dritten Reich während des Zweiten Weltkrieges den Umständen entsprechend relativ stabil. Dennoch wäre das Niveau der Versorgung ohne das praktizierte Prinzip gezielter Ausnutzung der landwirtschaftlichen Erzeugung befreundeter, verbündeter und besetzter Länder nicht zu halten gewesen. Ein besonders wichtiger kam noch hinzu, nämlich der Einsatz von Kriegsgefangenen und ausländischen Arbeitskräften (Deportierte, Gastarbeiter) in der Landwirtschaft (Tabelle 32).

Diese Arbeitskräfte glichen zwar den personellen Schwund der Landwirtschaft durch Einziehung zur Wehrmacht bzw. durch den Abzug in die Industrie nicht aus, jedoch zusammen mit den nun stärker als früher geforderten Frauen, Kindern und Alten bildeten sie eine Garantie für die Leistung, die die deutsche Landwirtschaft während des Krieges erbrachte.

So ist das Dritte Reich im Zweiten Weltkrieg nicht nur ideologisch, machtpolitisch und militärisch, sondern auch agrarökonomisch gescheitert, weil eine erfolgreiche Landwirtschaftspolitik von einer erfolgreichen Kriegführung abhängig war, ja von vornherein die gelungene Raumexpansion zwecks Ansiedlung Deutscher bzw. Aufbau einer ergänzenden Austauschwirtschaft zur Voraussetzung gehabt hätte. Hier bestand ein unlösbares Wechselverhältnis. Was schließlich gegenüber dem Ersten Weltkrieg als Positivum verbucht werden konnte, war die bessere Verwaltung des Mangels.

126 BA, R 3/1657 d.

Tabelle 33
Rationen für Versorgungsberechtigte und Arbeiter in den europäischen Ländern (Wochensätze in Gramm[11])

Brot	Normal-verbraucher	Lang-/Nacht-arbeiter	Schwer-arbeiter	Schwerst-arbeiter
Deutschland (ab 6.4.42)	2000	2600	3400	4400
England	bewirtschaftungsfrei, jedoch kontingentiert			
Frankreich bes.[2]	1925	1925	2450	2450
Frankreich unbes.	1925	1925	2450	2450
Belgien	1575	2100	3150	3150
Holland	1800	2300	2700	3600
Dänemark	2275	2275	2975	3675
Norwegen	1900	1900	3100	3800
Schweden	1650	–	–[5]	3000
Finnland	1400	1750	2125	
Schweiz	bewirtschaftungsfrei			2800
Italien	1400	1400	2100	3500
Spanien	700 – 1400		3150	3150[10]

Fleisch	Normal-verbraucher	Lang-/Nacht-arbeiter	Schwer-arbeiter	Schwerst-arbeiter
Deutschland (ab 6.4.42)	300	450	600	850
England	440[1]	–	600	765
Frankreich bes.[2]	250	250	355	460
Frankreich unbes.	180	180	285	390
Belgien	245	245	490	490
Holland	250	350	375	625
Dänemark	–	–	–	–
Norwegen	100	100	200	300
Schweden	320	–	–	–
Finnland	175[6]	175	300	300
Schweiz	500	500	500	500
Italien	125	125	125	125
Spanien	100	100	100	100[8]

Fett	Normal-verbraucher	Lang-/Nacht-arbeiter	Schwer-arbeiter	Schwerst-arbeiter
Deutschland (ab 6.4.42)	206	226	308	575
England	226	–	226	226
Frankreich bes.[2]	105	105	175	250
Frankreich unbes.	100	100	175	250
Belgien	105	105	210	420
Holland	200	231	300	600
Dänemark	315	315	315	315[3]
Norwegen	210	210	245	315[4]
Schweden	275	–	–	–[8]
Finnland	70	70	125	125[6]
Schweiz	213	213	213	213[7]
Italien	100	100	100	100
Spanien	250	250	250	250[9]

[1] Fleisch einschließlich Bacon. Die Fleischration betrug 325 g, zu der die Baconration von ca. 115 g hinzukam, die aber – soweit Meldungen vorliegen – nur teilweise ausgegeben wurde
[2] Stand November 1941
[3] Schlachtfette frei
[4] Butter und Margarine. Außerdem für alle ca. 35 g Schlachtfette, die nicht rationiert waren
[5] Es gab Zulagen für körperlich Arbeitende. Die Höhe der Zulagen ist jedoch unbekannt
[6] Monatlich zwölf Fettmarkenkarten
[7] Zulage von 500 g Fettkäse für Arbeiter im Monat.
[8] Zuteilung unregelmäßig
[9] Speiseöle
[10] Bergarbeiter
[11] Deutschland - Festsätze, in den anderen Ländern - Hochstsätze

Quelle: BA, R 26 IV/vorl. 51; die Rationen sanken im Kriegsverlauf noch einmal ab

© MGFA 04654-04

Tabelle 34
Menschlicher Verzehr wichtiger Nahrungsstoffe in Deutschland

	Getreide[1]	Kartoffeln[2]	Zucker[3]	Fett[4]	Fleisch[5]
1938/39	12,4	14,00	28,39	–	46,2
1939/40	14,1	16,00	25,71	347	41,7
1940/41	13,8	19,40	26,54	306	38,9
1941/42	13,2	21,30	–	320	32,6
1942/43	12,8	26,31[6]	25–27[7]	297	31,2
1943/44	14,5	22,50	–	262	28,2

[1] Reichsgebiet v. 1.9.39. Mill. t.
[2] Reichsgebiet v. 1.9.39. Mill. t.
[3] kg Verbrauchszuckerwert jährlich
[4] in 1000 t Reinfett
[5] kg je Kopf d. Bevölkerung jährlich
[6] Wahrscheinlich Teile zur Fütterung von Kleintieren verwandt
[7] Schätzung

Quelle: Tab. nach Hanau/Plate. Die deutsche landwirtschaftliche Preis- und Marktpolitik (wie Anm. 119), S. 49, 55, 63, 88, 100

© MGFA 04655-04

Tabelle 35
Deutsche Brotgetreide-Einfuhren (in 1000 t)

Gebiet	1939/40	1940/41	1941/42	1942/43	1943/44	Summe
Eingegliederte Ostgebiete	177	415	896	711	1000	3199
Frankreich	–	550	485	715	750	2500
Belgien	–	–	–	–	–	–
Holland	–	1	2	16	9	28
Protektorat	22	8	–	181	169	380
Generalgouvernement	–	15	50	362	340	767
Rußland	5	325	–	–	800	1130
Baltische Länder	101	19	267	371	–	758
Jugoslawien und Nachfolgestaaten	182	9	11	50	110	462
Dänemark	–	–	–	7	–	7
Slowakei	129	10	3	5	–	147
Ungarn	310	27	190	57	275	859
Bulgarien	70	17	–	–	35	122
Rumänien	416	9	8	–	50	483
Transnistrien	–	–	7	3	–	10
Türkei	3	–	–	–	–	3
Kanada	23	–	–	–	–	23
Argentinien	32	–	–	–	–	32
Italien	–	–	–	113	35	148
Sonstige	–	4	13	1	–	18
Einfuhren insgesamt	1470	1409	2032	2592	3573	11076
Deutsche Erzeugung[1]	13207	10656	11602	9225	11984	56674
Ausfuhren in befreundete oder besetzte Gebiete	308	1200	1305	1002	1115	4930

[1] in den Grenzen von 1937, mit Memelgebiet u. Bayern bzw. Preußen einverleibten Sudetengebieten.

Quellen: Tab. nach H. Kistenmacher. Die Auswirkungen der deutschen Besetzung auf die Ernährungswirtschaft Frankreichs während des 2. Weltkrieges. Tübingen 1957, Anl. XVI; Statistisches Handbuch von Deutschland I. II. Fürstenhagen 1946, S. La B 1–6; Zusammenstellung Woermann. Institut für Europäische Landbauforschung und Ernährungswirtschaft. 25.7.1944. BA-MA RW 19 Anhang I/1292.

© MGFA 04656-02

Tabelle 36
Deutsche Fetteinfuhren
(in 1000 t)

Wirtschaftsjahr 1.8. – 31.7.	1939/40	1940/41	1941/42	1942/43
a) Butter:				
Ostgaue	–	8,1	16,3	20,5
Dänemark	86,6	63,6	35,8	37,8
Holland	22,7	27,7	3,0	4,4
Rußland u. Baltische Staaten	18,1	0,8	23,5	63,0
Schweden	11,6	–	–	–
Finnland	1,4	–	–	–
Ungarn	1,1	–	–	–
Frankreich	–	12,2	4,4	15,6
Generalgouvernement	–	–	0,9	0,7
Sonstige Gebiete	0,8	0,6	4,1	6,0
Buttereinfuhren insgesamt	142,3	113,0	88,0	148,0
Index	100	91	71	119
b) Schlachtfette (in 1000 t Handelsfett):				
Dänemark	7,5	0,5	0,0	0,1
Holland	2,0	0,5	–	–
Ungarn	8,6	0,6	0,1	–
Jugoslawien	9,0	5,0	0,2	–
Übersee	0,7	3,7	0,9	–
Sonstige Länder	5,5	1,4	1,6	3,3
Schlachtfette zusammen	33,3	11,7	2,8	3,4
Schlachtfette in Vieh u. Fleisch	24,0	14,4	9,0	1,0
Schlachtfette insgesamt	57,0	26,0	12,0	4,0
c) Margarine-Rohstoffe (in 1000 t Ölwert):				
Rumänien und Transnistrien	12,0	7,0	3,7	4,0
Kroatien	–	–	0,4	0
Ungarn und Batschka	0,3	0,1	0,3	9,5
Bulgarien	3,1	5,0	4,5	0
Jugoslawien, Banat	0,4	0,4	4,6	13,0
Rußland	–	0,4	29,9	127,0
Holland	6,5	30,0	4,4	–
Frankreich	–	3,0	32,5	5,2
Norwegen	25,0	15,0	3,0	–
Griechenland, Türkei, Spanien	–	–	5,3	6,3
Japan	–	48,0	–	–
Mandschukuo	27,5	33,0	–	–
Übriges Asien	48,0	10,6	–	–
Westafrika	30,0	–	–	–
Sonstige Länder	59,2	22,5	1,0	–
Sonderaktionen	–	–	29,0	14,6
umgerechnet in Handelsfett	265,0	233,0	159,0	223,0
Index	100	88	60	84
Gesamteinfuhren	464,3	372,0	259,0	375,0
Abgaben an besetzte und befreundete Länder	36,0	71,0	89,0	90,0
Verbrauch insgesamt	1767,0	1663,0	1492,0	1410,0

Quelle: siehe Tabelle 35, dort Anl. XI/III, S. 1

Tabelle 37
Fleischbilanzen für Großdeutschland, Gebietsstand 1.9.1939, Fleischeinfuhren und Lieferungen der besetzten und eingegliederten Gebiete Zuschüsse an eingegliederte Gebiete (in 1000 t Schlachtgewicht)

Einfuhren und Lieferungen der besetzten und eingegliederten Gebiete:

Wirtschaftsjahr vom 1.9.–31.8.	1938/39	1939/40	1940/41	1941/42	1942/43	Summe
Eingegliederte Ostgaue	35	–	69	86	81	271
Frankreich	–	–	162[1]	146[1]	253	561
Belgien	–	–	30	–	–	30
Niederlande	2	15	49	27	27	120
Dänemark	64	163	190	103	62	582
Norwegen	–	–	8	6	8	22
Rußland	–	–	–	264	279	543
Generalgouvernement	–	–	9	22	49	80
Protektorat	–	–	6	4	11	21
Serbien, Kroatien	30	37	11	5	5	88
Ungarn	63	63	20	15	12	173
Rumänien	19	22	6	8	10	65
Bulgarien	6	3	2	1	–	12
Sonstige Länder	122	48	4	–	2	176
Zusammen	341	351	566	687	799	2744
Außerdem Wehrmacht in besetzten Gebieten geschätzt	–	150	–	–	–	150
Insgesamt	341	501	566	687	799	2894
= Fleisch im Sinne der Bewirtschaftung	290	463	544	662	741	2700

Zuschüsse an eingegliederte Gebiete:

	1938/39	1939/40	1940/41	1941/42	1942/43	Summe
Ostoberschlesien	–	14,7	39,5	36,4	35,6	126,2
Protektorat	–	10,9	7,8	12,5	–	31,2
Elsaß, Lothringen, Luxemburg	–	–	22,6	20,3	17,2	60,1
Zusammen	–	25,6	69,9	69,2	52,8	217,5
Ausfuhren in befreundete und besetzte Gebiete	–	23,4	62,5	62,3	47,7	195,9

[1] Einschließlich Lieferungen fur Elsaß-Lothringen

Quelle. Tabelle 35 dort Anl. XVII S. 1

Tabelle 38
Kartoffel-Einfuhren Großdeutschland, Gebietsstand 1.9.1939
(Mengen in 1000 t)

Wirtschaftsjahr vom 1.7.–30.6.	1938/39	1939/40	1940/41	1941/42	1942/43
Danzig-Westpreußen	–[1]	100	157	246	410
Wartheland	–[1]	200	343	528	726
Südostpreußen	–[1]	30	40[1]	40	100
Eingegliederte Ostgebiete insgesamt	–[1]	330	540	814	1236
Dänemark	–	–	–	–	15
Holland	28	82[2]	56[2]	90	139
Belgien	–	1	4	–	25
Frankreich	–	–	–	20	296
Norwegen	–	–	17	83	135
Russischer Raum	10	11	–	737	1200[3]
Generalgouvernement	–	–	122	139	434[4]
Protektorat	–	–	–	–	88
Italien	95	77	154	23	25
Ungarn	1	4	–	–	25
Slowakei	–	7	4	–	–
Sonstige Länder	2	2	–	–	2
Einfuhren insgesamt	136	514	897	1906	3620
Ausfuhren in befreundete oder besetzte Gebiete	28	16	680	538	1225

[1]Geschätzt
[2]Außerdem lieferte Holland an Belgien 64400 t im Versorgungsjahr 1940/41 und 43600 t im Versorgungsjahr 1941/42
[3]Außerdem 9000 t an Finnland.
[4]Einschließlich Kartoffeln für Spritherstellung

Quelle: siehe Tabelle 35, dort Anl. XIX, S. 1.

Zum Verfasser

Professor Dr. Hans-Erich Volkmann

1938	geboren in Montabaur
1957 bis 1963	Studium der Germanistik, Geschichte, Osteuropäischen Geschichte, Philosophie und Pädagogik
1963	Promotion an der Universität Mainz in Osteuropäischer Geschichte
1971	Habilitation mit gleichzeitiger Ernennung zum Professor
seit 1973	Professor für Neuere und Neueste Geschichte, zunächst in Mainz, derzeit an der Universität Freiburg
seit 1971	am Militärgeschichtlichen Forschungsamt
seit 1994	für die Forschung zuständiger Direktor des MGFA

Ausgewählte Veröffentlichungen

Die deutsche Baltikumpolitik zwischen Brest-Litovsk und Compiègne. Ein Beitrag zur »Kriegszieldiskussion«, Köln, Wien 1970 (Habil.)

Ende des Dritten Reiches – Ende des Zweiten Weltkriegs. Eine perspektivische Rückschau. Im Auftrag des MGFA hrsg. von Hans-Erich Volkmann, München 1995

Die Europäische Verteidigungsgemeinschaft. Stand und Probleme der Forschung, Im Auftrag des MGFA hrsg. von Hans-Erich Volkmann und Walter Schwengler, München 1985

Gesellschaft und Militär am Ende des Ersten und des Zweiten Weltkrieges, in: Erster Weltkrieg – Zweiter Weltkrieg. Ein Vergleich. Im Auftrag des MGFA hrsg. von Bruno Thoß und Hans-Erich Volkmann. Paderborn, München, Wien, Zürich 2002, S. 841-872

Die innenpolitische Dimension Adenauerscher Sicherheitspolitik in der EVG-Phase, in: Die EVG-Phase, München 1989 (= Anfänge westdeutscher Sicherheitspolitik 1945 bis 1956, Bd 2), S. 235-604

Kriegswirtschaft und Rüstung 1939 bis 1945. Für das MGFA hrsg. von Friedrich Forstmeier und Hans-Erich Volkmann, Düsseldorf 1977

Die Krise des Parlamentarismus in Ostmitteleuropa zwischen den beiden Weltkriegen, hrsg. von Hans-Erich Volkmann, Marburg/L. 1967

Die NS-Wirtschaft in Vorbereitung des Krieges, in: Ursachen und Voraussetzungen der deutschen Kriegspolitik, Stuttgart 1979 (= Das Deutsche Reich und der Zweite Weltkrieg, Bd 1), S. 177-368

Die russische Emigration in Deutschland 1919 bis 1929, Würzburg 1966 (Diss.)

Das Rußlandbild im Dritten Reich, hrsg. von Hans-Erich Volkmann, 2. Aufl., Köln, Weimar, Wien 1994

Von Blomberg zu Keitel – Die Wehrmachtführung und die Demontage des Rechtsstaates, in: Die Wehrmacht. Mythos und Realität. Im Auftrag des MGFA hrsg. von Rolf-Dieter Müller und Hans-Erich Volkmann, München 1999, S. 47-65

Die Wehrmacht. Mythos und Realität. Im Auftrag des MGFA hrsg. von Rolf-Dieter Müller und Hans-Erich Volkmann, München 1999

Wirtschaft im Dritten Reich. Eine Bibliographie, 2 Bde, München 1980, Koblenz 1984

Wirtschaft und Rüstung am Vorabend des Zweiten Weltkrieges. Für das MGFA hrsg. von Friedrich Forstmeier und Hans-Erich Volkmann, 2. Aufl., Düsseldorf 1981

Zur Verantwortlichkeit der Wehrmacht, in: Die Wehrmacht. Mythos und Realität. Im Auftrag des MGFA hrsg. von Rolf-Dieter Müller und Hans-Erich Volkmann, München 1999, S. 1195-1222

Zwischen kaltem Krieg und Entspannung. Sicherheits- und Deutschlandpolitik der Bundesrepublik im Mächtesystem der Jahre 1953 bis 1956. Im Auftrag des MGFA hrsg. von Bruno Thoß und Hans-Erich Volkmann, München 1988

Nachweis der Druckorte

Die NS-Wirtschaft in Vorbereitung des Krieges. Von der Weltwirtschaft zur Großraumwirtschaft, in: Wilhelm Deist, Manfred Messerschmidt, Hans-Erich Volkmann und Wolfram Wette, Ursachen und Voraussetzungen der deutschen Kriegspolitik (= Das Deutsche Reich und der Zweite Weltkrieg, Bd 1), Stuttgart 1979, S. 177 f. und 185-207

Zum Verhältnis von Großwirtschaft und NS-Regime im Zweiten Weltkrieg, in: Zweiter Weltkrieg und sozialer Wandel, hrsg. von Waclaw Długoborski, Göttingen 1981 (= Kritische Studien zur Geschichtswissenschaft, 47), S. 87-116

Außenhandel und Aufrüstung in Deutschland 1933 bis 1939, in Wirtschaft und Rüstung am Vorabend des Zweiten Weltkrieges. Für das Militärgeschichtliche Forschungsamt hrsg. von Friedrich Forstmeier und Hans-Erich Volkmann, Düsseldorf 1975, S. 81-131

NS-Außenhandel im »geschlossenen« Kriegswirtschaftsraum (1939-1941), in: Kriegswirtschaft und Rüstung 1939-1945. Für das Militärgeschichtliche Forschungsamt hrsg. von Friedrich Forstmeier und Hans-Erich Volkmann, Düsseldorf 1977, S. 92-133

Die Eingliederung der Sudetengebiete und Böhmen-Mährens in das Deutsche Reich (Originaltitel: Zur rüstungsökonomischen Bedeutung und großraumwirtschaftlichen Motivation der Eingliederung der Sudetengebiete und Böhmen-Mährens in das Deutsche Reich), in: Studia Historiae Oeconomicae, 14 (1979), Pozna'n 1980, S. 161-186

Polen im politisch-wirtschaftlichen Kalkül des Dritten Reiches 1933-1939, in: Der Zweite Weltkrieg. Analysen – Grundzüge – Forschungsbilanz. Im Auftrag des Militärgeschichtlichen Forschungsamtes hrsg. von Wolfgang Michalka, München, Zürich 1989, S. 74-92

Zwischen Ideologie und Pragmatismus. Zur nationalsozialistischen Wirtschaftspolitik im Reichsgau Wartheland, in: Ostmitteleuropa. Berichte und Forschungen, hrsg. von Ulrich Haustein, Georg W. Strobel und Gerhard Wagner, Stuttgart 1981, S. 422-441

Autarkie, Großraumwirtschaft und Aggression. Zur ökonomischen Motivation der Besetzung Luxemburgs, Belgiens und der Niederlande 1940, in: Militärgeschichtliche Mitteilungen, 1 (1976), S. 51 - 76

Ökonomie und Machtpolitik. Lettland und Estland 1933 bis 1940 (Originaltitel: Ökonomie und Machtpolitik. Lettland und Estland im politisch-ökonomischen Kalkül des Dritten Reiches 1933 - 1940), in: Geschichte und Gesellschaft, 2 (1976), 4, S. 471 - 500

Die Sowjetunion im ökonomischen Kalkül des Dritten Reiches 1933 bis 1941, in: »Unternehmen Barbarossa«. Zum historischen Ort der deutsch-sowjetischen Beziehungen von 1933 bis Herbst 1941. Im Auftrag des Militärgeschichtlichen Forschungsamtes hrsg. von Roland G. Foerster, München 1993 (= Beiträge zur Militärgeschichte, Bd 40), S. 89 - 108

Deutsche Agrareliten auf Revisions- und Expansionskurs, in: Die deutschen Eliten und der Weg in den Zweiten Weltkrieg, hrsg. von Martin Broszat und Klaus Schwabe in Verb. mit Ludolf Herbst u.a., München 1989 (= Beck'sche Reihe, 401), S. 334 - 388

Landwirtschaft und Ernährung in Hitlers Europa 1939 - 45, in: Militärgeschichtliche Mitteilungen, 1 (1984), S. 9 - 74

www.ingramcontent.com/pod-product-compliance
Lightning Source LLC
LaVergne TN
LVHW092151300926
849161LV00002B/247
* 9 7 8 3 4 8 6 5 6 7 1 4 4 *